ISAAK UND WLADIMIR LINDER

SCHACH
DAS LEXIKON

Redaktion: Dirk Poldauf

SPORTVERLAG BERLIN

© 1996 by Sport und Gesundheit Verlag GmbH Berlin
Die Verwertung der Texte und Bilder, auch auszugsweise,
ist ohne Zustimmung des Verlags urheberrechtswidrig und strafbar.
Dies gilt auch für Vervielfältigungen, Übersetzungen,
Mikroverfilmungen und Verarbeitungen
mit elektronischen Systemen.

Übersetzung aus dem Russischen: Dirk Poldauf

Redaktionsschluß: Januar 1996
Satz und Lithos: LVD GmbH, Berlin
Druck und Binden: Clausen & Bosse, Leck

Printed in Germany 1996
ISBN 3-328-00665-6

Gedruckt auf alterungsbeständigem Papier
mit chlorfrei gebleichtem Zellstoff

Die Deutsche Bibliothek – CIP-Einheitsaufnahme

Linder, Isaak M.:
Schach: das Lexikon / Isaak und Wladimir Linder.
Red.: Dirk Poldauf. [Übers. aus dem Russ.: Dirk Poldauf]. -
Berlin: Sportverl., 1996
ISBN 3-328-00665-6
NE: Linder, Vladimir I.:

Vorwort

O tempora, o mores! Auch das ehrwürdige Schachspiel wird immer mehr von den Stürmen und Konfrontationen unserer Zeit geschüttelt. Da gibt es das Schnellschach mit seinen blendenden Show-Effekten, die Schachcomputer, die mit phantastischer Geschwindigkeit »richtige« Züge machen und glänzende Kombinationen berechnen, Rebellionen der Champions, die mit den Traditionen brechen und das Schach an den Geist der Zeit anpassen wollen.
Diese Veränderungen erfordern eine neue Schachliteratur, die informativer, dynamischer und lebendiger ist. Das trifft nicht nur auf Lehrbücher für einen sich ständig erweiternden Leserkreis zu, sondern auch auf die Betrachtung der unterschiedlichsten Probleme der Schachkultur. Die Autoren des vorliegenden Buches beschlossen, auf den »Ruf der Zeit« zu antworten und schrieben aufs neue über das Schachspiel, seine Helden und Probleme. Dabei kam es uns darauf an, die Prinzipien einer Enzyklopädie mit einer für dieses Genre bislang untypischen lebendigen Art der Darstellung zu verbinden. Dadurch ist es unserer Meinung nach besser möglich, die einzelnen Persönlichkeiten, Ereignisse, Erscheinungen der Schachgeschichte zu charakterisieren und die Wechselbeziehungen des Schachs zu anderen kulturellen Gebieten zu erhellen.
Dem vorgegebenen beschränkten Rahmen eines einzelnen Bandes ist es geschuldet, daß wir auf eine Reihe von Termini verzichtet und uns auf die führenden Schachspieler in Vergangenheit und Gegenwart sowie auf die wichtigsten Ereignisse und Probleme konzentriert haben. Da dieses Lexikon in deutscher Sprache erscheint, haben wir das Schachleben in Deutschland ausführlicher beleuchtet. So finden Sie auf den folgenden Seiten Beiträge über alle deutschen Großmeister.
Da es in der internationalen Schachliteratur bisher kein Lexikon mit dem geschilderten Konzept gab, hoffen wir auf Hinweise und Kritiken von Seiten der Leser, die wir jederzeit dankbar entgegennehmen werden.

Isaak und Wladimir Linder
Moskau, im Januar 1996

A

Ablenkung einer Figur, ein taktisches Verfahren in der Schachpartie.
Sein Ziel besteht darin, eine gegnerische Figur der Verteidigung des Königs bzw. einer anderen Figur oder von wichtigen Feldern oder Linien zu entziehen. Mitunter bildet dieses Verfahren die Ouvertüre einer komplizierten Kombination. Meist ist sie aber der abschließende Akkord vorausgegangenen feinen Spiels und zwingt den Gegner, aufgrund einer Mattdrohung oder bevorstehender großer materieller Verluste die Waffen zu strecken. Besonders unerwartet und effektvoll sind die Fälle, in denen das Opfer der stärksten Figur Bestandteil der Ablenkungsaktion ist.

□ P. Morphy
■ A. Mongredien
Paris 1859

22. ♕b4!
Auf 22... ♕c8 kommt die Idee der Ablenkung voll zur Geltung: 23. ♕:b7!! Daher gab Schwarz lieber gleich auf.

Häufig werden ablenkende kombinatorische Schläge bei der Bauernumwandlung in eine Dame eingesetzt. Meistens kommt es dabei zum Opfer eines Turmes oder einer Leichtfigur. Im folgenden Beispiel aus dem Vergleichskampf Moskau-Budapest lenkte der schwarze Springer seinen weißen Widerpart auf geistreiche Weise ab und sicherte damit seinem Freibauern den Durchmarsch auf die Grundreihe.

□ G. Barcza
■ W. Simagin
Moskau 1949

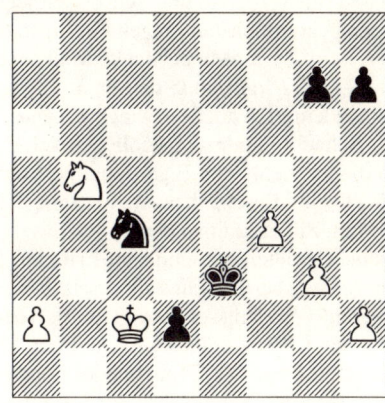

50... ♘a3+!
Weiß gab auf, da auf 51. ♘:a3 ♔e2 der weiße Bauer zur Dame geht.

Adams Michael, *17. November 1971 in Truro, englischer Großmeister.

Im Alter von 18 Jahren wurde Michael Adams der jüngste Landesmeister in der Schachgeschichte Englands. 1991, nach den Turniersiegen im spanischen Terrassa und in Groningen (Holland), sprang seine Ratingzahl über die Marke von 2600, die einen Großmeister der Extraklasse ausweist. Adams gehört seither zu den perspektivreichsten jungen Großmeistern der Welt. In Terrassa überflügelte Michael übrigens → *W. Iwantschuk*, den er im direkten Aufeinandertreffen auch bezwingen konnte.

Viele Schachfreunde und Kollegen schätzen auch die menschlichen Eigenschaften Michaels hoch ein: Bescheidenheit, Energie, Kaltblütigkeit, Zuvorkommenheit.

Zu seinen größten schachlichen Erfolgen gehören der Sieg bei den sehr stark besetzten K.-o.-Turnieren von Brüssel und Tilburg (beide 1992), der 1. Platz beim PCA-Qualifier 1993 in Groningen und der Erfolg bei der Londoner Etappe des Intel-Grand-Prix im → *Schnellschach* (1995). 1994 drang er durch einen Matchsieg gegen den Russen → *S. Tiwjakow* in das Halbfinale der PCA-Weltmeisterschaft vor, wo er später dem Inder Viswanathan Anand unterlag.

□ M. Adams
■ S. Tiwjakow

New York 1994

1. e4 c5 2. ♘f3 d6 3. ♗b5+ ♘c6 4. 0-0 ♗g4 5. h3 ♗h5 6. c3 ♕b6 7. ♘a3 a6 8. ♗a4 ♕c7 9. d4 b5 10. ♘:b5! a:b5 11. ♗:b5 0-0-0

12. b4! ♗:f3 13. g:f3 ♘b8 14. ♕a4 c4 15. d5 ♘f6 16. ♗e3 ♘fd7 17. ♗c6 e6 18. b5 e:d5 19. e:d5 ♘b6 20. ♕b4! ♗e7 21. a4 ♗f6 22. a5 ♘:c6 23. b:c6 ♘:d5 24. ♕b5 ♖de8 25. ♗b6 1-0

Adorján András, * 31. März 1950 in Budapest, ungarischer Großmeister, Schachtheoretiker und Trainer.

1989 erschien in Budapest (zwei Jahre später in Mannheim) ein Buch Adorjáns, das dem 13. Schachweltmeister gewidmet war: »Quo vadis, Garry?« Der Autor war einige Jahre mit → *G. Kasparow* befreundet gewesen und hatte ihn 1984–1985 und 1986 in den Wettkämpfen um die Schachkrone als Sekundant unterstützt. Adorjáns Buch über Kasparow wurde eine Art Beichte eines Schachspielers, der in den Strudel eines WM-Kampfes hineingeriet. Was hatte zwei Großmeister so unterschiedlichen Alters, die weit voneinander entfernt lebten, zusammengeführt? Offenbar hatten den jungen WM-Herausforderer bestimmte Eigen-

schaften Adorjáns angezogen wie die unermüdliche Suche nach neuen Wegen in der Schachtheorie, die Leidenschaft zur Analyse sowie die Unabhängigkeit der Sicht auf die Dinge in der Schachwelt und darüber hinaus. Es war kein Zufall, daß zu jener Zeit Systeme wie die → *Damenindische-* bzw. → *Grünfeld-Indische Verteidigung* Eingang in das Eröffnungsrepertoire Kasparows fanden. 1979 lernten sich die beiden kennen. In diese Zeit fallen auch Adorjáns größte sportliche Erfolge. Er teilte beim Interzonenturnier in Riga den 3.-4. Platz und wurde somit WM-Kandidat. 1980 scheiterte er im Viertelfinale des Kandidatenturniers zur Weltmeisterschaft nach hartem Kampf mit 4,5:5,5 am deutschen Großmeister → *R. Hübner*. In den nachfolgenden Jahren gewann Adorján die internationalen Turniere von Banja Luka (1983), Esbjerg (1985), New York (1987) und wurde ungarischer Meister (1984, 1993, 1994). Adorján ist bis auf den heutigen Tag einer der stärksten Schachspieler Ungarns.

□ A. Miles
■ A. Adorján

Riga, 1979

17... b5! 18. c:b5 a:b5 19. ♕d3 ♘e5 20. ♕:b5 ♕a7! 21. e4 ♕e3! 22. ♕f1 g5!!
droht 23... g4
23. ♖c2 ♖:a2! 24. ♘d5
24. ♖e1 ♕d3!
24... ♖:c2 25. ♘:e3 ♖c:b2 26. ♕e2 g4! 27. f4
27. ♘:g4 ♘f:g4 28. f:g4 ♗g5! oder 27. f:g4 ♘:e4
27... ♘:e4 28. ♘ef1 ♘:d2 29. ♖:d2 ♖:d2 30. ♘:d2 ♘f3 31. ♕c4 ♖:d2+ 32. ♔f1 ♗f6
Es droht undeckbar 33... ♗d4 nebst 34... ♖f2 matt, daher gab Weiß auf.

Agdestein Simen, * 15. Mai 1967, erster norwegischer Großmeister.
Einer der technisch besten Fußballer aller Zeiten, der Holländer Johan Cruijff, hat einmal gesagt, daß jeder Fußballspieler Schach spielen können sollte. Aber ein professionelles Niveau sowohl in der einen als auch in der anderen Disziplin zu erlangen ist bisher lediglich Simen Agdestein gelungen. Er war schon als 15jähri-

ger bei der Schacholympiade für Norwegen im Einsatz und schaffte mit 9/12 das beste Ergebnis am 4. Brett. In jenem Jahr wurde Simen durch einen 3:1-Stichkampferfolg gegen Bern Tiller auch norwegischer Landesmeister. Mit 18 Jahren teilte Agdestein beim Interzonenturnier in Mexiko den 6.-7. Rang unter 16 Teilnehmern und verstand, daß es an der Zeit war, sich für eine der geliebten Sportarten zu entscheiden. Er beschloß, sich fortan auf den Kampf auf den 64 Feldern zu konzentrieren. Bald stellten sich neuerliche Erfolge ein. Dazu zählt auch das ehrenvolle 2:2 gegen Exweltmeister → *A. Karpow* in einem Trainingswettkampf des Jahres 1991.

Agsamow Georgi, * 6. September 1954 in Almalyk, † 27. 8. 1986, erster Großmeister Mittelasiens.
»Es war einmal ein Vater, der hatte drei Söhne...« So beginnen viele Märchen, und weiter geht es meistens damit, daß sich der jüngste unter ihnen als talentiertester erweist und es im Leben weit bringt... In der Familie des usbekischen Chirurgen Tadschichon Agsamow gab es auch drei Söhne: Wjatscheslaw, Waleri und Georgi. Alle hatten vom Vater die Liebe zum Schach vererbt bekommen. Tatsächlich

war der jüngste – Georgi – der beste von ihnen. Mit elf Jahren wurde er bereits Meister seiner Heimatstadt Almalyk – wohlgemerkt unter den Erwachsenen. Sein Spiel ließ eine originale kombinatorische Handschrift sowie die Neigung erkennen, möglichst viele Figuren auf dem Brett zu behalten. Außerdem war er außergewöhnlich hartnäckig in der Verteidigung. Mit 19 erhielt Georgi den Meistertitel zugesprochen. Hierin taten es ihm seine zwei Brüder bald darauf noch gleich, aber das Überspringen der Großmeisterhürde blieb nur einem Vertreter der »Dynastie« der Agsamows vorbehalten. Nach dem Abschluß der Institutsausbildung – er studierte englische Sprache und Literatur – widmete Georgi dem praktischen Schachspiel mehr Zeit und strebte danach, tiefer in seine Geheimnisse einzudringen. 1981 ergab sich am Spitzenbrett Usbekistans auf der Völkerspartakiade erstmals die Gelegenheit, mit Schachspielern der Extraklasse wie → *M. Tal*, → *T. Petrosjan*, → *B. Spasski*, → *L. Polugajewski* oder → *M. Taimanow* die Klingen zu kreuzen. Die 4,5/9 bestärkten seinen Glauben an seine eigene Stärke. Nach dem erfolgreichen Auftritt bei der UdSSR-Meisterschaft, wo er mit Beljawski den 6.-7. Platz teilte, folgte binnen zweier Jahre eine Reihe sechs glänzender Siege bei internationalen Turnieren, darunter in Belgrad (1982), Vrsac (1983), Sotschi (1984). Dabei erfüllte er fünfmal die Norm für den Großmeistertitel, welcher ihm 1984 beim Fide-Kongreß in Saloniki verliehen wurde.

Seinen zielstrebigen Aufstieg im Schach kommentierte Agsamow selbst mit den Worten: »Ich liebe einfach dieses Spiel, und das bedeutet, daß ich mich, soweit ich mich erinnere, nie gescheut habe, am Brett mit voller Hingabe zu arbeiten.«

□ G. Agsamow
■ G. Tringow

Stara-Pasowa, 1983

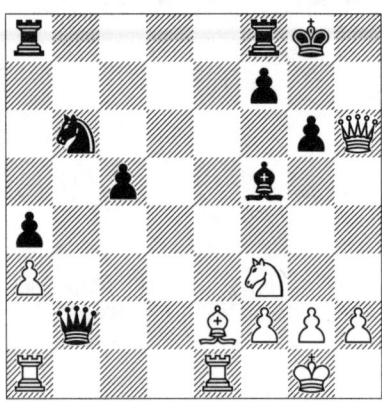

25. g4! ♗c2
Das Schlagen des Bauern führt zum Figurenverlust: 25... ♗:g4 26. ♘g5 ♕g7 27. ♕:g7+ ♔:g7 28. ♗:g4.
26. ♖a2! ♕:a2 27. ♘g5 ♖fe8 28. ♕h7+ ♔f8 29. ♕h8+ ♔e7 30. ♗b5+! ♔d6 31. ♕f6+ ♖e6 32. ♘:f7+ ♔c7 33. ♖:e6 ♕b1+ 34. ♗f1 1-0

Das Leben von Georgi Agsamow endete auf tragische Weise am 27. August 1986. Bei einem Abendspaziergang auf der Krim in der Gegend von Sewastopol strauchelte er und stürzte von einem Felsen. Er war gerade 32 Jahre alt gewesen. Die Schachföderation Usbekistans führt seither Turniere durch, die dem Andenken Georgi Agsamows gewidmet sind.

Akopjan Wladimir, * 7. Dezember 1971 in Baku, armenischer Großmeister, Juniorenweltmeister 1991.

Vieles am sportlichen Werdegang von Akopjan erinnert an den Aufstieg des 13. Weltmeisters → *G. Kasparow*. Genau wie Garri wurde Wladimir in Baku geboren, wo er auch aufwuchs. Genauso früh – im Alter von fünf Jahren – erlernte er das Schachspiel. Er begeisterte sich ebenso für Fußball und las viel, besonders seinen Lieblingsschriftsteller Jack London. Selbst der Berufswunsch Pilot war bei beiden gleich. Zur Meisterschaft gelangte er durch den Fernunterricht der Schachschule von → *M. Botwinnik* und Kasparow. Seine Lehrer waren voll des Lobes. Kasparow: »Er gelangt sicher in die Top Ten des Weltschachs.« Botwinnik: »Akopjan hat das Zeug zum Weltmeister, aber er kann es nur schaffen, wenn er arbeiten wird wie Kasparow.« In gewisser Hinsicht hat Wladimir diese Prognosen bestätigt. Er wurde Weltmeister U-16 (1986), U-18 (1989) und U-20 (1991). Wie vor ihm Kasparow gewann er 1991 ein starkes Turnier im jugoslawischen Nikšić, wo er die Großmeisternorm überbot.

□ W. Akopjan
■ Cs. Horvath
Nikšić, 1991

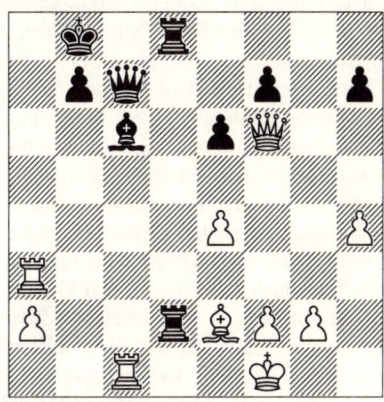

25. g3! ♖8d4 26. ♕h8+ ♖d8 27. ♕c3 ♖8d4 28. ♕c5 ♖:e4 29. ♗d3!
Ein schöner taktischer Schlag. Jetzt droht 30. ♕f8+ ♔c8 31. ♖a8+.
29... ♖a4 30. ♕f8+ ♔c8 31. ♕:c8+ ♔:c8 32. ♖:a4 ♖:d3 33. ♖g4 h5 34. ♖g5 1-0

Alapin-Eröffnung. Ein selten angewandtes System:1. e4 e5 2. ♘e2. Diese Fortsetzung wurde im 19. Jahrhundert vom österreichischen Meister Karl Maierhofer in die Turnierpraxis eingeführt. Ihre Idee besteht darin, das gegnerische Zentrum mittels der Vorstöße f2-f4 oder d2-d4 anzugreifen. In der Mitte des vorigen Jahrhunderts fand 2. ♘e2 die Beachtung eines der stärksten europäischen Schachspieler jener Zeit – → *H. Staunton*. Aber erst gegen Ende des 19. Jahrhunderts wandte der russische Meister Semjon Alapin (1856–1923) diese Eröffnung erfolgreich in internationalen Turnieren an. Heutzutage wird diese Variante allerdings kritisch gesehen – der weiße Springer auf e2 behindert die Entwicklung der eigenen Figuren. Schwarz kann ohne besondere Probleme mit Zügen wie 2... ♘f6; 2... ♘c6 oder 2... ♗c5 Ausgleich erzielen.

Alexandria Nana, * 13. Oktober 1949 in Poti, georgische Großmeisterin und Journalistin.
Die Frauenmeisterschaft der Sowjetunion 1966 begann für die junge Studentin Alexandria mit

zwei Niederlagen. In den folgenden 17 Runden bewies Nana ihren wahrhaft kämpferischen Charakter, spielte jede Partie auf Sieg und wurde mit 17 Jahren Landesmeisterin! Als Leitbild diente ihr → *W. Kortschnoj*: »Mir gefällt an ihm, daß er die ganze Partie über angestrengt arbeitet und weder sich noch dem Gegner eine Verschnaufpause gönnt.« Der erfahrene Trainer Alexander Konstantinopolski attestierte ihr die Fähigkeit zur sorgfältigen Stellungsanalyse. Sie sei »eine Taktikerin mit einem originellen Stil«. In jenem 66er Jahr schloß sie die Schule mit einer Goldmedaille ab und begann ein Fremdsprachenstudium an der Universität von Tbilissi.

Nana hat im Schach viel erreicht. Zweimal spielte sie ein Match um den Weltmeistertitel. 1975 unterlag sie → *N. Gaprindaschwili*, und 1981 rang sie → *M. Tschiburdanidse* ein Unentschieden ab. Dreimal wurde sie Landesmeisterin der UdSSR, sie gewann eine Reihe hochkarätiger internationaler Turniere, darunter Tbilissi 1968, Belgrad 1969, 1979, Biel 1986, 1987. Der maximale Einsatz in jeder Partie, der damit verbundene Aufwand an nervlicher Energie und physischer Kraft erlaubten es Alexandria nicht – hier wird eine Parallele zu Kortschnoj deutlich –, den Gipfel des Schacholymps zu erklimmen.

Nana ist über ihre unmittelbare Schachpraxis hinaus noch Direktorin des Pionierpalastes von Tbilissi (seit 1988), Schachreporterin des Rundfunks in Tbilissi, Autorin zahlreicher Artikel und des Buches »Das größte internationale Damenturnier in Georgien« (1988).

Zum Phänomen des Frauenschachs in Georgien befragt, wies sie auf dem wissenschaftlichen Seminar über Schach in Dresden 1988 nicht nur auf die Traditionen und die ausgezeichnete Nachwuchsförderung in ihrem Land hin, sondern auch auf die besondere Rolle der Psychologie: »Fragen Sie ein junges georgisches Mädchen nach ihren schachlichen Zielen, und Sie werden überrascht sein. Nicht eines träumt davon, Stadt- oder gar Landesmeisterin zu werden, nein, alle wollen die Nummer eins in der Welt sein.« Als sie 1986 zur Vorsitzenden der Kommission Frauenschach der Fide gewählt wurde, stellte sich Alexandria ein Ziel – um das Prestige des Frauenschachs anzuheben, sollten einerseits die Elo-Ausgangswerte von Frauen (1800) und Männern (2200) angeglichen (das ist inzwischen mit 2000 geschehen) sowie andererseits die Herren- und Damenweltmeisterschaft gleichzeitig ausgetragen werden (das steht noch aus).

□ N. Alexandria
■ T. Stadler
Ohrid, 1971

1. e4 e6 2. ♘f3 d5 3. ♘c3 ♘f6 4. e5 ♘fd7 5. d4 c5 6. ♗b5 ♘c6
Genauer ist 6... a6.
7. 0-0 ♗e7 8. d:c5 ♗:c5 9. ♗f4 0-0 10. ♗g3 a6 11. ♗d3 ♘b4 12. ♖e1 ♘:d3 13. ♕:d3 b5
Der richtige Plan bestand in der Umgruppierung 13... ♖e8 gefolgt von 14... ♘f8.
14. ♘d4! ♗b7 15. ♘ce2 ♗e7 16. ♕f3 ♘c5 17. ♘f4 ♕b6 18. ♕g4 ♖fc8 19. ♘h5 ♗f8 20. ♗h4! g6 21. ♘f6+ ♔g7 22. ♗g5
Es droht vernichtend 23. ♗h6+! 1-0

Alfons der Weise – Traktat (Libro de Ajedrez, Dados y Tablos de Alfonso X el Sabio).
In der arabisch-spanischen und europäischen Schachkultur des Mittelalters kommt dem Buch über Schach des Königs Alfons X. (1221–1284), genannt der Weise, ein bedeutender Rang zu. Das Verständnis für die Rolle des Schachs in der Gesellschaft stellte sich bei Alfons X. erst in späteren Jahren ein. Das machte der deutsche Schriftsteller Lion Feuchtwanger in seinem historischen Roman »Die Jüdin aus Toledo« sehr gut deutlich, indem er

den jungen König und seine Liebe zu Raquel, der nach maurischen Traditionen erzogenen Tochter eines aus Sevilla nach Toledo gekommenen jüdischen Kaufmanns, beschreibt. »Sie spielten Schach. Sie spielte gut und beteiligt und dachte lange nach, bevor sie zog. Das machte ihn ungeduldig, er forderte sie auf, endlich weiterzuspielen. Sie sah verwundert hoch, eine solche Aufforderung war in islamischen Ländern nicht üblich. Er selber, überschnell, wollte einmal einen Zug zurücknehmen. Sie war befremdet; hatte man eine Figur angerührt, dann mußte man mit ihr ziehen. Freundlich machte sie ihn auf die Regel aufmerksam. Er sagte: ›Bei uns ist es nicht so‹, und nahm den Zug zurück.« Teil II, Kap. 1. Zwei Jahrzehnte später hatte sich Alfons' Ansicht über dieses Spiel gewandelt. 1283 verfügte er die Abfassung eines »Buches über Schach«, da dieses Spiel von den damals in Spanien bekannten Brettspielen – wie es im Vorwort heißt – das »vornehmste sei, welches die höchste Meisterschaft erfordere«. Das Buch wurde zu einer Hymne auf ein Spiel des Geistes. Die Spielregeln wurden dargelegt und jede Seite des Werkes mit einer gemalten Miniatur verziert, die der künstlerischen Umrahmung einer Schachaufgabe diente – einer Mansube, die aus östlichen Traktaten entlehnt wurde. Ein Beispiel:

Miniatur aus dem Buch über Schach von Alfons dem Weisen 1283

Schwarz zieht und setzt in drei Zügen matt.
1... ♘b4+ 2. ♖:b4 ♖c3+ 3. ♔:c3 ♖e3 matt.

Unter den Personen, die in den 150 Miniaturen dargestellt sind, befinden sich König Alfons X. selbst sowie Akteure verschiedener gesellschaftlicher Schichten – Ritter (christliche und muselmanische), Gelehrte, Kaufleute, Handwerker, Ärzte, Musikanten und sogar geistliche Repräsentanten dreier Glaubensrichtungen – Mönche, Mullahs und Rabbiner –, Männer und Frauen, Junge und Alte...
Nach Auffassung des spanischen Historikers und Internationalen Schachmeisters Ricardo Calvo war es König Alfons X. höchstpersönlich, der den Schreibern das Werk in die Feder diktierte.

Aljechin Alexander, * 31. Oktober 1892 in Moskau, † 24. März 1946 in Estoril, vierter Schachweltmeister.
Mit sechs erlernte Alexander die Regeln des Schachspiels und konnte sich fortan nicht mehr davon losreißen. Anfangs lieferte er sich auf den 64 Feldern Duelle mit seinem älteren Bruder Alexej, seiner Schwester Warwara sowie mit seinen Altersgenossen am Gymnasium. Wenn er nach Hause kam, zog er sich gern auf sein Zimmer zurück, holte das Schachbrett hervor und tauchte in die Zauberwelt der Kombinationen ein. Wer dann hereinschaute, sah das Glänzen in den Augen des Jungen, der gänzlich vom Schachspiel in den Bann geschlagen war.
Mit sechzehn debütiert Aljechin in einem Nebenturnier des Deutschen Schachkongresses in Düsseldorf. Unmittelbar danach gewinnt er ein Trainingsmatch gegen den bekannten Mei-

ster Curt von Bardeleben mit 4,5:0,5. »Ungewöhnlich begabt«, so lautete das Urteil der Autoritäten, die Aljechins Partien zu jener Zeit begutachteten. Aber sein eigentlicher Höhenflug begann nach dem Sieg beim Allrussischen Amateurturnier von St. Petersburg 1909, das dem Andenken an Tschigorin gewidmet war. Aljechin wurde der Meistertitel verliehen und als Hauptpreis eine wertvolle Porzellanvase überreicht, die Zar Nikolai II. gestiftet hatte.

1910–1913 nimmt Aljechin, damals Student an der St. Petersburger Rechtsfakultät, an

einer Reihe bedeutender russischer und internationaler Turniere teil, wobei er erstmals auf Koryphäen des Weltschachs wie → *K. Schlechter*, → *S. Tarrasch*, → *O. Duras*, → *F. Marshall*, → *R. Teichmann*, → *R Spielmann*, → *S. Tartakower*, → *M. Vidmar* u. a. trifft und sich als würdiger Gegner erweist. → *Em. Lasker* sagte ihm schon anläßlich des St. Petersburger Schachkongresses 1914 eine große Zukunft voraus. Der 21jährige Aljechin belegt in diesem »Turnier der Champions« hinter Lasker und → *J. R. Capablanca* den dritten Rang und avanciert zu einem Anwärter auf den Weltmeistertitel. Er träumt fortan davon, den Schacholymp zu erklimmen, weiß aber sehr gut um die Schwere dieser selbstgestellten Aufgabe.

Er muß noch tiefer in die Geheimnisse des positionellen Kampfes eindringen, seine Verteidigungs- und Endspieltechnik vervollkommnen und neben den offenen auch geschlossene bzw. halbgeschlossene Eröffnungen beherrschen lernen.

Daneben galt es für Aljechin jedoch ganz andere Hindernisse zu überwinden. Der Erste Weltkrieg, zwei Revolutionen und der russische Bürgerkrieg brachten ihn sozusagen vom Regen in die Traufe. Nach dem Turnier von Mannheim wurde er interniert. Zurück in Rußland, schickte man ihn als Leiter eines Sanitätstrupps an die Front. Später arbeitete Alexander in einer Kriminalabteilung, versuchte sich als Filmschauspieler, war Übersetzer bei der Komintern…

Aber die Liebe zum Schach führte ihn immer wieder zu dem Gedanken zurück, diesem Spiel sein Leben zu widmen – nur so könne man Erfolg haben. 1921 trifft er den Entschluß, nach Frankreich zu emigrieren. Zu Anfang und Mitte der 20er Jahre vervollkommnet er stetig seinen Stil und beweist bei der Überwindung der eigenen schachlichen Mängel eine enorme Willenskraft. »Mit Hilfe des Schachs habe ich meinen Charakter geformt«, sagte er. »Das Schach lehrt einen vor allem, objektiv zu sein. Im Schach kann man aus sich einen großen Meister machen – nur durch das Erkennen der eigenen Fehler und Mängel. Genauso verhält es sich im Leben allgemein.«

Das eingehende Studium des Schaffens von Lasker und Capablanca brachte Aljechin zu dem Schluß, daß er sie gerade dort überflügeln müßte, wo sie am stärksten sind: in der Kunst der Behandlung einfacher Stellungen und in der Tiefe der psychologischen Einstellung auf den Gegner. Viel später schrieb er dazu: »Für den schachlichen Kampf ist vor allem die Kenntnis der menschlichen Natur unabdingbar, das Verständnis der Psychologie des Gegners. Früher kämpfte man nur gegen Figuren, doch wir kämpfen auch gegen den Kontrahenten – gegen seinen Willen, seine Nerven, seine individuellen Besonderheiten und – nicht zuletzt – gegen seine Eitelkeit.«

Die kolossale Arbeit an der Perfektionierung seines Spiels trug Aljechin zu Beginn der 20er Jahre eine Reihe von Siegen in großen inter-

nationalen Turnieren ein (Budapest 1921, Hastings 1922, Baden-Baden 1925). Er galt nun als erster Anwärter auf ein Match um die Schachkrone.
Hier folgt das Finale jener Partie, die Aljechin selbst neben seinem Sieg gegen Bogoljubow (Hastings 1922) zu den glänzendsten Leistungen seiner Schachkarriere zählte:

□ R. Reti
■ A. Aljechin
Baden-Baden, 1925

26... ♖e3! 27. ♘f3
27. f:e3 scheitert an 27... ♕g3+ nebst 28... ♘:e3. Mehr Widerstand leistete laut Aljechin 27. ♗f3! ♗:f3 28. e:f3! c:b5 29. ♘:b5 ♕a5!
27... c:b5 28. ♕:b5 ♘c3! 29. ♕:b7 ♕:b7 30. ♘:b7 ♘:e2+ 31. ♔h2 ♘e4!
Eine neuerliche Kombination, die in der Eroberung des ♘b7 gipfelt.
32. ♖c4! ♘:f2 33. ♗g2 ♗e6! 34. ♖cc2 ♘g4+ 35. ♔h3 ♘e5+ 36. ♔h2 ♖:f3! 37. ♖:e2 ♘g4+ 38. ♔h3 ♘e3+ 39. ♔h2 ♘:c2 40. ♗:f3 ♘d4
Weiß streckte die Waffen, da er nach 41. ♖e3 ♘:f3+ 42. ♖:f3 ♗d5! eine Figur verliert.

Am 16. September 1927 begann in der argentinischen Hauptstadt Buenos Aires der Zweikampf zwischen dem Weltmeister José Raoul Capablanca und seinem Herausforderer Alexander Aljechin. Zu jener Zeit zweifelte kaum jemand am Ausgang des Matches, das bis zum sechsten Sieg einer der Seiten gehen sollte. Die Kontrahenten waren zwar fast gleichaltrig, aber von bis dahin zehn Partien gegen Capablanca konnte Aljechin keine einzige gewinnen, mußte hingegen viermal eine Niederlage quittieren. Das Interesse an diesem Duell war trotzdem riesengroß.
Bereits die 1. Partie war ein Paukenschlag – Aljechin erzielte materiellen Vorteil, den er durch genaues Spiel im 44. Zug verwertete. Nach sieben Partien lag allerdings Capablanca mit 2:1 in Front. Aber Aljechin bewies ungeachtet permanenter Zahnschmerzen (während des Matches wurden ihm sechs Zähne gezogen!) eine beeindruckende Selbstbeherrschung und schaffte durch drei Siege den Umschwung des Kampfverlaufes. Die letzte, die 34. Partie wurde zweimal vertagt. Vor der zweiten Wiederaufnahme betritt Aljechin als erster den Saal. Er wartet auf seinen Gegner. Da eilt ein Bote herein, in der Hand ein Schriftstück: »Ich gebe die Partie auf und wünsche Ihnen Glück als Weltmeister. Glückwünsche auch an Ihre Gattin. Capablanca.«
Wir führen das herrliche Mattfinale aus der 11. Matchpartie an, als vier Damen (!) auf dem Brett waren.

□ J. R. Capablanca
■ A. Aljechin
Buenos Aires, 1927

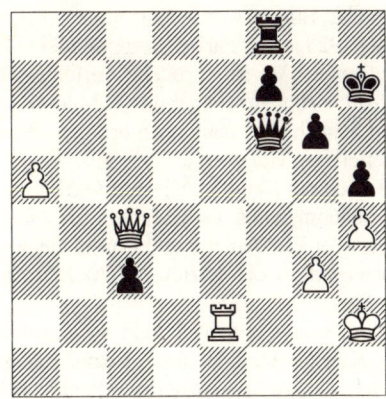

60... ♖d8! 61. a6 ♕f1! 62. ♕e4 ♖d2 63. ♖:d2 c:d2 64. a7 d1♕ 65. a8♕ ♕g1+ 66. ♔h3 ♕df1+!
Weiß gab auf, da auf 67. ♕g2 einfach 67... ♕h1 matt folgt.

In den folgenden Jahren bestätigte Aljechin in einer Reihe von bedeutenden Turnieren überzeugend seine Ausnahmestellung. Das gilt insbesondere für San Remo (1930) und Bled (1931), wo er ein Rekordergebnis erzielte und mit 21,5 Punkten aus 26 Partien den Zweitplazierten um 4,5 Zähler überflügelte.

Aljechin stellte seinen Titel viermal in WM-Zweikämpfen zur Disposition: gegen → *J. Bogoljubow* (1929: +11, -5, =9; 1934: +8, -3, =15) und gegen → *M. Euwe* (1935: +8, -9, =14; 1937: +10, -4, =11). Er unterlag Euwe im ersten Match, holte sich dann aber – ein bis dahin einmaliger Fall in der Schachgeschichte – den Titel im Revanchekampf zurück.

Die Schachkarriere Aljechins ist reich an sportlichen und kreativen Höchstleistungen. Er bestritt 92 große Turniere, wobei er 63 erste Preise holte, und spielte 23 Zweikämpfe. Alles in allem kam er dabei auf 1288 Turnierpartien, wovon er 750 gewann, 406 remisierte und nur 132 verlor.

Die überwältigende Leidenschaft zum Schach bedingte jedoch keine Einseitigkeit der Interessen und Hobbys Aljechins. Er beherrschte mehrere Sprachen, darunter auch klassische wie Altgriechisch und Latein, er liebte die Literatur, die Musik, die Malerei und war ein begeisterter Schwimmer, Radfahrer und Tennisspieler. Einmal wurde Aljechin gefragt, warum er 1925 an der Pariser Sorbonne seine Dissertation in der Jurisprudenz verteidigt hat. Die Antwort: »Nur ein gebildeter Mensch kann es im Schach ganz nach oben bringen. Wissen erweitert den Horizont.«

Und noch ein Detail – Aljechin verfügte über ein phänomenales Gedächtnis. Er war ein glänzender Blindspieler und kannte die besten Meisterpartien der letzten 60–70 Jahre auswendig.

»Für mich ist das Schach kein Spiel, sondern eine Kunst.« Gerade diese Beziehung zum Schach war es, die sowohl in Aljechins eigener Praxis als auch in den vielzähligen Arbeiten über das Schach durchschien. Zu seinen bekanntesten Werken zählen »Meine besten Partien 1908–1923«, »Auf dem Weg zur Weltmeisterschaft« sowie die Turnierbücher über die Anlässe New York 1924 und 1927, Kecskemét 1927 und Nottingham 1936. Die Jahre des Zweiten Weltkriegs waren für Aljechin eine Zeit harter Prüfung. Das Schicksal wollte es, daß er sich auf von den Nazis okkupiertem Boden befand. Er beteiligte sich weiterhin an Turnieren, seine moralische und physische Verfassung verschlechterte sich jedoch zusehends. Nach dem Krieg wurde Aljechin vom Champion Sowjetrußlands, Michail Botwinnik, zum Zweikampf um die Weltmeisterschaft herausgefordert. Die Engländer erklärten sich bereit, den Wettkampf in London auszurichten. Doch plötzlich verstarb Aljechin am 24. März 1946 in Estoril bei Lissabon. Dort wurde er auch beerdigt. Zehn Jahre später wurden die sterblichen Überreste Alexander Aljechins nach Paris auf den Friedhof Montparnasse überführt, wo ein Denkmal mit dieser Inschrift steht: »Dem Genie des Schachs Rußlands und Frankreichs«.

Aljechin-Verteidigung, eine Eröffnung, die mit den Zügen 1. e4 ♘f6 beginnt und bereits 1811 in Allgaiers Handbuch erwähnt wird. Eingangs der 20er Jahre dieses Jahrhunderts befaßte sich der Moskauer Schachspieler und Problemist Michail Kljazkin (1897–1926) mit dieser Eröffnung, aber erst nachdem sie Alexander Aljechin in seiner Partie gegen Endre Steiner in die internationale Turnierpraxis eingeführt hatte, wurde sie anerkannt. Bekannte Schachspieler wie → *S. Tartakower*, E. Grünfeld, B. Kostić, → *S. Flohr*, → *W. Kortschnoj*, → *B. Larsen*, W. Mikenas, W. Bagirow u.a. haben sich um sie verdient gemacht.

Die Grundidee besteht in der Schwächung des weißen Bauernzentrums durch einen mit Sprengungszügen wie d7-d6, f7-f6 und c7-c5 kombinierten Figurendruck. Der Kampf nimmt von Anfang an einen scharfen, spannenden Verlauf. Zu den in der Praxis am häufigsten anzutreffenden Systemen gehören das Vierbauernsystem (2. e5 ♘d5 3. d4 d6 4. c4 ♘b6 5. f4 d:e5 6. f:e5 ♘c6 7. ♗e3 ♗f5 8. ♘c3 e6 9. ♘f3 ♗e7); das Moderne System (2. e5 ♘d5 3. d4 d6 4. ♘f3 ♗g4 5. ♗e2 e6 6. 0-0 ♗e7 7. c4 ♘b6 usw.); das Abtauschsystem (2. e5 ♘d5 3. d4 d6 4. c4 ♘b6 5. e:d6 e:d6 6. ♘c3 g6 7. ♘f3 ♗g4 8. ♗e2 ♗g7 9. ♗g5 ♕d7 usw.); das System der Springerverfolgung (2. e5 ♘d5 3. c4 ♘b6 4. c5 ♘d5 5. ♘c3 e6 6.

♗c4 d6 7. ♘:d5 e:d5 8. ♗:d5 c6 9. ♗:f7+ ♔:f7 10. c:d6 ♕e8 11. ♕f3+ ♔g8 12. ♕e3 ♗e6 13. ♘e2 ♘d7 usw.) u. a.

Allgaier Johann, * 19. Juni 1763 in Schussenried, † 3. Januar 1823 in Wien, stärkster Schachspieler Österreichs ausgangs des 18. und Anfang des 19. Jahrhunderts, Schachtheoretiker.

Johann Allgaier stammte aus Deutschland, wo er auch geboren wurde. Er studierte gemäß dem Willen seines Vaters Theologie, fühlte sich zu diesem Fach aber nicht berufen und siedelte nach Polen über, wo er mit dem Schachspiel Bekanntschaft schloß. Als Allgaier nach Wien kam, war er bereits ein so starker Spieler, daß er sich durch Kaffeehauspartien seinen Lebensunterhalt verdienen konnte. Außerdem schlüpfte er mitunter in den Schachautomaten des Baron Kempelen.

Aber eine wahrhafte Befriedigung verschaffte dem Meister nur sein Werk »Neue theoretischpraktische Anweisung zum Schachspiele« (Wien 1795), das zu seinen Lebzeiten viermal aufgelegt wurde und als bestes Schachlehrbuch in der deutschen Sprache galt. Darin waren sowohl die wichtigsten Gedanken einer ganzen Schachepoche verallgemeinert als auch viel Neues dargelegt, insbesondere was die Methodik der Lehre des Schachspiels angeht. In Anknüpfung an → Philidor räumt Allgaier erstmals der Ausarbeitung des Planes in der Schachpartie einen bedeutenden Platz ein. Wie auch bei Philidor findet sich bei Allgaier noch keine systematische Ausarbeitung der Eröffnungstheorie. Ebenso wie der Franzose nahm er fälschlicherweise an, daß man die Springer erst dann nach f3 bzw. c3 entwickeln sollte, nachdem der Aufzug der Bauern nach f4 bzw. c4 erfolgt ist. Die angeführten Partien und zahlreiche Beispiele aus den Büchern von → Lolli und → Ponziani zeugen davon, daß Allgaier sich zum lebhaften Figurenspiel hingezogen fühlte. Deshalb widmete der Wiener Meister dem Königsgambit besondere Aufmerksamkeit. Ein Abspiel dieser Eröffnung trägt die Bezeichnung Allgaier-Gambit: 1. e4 e5 2. f4 e:f4 3. ♘f3 g5 4. h4 g4 5. ♘g5 h6 6. ♘:f7 ♔:f7.

Unter den Neuentwicklungen Allgaiers ragen weiterhin die Eröffnungstabellen in algebraischer Schrift (dritte Auflage seines Werkes, 1811) sowie ein Kapitel über die psychologischen Besonderheiten des Schachspiels heraus.

Almasi Zoltan, * 29. August 1976, ungarischer Großmeister.

Einen Paukenschlag brachte das Großmeisterturnier von Altensteig im Juli 1993. Der erst 16-jährige Ungar Zoltan Almasi gewann mit 8,5/11, distanzierte den Zweitplazierten, den Weltklassespieler → A. Jussupow, um 1,5 Punkte und überbot spielend die Großmeisternorm, die bei 7 Zählern lag! Ende 1994 legte der U-18 Weltmeister und Autonarr Almasi, inzwischen beim Dresdner SC in der Bundesliga aktiv, noch einen höheren Gang ein und dominierte das stark besetzte Turnier im holländischen Groningen (vor Jussupow, → A. Beljawski u. a.).

□ I. Sokolov
■ Z. Almasi

Groningen, 1994

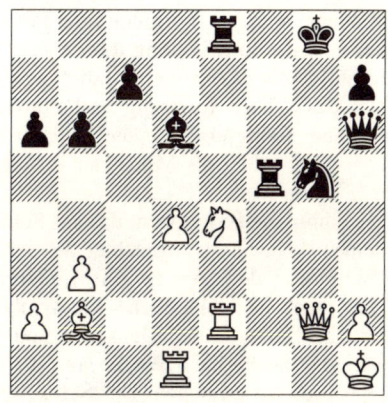

37... ♖:e4! 38. ♖:e4 ♗:h2! 39. ♗c1
39. ♖g4 ♗f4+ 40. ♔g1 ♗e3+; 39. ♕:h2 ♕:h2+ 40. ♔:h2 ♘:e4
39... ♗g3+ 40. ♔g1 ♗h2+ 41. ♔h1 ♗g3+ 42. ♔g1 ♕h5! 43. ♖e8+ ♕:e8 44. ♕:g3 ♕e2 0-1

Im Hause Almasi gibt es noch einen weiteren starken Schachspieler, doch Zoltans drei Jahre älterer Bruder Istvan hat es bislang »nur« zum Internationalen Meister gebracht ...

Alter und Schach. Diesem Thema kann man sich von verschiedenen Seiten nähern. In welchem Alter sollte man am besten das Schach erlernen? Warum begeistert dieses Spiel gleichermaßen Kinder und Jugendliche, Menschen mittleren bzw. höheren Alters? Welchen Einfluß hat das Alter auf die sportliche und die kreative Leistung?

Auf die erste Frage fällt die Antwort leicht – es kommt nicht darauf an, wie alt man ist, wenn man die Regeln erlernen und den unbeschreiblichen Zauber des Schachs erfahren will. Aber wenn man in der Kindheit damit beginnt, wird man natürlich schneller und leichter hinter die Weisheiten dieses Spiels gelangen. Das Schach besitzt besonders auf Kinder in frühem Schulalter eine nützliche Wirkung. Eben dann läßt sich auch erkennen, ob das Kind ein Talent für dieses Spiel besitzt. Menschen beliebigen Alters empfinden Freude am Schach, wenngleich die geistigen Bedürfnisse altersabhängig variieren können.

Für Kinder und Jugendliche öffnet das Schach eine besondere Welt von Erlebnissen und Empfindungen, die die Formung ihrer Persönlichkeit und die Entwicklung ihrer Fähigkeiten beeinflussen. Die mittleren Jahrgänge betrachten das Schach vorrangig als kulturellen Gegenstand, während es für die »älteren Semester« nicht selten als Mittel der Erholung dient.

Woher rühren die Emotionen, die das Schach bei seinen Anhängern ungeachtet des Alters auslöst? Nun, jede Partie ist ein Miniaturabbild des menschlichen Lebens. Sie symbolisiert die Hoffnungen der Menschen und die angestrengte Suche nach Wegen, um die gesteckten Ziele zu erreichen. Der Schachspieler durchlebt innerhalb weniger Stunden Zusammenbrüche, Leidenschaften und andere Schattierungen eines großen Dramas. Und in diesem Stück ist er nicht unbeteiligter Zuschauer, sondern steckt mittendrin und lernt die Freude des Sieges und die Bitternis der Niederlage am eigenen Leibe kennen. Von Kindheit an bis ins hohe Alter hinein dient das Schach dem Menschen als Stimulans, seine geistigen Fähigkeiten zu entwickeln bzw. zu bewahren.

Das Turnierschach stellt eine hohe psychische und physische Belastung dar. Logisch, daß das Alter der Akteure nicht ohne Auswirkung auf ihre sportlichen Erfolge bleibt. Aber im Unterschied zu Sportarten wie Fußball, Tennis oder Eishockey kann man im Schach bis ins Alter hinein konkurrenzfähig bleiben. Die internationale Turnierpraxis zeigt, daß das beste Schachalter zwischen 20 und 30 Jahren liegt und daß die Leistungskurve vom 30. bis zum 40. zum 45. Lebensjahr nach unten geht. Gemäß Nikolai Krogius, Psychologe und Schachgroßmeister, wurden stabile sportliche Resultate im Alter vor allem bei Schachspielern beobachtet, die auch auf anderen Feldern geistiger Tätigkeit sehr aktiv sind. In der Schachgeschichte finden sich Beispiele für Schachspieler, die zwischen dem 60. und 70. Lebensjahr große Erfolge auf internationalen Turnieren feiern konnten: → *W. Steinitz* (Wien 1898, 4. Platz, 62 Jahre); → *Em. Lasker* (Moskau 1935, 3. Platz [ohne Niederlage], 67 Jahre); → *S. Tarrasch* (Wien 1922, 4.-6. Platz mit → *A. Aljechin* und → *G. Maróczy*, 60 Jahre); O. Bernstein (London 1949, 1. Platz, 67 Jahre); → *W. Smyslow* (Kopenhagen 1986, 1.-4. Platz, 65 Jahre). Smyslow gewann mit 62 Jahren das Halbfinal-Match des Kandidatenturniers zur Weltmeisterschaft gegen den 32jährigen Ungarn → *Z. Ribli* (1983, 6,5:4,5) und scheiterte erst im Finale am späteren Weltmeister → *G. Kasparow!*

Was einzelne Partien angeht, können auch Schachspieler in weit fortgeschrittenem Alter noch so manches Kunstwerk aufs Brett zaubern. Für die folgende Partie erhielt der damals 72jährige Großmeister Ossip Bernstein (1882–1962), der in einem Turnier in Uruguay mit → *M. Najdorf* den 2-3. Platz teilte, einen Schönheitspreis zugesprochen.

□ O. Bernstein
■ M. Najdorf

Montevideo, 1954

1. d4 ♘f6 2. c4 d6 3. ♘c3 ♘bd7 4. e4 e5 5. ♘f3 g6 6. d:e5 d:e5 7. ♗e2 c6 8. 0-0 ♕c7 9. h3 ♘c5 10. ♕c2 ♘h5 11. ♖e1 ♘e6 12. ♗e3 ♗e7 13. ♖ad1 0-0 14. ♗f1 ♘hg7 15. a3 f5 16. b4 f4 17. ♗c1 ♗f6 18. c5 g5 19. ♗c4 ♔h8 20. ♗b2 h5

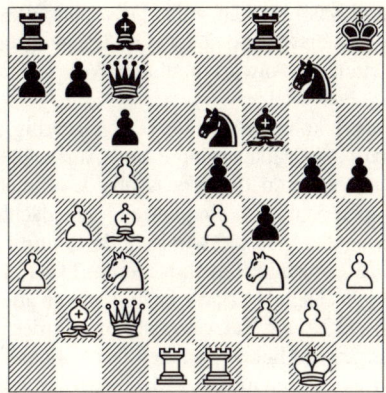

21. ♘d5! c:d5 22. e:d5 ♘d4 23. ♘:d4 e:d4
24. d6 ♕d7 25. ♖:d4! f3 26. ♖de4! ♕f5 27.
g4 h:g4 28. h:g4 ♕g6 29. ♖e8!! ♗f5 30. ♖:a8
♖:a8 31. g:f5 ♕h5 32. ♖e4 ♕h3 33. ♗f1
♕:f5 34. ♖h4+! g:h4 35. ♕:f5 ♘:f5 36.
♗:f6+ ♔g8 37. d7   1-0

Analyse. So wie der Mensch nicht ohne Sauerstoff leben kann, so undenkbar ist das Schach ohne die Analyse. Man unterscheidet die Analyse am Brett, wenn der Schachspieler Varianten und Kombinationen berechnet, ohne die Figuren zu bewegen sowie die häusliche Analyse bzw. die Analyse unmittelbar nach der Partie, wenn der Akteur nicht durch zeitliche Zwänge begrenzt ist und nach Herzenslust die Figuren über das Brett schiebt.

Die häusliche Analyse ist sehr vielgestaltig. Sie umfaßt die Eröffnungsvorbereitung, das eingehende Partienstudium und schließlich die sorgfältige Betrachtung von Hängepartien. Es ist dann besonders schwer, eine Position objektiv einzuschätzen, wenn sie auf den ersten Blick einen Gewinn verspricht. Wie tief muß man doch in die Geheimnisse der Stellung eindringen, um alle Klippen zu umschiffen und die Partie zum Sieg zu führen oder eine scheinbar hoffnungslose Position zu retten!

Beim Interzonenturnier in Riga 1979 spielte der Tunesier Slim Bouaziz gegen den englischen Großmeister → *A. Miles* eine ausgezeichnete Partie und erzielte einen überwältigenden Vorteil. Die Partie wurde vertagt, und viele Journalisten beeilten sich, die Sensation zu verkünden. Sie waren sich sicher, daß der haushohe Favorit Miles die Partie ohne Wiederaufnahme verloren geben würde. Der Engländer erschien jedoch zum festgesetzten Zeitpunkt am Brett und setzte den scheinbar aussichtslosen Kampf fort.

□ S. Bouaziz
■ A. Miles
Riga, 1979

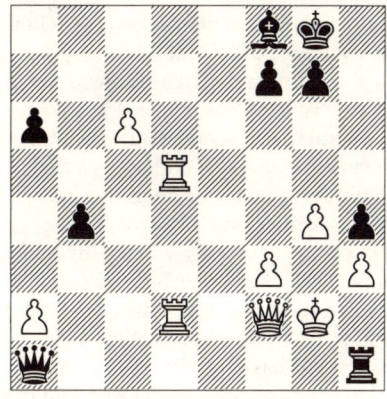

42... ♖c1 43. ♖c2 ♕b1 44. ♖dd2 ♖h1
Es scheint so, als ob Schwarz einfach Zeit schindet und bloß nicht aufgeben will.
45. c7
Richtig war erst 45. ♖d8 und danach 46. c7.
45... ♖:h3!! 46. ♔:h3
Weiß ist siegessicher, ansonsten hätte er mit 46. ♕f1 ♖g3+ 47. ♔f2 ♖:f3+ 48. ♔:f3 ♕f1+ 49. ♔e4 und Dauerschach auf Remis umgeschaltet.
46... ♕h1+ 47. ♕h2 ♕:f3+ 48. ♔:h4 ♗e7+ 49. g5

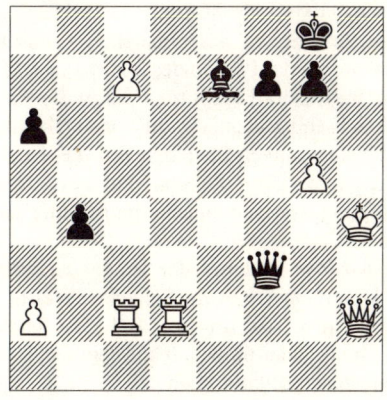

49... ♗:g5+!!
Hier mußte sich Weiß geschlagen bekennen, denn nach 50. ♔:g5 f6+ wird er sowohl bei 51. ♔h4 g5 als auch nach 51. ♔g6 ♕g4 mattgesetzt.

Eine eindrucksvolle Demonstration dessen, was man unter der Kunst der häuslichen Analyse versteht!

Wie entwickelt man die Fähigkeit, Stellungen zu analysieren? Das beste Mittel ist die Teilnahme an Turnieren, denn während der eigenen Partie ist der Denkprozeß des Schachspielers aufgrund der sportlichen Bedeutung am konzentriertesten. Die Turnierpraxis fördert die Technik der Variantenberechnung sowie das schnelle Treffen von Entscheidungen, deren Effektivität vom Gegner ständig auf die Probe gestellt wird. Für junge Schachspieler empfiehlt sich dazu das systematische Lösen von Aufgaben und Studien und natürlich das Nachspielen von Meisterpartien. Dabei sollte man erst selbst einen Zug vorschlagen und diesen danach mit dem Text der Partie vergleichen. Wenn die eigene Variante mit der tatsächlich gespielten nicht übereinstimmt, sollte man die Kommentare qualifizierter Schachspieler zu Rate ziehen, um den Dingen auf den Grund zu kommen. Die Kommentierung der eigenen Partien ist ebenfalls ein wirksames Mittel, die Analysefähigkeit zu verbessern.

Eine weitere wichtige Richtung der Analysetätigkeit, die oft über das Wohl und Wehe des Turnierspielers entscheidet, darf man nicht unter den Tisch fallen lassen. Gemeint ist die objektive Einschätzung der starken und schwachen Seiten des eigenen Spiels sowie das Studium der Partien des kommenden Gegners. Im Idealfall kann man durch die Arbeit mit Schachdatenbanken zu aussagekräftigen Schlußfolgerungen über den Stil des Kontrahenten bzw. über die von ihm bevorzugten Eröffnungssysteme und Stellungsbilder kommen.

Die Analyse ist einer der Hauptbestandteile der kreativen Arbeit im Schach. »Wer es im Schach zu etwas bringen will«, so Michail Botwinnik, »der muß sich auf dem Gebiet der Analyse vervollkommnen.«

Anand Viswanathan, * 11. Dezember 1969 in Madras, erster indischer Großmeister, aussichtsreicher Anwärter auf den Weltmeistertitel.

»Schnell, kühn, sehr gefährlich, zielstrebig, rätselhaft«, so lauten einige der Attribute, die Anand zugeordnet werden. Außerdem bescheinigt man dem Inder ein glänzendes Gedächtnis. Viswanathan Anand wurde in der Familie eines Eisenbahningenieurs geboren. Die Regeln des Schachspiels erlernt er von seiner älteren Schwester. Der Vater erkennt und fördert die außergewöhnlichen Anlagen des Sohnes. Mit dreizehn Jahren nimmt »Vishi« erfolgreich an Turnieren teil, mit siebzehn wird er Juniorenweltmeister und läßt dabei seinen Hauptkonkurrenten → W. Iwantschuk hinter sich. Bald darauf wird ihm der Großmeistertitel verliehen. Anands taktische Spielweise zu jener Zeit wird sehr gut durch die folgende Partie illustriert:

□ V. Anand
■ J. Wasjukow

Delhi, 1987

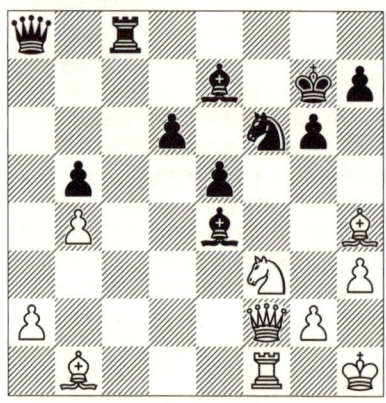

35. ♗:f6+! ♗:f6 36. ♘d2! ♗f5 37. ♗:f5 g:f5 38. ♕:f5 ♖f8 39. ♕d7+ ♖f7 40. ♕:d6 ♕:a2 41. ♘e4 ♕c4 42. ♘g3 ♗e7 43. ♕:e5+ ♔g8 44. ♖e1 ♗f8 45. ♖e4! ♖e7 46. ♕g5+ ♖g7 47. ♕e3 ♕f7 48. ♖f4 ♕d5 49. ♕e8! ♖f7 50. ♖g4+ ♔h8 51. ♔h2 h6

Besser war 51... ♖f2! mit Rettungschancen.
52. ♖e4 ♕d7 53. ♕a8 ♔h7 54. ♕e8 ♗d6 55. ♖h8+ ♔g6 56. ♕g8+ ♖g7 57. ♕b3 ♔f6 58. ♕f3+ ♔e7 59. ♕f8+ ♔e6 60. ♖:h6+ ♔d5 61. ♖:d6+! 1-0

Der erfahrene sowjetische Großmeister Jewgeni Wasjukow äußerte sich danach in der Zeitschrift »64 – Schachrundschau« sehr lobend über den jungen Inder: »Die Realisierung des Vorteils und der abschließende Angriff wurden sehr präzis und elegant vorgetragen. Ja, mit Anand müssen wir ernsthaft rechnen.«
Anands Interessen beschränken sich nicht auf Schach – 1988 geht er aufs College von Madras. Mit wachsenden schachlichen Erfolgen entschließt er sich aber bald dazu, Schachprofi zu werden.
Der Stil Anands zeichnet sich durch die Originalität kombinatorischer Entscheidungen sowie durch eine phänomenale Geschwindigkeit des Denkens aus. Anand, der mitunter als »menschlicher Computer« oder »indischer Capablanca« bezeichnet wird, gilt als der Schachspieler in der Welt, der am schnellsten Varianten berechnen kann. Er verbraucht pro Partie gewöhnlich nur halb soviel Bedenkzeit, wie ihm gemäß den Regeln zusteht! »Zeitnot« ist für ihn ein Fremdwort. »Das Spiel Anands hat etwas Besonderes, Östliches, uns Unbegreifliches an sich. Unsereins sieht nicht nur das Leben, sondern auch das Schachbrett mit anderen Augen.« So charakterisierte → A. Karpow den Stil des Inders. Exweltmeisterin → M. Tschiburdanidse, die »Vishi« von ihren zahlreichen Turnierteilnahmen in Indien her kennt, verweist auch auf seine angenehmen menschlichen Eigenschaften: »Ich bin bekennende Anhängerin Anands. Er ist ein fröhlicher und liebenswerter Typ, darüber hinaus sehr talentiert, und er hat glänzende Ideen.«
1991 startet Anand im heimatlichen Madras seinen ersten Versuch, den Schacholymp zu erklimmen. Im Kandidatenturnier schlägt er den sowjetischen Großmeister → A. Drejew mit 6:2. Danach unterliegt er in Brüssel keinem Geringeren als Anatoli Karpow knapp mit 3,5:4,5.
Die folgenden Auftritte Anands können sich wahrlich sehen lassen. Sensationell sein Erfolg in → *Reggio Emilia* zum Jahreswechsel 1991/1992, wobei er → *G. Kasparow*, → *B. Gelfand*, W. Iwantschuk, A. Karpow und andere Supergroßmeister hinter sich lassen kann. Glänzend sein Sieg gegen Weltmeister Kasparow:

□ G. Kasparow
■ V. Anand

Reggio Emilia, 1992

17... ♛:a2! 18. ♗:f6 ♗g6! 19. ♖a3 ♛d5 20. h4 g:f6 21. h5 ♛:d4 22. h:g6 h:g6 23. ♖ah3 f5 24. ♖h4 f4! 25. ♛f3
Laut Kasparow verdiente 25. g3 den Vorzug.
25... ♖ac8! 26. ♖:f4 ♛c5 27. c3 ♔g7 28. ♖hh4
28. ♖fh4!
28... ♛e5 29. g3 ♛e1+ 30. ♔c2 ♖cd8 31. ♖d4 ♛e5 32. ♖hf4 ♛c7 33. ♛e3 e5 34. ♖:d8 ♖:d8 35. ♖e4 ♖d5 36. g4 b5! 37. g5 ♛d6 38. f3 a5 39. ♛e2 ♛e6 40. ♛h2 ♛f5 41. ♛g3

♕d7 42. ♕e1 b4! 43. c:b4 ♕a4+ 44. b3 ♕a2+ 45. ♔c3 a4 46. b:a4 ♕a3+ 47. ♔c2 ♕:a4+ 48. ♔c3 ♕a3+ 49. ♔c2 ♖d3   0-1

Anands zweiter Ansturm auf den Schachthron der → *Fide* ließ sich mit einem 4,5:2,5 gegen → *A. Jussupow* gut an, wurde dann aber jäh von → *G. Kamsky* gestoppt, dem »Vishi« im indischen Sanghi Nagar trotz deutlicher Führung und einem 4:4-Zwischenstand im Tiebreak unterlag. »Ich spiele nie mehr in Indien«, so wurde Anand in der Presse zitiert. Der Erwartungsdruck seiner Landsleute, aber auch ein sich steigernder Kamsky hatten sein Spiel gelähmt. Beim parallellaufenden WM-Zyklus der → *PCA* hatte er mehr Glück und zog nach sicheren Erfolgen über → *O. Romanischin* (5:2) und → *M. Adams* (5,5:1,5) in das Kandidatenfinale ein. Dort traf er im März 1995 in Las Palmas wiederum auf Gata Kamsky. Anand gelang die Revanche (6,5:4,5), womit er sich für das WM-Match der PCA gegen Garri Kasparow qualifizierte. Im Titelkampf 1995 im World Trade Center von New York unterlag er Weltmeister Kasparow mit 7,5:10,5 (+1, -4, =13).

Anderssen Adolf, * 7. Juli 1818 in Breslau, † 13. März 1879 in Breslau, Mitte des 19. Jahrhunderts einer der stärksten Schachspieler der Welt, Vertreter der romantischen Schule.
Das 19. Jahrhundert bescherte der Welt zwei große Anderssens – den wunderbaren dänischen Märchenerzähler Hans Christian (1805 bis 1875) und das deutsche Genie der Schachkombinationen Adolf. Das Schaffen dieser Zeitgenossen wies in das Zauberreich der Phantasie – ihre Werke erlangten Unsterblichkeit.
… Im Herbst 1851 erwarteten die Schüler einer Klasse des Friedrich-Gymnasiums zu Breslau mit Ungeduld den Beginn der Mathematikstunde. Endlich betrat ein großgewachsener, etwas gebückter Mann mit massiver Stirn und sich abzeichnendem Haarausfall das Klassenzimmer und begrüßte seine Schützlinge auf seine etwas ungelenke, aber sympathische Art zum Beginn des Schuljahres. Als Antwort schallte ihm ein freudiges und donnerndes »Vivat! Vivat Adolf Anderssen!« entgegen.

Ja, der Sommer 1851 hatte Anderssen eine riesige Bekanntheit gebracht – er hatte in London das erste internationale Turnier der Schachgeschichte gewonnen und war zu einer der bekanntesten Persönlichkeiten Deutschlands aufgestiegen. Dutzende Schachvereine gaben sich stolz den Namen Adolf Anderssens. Die Gazetten publizierten bemerkenswerte Episoden aus seinem Leben, Schachmeister kommentierten mit Verzückung seine Partien. Adolf erlernte das Schachspiel im 9. Lebensjahr. Mit 23 Jahren trat er als Komponist von Schachproblemen in Erscheinung (er veröffentlichte einen Sammelband), die sich durch originelle Ideen und elegante Wendungen auszeichneten.

A. Anderssen, 1842

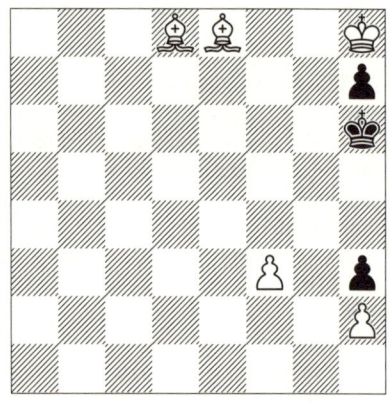

1. ♗h5!! ♔:h5 2. ♔g7 h6 3. ♔f6 ♔h4 4. ♔g6 matt.

Gegen Ende der 40er Jahre trug Anderssen einige Zweikämpfe mit erfahrenen Meistern der »Berliner Plejade« – Horwitz, Bledow und von der Lasa – aus, was eine gute praktische Schule für ihn war. Aber seine wahre Stärke und sein Talent erstrahlten erst beim Turnier in London in vollem Glanze, als er die Duelle gegen → *L. Kieseritzky* (2,5:0,5), J. Szén (4:2), → *H. Staunton* (4:1) und M. Wyvill (4,5:2,5) für sich entschied. Auf Jahre hinaus erwuchs Anderssen in Europa kein gleichwertiger Konkurrent. Lediglich dem Amerikaner → *P. Morphy* mußte er sich 1859 in Paris geschlagen geben (+2, -7, =2). 1862 konnte Anderssen in London seinen Triumph von vor elf Jahren wiederholen (+12, -1, =0).

Anderssens schönste Ideen und einmalige Opferkaskaden aus den Begegnungen mit Kieseritzky (1851) und Dufresne (1852) gingen in die Geschichte der Schachkunst als → *»Unsterbliche Partie«* bzw. → *»Immergrüne«* ein. Hier nun ein weiteres Beispiel seiner glänzenden Angriffsführung:

□ A. Anderssen
■ J. Zukertort
Berlin , 1871

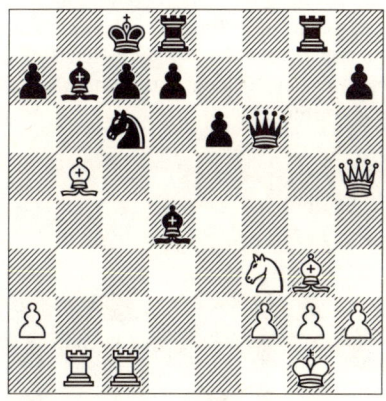

24. ♗a6!! ♗b6
24... ♗:a6 25. ♕a5!! ♗b6 26. ♕:a6+
25. ♕b5 ♖:g3 26. h:g3 ♘d4 27. ♕d3! ♘:f3+
28. g:f3 ♗:a6 29. ♕:a6+ ♔b8 30. ♕c4 ♔a8
31. ♔g2 ♖f8 32. ♖b3 h5 33. a4! h4 34. a5!
h3+ 35. ♔h1! ♗:a5 36. ♕e4+ d5 37. ♕a4
♗b6 38. ♕c6+ ♔b8 39. ♕:c7+ ♔a8 40.
♕c6+ ♔b8 41. ♖:b6+ a:b6 42. ♕:b6+ ♔a8
43. ♕a6+ ♔b8 44. ♖b1+   1-0

Anderssen tat viel für die Entwicklung des Schachs und wirkte als Redakteur der in Deutschland sowie im Ausland populären Zeitschriften »Deutsche Schachzeitung« (1851 bis 1860) und »Neue Berliner Zeitung« (1864 bis 1871). Seinen Namen trägt die von ihm erfundene Eröffnung 1. a2-a3, die er erstmals im Match gegen Morphy anwandte.
Dem 150. Geburtstag Adolf Anderssens waren zwei Turniere in Büsum gewidmet, die von Robert Hübner (1968) bzw. Bent Larsen (1969) gewonnen wurden.

Andersson Ulf, * 27. Juni 1951 in Västerås, schwedischer Großmeister.
»Schach – das ist mein Leben. Ich habe nie daran gedacht, etwas anderes zu tun, und bereue diese Entscheidung nicht.« Ulf Andersson brauchte nur zehn Jahre, um die Wegstrecke vom Anfänger bis zum Schachgroßmeister zurückzulegen. Mit 20 Jahren gewann er sein erstes großes internationales Turnier – in Göteborg. Dieser Erfolg markiert auch den Beginn seiner Profikarriere. Die Hauptmerkmale seines Stils sind die Kunst der Verteidi-

Angriff. Schach ist ein Spiel, das eine kriegerische Auseinandersetzung symbolisiert, und somit gilt auch hier der Angriff als das wirkungsvollste Mittel zum Sieg. Es kann sich dabei um eine Attacke auf den Flügeln oder im Zentrum, auf eine einzelne schlecht postierte Figur oder um einen Sturm auf die gegnerische Königsstellung handeln. Je besser der Angriff vorbereitet wird, desto größer sind die Erfolgsaussichten. Bereits 1824 schrieb der russische Schachmeister → *A. Petrow*: »Einen guten Spieler erkennt man daran, zu welchem Zeitpunkt er den Gegner angreift, nicht im Vertrauen auf dessen Fehler, sondern auf der Grundlage korrekter Berechnungen.« Man unterscheidet den Bauern-, Figuren- und den kombinatorischen Angriff. Vieles hängt dabei davon ab, ob es sich um eine Position offenen oder geschlossenen Charakters handelt, ob es im Lager des Gegners verwundbare Punkte gibt, ob die aktive Seite über offene Linien bzw. Diagonalen verfügt oder ob der feindliche König sich noch im Zentrum befindet. Für einen Angriff auf die Rochadestellung hält die Theorie des Mittelspiels eine Reihe typischer taktischer Verfahren bereit, zum Beispiel den Bauernangriff, die Linienöffnung, das Figurenopfer usw.. Doch selbst bei denkbar günstigsten Voraussetzungen hängt der Erfolg des Angriffs letztlich entscheidend von der Konsequenz und Kühnheit des Angreifers ab.

gung und eine virtuose Endspieltechnik. Sein Positionsgefühl kommt besonders in »Igel-Stellungen« zur Geltung, in denen die eigenen Bauern nur bis zur sechsten Reihe vorrücken. Da ist der Schwede kaum zu knacken:

□ J. Geller
■ U. Andersson
London, 1982

15... ♗:c3 16. ♕:c3 ♘:e4 17. ♗:d8 ♘:c3 18. b:c3 ♘:d8 19. ♖d1 ♗e6 20. ♖:d6 ♖c8 21. ♖d3 ♖e8 22. ♖e3 ♔f8 23. ♗b5 ♖e7 24. ♖d2 ♖ec7 25. ♗e2 a6 26. ♗f3 ♔e7 27. ♖dd3 g6 28. ♘d4 ♔f6 29. ♘:e6 ♘:e6 30. ♗g4 ♔e7 31. ♗:e6 f:e6 32. ♖h3 h5 33. ♖hg3 ♖g8 34. ♔f2 ♖c5 35. ♔e2 ♖a5 36. ♔d2 ♖:a2 37. ♖d4 ♖a5 38. c4 ♖c5 39. ♖b3 ♖b8 40. ♖g3 g5 41. ♖gd3 ♔f6 42. h3 ♖bc8 43. ♖f3+ ♔e7 44. ♖b3 b5 45. c:b5 ♖:c2+ 46. ♔d3 ♖:g2 47. ♖e4 ♖d8+ 48. ♔c4 ♖c2+ 49. ♔b4 ♖b8   0-1

»Andersson ist einer der sympathischsten Großmeister überhaupt«, schrieb → *L. Polugajewski.* »Wir alle mögen diesen stillen, immer lächelnden, gutmütigen und sehr sanften Menschen, der eine unverwechselbare Persönlichkeit der Schachszene geworden ist.«
Aber natürlich mangelt es Ulf auch nicht am nötigen sportlichen Ehrgeiz. Zum Beweis reicht ein Blick auf seine glänzenden Turnierergebnisse: geteilter 1. Platz mit → *A. Karpow* in London und Turin (1982), Siege in Hastings (1978/79 und 1980/81), Wijk aan Zee (1983), Rom (1985 und 1986), Reggio Emilia (1985/86).

□ H. Bird
■ P. Morphy
London, 1858

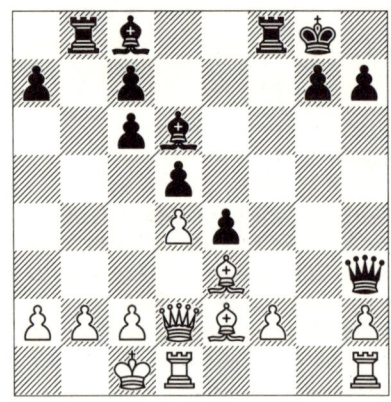

17... ♖:f2!
Räumt die dritte Reihe für den Damenschwenk auf die andere Seite des Brettes.
18. ♗:f2 ♛a3!!
Die Dame ist natürlich tabu.
19. c3 ♛:a2 20. b4 ♛a1+ 21. ♔c2 ♛a4+ 22. ♔b2
Unter dem Eindruck der überfallartigen Attacke Morphys findet Weiß nicht den richtigen Verteidigungsplan. Spätere Analysen zeigten, daß Weiß sich nur mit 22. ♔c1 retten konnte.
22... ♗:b4 23. c:b4 ♖:b4+ 24. ♛:b4 ♛:b4+ 25. ♔c2
wenn 25. ♔a2, so 25... c5!
25... e3! 26. ♗:e3 ♗f5+ 27. ♖d3 ♛c4+ 28. ♔d2 ♛a2+ 29. ♔d1 ♛b1+   0-1

Häufig entstehen im Kampfverlauf auch Positionen, in denen beide Kontrahenten gleichzeitig angreifen. Oft ist dies in Stellungen mit entgegengesetzten Rochaden der Fall. Im angeführten Beispiel erwies sich die Attacke des 13. Weltmeisters am Damenflügel als scharfsinniger und effektiver als die seines Kontrahenten am Königsflügel.

□ A. Beljawski
■ G. Kasparow
Belfort, 1988

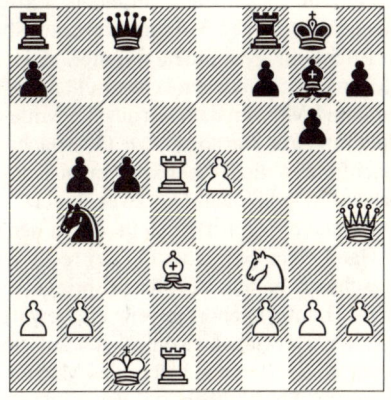

19. ♗:g6? f:g6 20. ♖d7 ♛e8 21. ♖e7 ♗h6+!! 22. ♔b1 ♖d8! 23. ♖d6 ♛c6! 24. a3 ♖:d6 25. e:d6 ♛:d6 26. a:b4 c:b4 27. ♛e4 b3   0-1

Immer wieder bestätigt sich die Richtigkeit des Steinitzschen Grundsatzes: Wer sich im Vorteil befindet, ist verpflichtet anzugreifen!

Aphorismen über das Schach und über Schachspieler. Vielfältig ist der Fundus an geistreichen und lakonischen Sprüchen über das ehrwürdige Schachspiel. Hier einige Beispiele aus unterschiedlichen Schachepochen.
Über den schachlichen Kampf:
Ein vernünftiger Plan macht uns alle zu Helden, das Fehlen eines Planes zu kleinlichen Stümpern. LASKER
Die Kombination ist die Seele des Schachspiels. ALJECHIN
Der Angriff ist die beste Verteidigung. ANDERSSEN
Geheimnisse der Kreativität:
Worin liegt der Unterschied zwischen starkem und schwachem Spiel? Darin, daß für den schwachen Spieler alles klar und für den starken alles ein Geheimnis ist! RETI
Schach – das ist ein Rätsel ohne Lösung, eine ewige Suche nach der Wahrheit. JUSSUPOW
Der schwerste Gegner für mich – das bin ich selbst. KASPAROW
Früher kämpften wir nur gegen Figuren – doch wir haben es auch mit dem Gegner zu tun. ALJECHIN
Weltmeister:
Ich bin kein Historiker des Schachs – ich bin selbst Teil der Schachhistorie. STEINITZ
Als Weltmeister wird man geboren – das ist Schicksal! SMYSLOW
Über den Einfluß auf den Menschen:
Das Schach hat wie die Liebe, wie die Musik die Fähigkeit, den Menschen glücklich zu machen. TARRASCH
Tartakowerismen:
Der vorletzte Fehler gewinnt! TARTAKOWER
Die Fehler sind da, sie brauchen nur gemacht zu werden! TARTAKOWER
Es ist besser, die Steine des Gegners zu opfern! TARTAKOWER

Arachamia Ketewan, * 19. Juli 1968 in Otshamtschira georgische Großmeisterin.
Moskau 1989 – beim Qualifikationsturnier zum Weltcup war das Brett eines hübschen schwarzhaarigen Mädchens ständig von einer Menge Zuschauern umringt. Ketewan Arachamia rührte sich fünf Stunden lang nicht von der Stelle,

ARCHÄOLOGIE 26

sie schien so sehr von ihrer Partie hingerissen, daß sie ihre zahlreich versammelten Fans nicht bemerkte, die ihr im Kampf gegen die Männer die Daumen drückten. Mit Erfolg – Ketewan besiegte eine Reihe von Großmeistern. »Das Spiel gegen Männer ist sehr nützlich für mich«, so ihre Meinung. Ein Jahr darauf gewann Arachamia die 50. Landesmeisterschaft der UdSSR und geriet erstmal ins Kreuzfeuer der Journalisten, die einfach alles von ihr wissen wollten: wann sie geboren sei (19. Juli 1968), welchen Beruf ihre Eltern haben (Vater – Agronom, Mutter – Lehrerin), in welchem Alter sie das Schachspiel erlernte (mit sechs), ob sie Geschwister habe (zwei Schwestern), ihre Lieblingsfarbe (schwarz), ihre Lieblingsfrucht (Kiwi), ihre Lieblingssängerin (Patricia Kas), den Lieblingsdichter (Michail Lermontow).

Die Verehrung von Lermontow teilt sie übrigens mit → *G. Kasparow*. Wird hier eine Art Seelenverwandtschaft der Kaukasier deutlich, die Lermontow so eingehend beschrieben hatte? Ketewan begeistert sich auch für den energischen und universellen schachlichen Stil Kasparows, dem sie nacheifern möchte. 1985 wurde sie Mädchenweltmeisterin, 1988 WM-Kandidatin und 1990 wie gesagt Landesmeisterin der UdSSR. 1994 gewann sie mit der georgischen Frauenauswahl bei der Moskauer Schacholympiade die Goldmedaille. Natürlich träumt sie wie alle georgischen Schachspielerinnen davon, Weltmeisterin zu werden. Ob es ihr gelingt, wird die Zukunft zeigen. Im September 1995 gewann sie das Interzonenturnier im moldawischen Kischinjow.

Archäologie und Schach. Schauen Sie sich einmal aufmerksam die Schachfiguren an! Wäre es nicht interessant zu erfahren, warum sie gerade so und nicht anders aussehen? Welche Gestalt hatten sie, als das Schachspiel gerade entstanden war? Warum und auf welche Weise haben sie sich im Laufe der Zeit verändert? Auf all diese Fragen vermögen uns archäologische Ausgrabungen eine Antwort zu geben. Darüber hinaus helfen uns die im Erdboden gefundenen stummen Zeugen längst vergangener Schlachten auf den 64 Feldern, das Geheimnis der Herkunft des Schachs zu ergründen und seine ursprüngliche Entwicklung in Asien und Europa nachzuvollziehen. Die ältesten Schachfiguren wurden 1977 durch eine Expedition unter Leitung von Dr. Juri Burjakow in Afrasiab (Stadtteil von Samarkand in Usbekistan) gefunden. Es handelte sich um sieben 3–4 cm große, kunstvoll aus Elfenbein geschnitzte Figuren. Die am gleichen Ort gefundenen keramischen Gegenstände und Münzen datieren aus der Mitte des 8. Jahrhunderts. Die abgenutzte Oberfläche der Schachfiguren ließ die Experten auf das 7. Jahrhundert schließen. Die zwei Bauern sind als kniende Krieger dargestellt, die in der linken Hand einen Schild und in der rechten ein Kurzschwert halten. Zu Pferd (Springer) und Elefant (Läufer) gehört jeweils ein bewaffneter Reiter. Der Schah (König) sitzt auf einem Wagen, in der Rechten hält er das Machtsymbol, einen Streitkolben, in der Linken die Zügel von drei Pferden. Der Wesir (Dame) ist ein mit Schwert und Schild bewaffneter Reiter auf einem massiven Tier, das von der Seite einem Pferd und von vorn einem Löwen ähnelt. Genauso interessant ist der Ruch (Turm), der an einen altindischen Kampfwagen (ratcha) erinnert. Auf zwei Pferden sitzen

ein Kutscher und ein Krieger, der sich auf die Lehne des perlenverzierten Sitzes stützt.
Burjakows Entdeckung war außerordentlich wichtig für die Beantwortung der Frage nach der Herkunft des Schachs und für die Einstufung früher in Zentralasien gefundener einzelner Figuren. Als die Araber diese Region im 8.-9. Jahrhundert eroberten, verbot ihnen ihre islamische Religion die bildliche Darstellung von Personen, d. h. die Figuren hatten die abstrakte geometrische Form kleiner Zylinder und Kegel mit Vorsprüngen. Man findet sie

Schachspiel von Afrasiab. 7.–8. Jahrhundert. Elfenbein. Museum für Kunst- und Kulturgeschichte Usbekistans, Samarkand. (oben links)

Springer. Afrasiab. 7.–8. Jahrhundert. Ermitage, St. Petersburg. (oben rechts)

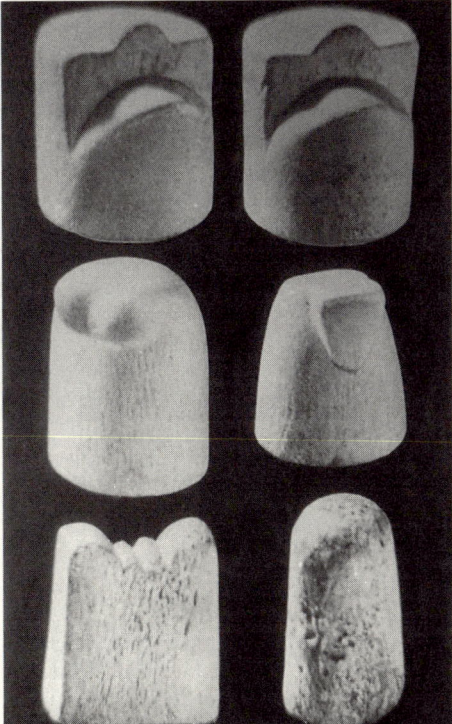

Abstrakte arabische Figuren. König, Dame, Läufer, Springer, Turm und Bauer. 8.–9. Jahrhundert. Bein. Germanisches Nationalmuseum, Nürnberg.

sowohl in Asien als auch in Europa, wohin das Spiel etwa im 10.–11. Jahrhundert gelangte. Typisch für die östliche Symbolik dieser Zeit sind beispielsweise die dreieinhalb bis vier Zentimeter großen Figuren, die 1886 im deutschen Adelshofen gefunden wurden und heute im Deutschen Nationalmuseum von Nürnberg zu sehen sind. Analoge Figuren entdeckten Archäologen 1962 in einer Erdhütte aus dem 10.–11. Jahrhundert im polnischen Sandomierz. Dort fand man einen fast kompletten aus Knochen gefertigten Figurensatz arabischen Typs (es fehlten nur drei Bauern), aber mit einem für slawische Erzeugnisse charakteristischen Ornament. 1984 barg man in der Nähe von Florenz einundzwanzig für das 13.–14. Jahrhundert typische Figuren. Sie machten schon eine gewisse Abkehr von der östlichen Symbolik deutlich.

Zahlreiche Funde von Figuren des arabischen Typs des 10.–13. Jahrhunderts mit einer Größe von zwei bis vier Zentimetern gab es bei Ausgrabungen in Städten der Alten Rus – Kiew,

Minsk, Druzk, Witebsk, Turow u. a. – sowie in Nowgorod, wo innerhalb von nur 20 Jahren (1951–70) mehr als 100 Figuren des 12.–15. Jahrhunderts zutage gefördert wurden. Aufgrund des trockenen Bodens waren hier viele aus Holz hergestellte Erzeugnisse erhalten geblieben.

Aber bereits im 12.–13. Jahrhundert begannen die Schachfiguren dank der Einführung der

Schachfiguren. 13.–15. Jahrhundert. Holz, Bein, Stein. Nowgoroder Kunsthistorisches Freilichtmuseum.

König. Sluzk. 12. Jahrhundert. Bein. Archäologische Abteilung des Historischen Instituts der Akademie Weißrußlands, Minsk.

Drehbank ihre Gestalt deutlich zu verändern. Sie erhielten eine stabile runde Standfläche und einen feinen mehrstufigen Aufbau. In den folgenden Jahrhunderten wurde dieses »gedrechselte Schach« vorherrschend und gipfelte letztlich Mitte des 19. Jahrhunderts in den uns heute noch vertrauten Stauntonschen Schachfiguren.

Als das Schach nach Europa kam, wurde es als militärisches Spiel angesehen, und parallel zu den abstrakten tauchten Figuren auf, die etwas Bestimmtes darstellten. Eine große Entdeckung wurde 1831 auf der Lewis-Insel (Hebridengruppe, westlich von Schottland) gemacht, wo man 78 beinerne, acht bis zehn Zentimeter große Figuren fand, die aus dem 12.–13. Jahrhundert stammen und skandinavischer Herkunft sind. Entsprechend den bei

Turm. Grodno. Erste Hälfte des 12. Jahrhunderts. Stein. Historisch-Archäologisches Museum Grodno.

Skandinavisches Schachspiel. Lewis-Insel. Mitte des 20. Jahrhunderts. Bein. British Museum, London.

den Wikingern üblichen Bezeichnungen stellen sie Könige, Königinnen, Bischöfe, Reiter und Krieger zu Fuß dar. Nur die Bauern tragen einen abstrakten Charakter.

Wie im Westen, so spiegelt auch die altertümliche Figurendarstellung in der Rus realistisch die kriegerischen Sitten und Gebräuche wider. Alle Funde betreffen ebenfalls das 12.–13. Jahrhundert, darunter sind zwei Hauptfiguren – ein Fürst mit Schild und Schwert (Berestje) und ein Zar auf einem Thron (Sluzk), weiter zwei Türme, die ein Kriegsschiff darstellen (Grodno und Wolkowysk), ein Bauer in der Gestalt eines Trommlers (Wolkowysk) und ein Springer (Nowgorod).

Die Erfolge der Archäologie der letzten Jahrzehnte haben es einem der Autoren des vorliegenden Buches erlaubt, eine Typologie des altertümlichen Schachs vom 10.–17. Jahrhundert zu erstellen und die Evolution der Figuren von ihrer mittelalterlichen Form bis zu ihrer heutigen Gestalt nachzuvollziehen. Diese Tabellen sind im Buch »Schach in der Rus« (Moskau 1975) und in englischer Sprache in »Chess in Old Russia« (Zürich 1979) dargelegt.

Argentinien. Bereits im 16. Jahrhundert brachten die spanischen Eroberer das Schachspiel nach Südamerika. Der erste Schachklub in Buenos Aires, »El Progres«, öffnete 1860 seine Pforten. Zu Beginn des 20. Jahrhunderts entwickelte sich der »Argentinische Schachklub« zum Zentrum des schachlichen Lebens im Lande, der sich in einem luxuriösen Gebäude im Stadtzentrum ansiedelte. Der Klub organisierte Veranstaltungen und lud so manchen ausländischen Maestro zu einem Gastspiel ein. 1914 gab hier erstmals → *J. R. Capablanca* seine Visitenkarte ab. Der Klub gab die Schachzeitschrift »Revista del Club Argentino de ajedrez« heraus und führte von 1921/22 an die Landesmeisterschaften durch. Im Herbst 1927 brach in Argentinien ein regelrechtes Schachfieber aus. Mehr als zwei Monate lang sah Buenos Aires das Match um die Weltmeisterschaft zwischen Capablanca und → *A. Aljechin.* »Damals entstanden bei uns neue Schachklubs, die Jugend begann sich für Schach zu begeistern«, erinnerte sich viele Jahre später M. Mogilewski, Sekretär der argentinischen Schachföderation.

1939 wurde die Schacholympiade ausgetragen. Mitten in den Wettkämpfen erreichte die Schachspieler die Nachricht vom Ausbruch des Zweiten Weltkrieges. Viele Teilnehmer beschlossen, nicht nach Europa zurückzukehren. Das betraf u. a. auch → *M. Najdorf* aus Polen und Erich Eliskases aus Deutschland. Ihre Tätigkeit in Argentinien kam der Entwicklung des Schachs im Lande zugute, neue talentierte Meister und Großmeister sollten in den folgenden Jahren die Bildfläche betreten.

Es ist kein Zufall, daß ausgerechnet Argentinien auf den ersten Schacholympiaden nach dem Kriege zu einem der ernsthaftesten Konkurrenten der UdSSR avancierte. 1950, 1952 und 1954 holte sich die argentinische Mannschaft Silber, 1958 und 1962 immerhin Bronze. In den Kandidatenturnieren der 50er Jahre waren Miguel Najdorf, Oscar Panno und Hermann Pilnik mit von der Partie. Oscar Panno und Carlos Bielicki wurden 1953 bzw. 1959 Juniorenweltmeister.

In den 40er–60er Jahren erlangten die traditionellen Turniere von Mar del Plata und Buenos Aires einen guten Ruf. Dort kreuzten führende Großmeister wie → *R. Fischer,* → *B. Spasski,* → *W. Smyslow,* → *T. Petrosjan,* → *B. Larsen,* → *L. Polugajewski* und → *H. Mecking* die Klingen. 1971 kam es in der argentinischen Hauptstadt im Theater »San Martín« zum Finalmatch des Kandidatenturniers zur Weltmeisterschaft zwischen Bobby Fischer und Tigran Petrosjan. Bei der Austragungsstätte handelte es sich um ein 13-Etagen-Gebäude, in dem sich ebenfalls das Museum der modernen Kunst sowie ein Museum mit Goldschätzen der Inkas befand. Die Kommentatoren, die auf Demonstrationsbrettern den Gang der schachlichen Ereignisse verfolgten, verteilten sich auf mehrere Säle beider Museen.

Wenn dieses Ereignis die Brücke des Schachs zur Kunst schlug, so legte die 23. Schacholympiade, die 1978 stattfand, den Akzent stärker auf das Schach als Sport. Dies wurde schon dadurch augenfällig, daß diese Schachveranstaltung auf drei Etagen des berühmten River-Plate-Stadions (in den Gängen unterhalb der Tribüne) über die Bühne ging, in dem nur einige Wochen zuvor WM-Spiele im Fußball stattgefunden hatten.

Der jüngste größere schachliche Höhepunkt in Buenos Aires war das Thematurnier zur → *Sizilianischen Verteidigung,* das im Oktober/November 1994 anläßlich des 60. Geburtstages von Lew Polugajewski ausgetragen wurde. Großmeister → *W. Salow* siegte vor einem Klassefeld (u. a. → *V. Anand,* → *W. Iwantschuk,* → *A. Karpow,* → *A. Schirow,* → *J. Polgár*).

Nicht zu vergessen ist auch der argentinische

Schachkomponist Arnold Ellerman (1893 bis 1969), der Autor von etwa 5000 Problemen ist, von denen 120 mit ersten Preisen ausgezeichnet wurden.

Automat von Kempelen. Im Herbst 1809 wurde im Schloß Schönbrunn in Wien eine Partie ausgetragen, der es beschieden war, in die Schachgeschichte einzugehen. Der französische Kaiser Napoleon geriet im Spiel gegen einen Automaten schon im 12. Zug in eine hoffnungslose Lage und wurde im 24. Zug mattgesetzt. Hier die Anfangszüge:

□ Napoleon
■ Automat von Kempelen

1. e4 e5 2. ♕f3 ♘c6 3. ♗c4 ♘f6 4. ♘e2 ♗c5 5. a3 d6 6. 0-0 ♗g4 7. ♕d3 ♘h5 8. h3 ♗:e2 9. ♕:e2 ♘f4 10. ♕e1 ♘d4 11. ♗b3 ♘f3+ 12. ♔h1 ♕h4   0-1 (24)

Die Erfindung des ungarischen Mechanikers Farkas Kempelen (1734–1804) gab es zu diesem Zeitpunkt schon 40 Jahre. Obgleich der Erfinder selbst schon gestorben war, setzte seine Schöpfung die Kette triumphaler Gastspiele in verschiedenen Ländern Europas fort. Der Schachautomat von Kempelen, äußerlich die große Wachsfigur eines Türken, der hinter

Automat von Kempelen

einem Kasten aus schwarzem, mit Intarsien aus Perlmutt verziertem Holz saß, erweckte, wie nicht anders zu erwarten, vom ersten Tag seiner Existenz an allgemeines Mißtrauen. Sowohl die Zuschauer als auch die Kontrahenten des Automaten vermuteten, daß sich hinter seinen Türchen ein lebendiger Schachspieler verberge. Kempelen öffnete auf Nachfragen die vordere Klappe, und alle konnten den komplizierten Mechanismus mit den Schwungrädchen, Zahnradgetrieben, Hebeln und Walzen bestaunen – alles knirschte, bewegte und drehte sich. Dank eines ausgeklügelten Systems von Spiegeln und Scheidewänden blieb der im Innern der Maschine verborgene Mensch für das Publikum unsichtbar. Hände und Kopf des »Türken« wurden durch spezielle Hebel und Getriebe in Bewegung gesetzt. In die massiven Schachfiguren, mit denen er spielte, waren magnetische Kerne hineinmontiert. Auf jedem Feld des Schachbrettes gab es ein eisernes Segment, das an einer Kupferfeder befestigt war. Die über das Brett ziehenden Figuren zogen dieses Segment an bzw. stießen es ab.

»Der Türke« wurde mit Erfolg in Wien, Paris, London, Berlin, Leipzig, Dresden und anderen Städten präsentiert. 1826 zog er gemeinsam mit seinem neuen Eigentümer, dem österreichischen Mechaniker Johann Maelzel (1772–1838), aus, Amerika zu erobern. Der Automat gastierte in vielen Städten und fand nach dem Tode Maelzels in einem Museum Philadelphias seine letzte Heimstatt. 1854 fiel er den Flammen eines Brandes zum Opfer.

In all den Jahren waren es verschiedene starke Schachspieler gewesen, die in den Automaten geschlüpft waren – der Österreicher → *J. Allgaier*, der Deutsche Aron Alexander, der Engländer William Lewis, der Franzose Jacques François Mure. Letzterer war es dann auch, der 1834 in einem Pariser Journal die Funktionsweise des Automaten offenlegte.

Zu Lebzeiten Kempelens wurde das Geheimnis dieses »Wunders der Mechanik«, das als eine der größten Erfindungen des 18. Jahrhunderts galt, nicht gelüftet. Doch wenn es geschehen wäre, dann hätte der Erfinder womöglich ausgerufen: »Aber eines Tages wird der Mensch doch einen Schachautomaten erschaffen!« Und er hätte recht behalten. Heute, über zweihundert Jahre später, sind die Schachcomputer in der Lage, mit Meistern und Großmeistern zu konkurrieren.

»AVRO-Turnier« (1938) – eine der bedeutendsten internationalen Schachveranstaltungen der ersten Hälfte des 20. Jahrhunderts. Nach seinem Sieg gegen → *M. Euwe* im Revanchematch um die Weltmeisterschaft im Jahre 1937 traf → *A. Aljechin* die Vereinbarung, sein nächstes Duell gegen den tschechoslowakischen Großmeister → *S. Flohr* auszutragen. Viele, darunter auch die holländische Presse, zweifelten die Stichhaltigkeit dieser Wahl an. Die große Amsterdamer Radiogesellschaft »AVRO« (Algemeene Vereeniging Radio-Omroep) stellte Mittel für die Organisation eines doppelrundigen Turniers der stärksten Großmeister der Welt zur Verfügung, um den Herausforderer des Weltmeisters auf diesem Wege zu ermitteln. Diese Idee war nicht neu. Seinerzeit hatten die Organisatoren der Turniere zu → *Hastings* 1895, → *St. Petersburg* 1895 und 1914 sowie → *New York* 1927 denselben Einfall, scheiterten jedoch am Veto des jeweils amtierenden Weltmeisters. Auch Aljechin reagierte nicht anders.

Nichtsdestotrotz wurden die Einladungen verschickt, und Alexander Aljechin, die Ex-Weltmeister → *J. R. Capablanca* und Max Euwe sowie die jungen Thronanwärter → *M. Botwinnik*, Salo Flohr, → *R. Fine*, → *S. Reshevsky* und → *P. Keres* fanden den Weg nach Amsterdam. Lediglich Exweltmeister → *Em. Lasker*, der in jenem Jahre 70 Jahre alt wurde, nahm nicht teil.

»Das Turnier auf Rädern« – so nannte die Schachpresse den Wettstreit, der vom 2.–27. November 1938 in zehn holländischen Städten über die Bühne ging. Es zeigte sich, daß die jungen Großmeister besser in der Lage waren, die Belastungen dieses Experiments wegzustecken. Das ganze Turnier über lagen der 24jährige Amerikaner Reuben Fine und der 22jährige Este Paul Keres in Führung. Letzterer besiegte seinen Hauptkonkurrenten im direkten Aufeinandertreffen. Diese Partie war eine der schönsten der gesamten Veranstaltung. Sie wurde unzählige Male publiziert und zählt zu den besten Leistungen von Paul Keres überhaupt.

□ R. Fine
■ P. Keres

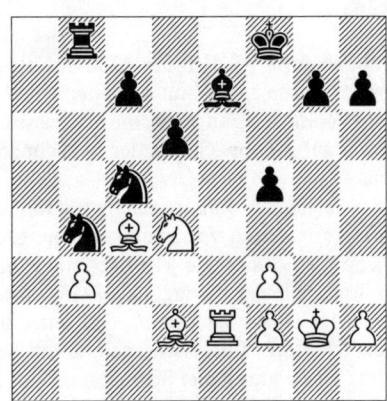

27... d5! 28. ♗:b4 ♖:b4 29. ♘c6 d:c4 30. ♘:b4 c:b3 31. ♘d5 ♘d3 32. ♖d2 b2 33. ♖d1 c5 34. ♖b1 c4 35. ♔f1 ♗c5 36. ♔e2 ♗:f2 37. ♘e3 c3 38. ♘c2 ♘e1! 39. ♘a3 ♗c5 40. ♔:e1 ♗:a3 41. ♔d1 ♗d6 42. ♔c2 ♗:h2 43. ♖h1 ♗e5 44. ♖:h7 ♔f7 45. ♖h1 g5 46. ♖e1 ♔f6 47. ♖g1 ♔g6 48. ♖e1 ♗f6 49. ♖g1 g4 50. f:g4 f4 51. g5 ♗d4 52. ♖d1 ♗e3 53. ♔:c3 ♗c1 54. ♖d6+ ♔:g5 55. ♖b6 f3 56. ♔d3 ♔f4 57. ♖b8 ♔g3   0-1

Am Ende teilten sich Keres und Fine mit 8,5 Punkten den 1.-2. Platz. Die weitere Reihenfolge: 3. Botwinnik 7,5, 4.-6. Aljechin, Euwe, Reshevsky alle 7,0, 7. Capablanca 6,0, 8. Flohr 4,5.

Einige interessante Meinungsäußerungen der Teilnehmer:

Keres: »Ich wollte gutes Schach spielen ... Das wichtigste war, keinen Kontrahenten zu fürchten und seines eigenen Glückes Schmied zu sein. Nerven, Kenntnisse, die Ausarbeitung neuer Ideen – diese Faktoren waren für den Erfolg ausschlaggebend.«

Capablanca: »Das Turnier hat mich ermüdet. Die Jugend zeigte sich von ihrer besten Seite.«

Aljechin: »Die Qualität der Partien war unerwartet hoch, besonders wenn man die schwierigen Bedingungen des Reglements berücksichtigt. Zu den besten Leistungen zähle ich die Partien Botwinnik-Capablanca und Fine-Keres.«

Flohr: »Keres hat den Erfolg verdient. Es wäre jetzt interessant, ihn im Match gegen Aljechin zu sehen.«

Awerbach Juri, * 8. Februar 1922 in Kaluga, russischer Großmeister, Autor mehrerer Werke zur Theorie des Endspiels, die als klassische Arbeiten auf diesem Gebiet der Schachpartie gelten.

Bereits in jungen Jahren zeichnete Juri die Fähigkeit zur weiten Variantenberechnung, die Vorliebe für positionelle Manöver sowie eine feine Endspielbehandlung aus. 1948 schrieb Weltmeister → *M. Botwinnik*, daß unter den jungen Meistern Juri Awerbach durch sein präzises und klares Spiel herausragt. Bald erzielte Awerbach große sportliche Erfolge. 1953 nahm er am Kandidatenturnier in Zürich teil. 1954 wurde er UdSSR-Meister.

□ J. Geller
■ J. Awerbach
Kiew, 1954

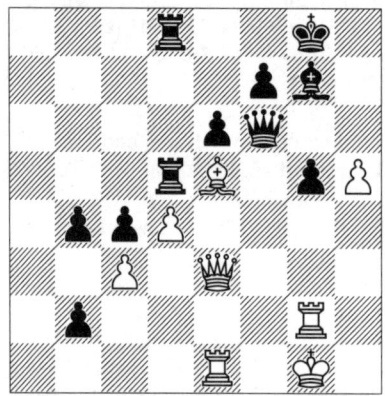

41... ♖:e5! 42. d:e5 ♕:e5 43. ♕:e5 ♗:e5 44. ♖:g5+ ♔h7 45. ♖g:e5 b:c3 46. ♖b5
46. ♖5e2 bietet wegen 46... ♖d2 keine Rettung.
46... ♖d1!!
Weiß gab auf. Auf 47. ♖:d1 läuft mit 47... c2 ein schwarzer Bauer durch.

Awerbach nimmt aktiv am gesellschaftlichen schachlichen Leben teil. Er wurde zum Vorsitzenden der Schachföderation des Landes gewählt und leitet eine Fide-Kommission. Viele Jahre moderierte er die Moskauer Fernsehsendung »Schachschule«. Von 1962 an ist er Chefredakteur der Fachzeitschrift »Schach in der UdSSR« (heute »Schachbote«). Von seiner Vielseitigkeit zeugen auch seine literarisch-historischen Arbeiten und die Redigierung des bedeutendsten enzyklopädischen Schachlexikons der Welt – »Schach« (Moskau 1990).

Juri Awerbach bereiste viele Länder und hinterließ bezüglich der Popularisierung des Schachs überall seine Spuren. In Jakarta erschien sogar ein Buch mit dem Titel »Awerbach in Indonesien«... Eigenschaften wie Geselligkeit, Scharfsinn sowie die gute Kenntnis der englischen und der deutschen Sprache förderten seinen Erfolg. Von Jugend an ist Juri ein vielseitiger Sportler, was es ihm ermöglicht, jünger auszusehen, als er tatsächlich ist. Dazu ist er ein Fatalist. »Ich bin im Sternzeichen des Wassermanns geboren und ließ mich wahrscheinlich daher von den Wellen treiben, meinem Schicksal vertrauend«, sagte Awerbach am Abend seines 70. Geburtstages und ergänzte: »... meinem glücklichen Schicksal.«

B

Baden-Baden – Turniere. In diesem Kurort im Schwarzwald versammelten sich im Juli 1870 neun der stärksten Maestros Europas und hielten das erste internationale Schachturnier in Deutschland ab. Als Vizedirektor fungierte der bekannte russische Schriftsteller und leidenschaftliche Schachspieler → *I. Turgenjew*. Erstmals wurde mit strenger Zeitkontrolle gespielt – eine Stunde für 20 Züge. Unentschieden wurden mit einem halben Punkt bewertet – früher wurden Remispartien wiederholt. Sieger des doppelrundigen Turniers wurde → *A. Anderssen* (11 Punkte), der den späteren Weltmeister → *W. Steinitz* um einen halben Zähler hinter sich ließ. Den dritten Preis teilten sich Gustav Neumann und → *J. Blackburne* (10 Punkte).

Mehr als ein halbes Jahrhundert ging ins Land, bis sich 1925 in Baden-Baden die Creme des Weltschachs erneut versammelte – mit Ausnahme von → *J. R. Capablanca* und → *Em. Lasker*. Es siegte → *A. Aljechin*, der auch ungeschlagen blieb. Die Preisträger: 1. Aljechin – 16 aus 20; 2. Rubinstein – 14,5; 3. Sämisch – 13,5; 4. Bogoljubow – 13; 5.-6. Marshall, Tartakower – 12,5; 7. Rabinowitsch – 12; 8. Grünfeld – 11,5; 9. Nimzowitsch – 11.

Von Beginn der 80er Jahre an führt man in Baden-Baden neben den Großmeisterturnieren auch Massenfestivals nach Schweizer System durch. 1992 nahmen an zwei parallel durchgeführten Großmeisterturnieren der Kategorie 14 bzw. 11 16 der besten Schachspieler Deutschlands teil. Im ersten Turnier errang → *A. Karpow* mit 9,5 aus 11 einen glänzenden Sieg. Zweiter wurde der deutsche Großmeister → *Ch. Lutz* (7,5). Im zweiten Turnier, ebenfalls 12 Teilnehmer, teilten sich J. van der Wiel, → *Z. Ribli* und L. Brunner mit je 6,5 Punkten den ersten Platz. Die chinesische Weltmeisterin → *Xie Jun* brachte es auf fünf Zähler.

Barejew Jewgeni, * 21. November 1966 in Emanschelinsk bei Tscheljabinsk, russischer Großmeister.

»Wilhelm der Eroberer« – so nannten englische Journalisten scherzhaft den 24jährigen Moskauer, als der zum zweiten Mal in Folge das traditionelle Neujahrsturnier zu Hastings gewonnen hatte (1991, 1992). Übrigens erblickte Jewgeni Barejew ausgerechnet genau am 900. Jahrestag der berühmten Schlacht von Hastings, nach der der siegreiche normannische Herzog Wilhelm I , genannt der Eroberer, König von England wurde, das Licht der Welt.

In den beiden doppelrundigen Turnieren konnte Barejew Großmeister wie Gyula Sax, → *B. Larsen*, → *J. Speelman* und Murray Chandler hinter sich lassen. 1993 teilte er in Hastings mit → *J. Polgar*, der er jedoch in beiden Partien unterlag, den ersten Preis. Gegen den Ungarn Sax gelang ihm das folgende feine Schlußspiel:

☐ J. Barejew
■ G. Sax

Hastings, 1990

(siehe Diagramm Seite 34)

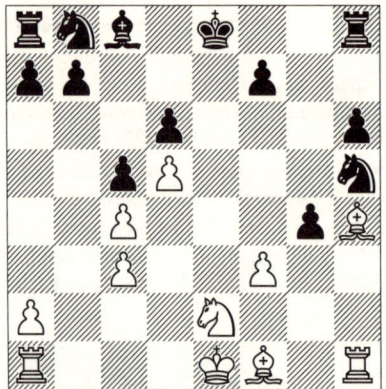

17. 0-0-0! ♞d7 18. f:g4 ♞g7 19. ♞g3 ♚f8 20. ♞e4 ♞e5 21. ♞:d6 ♝:g4 22. ♜e1 ♞f3 23. ♝e7+ ♚g8 24. ♜e3 f5 25. ♝e2 ♞g5 26. ♝:g4 f:g4 27. ♜g1 ♚h7 28. ♜:g4 ♚g6 29. ♞eg3 ♞h5 30. ♜:g5+ 1-0

Die Liebe zum Schach hatte Jewgeni sein Vater, ein Lehrer für russische Sprache und Literatur, mitgegeben. Früh zeigte sich Barejews Talent. Mit neun Jahren besuchte er bereits eine Moskauer Sportschule. In der Hauptstadt, weit weg von Eltern und Verwandten, gewöhnte er sich an selbständige Entscheidungen. Er befaßte sich mit Yoga und entwickelte einen eigenen asketischen Ernährungsplan. Das strenge Regime des jungen Schachspielers war einzig darauf ausgerichtet, möglichst bald große schachliche Erfolge zu erzielen. »Das war der blanke Ehrgeiz«, erinnerte sich Barejew 1991 in einem Interview. »Später gesellte sich dann das Gewinnstreben hinzu, die Gier nach Geld und Ruhm, um damit auch den Frauen zu imponieren. Doch irgendwann merkte ich, daß dieses Streben nach Erfolg um des Erfolges willen nicht mein Weg sein darf. Ich veränderte mich. Heute sehe ich im Schach die Kunst und versuche, mich als kreative Persönlichkeit zu entfalten. Ich spiele nicht mehr wegen des Geldes, sondern ich möchte erkennen, zu welchen Leistungen ich in der Lage bin, welchen Gipfel ich noch erklimmen kann.«

1991 erzielte Jewgeni Barejew eine → *Elozahl* von 2680, die ihn an die vierte Stelle der Weltrangliste brachte – seine bisher beste Plazierung.

Bauer. Im Heer der Schachfiguren symbolisieren die äußerlich unscheinbaren Bauern die Infanterie. »Der Soldat darf nicht zurückweichen!« – so lautet von jeher die Devise einer militärischen Auseinandersetzung. Deshalb schreiten auch die Bauern im Schach nur nach vorn und stürzen sich in aller Regel als erste in die Schlacht. Im Mittelspiel rücken sie oft in geschlossenen Formationen vor. Im Endspiel entscheiden sie meistens den Ausgang des Kampfes. Wahre Wunder bewirkt der Freibauer, der seiner Umwandlung in eine Dame oder eine andere Figur zustrebt. Interessant ist ein Gedanke → *A. Nimzowitschs*, den er im Vorwort seines Werkes »Mein System« dazu äußerte: »Es dürfte beinahe komisch klingen, aber ich versichere Sie, meine lieben Leser, der Freibauer hat für mich eine Seele, genau wie der Mensch, Wünsche, die unerkannt in ihm schlummern, und Befürchtungen, von deren Existenz ›er selbst kaum ahnt‹«. Bereits → *Philidor* hatte es vor zweieinhalb Jahrhunderten postuliert: »Die Bauern sind die Seele des Schachspiels.«

Die Zauberkraft der Freibauern unterstreicht das folgende Schlußspiel aus einer Partie zweier spanischer Meister, das geradezu klassisch wurde:

□ M. Ortueta
■ J. Sanz

Madrid, 1933

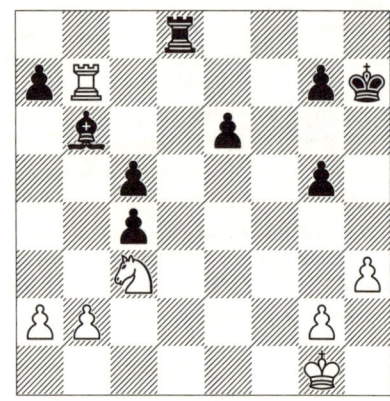

30... ♜d2 31. ♞a4 ♜:b2!! 32. ♞:b2 c3 33. ♜:b6

Bei 33. ♞d3 c4+ 34. ♜:b6 c:d3 gewinnt Schwarz leicht.

33... c4!!
Das Nehmen auf c4 würde nun an 34... c2 scheitern.
34. ♖b4 a5!!
Eine wunderschöne Stellung mit Seltenheitswert. Turm und Springer können gegen die drei zersplitterten schwarzen Bauern nichts ausrichten!
35. ♘:c4 c2 0-1

Besonders knifflig sind reine Bauernendspiele, auch wenn das auf den ersten Blick nicht so erscheinen mag. Der handelnden »Personen« sind wenige und ihre Bewegungen sind überschaubar. Aber diese Stellungen erfordern viel Erfahrung, Intuition, weite Vorausberechnung und mitunter paradox anmutende Entscheidungen.
Der russische Großmeister Wladimir Alatorzew (1909–1987) nutzte im folgenden Beispiel in einer scheinbar ausgeglichenen Lage die aktive Stellung seines Königs und die unscheinbare Schwächung des weißen f-Bauern zum Sieg.

□ G. Lissizyn
■ W. Alatorzew
Moskau, 1935

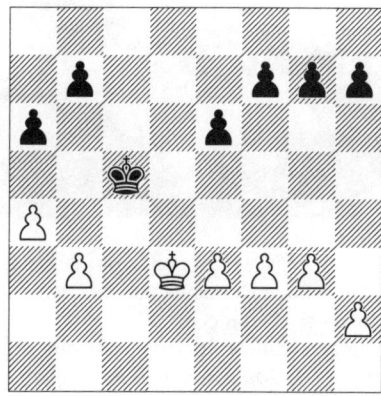

39. ♔c3 a5 40. h4 h5 41. ♔d3 ♔b4 42. ♔c2 b5! 43. a:b5 ♔:b5 44. ♔c3 ♔c5 45. ♔d3 ♔b4 46. ♔c2 ♔a3 47. ♔c3 ♔a2 48. ♔c2 f5 49. ♔c3 ♔b1 50. e4 f:e4 51. f:e4 e5 52. ♔d3 ♔b2 53. ♔c4 ♔c2 54. ♔d5 ♔:b3 55. ♔:e5 a4 56. ♔f5 a3 57. ♔g6 a2 58. ♔:g7 a1♕+ 59. ♔g6 ♕e5 0-1

BAUMBACH

Baumbach Friedrich, * 8. September 1935 in Weimar, elfter Fernschachweltmeister.
Daß er auch im Nahschach sehr stark ist, bewies Fritz Baumbach spätestens 1970, als er den DDR-Meistertitel gewann. 1970 nahm er an der Schacholympiade in Siegen teil. Bis heute ist der gebürtige Thüringer, der 1950 nach Berlin kam, für seinen Stammverein AdW Berlin aktiv. Einen großen Namen machte sich Baumbach jedoch vor allem als Fernschachspieler. Unter seinen zahlreichen Erfolgen ragt der Gewinn des Weltmeistertitels 1988 noch heraus. Baumbach, der von Beruf Chemiker ist, war auch Mitglied der DDR-Nationalmannschaft, die bei der X. Fernschacholympiade Bronze und damit die letzte Medaille überhaupt für ein Land erkämpfte, das zu diesem Zeitpunkt seit fast fünf Jahren nicht mehr existierte!

Baumbach ist Autor zahlreicher Beiträge über das → *Fernschach* sowie einiger Bücher, darunter »Fernschach. Tips und Tricks vom Weltmeister«. (Berlin 1990).

□ F. Baumbach
■ G. Porreca
IX. Fernschach-WM 1977–82

1. d4 ♘f6 2. c4 g6 3. ♘c3 d5 4. c:d5 ♘:d5 5. e4 ♘:c3 6. b:c3 ♗g7 7. ♗c4 0-0 8. ♘e2 ♘c6 9. ♗g5 ♘a5 10. ♗d3 ♕d7 11. ♕d2 c5 12. ♗h6 c:d4 13. c:d4 b6 14. h4! e6 15. h5 ♗b7 16. e5

Obwohl Schwarz keinen sichtbaren Fehler gemacht hat, ist seine Stellung bereits verloren. Dieser schnelle Zusammenbruch hat mich selbst überrascht (Baumbach).

16... ♖ae8 17. ♗:g7 ♔:g7 18. h:g6 f:g6

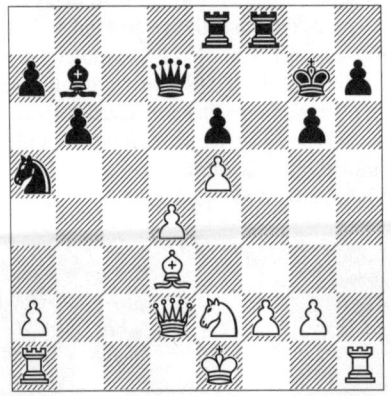

19. ♗:g6! ♖e7 20. ♗:h7 ♔f7 21. ♕f4+ ♔e8 22. ♗g6+ ♖ef7 23. ♖h7 ♘c6 24. ♗:f7+ 1-0

Belgrad – Turniere. Seit 1954 ist die Hauptstadt des ehemaligen → *Jugoslawien* Austragungsort vieler starker Turniere. In der Liste der Sieger finden wir Namen wie → *D. Bronstein* (1954), → *B. Spasski* (1964), → *S. Gligorić*, → *B. Ivkov*, M. Matulović, → *L. Polugajewski* (1969), → *G. Agsamow* (1982), → *L. Ljubojević* (1987), → *A. Beljawski* (1993) → *B. Gelfand* (1995).

Das Turnier von 1989, das dem 1111. Geburtstag der Stadt gewidmet war, hat auch deswegen Geschichte geschrieben, weil Weltmeister → *G. Kasparow* hier eine Rekordmarke von 2810 Ratingpunkten setzte. Von elf Partien gewann er acht, remisierte dreimal und legte zwischen sich und den auf Rang 2-3 eingekommenen → *J. Timman* und J. Ehlvest ganze drei Punkte. Die weitere Reihenfolge: 4.-5. Jussupow, Ljubojević je 6; 6. Hjartonson 5,5; 7.-8. Agdestein, Kozul je 5; 9.-10. Nikolić, Short je 4,5; 11. Popović 4; 12. Damljanović 3.

Beljawski Alexander, * 17. Dezember 1953, ukrainischer Großmeister, Juniorenweltmeister 1973, mehrfacher WM-Kandidat in den 80er Jahren.

... Interzonenturnier Moskau 1982. Das größte Zuschauerinteresse rufen die Partien des kompromißlosesten aller Teilnehmer hervor – Alexander Beljawski. Schlank, kerzengerade, im dunklen Anzug, mit der obligatorischen Krawatte über dem weißen Hemd – so betritt Beljawski die Bühne.

Der Ukrainer kämpft immer bis »zur letzten Patrone«. → *S. Flohr* sagte über ihn: »Bei Beljawski findet man keine Kurzpartien. In jeder Begegnung sät er Wind, kämpft bis zum Ende. Und wenn er in noch spielbarer Position ein Remisangebot erhält, antwortet er unverzüglich, fast als ob er eine Kränkung erfahren hätte: Nein!«

In 13 Partien des Turniers errang Beljawski sieben Siege, verlor dreimal und spielte nur dreimal unentschieden. Am Ende belegte er den 2. Platz hinter → *G. Kasparow* und wurde zum ersten Mal WM-Kandidat.

Beljawskis Partien waren von Jugend an berühmt für ihre Romantik und ihre neuartigen kombinatorischen Ideen.

Ein ausgezeichnetes Beispiel ist seine Partie gegen → *M. Taimanow* von der Völkerspartakiade der UdSSR. Der Kampf der vier Damen, eine fünfte drohte auf dem Brett zu erscheinen, hinterläßt einen nachhaltigen Eindruck!

☐ A. Beljawski
■ M. Taimanow
Moskau, 1979

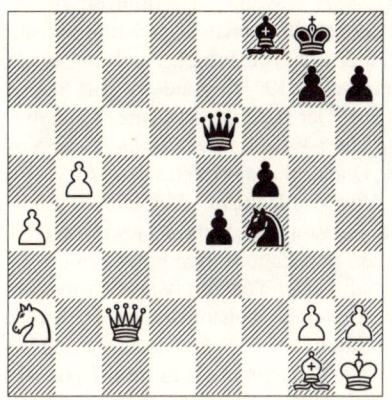

35. b6 e3 36. b7 e2 37. b8♕ ♘g6 38. ♕bb3 e1♕ 39. a5! ♘f4 40. ♕cc4 ♔f7 41. a6! ♗c5 42. ♕b7+! ♔g6 43. ♕:c5 ♕:a2 44. a7

1-0

Obwohl Beljawski 1983 das Viertelfinal-Match des Kandidatenturniers zur Weltmeisterschaft gegen den späteren Champion Kasparow verlor (+1, -4, =4), galt er berechtigterweise als einer der stärksten Spieler der Welt. Unter seinen besten Resultaten ragen die drei Goldmedaillen bei sowjetischen Landesmeisterschaften (1974, 1980, 1987) sowie Siege bei folgenden großen internationalen Turnieren noch heraus: Baden-Baden (1980), Tilburg (1981 und 1986), Sarajevo (1982), London (1985), München und Amsterdam (1990), Belgrad (1993). Beljawski gilt auch als ausgezeichneter Mannschaftsspieler. Beim zweiten Match UdSSR-Rest der Welt 1984 erzielte er mit 3,5/4 das beste Einzelresultat überhaupt. Bei der Schacholympiade des gleichen Jahres in Saloniki erreichte er mit 8/10 das beste Ergebnis am Spitzenbrett.

Belletristik und Schach. Die ersten Schilderungen des Schachspiels in der Belletristik gehen auf das Mittelalter zurück. In der persischen Literatur sind dies das Heldenepos »Schahname« von Firdausi (10. Jh.), die Poeme von Nisami (12.–13. Jh.), die Vierzeiler von →*O.Chayyam* (11.–12. Jh.) und andere. Unter den arabischen Werken sind die Schachgedichte von Ibn al Mutazz (9.–10. Jh.) und die Parabeln des Syrers Abu'l Faradch (13. Jh.) zu nennen. Berühmt ist ebenfalls die Schachparabel des usbekischen Poeten und Philosophen Alischer Navoj, die sich in seinem allegorischen Poem »Die Sprache der Vögel« (1499) findet.

Im späten Mittelalter und in der Epoche der Aufklärung sind schachliche Sujets und Episoden in der Literatur der meisten europäischen Länder anzutreffen, besonders in Italien, wo das Spiel damals am populärsten war. Die Helden des Romanes »Il Filocolo« (entstanden 1336–40) und der Novellensammlung »Decamerone« (1348–53) von → *Giovanni Boccaccio* begeistern sich für das Schachspiel. Große Bekanntheit erlangte das in lateinischer Sprache geschriebene Gedicht »Das Schachspiel« von → *Marcus Hieronymus Vida*. Originell dem Sujet und der realistischen Darstellung des Spiels nach ist das Gedicht »Szachy« (1564) des polnischen Dichters → *Jan Kochanowski*. Im Roman »Gargantua und Pantagruel« (1533–52) von François Rabelais gibt es eine der ersten Schilderungen einer mit lebenden Schachfiguren gespielten Schachpartie. Zu einem geflügelten Wort wurde der Ausspruch des Knappen Sancho Panza »Unser Leben gleicht dem Schachspiel« in → *Cervantes*' Roman »Don Quijote« (1605–15). Schachanalogien finden wir auch in mehreren Werken des englischen Dramatikers → *William Shakespeare*, so in der Komödie »Der Widerspenstigen Zähmung« (1593), den Dramen »König Johann« (1596) und »Der Sturm« (1612) sowie in der Tragödie »König Lear« (1605).

Im 18. und 19. Jahrhundert, als das Schach in

mehreren europäischen Ländern kein Privileg der Feudalherren und Ritter mehr war, erweiterte sich bei seiner Darstellung der Kreis der behandelten Probleme und deren soziales Spektrum. →*Voltaire* bezeichnete das Schach in der Erzählung »Zadig, oder Das Schicksal« (1748) als eines der großen Güter der Menschheit. → *Jean-Jacques Rousseau* widmete diesem Spiel tiefempfundene Zeilen im Roman »Die neue Heloise« und in seinen »Bekenntnissen«. In der philosophischen Erzählung »Rameaus Neffe« wählte Denis Diderot das berühmte Pariser Café de la Régence, wo sich die stärksten Schachspieler des Landes zu versammeln pflegten, zum Handlungsort; hier werden auch Gedanken über das Schach geäußert. Englands schöner Literatur verdanken die Schachspieler die Göttin des Schachs, die von William Jones im romantischen Gedicht »Caissa« (1762) besungen wird.

In Romanen von W. Scott und T. Hardy wird auf das Schach Bezug genommen, ebenso in der Erzählung »Alice im Spiegelland« (1871) von Lewis Carroll.

In der deutschen Literatur ist die Verwendung von Schachepisoden für die Dramaturgie von Bühnenwerken bemerkenswert, zum Beispiel: »Nathan der Weise« (1779) von → *Gotthold Ephraim Lessing*, »Götz von Berlichingen« (1773) – hier gibt es den bekannten Ausspruch »Dies Spiel ist ein Probierstein des Gehirns«. – und »Egmont« (1788), beides von → *Johann Wolfgang von Goethe*, »Die Verschwörung des Fiesco zu Genua« (1783) von Friedrich Schiller.

In der italienischen Literatur trifft man Schachmotive vorwiegend in Goldonis Komödien sowie in Giacosas Drama »Die Schachpartie« (1872) an. In der skandinavischen Literatur haben wir schachliche Allegorien im historischen Drama von Henrik Ibsen »Der Kampf um den Thron« (1864) und im Gedicht »Die Fritjof-Saga« (1825) des schwedischen Poeten Esaias Tegner. In der amerikanischen Literatur fällt → *Benjamin Franklins* »Morals of Chess« (1779) auf, ein Werk, in dem Schach als Mittel der Erziehung des Charakters und geistiger Fähigkeiten gepriesen wird. Am Ende des 19. Jahrhunderts spielt »Moxons Master«, eine Novelle von Ambrose Bierce, in der ein rebellierender Schachautomat seinem Erfinder den Tod bringt. Auch die russische Literatur des 19. Jahrhunderts griff Schachsujets auf. Der Held des Romanes »Eugen Onegin« von → *Alexander Puschkin*, der Novelle »Die Unglückliche« (1869) von → *Iwan Turgenjew* bzw. des Romans »Der Idiot« (1868) von Fjodor Dostojewski verbringt jeweils seine Freizeit am Schachbrett. Beeindruckend ist in der Tragödie »Der Tod von Iwan Grosny« (1866) von Alexej K. Tolstoi die Szene des Todes des Zaren beim Schachspiel. Vielgestaltig sind die Schachmotive in dem Epos »Krieg und Frieden« von → *Lew Tolstoi*. In Rußland erschienen auch Werke, die voll und ganz dem Schachspiel gewidmet waren: eine Reihe Erzählungen → *Alexander Petrows* unter dem Titel »Szenen aus dem Leben der Schachspieler« (40er Jahre des 18. Jh.), die phantastische Novelle »Der Spieler« (1858) des St. Petersburger Schriftstellers und Schachspielers Nikolai Achscharumow, das Gedicht »Gakrab« (1840) von J. Eichenbaum, die Erzählungen »Marabu« (1909) von A. Kuprin, »Schach« (1910) von A. Awertschenko und andere.

Im 20. Jahrhundert hat sich die Schachthematik in der Belletristik noch erweitert. In der englischen Literatur spielt Schach im Roman »Faraway« von → *John Boynton Priestley* (1932), in einem Romanzyklus von *Charles Percy Snow* und anderen Werken eine Rolle. Schach wird auch in den Romanen »Drei Kameraden« (1938), »Der Triumphbogen« (1946) und »Geborgtes Leben« (1959) von → *Erich Maria Remarque*, »Jeder stirbt für sich allein« (1947) von Hans Fallada u. a. gespielt. Es gibt in der deutschen Literatur auch Exkurse in die Geschichte des Schachs, beispielsweise in Brechts »Leben des Galilei« (1938–39) und in Lion Feuchtwangers Roman »Die Jüdin von Toledo«.

Originell ist die Fabel des Romans »Maigret und die ehrbaren Leute« von → *George Simenon*, in dem die Stellung einer unterbrochenen Partie dem Polizeikommissar bei der Aufdeckung des Verbrechens hilft. Im Roman »Sternengambit« des Science-Fiction-Autors Gerard Klein werden die Gesetze der Bewegung im Weltraum den Gesetzen des Schachspiels, das allen Gesellschaften der Galaxis bekannt ist, gleichgestellt. Das Schachspiel spielt auch in amerikanischen Romanen eine Rolle, zum Beispiel in Ernest Hemingways »In einem anderen Land« (1929) und in der phantastischen Erzählung »Einmal nach Merkurien« (1957) von K. D. Saimak. Schachmotive tauchen auch in Romanen des Schweizers Max Frisch auf (z. B. in »Homo Faber«) sowie in historischen Novellen des rumänischen Schriftstellers Mihail Sadoveanu und des Ungarn D. Kastolani.

Einige Schriftsteller zeigten in ihren Werken den Einfluß des Schachs auf die Psychologie des Menschen, auf die Persönlichkeit führender Schachgrößen. Dazu zählen die »Schachnovelle« von → *Stefan Zweig* (1942) und der Roman »Lushins Verteidigung« (1930) des russisch-amerikanischen Schriftstellers → *Wladimir Nabokow*.

In der sowjetischen Literatur gibt es viele Bezüge zur Schachthematik, einige Beispiele: Alexander Besymenskijs Gedicht »Das Schach« (1927), die Erzählungen »Die hölzerne Königin« (1922) von Leonid Leonow, »Der Spieler« (1960) von L. Rakowski, »Schachlehrstunden« (1964) von F. Iskander.

Benkö Pal, * 15. Juli 1928, Internationaler Großmeister, zweimaliger WM-Kandidat.

Der Werdegang des jungen Benkö war ungewöhnlich. In Frankreich geboren, lebte er bis zum 29. Lebensjahr in Ungarn und siedelte danach in die USA über. Zu diesem Zeitpunkt war Benkö schon ein bekannter Schachspieler. Er war ungarischer Landesmeister (1948), Sieger des Turnieres von Lodz (1949), Teilnehmer zweier WM-Zonenturniere. Für sein blendendes Abschneiden beim Interzonenturnier in Portorož 1958, er teilte gemeinsam mit → *T. Petrosjan* den 3.-4. Platz, wurde ihm der Großmeistertitel verliehen, außerdem buchte er damit die Fahrkarte zum WM-Kandidatenturnier in Jugoslawien. Drei Jahre darauf ist er wieder im Kandidatenturnier, in Curaçao. Er belegt dort den 6. Platz und sorgt durch zwei sensationelle Gewinnpartien für Schlagzeilen. In der 1. Runde bezwingt er den 19jährigen → *R. Fischer*, der ein ganzes Jahr lang unbesiegt gewesen war, und in der vorletzten Runde schlägt er den führenden Esten → *P. Keres* und zerstört damit dessen Träume auf den Turniersieg und ein Match gegen Weltmeister → *M. Botwinnik*. In der Partie gegen Fischer wählte Benkö eine neuartige Figurenaufstellung, die fortan als »Benkö-System« bezeichnet wurde. Der amerikanische Großmeister Edmar Mednis bezeichnete diese Partie als »Meisterwerk des Positionsspiels«.

□ P. Benkö
■ R. Fischer

Curaçao, 1962

1. g3 ♘f6 **2.** ♗g2 g6 **3.** e4 d6 **4.** d4 ♗g7 **5.** ♘e2 0-0 **6.** 0-0 e5 **7.** ♘bc3 c6 **8.** a4 ♘bd7 **9.** a5! e:d4 **10.** ♘:d4 ♘c5 **11.** h3 ♖e8 **12.** ♖e1 ♘fd7 **13.** ♗e3 ♕c7 **14.** f4 ♖b8 **15.** ♕d2 b5 **16.** a:b6 a:b6 **17.** b4! ♘e6 **18.** b5! ♘:d4 **19.** ♗:d4 ♗:d4+ **20.** ♕:d4 c5 **21.** ♕d2 ♗b7 **22.** ♖ad1 ♖e6

23. e5! ♗:g2 **24.** ♔:g2 ♕b7+ **25.** ♔f2! ♖d8 **26.** e:d6 ♘f6 **27.** ♖:e6 f:e6 **28.** ♕e3 ♔f7 **29.** ♕f3! ♕b8 **30.** ♘e4! ♘:e4+ **31.** ♕:e4 ♖d7 **32.** ♕c6 ♕d8 **33.** ♔f3 ♔g7 **34.** g4 e5 **35.** f:e5 ♖f7+ **36.** ♔g2 ♕h4 **37.** ♖f1 ♖:f1 **38.** ♔:f1 ♕:h3+ **39.** ♔g2 ♕e3 **40.** ♕e2 ♕h3+ 1-0

Benkö machte sich sehr um die Erforschung eines scharfen Gambits verdient, das als → *Wolga-Gambit* bzw. Benkö-Gambit in die Theorie einging und mit den Zügen 1. d4 ♘f6 2. c4 c5 3. d4 b5! beginnt. 1974 schrieb er das Buch »The Benkö Gambit«. Benkö hat sich auch ernsthaft mit der Schachkomposition beschäftigt und eine Reihe von Aufgaben und Studien geschaffen, die ihm einige 1. Preise in internationalen Wettbewerben eintrugen.

Benoni-Verteidigung. So nannte der Deutsche Aaron Reinganum in seinem Werk »Ben Oni oder Vertheidigungen der Gambitzüge im Schach« (Frankfurt/Main 1825) die Eröffnung, die mit den Zügen 1. d2-d4 c7-c5 eingeleitet wird.
Die von dem Autor erdachte altjüdische Bezeichnung bedeutet übersetzt »Sohn meiner Trauer«. Benoni kam nicht so schnell in Mode. In den ersten Partien damit – Hanstein-von der Lasa (Berlin 1841) und → *Staunton-Saint Amant* (Paris 1843) – erlitten die Nachziehenden ein Fiasko. Erst zu Beginn des 20. Jahrhunderts wurde die Benoni-Verteidigung dank der Analysen und Partien von → *R. Spielmann*, → *S. Tartakower*, → *F. Marshall*, → *A. Aljechin*, → *A. Nimzowitsch* und in den 50er/60er Jahren von → *I. Boleslawski*, A. Suetin, S. Furman, → *R. Fischer*, → *S. Gligoric* zu einer populären Eröffnung. Wertvolle Beiträge zu ihrer theoretischen Entwicklung leisteten ebenfalls → *L. Schmid*, → *M. Tal*, G. Barcza, → *B. Larsen*, W. Mikenas, → *M. Taimanow*, → *J. Nunn* und andere.

Am häufigsten sind in der Praxis die Systeme 1. d4 c5 2. d5 und 1. d4 ♘f6 2. c4 c5 3. d5 anzutreffen. Die Idee von Schwarz besteht darin, durch die sofortige Attacke gegen den Punkt d4 den Vorstoß d4-d5 zu provozieren und damit die Spannung im Zentrum aufzuheben. Schwarz setzt dann entweder mit e7-e6 die Attacke auf das Zentrum fort (modernes Benoni), was der Stellung einen halbgeschlossenen, oft zweischneidigen Charakter verleiht, oder riegelt mit e7-e5 das Zentrum ab und verlegt sich auf das Flügelspiel (Altbenoni). Im letzteren Falle bildet sich eine Art »Benoni-Stonewall« (c5-d6-e5).
In den Kommentaren zu seiner Partie gegen → *S. Flohr* (Kopenhagen 1966) unterstrich Bent Larsen, daß bei dieser soliden Konfiguration die größten Gefahren für Schwarz psychologischer Natur seien. »Wenn du von deiner feuerfesten Festung begeistert bist, wirst du dir keine Gedanken über ein aktives Spiel machen und schrittweise erdrückt werden. Selbst wenn sich das Spiel langsam entwickelt – irgendwann wird Weiß durch f2-f4 die Initiative übernehmen. Deshalb betrachte ich diesen Aufbau aus schwarzer Sicht als Verpflichtung, aggressiv zu spielen!«

Beratungspartie. Eine Partieform, in der eine Gruppe von Spielern gegen einen einzelnen bzw. mehrere Akteure antritt. Die Züge werden im Kollektiv erörtert. Dadurch reduziert sich im allgemeinen die Zahl der Fehler, und die Partie steht auf einem höheren Niveau. Eine oft anzutreffende Konstellation ist die, daß ein Maestro gegen zwei oder mehr Kontrahenten spielt, die ihm an schachlicher Stärke nachstehen und die ihre Züge in der Regel in einem gesonderten Raum beratschlagen. Die Weltmeister → *Em. Lasker*, → *J. R. Capablanca*, → *A. Aljechin* und → *M. Tal* haben während diverser Gastspiele Partien gegen Beratende ausgetragen, aber auch → *A. Karpow* und → *G. Kasparow* haben sich in diesem Metier erfolgreich versucht. Alexander Aljechin spielte 1926 gegen zwölf Konsultantenpaare simultan.
Von den Beratungspartien des vorigen Jahrhunderts ist die folgende am berühmtesten. Sie wurde in einer Theaterloge just vor der Aufführung der Oper »Der Barbier von Sevilla« gespielt.

□ P. Morphy
■ Herzog von Braunschweig und Graf Isuar
Paris, 1858

1. e4 e5 2. ♘f3 d6 3. d4 ♗g4 4. d:e5 ♗:f3 5. ♕:f3 d:e5 6. ♗c4 ♘f6 7. ♕b3 ♕e7 8. ♘c3 c6 9. ♗g5 b5 10. ♘:b5 c:b5 11. ♗:b5+ ♘bd7 12. 0-0-0 ♖d8

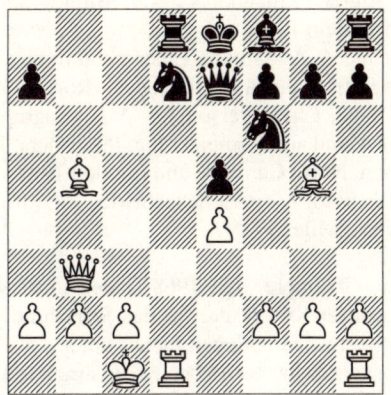

13. ♖:d7! ♖:d7 14. ♖d1 ♕e6 15. ♗:d7+ ♘:d7 16. ♕b8+! ♘:b8 17. ♖d8+ matt!

Berliner Plejade. Bezeichnung eines Zirkels, der 1836–45 sieben starke Berliner Schachmeister vereinte – Paul Rudolph von Bilguer (1815–1840), Ludwig Bledow (1795–1846), Wilhelm Hanstein (1811–50), Bernhard Horwitz (1807–85), Tassilo von Heydebrand und der Lasa (1818–99), Karl Mayet (1810–68) und Karl Schorn (1803–50). Sie versammelten sich regelmäßig in der Berliner Schachgesellschaft, die 1827 gegründet wurde, spielten dort Schach und befaßten sich mit der Analyse der Eröffnungstheorie. Ihre Untersuchungen mündeten 1843 in der Herausgabe des berühmten Leitfadens der Schacheröffnungen »→ Handbuch des Schachspiels« und später der »Schachzeitung« (1846), die bald darauf den Namen »Deutsche Schachzeitung« erhielt. Sie wurde von Bledow gegründet, einem Mathematiklehrer und bemerkenswerten Schachmeister, der mit einer Reihe ausländischer Schachspieler erfolgreich die Klingen gekreuzt hatte. Er wurde auch dadurch bekannt, daß er über eine der bedeutendsten Schachbibliotheken Europas verfügte und den Fernwettkampf zwischen dem Berliner und dem Breslauer Schachclub organisierte. Im Grunde kommt Bledow, der eine wichtige Rolle in der Entwicklung des Schachs in Deutschland spielte, unter den Meistern des »Berliner Siebengestirns« die größte Bedeutung zu.

Berlin – Turniere. 1881 kam es im Rahmen des II. Kongresses des Deutschen Schachbundes zum ersten großen Berliner Turnier. Den 1. Preis holte sich → *J. Blackburne,* der mit 14/16 → *J. Zukertort* um drei und → *S. Winawer* sowie → *M. Tschigorin* um dreieinhalb Zähler distanzierte. Die Veranstaltung von 1897 war dem 70. Jahrestag der Berliner Schachgesellschaft gewidmet. Der erste Platz ging mit 14,5/19 an → *R. Charousek,* gefolgt von Walbrodt (14) und Blackburne (13).
Zwanzig Jahre später lebten in der deutschen Hauptstadt die internationalen Turniere wieder auf. In die Siegerliste trugen sich *M. Vidmar* (April 1918), → *Em. Lasker* (September 1918), → *J. Bogoljubow* (1919, 1926), → *G. Breyer* (1920), A. Brinckmann (1927), → *A. Nimzowitsch* (Februar 1928) und → *J. R. Capablanca* (Oktober 1928) ein. Seit Beginn der 80er Jahre wird das bekannte Open »Berliner Sommer« ausgerichtet, das 1995 seine 13. Auflage erlebte und traditionell Hunderte Meister und Großmeister aus vielen Ländern der Welt in die deutsche Metropole lockt.

Bibliographie der Schachliteratur. Heutzutage kommt niemand, der sich ernsthaft mit der Theorie oder der Schachgeschichte auseinandersetzt, im Meer der Schachbücher, Artikel, Periodika ohne einen Kompaß zurecht. Diese Erfahrung machten die Schachspieler auch schon im vorigen Jahrhundert. 1838 plazierte der englische Schachmeister George Walker in der Zeitschrift »The Philidorian« einen bibliographischen Katalog der Neuerscheinungen der Schachliteratur, der 30 Druckseiten einnahm! 1847 gab Anton Schmid erstmals ein Buch heraus, das die Schachliteratur zum Thema hatte und immerhin einen Umfang von 400 Seiten aufwies. Im ersten Teil dieses Werkes werden die europäischen Schachmanuskripte des 13.–16. Jahrhunderts ausführlich beschrieben, im zweiten Teil findet man die Schachtitel verschiedener Länder ab dem 16. Jahrhundert bis ins Jahr 1846. Ein Vierteljahrhundert später (1881) gab der bekannte Schachhistoriker Van der Linde in Berlin ein Buch mit dem Titel »Das erste Jahrtausend der Schachliteratur (850–1880)« heraus.
Einen Überblick über die Literaturlage zum Thema Schach in der Mitte des 20. Jahrhunderts geben die bibliographischen Arbeiten zweier

der größten Bibliotheken der Welt – Van der Linde/Niemeijer in Den Haag (1955) und John White in Cleveland (Boston 1964). Bald erschienen Bücher, die sich auf die Ausgaben eines Landes bzw. Publikationen in einer jeweiligen Sprache beschränkten, so 1968 in Moskau Nikolai Sacharows »Schachliteratur der UdSSR. Eine Bibliographie (1775 bis 1966)« und 1974 in Boston eine Bibliographie der englischsprachigen Schachliteratur der Jahre 1850–1968 von Douglas A. Bett. 1981 wurde in Rom ein Buch von Adriano Chicco und Alessandro Sanvito mit einer Bibliographie der in Italien verlegten Schachliteratur seit dem 16. Jahrhundert herausgegeben. In den 80er und 90er Jahren kamen analoge Bibliographien hinzu, die einzelnen Schachspielern gewidmet waren wie → *Em. Lasker* (Jürgen Stigter, Amsterdam 1985) bzw. dem Schachkomponisten und Historiker Adriano Chicco (Alessandro Sanvito, Mailand 1992).

Verschiedenen Problemen der Schachgeschichte sind die Arbeiten des deutschen Bibliographen Egbert Meissenburg gewidmet, die in den 60er bis 90er Jahren in Deutschland publiziert wurden. Eine bedeutende historisch-bibliographische Untersuchung erschien 1987 in den USA. Ihr Autor ist Jeremy Gaige. Er erwähnt 14 000 Schachspieler aller Epochen. Literatur:

G. Walker. A Bibliographical Catalogue of Printed Books and Writers on Chess, Up to the Present Time. In: *The Philidorian*, 1838, p. 217–256.
A. Schmid. Literatur des Schachspiels. Wien 1847;
A. v. d. Linde, Das erste Jahrtausend der Schachliteratur (850–1850), Berlin 1881;
Bibliotheca Van der Linde – Niemeijeriana, A Catalogue of the Chess Collection in the Royal Library the Hague, The Hague 1955;
K. W. Kruijswijk, Bibliotheca Van der Linde – Niemeijeriana aucta et de nova descripta, volume I, Chess: Bibliography and History, The Hague 1974;
N. I. Sacharow, Schachmatnaja Literatura SSSR. Bibliografia (1775–1966), Moskwa 1968.
D. A. Bett, An Annotated Bibliography of Works Published in the English Language, 1850–1968. Boston 1974;
J. Stigter, Emanuel Lasker Bibliographie, Amsterdam 1985;
A. Chicco, A. Sanvito, Lineamenti di una Bibliografia Italiana degli Scacchi, Roma 1987;
J. Gaige, Chess Personalia. A Bibliography, McFarland and Company Inc. Publishers, Jefferson, North Carolina, and London 1987;
A. Sanvito, L'opera Scacchistica di Adriano Chicco, Milano 1992.

Biel – Turniere. Seit 1968 finden in diesem Schweizer Kurort, der für das Schach ausgezeichnete Bedingungen bietet, unter dem Patronat der Schweizerischen Kreditanstalt (SKA) internationale Turniere statt, von 1977 an im Rahmen eines Schachfestivals. Neben dem Hauptturnier, einem Großmeisterturnier im Rundensystem, gibt es eine Reihe von Offenen Wettbewerben, darunter für Senioren, Jugendliche, Frauen u. a. Zu den Siegern seit 1977 gehören Namen wie → *A. Miles*, → *V. Hort*, → *E. Lobron*, → *J. Nunn*, → *R. Hübner*, → *B. Polugajewski*, → *B. Gulko*, I. Sokolov. 1992 trug → *A. Karpow* in einem Turnier der Kategorie 15 mit 10,5/14 den Sieg davon. Zweiter wurde der Bulgare → *K. Georgiew* (9), der A. Miles, → *A. Beljawski*, → *J. Lautier*, → *W. Kortschnoj*, → *A. Schirow* und K. Hansen auf die weiteren Plätze verwies. 1976 und 1993 fanden in Biel Interzonenturniere statt, die von → *B. Larsen* bzw. → *B. Gelfand* gewonnen wurden.

Biorhythmus und Schach. Allem Lebendigen auf der Erde ist ein erstaunliches, noch nicht gänzlich erforschtes Zeitgefühl eigen. Wie die Chronobiologie – eine noch junge Wissenschaft – feststellte, unterliegen lebendige Organismen physiologischen Rhythmen, die unbeständig sind, d. h. tages- bzw. saisonalabhängig schwanken. Diese Veränderungen beeinflussen den Zustand des Menschen, seine körperliche Verfassung, seine emotionale Befindlichkeit, seine intellektuelle Leistungsfähigkeit. Nach einer der Theorien, die allerdings von vielen Wissenschaftlern angefochten wird, wird die letztgenannte Kategorie von 33-Tage-Zyklen beeinflußt, die mit dem Tage der Geburt einsetzen. So behauptet G. Thommen in seinem Buch »Is this your day?« (Ist das Ihr Tag?, New York 1964), daß R. Fischer am 18. Dezember 1962 infolge eines negativen Biorhythmus eine Partie verloren habe. Andere Autoren haben mit derselben Methode herausgefunden, daß die 33-Tages-Phasen Fischers und Spasskis entgegengesetzt verlaufen und 1972 angeblich den Ausgang des WM-Matches zwischen diesen Akteuren beeinflußt hätten. Ein analoges Bild ergibt sich ihrer Ansicht nach bei der Bewertung der Kandidatenzweikämpfe Karpow-Polugajewski und Spasski-Kortschnoj.

Aber man sollte sich davor hüten, die Bedeutung der Biorhythmen bei der Analyse der Höhe- bzw. Tiefpunkte der Leistungskurve von Schachspielern zu hoch zu veranschlagen. Die Wirkung der »inneren Uhr« hängt von vielen noch unbekannten Faktoren ab. Die Entwicklung der Willensqualitäten, hartes Training und die Einhaltung eines straffen Lebensregimes befähigen den Menschen jederzeit zur Erzielung von kreativen Höchstleistungen – auch wenn die »biologische Uhr« ungünstig tickt. Davon zeugen u. a. die Turnierresultate von → *Em. Lasker* und → *A. Aljechin*, die sich niemals über »gute« oder »schlechte« Tage den Kopf zerbrochen und über Jahre hinweg ihre Kreativität bewiesen haben.

Die Überbewertung der Rolle der Biorhythmen bei der eigenen geistigen Tätigkeit kann die sportliche und schöpferische Leistung des Schachspielers negativ beeinflussen. Seine Devise sollte vielmehr sein: »Trotz alledem!«

Bird-Eröffnung. 1. f2-f4. Diese Bezeichnung erhielt dieser Partiebeginn deshalb, weil der bekannte englische Schachmeister Henry Bird (1830–1908) ihn oft anzuwenden pflegte. Der Eröffnungskampf trägt hier Züge der → *Holländischen Verteidigung* im Anzuge, d. h. mit einem Mehrtempo für Weiß. Das Spiel nimmt einen vorzugsweise geschlossenen Charakter an und verspricht dem Anziehenden keinen besonderen Vorteil.

Bischoff Klaus, * 9. Juni 1961 in Ulm, deutscher Großmeister.

1980 kämpfte Klaus in Dortmund gemeinsam mit 57 anderen jungen Schachspielern um den Titel eines Juniorenweltmeisters. Letztlich teilte er den 3.-5. Platz und mußte nur → *G. Kasparow* und → *N. Short* den Vortritt lassen. Bald darauf stieg Bischoff in die Gilde der stärksten Schachspieler Deutschlands auf. Bei den Schacholympiaden von 1986 und 1990 sowie den Europameisterschaften von 1983 und 1989 stand er im deutschen Nationalteam. Mit seinem Verein Bayern München gewann Bischoff 1992 den Europapokal und holte mehrere Deutsche Meistertitel. An Turniersiegen stehen u. a. Budapest (1985), Lugano (1988) und Kecskémet (1988) zu Buche. Dreimal nahm er an Zonenturnieren der → *Fide* teil (1985–90). Bischoff gilt überdies seit Jahren als bester Blitz- und Schnellschachspieler Deutschlands, wie diverse 1. Plätze bei Deutschen Meisterschaften in dieser Disziplin bezeugen. Bei der Weltmeisterschaft im → *Schnellschach* in Mexiko 1988 kam er auf den geteilten 5.-10. Platz – nur einen halben Zähler hinter dem Spitzenquartett. 1995 wechselte Bischoff zur Solinger SG.

□ K. Bischoff
■ G. Hertneck
München, 1988

1. ♘f3 d5 2. c4 c6 3. e3 ♘d7 4. ♘c3 ♘gf6 5. d4 a6 6. c:d5 c:d5 7. ♘e5 e6 8. f4 ♗b4 9. ♗d3 ♘:e5 10. f:e5 ♘d7 11. 0-0 0-0 12. ♗d2 f5 13. ♘e2 ♗:d2 14. ♕:d2 ♘b8 15. ♖f2 ♘c6 16. ♖af1 ♗d7 17. h3 ♕e7 18. a3 ♖ac8 19. ♘f4 ♘d8 20. g4 ♗c6 21. ♔h1 ♖c7 22. ♖g1 f:g4 23. ♖:g4 ♗e8 24. ♖fg2 ♔h8 25. ♖g1 ♖g8 26. ♕e1 ♘f7

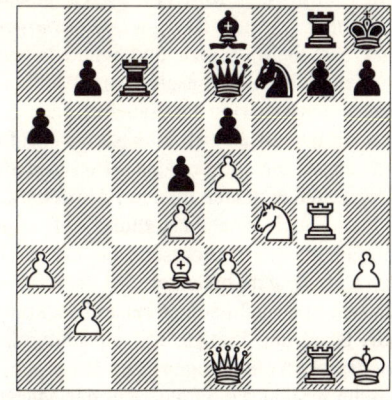

27. ♗:h7!
Schwarz gab auf, denn auf 27... ♔:h7 folgt 28. ♕b1+ mit baldigem Matt.

Blackburne Joseph Henry, * 10. Dezember 1841 in Manchester, † 1. September 1924 in London, in der zweiten Hälfte des 19. Jahrhunderts einer der stärksten Schachspieler der Welt. Der Schachboom, den England in den 50er Jahren des vorigen Jahrhunderts erlebte und der auf das erste internationale Turnier in London (1851), die Gastspiele → *P. Morphys* (1857–58) und die Vorstellungen im Blindspiel des deutschen Maestros → *L. Paulsen* zurückzuführen ist, ging an dem romantisch veranlagten 17jährigen Joseph nicht spurlos vorüber. Er erwarb für einen Schilling ein Schachbuch, das er mit Begeisterung verschlang. Seine Eltern träumten davon, daß Joseph die kaufmännische Laufbahn einschlägt, doch der Junge hatte sein Herz bereits an eine andere Sache verloren – das Schachspiel. Er tritt in den Schachclub seiner Heimatstadt Manchester ein und wird bereits binnen eines Jahres Vereinsmeister (1862). → *H. Staunton* zollte Blackburnes Spiel Lob und empfahl eine Einladung des jungen Mannes zum zweiten internationalen Londoner Turnier. Von dieser Zeit an nahm Blackburne über 52 Jahre hinweg (1862–1914) an fast allen bedeutenden europäischen Schachwettbewerben teil. Er spielte in 52 Turnieren, in denen er 814 Partien austrug und auf eine Punktausbeute von 62% kam. Alleinige erste bzw. geteilte erste Preise holte er in Wien (1873), Wiesbaden (1880), Berlin (1881), Hereford (1885). Er gewann Zweikämpfe gegen H. Bird, → *I. Gunsberg*, → *J. Zukertort*, G. Mackenzie und trennte sich von C. von Bardeleben unentschieden. Blackburne pflegte einen scharfen kombinatorischen Stil. Er war immer auf Angriff eingestellt – egal ob er mit den weißen oder mit den schwarzen Steinen spielte. Man nannte man ihn den »Schwarzen Tod«, auch eine Anspielung auf seinen Familiennamen, der übersetzt so etwas wie »schwarzer Brand« bedeutet.
Jedes Jahr vor Weihnachten reiste Blackburne durchs Land und kreuzte mit tausenden von Schachspielern die Klingen. Sein Biograph, P. A. Graham, geht davon aus, daß der Maestro in seinem Leben ungefähr 50 000 Partien gespielt hat (Graham, P. A., »Mr. Blackburne's Games at Chess«, London 1899)!

Gegen den ersten Schachweltmeister, *W. Steinitz*, hatte Blackburne eine etwa ausgeglichene Turnierbilanz (+7, -8, =4), allerdings verlor er gegen ihn sehr deutlich zwei Matches. Hier nun eine der besten Partien Blackburnes.

□ J. Blackburne
■ W. Steinitz
London, 1983

1. e4 e5 2. ♘f3 ♘c6 3. ♘c3 g6 4. d4 e:d4 5. ♘:d4 ♗g7 6. ♗e3 ♘f6 7. ♗e2 0-0 8. 0-0 ♘e7 9. ♗f3 d6 10. ♕d2 ♘d7 11. ♗h6 ♘e5 12. ♗:g7 ♔:g7 13. ♗e2 f6 14. f4 ♘f7 15. ♖ad1 c6 16. ♗c4 ♗d7 17. ♗:f7 ♖:f7 18. f5 ♘c8

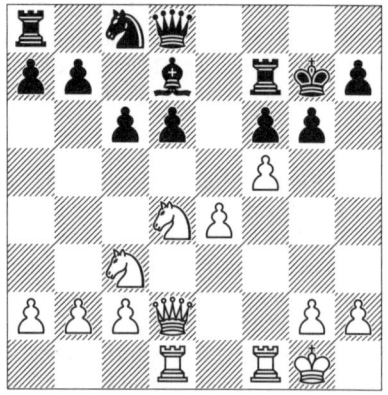

19. e5! f:e5 20. ♘e6+ ♗:e6 21. f:e6 ♖e7 22. ♕g5 ♕e8 23. ♖d3! ♖:e6 24. ♖h3 ♕e7 25. ♕h6+ ♔g8 26. ♖f8+! 1-0

Blackmar-Diemer-Gambit, beginnt mit den Zügen 1. d4 d5 2. e4. Weiter folgt 2... d:e4 3. f3 – eine Fortsetzung, die vom Amerikaner Armand Edward Blackmar (1826–88) ausgearbeitet und 1882 erstmals angewandt wurde. Ein halbes Jahrhundert später empfahl der Deutsche Julius Diemer (1871–1945) – 3. ♘c3 —, um erst nach 3... ♘f6 mit 4. f3 fortzufahren.

Von den vielen scharfen Varianten sei hier stellvertretend eine angegeben: 4... e:f3 5. ♘:f3 ♗f5 6. ♘e5 e6 7. g4 ♗e4 8. ♘:e4 ♘:e4 9. ♕f3! ♕h4+ usw. Diese Eröffnung ist besonders für Spieler interessant, die ein opferreiches kombinatorisches Spiel anstreben.

Bled – Turniere. Die schneebedeckten Gipfel Sloweniens, der ruhende See, der von den Einheimischen »Schwarze Augen« genannt wird, die sich in der Ferne abzeichnenden Umrisse eines mittelalterlichen Schlosses, wilde Schwä-

Die Teilnehmer des internationalen Turniers von Bled 1931. Sitzend (von links nach rechts): Maróczy, Nimzowitsch, Aljechin, Bogoljubow und Vidmar; stehend: Spielmann, Colle, Tartakower, Asztalos, Pirc, Stoltz, Flohr, Kashdan und Kostić.

ne, sonnenüberflutete Waldlichtungen, schattige Alleen, die zum Spaziergang einladen... Ein idealer Platz für das schachliche Schaffen!
Hier gab es einige internationale Schachwettkämpfe, von denen zwei weit herausragen. 1931 stellte der Weltmeister → *A. Aljechin* in einem doppelrundigen Turnier mit vierzehn Teilnehmern einen Rekord auf. Er erzielte in 26 Partien 15 Siege, mußte keine Niederlage quittieren und überflügelte den Zweitplazierten, → *J. Bogoljubow*, um 5,5 und den Dritten, → *A. Nimzowitsch*, um 6,5 Punkte.
Dreißig Jahre später, 1961, ging in Bled ein noch grandioseres Turnier über die Bühne. Es kam zu einem Kopf-an-Kopf-Rennen zwischen → *R. Fischer* und → *M. Tal,* das letzterer im Finish knapp für sich entschied. Der Endstand:

1. M. Tal – 14,5; 2. R. Fischer – 13,5; 3.-5. T. Petrosjan, P. Keres, S. Gligorić – 12,5; 6.-7. J. Geller, P. Trifunović – 10,5; 8. B. Parma – 10; 9.-10. A. Bisguier, A. Matanović – 9,5; 11.-13. K. Darga, J.-H. Donner, M. Najdorf – 9; 14. F. Olafsson – 8,5; 15.-16. L. Portisch, B. Ivkov – 8; 17. L. Pachman – 7; 18. M. Bertok – 6,5; 19. M. Germek – 5,5; 20. M. Udović – 4.

Blindspiel. Die Schachspieler kamen schon vor langer Zeit auf die Idee, eine oder mehrere Partien gleichzeitig ohne Ansicht des Brettes nur aus dem Gedächtnis zu spielen. Im 18. Jahrhundert demonstrierte beispielsweise → *Philidor* diese Kunst, als er es mit drei Gegnern aufnahm. Die französischen Aufklärer Diderot und Alambert versäumten es nicht, diese Sensation in ihre »Enzyklopädie« aufzunehmen (1757). Hundert Jahre später spielte der Amerikaner → *P. Morphy* in Nottingham und Paris gegen acht Kontrahenten blind. Ein halbes Jahrhundert danach tat sich → *H. N. Pillsbury* in dieser Disziplin hervor. Ingesamt brachte er es auf 150 Blindsimultanvorstellungen. Einen Rekord stellte er dabei in Moskau auf, wo er an 22 Brettern antrat (+17, -1, =4). Diese Leistung machte einen gewaltigen Eindruck auf den 10jährigen *A. Aljechin*, der es nur ein Jahr danach selbst mit dem Blindspiel versuchte. Später gab Aljechin mehrfach Simultanvorstellungen dieser Art. Nach seinem Auftritt an 26 Brettern in New York 1924 (+16, -5, =5) äußerte er sich zur Technik seines Spiels: »Ich denke, das ganze Geheimnis liegt in der angeborenen Schärfe des Gedächtnisses... Vor jeder größeren Blindvorstellung habe ich mir einen einfachen Plan zurechtgelegt. Ich teilte alle Bretter nach Eröffnungsgruppen ein. In New York sah das so aus: die ersten sechs Partien eröffnete ich mit dem Damenbauern, die nächsten sechs mit dem Königsbauern, die nächsten sechs mit dem Damen-, die darauffolgenden sechs wieder mit dem Königsbauern und schließlich die verbleibenden zwei mit dem Läuferbauern des Damenflügels. Bei Abruf der einzelnen Bretter mußte man sich immer nur an die entsprechenden Eröffnungsverläufe, an bestimmte Pläne, Drohungen, Verteidigungen erinnern, die aktuelle Stellung und den letzten Zug rekapitulieren und konnte dann weiterkombinieren.«

In den 20er bis 30er Jahren stellten → *G. Breyer*, → *R. Reti*, → *A. Aljechin*, G. Koltanowski neue Rekorde im Blindspiel auf. Die Grenze der menschlichen Möglichkeiten auf diesem Gebiet ist bis heute unbekannt. 1947 spielte → *M. Najdorf* in São Paulo an 45 Brettern (+39, -2, =4), Janos Flesch steigerte den Rekord 1960 in Budapest auf 52 (+31, -3, =18). 1985 gab → *G. Kasparow* in Hamburg eine Blindvorstellung an zehn Brettern gegen qualifizierte Schachspieler, darunter sieben Meister (+9, -0, =1). 1993, 1994, 1995 wurde in Monte Carlo ein kombiniertes Blind- und Schnellturnier ausgetragen, das einen Großteil der Weltspitze am Start sah (u. a. → *A. Karpow*, → *V. Anand*, → *W. Kramnik*, → *W. Iwantschuk*, → *J. Polgár* usw.).

Auch ohne Ansicht des Brettes gelingen Klassespielern bemerkenswerte kreative Leistungen. Ein Beispiel ist die folgende Partie, die Aljechin in einem Blindsimultan an fünf Brettern in einem Militärlazarett spielte.

□ Aljechin
■ Feldt

Tarnopol, 1916

1. e4 e6 2. d4 d5 3. ♘c3 ♘f6 4. e:d5 ♘:d5 5. ♘e4 f5 6. ♘g5 ♗e7 7. ♘5f3 c6 8. ♘e5 0-0 9. ♘gf3 b6 10. ♗d3 ♗b7 11. 0-0 ♖e8 12. c4 ♘f6 13. ♗f4 ♘bd7 14. ♕e2 c5

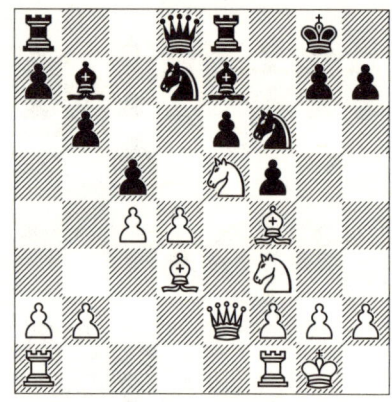

15. ♘f7!! ♔:f7 16. ♕:e6+ ♔g6 17. g4 ♗e4 18. ♘h4+ matt!

Die moderne Medizin steht dem Blindspiel kritisch gegenüber, da es sich negativ auf das Nervensystem des Menschen auswirken kann.

Blitzschach – eine der verbreitetsten Wettkampfformen des Schachs, bei dem jedem Spieler fünf Minuten für eine Partie zur Verfügung stehen.

Charakteristisch für das Blitzschach sind ein spannender Kampfverlauf, sich schnell verändernde Konstellationen auf dem Schachbrett und die Unvorhersagbarkeit des Resultates. Das Blitzspiel trainiert die Reaktionsschnelligkeit und dient daher als Training für das Spiel in Zeitnot. In Blitzturnieren dominieren in der Regel jene Spieler, die auch im Normalschach ihre Klasse unter Beweis stellen. Zu Beginn dieses Jahrhunderts galt → *J. R. Capablanca* als Koryphäe im Blitzschach. Seine phänomenale Geschwindigkeit des Denkens ließ ihn mit Handicap eine gegen fünf Minuten selbst über starke Schachspieler triumphieren. 1914 gewann Capablanca in Berlin einen Blitzwettkampf über zehn Partien (fünf Sekunden für einen Zug) gegen → *Em. Lasker* mit 6,5:3,5. Lasker schrieb, daß Capablanca selbst bei diesem strengen Zeitreglement »fast keine Fehler machte, während ich häufiger danebengriff«.

Heutzutage, im Computerzeitalter kosmischer Geschwindigkeiten, sind Blitzturniere zu einer charakteristischen Erscheinung des Schachlebens geworden. Die Weltmeister → *A. Tal,* → *T. Petrosjan,* → *R. Fischer,* → *A. Karpow* und → *G. Kasparow* haben sich als prächtige »Blitzer« erwiesen. 1970, unmittelbar nach dem → *»Match des Jahrhunderts«* in Jugoslawien, gewann Bobby Fischer mit riesigem Vorsprung ein großes Blitzturnier: 1. Fischer – 19/22; 2. Tal – 14,5; 3. Kortschnoj – 14; 4. Petrosjan – 13,5; 5. Bronstein – 13; 6. Hort – 12 usw. Siebzehn Jahre später – im Anschluß an das Brüsseler »Turnier der Sterne«, war Kasparow in einem Blitzturnier vorn: 1. Kasparow – 17/22; 2. Timman – 15; 3.-4. Karpow, Ljubojević – 12,5; 5. Hübner – 12 usw.

1988 fand im kanadischen Saint John eine inoffizielle Blitzweltmeisterschaft statt. Unter den 32 Teilnehmern befanden sich u. a. Kasparow und Karpow. Wie prestigeträchtig diese Veranstaltung war, davon zeugt die Höhe des ersten Preises – 50 000 Dollar! Das Turnier wurde im K.-o.-System ausgetragen. Im Finale setzte sich Michail Tal mit 3,5:0,5 über → *R. Waganjan* hinweg und wurde damit im 51. Lebensjahr zum besten Blitzspieler der Welt gekürt. »Es lassen sich verschiedene Arten des Schachs vereinbaren«, sagte Tal. »In der Verkürzung der Bedenkzeit liegt durchaus ein bestimmter Reiz. Viele Fehler? Na und, in diesem Genre haben wir keinen Anspruch auf Unsterblichkeit. Schnellschach ist dynamisch und publikumswirksam. Ja, sogar die Beschränkung auf fünf Minuten läßt Raum für die Kreativität.«

Im Mai 1994 kam es in München zum bislang stärksten Blitzturnier auf deutschem Boden. Im Finalturnier dominierten punktgleich mit 12,5/17 Garri Kasparow und sensationell »Fritz 3« – ein Schachcomputer! Spieler wie → *V Anand,* → *A. Drejew,* → *N. Short,* → *B. Gelfand,* → *K. Georgiew,* → *W. Kramnik* hatten das Nachsehen. Im Stichkampf fertigte Kasparow die Maschine mit 4:1 ab.

Blockade. 1924 wandte sich Großmeister *A. Nimzowitsch* in seinem Buch »Die Blockade« mit einem Aufruf an die Schachspieler: »Jeden Bauern, hätte er auch nur die Spur von Bewegungsfreiheit, jeden Freibauern, jedes Stückchen Zentrum, jede zahlenmäßige oder qualitative Übermacht – bremse sie! Der Dreh- und Angelpunkt, das Ideal jeder Bremse ist und bleibt die Blockade!!« Dieses Verfahren ist den Schachspielern seit langem bekannt und gilt heute als eines der wichtigsten in der Strategie und Taktik des Schachkampfes. Die Blockade verwirklicht man, indem man entweder eine Figur direkt vor dem gegnerischen Bauern postiert oder indem man diesen aus der Ferne mit seinen Schwerfiguren am Vorrücken hindert. Die Blockadefiguren sind selbst relativ sicher vor gegnerischen Angriffen und üben gleichzeitig einen starken Druck auf das Hinterland des Gegners aus. Oft erweist sich gerade ein Springer als idealer Blockeur.

Im folgenden Beispiel verwirklichte der Anziehende einen lehrreichen Plan. Er blockierte zeitweise die Zentralbauern mit den Türmen (sein letzter Zug war 36. Td2-d5!), marschierte danach mit seinem König nach d5 und organisierte dann den entscheidenden Bauerndurchbruch.

BLUMENFELD-GAMBIT 48

□ E. Schiffers
■ W. Steinitz
Rostow am Don, 1896

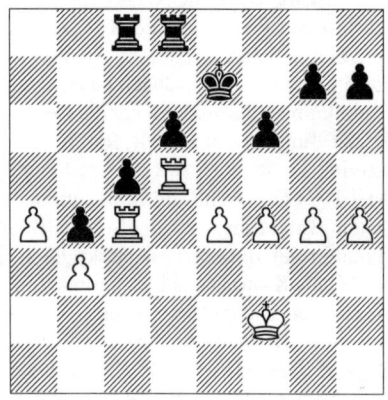

36... h6 37. h5 ♔e6 38. ♔e3 ♖c6 39. ♔d3 ♖a8 40. ♖c1 ♖e8 41. ♔c4 ♔d7 42. ♖e1 ♔c7 43. e5! f:e5 44. f:e5 ♔b6 45. e6 ♖e7 46. ♖f5! ♔c7 47. ♖f7 ♔d8 48. ♔d5 ♖a6 49. ♖ef1 c4 50. ♖:e7 ♖a5+ 51. ♔:d6 ♖a6+ 52. ♔d5 ♔:e7 53. ♖f7+ ♔e8 54. ♔:c4 ♖:e6 55. ♖:g7 ♖e4+ 56. ♔c5 ♔f8 57. ♖g6   1-0

Blumenfeld-Gambit. Diese Eröffnung wurde in den 20er Jahren vom Moskauer Schachmeister und Theoretiker Benjamin Blumenfeld (1884–1947) empfohlen: 1. d4 ♘f6 2. ♘f3 e6 3. c4 c5 4. d5 b5!

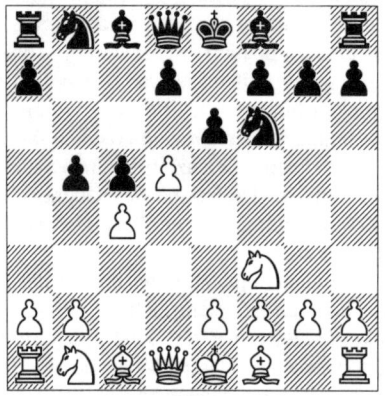

Dieses mutige Bauernopfer wurde späterhin auch in anderen indischen Verteidigungen angewandt. Als beste Antwort auf das Blumenfeld-Gambit gilt 5. ♗g5.

Boccaccio und Schach. Der Humanist und Begründer der realistischen Prosa der Epoche der Aufklärung, Giovanni Boccaccio (1313–75), war einer der ersten Autoren, der eine Schachpartie literarisch beschrieb. Im sechsten Kapitel eines seiner frühen Romane »Il Filocolo« (entstanden 36–40) spielt der Held des Werkes, Filokolo, mit einem höheren Chargen Schach und tut alles dafür, sich von diesem mattsetzen zu lassen. Er möchte ihn damit zu seinem Freund machen und seine Hilfe gewinnen, um seine Geliebte zu erobern. »Also klemmte Filocolo den König seines Gegners ein, wobei links vom König der Läufer stand. Sein Kontrahent belagerte seinerseits mit einer großen Streitmacht den König Filocolos, dem nur noch eine einzige Rettung blieb – ein Seitenschritt in Richtung seines Turmes. Aber vor allem – und das sah Filocolo sehr wohl – konnte er mit seinem zweiten Springer dem gegnerischen Monarchen Schach und Matt erklären. Er zog indessen seinen Turm auf gerade jenes Feld, das seinem König zur Rettung bestimmt war. Angesichts der vermeintlichen Trübung des Verstandes des Filocolo lachte der Kontrahent fröhlich auf, zog seinen Bauern vor und erklärte ein Matt.«

Den Schlußteil dieser Partie rekonstruierte der italienische Schachkomponist und Historiker Dr. Adriano Chicco. Resultat seiner »Restaurationsarbeit« war die folgende Stellung.

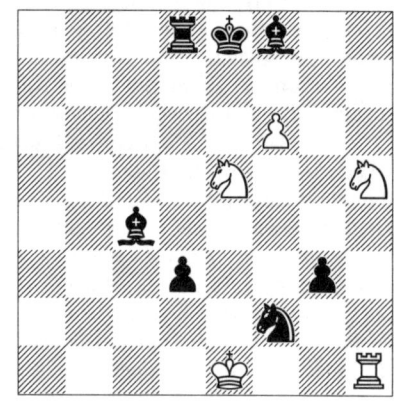

Hier konnte Weiß (Filocolo) mit 1. ♘g7 mattsetzen. (Der Läufer zog damals anders – zwei Felder auf der Diagonalen, wobei er eines übersprang.) Aber er spielte 1. ♖f1?? Danach erklärte Schwarz durch einen Bauernzug ein einzügiges Matt: 1... d2 matt.

Im Roman werden noch zwei Partien zwischen diesen Kontrahenten beschrieben, aber die Erzählung hat einen allgemeinen Charakter und ist vor allem wegen ihrer psychologischen Nuancen interessant. Vielfache Erwähnung findet das Schach auch im bedeutendsten Werk Boccaccios, der Novellensammlung »Decamerone« (1350–1353).

Bogoljubow Jefim, * 14. April 1889 in Selo Stanislawtschik im Kiewer Gebiet, † 18. Juni 1952 in Triberg (Schwarzwald), Großmeister, Anwärter auf die Weltmeisterschaft in den 20er und 30er Jahren.

Der Sohn eines Geistlichen trat für seine Eltern unerwartet nicht in die Fußstapfen seines Vaters. Statt Theologie zu studieren, ging der 18jährige Jefim aufs Kiewer Polytechnische Institut. Zwei Jahre später brach er sein Studium ab – die Leidenschaft zum Schachspiel war zu groß. Bald schon wurde er einer der führenden Schachspieler der Ukraine. 1914, just während eines internationalen Schachturniers in Mannheim, brach der Erste Weltkrieg aus. Bogoljubow wurde interniert. In Deutschland fand er späterhin sein Glück und seine große Liebe, Frieda Kaltenbach, die er in Triberg kennenlernte. Bis 1926 blieb Bogoljubow Staatsbürger Rußlands und wurde auch zweimal Champion dieses Landes (1924 und 1925). 1925 erzielt er den größten Turniererfolg seines Lebens, als er im ersten internationalen Turnier zu Moskau → *Em. Lasker* und → *J. R. Capablanca* hinter sich läßt. Die Schachwelt sah in ihm fortan einen neuen Anwärter auf den Schachthron.

Das Spiel Bogoljubows zeichnete sich durch eine reiche Phantasie in kombinatorischen Verwicklungen aus. Nach Meinung von → *R. Spielmann* »ist die grundlegende Eigenschaft seines Charakters, sein Alpha und Omega – der grenzenlose Optimismus«. Die Analyse des Bogoljubowschen Schaffens ließ → *A. Aljechin* auch auf verwundbare Stellen stoßen: »Bogoljubow betrachtet seinen Kontrahenten als Experimentierfeld für die Anwendung seiner Kunst und trachtet niemals danach, seinen Gegner zu studieren. Oftmals hofft er dort auf ein Wunder, wo Wissen vonnöten ist.« Und zweimal ist dieses Wunder nicht eingetreten. 1929 und 1934 erlitt Bogoljubow in Zweikämpfen um die Schachkrone gegen Weltmeister Alexander Aljechin eine Niederlage. Beide Matches gingen über 30 Partien. Das erste Match wurde in verschiedenen Städten Deutschlands und der Niederlande ausgetragen und endete 9,5:15,5 aus Bogoljubows Sicht. Der zweite Wettkampf fand in zwölf deutschen Städten statt. Er begann am 1. April 1934 in Baden-Baden und fand am 14. Juni in Berlin seinen Abschluß. Aljechin gewann mit 15,5:10,5.

Bogoljubow war achtmal Deutscher Landesmeister (1928–39). Er siegte u. a. in den internationalen Turnieren von Stockholm (1919), Berlin (1919, 1926, 1928), Bad Kissingen (1928), Bad Nauheim (1935), Stuttgart (1939). Auch auf dem Gebiet der Eröffnungstheorie hinterließ Bogoljubow seine Spuren. Systeme im → *Damengambit*, Varianten im → *Königsgambit* und in der → *Französischen Verteidigung* wurden von ihm ausgearbeitet.

Das Studium des schöpferischen Nachlasses dieses herausragenden Großmeisters verschafft auch heutigen Schachspielern viel Freude und ästhetischen Genuß. »Zu den besten Partien Bogoljubows fühle ich mich besonders stark hingezogen«, sagte der zweite Schachweltmeister Emanuel Lasker.

□ J. Bogoljubow
■ J. Mieses
Baden-Baden, 1925

1. d4 f5 2. g3 ♘f6 3. ♗g2 e6 4. ♘f3 d5 5. 0-0 ♗d6 6. c4 c6 7. ♘c3 ♘bd7 8. ♕c2 ♘e4 9. ♔h1 ♕f6 10. ♗f4! ♗:f4 11. g:f4 ♕h6 12. e3 ♘df6 13. ♘e5 ♘d7 14. ♖g1 ♘:e5 15. d:e5 ♘:c3 16. b:c3! ♗d7 17. ♖ad1 b5 18. ♕b2!
Hiermit beginnen große Manöver der weißen Dame.
18... 0-0 19. ♕a3 ♖fd8 20. c:d5 c:d5 21. ♕a6! ♕h5

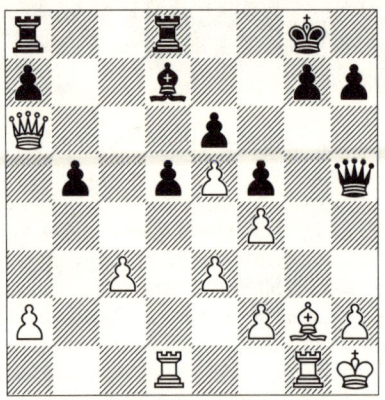

22. ♗:d5!! e:d5 23. ♖:g7+! ♔:g7 24. ♕f6+ ♔g8 25. ♖g1+ ♕g4 26. ♖:g4+ f:g4 27. f5 ♖e8 28. e6 ♗c6
Ungeachtet des Materialvorteils ist Schwarz ohne Verteidigung.
29. ♕f7+ ♔h8 30. f6 ♖g8 31. ♕c7 ♖ac8 32. ♕e5 d4+ 33. ♔g1 ♗d5 34. f7+ ♖g7 35. ♕:d5
1-0

Boi Paolo, * 1528 Syrakus, † 1598, führender italienischer Schachspieler des 16. Jahrhunderts.
Paolo Boi entstammte einer reichen Familie und besaß angesehene Gönner. Mit seinem Freund, dem römischen Schachmeister Giovanni Leonardo, trat er in einer Reihe von Städten Italiens auf. Beide waren einander ebenbürtige Kontrahenten. Der neapolitanische Schachspieler und Rechtsgelehrte Alessandro Salvio (1570–1640) beschrieb ihren Zweikampf so: »Die Schlacht entbrannte unverzüglich und dauerte drei Tage. Es war ein seltenes Schauspiel – alle Schachspieler Neapels strömten herbei, das Duell zu sehen. Das Spiel beider Kontrahenten zeichnete sich durch kräftige Attacken aus, fast alle Partien wurden mit dem Königsgambit eröffnet. Wem der Sieg gebührte, blieb offen – jeder der beiden gewann etwa die gleiche Zahl von Partien. Die Umstehenden meinten, daß Leonardo erfindungsreicher und angriffslustiger sei und sich besonders gut in verwirrend komplizierten Mittelspielstellungen zurechtfinde, während Boi über mehr Kenntnisse verfüge, weshalb sein Spiel korrekter und systematischer sei, besonders im Schlußteil der Partie.«
Paolo Boi gab Blindsimultanvorstellungen an drei Brettern. 1575 besuchte er gemeinsam mit Leonardo Spanien, wo sie in einem in großem Rahmen ausgetragenen Turnier auf die stärksten Spieler des Landes – → *R. López* und Alfonso Cerón – trafen. Boi und sein Freund gewannen den Vergleich und wurden von König Philipp II. mit Geschenken überschüttet. Danach hielten sie sich in Portugal auf, wo sie in Anwesenheit des Königs Sebastian ihr Können zeigten. Auf der Rückreise in die Heimat wurde Paolo Boi von algerischen Piraten gefangengenommen und als Sklave verkauft. Der Türke, der ihn erworben hatte, erwies sich als schachbegeistert und gab ihn, mit einem Taschengeld ausgerüstet, frei. Die Abenteuer Bois in der Türkei, Ungarn und Italien, die die Ritterromantik jener Zeit widerspiegeln, wurden von den römischen Schachspielern → *G. C. Polerio* (1590) und Alessandro Salvio (1604) beschrieben.

Boleslawski Isaak, * 9. Juni 1919 in Solotonoscha (Ukraine), † 15. Februar 1977 in Minsk, Großmeister, WM-Kandidat in den 40er und 50er Jahren.
... Den Debütanten beim ukrainischen Championat 1938 nahm kaum jemand ernst, war er doch in Schachkreisen ein unbeschriebenes Blatt. Aber bald schon erinnerten sich die Teilnehmer an das lateinische Sprichwort »Ex ungue leonem pingere« (An den Krallen erkennt man den Löwen). Der 19jährige Student Isaak Boleslawski gewann Partie auf Partie in kombinatorischem Stil – oft in 20–30 Zügen – und holte sich den Landesmeistertitel!

Der Junge kam mit neun Jahren zum Schach. Von der Mutter übernahm er in frühen Jahren die Liebe zur Literatur, die seine Fähigkeit zum anschaulichen Denken förderte. »In der Jugend schien es mir, daß die Schachpartie einem Rendezvous mit einer schönen Frau ähnelt«, schrieb er später. »Man weiß genau, beides hat einen Anfang und ein Ende, beides ist aufregend. Immer geschieht etwas Unerwartetes, Unvorhersehbares – entweder man wird verzaubert oder enttäuscht. Freud und Leid liegen dicht beisammen.«

Meist bereitete das Schachspiel Boleslawski frohe Stunden. 1939 und 1940 wird er wiederum ukrainischer Champion, 1945 und 1947 holt er Silber bei der sowjetischen Landesmeisterschaft. 1950 erklimmt er den Gipfel seines sportlichen Erfolges – im Kandidatenturnier zur Weltmeisterschaft teilt er den 1. Platz gemeinsam mit → *D. Bronstein*. Im Stichkampf ist Bronstein der Glücklichere, der die entscheidende letzte Partie gewinnt. Danach nahm Boleslawski noch einmal an einem Kandidatenturnier teil (Zürich 1953) und verzeichnete in Bukarest (1953), Stockholm (1964) und Debrecen (1961) geteilte Turniersiege. Jedoch hatte er sich zu dieser Zeit schon stärker der Trainertätigkeit verschrieben. Erst sekundierte er → *W. Smyslow* 1956 bei dessen Sieg im Kandidatenturnier, dann bat ihn → *T. Petrosjan* um seine Unterstützung. Ihre Zusammenarbeit währte lange und war sehr erfolgreich. 1963 wurde Petrosjan Weltmeister und verteidigte dann seinen Titel drei Jahre später gegen → *B. Spasski*. »An all meinen Erfolgen, die ich während unserer gemeinsamen Arbeit erringen konnte, trägt Isaak Jefremowitsch Boleslawski eine riesige ›Schuld‹«, so Petrosjan.

Boleslawski hatte ein phänomenales Gedächtnis, ein enzyklopädisches Wissen. Er blieb immer freundlich und bescheiden. Bronstein nannte ihn einen »wahren Schachkünstler«. Die folgende Partie bestätigt diese Worte:

□ I. Boleslawski
■ R. Dzindzichashvili
Minsk, 1966

1. d4 d5 2. c4 d:c4 3. ♘f3 ♘f6 4. e3 e6 5. ♗:c4 c5 6. 0-0 a6 7. ♘c3 b5 8. ♗b3 ♗b7 9. ♕e2 ♘bd7 10. ♖d1 ♕b8 11. d5 e:d5 12. ♘:d5 ♘:d5 13. ♗:d5 ♗:d5 14. ♖:d5 ♕b7 15. e4 ♗e7 16. ♗g5 ♘b6 17. ♖ad1 h6 18. ♗:e7 ♘:d5 19. ♗:c5! ♘e7 20. ♘e5 ♖c8

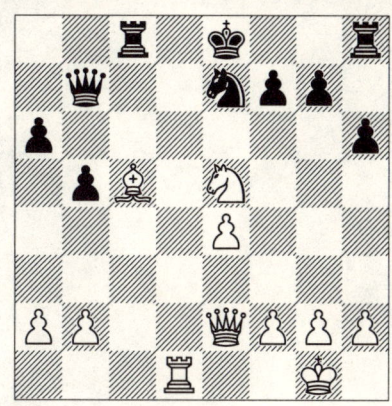

21. ♖d7 ♖c7 22. ♖d8+ ♔:d8 23. ♘:f7+ ♔d7 24. ♕g4+ ♔c6 25. ♕e6+
Schwarz gab auf, denn auf 25... ♔:c5 folgt 26. ♕d6+ ♔c4 27. ♘e5 matt.

Bönsch Uwe, deutscher Großmeister, * 15. Oktober 1958 in Halle.
Schon mit 10 Jahren wurde Uwe Pioniermeister der DDR. 1977 avancierte er zum jüngsten Internationalen Meister des Landes. Mitte der 80er Jahre stellten sich neue Erfolge ein – er kommt bei DDR-Meisterschaften zweimal auf den geteilten 1. Platz (kann sich allerdings im Stichkampf nicht durchsetzen) und gewinnt die internationalen Turniere von Leipzig und Budapest (1986). 1986 wird ihm auch der Großmeistertitel verliehen. Auf die Frage eines Mitarbeiters der Zeitschrift »Schach« – Was macht für Sie das Schach so reizvoll und interessant? – antwortete Uwe: »Jede Partie muß praktisch trotz des ständig steigenden Theorievorrates neu erdacht werden. Die Kombinationsvielfalt ist immer wieder eine neue Herausforderung an das Verstehen einer Partie und an das eigene schöpferische Denken.«
Bönsch gilt als Positionsspieler, der stets mit hohem Kraftaufwand spielt. Seit Beginn der 90er Jahre vertrat er in der Bundesliga erfolgreich die Farben des mehrfachen Deutschen Meisters Bayern München. Zur Saison 1995/96

Bonus Socius

Bonus Socius, Bezeichnung eines lateinischen Traktats aus der zweiten Hälfte des 13. Jahrhunderts über die Tischspiele Schach, Tricktrack und Mühle.
Das Traktat erschien in Florenz, der Autor blieb vorerst unbekannt. Es beinhaltet 194 Schachaufgaben und wurde mehrfach in die französische, deutsche und italienische Sprache übertragen. In einem der französischen Manuskripte des 14. Jahrhunderts wurde erstmals der Autor des Traktats genannt. Es handelt sich um den Mönch aus der Lombardei Nicola de San Nicolai, der der Erfinder der noch heute gebräuchlichen lateinischen Notation für die Vertikalen des Schachbretts von »a« bis »h« ist.

Botwinnik Michail, * 17. August 1911 in Kuokkala (heute Repino), † 5. Mai 1995 in Moskau, sechster Schachweltmeister.
Mischa kam mit zwölf Jahren relativ spät zum Schach. Allerdings besaß er nur zwei Jahre später bereits die 1. Leistungsklasse und gewann in einer Simultanpartie gegen Weltmeister → *J. R. Capablanca…* Beim Jungen aus St. Petersburg bildeten sich schon frühzeitig die Eigenschaften heraus, die den künftigen Champion erkennen ließen: ein eiserner Charakter, Zielstrebigkeit und Hartnäckigkeit bei der Erreichung eines gesteckten Zieles und die Suche nach nichtstandardgemäßen Lösungen.
Mit sechzehn wurde Michail Botwinnik Meister, mit zwanzig Champion der UdSSR. 1933 errang er gegen den Weltklassespieler → *S. Flohr* im Match ein Unentschieden, mit 25 Jahren war er einer der Co-Sieger beim bedeutenden Moskauer Turnier, 1936 teilte er mit Exweltmeister Capablanca den Sieg im Superturnier zu → *Nottingham.* Hier überflügelte Botwinnik nicht nur die Exweltmeister → *A. Aljechin* und → *Em. Lasker,* sondern auch den amtierenden Champion → *M. Euwe.* »Botwinnik«, schrieb damals Aljechin, »hat alle Chancen, in den nächsten Jahren Weltmeister zu werden. Neben seinem riesigen Talent verfügt er über alle sportlichen Eigenschaften, die entscheidende Bedeutung für den Erfolg besitzen – Furchtlosigkeit, Widerstandskraft, gesunden Instinkt und letztendlich Jugend.« All diese Qualitäten demonstrierte Botwinnik zwei Jahre später beim Matchturnier in Holland, wo er großartige Siege über Aljechin und Capablanca feiern konnte.

wechselte er zu Empor Berlin. Seine jüngsten Siege bei GM-Turnieren feierte er in Herzliya 1993 und Augsburg 1993/94. Beim Turnier in Baden-Baden 1992, das von → *A. Karpow* dominiert wurde, erreichte Bönsch einen ausgezeichneten 4.- 5. Platz und ließ mit Ausnahme von → *Ch. Lutz* die vollständig versammelte deutsche Spitze hinter sich. Bei diesem Anlaß gelang ihm auch der folgende für seinen Stil typische Sieg gegen den späteren WM-Kandidaten → *J. Lautier* aus Frankreich.

□ U. Bönsch
■ J. Lautier
Baden-Baden, 1992

1. d4 d5 2. c4 c6 3. e3 ♘f6 4. ♘f3 e6 5. ♘bd2 c5 6. ♗e2 ♘c6 7. 0-0 c:d4 8. e:d4 ♗d6 9. a3 0-0 10. c5 ♗c7 11. b4 e5 12. d:e5 ♘:e5 13. ♗b2 ♘g6 14. ♖e1 ♘e4 15. ♘:e4 d:e4 16. ♕:d8 ♗:d8 17. ♘d2 f5 18. ♗c4+ ♔h8 19. ♖ad1 ♗g5 20. g3 ♖d8 21. ♘b3 ♗d7 22. h4 ♗f6 23. ♗:f6 g:f6 24. ♖d6 ♗a4 25. ♘d4 ♘e5 26. ♗e2 ♖:d6 27. c:d6 ♘d3 28. ♖f1 f4 29. f3 f:g3 30. f:e4 ♘f2 31. ♗f3 ♖e8 32. b5 a6 33. ♖c1 ♘h3+ 34. ♔h1 ♘f2+ 35. ♔g2 ♘d3 36. d7 1-0

□ M. Botwinnik
■ J. R. Capablanca
AVRO-Turnier, 1938

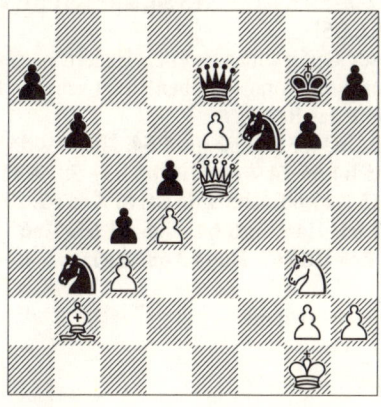

30. ♗a3!!
Leitet eine herrliche Kombination ein.
30... ♕:a3
Auch die Ablehnung des Opfers rettete Schwarz nicht: 30... ♕e8 31. ♕c7+ ♔g8 32. ♗e7 ♘g4 33. ♕d7.
31. ♘h5+! g:h5
Weiß gewinnt auch nach 31... ♔h6 32. ♘:f6 ♕c1+ 33. ♔f2 ♕d2+ 34. ♔g3 ♕:c3+ 35. ♔h4 ♕:d4+ 36. ♘g4+.
32. ♕g5+ ♔f8 33. ♕:f6+ ♔g8 34. e7 ♕c1+ 35. ♔f2 ♕c2+ 36. ♔g3 ♕d3+ 37. ♔h4 ♕e4+ 38. ♔:h5 ♕e2+ 39. ♔h4 ♕e4+ 40. g4 ♕e1+ 41. ♔h5 1-0

Nach dem Turnier forderte Botwinnik Weltmeister Aljechin zum Titelkampf heraus. Leider sollte dieses Match nie stattfinden – 1939 brach der Zweite Weltkrieg aus. 1946, nach Kriegsende, starb Alexander Aljechin. Fast zwei Jahre lang war der Schachthron verwaist. 1948 fand in Amsterdam und Moskau ein Matchturnier mit Beteiligung von Botwinnik, → W. Smyslow, → P. Keres, → M. Euwe und → S. Reshevsky statt, in dem der neue Weltmeister ermittelt wurde. Botwinnik holte sich mit drei Punkten vor Smyslow die Schachkrone.
Wie die Erfahrung lehrt, ist es mitunter schwerer, den Titel zu verteidigen, als ihn zu erringen. Um so mehr beeindruckt die Stärke und die Meisterschaft Botwinniks im Kampf mit so bedeutenden Koryphäen wie → D. Bronstein, W. Smyslow und → M. Tal. Im Laufe von fünfzehn Jahren (1948–63) trug Botwinnik gegen die Genannten sieben WM-Zweikämpfe aus. Zweimal behielt er den Titel durch Unentschieden (gegen Bronstein 1951 und Smyslow 1954), zweimal verlor er (gegen Smyslow 1957 und Tal 1960), holte sich aber jeweils im Revanchekampf im darauffolgenden Jahr die Krone zurück. Erst nach der Niederlage gegen → *T. Petrosjan* (1963) beschloß Botwinnik, den Kampf um die Weltmeisterschaft nicht mehr aufzunehmen. Er beteiligte sich weiterhin an Schachturnieren, widmete sich parallel aber immer stärker seiner Idee, einen »elekronischen Schachspieler« zu schaffen. Botwinnik begeisterte sich früh für die Elektrotechnik. Schach und Wissenschaft waren in seinem Leben immer eng verflochten. Kritiken, daß er mit seinen Forschungen über Programme für Schachcomputer dem Untergang des Schachs entgegenarbeite, begegnete der Doktor der technischen Wissenschaften so: »Viele fürchten, daß die Erfindung dieser Maschinen den Tod des Schachspiels mit sich bringt. Das ist falsch. Vor einhundert Jahren wurde das Auto erfunden, aber die Menschen laufen doch trotzdem noch miteinander um die Wette. Ich denke, daß eine Schachmaschine die Popularität des Schachs weiter befördern würde.«

Bis 1970 nahm Botwinnik aktiv an Schachturnieren teil. Er feierte Siege in Amsterdam (1963, 1966), Nordwijk (1965), Hastings (1966/1967), Bewerwijk (1969), war Zweiter in Monte Carlo (1968) und Palma de Mallorca (1967, mit Smyslow). In jenen Jahren seit 1963 leitete Botwinnik eine Schachschule, die seinen Namen trug und eine Reihe bedeutender Talente hervorbrachte, darunter → *A. Karpow*, → *G. Kasparow*, → *A. Jussupow*, → *S. Dolmatow*, J. Balaschow. Botwinnik wurde nie müde, die Wichtigkeit selbständiger Analysearbeit zu unterstreichen: »Spielt nicht soviel, nehmt euch Zeit, über das Schach nachzudenken«, mahnte Botwinnik seine Schützlinge.

Botwinnik ging selbst mit gutem Beispiel voran und bereicherte die Eröffnungstheorie um neue Fortsetzungen in der → *Französischen*, → *Sizilianischen*, → *Nimzowitsch-Indischen*, → *Grünfeld-Indischen*, → *Holländischen* und insbesondere der *Slawischen Verteidigung*, wo ein heute außerordentlich populäres System nach ihm benannt ist. Botwinnik war überaus zäh in der Verteidigung schwieriger Stellungen, verfügte aber auch über einen scharfen kombinatorischen Blick. Für beides ein Beispiel:

☐ M. Botwinnik
■ R. Fischer
Warna, 1962

In dieser Position wurde die Partie vertagt. Fischer gab den stärksten Zug ab und war sich seines Sieges sicher. Doch Botwinnik fand in der Analyse eine verblüffende Verteidigung und rettete die Partie.
45... ♖c5 46. ♖f7 ♖a5 47. ♖:h7! ♖:a4 48. h4+! ♔f5 49. ♖f7+ ♔e5 50. ♖g7 ♖a1 51. ♔f3 b5 52. h5!
Dieses Opfer eines zweiten Bauern hatte Fischer nicht vorausgesehen! Jetzt schafft Botwinnik das Remis.
52... ♖a3+ 53. ♔g2 g:h5 54. ♖g5+ ♔d6 55. ♖:b5 h4 56. f4 ♔c6 57. ♖b8 h3+ 58. ♔h2 a5 59. f5 ♔c7 60. ♖b5 ♔d6 61. f6 ♔e6 62. ♖b6+ ♔f7 63. ♖a6 ♔g6 64. ♖c6 a4 65. ♖a6 ♔f7 66. ♖c6 ♖d3 67. ♖a6 a3 68. ♔g1 Remis

☐ M. Botwinnik
■ L. Portisch
Monte Carlo, 1968

17. ♖1:c6! b:c6 18. ♖:f7! h6
Im Fall von 18... ♔:f7 19. ♕c4+ ♔g6 20. ♕g4+ ♔f7 21. ♘g5+ muß Schwarz die Dame geben.
19. ♖b7 ♕c8 20. ♕c4+ ♔h8 21. ♘h4! ♕:b7 22. ♘g6+ ♔h7 23. ♗e4
Jetzt droht 24. ♘e7+ und 25. ♕g8 matt.
23... ♗d6 24. ♘:e5+ g6 25. ♗:g6+ ♔g7 26. ♗:h6+
Schwarz gab auf, denn auf 26...♔:h6 entscheidet 27. ♕h4+ nebst 28. ♕h7+ die Partie.

Botwinnik führte die individuelle Vorbereitung auf einen speziellen Gegner zur Perfektion. Nach den WM-Niederlagen gegen Smyslow und Tal zeigte er sich für den Rückkampf stets bestens präpariert. Smyslow überraschte er damit, daß er erstmal die → *Caro-Kann-Verteidigung* anwandte, und gegen Tal verstand er es, geschlossene Stellungstypen aufs Brett zu bringen, in denen sich das kombinatorische Talent des Rigaer Schachzauberers nicht voll entfalten konnte.

In vielen Artikeln und Büchern legte Botwinnik seine Ansichten über das Schach dar. Berühmt sind seine theoretischen Arbeiten und seine ausgezeichnet kommentierten Partiensammlungen »Das Match Flohr-Botwinnik« (1934), »Das Revanche-Match Aljechin-Euwe« (1938), »Das Matchturnier um den Titel des absoluten Champions der UdSSR« (1947), »Die drei Matches von Anatoli Karpow« (1975), »Ein halbes Jahrhundert im Schach« (1978) sowie die autobiographischen Werke »Zur Erreichung des Zieles« (1978), »Vom Schachspieler zur Maschine« (1979). 1984–1987 erschienen in Moskau vier Bände »Analytische und kritische Arbeiten«.

In einem halben Jahrhundert brachte es Botwinnik auf 1202 Wettkampfpartien, darunter 610 Siege und 453 Unentschieden. Er nahm an 53 Turnieren teil, von denen er 33 gewann und sechsmal den 1.-2. Platz teilte. Er trug 13 Zweikämpfe aus und holte auf Schacholympiaden sechs Goldmedaillen für die UdSSR.

Breyer Gyula, * 30. April 1893 in Budapest, † 9. November 1921 in Bratislava, ungarischer Schachspieler, Vertreter der Neoromantik.
»Ich fühle, daß ich gegen diesen jungen Mann irgendwann ein Match um die Weltmeisterschaft spielen werde«, so äußerte sich → *Em. Lasker* 1911 über den damals 18jährigen Breyer. Dieser kam erst spät zum Schach (in der Studentenzeit!), doch nur vier Turniere, darunter das internationale in Köln, genügten, sein kombinatorisches Genie und die Originalität seiner strategischen Gedanken unter Beweis zu stellen. »Viel zu früh wurde der ›neue Steinitz‹ aus unserer Mitte gerissen«, so → *R. Reti* nach dem Tode Breyers in der Blüte seiner Karriere. Obwohl Gyula Breyer gerade mal zehn Jahre Schaffenszeit zum Wohle des königlichen Spiels zur Verfügung standen, war sein Beitrag zur Schachkunst recht bedeutsam! Er nahm an 26 Turnieren teil und belegte fast in der Hälfte davon den 1.-2. Platz. In der Kriegszeit (1914–1920) spielte er vorzugsweise in Turnieren ungarischer Meister, in denen er dreimal triumphierte. Eine Reihe hervorragender schöpferischer Leistungen gelangen ihm auch in internationalen Turnieren, insbesondere in Baden und Mannheim (1914), Berlin und Wien (1921). Bemerkenswert ist sein Turniersieg in Berlin, wo er Siege gegen → *J. Bogoljubow*, → *R. Reti*, → *G. Maróczy*, → *S. Tarrasch* und → *R. Spielmann* realisierte. Charakteristisch für seine kombinatorische Handschrift ist das folgende Schlußspiel.

□ M. Euwe
■ G. Breyer
Wien, 1921

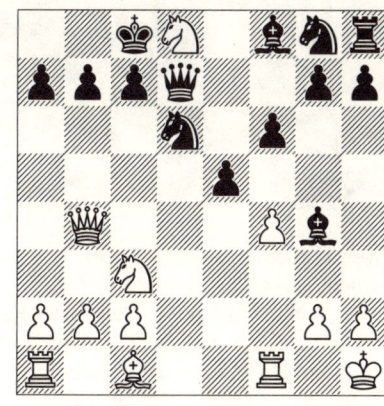

16... ♗e7!! 17. f:e5 f:e5 18. ♘:b7 ♘:b7 19. ♖f8+ ♗:f8 20. ♕:f8+ ♕d8! 20... ♘d8 21. ♗g5 h6 22. ♗:d8 ♕:d8 23. ♕g7 ♘f6 24. ♘e4! 21. ♕:g7 ♘f6 22. ♗g5 ♖g8! 23. ♕h6 ♖g6 24. ♕h4 ♘d6 25. ♖f1 ♘f5 26. ♕g4 ♘:g4 27. ♗:d8 ♘ge3! 28. ♖f3 ♔:d8 29. h3 ♖g3 30. ♖:g3 ♘:g3+ 0-1

Unter den eröffnungstheoretischen Neuerungen des ungarischen Maestros befindet sich das Breyer-Gambit: 1. e4 e5 2. f4 e:f4 3. ♕f3. Es wird heute nur noch selten angewandt, da Schwarz genügend Gegenspiel erhält. Das Breyer-System der → *Spanischen Partie* hingegen erfreut sich heute großer Beliebtheit: 1. e4 e5 2. Sf3 Sc6 3. ♗b5 a6 4. ♗a4 ♘f6 5. 0-0 ♗e7 6. ♖e1 b5 7. ♗b3 0-0 8. c3 d6 9. h3 ♘b8. Dieser Springer strebt nach d7, wo er den weißfeldrigen Läufer des Nachziehenden, der nach b7 entwickelt wird, nicht verstellt.

Bronstein David, * 19. Februar 1924 in Belaja Zerkow, Ukraine, Großmeister und Schachjournalist, WM-Herausforderer 1951.

In seinen Kinderträumen, so erzählt David, hat er wiederholt → *Em. Lasker* geschlagen. So drang der Wunsch in das Bewußtsein des Knaben, eines Tages der stärkste Schachspieler der Welt zu sein. David trainierte damals im Kiewer Pionierpalast unter Anleitung von Alexander Konstantinopolski, der ihn auch später während des Matches gegen → *M. Botwinnik* betreute. Sein Weg zum Fuße des Schacholymps verlief geradlinig. Er wurde 1946 Moskauer Meister, holte Bronze bei der Landesmeisterschaft der UdSSR und Gold bei den Titelkämpfen 1948 und 1949, gewann das Interzonenturnier von Stockholm (1948) und das Kandidatenturnier von Budapest (1950, nach Stichkampf gegen seinen Freund → *I. Boleslawski*).

Ein Jahr später (1951) forderte Bronstein Weltmeister Botwinnik zum Zweikampf um die Schachkrone heraus. Beide Kontrahenten boten der Schachwelt ein grandioses Spektakel auf den 64 Feldern. Sie erwiesen sich in Strategie, Taktik und den Feinheiten des Endspiels (viele Partien gingen ins Endspiel) einander ebenbürtig. In der 23. Partie konnte Botwinnik den Stand ausgleichen. Die entscheidende 24. Partie endete remis. Durch das 12:12 (+5, -5, =14) behielt der Weltmeister seinen Titel. »Mir war klar«, sagte Bronstein im nachhinein, »daß man gegen Botwinnik kein logisches Schach spielen darf. So stellte ich meinen Gegner vor nicht standardgemäße Probleme. Kann sein, daß ich dabei manchmal übers Ziel hinausgeschossen bin.«

Improvisation, Inspiration, unorthodoxe Ansichten, der Drang, etwas Neues zu kreieren – all das war charakteristisch für das Spiel des jungen Herausforderers. Er ließ sich von der Nostalgie des *Königsgambits* hinreißen und schwärmt noch heute von den Zeiten, als es noch keine Ratingzahlen gab, das Schöpfertum im Mittelpunkt stand und als über dem Schachbrett die Geister der Kombinationen schwebten.

☐ D. Bronstein
■ J. Geller

Moskau, 1961

1. d4 ♘f6 2. c4 e6 3. ♘c3 ♗b4 4. a3 ♗:c3+ 5. b:c3 0-0 6. f3 d5 7. c:d5 e:d5 8. e3 ♗f5 9. ♘e2 ♘bd7 10. ♘f4 c5 11. ♗d3 ♗:d3 12. ♕:d3 ♖e8 13. 0-0 ♖c8 14. ♖b1 ♕a5 15. ♖:b7 ♘b6 16. g4 h6 17. h4! c:d4 18. g5! d:e3 19. g:f6 ♖:c3 20. ♕g6!!

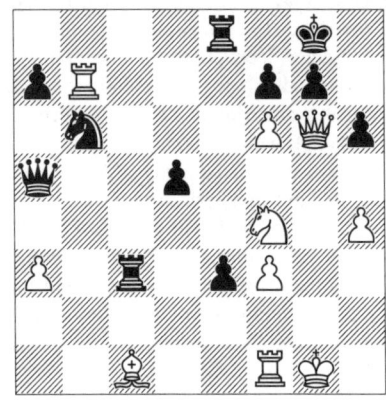

1-0

Doch auch Bronstein verstand, daß man das Rad der Schachgeschichte nicht zurückdrehen kann, und suchte in Zeiten des allgemein vorherrschenden Praktizismus nach neuen Wegen. Ihm gehört die Idee der schachlichen Zeitmessung, d. h. der Bedenkzeitverbrauch jedes Spielers wird aufgeschlüsselt auf alle einzelnen Züge erfaßt. Bronstein brach auch für die Austragung von Schnellturnieren (die heutzutage sehr populär sind!) eine Lanze. Anfang der 70er Jahre spielte er eine Reihe von Zweikämpfen gegen → *M. Tal* und Jewgeni Wasjukow mit 15 Minuten Bedenkzeit pro Partie. 1975 gewann Bronstein in Tesside ein Turnier in diesem Modus (vor → *J. Timman*). Bronstein ist der Autor von vier Büchern, in denen sich die Seele des Schachromantikers widerspiegelt. Alle sind ungewöhnlich und interessant: »Sternstunden des Schachs. Zürich 1953« (Berlin, Sportverlag), »200 offene Partien«, »Wunderbare, grimmige Welt« (Co-Autor), »Bronsteins Schachlehre« (Berlin, Sportverlag).

Browne Walter, amerikanischer Großmeister, * 10. Januar 1949 in Sydney, mehrfacher USA-Meister.
Als Walter zehn Jahre alt war, siedelte seine Familie von Australien nach New York über. Dort kam er auch mit dem Schach in Berührung. Mit dreizehn begann er, den Manhattan Chess Club zu besuchen, wo er es bald bis zur Meisterstärke brachte. Mit siebzehn war er bereits amerikanischer Jugendchampion. Trotz der Meinung seiner Eltern, daß das Schach eine »brotlose Kunst« sei, beharrte Walter auf seinem Weg. Er wurde Schachprofi, siedelte nach Kalifornien über und tourte wie ein »Cowboy auf dem Motorrad« von einem Turnier zum anderen.
Sein Leitbild war → *R. Fischer.* Ihre sportlichen Wege kreuzten sich nur einmal – in Zagreb 1970, wohin Browne damals als einer der jüngsten Großmeister der Welt eingeladen wurde. Er hatte eine Mehrqualität, doch Fischer konnte sich nach hartnäckiger Verteidigung und fast 100 Zügen ins Remis retten! Eine der angenehmsten Erinnerungen Brownes ist seine Gewinnpartie gegen den damaligen Landesmeister der UdSSR Wladimir Sawon, denn es war kein Geringerer als Fischer, der sie im Hotel den Journalisten vorführte!

□ W. Sawon
■ W. Browne
Wijk aan Zee, 1972

1. ♘f3 c5 2. g3 g6 3. ♗g2 ♗g7 4. 0-0 ♘c6 5. c3 d5 6. d4 c:d4 7. c:d4 ♘f6 8. ♘e5 0-0 9. ♘c3 ♗f5 10. ♘:c6 b:c6 11. ♘a4 ♘d7 12. ♗f4 ♕a5 13. ♗d2 ♕b5 14. ♗c3 ♖ac8 15. ♖c1 ♖fd8 16. b3 e5 17. d:e5 ♘:e5 18. ♗d4 ♘d3! 19. ♘c3 ♕a5 20. ♗:g7 ♘:c1 21. ♕d4 ♕:c3 0-1

Browne ist achtfacher USA-Meister, Teilnehmer an drei Interzonenturnieren, Sieger in mehr als zwanzig internationalen Turnieren. Im Hinblick auf die Förderung künstlerischer Aspekte im Schach sprach sich Browne in einem Interview in »Inside Chess« (1988) für die Auslobung von Spezialpreisen für die beste Partie, die schönste Partie, für erfindungsreiches Spiel bzw. für originelle Eröffnungsideen aus. Diese Unterstützung der kreativen Seiten des Schachs, so ist Browne überzeugt, werde diesem Spiel mehr Anhänger bringen. Dem Ziel der Popularisierung des Schachs diente auch die auf Initiative Brownes Ende 1988 gegründete »The World Blitz Chess Association« sowie die Zeitschrift »Blitz Chess«. Das Credo des Schachprofis Walter Browne: »Wenn du gewinnst, dann verdienst du Geld; wenn du verlierst, lernst du dazu; das heißt, wenn du einfach Schach spielst, dann bist du immer der Sieger.«

Brüssel – Turniere. Seit 1984 werden in der belgischen Hauptstadt Schachturniere ausgetragen, die von den großen Firmen »Ohra« und »Swift« gesponsert werden. In die Brüsseler Siegerliste trugen sich u. a. Größen wie → *W. Kortschnoj* (1985), → *A. Karpow* (1986) und → *G. Kasparow* (1987) ein.

Budapest – Turniere. »Budapest ist eine der schönsten Städte Europas. Die Paläste, die das linke Donauufer säumen, die Gebäude des alten Buda auf den Hügeln des rechten Ufers, die vier Brücken über den Fluß, die hohen Glockentürme und die Kuppeln der Kirchen – all das verleiht der ungarischen Hauptstadt einen grandiosen Anblick«, so beschrieb im Oktober 1896 die französische Schachzeitschrift »Strategie« den Schauplatz des ersten internationalen Schachturniers des Landes, in dem die stärksten europäischen Meister aufeinandertrafen. Zur Eröffnung des Turniers im Gebäude der Stadtverwaltung hielt Graf Jenö Zichy, auf traditionell ungarische Art gewandet, eine Lobrede auf das Schach: »Bei anderen Spielen herrschen die Leidenschaften über die Spieler, beim Schach hingegen ist es genau umgekehrt.« Der Endstand dieses denkwürdigen Anlasses: 1.-2. R. Charousek, M. Tschigorin – 8,5/12; 3. H. Pillsbury – 7,5; 4.-5. K. Schlechter, D. Janowski – 7; 6.-7. K. Walbrodt, S. Winawer – 6,5; 8. S. Tarrasch – 6; 9.-10. A. Albin, G. Maróczy – 5; 11. G. Marco – 4,5; 12. Y. Noa – 4; 13. I. Popiel – 2. In der Periode zwischen den beiden Weltkriegen fanden in Budapest sieben internationale Turniere statt, die von → *A. Aljechin* (1921), E. Grünfeld und M. Monticelli (1926), → *J. R. Capablanca* (1928, 1929), → *G. Maróczy* (1932), E. Canal (1933) und E. Eliskases (1934) gewonnen wurden. Herausragend waren später die Maróczy-Memorials (1952 – 1. → *Keres*; 2. → *Geller*; 3.-5. → *Botwinnik*, → *Smyslow*, → *Stahlberg*; 1961 – 1. Kortschnoj; 2.-3. → *Bronstein* und Filip) sowie die Turniere anläßlich der Befreiung Ungarns 1965, 1970 und 1975. Seit Beginn der 80er Jahre finden regelmäßig Turniere in Budapest statt, z. B. das Open »Frühlingsfestival«.

Budapester Gambit. 1. d4 ♘f6 2. c4 e5

Das Budapester Gambit wurde erstmals in der Partie Mor Adler-Géza Maróczy am 5. März 1896 in Budapest angewandt. Um seine weitere Entwicklung machten sich die ungarischen Meister István Abonyi, Zsigmond Barász und → *G. Breyer* verdient. In dieser Eröffnung opfert Schwarz einen Bauern, um das Zentrum schnell zu öffnen und ein lebhaftes Figurenspiel zu erhalten. Weiß kann jedoch den Bauern zurückgeben und das Spiel in positionelle Bahnen lenken. Zwei gebräuchliche Abspiele sind 3. d:e5 ♘g4 4. ♘f3 ♗c5 5. e3 ♘c6 6. ♗e2 0-0 7. 0-0 ♘g:e5 8. ♘c3 ♘:f3+ 9. ♗:f3 ♘e5 10. ♗e2 ♖e8 11. b3 a5 bzw. 7...♖e8 8. Sc3 ♘c:e5 9. ♘:e5 ♘:e5 10. b3 a5 11. ♗b2 ♖a6.

Buenos Aires – Turniere. Sie werden seit 1939 ausgetragen, seit den 80er Jahren in der Regel im Schweizer System. In der Siegerliste findet man Namen wie → **M. Najdorf,** → *P. Keres*, → *G. Stahlberg*, → *B. Ivkov*, → *W. Kortschnoj*, → *S. Reshevsky*, → *L. Ljubojević*, → *W. Smyslow*, → *B. Larsen* und andere. Zweimal kreuzte auch → *R. Fischer* in der argentinischen Hauptstadt auf. 1960 holte der 17jährige Bobby nur 8,5 Punkte aus 19 Partien und landete auf dem 16. Platz. Genau zehn Jahre später ließ er mit phänomenalen 15/17 den Zweitplazierten, Wladimir Tukmakow, 3,5 Punkte hinter sich. Die weitere Reihenfolge: 3. O. Panno – 11; 4.-6. F. Georghiu, M. Najdorf und S. Reshevsky – 10,5. 1994 sah Buenos Aires ein stark besetztes Thematurnier zur → *Sizilianischen Verteidigung*, das → *W. Salow* u. a. vor → *V. Anand*, → *A. Karpow*, → *W. Iwantschuk*, → *J. Polgár* und → *A. Schirow* gewann.

Bugojno – Turniere. Von 1978 bis 1986 fanden in dieser kleinen jugoslawischen Stadt fünf Superturniere statt. Besonders erfolgreich war → *A. Karpow*, der dreimal teilnahm und jedesmal gewann. 1982 feierte der 19jährige → *G. Kasparow* einen sensationellen Turniersieg. In dreizehn Runden gewann er sechs Partien – gegen → *T. Petrosjan*, → *B. Larsen*, L. Kavalek, → *M. Najdorf*, → *S. Gligorić* und → *B. Ivkov* – und blieb ungeschlagen. Von da an begann Kasparows zielstrebiger Aufstieg auf den Schacholymp.

Bulgarien. Die Schachtradition dieses Landes reicht bis ins frühe Mittelalter zurück.

Davon zeugt die Terminologie, insbesondere die Bezeichnung »Schachmatt« selbst, die unter den Völkern kursierte, die in Kontakt zu dem »Hasarsker Khanat« (7.–10. Jahrhundert) standen: die Alte Rus, Bulgarien und Ungarn. Kein Zufall ist wohl auch die Übereinstimmung bulgarischer und altrussischer Schachtermini wie »zar« (König), »peschka« (Bauer) und »kon« (Springer). Das Verbot des Schachs durch die byzantinische Kirche (1262) sowie das jahrhundertelange türkische Joch beeinflußten die Entwicklung dieses Spiels negativ. Erst nach der Befreiung Bulgariens im Jahre 1878 flammte das Interesse an diesem altehrwürdigen Spiel wieder auf. Es bildeten sich erste Schachzirkel. Zu Verfechtern des Schachs avancierten die bulgarischen Aufklärer und führende Kulturschaffende des Landes wie die Schriftsteller Iwan Wasow und Pentscho Slaweikow. Der Dichter Teodor Trajanow gab die Devise aus: »Schach ist Kunst!«

1922 wird in Sofia der erste bulgarische Schachclub gegründet – in Warna und Stara Zagora schließen sich bald weitere an. Sechs Jahre später entsteht in Tyrnovo die erste bulgarische Schachzeitschrift – »Schachmaten List«. Die erste Landesmeisterschaft geht 1933 über die Bühne. Zu den ersten Schachspielern mit Meisterstärke zählen u. a. K. Atanassow, G. Goschew, J. Toschew, Z. Milew, O. Nejkirch, A. Zwetkow, A. Maltschew, A. Kiprow, M. Kantardschijew, E. Karastojtschew.

Nach dem Zweiten Weltkrieg wuchs die Popularität des Schachs beträchtlich. An den Spartakiaden nahmen Zehntausende Schachspieler teil. Plowdiw, Plewen, Burgas und Varna waren fortan Schauplätze internationaler Turniere und Schachfestivals. In der Schwarzmeerstadt Varna wurde 1962 die 15. Schacholympiade ausgetragen. Bulgarien nahm 1939 in Buenos Aires erstmals an einer Schacholympiade teil (20. Platz) und war dann ab 1954 (Amsterdam) immer dabei. Sensationell dabei die Bronzemedaille von Lugano (1968). Für die erste bulgarische Großmeisternorm sorgte 1960 in Leipzig Milko Bobozow. Die nächsten Großmeister hießen nur wenige Jahre später Georgi Tringow und Nikolai Padewski. Heute verfügt Bulgarien über mehr als ein Dutzend Großmeister, darunter die aktuellen Weltklassespieler → *Kir. Georgiew* und →

W. Topalow sowie weitere bekannte Namen wie Jewgeni Ermenkow, Luben und Kiril Spassow, Iwan Radulow, Nikola Spiridonow, Nino Kirow usw. Im Frauenschach gehört Bulgarien seit Jahren zum Kreise der Weltspitze. Dafür stehen u. a. Spielerinnen wie Margareta Woiska sowie Kathrin Aladjschowa und Antonetta Stefanowa, die beide zu Weltmeistertiteln im Nachwuchsbereich kamen. Zum Abschluß noch ein interessanter Fakt: Bulgarien ist das erste Land der Welt, das eine Briefmarke mit Schachmotiv herausbrachte (1947) und damit eines der interessantesten Felder der Philatelie beschritt.

Bundesliga – Deutsche Mannschaftsmeisterschaft. Die Liga wurde 1974 aus der Taufe gehoben. Drei Mannschaften drückten ihr über Jahre hinweg ihren Stempel auf und holten mehrere Titel: Bayern München (1983, 1985, 1986, 1989, 1990, 1991, 1992, 1993, 1995), Solinger SG 1868 (1980, 1981, 1987, 1988), SG Köln-Porz (1982, 1984, 1994).

Die Münchener Bayern-Spieler Robert Hübner, Klaus Bischoff, Zoltan Ribli, Artur Jussupow, Marcus Stangl, Heinrich Jellissen (Coach), Stefan Kindermann, Uwe Bönsch und Philipp Schlosser freuen sich über einen ihrer zahlreichen Meistertitel.

Seit Beginn der 80er Jahre spielen in der Bundesliga viele ausländische Großmeister. In der Saison 1995/96 fanden sich 48 Ausländer aus 20 Ländern in den Aufstellungen, darunter Weltklasseleute wie → *W. Kramnik*, → *A. Schirow* (beide Empor Berlin), → *R. Waganjan* (Porz), → *M. Adams* (Solingen) u. a. Auch → *A. Karpow*, → *B. Spasski* und → *N. Short* haben ihre Visitenkarte in der Bundesliga ab-

gegeben. Jede Mannschaft kann drei »Legionäre« melden und jeweils zwei gleichzeitig einsetzen.
Seit 1980 besteht die Bundesliga aus 1. und 2. Liga. Im Oberhaus spielen die 16 besten Teams, die 2. Liga ist in vier Staffeln (Nord, West, Süd, Ost) eingeteilt – die Gruppensieger steigen in die 1. Liga auf.

Bykowa Jelisaweta, * 4. November 1913 in Selo Bogoljobowo (Wladimirower Gebiet), † 8. März 1989 in Moskau, dritte Schachweltmeisterin.
Der Weg Bykowas, die aus einer Bauernfamilie kommt, zum Schachthron war lang und steinig. Mit zwölf Jahren ging sie zum älteren Bruder nach Moskau, wo sie die Schule abschloß. In ihrer Institutszeit begeisterte sie sich ernsthaft für das Schach und wurde bald eine der besten Moskauer Schachspielerinnen.
1938 und 1939 gewann sie die Moskauer Stadtmeisterschaft, Ende der 40er Jahre wurde sie dreimal sowjetische Landesmeisterin. 1952 gewann sie in Moskau das Kandidatinnenturnier zur Weltmeisterschaft und erkämpfte sich damit das Recht, gegen → L. Rudenko anzutreten. Charakteristisch für ihr Spiel ist die folgende Partie.

□ J. Bykowa
■ M. Bain
Moskau, 1952

1. e4 c5 2. ♘c3 ♘c6 3. g3 g6 4. ♗g2 ♗g7 5. d3 b6 6. ♗e3 ♗b7 7. ♕d2 e6 8. ♘ge2 ♘ge7 9. ♗h6 0-0 10. h4 f6 11. 0-0-0 ♘e5 12. f3 d5 13. ♗:g7 ♔:g7 14. h5 g5 15. f4 ♘f7 16. h6+ ♔h8 17. f:g5 ♘:g5 18. e5! ♘g6 19. e:f6 ♕:f6 20. ♖df1 ♕e7 21. ♘f4
Jetzt droht 22. ♖e1.
21... ♘:f4 22. g:f4 ♘f7 23. f5! ♘d6
23... e:f5 scheiterte an 24. ♘:d5 ♕e5 25. ♖e1 ♕d4 26. c3 ♕g4 27. ♘e3 usw.
24. f:e6 ♖:f1+ 25. ♖:f1 ♕:e6 26. ♕g5 ♖g8 27. ♖f8! ♘f5 28. ♖:g8+ ♔:g8 29. ♕:f5 ♕:g2 30. ♕f8+   1-0

1953 besiegte Bykowa Weltmeisterin Rudenko in einem harten Match mit 8:6 und bestieg selbst den Schachthron. Zwei Jahre danach läßt Bykowa in einem Match-Turnier der drei besten Schachspielerinnen der Welt Rudenko wiederum hinter sich, bleibt aber um einen halben Punkt hinter der neuen Weltmeisterin → O. Rubzowa zurück. 1958 kann sie sich den Titel in der Revanche von Rubzowa zurückholen. 1960 bekommt sie es mit einer neuen Herausforderin zu tun – der Weißrussin Kira Sworykina. Bykowa gewinnt klar mit +6, -2, =5. In selben Jahr erringt Bykowa in einem internationalen Turnier in Amsterdam den Sieg. 1962 muß sie den Schachthron für eine neue Herausforderin räumen – die Georgierin → N. Gaprindaschwili.
Die Teilnahme an Schachturnieren verband Jelisaweta Bykowa erfolgreich mit der literarischen Arbeit. Ihrer Feder entsprangen drei Bücher: »Sowjetische Schachspielerinnen« (1951), »Die Schachweltmeisterschaft der Frauen« (1955) und die Monographie »Vera Menchik« (1957), in der die Autorin das Verdienst der ersten Weltmeisterin der Schachgeschichte, Vera Menchik, heraushebt, bewiesen zu haben, »daß die Frau im Schach wie auch auf anderen Gebieten der Kultur, der Wissenschaft und der Kunst zu großen Leistungen imstande ist«. Gleiches hat auch Jelisaweta Bykowa mit ihrem Schaffen nachgewiesen.

Byrne Robert, * 20. April 1928 in New York, amerikanischer Großmeister, Schachjournalist, WM-Kandidat 1973.

»45 Jahre – und noch nichts für die Unsterblichkeit getan«, so ähnlich könnten Robert Byrnes Gedankengänge – frei nach Schillers Don Carlos – vor dem Interzonenturnier in Leningrad 1973 abgelaufen sein. Dort spielte er ausgezeichnet, belegte gleich nach → *A. Karpow* und → *W. Kortschnoj* den 3. Rang und qualifizierte sich für die Kandidatenzweikämpfe zur Weltmeisterschaft! Das war eine regelrechte Sensation, denn der Amerikaner ließ Größen wie → *M. Tal*, → *B. Larsen*, → *R. Hübner*, → *S. Gligorić*, → *M. Taimanow* u. a. hinter sich. Dabei hatte Byrne, Sieger der Offenen Amerikanischen Meisterschaft 1960 und mehrfacher Olympiadeteilnehmer, seine Profikarriere Ende der 60er Jahre eigentlich an den Nagel gehängt und sich der Lehrtätigkeit auf dem Gebiet der Philosophie verschrieben. Und dann plötzlich dieser Höhenflug!

1972 wurde Byrne US-Champion nach Stichkampf gegen → *S. Reshevsky* und L. Kavalek und qualifizierte sich für das Interzonenturnier. Dort brachte er dann seine Stärken voll zur Geltung: eingehende Theoriekenntnisse, feines Positionsgefühl, eine aggressive Einstellung auf die Partie und gute körperliche Fitneß. Unter seinen neun Siegen befindet sich auch das folgende interessante Schlußspiel.

□ E. Torre
■ R. Byrne
Leningrad, 1973

32... ♖e1+ 33. ♔f3 ♕d1+! 34. ♔f4 ♖f1+ 35. ♔e5 ♕a1+ 36. ♔:e6
36. ♔d6 ♕d4+ 37. ♔c6 ♗f7
36... ♗c8+ 37. ♔d6
37. ♔e7 ♕g7+!
37... ♖f6+ 38. ♔c7
Auf 38. ♔e7 folgt 38... ♖e6+ 39. ♔d8 ♕g7 40. ♕d5 ♕f8+ 41. ♔c7 ♔h8! 42. ♕d8 ♖c6+.
38... ♗e6 39. d4 ♕:d4 40. ♖d2 ♖f7+ 41. ♔b8 ♕:e4! 0-1

Großmeister → *A. Kotow* schrieb: »Mit 45 Jahren erstmals WM-Kandidat – das hat es im Schach bisher noch nie gegeben! Der Erfolg des amerikanischen Großmeisters rief allgemeine Anerkennung, gemischt mit Verwunderung hervor. Byrne selbst schätzt seine Aussichten auf den Gewinn der Schachkrone ziemlich realistisch ein: ›Ich träume nur von einem‹, sagte er gleich im Anschluß an das Turnier, ›nämlich daß ich im Viertelfinale gegen Boris Spasski gelost werde, denn Spasski ist in den USA sehr populär.‹«

Dieser Wunsch ging in Erfüllung, wenngleich Byrne gegen den Exweltmeister, der zwei Jahre zuvor seinen Titel an Byrnes Landsmann Bobby Fischer abtreten mußte, keine Chance hatte: 1,5:4,5 lautete das Ergebnis ihres Zweikampfes in San Juan (1974).

In den Vereinigten Staaten hat sich Robert Byrne auch als Schachkolumnist der »New York Times« sowie als Schachbuchautor einen Namen gemacht, z. B. »Beginning Chess«, New York 1972, »Both sides of the chessboard« New York. 1974.

C

Caissa – Muse oder Göttin des Schachspiels. Die Schachspieler verdanken dem bekannten englischen Schriftsteller und Orientalisten William Jones (1746–94) ihre Schachgöttin Caissa. Jones war schon als 13jähriger für das Schachspiel entflammt und studierte → *Philidors* Arbeiten. Mit sechzehn Jahren schuf er das romantische Werk »Caissa, ein Poem über das Schach« (1763) – eine Hymne auf dieses altehrwürdige Spiel.

Das Gedicht beginnt mit der kunstvollen Beschreibung eines harmlosen Kriegsspiels, das den Göttern und Nymphen des Olymps großes Vergnügen bereitet. Während einer Partie zweier Nymphen erscheint die bezaubernde Caissa. Der Kriegsgott Mars verliebt sich in sie. Doch sein Werben wird nicht erhört. Dann schlägt eine der Nymphen Mars vor, ein neues Spiel zu erfinden. »Nur dadurch wirst du ihr Herz erweichen und ihre Leidenschaft entzünden!« Mars wendet sich an den Gott Aiphron, der ein Brett anfertigt, die Felder einzeichnet, die Soldaten modelliert, die Regeln festsetzt – das Schachspiel ist erschaffen. Caissa gefällt dieses Spiel, und sie sieht Mars jetzt mit anderen Augen: »Wer hat meinen Verstand verwirrt? Ich sah den Feind in diesem schönen Gott. Ich bin zu streng!« Weiter folgen begeisternde Zeilen über die Schachschlachten auf dem Olymp und darüber, wie Mars dank der Erfindung des Aiphron Caissas Sympathie erwirbt.

Der Schöpfer der unsterblichen Caissa war eine herausragende Persönlichkeit seiner Zeit, ein wahrer Humanist. Die letzten Jahre seines Lebens verbrachte William Jones in Indien, wo er klassische Werke der indischen Literatur übersetzte und weiter in die Geheimnisse der Herkunft des Schachs einzudringen suchte. Jones' Gedicht über Caissa wurde Mitte des 19. Jahrhunderts bekannt, als in Paris und London fast zeitgleich Bücher über belletristische Werke über das Schach erschienen.

Campomanes Florencio, * 22. Februar 1927 in Manila, philippinischer Internationaler Meister und langjähriger → *Fide*-Präsident.

Campomanes wurde in den USA ausgebildet, an der Browne University. Zurück in Manila, hielt er an der Universität Vorlesungen zur Theorie und Geschichte internationaler Beziehungen. In der zweiten Hälfte der 50er Jahre rückten die Probleme des Schachs immer stärker in den Mittelpunkt seines Interesses.

Die Begeisterung für dieses Spiel hatte in seinem 14. Lebensjahr eingesetzt, nachdem ihm sein Vater, ein Arzt, in die Anfangsgründe des Schachs eingeweiht hatte. Nur drei Jahre später nimmt Florencio an der Stadtmeisterschaft von Manila teil. 1950 wird er philippinischer Landesmeister. Seit 1956 hat er sein Land bei Schacholympiaden viermal am 1. Brett vertreten.

Als Präsident der Schachföderation der Philippinen verwendete er viel Energie auf die Entwicklung des Schachs in seiner Heimat. Bald schon tauchte eine Reihe talentierter Filipinos in der internationalen Turnierarena auf, darunter die ersten Schachgroßmeister Asiens, → *E. Torre* und Rosendo Balinas. Auf den Philippinen begann man in den 50er und 60er Jahren, internationale Turniere auszurichten. Höhepunkt war 1978 die Austragung des Matches um die Weltmeisterschaft zwischen → *A. Karpow* und → *W. Kortschnoj* in Baguio, die auf Campomanes' Initiative – erstmalig auf asiatischem Boden – zustande kam. Bereits seit 1974 wurden im philippinischen Fernsehen regelmäßig Schachsendungen ausgestrahlt. Die Zahl der Schachspieler im Lande wurde bald auf zwei Millionen geschätzt. Die philippinische Nationalmannschaft schaffte bei den Schacholympiaden von Lugano (1968) und Nizza (1974) den Sprung in die A-Gruppe, d. h. unter die besten Mannschaften der Welt.

Ende der 60er, Anfang der 70er Jahre empfahl sich Campomanes auch international als bedeutender Schachfunktionär. Er wurde Präsident der Asien-Zone der Fide und 1974 Vize-Präsident und Vorsitzender der Kommission für Entwicklungsländer des Weltschachbundes. 1982, auf dem 53. Fidekongreß in Luzern, wurde Campomanes zum 5. Präsidenten in der Geschichte des Weltschachbundes gewählt. Er war damit der erste Nichteuropäer auf diesem Posten, von dem aus er viel für die Entwicklung des Schachs, besonders in den Ländern Asiens, Afrikas und Lateinamerikas tun konnte. Jahr für Jahr wächst die Zahl der Mitgliedsstaaten der Fide, werden internationale Seminare für die Vertreter aus den Entwicklungsländern organisiert.

Campomanes erwies sich mit den Jahren auch als Politiker, der sich durch schwierige Situationen im Weltschach der 80er und anfangs der 90er Jahre lavierte. Er suchte den Kompromiß auch in Momenten schwerster Konflikte, besonders nach der Gründung der konkurrierenden Profischachorganisation → *PCA*. Selbst deren Chef → *G. Kasparow* meinte nach Unterzeichnung einer Erklärung über die Zusammenarbeit von Fide und PCA im Dezember 1994 in Moskau: »Man muß zugeben, daß Campomanes, gleich in welchem Verhältnis man zu ihm steht, soviel wie kein anderer in diesem Saal für die Propagierung des Schachs getan hat. Das wissen nicht nur wir, das weiß die ganze Welt.« Auf dem Moskauer Fide-Kongreß 1994 wurde Campomanes zum vierten Mal als Präsident gewählt. Sein Credo beschreibt er so: »Mein Ziel ist es, das Schach in der Welt mit aller Kraft als wertvolles Kulturgut der Menschheit und als Mittel der Völkerverständigung weiterzuentwickeln.« Ende 1995 trat er als Fide-Präsident zurück.

Capablanca José Raoul, * 19. November 1888 in Havanna, † 8. März 1942 in New York, dritter Weltmeister.
»Das Wunder von Havanna«, so nannten die ehrenwerten Señoras und Caballeros den vierjährigen Raoul, der ohne fremde Hilfe, nur vom Zusehen bei den Partien seines Vaters, das Schachspielen gelernt hatte und postwendend Partie auf Partie gegen die Erwachsenen gewann. Als der Junge elf Jahre alt war, machten die Simultanvorstellungen im Blindspiel des berühmten → *H. N. Pillsbury* einen so großen Eindruck auf ihn, daß er beschloß, den Schachclub von Havanna zu besuchen. Nur einige Monate später besiegte der junge Capablanca in einem Match den kubanischen Champion Juan Corso.
Raoul zeigte auch auf dem Gebiet der Mathematik überdurchschnittliche Fähigkeiten, begeisterte sich für Philosophie und Geschichte, spielte Geige und war ein ausgezeichneter Baseballspieler. Auch in den USA, er studierte an der Columbia University, befaßte er sich weiter mit Schach. Zu Beginn des Jahres 1909 gab Capablanca triumphale Gastspiele in Amerika. Von 571 Partien, die er in diversen Vorstellungen bestritt, verlor er nur 13 bei 18 Unentschieden! Im April bis Juni desselben Jahres zertrümmerte er buchstäblich den amerikanischen Champion → *F. Marshall* in einem Match (+8, –1, =14). Bald feierte Capablanca auch in Europa erste Erfolge. Den Anfang machte das Turnier in San Sebastian 1911, wo mit Ausnahme des Weltmeisters → *Em. Lasker* alle Schachkoryphäen jener Zeit versammelt waren. Nach dem glanzvollen Sieg bei diesem Kräftemessen und dem zweiten Preis im Matchturnier zu St. Petersburg 1914 galt Capablanca in der Schachwelt als Hauptanwärter auf die Weltmeisterschaft.
Aber der Krieg hinderte ihn an der baldigen Verwirklichung seines Traumes. Es gingen noch sieben lange Jahre ins Land, bis er im WM-Zweikampf auf Lasker traf, den er 1921 in Havanna schlagen konnte (+4, –0, =10). Sechs Jahre trug Capablanca die Schachkrone, bevor er 1927 in Buenos Aires nach hartem Kampf → *A. Aljechin* unterlag (+3, –6, =25). Das Match dauerte fast zweieinhalb Monate und ging als eine der Sternstunden des Schachs in die Geschichte ein.
Als amtierender Weltmeister gewann er in London (1922) und New York (1927). Nach dem

Verlust des Titels triumphierte er in Berlin (1928), Budapest (1928, 1929), Barcelona (1929), Hastings (1929/30), Moskau (1936). 1936 teilte er in Nottingham mit → *M. Botwinnik* den 1. Platz und ließ damit Weltmeister → *M. Euwe*, die Exchampions Aljechin und Lasker sowie die aufstrebenden Großmeister → *S. Reshevsky*, → *R. Fine* und → *S. Flohr* hinter sich.

In Turnieren und Zweikämpfen gewann Capablanca von 603 Partien 318 und verlor nur 34. Das war das beste Resultat der Schachgeschichte. In Capablancas Stil vereinigt sich harmonisch die Logik der Pläne, die blendende Technik bei der Ausnutzung positioneller Vorteile, die Entschlossenheit im Angriff und die Kaltblütigkeit in der Verteidigung sowie

die hohe Kunst des Endspiels. »Sein Spiel hinterläßt eine unauslöschliche künstlerische Wirkung. In ihm herrscht die Tendenz zur Einfachheit, und in dieser Einfachheit äußert sich eine einmalige Schönheit von echter Tiefe.« (Botwinnik)

Sein schachliches Credo formulierte Capablanca einmal so: »Für das Kriterium schachlicher Meisterschaft halte ich die in einer Partie folgerichtig durchgeführte Strategie und die Fähigkeit, das Endspiel zu spielen.« Auf diesen beiden Gebieten der Schachkunst hat Capablanca neue Ideen und Verfahren entwickelt und in seinen Partien die höchste Meisterschaft erreicht. Hier ein Beispiel:

□ J. R. Capablanca
■ S. Tartakower

New York, 1924

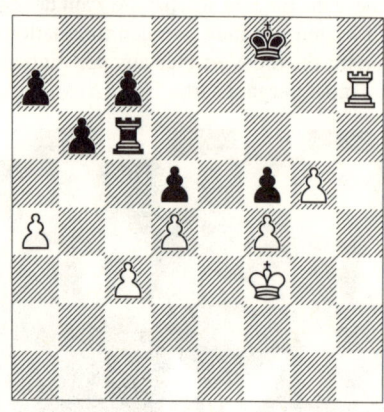

35. ♔g3 ♖:c3+ 36. ♔h4 ♖f3 37. g6! ♖:f4+ 38. ♔g5 ♖e4! 39. ♔f6 ♔g8 40. ♖g7+! ♔h8 41. ♖:c7 ♖e8 42. ♔:f5 ♖e4 43. ♔f6 ♖f4+ 44. ♔e5 ♖g4 45. g7+! ♔g8 46. ♖:a7 ♖g1 47. ♔:d5 ♖c1 48. ♔d6 ♖c2 49. d5 ♖c1 50. ♖c7 ♖a1 51. ♔c6 ♖:a4 52. d6   1-0

Obwohl Capablanca der Schachwelt als Positionsspieler galt, blitzte sein taktisches Talent immer wieder auf. Die »petite combinaison« in Capablancas Stil wurde zu einem geflügelten Wort. Für die folgende Kombination wurde dem Kubaner ein Schönheitspreis zugesprochen.

□ J. R. Capablanca
■ N. Subarew

Moskau, 1925

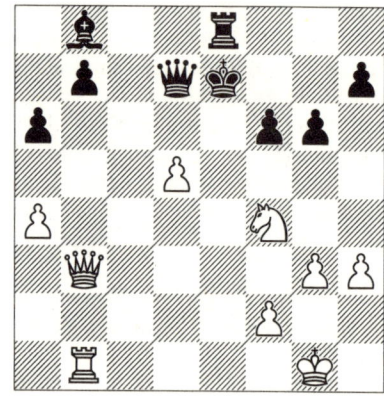

33. ♕:b7! ♗:f4 34. ♖e1+! ♗e5
Wenn 34... ♔d8, so 35. ♕a8+, und auf 34... ♔d6 folgt 35. ♕b6+.
35. d6+! ♔e6 36. ♕b3+ ♔f5 37. ♕d3+ ♔g5 38. ♕e3+ ♔f5
Auf 38... ♔h5 folgt 39. g4+ und Matt im nächsten Zug.
39. ♕e4+ ♔e6 40. ♕c4+ ♔:d6 41. ♖d1+ ♔e7 42. ♖:d7+ ♔:d7 43. ♕:a6   1-0

Bei der Charakterisierung der natürlichen Begabung Capablancas, seiner Intuition, verwiesen seine Zeitgenossen auf die erstaunliche Leichtigkeit, mit der er selbst die kompliziertesten strategischen und taktischen Probleme löste. → R. Reti äußerte sich dazu folgendermaßen: »Auf den ersten Blick fällt bei Capablancas Stil seine riesige Sicherheit auf, das fast völlige Fehlen von Einstellern oder Fehlern in der Positionseinschätzung. Das hängt ohne Zweifel damit zusammen, daß er das Schach schon in frühester Kindheit erlernt hat, daß es praktisch zu seiner ›Muttersprache‹ geworden ist.« Ein hervorragendes Porträt des dritten Weltmeisters zeichnete der Moskauer Meister Alexander Iljin-Shenewski, als er sich seine Partie gegen den Kubaner in einem Turnier 1925 in Erinnerung rief: »Manchmal verfällt Capablanca in tiefes Nachdenken. Dann hebe ich den Kopf und beginne ihn anzuschauen. Er ist tatsächlich voll konzentriert. Ein plötzlicher Gedanke zeichnet sich auf seinem Gesicht ab. Er kämpft, aber er bleibt gleichzeitig ruhig und majestätisch... Manchmal verfalle ich ins Grübeln. Dann erhebt sich Capablanca langsam von seinem Stuhl und geht zwischen den Tischen der anderen Konkurrenten hindurch. Als ob er sich erholt. Aber tatsächlich leuchten seine Augen wie von innerem Feuer... Er denkt an seine Partie.«

Capablanca verspürte immer das Bedürfnis, sein Wissen und seine Erfahrung einem breiten Publikum zugänglich zu machen. Er schrieb Artikel, hielt Vorlesungen, verfaßte mehrere Bücher, in denen er sich als bemerkenswerter Pädagoge und Literat entpuppte: »Meine Schachkarriere« (1920), »Die Grundlagen des Schachspiels« (1922), »Das Lehrbuch des Schachspiels« (1935). »Die letzten Schachlektionen Capablancas« wurden nach seinem Tode herausgegeben.

José Raoul Capablanca starb am 8. März 1942 in New York. Am Vorabend hatte er noch dem Manhattan Chess Club einen Besuch abgestattet, fühlte sich jedoch plötzlich unpäßlich und starb einige Stunden später. Damit hatte er Emanuel Lasker, der unmittelbar nach einer Simultanvorstellung im selben Schachclub gestorben war, nur um ein Jahr überlebt. Aljechin schrieb kurz vor seinem Tode die folgenden Zeilen über seinen großen Vorgänger, die die Einleitung eines geplanten Buches über Capablanca abschließen: »Capablanca wurde der Schachwelt zu früh entrissen. Mit seinem Tod verloren wir ein großes Schachgenie, wie wir es nie wieder haben werden.«

Caro-Kann-Verteidigung, benannt nach zwei Meistern: Markus Kann (1820–1886) aus Wien, der sie erstmals in der Turnierpraxis angewandt hatte, und dem Engländer Horatio Caro (1862 bis 1920), der 1886 eine Analyse dieser Eröffnung veröffentlichte.

1. e4 c6

Größere Popularität erlangte die Eröffnung in der zweiten Hälfte des 20. Jahrhunderts dank der Untersuchungen von Weltklassespielern wie → M. Botwinnik, → I. Boleslawski, → W. Smyslow, → P. Keres, A. Konstantinopolski, → R. Hübner, → V. Hort, → T. Petrosjan, → A. Karpow u. a. Ihre Grundidee besteht in einem frühen Angriff auf das weiße Zentrum, der nicht nur eine schnelle Lösung des Problems der Entwicklung des Damenläufers erlaubt, sondern Schwarz auch gute Chancen auf ein aktives Gegenspiel einräumt. Zu den Hauptrichtungen der Caro-Kann-Verteidigung zählen das Abtauschsystem 2. d4 d5 3. e:d5 c:d5 4.♗d3 bzw. 4. c4 (Panow-Angriff); das Petrosjan-Smyslow-System 2. d4 d5 3. ♘c3 d:e4 4. ♘:e4 ♘d7; das klassische System 2. d4 d5 3. ♘c3 d:e4 4. ♘:e4 ♗f5.

Cervantes über Schach. Im bedeutendsten Roman der Renaissance, »Don Quijote« von Miguel de Cervantes Saavedra (1547–1616), wird das Schachspiel zweimal erwähnt: im ersten Teil (Kapitel 32) und im zweiten Teil (Kapitel 12), wo sich Don Quijote und sein Knappe Sancho Panza über das Theater und den Sinn des Lebens unterhalten.

Die Komödie sei ein Spiegelbild des Lebens, so Don Quijote: »Wenn es aber zum Schlusse geht, das heißt, wenn das Leben endet, da zieht der Tod ihnen allen die Gewänder aus, die sie voneinander unterscheiden, und sie sind wieder alle gleich in der Gruft.«

»Ein prächtiger Vergleich!« versetzte Sancho. »Zwar ist er nicht so neu, daß ich ihn nicht schon zu öfteren und verschiedenen Malen gehört hätte, gerade wie den Vergleich mit dem Schachspiel, wo, solange das Spiel dauert, jeder Stein seine besondere Verrichtung hat, und wenn das Spiel zu Ende ist, alle vermischt und zusammengelegt und untereinandergeworfen und in einen Beutel gelegt werden, was soviel ist als das Leben ins Grab legen.« »Von Tag zu Tag, Sancho«, sagte Don Quijote, »nimmst du an Einfalt ab und an Verstand zu.«

Der Vergleich »Unser Leben gleicht dem Schachspiel« wurde ein populärer Ausspruch. Er war auch das Motto der ersten Schachzeitschrift der Welt »Le Palamède«, die 1836 in Paris erschien.

Charousek Rudolf, * 19. September 1873 in Prag, † 18. April 1900 in Nagytétény, ungarischer Schachmeister, einer der weltbesten Spieler ausgangs des 19. Jahrhunderts.

Die Schachkarriere Charouseks, wie auch sein ganzes Leben, glich einem kurzen Aufflackern eines strahlend hellen Meteors... Schon bei seinem ersten Auftritt in der internationalen Turnierarena, in Nürnberg 1896, fiel er durch originelle Ideen und Kombinationen auf. Emanuel Lasker bezeichnete ihn als seinen zukünftig wahrscheinlichsten Gegner im Kampf um die Weltmeisterschaft. Zwei Monate später teilte Charousek in Budapest mit → *M. Tschigorin* den Sieg und ließ dabei Namen wie → *N. Pillsbury*, → *G. Maróczy*, → *S. Tarrasch*, → *D. Janowski*, → *K. Schlechter* u. a. hinter sich. 1897 nahm er an zwei Turnieren in Berlin teil. Im ersten belegte er mit 4/6 den 2. Platz, das zweite gewann er vor achtzehn Teilnehmern, darunter Tschigorin, Schlechter, → *J. Blackburne*, → *S. Winawer*, D. Janowski.

Trotz einer schweren Krankheit – Lungentuberkulose – strebte Charousek immer in das Epizentrum der schachlichen Ereignisse. Er leitete die Schachspalte einer Zeitung, gab Simultanvorstellungen und nahm an einem Fernturnier teil (1895–97), wo er mit Maróczy den 1. Preis teilte. Der Epilog der kurzen Karriere eines genialen Schachspielers war das Turnier von Köln 1898, wo Charousek mit dem Resultat von +8, -2, =5 den 2.-4. Platz belegte.

□ R. Charousek
■ M. Tschigorin
Budapest, 1896

1. e4 e5 2. f4 e:f4 3. ♗c4 ♘c6 4. d4 ♘f6 5. e5 d5 6. ♗b3 ♗g4 7. ♕d3 ♘h5 8. ♘h3 ♘b4 9. ♕c3 ♘a6 10. 0-0 ♗e2 11. ♗a4+ c6 12. ♗:c6+ b:c6 13. ♕:c6+ ♔e7 14. ♘:f4 ♘:f4 15. ♗:f4 h6 16. ♘c3 ♗c4

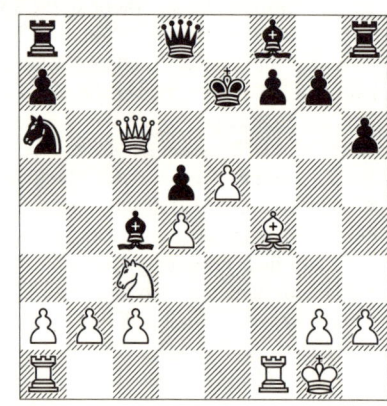

17. e6 ♖c8 18. ♗c7 f:e6 19. ♗:d8+ ♖:d8 20. ♕b7+ ♖d7 21. ♖f7+ 1-0

Chaudé de Silans Chantal, * 9. März 1919 in Versailles, französische WM-Kandidatin.

Das Spiel der jungen Pariserin, die mit fünfzehn Jahren französische Damenmeisterin wurde, fand die Anerkennung solcher Großmeister wie → *S. Tartakower*, O. Bernstein und N. Rossolimo, die Trainingspartien gegen sie austrugen. Mit neunzehn nahm sie dann an der Männermeisterschaft von Paris teil, seit 1949 an Landesmeisterschaften. Durch Heirat, die vier Kinder, aber auch die harten Jahre der Besetzung von Paris durch die Deutschen konnte Chaudé de Silans lange nicht an bedeutenden Turnieren teilnehmen. Aber im eiskalten Moskauer Winter des Jahres 1950 (minus 40°C!) stand sie bei der ersten Schachweltmeisterschaft der Frauen nach dem Kriege ganz dicht vor dem Sprung auf den Schachthron. Nach elf Runden führte sie das Feld an – es galt nur noch, vier Partien zu überstehen. Doch die 30jährige bildhübsche Pariserin widerstand der Anspannung nicht, verlor zweimal in Folge und fiel noch auf den 5.–6. Platz zurück! Es war sicher ein Nachteil, daß sie keinen Trainer bzw. Sekundanten hatte. In der Eröffnung hatte sie meist gewisse Probleme, doch danach spielte sie zügig in einem ungestümen, kombinationsgeladenen Stil.

»Wenn Chaudé de Silans eine Figur opfert, dann bringen Sie sich in Sicherheit«, sagte der bekannte Maestro Peter Romanowski, als er die folgende Partie kommentierte.

☐ F. Heemskerk
■ Ch. Chaudé de Silans

Moskau, 1950

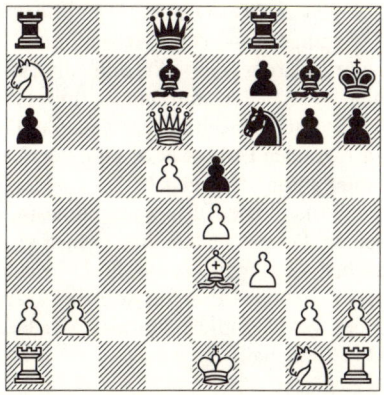

16... ♘:e4!! 17. f:e4 ♕h4+ 18. ♔d2 ♖:a7! 19. ♗:a7 ♕g5+ 20. ♗e3 ♕:g2+ 21. ♘e2 ♗b5 22. ♖ae1 ♖c8

Jetzt droht 23... ♗f8.

23. ♕a3 ♗f8 24. d6 ♕:e4 25. ♘c3 ♕d3+ 26. ♔c1 ♖c4 27. ♖hf1 ♗:d6 28. ♖:f7+ ♔g8 29. ♕a5 ♗b4 30. ♖ef1 ♖:c3+ 31. b:c3 ♕:c3+ 0–1

Nach Moskau spielte Chantal Chaudé de Silans noch dreimal im Kandidatinnenturnier zur Weltmeisterschaft und nahm – oft erfolgreich – an vielen internationalen Turnieren in

Chantal Chaudé de Silans mit einer Nachbildung des Schachautomaten des Barons von Kempelen

→ *England*, Belgien, Holland, → *Italien* und der Schweiz teil. Ihre Liebe zum Schach zeigt sich auch heute noch, da sie den Pariser Schachclub »Caissa« leitet.

ChessBase – Datenbanksystem einer gleichnamigen Hamburger Firma zur Archivierung, Verwaltung und Bearbeitung von Schachpartien. Das weltweit verbreitetste Programm seiner Art wurde vom Deutschen Matthias Wüllenweber entwickelt. Fast alle Weltklassespieler verwenden ChessBase – allen voran → *G. Kasparow*. Die ChessBase GmbH gibt regelmäßig aktuelle Turnier- bzw. Eröffnungsdisketten sowie ein ChessBase Magazin heraus.

Chess Collectors International (CCI) – internationale Organisation der Schachsammler.
Die CCI wurde 1984 auf Initiative amerikanischer Kollektionäre gegründet. Sie gehört zum Weltschachbund → *Fide* und vereinigt Vertreter aus mehr als dreißig Ländern. Dabei handelt es sich vorzugsweise um kompetente Sammler von Schachfiguren von hohem künstlerischen Niveau und kulturell-historischem Wert. Zur Organisation gehören ebenso Schachhistoriker. 1984–92 war Dr. George A. Dean (USA) Präsident der CCI. 1992 folgte ihm Dr. Thomas Thomsen (Deutschland) auf diesem Posten. → *A. Karpow* und → *G. Kasparow* sind Ehrenmitglieder der Organisation.
Ziel der CCI ist es, die Geschichte der Schachfiguren und die Beziehungen zwischen dem Schach und anderen kulturellen Gebieten zu erforschen, die Publikation von Material zu diesen Themen zu befördern und, in Zusammenarbeit mit Museen, regelmäßige internationale Treffen zu veranstalten. Alle zwei Jahre führt die CCI ihren Kongreß in einem Land durch, in dem es bedeutende Museen gibt. Dort präsentiert man Austellungen von Schachfiguren und Gemälden zu Schachthemen. Gleichzeitig finden Seminare statt, werden Kataloge herausgegeben, Schachfilme gezeigt, Auktionen veranstaltet usw. Der erste Kongreß der CCI fand in Florida statt (1984), es folgten London (1986), München (1988), New York (1990), Paris (1992), St. Petersburg (1994).

China. In diesem Land unterscheidet man zwei Arten des Schachs – das nationale Chinesische Schach (H'siang Ch'i, was soviel wie Spiel der Elefanten bedeutet) sowie das internationale Schach. Das Chinesische Schach entstand ungefähr im 8./9. Jahrhundert, als es zur Verschmelzung eines traditionellen chinesischen Spiels mit dem Tschatrang kam, das die Buddhisten aus Zentralasien mitbrachten. In der mittelalterlichen Quelle »Fo zsu lidaj tunzsaj« (umfassende Aufzeichnungen über buddhistische Patriarchen in verschiedenen Zeiten) heißt es: »In der Tan-Dynastie unter der Regierung des Herrschers Weng Zsun in der Ära Kai Tschen im Jahre I-wej wurde das H'siang Ch'i geschaffen.« (9. Jahrhundert). Der Hauptunterschied des Chinesischen zum internationalen Schach besteht darin, daß sich die Figuren auf dem Brett nicht von Feld zu Feld, sondern auf Linien und Punkten bewegen. Es gibt zehn Horizontalen und neun Vertikalen. Zwischen beiden Figurenlagern befindet sich eine freie Zone – ein »Fluß«. Obwohl die Figuren- und Felderanzahl dieselbe wie im Tschatrang ist (32 bzw. 64), unterscheiden sich Gangart und Regeln deutlich. Im Chinesischen Schach gibt es auch weniger Bauern, die dafür von neuen Figuren – Kanonen und Wächterfiguren für den König ersetzt werden. Es ist eine Reihe von Traktaten des H'siang Ch'i der Sun-Epoche, die in den Min- und Zin-Dynastien entstanden sind, überliefert. Seit 1956 gehört das Chinesische Schach zum staatlichen System für Körperkultur und Sport des Landes. Das Spiel wird auch in anderen Staaten Südostasiens betrieben.
Das internationale Schach breitete sich gegen Ende des 19. Jahrhunderts in China aus. Nach dem Sieg der Volksrevolution 1949 begann man staatlicherseits, auch dem internationalen Schach Aufmerksamkeit zu widmen. 1956 wurde der chinesische Schachverband gegründet. 1959 war das internationale Schach Bestandteil der chinesischen Spartakiade. Nach dem Fide-Beitritt des Landes 1975 tauchten chinesische Schachmeister in der internationalen Turnierarena auf. Besonders im Frauenschach ging es schnell voran, wie der 4. Platz bei der Schacholympiade in Saloniki 1984 beweist – aber auch die Männer waren mit Rang acht beachtlich stark. Die ersten Großmeistertitel gingen an zwei Damen – Liu Shilan und Wu Mingqian. Eine echte Sensation war der schnelle Aufstieg von → *Xie Jun*, die 1991 in Manila → *M. Tschiburdanidse* mit 8,5:6,5 schlug und Schachweltmeisterin wurde! Diese herausragenden Erfolge hoben die Popularität des internationalen Schachs im Lande. Das erste internationale Turnier auf chinesischem Boden in Peking endete mit dem Sieg des deutschen Großmeisters → *E. Lobron*. Ein weiteres wichtiges Ereignis war die Ausrichtung des WM-Kandidatenturniers der Frauen 1992 in Shanghai.

Computerschach. Seit dem Mittelalter hat den Menschen der Gedanke, eine Schachmaschine zu konstruieren, nicht mehr losgelassen. Im 18. Jahrhundert erfand Wolfgang von Kempelen so einen »Automaten«, allerdings verbarg sich in seinem Innern ein lebendiger Schachspieler.

Zwei Jahrhunderte später, im Computerzeitalter, konnte diese alte Idee verwirklicht werden. Die Aufgabe hieß konkret, ein spezielles Schachprogramm zu schaffen, das die mit jedem Zuge riesig anwachsende Zahl von möglichen Stellungen (nach zehn Zügen sind das schon $16\,958\,829\,100\,544 \times 10^{15}$!), aber auch Struktur und Dynamik der Position und Faktoren wie Beherrschung des Zentrums, Verteidigung des Königs usw. berücksichtigt.

Mitte der 50er Jahre formulierte der amerikanische Mathematiker und Ingenieur Claude Shannon die allgemeinen Prinzipien der Programmierung, womit der Weg zur Konstruktion der ersten »elektronischen Schachspieler« frei war. Ihre Spielstärke wuchs stetig mit der Rechengeschwindigkeit der Maschinen, die erst Hunderttausende, dann Millionen und später über eine Milliarde von Zügen in der Sekunde berechnen konnten.

An der ersten Weltmeisterschaft im Computerschach 1974 in Stockholm beteiligten sich 13 Programme aus 8 Ländern. Natürlich reisten die sperrigen Rechner nicht zum Wettkampfort. Stockholm war nur das Koordinierungszentrum, wohin die Züge telefonisch übermittelt wurden und wo sich die Programmierer trafen. Den Sieg trug das Moskauer Programm »Caissa« davon. Drei Jahre später in Kanada lag das amerikanische Programm »Chess« vorn. Bei den nachfolgenden Meisterschaften (Österreich 1980, USA 1983, BRD 1986 usw.) triumphierten ebenfalls die amerikanischen Superrechner (»Bell«, »Cray Blitz«). 1992 in Madrid siegte das holländische Programm »Gideon«. Bei den Mikrorechnern lag Mitte bis Ende der 80er Jahre »Mephisto« (Deutschland) in Front. Der Champion 1995 hieß »Fritz«, aus dem Hause → *Chess-Base* (Hamburg), der bei der Weltmeisterschaft in Hongkong erfolgreich war. Seit Ende der 70er Jahre sind Mikrocomputer im Handel erhältlich – in Deutschland wurden bis heute ca. zwei Millionen dieser blechernen Gesellen verkauft. 1977 wurde die »International Computer Chess Association« gegründet, die vierteljährlich das »ICCA Journal« herausgibt.

Der wichtigste Gradmesser für die Stärke der Schachcomputer sind ihre Wettkämpfe gegen

Großmeister John Nunn gilt als Spezialist im Kampf gegen die Computer

Menschen. Ende der 80er Jahre entwickelte eine Gruppe amerikanischer Wissenschaftler an der Universität Pittsburgh das Programm »Deep Thought«, das es mit Großmeistern aufnehmen konnte. Beim internationalen Open-Turnier in Los Angeles 1988 teilte es den 1.-2. Platz und ließ dabei u. a. Spitzengroßmeister wie → *M. Tal*, → *W. Browne* und → *B. Larsen* hinter sich. 1989 gewann »Deep Thought« die WM der Superrechner. Das ermunterte die Herstellerfirma, Weltmeister → *G. Kasparow* zu einem Wettkampf herauszufordern, der am 22. Oktober 1989 in New York über die Bühne ging. In der 1. Partie mußte die Maschine im 53. Zug kapitulieren, und auch die zweite Begegnung endete mit einem klaren Sieg des Menschen:

□ G. Kasparow
■ Deep Thought
New York, 1989

1. d4 d5 2. c4 d:c4 3. e4 ♘c6 4. ♘f3 ♗g4 5. d5 ♘e5 6. ♘c3 c6 7. ♗f4 ♘g6 8. ♗e3 c:d5 9. e:d5 ♘e5?
Stärker ist 9... e5 10. ♗:c4 ♗d6.
10. ♕d4 ♘:f3+ 11. g:f3 ♗:f3 12. ♗:c4! ♕d6 13. ♘b5 ♕f6 14. ♗c5 ♕b6 15. ♕a3 e6

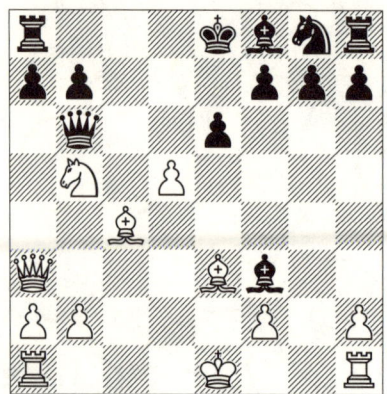

16. ♘c7+ ♕:c7 17. ♗b5+ ♕c6
Auf 17... ♔d8 folgt 18. ♕:f8+ matt.
18. ♗:c6+ b:c6 19. ♗c5 ♗:c5 20. ♕:f3 ♗b4+ 21. ♔e2 c:d5 22. ♕g4 ♗e7 23. ♖hc1 ♔f8 24. ♖c7 ♗d6 25. ♖b7 ♘f6 26. ♕a4 a5 27. ♖c1 h6 28. ♖c6 ♘e8 29. b4 ♗:h2 30. b:a5 ♗g8 31. ♕b4 ♗d6 32. ♖:d6 ♘:d6 33. ♖b8+ ♖:b8 34. ♕:b8+ ♔h7 35. ♕:d6 ♖c8 36. a4 ♖c4 37. ♕d7 1-0

Seitdem haben die Computer weitere Fortschritte gemacht. Das mußte auch Kasparow am eigenen Leibe erfahren, als er im Herbst 1994 beim Schnellschach-Grand Prix in London dem Programm »Chess Genius« sensationell mit 0,5:1,5 unterlag. Der Champion nahm im Juni 1995 in Köln bei zwei WDR-Fernsehpartien Revanche (1,5:0,5). Im Februar 1996 schlug Kasparow in Philadelphia Deep Blue (die Weiterentwicklung von Deep Thought) in einem Match mit 4:2 (+3, -1, =2). Doch irgendwann werden die Superrechner wohl besser als der Weltmeister sein. Viele sehen in dieser Entwicklung eine Gefahr für das Schach.

Doch es droht beileibe nicht nur Unbill. Die Computer leisten dem Schachspieler wertvolle Dienste bei der Beschaffung von aktuellem Partienmaterial, bei Analysen technisch komplizierter Endspiele usw. Deshalb ist Michail Tal beizupflichten, der in der Maschine den »Helfer und Sekundanten und nicht den Gegner des Menschen« sah. Auch bei der Ausbildung des Schachnachwuchses an Schulen steigt die Bedeutung der Computer. Bislang waren die Schachspieler darauf stolz, daß ihr Spiel mit seiner Modellfunktion die Forschungen auf dem Gebiet der Kybernetik befördert hat, aber nun »revanchieren« sich die Computer auf ihre Weise, indem sie die Entwicklung der Schachkultur voranbringen.

Cramling Pia, * 23. April 1963 in Stockholm, schwedische Großmeisterin, WM-Kandidatin. »Ich hatte das Glück, in einer Schachfamilie aufzuwachsen«, sagt Pia Cramling über ihre Kindheit. Ihr Vater spielte Fernschach, und ihr älterer Bruder Dan ist Internationaler Schachmeister. Er war es auch, der Pia die Schachregeln beibrachte, als sie zehn Jahre alt war. Nur drei Jahre später war sie schwedische Schülermeisterin. Schon damals spielte sie überwiegend in Männerturnieren, was zur Herausbildung ihres Angriffsstils führte. Wenn Pia doch einmal an Frauenturnieren teilnahm, kam sie in der Regel auf dem 1. Platz ein.
Bei der Schacholympiade 1982 zeigt sie das beste Resultat am 1. Brett, besser noch als Weltmeisterin → *M. Tschiburdanidse*. Die Fide verleiht ihr daraufhin den Großmeistertitel der Frauen. Die Schachjournalisten wählen sie zur besten Schachspielerin des Jahres, und sie bekommt den »Schachoscar«. 1984 wiederholt sie bei der Olympiade ihr Spitzenergebnis am 1. Brett. »Ich bin ziemlich zurückhaltend und ruhig«, so beschreibt sich Pia selbst. »Während der Partie belastet mich der Wunsch, die hohen Erwartungen meiner Anhänger möglichst gut zu erfüllen. Daher überziehe ich mitunter gute Stellungen.«
1985 debütierte Pia Cramling beim Interzonenturnier in Havanna. Hier wurde sie außer von ihrem Bruder vom temperamentvollen spanischen Großmeister Juan Manuel Bellón unterstützt. Sie qualifizierte sich für das Kandidatinnenturnier zur Weltmeisterschaft, wo

D

sie 1986 in Malmö den 4.-5. Platz teilte. Bald darauf heirateten Pia und Juan. Sie waren das erste Großmeisterpärchen der Schachwelt. In den letzten Jahren nahm Pia Cramling vorrangig an Männerturnieren teil, nicht ohne Erfolg. So belegte sie beispielsweise 1991 in Las Palmas den 2.-4. Platz und überflügelte dabei ihren Ehemann um einen Zähler.

Die folgende Partie stammt aus einem Match gegen den damals 18jährigen norwegischen Großmeister → *S. Agdestein*, das 2:2 endete. Pia wählte das Wolga-Gambit, eine Spezialität von Juan Bellón.

□ S. Agdestein
■ P. Cramling
Ostersund, 1986

1. d4 ♘f6 2. c4 c5 3. d5 b5 4. ♘f3 g6 5. ♕c2 d6 6. e4 b:c4 7. ♗:c4 ♗g7 8. 0-0 0-0 9. ♘c3 ♘bd7 10. h3 ♘b6 11. ♗e2 ♘e8 12. ♗f4 ♘c7 13. ♖ad1 a5 14. a4 ♘a6 15. ♗b5 ♗d7 16. e5 ♗:b5 17. a:b5 ♘c7 18. ♖fe1 ♕d7 19. ♕e2 a4 20. ♘g5 d:e5 21. ♗:e5 ♗:e5 22. ♕:e5 ♘:b5 23. ♘:b5 ♕:b5 24. ♕f4 ♕b4 25. ♖e4 ♕b3 26. ♖d2 ♘:d5 27. ♕h4 h5 28. g4 ♘f6 29. ♖:e7 ♕b4 30. ♘f3 ♕f4 31. g5 ♕:f3 32. g:f6 a3 33. ♖e3 a:b2 34. ♖:f3 b1♕+ 35. ♔g2 ♕a1 36. ♖e3 ♕h1+ 37. ♔g3 ♖g1+ 38. ♔f4 g5+ 39. ♕:g5+ ♖:g5 40. ♔:g5 ♔h7 41. ♔:h5 0-1

Dame – stärkste Figur des Schachspiels. Sie vereint die Funktionen eines Turmes und eines Läufers in sich und hat den Wert zweier Türme bzw. dreier Leichtfiguren.

Die Dame hatte seit jeher auf allen Kontinenten bei diversen Völkerschaften ihren Platz direkt neben dem König. Jedoch hatte sie stets ganz verschiedene Bezeichnungen und wurde auch unterschiedlich dargestellt. In Zentral- und Mittelasien wird sie meistens als »Farsin« bezeichnet, was soviel wie weiser Ratgeber bzw. Wesir bedeutet. Die Perser stellten den »Farsin« in Kampfrüstung auf einem Tier dar, das von der Seite betrachtet an ein Pferd und von vorn an einen Löwen erinnert. Die Spanier und Italiener, die das Schachspiel als erste von den Arabern vermittelt bekamen, ersetzten den Wesir durch den Terminus »Königin« oder später durch »Dame«. Die Ostslawen übernahmen indessen den persischen Begriff »Fers« (Wesir), was beweist, daß das Schachspiel von Osten her und nicht aus Westeuropa in die Rus gekommen ist. Die Mongolen sprechen vom »Bers«, was Tiger bedeutet. Die Dame ist den Schachspielern besonders lieb und teuer. Sie ist die Heldin der schönsten Kombinationen, entweder allein oder im Duett mit anderen Figuren. Besonderen ästhetischen Genuß bereiten effektvolle Damenopfer – das Matt läßt in solchen Fällen nicht lange auf sich warten!

In der folgenden berühmten Partie zerrte Eduard Lasker den König durch ein spektakuläres Damenopfer bis auf die erste Reihe (!) und setzte ihn dann – und das besitzt absoluten Seltenheitswert – mit der langen Rochade matt!

□ Ed. Lasker
■ J. Thomas
London, 1911

1. d4 e6 2. ♘f3 f5 3. ♘c3 ♘f6 4. ♗g5 ♗e7 5. ♗:f6 ♗:f6 6. e4 f:e4 7. ♘:e4 b6 8. ♗d3 ♗b7 9. ♘e5 0-0 10. ♕h5 ♕e7

(siehe Diagramm Seite 72)

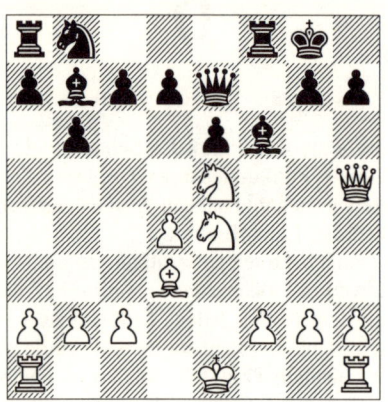

11. ♕:h7+!! ♔:h7 12. ♘:f6+ ♔h6 13. ♘eg4+ ♔g5 14. h4+ ♔f4 15. g3+ ♔f3 16. ♗e2+ ♔g2 17. ♖h2+ ♔g1 18. 0-0-0+ matt!

Eine besondere Rolle kommt der Dame auch im → *Endspiel* zu. Oft tauchen durch Bauernumwandlungen urplötzlich neue Damen auf dem Brett auf! Eine Reihe von Studien befassen sich mit dem Thema der Dame an sich bzw. mit dem Motiv der Bauernumwandlung. Ein Beispiel:

L. van Fliet, 1888

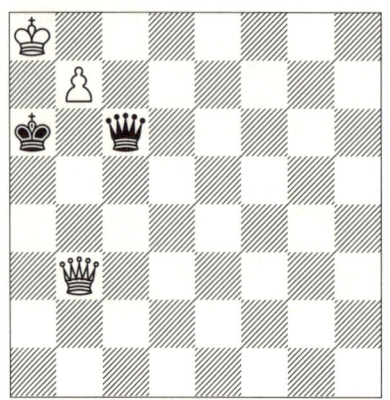

Weiß zieht und gewinnt
1. ♕b4! Schwarz stehen verschiedene Züge zur Verfügung: 1... ♕d5 (f3) 2. ♕a4+ ♔b6 3. ♕b3+! ♕:b3 4. b8♕+ und gewinnt; 1... ♕g2 2. ♕a3+ ♔b6 3. ♕b2+! ♕:b2 4. b8♕+ und gewinnt; 1... ♕h1 2. ♕a3+ ♔b6 3. ♕b2+ ♔c7

4. ♕h2+! ♕:h2 5. b8♕+ und gewinnt; 3... ♔a6 4. ♕a2+ ♔b6 5. ♕b1+! und gewinnt.

Damengambit. 1. d4 d5 2. c4

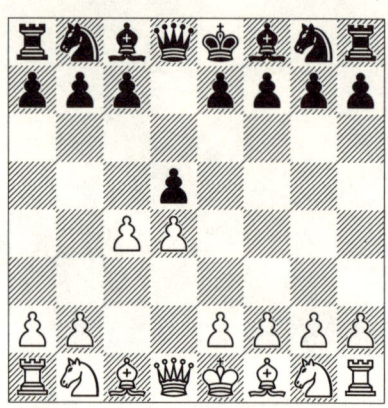

Das Damengambit ist seit dem Ende des 15. Jahrhunderts bekannt. Es fand in der Göttinger Handschrift Erwähnung und war in den Partien der Italiener → *G. C. Polerio*, A. Salvio und des Syrers → *Ph. Stamma* anzutreffen. Die Grundidee dieser Eröffnung ist der Kampf um die Beherrschung des Zentrums. Größere Popularität erlangte das Damengambit gegen Ende des 19./ Anfang des 20. Jahrhunderts, als es in den Händen der amerikanischen Maestros → *H. N. Pillsbury* und → *F. Marshall* eine gefährliche Waffe war. In den WM-Duellen Lasker-Capablanca (1921) und Capablanca-Aljechin (1927) wurde fast ausschließlich mit dem Damengambit eröffnet! »Jetzt kennen alle die besten Züge des Damengambits und fühlen sich in ihm wie zu Hause«, meinte → *Em. Lasker*.

Man unterscheidet im Damengambit zwei Hauptsysteme: das Angenommene Damengambit (1. d4 d5 2. c4 d:c4) und das Abgelehnte Damengambit (1. d4 d5 2. c4 e6). Das letztere der beiden ist in der heutigen Meisterpraxis häufiger anzutreffen. Einige grundlegende Abspiele:

Orthodoxe Verteidigung – 3. ♘c3 ♘f6 4. ♗g5 ♗e7 5. e3 0-0 6. ♘f3 ♘bd7.

Cambridge-Springs-Variante – 3. ♘c3 ♘f6 4. ♗g5 ♘bd7 5. e3 c6 6. ♘f3 ♕a5.

Westfälische Variante – 3. ♘c3 ♘f6 4. ♗g5 ♘bd7 5. e3 ♗b4.

Tartakower-Makagonow-Bondarewski-Variante – 3. ♘c3 ♘f6 4. ♗g5 ♗e7 5. e3 0-0 6. ♘f3 ♘bd7 7. ♖c1 b6.

Wiener Variante – 3. ♘f3 ♘f6 4. ♗g5 ♗b4 5. ♘c3 d:c4 6. e4 c5 7. ♗:c4 c:d4 8. ♘:d4 ♛a5.
Variante mit 5. ♗f4 – 3. ♘c3 ♘f6 4. ♘f3 ♗e7 5. ♗f4 0-0.
Tarrasch-Verteidigung – 3. ♘c3 c5 4. c:d5 e:d5 5. ♘f3 ♘c6 6. g3 ♘f6 7. ♗g2 ♗e7 8. 0-0 0-0.
Holländische- bzw. Canal-Variante – 3. ♘c3 ♘f6 4. ♗g5 c5 5. c:d5 c:d4 6. ♛:d4 ♗e7 7. e4 ♘c6 8. ♛d2 ♘:e4 9. ♘:e4 e:d5.
Abtauschvariante - 3. ♘c3 ♘f6 4. c:d5.

Damenindische Verteidigung. 1. d4 ♘f6 2. c4 e6 3. ♘f3 b6.

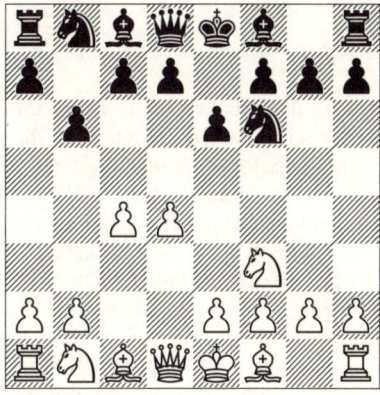

→ *A. Nimzowitsch* war einer der ersten, der diese Eröffnung in der Praxis anwandte. Ihre Bezeichnung erhielt sie anfangs der 20er Jahre dieses Jahrhunderts. → *J. Bogoljubow*, → *A. Rubinstein* und → *R. Reti* haben einen wichtigen Beitrag zu ihrer Entwicklung geleistet. Schwarz versucht, durch die Fianchettierung seines Damenläufers Druck auf das weiße Zentrum auszuüben (Feld e4!). In aller Regel erhält Schwarz eine solide, mitunter aber etwas passive Stellung. Am gebräuchlichsten ist das Petrosjan-System (4. ♘c3 ♗b7 5. a3), das Rubinstein-System (4. g3 ♗b7 5. ♗g2 ♗e7 6. 0-0 0-0) sowie die Systeme mit 4. e3 und 4. ♗g5.

Damiano, portugiesischer Schachspieler zu Beginn des 16. Jahrhunderts.
Damiano wurde als Autor eines 1512 in Rom erschienenen Schachlehrbuchs populär. Seine Aufgaben waren in der Regel von → *Lucena* entlehnt (1496). Eine der im Buch behandelten Eröffnungen erhielt später den Namen »Damiano-Gambit«: 1. e4 e5 2. ♘f3 f6. Damiano selbst zeigte die Widerlegung: 3. ♘:e5 f:e5 4. ♛h5+ ♚e7 5. ♛:e5+ ♚f7 6. ♗c4+ d5 7. ♗:d5+ ♚g6 8. h4! Damiano hinterließ den nachfolgenden Generationen von Schachspielern eine Reihe von Ratschlägen: »Man darf nicht zu schnell spielen«, »Man sollte den König auf einen sicheren Platz stellen«, »Hast du einen guten Zug gefunden, suche nach einem besseren!« usw. Damianos Lehrbuch wurde einige Male in → *Italien*, aber auch in → *Frankreich* und → *England* aufgelegt.

Darga Klaus, * 24. Februar 1934 in Berlin, deutscher Großmeister, einer der stärksten deutschen Spieler der 60er Jahre.
Mit 17 Jahren wurde Klaus Darga Jugendmeister der Bundesrepublik, zwei Jahre später teilte er bei den Welttitelkämpfen in Kopenhagen den 1.-2. Platz mit dem Argentinier Oskar Panno vor → *B. Ivkov*, → *F. Olafsson*, → *B. Larsen* und anderen später sehr bekannten Spielern. 1954 wurde der junge Darga in die deutsche Nationalmannschaft berufen. Seit jenem Jahr hat er es bis 1978 auf zehn (!) Teilnahmen an Schacholympiaden gebracht – als Nationaltrainer seines Landes kamen dann noch einige hinzu. Die größten

internationalen Erfolge konnte er zu Beginn der 60er Jahre erreichen. Da wurde er auch Großmeister und nahm am Interzonenturnier in Amsterdam teil (1964). Als Debütant in diesem Kreise der erweiterten Weltspitze erzielte er in 23 Partien sehr gute 13,5 Punkte (+8, -4, =11) und sorgte mit Siegen gegen → *B. Spasski* und → *L. Portisch* für Achtungszeichen.

Aus diesem Turnier stammt auch das folgende Schlußspiel:

□ I. Bilek
■ K. Darga

Amsterdam, 1964

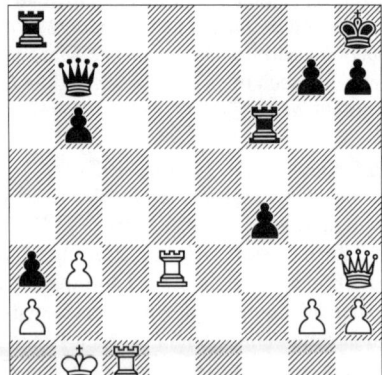

29. ♕d7 ♕:g2 30. ♖c2 ♕h1+! 31. ♖d1 ♕e4 32. ♕d8+ ♖f8 33. ♕:b6 ♖ac8 34. ♕f2 f3 35. ♖dc1 h6 36. ♔a1 ♖:c2 37. ♖:c2 ♕:c2! 0-1

Darstellende Kunst und Schach. Schon die Erschaffung des Schachspiels war untrennbar mit der darstellenden Kunst verbunden. Die ersten Schachfiguren waren feinste Schnitzarbeiten aus Elfenbein: Reiter, Elefanten, Kampfwagen, Fußsoldaten. Im Laufe der Jahrhunderte wurde von unbekannten Schöpfern eine ganze Welt an Schachfiguren geschaffen, die symbolisch das Leben der Völker und bedeutende historische Ereignisse widerspiegelten.

Mit wachsender Popularität des Spiels widmeten sich auch die Künstler den Schachthemen. Malerische Miniaturen begannen die Seiten der Schachtraktate und anderer mittelalterlicher literarischer Werke zu schmücken, dazu zählen auch die Illustrationen zu Firdausis bekanntem Poem »Schahname« (10. Jh.), die sich in einer vom Anfang des 14. Jahrhunderts datierenden Handschrift befinden und zeigen, wie das Schach nach Persien gelangte. Im »Buch der Spiele« des kastilischen Königs Alfons des Weisen finden sich 150 farbige Miniaturen, die verschiedene Szenen des mittelalterlichen Schachlebens wiedergeben. Später

Der indische Botschafter macht den iranischen Schah mit dem neuen Spiel bekannt. Aus der Handschrift »Schahname« von Firdausi, Miniatur von 1333. Russische Nationalbibliothek, St. Petersburg.

tauchen in den Büchern erste Darstellungen von historischen Persönlichkeiten auf, die sich mit dem Schachspiel beschäftigen. In einer Zeichnung aus einer deutschen Handschrift des 14. Jahrhunderts ist der gemeinsam mit seiner Frau (in Begleitung von Musikanten!) dem Schachspiel frönende Markgraf Otto IV. von Brandenburg verewigt. In einer französischen Schrift des 15. Jahrhunderts sehen wir König Ludwig XI. mit seiner Gattin beim Spiel. Interessant ist auch die Szene der Bestrafung der schachspielenden Mönche, die wir in einem Ritterroman jener Zeit über René de Montoban finden.

Miniatur aus der mitteralterlichen Liedersammlung »Carmina Burana«. Bayerische Staatsbibliothek München

In der Renaissance wird die Rolle des Schach im kulturellen Leben der Gesellschaft noch deutlicher, wie Porträtdarstellungen, Wand- und Stoffmalereien und Gravuren mit Schachmotiven zeigen. Die besten Maler nahmen sich die-

Illustration zum Buch von Cessolis (französische Ausgabe). Gravur auf Holz, 1504. Nationalbibliothek, Paris.

ses Themas an. Bekannt sind beispielsweise die Werke der Italiener Paris Bordone »Zwei Schachspieler« (1550–1555) und Ludovico Carracci »Zwei Schachspieler« (1590), die beide in einer Berliner Gemäldegalerie ausgestellt sind. Im Nationalen Polnischen Museum zu Poznan befindet sich Sophonisba Anguisciolas »Drei Schwestern« oder »Schachpartie im Freien« (1555). Aus dieser Zeit (1552) stammt auch die Miniatur aus dem Kleinodienbuch der Herzogin Anna von Bayern (Bayerische Staatsbibliothek München), die den Herzog Albrecht V. von Bayern und seine Gemahlin Anna von Österreich beim Schachspiel zeigt.
Unter den Werken der holländischen Malerei des 16.–17. Jahrhunderts befinden sich einige, die das sogenannte »Kurierschach« zeigen, das auf einem Brett mit 8x12 Feldern gespielt wurde. Bekannt sind die Gemälde von Anthonis Mor »Kurfürst Johann Friedrich der Großmütige in der Brüsseler Gefangenschaft beim Schachspiel« (1549, Schloßmuseum Gotha) sowie Lucas von Leyden »Die Schachpartie« (1508, Gemäldegalerie Berlin).
Eine der vielgestaltigen Gravuren jener Zeit ist die Darstellung der schachspielenden Bauern des Dorfes → Ströbeck durch Eberhard Welper (um 1694, Radierung). Der italienische Graveur Camillo Cuingi zeigte nach Motiven eines Werkes von Giulio Benso drei Hellenen beim Schachspiel vor der Schlacht von Troja – übrigens in Übereinstimmung mit der damals verbreiteten falschen Vorstellung, daß Palamedes das Schachspiel während des Trojanischen Krieges erfunden habe... (1637–39, Kupferstich, Rom, Cabinetto Nationale del Stampo).
Im 19. und 20. Jahrhundert nahm die Zahl schachlicher Motive in der darstellenden Kunst deutlich zu, besonders in der Malerei und Graphik. Hier seien nur einige Beispiele von Künstlern des vorigen Jahrhunderts aufgeführt: Jean Meissonier »Schachspieler« (1835, Landesmuseum Hannover); Eugène Delacroix »Schach spielende Araber« (1847–49, National Gallery Edinburgh); Honoré Daumier »Schachspieler« (1864/65, Musée des Beaux Arts Paris); Johann Erdmann Hummel »Die Schachpartie im Palais« (1818/19, Niedersächsisches Landesmuseum Hannover); Giovanni Induno »Die Schachpartie« (1891); Wjatscheslaw Schwarz »Der Zar spielt Schach« (1865), Hugo Bakmanson »Im Café Dominique« (Ende

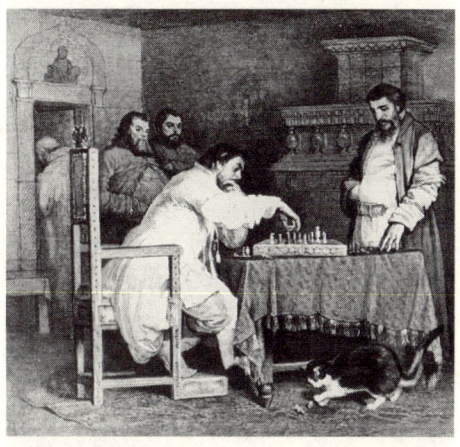

Wjatscheslaw Schwarz (1838–69). Der Zar spielt Schach. 1865. Russisches Museum, St. Petersburg

19. Jh.),; Michail Wrubel »Nachdenken über einen Zug« (1903–04), Ilja Repin »Lew Tolstoi am Schachbrett« (1891).
Einen wichtigen Platz nahm das Schach im Schaffen einiger berühmter Künstler ein, dar-

DARSTELLENDE SCHACHKOMPOSITION

Hugo Bakmanson (1860–1953). Das Spiel im Café »Dominique«. Ende des 19. Jahrhunderts. Schachmuseum, Moskau.

Felice Carena. Die Schachpartie, 1935, Italien.

Galina Satonina. »Der tolle Springer«. Kasan (Tatarstan).

unter der französische Maler Marcel Duchamp (1887–1968), der deutsche Graphiker → *A. Paul Weber* (1893–1980) und der dänische Karikaturist Herluf Bidstrup (1912–88).

Darstellende Schachkomposition. Im vergangenen Jahrhundert bildete sich ein neuer Zweig der Schachkomposition heraus. Aufgaben und Studien wurden so komponiert, daß die Anordnung der Figuren auf dem Brett Buchstaben, Ziffern, Zeichnungen bzw. verschiedene Gegenstände darstellte. Einer der Begründer dieser Richtung, die besonderen Erfindungsreichtum und Phantasie erforderte, war der russische Meister Ilja Schumow (1819–81), der 1867 in St. Petersburg ein Buch unter dem Titel »Eine Sammlung skachographischer und anderer Schachaufgaben, darunter ein vollständiges Schach-ABC, politische, humoristische und phantastische Matts« herausgab. Den Begriff »Skachographie« bildete Schumow aus den griechischen Wörtern »skacho« (Schach) und »graphe« (Schrift). Eine Reihe der Buchstaben-Aufgaben widmete er bekannten russischen und ausländischen Schachspielern – darunter das »H« dem deutschen Theoretiker und Schachhistoriker Tassilo von Heydebrand und der Lasa:

I. Schumow, 1867 »H«
gewidmet von Heydebrand und der Lasa

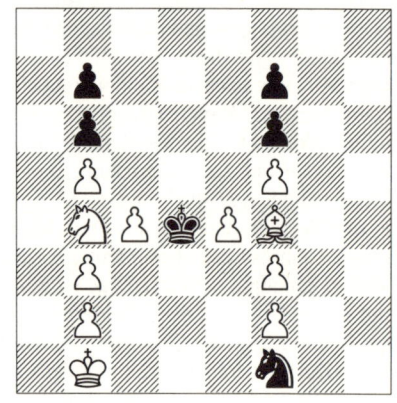

Matt in fünf Zügen
1. ♔c2 ♘h2 2. ♗:h2 ♔c5 3. ♘d3+ ♔d4 4. e5 f:e5 5. ♗:e5+ matt.

Bei einer anderen Richtung der darstellenden Schachkomposition kam es nicht auf die bildhafte Anordnung der Figuren an, sondern auf ihre Aktionen auf dem Schachbrett, die reale Handlungen symbolisieren sollten. Beispiele sind »Die Flucht Napoleons aus Moskau nach Paris« von → *A. Petrow*, wo die Springer (die russische Kavallerie) den schwarzen König (Napoleon) von b1 nach h8 treiben, wo er dann mattgesetzt wird, sowie → *S. Loyds* Aufgaben über Karl XII. bzw. über die »Drei Musketiere«. Mitunter erfährt ein und dasselbe Thema eine völlig unterschiedliche Interpretation. So verschieden haben der Amerikaner Alain White (1880–1951) und der Deutsche Werner Speckmann das Motiv »Schachpyramide« dargestellt:

A. White, 1921 »Pyramide«

Matt in zwei Zügen
1. d6! ♘:e5 2. ♗f2+ matt; 1... ♔:e3 2. ♕e1+ matt; 1... ♘d2 2. ♘c5+ matt; 1... ♘:d4 2. ♕:d4+ matt.

W. Speckmann, 1941 »Pyramide«

77   DARSTELLENDE SCHACHKOMPOSITION

1. ♔g4! ♘gf4 2. ♘e3+ matt; 1... ♘c3 2. ♘g3+ matt.

In den 50er Jahren wurde das Vordringen des Menschen in den Kosmos ein Thema. Die folgende Studie stammt von den russischen Problemisten Anatoli Kusnezow und Boris Sacharow (1914–73).

A. Kusnezow, B. Sacharow, 1959 »Sputnik«

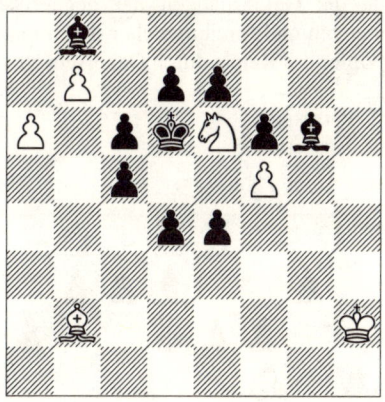

Remis
1. ♗a3 ♗:f5 2. a7
Das Sputnik wird an den Start gebracht.
2... ♗:a7 3. ♗:c5+ ♗:c5 4. b8♕+ ♔:e6 5. ♕g8+! ♔e5 6. ♕g3+! ♔d5 7. ♕b3+ ♔d6 8. ♕b8+   1/2–1/2

Die weiße Dame ist das Sputnik, das die Erde (schwarze Figuren) auf der »Umlaufbahn b8–g8–g3–b3 umkreist!

DAUERSCHACH

Dauerschach, oder ewiges Schach, Remisausgang einer Schachpartie, da ein Spieler ständig Schach bietet, ohne daß sich der gegnerische König den Schachgeboten entziehen kann. Das Dauerschach dient häufig der schwächeren Seite als Mittel, ein Unentschieden zu erzielen. So geschehen in der folgenden Partie des Argentiniers Héctor Dezio Rossetto gegen den damals amtierenden Weltmeister → *T. Petrosja*n. Der Nachziehende fühlte die Gefährlichkeit der gegnerischen Drohungen und forcierte daher durch materielle Opfer das Remis durch Dauerschach.

□ T. Petrosjan
■ H. Rossetto

Buenos Aires, 1964

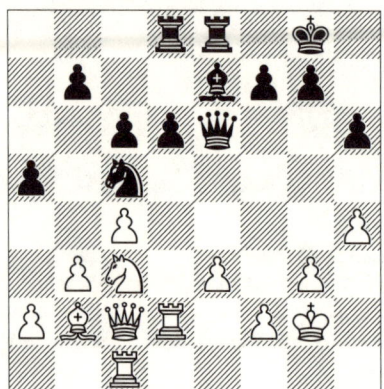

1... ♗:h4! 2. g:h4 ♕g4+ 3. ♔f1 ♕h3+ 4. ♔e1 ♖:e3+ 5. f:e3
5. ♖e2 scheitert 5... ♘d3+.
5... ♕h1+ 6. ♔e2 ♕h2+   Remis

Del Rio Ercole (etwa 1720–1801), herausragender Schachspieler des 18. Jahrhunderts, einer der Begründer der italienischen Schachschule. 1750 erschien in Modena ein Buch mit dem Titel »Über das Schachspiel. Beobachtungen über die Praxis von einem anonymen Autor aus Modena«. Dieser Anonymus war der Stadtrat Del Rio. Gemessen an den Analysen und Kommentaren zu Eröffnung und Endspiel in dieser kleinen Monographie, muß Del Rio damals einer der stärksten Schachspieler Europas gewesen sein. Das Buch fand eine breite Resonanz. Es war eine Hymne auf das Kombinationsspiel. Im Unterschied zu der ein Jahr zuvor vom Franzosen → *Philidor* verkündeten Theorie der Bauernzüge pries Del Rio die Figurenschlacht, die Schönheit der Opferattacken und Mattkombinationen. Seine Ideen wurden von anderen Autoren aus Modena weiterentwickelt – von → *G. Lolli*, der den zweiten Teil von Del Rios Arbeiten in seinem 1763 erschienenen Werk unterbrachte, und von Rochade *D. L. Ponziani* in »Das mit nichts vergleichliche Schachspiel« (Il giuoco incomparabile degli scacchi, 1769). Wir haben hier eine der Studien Del Rios vor uns:

Del Rio

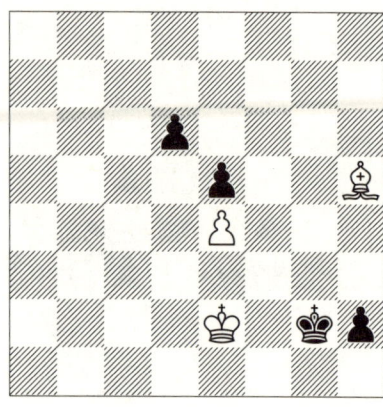

Weiß gewinnt
1. ♗f3+ ♔g1 2. ♗h1! ♔:h1 3. ♔f1 d5 4. e:d5 e4 5. d6 e3 6. d7 e2+ 7. ♔:e2 ♔g1 8. d8♕ h1♕ 9. ♕d4+ ♔h2 10. ♕h4+ ♔g2 11. ♕g4+ ♔h2 12. ♔f2, und das Matt ist unausweichlich.

In den letzten Jahren seines Lebens vollendete Del Rio noch eine Arbeit unter dem Titel »Der Krieg der Figuren« (La guerra degli scacchi), in der er seine Analysen des Königs- und Damengambits sowie einer Reihe von Endspielen zusammenfaßte. Dieses Manuskript galt lange Zeit als verschollen. Unlängst wurde es von Professor Christopher Becker in der Sammlung John Whites in der Bibliothek von Cleveland (US-Staat Ohio) wiederentdeckt, in die englische Sprache übersetzt, »The War of Chessmen«, und zusammen mit dem Originaltext in Yorklyn herausgegeben (1984).

Deschapelles Alexandre Louis Honoré Lebreton, * 7. März 1780 in Versailles, † 27. Oktober 1847 in Paris, französischer Schachmeister.

Alexandre träumte von Kindheit an von einer Militärkarriere. Er erhielt seine Ausbildung an der Armeeschule, die auch Napoleon absolvierte. In einer Schlacht gegen die Österreicher wurde er beim Sturmangriff von einer Kugel getroffen. Die Ärzte konnten sein Leben retten, doch sein rechter Arm mußte amputiert werden. Der tapfere Freiwillige war einer der ersten, dem der Orden der Ehrenlegion verliehen wurde.

Mit 18 Jahren kam Alexandre Deschapelles mit dem Schach in Berührung und stieg nach eigener Aussage binnen vier Tagen hinter die Geheimnisse dieses Spiels! Er war stark in der Variantenberechnung, seine Pläne zeichneten sich durch Zielstrebigkeit und Klarheit aus. Als wahrer Nachfolger von → *Philidor* hielt auch er die Bauern für die Seele des Schachspiels. Wer auch sein Gegner war – er spielte nur mit Vorgabe, mindestens einen Bauern und einen Zug.

So verfuhr Deschapelles auch 1821 im Dreierturnier von Saint Clou. Dabei schlug er den Briten John Cochrane mit 7:0, unterlag allerdings mit demselben Resultat seinem Landsmann → *L. La Bourdonnais*.

□ J. Cochrane
■ A. Deschapelles

Saint-Clou, 1821

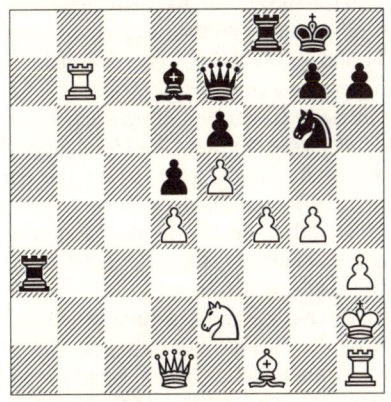

21... ♛h4 22. ♜:d7 ♛f2+ 23. ♝g2 ♜:h3+!
24. ♚:h3 ♛h4+ matt!

Deschapelles konnte es nicht verwinden, daß sein Schüler La Bourdonnais ihn besiegt hatte, und zog sich vom Schach zurück. Er widmete sich fortan mit glänzendem Erfolg anderen Spielen. Im Whist übertraf er jeden, und auch das Billardqueue schwang er mit seiner verbliebenen linken Hand erstaunlich gut. Auch als Gartenbauer machte sich der mittlerweile zum General beförderte Deschapelles einen Namen, besonders im Melonen- und Ananasanbau und in der Fasanenzucht. »Er war einer von jenen Menschen, denen Sie auf Ihrem Lebensweg kein zweites Mal begegnen«, schrieb Maestro → *P. Saint-Amant* in seinem Nachruf auf seinen Landsmann und Freund Alexandre Deschapelles.

Deutschland. Das Schachspiel fand hierzulande erstmals in dem Ritterroman »Ruodlieb« etwa 1050 Erwähnung – es zählte zu den Rittertugenden. Abstrakte mittelalterliche Schachfiguren des arabischen Typs (10.–13. Jahrhundert, heute im Nürnberger Museum zu besichtigen) wurden in Deutschland in den 70er Jahren des 19. Jahrhunderts bei Ausgrabungen des Schlosses von Adelshofen sowie 1965 in den Ruinen des Alten Schlosses in der Burg Baldenstein (Baden-Württemberg) gefunden. Auf den Beginn des 11. Jahrhunderts datieren erste Hinweise über die Schachausbildung der Bauern des Dorfes Ströbeck.

»Ludus scacorum« – so heißt das älteste, in lateinischer Sprache verfaßte Schachgedicht Deutschlands aus dem Jahre 1230. Es beschreibt eine Schachminiatur, die ein Schachbrett und zwei Schachspieler darstellt. Zusammen mit anderen farbigen Abbildungen von Szenen des Würfelspiels und des Tricktrack gehörte sie zur berühmten Handschrift »Carmina Burana«, die sich heute in der Bayerischen Staatsbibliothek von München befindet. Schachmotive trifft man auch in einer Reihe anderer Kulturschätze des Mittelalters an, in »Tristan und Isolde«, den Liedern der Minnesänger und den deutschen Varianten des Traktats von Jakob von Cessole. Das Spiel fand immer mehr Verbreitung unter den Rittern, Edelleuten und später auch in den Städten. Aus der zweiten Hälfte des 15. Jahrhunderts sind

Zeugnisse über Turniere und Zweikämpfe im Schach aus Heidelberg, Nürnberg und anderen Städten überliefert. 1616 wurde in Leipzig das erste Schachlehrbuch gedruckt – »Das Schach- oder König-Spiel«. Autor war ein gewisser »Gustavus Selenus«, ein Pseudonym für Herzog August den Jüngeren von Braunschweig-Lüneburg (1574–1666). Im ersten Teil betonte der Herzog die Originalität und Nützlichkeit der Schachkunst und schrieb im einzelnen: »Diese Kunst ist nur dem Verstand und nicht dem Glück unterworfen, das Schachspiel ist einer ernsten und rechtschaffenden Feldschlacht sinnreiches und lustiges Abbild.«

Von der wachsenden Popularität des Schachs zeugt auch seine umfangreiche Widerspiegelung in der schöngeistigen Literatur des 18. bis zu Beginn des 19. Jahrhunderts. Gedanken über das Schach und die Beschreibung von Spielszenen tauchen in den Werken → Lessings, → Goethes, Schillers und Klingers auf. Der Schriftsteller Wilhelm Heise war der erste, der Schachstellungen in die Handlung seiner literarischen Werke einfließen ließ. In seinem Roman »Anastasia und das Schachspiel« findet sich eine vom Autor selbst entworfene Schachaufgabe, die die Bezeichnung »das Matt der Anastasia« erhielt. Weiß: ♔c1, ♕b1, ♖d1, ♘f5; Schwarz: ♚g8, ♜f8, ♝f7, g7, h7. Matt in drei Zügen: 1. ♘e7+ ♚h8 2. ♕:h7+ ♚:h7 3. ♖h1 matt.

In der Mitte des 19. Jahrhunderts avancierte Deutschland zu einem der bedeutendsten Zentren der europäischen Schachkultur. Die Tätigkeit einer Plejade von starken Schachmeistern in Berlin um Ludwig Bledow, die Gründung des Berliner Schachklubs, die Herausgabe der »Schachzeitung« ab 1846, das Erscheinen von Bilguers »→ Handbuch des Schachspiels« 1843 – all diese Ereignisse sind Meilensteine in der Entwicklung des Schachs im Lande und blieben auch nicht ohne Einfluß auf das europäische Schach im allgemeinen. In Deutschland betrat eine Reihe herausragender Schachmeister die Szenerie: → A. Anderssen, der Sieger der ersten internationalen Turniere von London (1851 und 1862); → L. Paulsen, der berühmte Blindspieler; Gustav Neumann, der erfolgreiche Kämpe des Pariser »Café Régence«; → J. Zukertort, der spätere Teilnehmer des ersten Matches um die Weltmeisterschaft; Max Lange, der Redakteur der »Schachzeitung« und bekannte Schachliterat und andere. 1877 wurde der Deutsche Schachbund gegründet, der regelmäßig Kongresse und bedeutende internationale Turniere durchführte: Baden-Baden (1870), Berlin (1881), Nürnberg (1883), Hamburg (1885), Breslau (1889), Dresden (1892). Mit → S. Tarrasch, → R. Teichmann, → J. Mieses, Kurt Walbrodt u. a. tauchten neue Namen in den Turniersälen auf. 1894 bestieg → Em. Lasker den Schachthron, den er 27 Jahre innehatte.

Die Periode zwischen den beiden Weltkriegen war wohl die ungünstigste für die Entwicklung des Schachs. Die Wirtschaftskrise und später die Machtergreifung der Nationalsozialisten führten dazu, daß kaum noch bedeutende internationale Turniere stattfanden. Ausnahmen waren die WM-Zweikämpfe zwischen → A. Aljechin und → J. Bogoljubow 1929 und 1934 sowie die Schacholympiade in Hamburg 1930, wo die Deutschen Bronze holten. An den → Olympiaden 1933, 1935 und 1937 nahm Deutschland nicht teil, wohl aber an der 39er Olympiade in Buenos Aires, wo die deutsche Mannschaft den 1. Platz belegte und, nach der Nachricht vom Ausbruch des Krieges, mit Erich Eliskases an der Spitze geschlossen in Argentinien blieb. Nicht vergessen sollte man die stärkste deutsche Schachspielerin der 30er Jahre, Sonja Graf-Stevenson (1912–1965), die zweimal gegen → V. Menchik um die Weltmeisterschaft kämpfte (1934 und 1937) und das internationale Frauenturnier von Semmering gewann (1936). Zu Beginn des zweiten Weltkrieges leuchtete am Schachhorizont der Stern des Hamburger Studenten → K. Junge (1924–1945) auf, der in einigen Turnieren erfolgreich mit Weltmeister Alexander Aljechin konkurrierte und als talentiertester deutscher Schachspieler seit Emanuel Lasker galt.

In den Nachkriegsjahren nahm die Schachkultur trotz der Teilung Deutschlands eine stürmische Entwicklung. In der Bundesrepublik tat man seit 1950 viel für die Popularisierung des Schachs. Nationale Einzel- und Mannschaftsmeisterschaften sowie traditionelle internationale Turniere in einer Reihe deutscher Städte (München, Dortmund, Baden-Baden u. a.) trugen ihren Teil dazu ebenso bei wie die zehn → *Schachzeitschriften* des Landes, darunter »Rochade Europa«, »Schachreport«, »Schach-Echo«, »Schachmagazin-64«. Gegen Ende der 80er Jahre wurde der Deutsche Schachbund der stärkste Schachverband Westeuropas. Zu den stärksten deutschen Spielern zählten WM-Kandidat → *R. Hübner* sowie Großmeister wie → *W. Unzicker,* → *L. Schmid,* → *H. Pfleger,* → *K. Darga,* → *H.-J. Hecht* sowie in jüngerer Zeit → *E. Lobron,* → *S. Kindermann,* → *M. Wahls,* → *C. Lutz* u. a. In der BRD fanden 1958 (München) und 1970 (Siegen) Schacholympiaden und 1961 (Oberhausen) und 1965 (Hamburg) Europamannschaftsmeisterschaften statt.

Der Schachverband der DDR hatte Ende der 80er Jahre etwa 50 000 Mitglieder. Austragungsorte traditioneller internationaler Turniere waren Leipzig, Dresden, Halle, Zinnowitz und Berlin. 1960 holte man die Schacholympiade nach Leipzig. Seit Beginn der 70er Jahre bis Ende der 80er Jahre nahm die DDR nicht an Schacholympiaden bzw. WM-Qualifikationen teil. Die nichtolympische Sportart Schach galt den SED-Funktionären als nicht förderungswürdig. Wissenschaftliche Konferenzen zum Thema Schach gab es 1977 in Halle und 1988 und 1989 in Dresden. Aktivposten bei der Propagierung des Schachs war und ist der Berliner Sportverlag mit seinen Fachbüchern und der Zeitschrift »Schach«. Die DDR brachte acht Großmeister heraus, den WM-Kandidaten → *W. Uhlmann* sowie → *W. Pietzsch,* → *R. Knaak,* → *B. Malich,* → *L. Vogt,* → *L. Espig,* → *U. Bönsch,* → *R. Tischbierek* und die Großmeisterin → *E. Keller-Herrmann.* Im September 1990 kam es zum Vereinigungskongreß beider deutscher Schachverbände. Egon Ditt aus Bremen wurde zum Präsidenten gewählt.

Deutsche Meisterschaften werden von 1879 an ausgetragen, waren teilweise für Ausländer offen.

Jahr/Ort	Sieger
1879 Leipzig	Englisch
1881 Berlin	Blackburne
1883 Nürnberg	Winawer
1885 Hamburg	Gunsberg
1887 Frankfurt/M.	Mackenzie
1889 Breslau	Tarrasch
1892 Dresden	Tarrasch
1893 Kiel	Walbrodt und Bardeleben
1894 Leipzig	Tarrasch
1898 Köln	Burn
1900 München	Pillsbury und Schlechter
1902 Hannover	Janowski
1904 Coburg	Bardeleben, Schlechter und Swiderski
1906 Nürnberg	Marshall
1908 Düsseldorf	Marshall
1910 Hamburg	Schlechter
1912 Breslau	Duras und Rubinstein
1914 Mannheim	Aljechin
1921 Hamburg	Post
1922 Bad Oeynhausen	Post
1923 Frankfurt/M.	Grünfeld
1925 Breslau	Bogoljubow
1927 Magdeburg	Spielmann
1929 Duisburg	Ahues
1931 Swinemünde	Bogoljubow
1933 Bad Pyrmont	Bogoljubow
1934 Aachen	Carls
1935 Aachen	Richter
1937 Bad Oeynhausen	Kieninger
1938 Bad Oeynhausen	Eliskases
1939 Bad Oeynhausen	Eliskases
1940 Bad Oeynhausen	Kieninger
1941 Bad Oeynhausen	Schmidt und Junge
1942 Bad Oeynhausen	Rellstab
1943 Wien	Lokvenc

Sieger der Deutschen Meisterschaften der BRD (bis 1951 teilweise unter Beteiligung von DDR-Spielern):

Jahr/Ort	Sieger
1947 Weidenau	Kieninger
1948 Essen	Unzicker
1949 Bad Pyrmont	Bogoljubow
1950 Bad Pyrmont	Unzicker
1951 Düsseldorf	Teschner
1953 Berlin	Unzicker
1955 Frankfurt/M.	Darga
1957 Bad Neuenahr	Tröger
1959 Nürnberg	Unzicker
1961 Bad Pyrmont	Darga
1963 Bad Pyrmont	Unzicker

DEUTSCHE MEISTERSCHAFTEN

Jahr	Ort	Sieger
1965	Bad Aibling	Unzicker und Pfleger
1967	Kiel	Hübner und Besser
1969	Königsfeld	Christoph
1970	Völklingen	Hecht
1971	Berlin	Gligoric
1972	Oberursel	Kestler
1973	Dortmund	Hecht
1974	Menden	Ostermeyer
1975	Mannheim	Browne
1976	Bad Pyrmont	Wockenfuß
1977	Bad Lauterberg	Karpow
1978	Bad Neuenahr	Pachman
1979	München	Spasski
1980	Bad Neuenahr	Lobron
1981	Bochum	Kavalek
1982	Bad Neuenahr	Glienke
1983	Hannover	Karpow
1984	Bad Neuenahr	Lobron
1985	Krefeld	Nunn
1987	Bad Neuenahr	Hort
1988	Bad Lauterberg	Schneider
1989	Bad Neuenahr	Hort

Sieger der ostdeutschen bzw. DDR-Meisterschaften (bis 1955 nahmen auch Spieler aus Westberlin teil):

Jahr	Ort	Sieger
1948	Bad Doberan	Teschner
1949	Klosterlausitz	Pietzsch
1950	Sömmerda	Elstner
1951	Schwerin	Stein
1952	Binz	Koch
1953	Jena	Fuchs
1954	Meerane	Uhlmann
1955	Zwickau	Uhlmann
1956	Leipzig	Fuchs
1957	Sömmerda	Malich
1958	Schkopau	Uhlmann
1960	Leipzig	Pietzsch
1961	Premnitz	Zinn
1962	Gera	Pietzsch
1963	Aschersleben	Möhring
1964	Magdeburg	Uhlmann
1965	Annaberg	Zinn
1967	Colditz	Pietzsch
1968	Weimar	Uhlmann
1969	Schwerin	Espig
1970	Freiberg	Baumbach
1971	Strausberg	Espig
1972	Görlitz	Schöneberg
1973	Erfurt	Malich
1974	Potsdam	Knaak
1975	Stralsund	Uhlmann
1976	Gröditz	Uhlmann
1977	Frankfurt/O.	Vogt
1978	Eggesin	Knaak
1979	Suhl	Vogt
1980	Plauen	Grünberg
1981	Fürstenwalde	Uhlmann
1982	Salzwedel	Knaak
1983	Cottbus	Knaak und Uhlmann
1984	Eilenburg	Knaak
1985	Jüterbog	Uhlmann
1986	Nordhausen	Uhlmann
1987	Glauchau	Tischbierek
1988	Stralsund	Espig und Pähtz
1989	Zittau	Grünberg
1990	Bad Blankenburg	Tischbierek und Pähtz

1953 fand in Leipzig eine Gesamtdeutsche Meisterschaft statt, die von → W. Unzicker gewonnen wurde.

Deutsche Meisterschaften nach der Wiedervereinigung:

Jahr	Ort	Sieger
1991	Bad Neuenahr	Hort
1993	Bad Wörishofen	Luther
1994	Binz	Enders
1995	Binz	Lutz

Dilaram-Matt. So nannte man im Mittelalter eine Mansube (Aufgabe), deren Lösung an eine schöne Legende geknüpft ist. Danach war Dilaram die Frau eines arabischen Wesirs, der ein leidenschaftlicher Schachspieler war. Einmal hatte der Wesir sein ganzes Vermögen verspielt und bot Dilaram als Einsatz an. Die Partie entwickelte sich ungünstig für ihn. In scheinbar hoffnungsloser Lage – es drohte ihm ein Matt – rief die den Kampf beobachtende Dilaram verzweifelt aus: »Opfere beide Türme und rette mich!« Und tatsächlich, in der Mansube gewinnt Weiß auf schöne kombinatorische Weise. Man beachte, daß der Läufer beim arabischen Schachspiel zwei Felder auf der Diagonalen weit zog und auch einen dazwischenstehenden Stein überspringen konnte. Die anderen Figuren ziehen nach den bekannten Regeln.

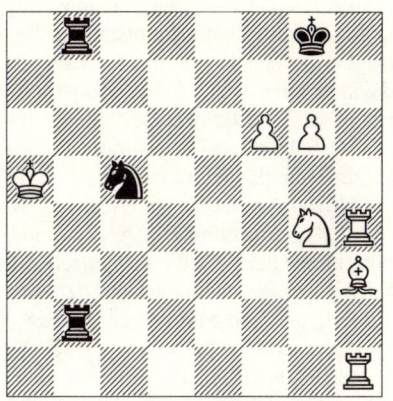

1. Th8+ ☆:h8 2. ♗f5+ Th2 3. T:h2 ☆g8 4. Th8+ ☆:h8 5. g7+ ☆g8 6. ♘h6 matt!

Dolmatow Sergej, * 20. Februar 1959 in Kiseljowsk (Kemerower Gebiet), Jugendweltmeister 1978, russischer Großmeister, WM-Kandidat.
In Sibirien aufgewachsen, wurde Sergej noch vor dem Abschluß der Schule Schachmeister. In seiner Moskauer Studentenzeit trifft er auf den Schachtrainer Mark Dworezki und dessen talentierten Schüler → *A.Jussupow*. Unter ihrem Einfluß wird Sergej Dolmatow Schachprofi. »Als ich Sergej kennenlernte«, schrieb Dworezki später, »war er schon ein guter Schachspieler. Sein Angriffsstil und seine kämpferischen Qualitäten erinnerten mich irgendwie an Boris Spasski. Aber von einer schachlichen Ausbildung konnte man bei ihm nicht sprechen...«
Nach zwei Jahren gemeinsamer Arbeit stellen sich erste Erfolge ein, von denen der Titelgewinn bei der Jugendweltmeisterschaft herausragt (1978). »Der Trainer half mir, mein schachliches Denken zu ordnen. Man braucht im Schach ein System von Ansichten und Prinzipien. Dworezki hat ein solches System, und ich konnte es mir aneignen«, so sah Dolmatow die Zusammenarbeit mit seinem Trainer. Doch den schnellen Erfolgen folgten Dürrejahre. Dolmatow glaubte dogmatisch nur an die als richtig erachteten Prinzipien und Regeln. Sein Spiel trocknete gleichsam aus. Eine Häufung von Remisen war die Folge. Dolmatow bemühte den bekannten Psychologen Rudolf Saiganow, begann Tagebuch zu führen usw. Ende der 80er Jahre berief ihn Weltmeister → *G. Kasparow* in sein Team. Es ging wieder bergauf. 1988 gewann Dolmatow in Moskau das Qualifikationsturnier zum Weltcup, zwei Jahre später siegte er in Hastings und qualifizierte sich beim Interzonenturnier von Manila erstmals für das Kandidatenturnier zur Weltmeisterschaft. Dort traf er im Achtelfinale in Wijk aan Zee 1991 ausgerechnet auf seinen besten Freund – Artur Jussupow! Nach hartem Kampf war Jussupow schließlich im Tiebreak der Glücklichere (5,5: 6,5).
Dolmatow gehörte dem russischen Nationalteam an, das 1992 bei der Schacholympiade in Manila die Goldmedaille holte.

□ S. Dolmatow
■ J. Speelman
Hastings 1989/90

1. e4 c6 2. d4 d5 3. e:d5 c:d5 4. c4 ♘f6 5. ♘c3 e6 6. ♘f3 ♗b4 7. ♗d3 d:c4 8. ♗:c4 0-0 9. 0-0 ♘bd7 10. ♗g5 ♗:c3 11. b:c3 ♕c7 12. ♗d3 ♕:c3 13. ♖c1 ♕a5 14. ♘e5! ♘:e5 15. ♖c5 ♕a3 16. d:e5 ♗:c5 17. ♗:f6 ♖e8?
Richtig war 17... g:f6 18. ♕g4+ ☆h8 19. ♕h4 f5 20. ♕f6+ ☆g8, wonach Weiß mit 21. ♖e1 auf Gewinn spielen kann, zum Beispiel: 21... ♗d7 22. ♖e3 ♕c1+ 23. ♗f1 ♕:e3 24. f:e3 ♖fc8 25. h4 mit weißer Initiative.
18. ♗:h7+ ☆:h7 19. ♕h5+ ☆g8 20. ♕g5 ♕f8

21. ♖d1!!
Die Pointe der Kombination. Schwarz hat drei Verteidigungstempi sowie einen Mehrturm

zur Verfügung, kann aber die Katastrophe nicht abwenden! (Dolmatow)
21... b6 22. ♖d4 ♗a6 23. ♖g4 ♗e2 24. ♗:g7! ♗:g4 25. ♗:f8+ ♔:f8 26. ♕:g4 ♖ac8 27. h4 ♔e7 28. ♕g5+ ♔d7 29. ♕f4 a5 30. ♕:f7+ ♔c6 31. ♕f3+ ♔c5 32. ♕e3+ ♔c6 33. ♕f3+ ♔c5 34. ♕a3+ ♔c4 35. ♕b3+ ♔c5 36. a4 ♖b8 37. ♕c3+ ♔d5 38. f4 ♔e4 39. ♕f3+ ♔d4 40. ♕c6 ♔e3 41. ♕c1+ ♔e2 42. h5 ♖ec8 43. ♕f1+ ♔d2 44. ♕b5 ♔e3 45. g3 ♔d4 46. ♔g2 ♔c3 47. h6 ♖h8 48. ♕d7 b5 49. a:b5 a4 50. b6 a3 51. ♕a4 ♔b2 52. ♕b4+ ♔a2 53. h7 ♖bc8 54. b7 ♖c2+ 55. ♔f3 ♖b2 56. ♕c4+ ♖b3+ 57. ♔g4 ♔b2 58. ♕c8 ♖:h7 59. b8♕ ♖g7+ 60. ♔h5 ♖g:g3 61. ♕d6 ♖h3+ 62. ♔g6 ♖bg3+ 63. ♔f7 ♖h7+ 64. ♔:e6 ♖h6+ 65. ♔f5 ♖:d6 66. e:d6 a2 67. d7 a1♕ 68. ♕b7+ 1-0

Donaldson-Achmylowskaja Jelena, * 11. März 1957 in Leningrad, russisch-amerikanische Großmeisterin, WM-Herausforderin 1986.

Jelena könnte man mit Fug und Recht als Wandervogel bezeichnen. Geboren in Leningrad, siedelte sie später mit ihren Eltern ins sibirische Krasnojarsk über, wo sie auch ihre ersten größeren schachlichen Erfolge feierte. 1976 wurde sie erstmals WM-Kandidatin. Dann ließ sie sich im georgischen Pizunda nieder, wo auch ihre Tochter Dana zur Welt kam. 1986 gewann sie das WM-Kandidatinnenturnier in Malmö und erwarb das Recht, die Weltmeisterin → *M. Tschiburdanidse* her-

auszufordern. Dieses Duell ging in zwei Städten, der bulgarischen Hauptstadt Sofia und dem georgischen Borshomi, über die Bühne und endete mit einem 8,5:5,5 Erfolg für Tschiburdanidse. Zwei Jahre später bahnte sich auf der Schacholympiade in Saloniki ein neuerlicher einschneidender Ortswechsel in Jelena Achmylowskajas Leben an. Auf dem Höhepunkt der Veranstaltung – Jelena stand mit überragenden 8,5/9 für die sowjetische Mannschaft zu Buche – heiratete sie den Kapitän der amerikanischen Nationalmannschaft, John Donaldson, und reiste sofort aus Griechenland ab! In den USA half sie ihrem Mann bei der Arbeit am Journal »Inside Chess«, belegte einen Programmierkurs und ... nahm an Schachturnieren teil. Besondere Freude bereitete ihr der erste Sieg über einen männlichen Großmeister, den bekannten Mihail Suba aus Rumänien:

◻ J. Donaldson-Achmylowskaja
◼ M. Suba
New York, 1989

25. ♖b1 ♖:b1 26. ♕:b1 ♕d7 27. ♗d3 ♘g7 28. ♕b3 ♘ge8 29. ♘e2 ♘e5 30. ♘f4 ♘f6 31. ♘e6 ♘c:d5 32. ♗:f5 ♕c8 33. ♕c4 ♔h8 34. ♕h4 ♘e7 35. ♗g5 ♘:f5 36. ♗:f6+ ♔g8 37. ♕g5+ ♔f7 38. ♘d8+ ♔f8 39. ♗:e5 d:e5 40. ♕f6+ ♔e8 41. ♘f7 ♕d7 42. ♕:f5 ♕:f7 43. ♕c8+! ♔e7 44. ♕:c5+ ♔f6 45. ♕d6+ 1-0

Doppelangriff, wichtiges taktisches Mittel im kombinatorischen Kampf. Die Arten des Doppelangriffs sind vielgestaltig. Besonders eindrucksvoll sind plötzliche Springer- oder

Bauerngabeln. Es bedarf eines Erfindungsreich-tums und einiger Phantasie, Doppelangriffe vorauszuplanen. Aber noch schwieriger ist es für die verteidigende Seite, diese Schläge vorauszusehen bzw. aus dem Dilemma des Doppelangriffs wieder herauszukommen.
Ein gutes Beispiel dafür ist die 8. Partie des Revanche-Matches zwischen → *R. Fischer* und → *B. Spasski*.

□ B. Spasski
■ R. Fischer

Sveti Stefan, 1992

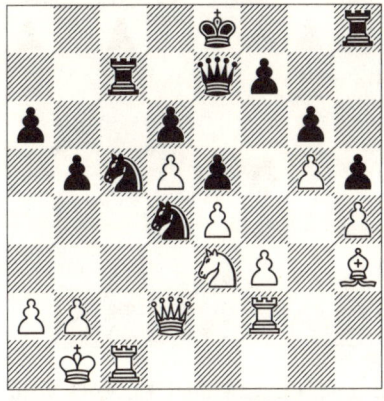

31... ♘cb3! 32. a:b3 ♘:b3 33. ♖c6?
Das verliert schnell. Der Computer fand mit 33. ♕c2!! einen phantastischen Ausweg. 33... ♖:c2 34. ♖f:c2 ♘:c1 35. ♖c8+ ♕d8 36. ♔:c1 ♔e7 37. ♖:d8 führt zu weißem Vorteil. Nach 33. ♕c2 ♖:c2 34. ♖f:c2 ♘c5 35. b4 ♘b7 36. ♖c8+ ♘d8 37. ♖1c7 ♕f8 38. ♖d7 gewinnt Weiß, während der Anziehende bei 33... ♘:c1 34. ♕d1! nebst 35. ♖c2 den Springer erobert. In der Partie folgte noch:
33... ♘:d2+ 34. ♖:d2 ♕f8 35. ♖:a6 ♖a7 36. ♖c6 ♔g7 37. ♗f1 ♖a1+ 38. ♔:a1 ♕a7+ 39. ♔b1 ♕:e3 40. ♔c2 b4 0-1

Drejew Alexej, * 30. Januar 1969 in Shelesnowodsk, russischer Großmeister, WM-Kandidat. Alexej begann sehr früh mit dem Schach, und der Zufall wollte es, daß er 1980 dem Moskauer Trainer Mark Dworezki auffiel, der anläßlich des Matches Alexandria-Achmylowskaja im Nordkaukasus weilte. Dworezki nahm den talentierten Schüler unter seine Fittiche, und der zeigte bald, was in ihm steckte.

Drejew wurde als 13jähriger sowjetischer Jugendmeister und gewann zwei Jahre später die Kadetten-Weltmeisterschaft U 16. Dabei ließ er u. a. → *V. Anand,* → *W. Iwantschuk* und J. Piket hinter sich. »Er ist für sein Alter sehr besonnen und kaltblütig, hat eine gute Physis. Sein Spiel ist sehr rational, er ist ein Anhänger der positionellen Spielführung, der aber auch Verwicklungen nicht aus dem Wege geht«, so beurteilte Alexej Suetin den jungen Drejew.
1989 wurde Drejew Junioreneuropameister und gewann das Ausscheidungsturnier zum Weltcup. Schon beim ersten Versuch bestand Drejew die Prüfung des Zonen- bzw. Interzonenturniers und wurde 1990 WM-Kandidat. Hier kreuzte sich sein Weg wiederum mit dem Anands. Der indische Großmeister gab ihm im Februar 1991 in Madras mit 4,5:1,5 das Nachsehen. 1995 feierte Drejew einen seiner bislang größten Erfolge – er gewann das sehr stark besetzte K.-o-Turnier in Wijk aan Zee nach einem Finalerfolg über → *J. Barejew.*

☐ B. Gelfand
■ A. Drejew
Tilburg, 1994

1. d4 d5 2. c4 c6 3. ♘c3 ♘f6 4. ♘f3 e6 5. e3 ♘bd7 6. ♗d3 d:c4 7. ♗:c4 b5 8. ♗d3 ♗b7 9. 0-0 a6 10. e4 c5 11. d5 c4 12. ♗c2 ♕c7 13. ♘d4 e5 14. ♘f5 g6 15. ♘h6 ♘h5! 16. ♕f3 ♘f4 17. ♘:f7 ♔:f7 18. g3 g5 19. g:f4 g:f4 20. ♕h5+ ♔e7 21. ♕h4+ ♔f7 22. ♗d1 ♖g8+ 23. ♔h1 ♘f6 24. ♗h5+ ♖g6 25. ♗:g6+ h:g6 26. ♖g1 ♗e7 27. ♕h6 ♖g8 28. f3 b4 29. ♘e2

29... ♘:d5!! 30. e:d5 ♗:d5 31. ♖f1 ♗f6 32. ♕h7+ ♖g7 33. ♕h3 ♗e6 34. ♕g2 g5 35. a3 g4 36. a:b4 ♗d5 37. ♘c3 g:f3 38. ♕f2 ♗b7 39. ♖a5 ♕d7 40. ♘d5 ♗:d5 41. ♕d2 ♗c6 42. ♕:d7+ ♗:d7 43. ♖:a6 ♗h3 44. ♖f2 ♗h4

0-1

Dubois Serafino, * 10. Oktober 1817 in Rom, † 15. Januar 1899, »der letzte Mohikaner« der italienischen Schachschule.

Dubois war ein Teilnehmer am zweiten internationalen Schachturnier der Geschichte – 1862 in London, wo er den 5. Platz belegte. Er kreuzte mit vielen bekannten Schachmeistern seiner Zeit die Klingen, darunter auch in Zweikämpfen mit dem französischen Champion Arnoud de Rivera (1855, +22, -8, =3), dem deutschen Meister → *L. Paulsen* (1862, +2, -2, =0) und dem späteren Weltmeister → *W. Steinitz* (1862, +3, -5, =1). Dabei bewies der italienische Maestro, daß er sowohl gegen herausragende Positionsspieler (Paulsen) als auch gegen Vertreter des kombinatorischen Stils (→ *A. Anderssen* und zu jener Zeit auch Steinitz) mit seinem romantischen Schach zum Erfolg kommen konnte.

☐ W. Steinitz
■ S. Dubois
London, 1862

1. e4 e5 2. ♘f3 ♘c6 3. ♗c4 ♗c5 4. b4 ♗b6 5. b5 ♘a5 6. ♘:e5 ♘h6 7. d4 d6 8. ♗:h6 d:e5 9. ♗:g7 ♕g5 10. ♗:h8 ♘:c4 11. 0-0

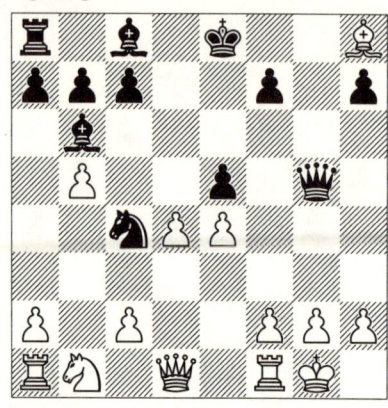

11... ♗g4 12. ♗f6 ♕g6 13. ♕d3 ♕:f6 14. ♕:c4 0-0-0

Schwarz hat für den Bauern und die Qualität einen starken Angriff.

15. d:e5 ♕:e5 16. ♘a3 ♗e6 17. ♕e2

Wenn 17. ♕a4, so 17... ♖d4, und auf 17. ♕b4 folgt 17... ♗c5 18. ♕a5 ♕d6, und Weiß verliert eine Figur.

17... ♕c3 18. ♕f3 ♕:f3 19. g:f3 ♗c5 20. ♘b1 ♗h3

Steinitz gab auf, denn auf 21. ♖c1 folgt 21... ♖g8+ 22. ♔h1 ♗:f2 nebst Matt.

Serafino Dubois, der die von → *E. Del Rio*, → *G. Lolli* und → *D. L. Ponziani* begründeten Prinzipien der italienischen Schachschule vertrat und Redakteur der ersten italienischen Schachzeitschrift war (La Rivista degli Scacchi), machte sich auch um die Schaffung einer nationalen Schachorganisation in seinem Land verdient.

Ein Jahr vor seinem Tode wurde der Schachverband Italiens gegründet.

Duras Oldrich, * 30. Oktober 1882 in Humny, † 5. Januar 1957 in Prag, herausragender tschechischer Schachmeister, Anwärter auf die Schachkrone eingangs des 20. Jahrhunderts. In jungen Jahren glänzte Duras im heimatlichen Prag mit effektvollen Kombinationen, doch bald stellten sich auch international Erfolge ein. 1905 teilte er mit Rubinstein in Barmen den 1.-2. Platz und erhielt den Meistertitel zugesprochen. Im darauffolgenden Jahr wurde er beim großen Turnier in Nürnberg Zweiter und ließ dabei so namhafte Großmeister wie → *M. Tschigorin*, → *K. Schlechter*, → *M. Vidmar* und → *S. Tarrasch* hinter sich. Nach weiteren glänzenden Resultaten in den Turnieren von Wien und Prag (1908, geteilte Siege mit → *G. Maróczy* und Schlechter), St. Petersburg (1909, Dritter hinter → *Em. Lasker* und → *A. Rubinstein*) und Breslau (1912, 1.-2. Platz mit Rubinstein) zählte man Duras zu den stärksten Schachspielern der Welt. Oft schloß er seine Partien mit wunderbaren Kombinationen ab.

□ F. Marshall
■ O. Duras
Wien, 1908

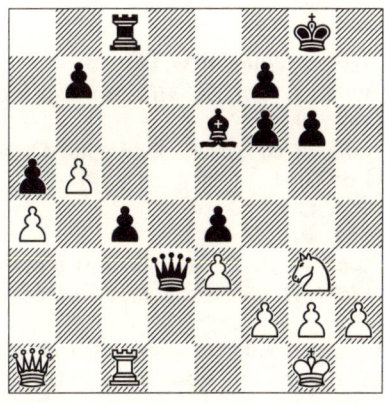

29. ♖d1 c3!! 30. ♖:d3 e:d3 31. ♘e4 d2! 32. ♘:f6+ ♔f8 33. ♘e4 ♗f5 34. ♕a3+ ♔g8! Aber nicht 34... ♔g7 wegen 35. ♘:c3! 35. ♘f6+ ♔h8! 36. ♘e8   0-1

Nach dem ersten Weltkrieg nahm Duras nicht mehr an Turnieren teil, war aber weiter als Schachpublizist aktiv und befaßte sich mit der → *Schachkomposition*. Auf diesem Gebiet setzte er die besten Traditionen der tschechischen Schule fort. Er gilt als Begründer der tschechischen Studie. Die folgende Studie wurde 1933 veröffentlicht und beeindruckt durch den Kampf der Läufer.

O. Duras, 1933

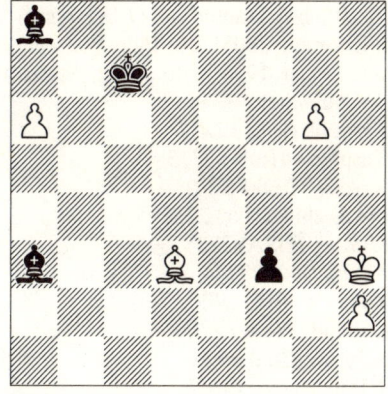

Weiß zieht und gewinnt
1. g7 ♗d5 2. a7 ♗e6+ 3. ♗f5! f2 (3... ♗:f5+ 4. ♔g3!) 4. ♔g2 ♗d5+ 5. ♗e4! ♗c4 6. ♗d3 ♗d5+ (6... ♗:d3 7. ♗:f2) 7. ♔f1 ♔b7 8. ♗e4!, und Weiß gewinnt.

E

Elozahlen. Die → *Fide* konnte dank des 1970 eingeführten Elosystems ihre Anforderungen zum Erreichen bestimmter Fide-Titel präzisieren. So ist es beispielsweise, um Großmeister zu werden, notwendig, neben den Normen auch eine minimale Elozahl von 2500 aufzuweisen. Beim Internationalen Meister sind das 2400 und beim Fide-Meister 2300 Punkte. Zweimal im Jahr, immer am 1. Januar und 1. Juli, veröffentlicht die Fide ihre aktuelle Weltrangliste. Die Elozahlen gelten als relativ zuverlässiger Gradmesser bei der Bewertung der aktuellen

Spielstärke der einzelnen Akteure. Eine hohe Elozahl zieht entsprechende Einladungen zu Turnieren, Antrittsgelder sowie das automatische Überspringen von Qualifikationshürden (Zonenturniere) nach sich.

Lange Zeit hatte der Amerikaner → *R. Fischer* mit einer Elozahl von 2780 die Weltrangliste angeführt. Dieser »Mount Everest« des Schachs schien unüberwindlich. Doch zwischenzeitlich schraubte → *G. Kasparow* die Bestmarke auf 2805! Die Fide-Weltrangliste vom 1. Januar 1996 hatte an der Spitze folgendes Aussehen:

1. Kramnik (Ruß) 2775
   Kasparow (Ruß) 2775
3. Karpow (Ruß) 2770
4. Iwantschuk (Ukr) 2735
   Kamsky (USA) 2735
6. Anand (Ind) 2725
7. Topalow (Bul) 2700
   Gelfand (Weiß) 2700
9. Schirow (Spa) 2690
10. J. Polgar (Ung) 2675
11. Drejew (Ruß) 2670
    Salow (Ruß) 2670
13. Short (Eng) 2665
    I. Sokolov (Bos) 2665
15. Ehlvest (Est) 2660
    Adams (Eng) 2660
17. Jussupow (D) 2655
18. Khalifman (Ruß) 2650
    Hracek (Tsch) 2650
    Almasi (Ung) 2650

Endspiel, abschließendes Stadium der Schachpartie. »Die Schlußphase spielen zu können bedeutet, spielen zu können«, schrieb bereits 1824 der erste russische Schachmaestro → *A. Petrow*. Was damals vielleicht als bloßer Aphorismus gemeint war, hat bis ins 20. Jahrhundert hinein seine Gültigkeit nicht verloren – im Gegenteil.

»Ohne tiefgründiges Studium und feines Verständnis des Endspiels kann man kein großer Meister werden«, postulierte 1937 der dritte Weltmeister → *J. R. Capablanca*. Daß das Endspiel das schwierigste Partiestadium ist, ist eine der Paradoxien des Schachs. Die Anzahl der Figuren nimmt ab, die Kompliziertheit des Spiels hingegen zu! Es kommt hier verstärkt auf die Genauigkeit und Tiefe der Variantenberechnung und detaillierte Kenntnisse an. Die Weltmeister waren allesamt Virtuosen des Endspiels, aber auch unter anderen namhaften Maestros findet man wahrhafte Endspielkönige. So blieb beispielsweise der Ungar → *G. Maróczy* in Damen- und der Pole → *A. Rubinstein* in Turmendspielen unübertroffen.

Es folgt ein klassisches Beispiel für das perfekte Zusammenspiel zwischen Dame und König.

□ G. Maróczy
■ J. Bogoljubow

Dresden, 1936

37... ♛f5 38. ♕d6 h4! 39. b5!!
Auf 39. ♕:c6 folgt 39... ♛f4+ 40. ♔g1 ♛c1+ mit Dauerschach.
39... c:b5 40. c6 ♛c2 41. ♕d5 ♔h6! 42. ♕d6
42. ♕:b5 ♛c1!
42... ♛c4 43. c7
Droht 44. ♕f8+.
43... ♔h7 44. ♕d7! ♛f4+ 45. ♔g1 ♛c1+ 46. ♔f2 ♛c5+ 47. ♔e2 ♛c2+ 48. ♔e3 ♛c5+ 49. ♔e4
Schwarz gab auf, da weitere Schachgebote nichts bringen: 49... ♛c4+ 50. ♔e5 ♛c3+ 51. ♔d6 ♛d4+ 52. ♔c6 und 53. ♔b7.

Auch heutzutage gibt es ausgesprochene Endspielspezialisten, die sich in diesem Partiestadium wie ein Fisch im Wasser fühlen, beispielsweise → *U. Andersson,* von dem mitunter behauptet wird, daß er Eröffnung und Mittelspiel nur als »ärgerliches Beiwerk« einer Partie betrachtet...

□ U. Andersson
■ K. Hoi
Malmö, 1989

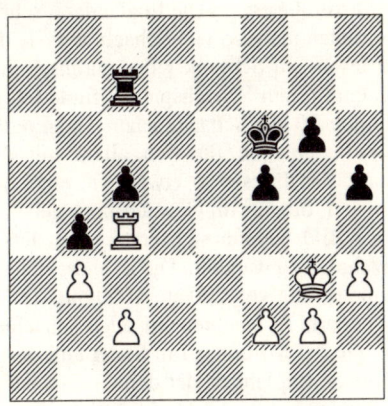

31. c3! b:c3 32. b4 ♔e5 33. b:c5 g5 34. f4+! g:f4+ 35. ♔f2 ♔d5 36. ♖:c3 ♖c6 37. ♔f3 ♔e5 38. ♖c2 h4 39. ♖c1 ♔f6 40. ♔:f4 ♔g6 41. ♔e5 ♔g5 42. ♖c4 1-0

England. Bereits die Wikinger, die ausgangs des ersten Jahrtausends unserer Zeitrechnung mit dem Schach Bekanntschaft schlossen, brachten dieses Spiel auf die britischen Inseln. Knut der Große, der zu Beginn des 11. Jahrhunderts König von England, Dänemark und Norwegen war, soll ein leidenschaftlicher Schachspieler gewesen sein. Der Überlieferung nach wollte er im Spiel gegen den Grafen Ulf einen schwachen Zug zurücknehmen, was sein Gegner ihm verweigerte. Daraufhin befahl der zornige König, den widerspenstigen Kontrahenten hinzurichten.

Auch in den folgenden Jahrhunderten befanden sich unter den Monarchen und Staatsmännern Englands viele passionierte Schachanhänger – Richard Löwenherz, Johann ohne Land, Elisabeth I., Karl I., Cromwell, Admiral George Bing u. a. Das Schachbrett taucht auf den Wappen der Peers und Lords sowie den Emblemen der städtischen Schenken auf. Hinweise auf das Schach finden sich ebenfalls in Kirchenpredigten. Auch der große englische Dramatiker → *W. Shakespeare* hatte eine hohe Meinung vom Schachspiel. Ihre Göttin → *Caissa* verdanken die Schachspieler dem englischen Dichter und Orientalisten William Jones, der 1763 das Gedicht »Caissa« schrieb.

Mitte des 18. Jahrhunderts avancierte England zu einem der bedeutendsten Schachzentren Europas. In London wurden Schachcafés und Clubs wie »Slaughter«, »Simpsons Divan« und »Westminster« eröffnet. Der französische Schachspieler → *Philidor* verbrachte viele Jahre in der englischen Hauptstadt. Er trug hier ein Match gegen den Syrer → *Ph. Stamma* aus, hielt Vorträge im St. James Chessclub, trat in Schaukämpfen im Blindspiel auf und gab seine berühmte Arbeit »Die Analyse des Schachspiels« heraus. Damit leistete er einen Beitrag dazu, daß in England neue starke Schachspieler heranwuchsen. Im prinzipiellen Streit zwischen der positionellen Lehre Philidors und der italienischen Kombinationsschule nahmen die englischen Meister Ende des 18. bis Anfang des 19. Jahrhunderts, Jacob Sarratt, → *W. Evans* und teilweise William Lewis jedoch Partei für die Opponenten des französischen Maestro. Sarratt (1772–1819) und Lewis (1787–1870) verlegten viele Arbeiten der italienischen Meister des 16.–17. Jahrhunderts in englischer Sprache. Sarratt schrieb: »Trotz größter Hochachtung gegenüber den Philidorschen Ansichten muß man konstatieren, daß sie sich in der Praxis nicht bewährt haben.« Die englisch-italienische Schule hat insbesondere im → *Evansgambit* und in der → *Schottischen Partie* viele kombinatorische Ideen hervorgebracht.

Die erste Hälfte des vergangenen Jahrhunderts war durch die große Auseinandersetzung → *England* kontra → *Frankreich* gekennzeichnet. 1834/35 unterlag der Ire → *A. McDonnell* im Londoner Westminster-Schachclub dem Franzosen → *L. La Bourdonnais* in einem spannenden Match (+27, -45, =13). 1843 bezwang dagegen Englands → *H. Staunton* in Paris → *P. Saint-Amant* (+11, -6, =4). Diese Zweikämpfe hatten großen Einfluß auf die Entwicklung des Schachs in England. Neue Meister betraten die Szene. London wurde zum Schachmekka und 1851 Schauplatz des ersten internationalen Schachturniers der Welt. Aus Deutschland kam → *A. Anderssen* in die Metropole an der Themse, aus Amerika reiste → *P. Morphy* an, um mit Howard Staunton die Klingen zu kreuzen. In den Gefechten gegen die englischen Meister formten die zukünftigen Weltmeister → *W. Steinitz* und → *Em. Lasker* ihren universellen Stil. Die Schachwelt verdankt England neben einer Reihe von herausragenden Schachturnieren Ende des 19. und Anfang des 20. Jahrhunderts (London 1883, 1899, 1922; Hastings 1895; Nottingham 1936), der Damenweltmeisterschaft, der ersten Schacholympiade (beides London 1927) auch die Einführung von Schachuhren (1883) und die international anerkannten Stauntonschen Schachfiguren. Neben Stauntons Journal »Chessplayers chronicle« erschienen neue Periodika wie »Chessworld«, »Chess Monthly« u. a. Seit 1881 gibt es das »British Chess Magazine«, das auch heute noch populär ist.

Auch auf dem Gebiet der Schachkomposition haben Engländer Hervorragendes geleistet, wofür die Namen H. Bolton, G. Heathcote, K. Mansfield und C. Kipping stehen. Cyril Kipping (1891–1964), Gründer der Zeitschrift »The Problemist« und Präsident der internationalen Problemistenvereinigung, führte erstmals in England Schach als Unterrichtsfach an der Schule ein, der er als Direktor vorstand. Die Engländer waren die ersten, die sich bereits im 17. Jahrhundert mit der Erforschung der Geschichte des Schachs befaßten. 1913 erblickte in Oxford Harold Murrays »History of Chess« das Licht der Welt, ein Werk, das bis heute vom Umfang (900 Seiten!) und vom Reichtum des dokumentarischen Materials her unübertroffen ist. Übrigens gibt es zwischen den berühmten Universitäten von Oxford und Cambridge seit mehr als hundert Jahren Schachvergleiche, wodurch sich das königliche Spiel auch unter der studentischen Elite verbreite.

Ungeachtet der Popularität des Schachs in England hatten sich dort in den hundert Jahren nach Staunton kaum Schachspieler der Extraklasse, geschweige denn Anwärter auf den Schachthron herauskristallisiert – → *J. Blackburne* war noch der bekannteste der Inselmannen. Talentierte Schachspieler scheuten die Profikarriere, darunter der neunfache englische Meister Henry Atkins (1872–1955), dem Emanuel Lasker seinerzeit bescheinigte, daß er das Zeug zum Groß- bzw. gar Weltmeister habe. Eine andere Beobachtung machte Meister Baruch Wood, der Herausgeber der Zeitschrift »Chess«: »Die Engländer«, schrieb er, »spielen nicht so viel Schach, wie sie darüber lesen. Im Schrank jedes durchschnittlichen englischen Schachspielers finde ich gewöhnlich 30–40 Schachbücher. Die Engländer befassen sich für sich allein mit dem Schach, das für sie so etwas wie eine zarte Blume ist, die nur im Gewächshaus gedeiht.« Dieses Bild begann sich erst in den letzten Jahrzehnten zu wandeln. Die Zahl der Schachvereine sprang von 200 auf 4000 mit 100 000 Mitgliedern. Es tauchten nun auch Schachmäzene wie der Millionär Jim Slater auf, der für den ersten Engländer, der den Großmeistertitel erringen sollte, eine beträchtliche Summe aussetzte. 1976 holte sich → *A. Miles* den Preis, ein Student, der zwei Jahre zuvor bereits Jugendweltmeister geworden war. Ihm folgte eine Reihe weiterer englischer Großmeister, darunter Raymond Keene, Michael Stean, → *J. Nunn*, → *J. Speelman*, Jonathan Mestel, Murray Chandler, → *N. Short*, Jim Plaskett, Glenn Flear, Julian Hodgson, → *M. Adams* und bei den Frauen Susan Arkell. Seit Mitte der 80er Jahre gehört England zu den drei führenden Schachnationen der Welt, wie vier Silbermedaillen bei Schacholympiaden (Saloniki 1984, 1988; Dubai 1986; Novi Sad 1990) beweisen. Speelman und Short wurden als erste Engländer WM-Kandidaten. Short schlug 1992 u. a. → *A. Karpow* und unterlag im Herbst 1993 in London in einem von Presse und Fernsehen vielbeachteten Match Weltmeister → *G. Kasparow*. Heute ist England auch eines der führenden Länder bei der Herausgabe von Schachliteratur.

Insgesamt scheint sich für England eine Prognose des englischen Schriftstellers → *J. B. Priestley* (1894–1984) zu bewahrheiten, der einem der Autoren dieses Lexikons am 13. Juli 1970 in einem Brief u. a. diese Worte schrieb: »Mit anwachsender Freizeit werden immer mehr Menschen Schach spielen.«

Englische Eröffnung. Diese Eröffnung, die mit dem Zug 1. c2-c4 eingeleitet wird, wurde erstmals 1843 vom englischen Maestro → *H. Staunton* in seinem Match gegen → *P. Saint-*

Amant angewandt. Ende des vorigen und zu Beginn unseres Jahrhunderts machten sich insbesondere → *J. Zukertort*, → *A. Nimzowitsch,* → *R. Reti* und → *A. Rubinstein* um die theoretische Ausarbeitung dieses Spielanfangs verdient. Mitte des 20. Jahrhunderts wurde die englische Eröffnung dank neuer Varianten bzw. strategischer Ideen erst richtig populär. 1987 eröffnete Weltmeister → *G. Kasparow* im WM- Match gegen → *A. Karpow* in Sevilla von seinen zwölf Weißpartien zehn mit 1. c4. Diese Eröffnung ist für Weiß sehr variabel. Er kann beispielsweise auf 1... e5 die → *Sizilianische Verteidigung* mit vertauschten Farben und einem Mehrtempo spielen. Auf 1... c5 entsteht das sogenannte symmetrische System.

Eröffnung, eines der drei Stadien der Schachpartie.
Der Erfolg einer Eröffnung hängt in erster Linie von der schnellen Figurenentwicklung und vom Kampf um die zentralen Felder des Brettes ab. Gewöhnlich zieht man anfangs die Zentralbauern vor, entwickelt dann die Leichtfiguren, strebt die Rochade an und wirft erst danach die schweren Figuren ins Gefecht. Zu den Faustregeln, was man in der Eröffnung lieber nicht tun sollte, gehört das mehrfache Ziehen mit ein und derselben Figur, das Vorrücken mit vielen Bauern und frühzeitige Damenausfälle.
Es gibt drei Gruppen von Eröffnungsbezeichnungen. Einige beziehen sich auf Besonderheiten der Stellung selbst (→ *Königsgambit,* → *Damengambit,* Läuferspiel, → *Vierspringerspiel,* Mittelgambit usw.), andere haben einen geographischen Ursprung (→ *Englische Eröffnung;* → *Spanische,* → *Italienische* und → *Russische Partie;* → *Holländische,* → *Königs-* und → *Damenindische,* → *Sizilianische,* → *Französische,* → *Slawische Verteidigung;* → *Budapester Gambit* usw.). Eine dritte Gruppe ist nach Schachspielern benannt, die eine Eröffnung begründet bzw. sich um ihre Entwicklung verdient gemacht haben (→ *Evans-Gambit,* → *Reti-System,* → *Aljechin-Verteidigung,* → *Caro-Kann-Verteidigung* usw.). Man unterscheidet zwischen offenen Spielanfängen (1. e4 e5), halboffenen (Schwarz antwortet auf 1. e4 nicht 1... e5) und geschlossenen (Weiß spielt nicht 1. e4).

Die Entwicklung der allgemeinen Ansichten über den Charakter einer Schachpartie blieb nicht ohne positive Wirkung auf das Verständnis der Strategie und Taktik in der Eröffnung. Wurden zu Beginn und in der Mitte des vorigen Jahrhunderts noch vorrangig Angriffsverfahren gegen den feindlichen König ausgearbeitet und daher offene Spielanfänge und Gambits untersucht, so begann man gegen Ende des 19. Jahrhunderts, unter dem Einfluß der positionellen Lehren Steinitz', ebenfalls Verteidigungsmethoden näher unter die Lupe zu nehmen. Im 20. Jahrhundert strebt man nicht nur mit den weißen, sondern auch mit den schwarzen Steinen nach Initiative, feilt die Eröffnungssysteme mitunter schon im Hinblick auf entstehende Endspielkonturen aus und zwingt dem Gegner Stellungsbilder auf, die ihm psychologisch unangenehm sind. Kein Mensch kann Tausende und aber Tausende Eröffnungsvarianten im Gedächtnis behalten. Es ist angesichts der im Überfluß vorhandenen Schachliteratur und der modernen Schachdatenbanken nicht einfach, den Überblick zu behalten. Man sollte sich daher ein dem eigenen Stil entsprechendes Eröffnungsrepertoire zulegen, ohne dabei der einen oder anderen Modevariante blind zu vertrauen.

Ersticktes Matt. Von diesem Matt spricht man, wenn der König ein Schach durch einen Springer erhält und ihm alle Fluchtfelder durch eigene Figuren verstellt sind. Die Idee des erstickten Mattes ist altbekannt – sie findet sich bereits in Aufgaben mittelalterlicher arabischer Meister bzw. in Partien europäischer Schachspieler der Renaissance. Daher ist es nicht leicht, den Gegner damit zu überraschen. → *W. Unzicker* gelang dies im folgenden Beispiel von der 70er Schacholympiade dennoch:

□ W. Unzicker
■ O. Sarapu
Siegen, 1970

1. e4 c5 2. ♘f3 ♘f6 3. e5 ♘d5 4. ♘c3 e6 5. ♘:d5 e:d5 6. d4 ♘c6 7. d:c5 ♗:c5 8. ♕:d5 ♕b6 9. ♗c4 ♗:f2+ 10. ♔e2 0-0 11. ♖f1 ♗c5

12. ♘g5 ♘d4+ **13.** ♔d1 ♘e6 **14.** ♘e4 d6 **15.** e:d6 ♗:d6? **16.** ♘:d6 ♖d8

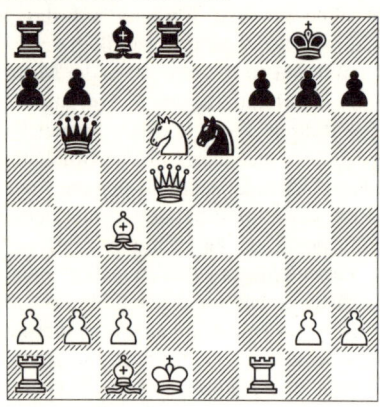

17. ♗f4! ♘:f4? **18.** ♕:f7+ ♔h8 **19.** ♕g8+! ♖:g8 **20.** ♘f7+ matt!

Berühmt ist eine Komposition des St. Petersburger Schachspielers → *C. F. Jänisch*, die unter der Bezeichnung »Der eiserne Käfig Tamerlans« publiziert wurde und Bestandteil einer kleinen historisch-phantastischen Novelle ist. Sie handelt davon, wie ein schachbegeisterter Höfling aus der Gefolgschaft Timurs (Tamerlans) des Eroberers seinem Herrscher schmeicheln wollte, indem er in Gestalt einer Schachaufgabe jenen Käfig symbolisierte, in den der türkische Sultan nach der Angora-Schlacht von Tamerlan gesperrt worden war.

C. Jänisch

Matt in 10 Zügen

1. f3+ g:f3 **2.** e:d3+ c:d3 **3.** ♗f5+ e:f5 **4.** ♖e6+ d:e6 **5.** ♘f6+ g:f6 **6.** ♖d4+ c:d4 **7.** a8♗+ ♕d5 **8.** ♗:d5+ e:d5 **9.** ♕e5+ f:e5 **10.** ♘g5+ matt

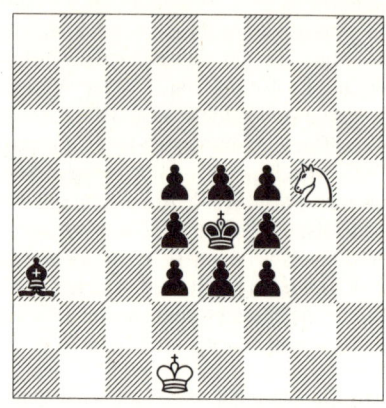

»So erfüllt sich der Befehl des grausamen Tamerlan. Der Feind geht in seinem engen Kerker zugrunde. Der Leibwächter des Sultans (der schwarze Läufer) ist ein hilfloser Zeuge der letzten Leiden seines Gebieters«, schrieb Jänisch.

Espig Lutz, * 5. Januar 1949 in Greiz, deutscher Großmeister.

1965 und 1966 wurde Lutz Espig Jugendmeister der DDR. 1969 läßt er als 20jähriger Meisteranwärter (!) die achtzehn stärksten Spieler des Landes hinter sich und wird DDR-Mei-

ster! Später folgen noch zwei weitere Titelgewinne (1971 und 1988). Der junge Champion bezeichnet »den großartigen Kämpfer Wiktor Kortschnoj« als sein sportliches Vorbild. Und richtig – Kampfstärke und Siegeswille sind zwei der Eigenschaften, die auch Espig auszeichnen.
Espig wurde in Halle als Lehrer mit der Fachrichtung Mathematik/Physik ausgebildet, aber er nahm seit Beginn der 70er Jahre oft an internationalen Turnieren teil. Auf der Erfolgsliste des Greizers finden sich u. a. die Turniersiege von Ljubljana (1970), Warna (1976 und 1983), Leipzig (1980), zweite Preise in Sotschi (1974), Halle (1982) und Eger (1987). 1983 verlieh die → *Fide* Lutz Espig den Großmeistertitel.

Europameisterschaft, seit 1957 bestehender Wettbewerb, an dem die besten Nationalteams Europas teilnehmen.
Bislang wurden zehn Europameisterschaften ausgetragen (1957–92). In den ersten neun Wettbewerben gewann jeweils die Sowjetunion, im zehnten Rußland. Jugoslawien war neunmal dabei und holte sechsmal Silber. Deutsche Mannschaften errangen zwei dritte Ränge (1970 Kapfenberg, DDR; 1989 Haifa, BRD).
1992 im ungarischen Debrecen waren 40 Mannschaften am Start, was mit daran lag, daß die ehemaligen Teilrepubliken der UdSSR und Jugoslawiens erstmalig mit eigenständigen Nationalmannschaften antraten. Es siegte Rußland in der Aufstellung → *G. Kasparow*, → *J. Barejew*, → *W. Kramnik*, → *A. Drejew* und Alexej Wyschmanawin (Ersatz) vor der Ukraine und England. Das deutsche Team kam auf den geteilten 5.-8. Platz. In der in Debrecen erstmalig ausgetragenen Damenkonkurrenz gewann die Ukraine vor Georgien und Aserbaidshan.

Europapokal, europäischer Wettbewerb für Vereinsmannschaften, wird im K.-o.-System ausgetragen. Die Sieger: 1976 – Solinger SG und Burewestnik Moskau (6:6 im Finale); 1979 – Burewestnik Moskau; 1982 – Spartakus Budapest; 1984 – Trud Moskau; 1986 und 1988 – ZSKA Moskau; 1991 – Solinger SG und Spartak Moskau (6:6 im Finale, 3:3 im Stichkampf); 1991 und 1992 – FC Bayern München; 1994 – Sarajevo und Lyon; 1995 – Jerewan.

Euwe Machgielis (Max), * 20. Mai 1901 in Watergrafmer, † 26. November 1981 in Amsterdam, niederländischer Großmeister, fünfter Schachweltmeister.
Im Alter von elf Jahren begann Euwe, in Vereinsturnieren zu spielen und Schachaufgaben und Studien zu komponieren. Dieses Hobby behielt er auch in den Jahren seines Studiums an der mathematischen Fakultät der Amsterdamer Universität bei. Euwe wurde Lehrer an einem Mädchengymnasium und erhielt alsbald den Doktortitel im Fach Mathematik.
Die ersten schachlichen Erfolge Euwes gehen auf das Jahr 1921 zurück, als er Landesmeister der Niederlande wurde und beim internationalen Turnier von Wien den 2. Rang belegte. In den darauffolgenden Jahren nahm er gewöhnlich nur ein- bis zweimal im Jahr an internationalen Wettkämpfen teil, vorzugsweise in der Ferienzeit und mit wechselndem Erfolg. Ende der 20er/Anfang der 30er Jahre steigert Euwe seine Turnieraktivitäten. 1928 wird er in Den Haag Amateurweltmeister und teilt in Bad Kissingen gemeinsam mit → *A. Rubinstein* den 3. Platz (+4, -2, =5). 1930/31 folgt der Turniersieg in Hastings (u. a. vor → *J. R. Capablanca*) und 1932 in Bern ein geteilter 2. Rang. In jenen Jahren galt Euwe bereits als einer der stärksten Schachspieler der Welt. In Zweikämpfen erwies er sich als besonders hartnäckiger Kämpfer. Er gewann kleine Matches gegen E. Colle (1924) und → *R. Spielmann* (1932), trennte sich von → *G. Maróczy* (1921; +2, -2, =8) und → *S. Flohr* (1932; +2, -2, =6) unentschieden und unterlag knapp gegen → *A. Aljechin* (1926/27; +2, – 3, =5), → *J. Bogoljubow* (1928; +2, -3, =5; 1928/29; +1, -2, =7) und J. R. Capablanca (1931; +0, -2, =8). Alle diese Erfolge waren führenden niederländischen Vereinen Anlaß, gemeinsame Anstrengungen zu unternehmen, einen Weltmeisterschaftskampf unter Beteiligung ihres Landsmannes Euwe zu organisieren. 1934 wurde ein Komitee gegründet und Weltmeister Alexander Aljechin die Herausforderung übersandt. Der WM-Kampf war auf

30 Partien veranschlagt und sollte im Herbst 1935 in Amsterdam stattfinden.

Euwe war fast zehn Jahre jünger als sein berühmter Kontrahent. In Vorbereitung auf das Match legte der holländische Großmeister verstärktes Augenmerk auf das Anfangsstadium der Partie. »Ich hatte«, so Euwe später, »eine Vorliebe für das Eröffnungsstudium. Ich verstand die Logik und Wechselwirkungen der verschiedenen Varianten, und das war eine ausgezeichnete Basis für ein breitgefächertes Eröffnungsrepertoire.« Vor dem WM-Match legte er eine umfangreiche Eröffnungskartei an, die sich in weiten Teilen auf die Kartothek des österreichischen Theoretikers Albert Becker (1896–1984) stützte. Die physische Ertüchtigung und die schachliche Praxis nahmen ebenfalls einen besonderen Raum in Euwes unmittelbarer WM-Vorbereitung ein. Im Turnier von Zürich 1934 kam er mit 12/15 (+10, -1, =4) gemeinsam mit S. Flohr auf dem 2.-3. Platz ein. Vor ihnen lag Aljechin, gegen den Euwe allerdings gewann. In Hastings 1934/35 teilte Euwe mit Flohr und Thomas den Sieg u. a. vor Capablanca und Botwinnik. Im Oktober-Dezember 1935 ging der WM-Zweikampf in verschiedenen Städten der Niederlande über die Bühne. Es war eine packende Auseinandersetzung. Anfangs zog Weltmeister Aljechin, der gleich die 1. Partie gewann, mit 6:4 in Front. Doch Euwe glich bald aus – 7:7. Auch nach 24 Partien konnte keiner der beiden Kontrahenten einen Vorteil für sich verbuchen – 12:12. Doch dann entschied Euwe zwei Partien in Folge für sich, wonach sich die Waagschale zu seinen Gunsten neigte. Max Euwe gewann mit 15,5:14,5 (+9, -8, =13) und wurde der fünfte Weltmeister der Schachgeschichte. Er hatte beste Willensqualitäten eines Zweikämpfers demonstriert und sich als tiefgründiger Schachstratege sowie starker Theoretiker erwiesen, besonders in der → *Slawischen Verteidigung* und in der Offenen Variante der → *Spanischen Partie*.

□ M. Euwe
■ A. Aljechin
20. WM-Partie, Holland, 1937

1. d4 d5 2. c4 c6 3. ♘f3 ♘f6 4. ♘c3 d:c4 5. a4 ♗f5 6. ♘e5 ♘bd7 7. ♘:c4 ♕c7 8. g3 e5 9. d:e5 ♘:e5 10. ♗f4 ♘fd7 11. ♗g2 f6 12. 0-0 ♖d8 13. ♕c1 ♕b8 14. ♘e4 ♗e7 15. ♕c3 0-0 16. ♖ad1 ♗e6 17. ♘:e5 ♘:e5

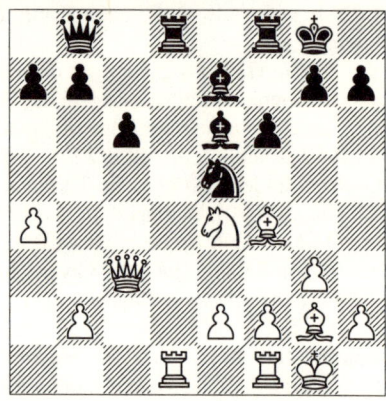

18. ♘g5! f:g5 19. ♗:e5 ♗f6 20. ♗:b8 ♗:c3 21. ♗d6 ♖f7! 22. b:c3 ♘fd7 23. ♖b1 ♖:d6 24. ♖:b7 ♖8d7 25. ♖:d7 ♗:d7 26. ♗e4 c5 27. c4 ♗:a4 28. ♗d5+ ♔f8 29. ♖a1 ♖a6 30. ♖a2! ♔e7 31. f4 g:f4 32. g:f4 ♔f6 33. e4 g5 34. f5 h5 35. h4! g:h4 36. ♔h2 ♔g5 37. ♔h3 ♖a5 38. ♗b7 ♔f6 39. ♗d5 ♔g5 40. ♗b7 ♔f6 41. ♗c8! 1-0

Das ganze Land feierte den Nationalhelden Max Euwe. Bald schon forderte Aljechin ihn zur Revanche heraus. In der Periode zwischen den beiden Zweikämpfen, die zwei Jahre dauerte, spielte Euwe in einigen starken internationalen Turnieren und schlug sich dabei im großen und ganzen so, wie es sich für einen Weltmeister ziemt: Zaandvort 1936 (2. Platz), Nottingham 1936 (2.-4. Platz, nur einen halben Zähler hinter dem Sieger), Amsterdam 1936 1.-2. Platz), Bad Nauheim (1. Platz). Bei der Schacholympiade in Stockholm holte er am 1. Brett ein gutes Resultat (+8, -2, =3). Im Oktober 1937 begann das Revanche-Match gegen Aljechin – wiederum in den Niederlanden. Aljechin spielte wie in seinen besten Tagen und zeigte sich vor allem physisch, aber auch theoretisch bestens präpariert. Diesem Gegner war Euwe nicht gewachsen. Schon nach 25 Partien hatte Aljechin 15,5 Punkte gesammelt und sich den Titel zurückgeholt. In den verbleibenden

1958), Basel (1952), Zürich (1952, 1954). Zweimal spielte Euwe in WM-Kandidatenturnieren (Zürich 1953 und München 1958). Die folgende Partie aus dem legendären Züricher Turnier hielt Euwe für eine der besten seiner Karriere:

□ M. Euwe
■ M. Najdorf
Zürich, 1953

1. d4 ♘f6 2. c4 g6 3. g3 ♗g7 4. ♗g2 0-0 5. ♘c3 c5 6. d5 e5 7. ♗g5 h6 8. ♗:f6 ♕:f6 9. d6! ♘c6 10. e3 b6 11. ♗d5 ♔h8 12. ♘e4 ♕d8 13. h4 f5 14. ♘g5 ♗b7 15. g4! e4 16. ♘e2 ♗:b2 17. ♘f4 ♕f6

18. g:f5! ♗:a1 19. ♘:g6+ ♔g7 20. ♘:e4 ♗c3+ 21. ♔f1 ♕:f5 22. ♘f4 ♔h8! 23. ♘:c3 ♖ae8 24. ♘ce2 ♖g8 25. h5 ♖g5 26. ♘g3 ♖:g3 27. f:g3 ♖:e3 28. ♔f2 ♖e8 29. ♖e1 ♖:e1 30. ♕:e1 ♔g7 31. ♕e8 ♕c2+ 32. ♔g1 ♕d1+ 33. ♔h2 ♕c2+ 34. ♘g2 ♕f5 35. ♕g8+ ♔f6 36. ♕h8+ ♔g5 37. ♕g7+   1-0

fünf Partien erzielte Euwe noch drei Punkte und konnte das Endergebnis mit 12,5:17,5 aus seiner Sicht noch etwas freundlicher gestalten.

Trotz dieser Schlappe hängt Euwe weiter dem Traum nach, wieder auf den Schachthron zu klettern. Er beschäftigt sich intensiv mit der Schachtheorie und nimmt häufiger als zuvor an Turnieren teil. 1938 wird er erneut holländischer Champion, teilt beim »→ *AVRO-Turnier*« den 4.-6. Platz (+4, -4, =6) und gewinnt einige kleinere internationale Turniere. In den ersten Nachkriegsjahren zeigt Euwe, daß er immer noch zu den stärksten Schachspielern der Welt zu zählen ist. Er erzielt 1946 glänzende Turniersiege in London (+9, -1, =1) und Zaandam (+9, -1, =1) und wird in → *Groningen* Zweiter hinter Botwinnik (+11, -2, =6). Um so überraschender kam dann Euwes Leistungsabfall im Matchturnier um die Weltmeisterschaft in Den Haag/Moskau (1948), wo er nur den fünften und damit letzten Platz belegte.

Euwe nahm danach noch mehrfach an internationalen Turnieren teil (bis 1959) und heimste dabei eine Reihe von Siegen bzw. geteilten Erfolgen ein: Reykjavik (1948), Luzern (1950/1951), New York (1951), Bewerwijk (1952,

»Zum Glück«, schrieb Euwe, »schwächt die Zeit weder die Fähigkeit noch das Interesse am Schachspiel, sondern steigert beides eher.« Diese Worte gelten bei Euwe nicht nur für das Schach. Er blieb in diesen und in den darauffolgenden Jahren einer der herausragenden Theoretiker. Früchte seiner Untersuchungen sind mehrbändige Arbeiten. Gleichzeitig leistete Euwe einen riesigen Beitrag zur Popularisierung des Schachs in der ganzen Welt. Er war 1970–78 Präsident des Weltschachbundes → *Fide*.

Auch auf seinem anderen Spezialgebiet – der Mathematik – blieb Euwe aktiv. Der Professor der Universität von Den Haag war auch Direktor des Holländischen Rechenzentrums und befaßte sich mit der Programmierung von Schachcomputern. Selbst wenn irgendwann ein »mechanisches Wunder« geschaffen wird, das den Menschen besiegen wird, »so wird diese Maschine dem Schach keinen Schaden zufügen. Das Schach lebt und wird noch Tausende von Jahren existieren, den Menschen Freude bereiten und der Gesellschaft Nutzen bringen«, schrieb Euwe 1969.

Evans William Davis, * 27. Januar 1790 in Ferma Musland, † 3. August 1872 in Ostende, englischer Schachspieler, der in der ersten Hälfte des 19. Jahrhunderts zu den stärksten in Europa zählte.

Seit seinem 14. Lebensjahr durchkämmte William auf Schiffen der englischen Königlichen Flotte die Weltmeere u. a. als Kapitän eines Postdampfers. Erst mit 28 Jahren schloß er mit dem Schachspiel Bekanntschaft. Seine ständigen Kontrahenten waren Leutnant G. Wilson und der Redakteur der Schachecke der Zeitung »Bell's Life«, J. Walker. Auf einer seiner Reisen im Jahre 1824 kam William Evans nach dem Studium eines Buches von Jacob Sarratt über die → *Italienische Partie* die glänzende Idee des Flankenangriffs 5. b4! nach den einleitenden Zügen 1. e4 e5 2. Sf3 Sc6 3. ♗c4 ♗c5 4. 0-0 d6.

Diese Neuerung wandte Evans zwei Jahre darauf in einer Partie gegen den stärksten Meister Englands, → *A. McDonnell,* an und spielte ihn damit buchstäblich in Grund und Boden:

□ W. Evans
■ A. McDonnell
London, 1826

1. e4 e5 2. ♘f3 ♘c6 3. ♗c4 ♗c5 4. 0-0 d6 5. b4 ♗:b4 6. c3 ♗a5 7. d4 ♗g4 8. ♕b3 ♕d7 9. ♘g5 ♘d8 10. d:e5 d:e5 11. ♗a3 ♘h6 12. f3 ♗b6+ 13. ♔h1 ♗h5 14. ♖d1 ♕c8

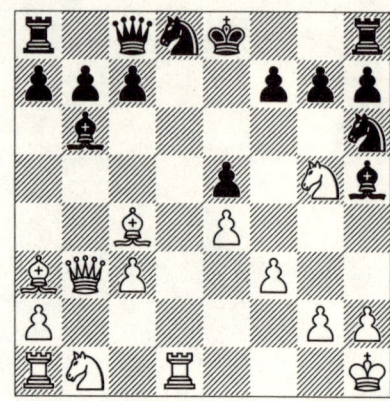

15. ♖:d8+ ♕:d8 16. ♘:f7 ♕h4 17. ♕b5+ c6 18. ♕:e5+ ♔d7 19. ♕e6+ ♔c7 20. ♗d6+ matt!

Späterhin wurde diese Eröffnung nach ihrem Erfinder als Evansgambit bezeichnet, wobei Evans selbst und seine Nachfolger das Bauernopfer b2-b4 schon einen Zug früher spielten. Das Evansgambit war im 19. Jahrhundert ziemlich populär. Koryphäen wie → *A. Anderssen,* → *P. Morphy,* → *W. Steinitz,* → *M. Tschigorin* und → *Em. Lasker* griffen zu dieser scharfen Waffe.

→ *G. Kasparow* machte diese mittlerweile halbvergessene Eröffnung 1995 durch zwei spektakuläre Kurzsiege gegen Anand in Riga und Piket in Amsterdam wieder salonfähig.

→ *Tartakower* sagte einst über das Evansgambit: »Dieses blendende Angriffsspiel ist erfunden worden, um die Menschen zu dem Glauben zu zwingen, daß die Schachkunst ein Geschenk der Götter ist!«

□ G. Kasparow
■ V. Anand
Riga, 1995

1. e4 e5 2. ♘f3 ♘c6 3. ♗c4 ♗c5 4. b4 ♗:b4 5. c3 ♗e7 6. d4 ♘a5 7. ♗e2 e:d4 8. ♕:d4! ♘f6 9. e5 ♘c6 10. ♕h4 ♘d5 11. ♕g3 g6 12. 0-0 ♘b6 13. c4! d6 14. ♖d1 ♘d7 15. ♗h6! ♘c:e5 16. ♘:e5 ♘:e5 17. ♘c3 f6 18. c5 ♘f7 19. c:d6 c:d6 20. ♕e3! ♘:h6 21. ♕:h6 ♗f8 22. ♕e3+! ♔f7 23. ♘d5 ♗e6 24. ♘f4 ♕e7 25. ♖e1 1-0

□ G. Kasparow
■ J. Piket
Amsterdam, 1995

1. e4 e5 2. ♘f3 ♘c6 3. ♗c4 ♗c5 4. b4 ♗b6 5. a4 a5 6. b5 ♘d4 7. ♘:d4 ♗:d4 8. c3 ♗b6 9. d4 e:d4 10. 0-0! ♘e7 11. ♗g5 h6 12. ♗:e7 ♕:e7 13. c:d4 ♕d6? 14. ♘c3 ♗:d4 15. ♘d5! ♗:a1 16. ♕:a1 0-0 17. e5 ♕c5 18. ♖c1 c6 19. ♗a2 ♕a3 20. ♘b6 d5 21. ♘:a8 ♔h8 22. ♘b6 ♗e6 23. h3 ♖d8 24. b:c6 b:c6 25. ♖c3 ♕b4 26. ♖:c6 ♖b8 27. ♘:d5 ♕:a4 28. ♖c1 ♕a3 29. ♗c4   1-0

William Evans war ein sich ständig auf der Suche befindender Mensch, wie auch seine Erfindung eines Leuchtfeuer-Warnsystems auf See beweist, das heute noch in aller Welt gebräuchlich ist. Die britische Regierung hat Kapitän Evans reich belohnt, selbst der russische Zar schenkte ihm eine goldene Taschenuhr. Gegen Ende der 40er Jahre zog sich Evans vom Schach zurück und verbrachte seine letzten Jahre in Ostende.

F

Falle – ermöglicht dem Gegner scheinbar einen schnellen Vorteil, der sich aber tatsächlich als Nachteil erweist.
Fallen werden in allen drei Partiestadien ausgelegt, besonders häufig in der Eröffnung. Mitunter sind sie so gut getarnt und unerwartet, daß erfahrene Schachspieler, selbst Großmeister, in sie hineintappen. Einer der Hauptgründe, in eine Falle zu geraten, ist die »Habgier«, d. h. das ungerechtfertigte Streben nach Materialgewinn. So mancher Schachspieler ließ sich schon von dem verlockenden Gewinn eines Bauern hinreißen und verstrickte sich damit in dem vom Gegner ausgelegten Netz. So geschehen auch im folgenden Beispiel:

□ D. Borosch
■ A. Lilienthal
Budapest, 1933

1. e4 e5 2. ♘c3 ♘f6 3. f4 d5 4. f:e5 ♘:e4 5. ♕f3 ♘c6 6. ♘:e4?
Im Streben nach Bauerngewinn bemerkt Weiß nicht die Falle, die der Beginn allen Übels ist. Richtig war 6. ♗b5.
6... ♘d4! 7. ♕f4? d:e4! 8. ♗c4 ♗f5! 9. c3 g5 10. ♗:f7+ ♔:f7 11. ♕f2 e3! 12. ♕f1 e:d2+ 13. ♔d1 d:c1♕+ 14. ♔:c1 g4!   0-1

Aber, wer anderen eine Grube gräbt, fällt mitunter selbst hinein ... Wenn der Gegner stark genug ist, die von uns gestellte Falle zu erkennen, kann das zu einer Verschlechterung unserer Position führen.
Der »König der Fallensteller«, der Amerikaner → *F. Marshall*, ließ sich im folgenden Beispiel nicht aufs Glatteis führen:

□ H. N. Pillsbury
■ F. Marshall
Monte Carlo, 1903

1. e4 e5 2. f4 e:f4 3. ♗c4 f5 4. ♕e2! f:e4 5. ♕h5+ g6 6. ♕e5+ ♕e7 7. ♕:h8 ♘f6 8. ♘c3 c6 9. ♗g8?!

Weiß hat eine Falle aufgestellt:
wenn jetzt 9... ♗g7?, so folgt 10. ♗f7+!
Auf 9... ♘a6 würde 10. ♘h3 mit der Idee 10... ♗g7? 11. ♗f7+ ♔:f7 12. ♘g5+ matt folgen. Schwarz strebte indessen nicht nach

dem Damengewinn, sondern antwortete einfach...
9... d5!
Weiter folgte:
10. ♘ge2 f3 11. ♘f4 ♗f5,
und Marshall gewann die Partie.

Auch die stärksten Großmeister der heutigen Zeit sind nicht dagegen gefeit, arglos in eine Falle zu tappen – selbst bei WM-Kämpfen! Das folgende Schlußspiel brachte in der → *PCA*-Weltmeisterschaft eine wichtige Vorentscheidung!

□ V. Anand
■ G. Kasparow
New York, 1995 (11. Matchpartie)

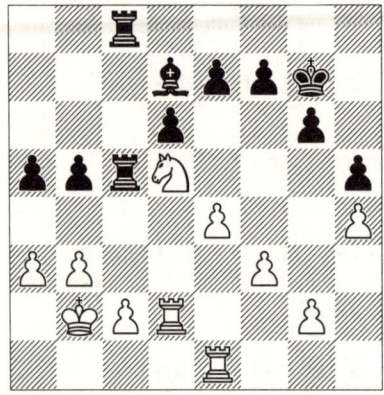

27... ♗e6
Nach 27... ♔f8 wäre nicht viel los gewesen. Kasparows Zug ist eine listige Falle...
28. b4?
28. ♘:e7 ♖e8 29. b4 a:b4 30. a:b4 ♖c4 31. ♘d5 ♗:d5 32. ♖:d5 ♖ec8 33. c3! hätte Weiß Vorteil gesichert.
28... a:b4 29. a:b4 ♖c4 30. ♘b6??
Gewinnt eine Qualität oder?
30... ♖:b4+ 31. ♔a3 ♖:c2!!
Die Falle ist zugeschnappt! Nach 32. ♖:c2 ♖b3+ 33. ♔a2 ♖e3+ nebst 34... ♖:e1 hat Schwarz zwei Bauern mehr, daher gab Anand lieber gleich auf.

Fernschach. Zu den Besonderheiten des Schachsportes zählt, daß man ihn auch dann ausüben kann, wenn sich der Gegner an einem anderen Ort befindet, sei es in einer anderen Stadt oder gar auf einem anderen Kontinent. Die Züge werden einfach per Post übermittelt. Das Fernschach existiert bereits seit dem Mittelalter. Angeblich wandten es bereits die Könige Ludwig VI. von Frankreich und Henry I. von England im 12. Jahrhundert an. Im 18. Jahrhundert führte Preußens König Friedrich II. Korrespondenzpartien mit dem Philosophen → *Voltaire* und der russischen Zarin Katharina II. Mit dem Ausbau der innerstaatlichen und internationalen Postwege fand das Fernschach stärkere Verbreitung. Eine Partie dauerte indessen noch viele Jahre. Bekannt sind einige lustige Fälle aus dem 19. Jahrhundert. Die Partie zwischen den Brüdern Breinzinger, der eine wohnte in Deutschland, der andere in den USA, währte 16 Jahre. Der Franzose Robert Alliac und der Engländer Richard Brighton, die nur einen Zug pro Jahr vereinbart hatten, brauchten ein halbes Jahrhundert für ihre Partie! Um die Laufzeit der Züge zu verkürzen, setzten die Schachspieler von Madras und Hyderabad Elefanten ein (1828–29), im Match London-Paris übernahmen Brieftauben die Botendienste (1834–36). Übrigens kamen zu jener Zeit Fernvergleiche zwischen Schachclubs verschiedener europäischer Städte in Mode – in Holland, England, Frankreich, Deutschland, Rußland und Ungarn. Von einigen Wettkämpfen sind die Partien überliefert, zum Beispiel von Amsterdam–Antwerpen (1824), Edinburgh-London (1824–28), Berlin-Breslau (1829–33), Magdeburg-Hamburg (1833–36), Paris-Pest (1842–45) usw. Obwohl sich die Postlaufzeiten mit der Erfindung der Eisenbahn und insbesondere des Flugverkehrs deutlich verkürzt haben, dauert eine Fernpartie auch heute noch zwischen zwei und fünf Jahren. Die Regeln unterscheiden sich nicht vom normalen Turnierschach, nur hat jeder Spieler beim Fernschach durchschnittlich drei Tage Bedenkzeit für einen Zug. Die internationale Organisation der Fernschachspieler ist die ICCF.

Neben dem Korrespondenzschach entwickelten sich noch andere Formen des Fernschachs. Seit 1844 war das Morsealphabet bekannt – man konnte somit auch telegraphisch Züge übermitteln. 1890–91 trugen Weltmeister → *W. Stei-*

nitz (New York) und Rußlands Champion → *M. Tschigorin* (St. Petersburg) zwei Partien aus. Seit 1880 konnte man auch das Telefon zur Weitergabe von Schachzügen nutzen. Auf diese Weise nahm → *R. Fischer* 1965 von New York aus am Capablanca-Memorial in Havanna teil. Im Herbst 1945 zog das Radiomatch USA-UdSSR die Schachwelt in ihren Bann. Zehn Schachspieler jedes Landes spielten jeweils zwei Partien. Seit 1977 werden Teleschacholympiaden durchgeführt. In den ersten beiden Konkurrenzen dieser Art kreuzten im Finale die UdSSR und die DDR die Klingen (1977–78; 1981–82). Ihr zweites Match endete 4:4 unentschieden. Die neueste Entwicklung sind Fax-Turniere sowie Schachwettkämpfe über Computernetze. Bei einem Länderturnier anläßlich des Gipfels der sieben führenden Industrienationen im kanadischen Halifax 1995 schlug Rußland im Finale Deutschland. Die Züge wurden über Internet übermittelt.

In den letzten Jahren kamen angesichts der immer stärker werdenden Schachcomputer, die für die Heimanalysen bestens zu verwenden sind, Zweifel am sportlichen Wert des Fernschachs auf. Doch insgesamt gesehen hat diese Disziplin Zukunft. Bei Langstreckenflügen dient das Schach als ein Mittel zur Erhaltung der psychischen Ausdauerfähigkeit und der vernünftigen Entspannung. Am 9. Juni 1970 trug die Besatzung des Raumschiffes »Sojus-9« eine Partie gegen den Leiter der Bodenstation aus. Während der sechsstündigen Partiedauer umkreiste das Raumschiff viermal die Erde.

Mit diesem Spezialschachspiel spielten die Kosmonauten des Raumschiffs Sojus 9 im Zustand der Schwerelosigkeit am 9. Juni 1970 mit der Erde.

Fernschachweltmeister.

1953	Cecil Purdy (Australien)
1959	Wjatscheslaw Ragosin (UdSSR)
1962	Alberic O'Kelly de Galway (Belgien)
1965	Wladimir Sagorowski (UdSSR)
1968	Hans Berliner (USA)
1971	Horst Rittner (DDR)
1975	Jakow Estrin (UdSSR)
1980	Jörn Sloth (Dänemark)
1983	Tynu Yim (UdSSR)
1984	Viktor Palciauskas (USA)
1988	Friedrich Baumbach (DDR)
1991	Grigori Sanakojew (Rußland)
1995	Michail Umanski (Rußland)

Seit 1965 gibt es auch Fernschachweltmeisterschaften der Frauen. Die Weltmeisterinnen:

1972	Olga Rubzowa (UdSSR)
1977	Lora Jakowlewa (UdSSR)
1984	Ljubow Kristol (Israel)
1991	Ludmilla Belawenez (Rußland)

Fernschacholympiaden. Sieger seit 1949:

1952	Ungarn
1955	Tschechoslowakei
1961	UdSSR
1964	UdSSR
1968	Tschechoslowakei
1972	UdSSR
1977	UdSSR
1982	UdSSR
1987	Großbritannien
1994	UdSSR

Fesselung, eines der am weitesten verbreiteten taktischen und kombinatorischen Verfahren des Schachkampfes. Es handelt sich um den Angriff auf eine Figur, die eine wertvollere Figur verteidigt und deshalb nicht von der Stelle rücken kann. Nur weitreichende Figuren wie → *Dame*, → *Turm* und → *Läufer* können eine gegnerische Figur fesseln. Oft sieht man sich bereits in der Eröffnung mit Fesselungen konfrontiert, beispielsweise wenn ein weißer Läufer von b5 oder g5 aus den schwarzen Damen- bzw. Königsspringer fesselt. Besonders effektvoll sind Doppelfesselungen wie im folgenden Beispiel. Die schwarze Dame verteidigt diagonal ihren König und vertikal den Turm. Ein selten schönes Bild!

☐ I. Schumow
■ S. Winawer

St. Petersburg, 1875

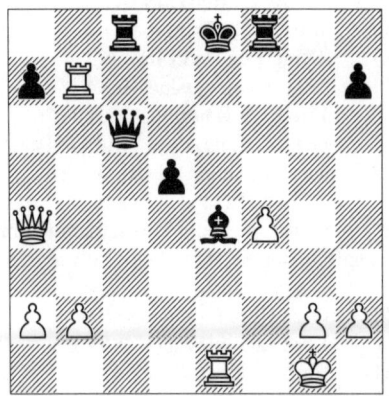

28. ♖c1! ♖f6 29. ♖:c6 ♖f:c6 30. ♖:a7 ♔d8
31. ♕a5+ ♖6c7 32. ♖:c7 ♖:c7 33. g4 ♔d7
34. ♕b5+ ♔d6, und Schwarz gab bald auf.

Fide – Fédération internationale des échecs, Vereinigung der nationalen Schachverbände. Als die Fide am 20. Juli 1924 in Paris gegründet wurde, gehörten ihr 14 Länder an. Bis heute hat sich diese Zahl auf über 130 erhöht. Die Fide hat ihre eigene Flagge, ihre eigene Hymne und einen eigenen Wahlspruch – »Gens una sumus« (Wir sind eine Familie).
Seit 1980 ist die Fide Mitglied der UNESCO. Zu ihr gehören auch einige andere internationale Schachorganisationen wie die ICCF (Fernschach), die IBCA (Blindenschach), die CCI (Schachsammler und -historiker) und andere.
Die wichtigsten offiziellen Fide-Turniere sind die Schacholympiaden, Zonen- bzw. Interzonenturniere zur Weltmeisterschaft, WM-Kandidatenturniere sowie die Weltmeisterschaftskämpfe selbst.
Die Fide verleiht internationale Titel (Fide-Meister, Internationaler Meister, Internationaler Großmeister) und gibt zweimal im Jahr eine Weltrangliste heraus (→ *Elozahlen*). Die wichtigsten Organe der Fide sind das Präsidium, der Exekutivrat und das Zentralkomitee. Es gibt spezielle Kommissionen der Fide für bestimmte Gebiete: Qualifikationen, Regelfragen, Unterstützung der Entwicklungsländer, Propagierung des Schachs, Schachlehre an Schulen, Computerschach und andere.
Alle vier Jahre wird auf einem Fide-Kongreß der Fide-Präsident gewählt. Die Präsidenten seit 1924: Alexander Rueb (Niederlande, 1924 bis 1949), Folke Rogard (Schweden, 1949 bis 1970), → *M. Euwe* (Niederlande, 1970–78), → *F. Olafsson* (Island, 1978–82), → *F. Campomanes* (Philippinen, 1982–95), Kirsan Iljumschinow (Rußland, seit 1995).

Fide-Album. Kann es eine Weltmeisterschaft der Schachkomponisten geben? Ja, wenn man objektive Bewertungskriterien für Schachprobleme findet. Dieses Ziel sollte mit dem Fide-Album, einer Sammlung der besten Schachkompositionen, die seit 1960 unter der Ägide des Weltschachbundes herausgegeben wird, erreicht werden. Das Fide-Album umfaßt die besten Werke aus jeweils drei Jahren. Jeder Autor hat die Möglichkeit, bis zu 20 Kompositionen einzusenden, die in diesem Zeitraum veröffentlicht wurden. Eine Jury aus internationalen Preisrichtern wählt die besten Stücke aus.
Das Fide-Album besteht aus mehreren Abteilungen – Zweizüger, Dreizüger, Mehrzüger, Märchenschach – zu denen Hilfs- und Selbstmatts sowie Retroaufgaben gehören. Aufnahme ins Fide-Album zu finden, ist für Schachkomponisten nicht nur eine Sache des Prestiges, sondern bringt auch die Chance der Verleihung von internationalen Titeln mit sich. Das Recht auf den Großmeistertitel erlangt, wer mindestens 70 Punkte erreicht. 1972 wurden mit E. Visserman (Niederlande), K. Mansfield (England), G. Kasparjan und L. Loschinski (beide Sowjetunion) die ersten Großmeister gekürt.
Den folgenden Zweizüger des deutschen Problemkomponisten Herbert Ahues, der 1978 in einem Wettbewerb der »Schweizerischen Schachzeitung« mit einem 1. Preis ausgezeichnet wurde, entnahmen wir dem Fide-Album des Jahrgangs 1977/79:

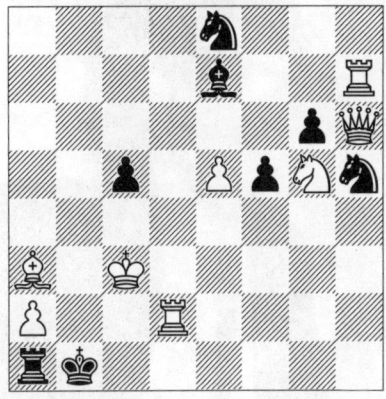

Matt in zwei Zügen
1. ♘f3! (1. ♘e4? f4!; 1. ♘e6? g5!; 1. ♘f7? ♗g5!; 1. ♘h3? ♘f4!) 1... f4 (1... g5 2. ♕b6 matt; 1... ♗g5 2. ♖b7 matt; 1... ♘f4 2. ♕h1 matt!) 2. ♕:g6 matt!

Fine Reuben, * 11. Oktober 1914 in New York, † 26. März 1993 in New York, amerikanischer Großmeister, WM-Kandidat.
Mit acht Jahren erlernte Reuben das Schachspiel, mit fünfzehn wurde er Mitglied des New Yorker Marshall Chess Club. Seine Freizeit widmete er dem Studium von ← *A. Nimzowitschs* und → *S. Tarraschs* Arbeiten. Bereits seine ersten Turniere auf Meisterniveau, das Championat des Staates New York (1931, 2. Platz), Pasadena 1932 (u. a. Remis gegen

→ *A. Aljechin*) und drei Olympiaden für die USA zeigten, daß den Vereinigten Staaten in seiner Person ein ziemlich perspektivreicher Schachspieler erwuchs. Fines sensationelle Erfolge von 1936–1938 lassen sich mit den ersten europäischen Auftritten der berühmten Amerikaner → *P. Morphy* bzw. → *R. Fischer* vergleichen.
»Ein Meister des Lavierens«, so nannte man den 21jährigen Fine auf dem Nottinghamer Turnier von 1936 emphatisch. Der junge Amerikaner, der durch solides, strenges Positionsspiel und hervorragende Theoriekenntnisse überraschte, blieb in diesem Superturnier ungeschlagen und teilte den 3.–5. Platz u. a. vor Koryphäen wie Aljechin, → *Em. Lasker* und → *S. Flohr*. Die Siege, die er im selben Jahr in den Turnieren von Zaandvort und Amsterdam erzielte, zeigten, daß er sich auch in scharfen kombinatorischen Verwicklungen heimisch fühlte.

□ R. Fine
■ E. Grünfeld
Amsterdam, 1936

1. d4 d5 2. ♘f3 ♘f6 3. c4 e6 4. ♘c3 d:c4 5. e4 ♗b4 6. ♗g5 c5 7. e5 c:d4 8. ♕a4+ ♘c6 9. 0-0-0 ♗d7 10. ♘e4 ♗e7 11. e:f6 g:f6 12. ♗h4 ♘b4

13. ♕:b4 ♗:b4 14. ♘:f6+ ♔f8 15. ♖:d4 ♕a5 16. ♘:d7+ ♔e8 17. ♘f6+ ♔f8 18. ♗:c4 ♖c8 19. ♔b1 h5 20. ♖hd1 ♗e7 21. ♘d7+ ♔e8 22. ♗g3 ♖g8 23. h3 ♖g7 24. a3 b5 25. ♗h3 b4 26. a:b4 ♗:b4 27. ♗e5 ♖:g2 28. ♖:b4 ♕:b4

29. ♘f6+ ♔e7 30. ♖d7+ ♔f8 31. ♗d6+ ♕:d6
32. ♖:d6 ♖:f2 33. ♖d3 ♔e7 34. ♘:h5 ♖f1+
35. ♗d1 ♖g8 36. ♘d4 e5 37. ♘c6+ ♔e6 38.
♔a2 ♖:d1 39. ♖:d1 ♖g5 40. ♘f4+ e:f4 41.
♘d4+ ♔f6 42. ♖f1 ♖a5+ 43. ♔b1 ♖a4 44.
♘f3 ♖e4 45. ♖e1 ♖e6 46. ♖:e6+ f:e6 47. ♔c2
e5 48. ♔d3 ♔f5 49. ♘d2 ♔g5 50. ♔e4 ♔h4
51. ♔:e5 ♔:h3 52. ♔:f4   1-0

Zwei Jahre später (1938) errang Fine im berühmten → *AVRO-Turnier* die meisten Siege (darunter zwei gegen Weltmeister Aljechin!) und teilte mit → *P. Keres* den 1.-2. Platz. Die Schachwelt sah in ihm fortan einen Anwärter auf den Weltmeistertitel.
Nach Rückkehr von seinem glänzenden europäischen Gastspiel nimmt Fine jedoch seltener an Turnieren teil und widmet der Philosophie der Psychoanalyse sowie schachtheoretischen Untersuchungen viel Zeit. Seine bekanntesten schachlichen Arbeiten sind »Basic chess endings« (1941), »Chess - The Easy Way« (1942), »The Ideas Behind the Chess Openings« (1943). 1948 erhielt Fine eine Einladung zur Teilnahme am Weltmeisterschaftsturnier von Den Haag/Moskau. Er sagte ab. Seine Wahl zugunsten der Wissenschaft gegen das Wettkampfschach war endgültig. Später kehrte Fine mitunter zum Schach zurück - aber nur als Literat und Schachpsychologe.

Fischer Robert »Bobby« James, * 9. März 1943 in Chikago, amerikanischer Großmeister, elfter Schachweltmeister.
Unter den dreizehn Königen des Schachs, die im Laufe eines Jahrhunderts den Schachthron erobert haben, ist Robert Fischer einer der rätselhaftesten. Seine außergewöhnlichen sportlichen Resultate, sein extravaganter Charakter und sein Rückzug vom Schach im Zenit seines Schaffens - all das förderte die Legende vom unbesiegbaren Champion.
Fischers Stil kann man als universell bezeichnen. In ihm verband sich die Technik → *J. R. Capablancas* in einfachen Positionen mit der → *Tal*schen Kombinationsgabe und → *Em. Laskers* psychologischer Einstellung zum Kampf. Dazu gesellte sich ein hervorragendes Gedächtnis und ein unbändiger Siegeswille.

Fast alle Weltmeister haben einen komplizierten Charakter, auf Fischer trifft dies besonders zu. Vielleicht spielen hier die nicht einfachen Jahre seiner Kindheit und Jugend eine Rolle. Als er zwei Jahre alt war, ließen sich seine Eltern scheiden. Bobbys Erziehung oblag nunmehr seiner Mutter und seiner älteren Schwester. Die Familie siedelte sich in Brooklyn (New York) an. Als Bobby sechs Jahre alt ist, entflammt sein Interesse am Schachspiel. Frühzeitig verläßt er die Schule. Er geht lieber in den Manhattan Chess Club und studiert die Schachliteratur. Als 14jähriger wird er USA-Landesmeister, mit fünfzehn der bis dato jüngste Großmeister der Schachgeschichte. Das Jahr 1958 war für Bobby ein besonderes - nach dem geteilten 5.-6. Platz beim Interzonenturnier im jugoslawischen Portorož zählt er zur Weltelite! 1962 erzielt Fischer bereits einen eindrucksvollen Sieg beim Interzonenturnier von Stockholm. Er läßt dabei mit 17,5 Punkten aus 22 Partien die Zweitplazierten → *J. Geller* und → *T. Petrosjan* um 2,5 Zähler hinter sich und verliert zudem nicht eine einzige Partie. Aber es sollten noch zehn Jahre harter Arbeit mit vielen Höhen und Tiefen verstreichen, bis Fischer den Schacholymp erklimmen konnte. Viele Rückschläge mußte er durch die Unversöhnlichkeit seiner Haltung in bezug auf seine finanziellen Ansprüche und Forderungen nach optimalen Wettkampfbedingungen einstecken. »Fischer ist unsere Gewerkschaft«, bemerkte → *B. Spasski* scharfsinnig.

Die Schachwelt wurde nicht nur einmal Zeugin seiner Launen und unvorhersagbaren Eskapaden. So zieht er sich vom Interzonenturnier im tunesischen Sousse zurück, wo er, klar in Führung liegend, den 1. Platz ansteuert, und katapultiert sich damit selbst aus dem laufenden WM-Zyklus heraus. Bei einer Schacholympiade verläßt er, unzufrieden mit den Spielbedingungen, sein Team. Und vergessen wir nicht, selbst zum WM-Match gegen Spasski in Reykjavik reiste er einige Tage zu spät an, zur 2. Partie kam er überhaupt nicht usw. Der amerikanische Feuilletonist Art Buchwald schrieb damals: »Es hat noch keinen solchen Antihelden wie Bobby Fischer gegeben. Sein Verhalten vor und während des WM-Matches ließ einen Leser der ›Washington Post‹ in einem Brief klagen, daß Fischer der einzige Amerikaner sei, der seine Landsleute dazu bringen könne, für einen Russen zu halten.« Aber wie bekannt ist, ließ Fischers glänzender 12,5:8,5-Erfolg gegen Spasski, dem mit den beiden 6:0-Ergebnissen gegen → *M. Taimanow* und → *B. Larsen* und dem 6,5:2,5 gegen Exweltmeister Petrosjan ein wahrer Triumphzug vorausgegangen war, jegliche Ressentiments gegenüber Fischer vergessen. Das Schach erlebte in Amerika einen Boom. Die Schachwelt applaudierte ihrem neuen Champion, der in allen Partiestadien höchste Schachkunst geboten hatte. Beeindruckend war auch dieses Schlußspiel:

☐ B. Spasski
■ R. Fischer

Reykjavik, 1972 (13. Matchpartie)

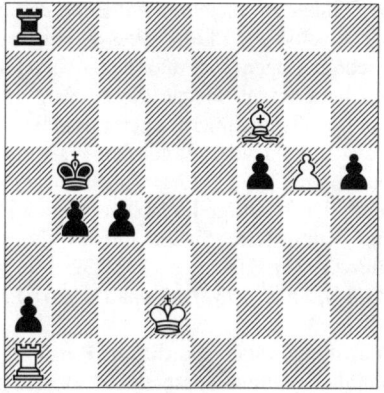

58. g6 h4 59. g7 h3 60. ♗e7 ♖g8 61. ♗f8 h2 62. ♔c2 ♔c6 63. ♖d1 b3+ 64. ♔c3 h1♕ 65. ♖:h1 ♔d5 66. ♔b2 f4 67. ♖d1+ ♔e4 68. ♖c1 ♔d3 69. ♖d1+
Wie Fischer später zeigte, konnte Weiß hier mit 69. ♖c3+! studienartig remis halten.
69... ♔e2 70. ♖c1 f3 71. ♗c5 ♖:g7 72. ♖:c4 ♖d7 73. ♖e4+ ♔f1 74. ♗d4 f2 0-1

Nach diesem Match nahm Fischer überraschend nicht mehr an Wettkämpfen teil. Nach drei Jahren war es an der Zeit, den WM-Titel gegen den sowjetischen Herausforderer → *A. Karpow* zu verteidigen, aber Fischer forderte von der Fide ein verändertes Match-Reglement. Es sollte bis zum zehnten Sieg gespielt werden, wobei Remispartien nicht zählen dürften und ihm – Fischer – ein 9:9 zur Titelverteidigung reichen sollte. Die Fide wies diese Forderungen zurück und erklärte Karpow zum Weltmeister.

Die Schachwelt bedauerte, daß das Aufeinandertreffen zweier Ausnahmespieler nicht zustande gekommen war. Fischer, der sich immer noch als legitimer Weltmeister betrachtete, zog sich völlig vom Schach ins kalifornische Pasadena zurück. Über die Wechselfälle des Lebens nachsinnend, schloß er sich einer religiösen Sekte an.

Die Jahre vergingen. Die Hoffnungen auf eine Rückkehr des »Einsiedlers von Pasadena« schwanden. Sporadisch wurden Meldungen lanciert, daß Fischer nach wie vor aufmerksam das internationale Schachgeschehen verfolge und sich womöglich auf ein Comeback vorbereite. Wenn Fischer plötzlich in die internationale Turnierarena zurückkehrte, wird er gegen die neuen Asse bestehen können? lautete eine beliebte spekulative Frage. »Vom Standpunkt des gesunden Menschenverstandes und allgemeiner Erfahrungen nicht, aber es könnte immerhin doch sein, denn Fischer ist ein Genie!« – so lautete die Antwort M. Tals.

1992 fand die Sensation tatsächlich statt. Bobby Fischer kehrte ans Schachbrett zurück und schlug Boris Spasski in der »Matchrevanche des 20. Jahrhunderts« in 30 Partien mit 10:5! Der jugoslawische Bankier Jesdimir Wasiljević hatte Fischers Reglement sowie seine finanziel-

len Forderungen in Millionenhöhe akzeptiert. Das Match ging in Sveti Stefan und Belgrad über die Bühne. Dabei kam eine von Fischer selbst konzipierte Schachuhr zum Einsatz.
Es folgt eine der besten Partien des Duells:

□ R. Fischer
■ B. Spasski

Sveti Stefan, 1992

1. e4 c5 2. ♘f3 ♘c6 3. ♗b5 g6 4. ♗:c6 b:c6 5. 0-0 ♗g7 6. ♖e1 e5 7. b4! c:b4 8. a3 c5 9. a:b4 c:b4 10. d4 e:d4 11. ♗b2 d6 12. ♘:d4 ♕d7 13. ♘d2 ♗b7 14. ♘c4 ♘h6

15. ♘f5! ♗:b2 16. ♘c:d6+ ♔f8 17. ♘:h6 f6 18. ♘df7 ♕:d1 19. ♖a:d1 ♔e7 20. ♘:h8 ♖:h8 21. ♘f5+! g:f5 22. e:f5+ ♗e5 23. f4 ♖c8 24. f:e5 ♖:c2 25. e6 ♗c6 26. ♖c1 ♖:c1 27. ♖:c1 ♔d6 28. ♖d1+ ♔e5 29. e7 a5 30. ♖c1 ♗d7 31. ♖c5+ ♔d4 32. ♖:a5 b3 33. ♖a7 ♗e8 34. ♖b7 ♔c3 35. ♔f2 b2 36. ♔e3 ♗f7 37. g4 ♔c2 38. ♔d4 b1♕ 39. ♖:b1 ♔:b1 40. ♔c5 ♔c2 41. ♔d6   1-0

Das Match war insgesamt lebhaft und interessant, wenngleich Fischer, wie → *M. Botwinnik* und → *G. Kasparow* konstatierten, ein ganzes Stück hinter seiner alten Klasse zurückgeblieben war. Zum Anspruch Fischers, immer noch der wahre Weltmeister zu sein, äußerte Kasparow: »Wenn Fischer wieder Weltmeister werden will, muß er in den Qualifikationen erst die stärksten Großmeister besiegen, darunter den aktuellen Weltmeister.«

Fischer ließ seinem Auftritt gegen Spasski bislang keine weiteren schachlichen Taten folgen und lebte fortan größtenteils in der ungarischen Hauptstadt Budapest. Kann man sein

plötzliches Auftauchen nach 20 Jahren als Auftakt zu einem ernstgemeinten Comeback werten, oder ist es nur eine schöne Episode einer schillernden Biographie? Die Zeit wird eine Antwort auf diese Frage bringen.

Flohr Salomon, * 21. November 1908 in Gorodenka (Ukraine), † 18. Juli 1983 Moskau, tschechischer Großmeister, WM-Kandidat.
Während des ersten Weltkrieges siedelte Salos Familie nach Prag um. Den Jungen, der erst mit 14 Jahren zum Schach kam, beeindruckte eine Blindsimultanvorstellung von → *J. Mieses* so stark, daß er beschloß, sich fortan ganz dem Schach zu verschreiben. Ende der 20er Jahre erschienen in der Presse geistreiche Schachreportagen, der Autor hieß – Salo Flohr. Doch bald schon tauchte dieser Name auch unter den Teilnehmern internationaler Turniere auf, nicht selten unter den Preisträgern. Gleich beim Debüt in Rogalica-Slatina (1929) belegte der 21jährige Flohr den zweiten Platz hinter Rubinstein. Später folgten Siege in Brünn (1931), Hastings (1931/32, 1932/33, 1933/34), Sliac (1932), Moskau (1935), Podebrady (1936).
Am Anfang seiner sportlichen Karriere galt Flohr als Kombinationsspieler, doch sehr bald

schon ging er sehr solide zu Werke, stets darauf bedacht, nicht zu verlieren. Von der Stärke Flohrs zeugen u. a. Siege über → *J. R. Capablanca*, → *M. Euwe* und → *Em. Lasker*.

□ S. Flohr
■ Em. Lasker
Moskau, 1936

1. ♘f3 d5 2. e3 ♘f6 3. c4 e6 4. b3 ♗e7 5. ♗b2 0-0 6. d4 b6 7. ♘bd2 ♗b7 8. ♗d3 c5 9. 0-0 ♘bd7 10. ♕e2 ♖c8 11. ♖fd1 ♕c7 12. ♖ac1 ♕b8 13. ♘e5 ♘:e5 14. d:e5 ♘e4 15. c:d5 e:d5 16. ♘:e4 d:e4 17. ♗c4 ♖cd8 18. ♕g4 ♗c6 19. ♖:d8 ♕:d8 20. ♖d1 ♕a8 21. a4 a6 22. e6 f6 23. ♖d7 ♗:d7 24. e:d7+ ♔h8 25. ♕e6 ♕d8 26. ♗:a6 f5 27. ♗e5 c4 28. ♗:c4 ♗c5 29. g3 ♕e7 30. ♗c7 ♕:e6 31. ♗:e6 ♗e7 32. b4 h6 33. a5 b:a5 34. b:a5 g6 35. ♗d5   1-0

1935 war Flohr Sekundant und Trainer Max Euwes in dessen WM-Match gegen → *A. Aljechin*. Nur zwei Jahre danach (1937) erklärte sich Aljechin bereit, seinen WM-Titel gegen Flohr zu verteidigen. Aber der Krieg zerstörte alle Pläne. Flohr siedelte nach Moskau über und nahm aktiv am Schachleben Rußlands teil. In den Nachkriegsjahren hatte Flohr nicht mehr die Stärke, um den höchsten Titel zu kämpfen. Der ehemalige WM-Kandidat wird nun »Weltmeister« im Schachjournalismus.

Seine Erfolge auf diesem Gebiet sind unumstritten. Die Flohrschen Artikel, Reportagen und Berichte zeichnen sich durch Humor, Ironie, historische Exkurse und hervorragende Porträts der Schachkoryphäen aus. Ab und zu rief er sich auch als großartiger Schachspieler in Erinnerung, so beim Interzonenturnier 1948, beim Kandidatenturnier 1950 und in den Turnieren von Göteborg (1958, 1. Platz), Bewerwijk (1960, 4.-5. Platz), Stockholm (1962, 3. Platz) und Amsterdam (1966, 3. Platz).

Folklore und Schach. Vom Schach handeln Legenden, Volksweisheiten und Sprichwörter. Schachmotive fanden Eingang in die Märchen und Sagen der Völker. So gibt es in Firdausis Versepos »Schah-Name« (994) die Legende von zwei Brüdern, den indischen Königssöhnen Gau und Talhand. Bei inneren Unruhen nach dem Tode ihres Vaters wurde Talhands Heer zerschlagen, und er selbst starb plötzlich. Als seine Mutter vom Ende ihres jüngeren Sohnes erfuhr, bezichtigte sie in ihrer Verzweiflung Gau des Brudermordes. Um die Mutter zu trösten und zu beweisen, daß Talhand nicht im Kampf fiel, versammelte Gau die Weisen des ganzen Landes. Der Weiseste unter ihnen zeichnete auf einem Brett das Kriegsfeld auf, das er in Quadrate unterteilte, und demonstrierte anhand der Truppenbewegungen den Verlauf der Schlacht, die mit der Vernichtung einer der Parteien, nicht aber ihres Anführers endete.

In der mittelalterlichen Märchen- und Geschichtensammlung »Tausendundeine Nacht« finden wir zum erstenmal die Gestalt einer Schachspielerin, die im entscheidenden Zweikampf den Mann besiegt. In der Erzählung über den Herrscher Omar ibn an-Numan und seinen Sohn Scherr-Khan (49. Nacht) wird über das Spiel einer jungen Schönheit mit dem in sie verliebten Scherr-Khan berichtet. Die Liebe hindert den Khalifensohn daran, sich zu konzentrieren: Jedesmal, wenn er seinen Zug ausführen wollte, schaute er in ihr Gesicht und stellte den Springer auf den Platz des Läufers und den Läufer auf den Platz des Springers. Nachdem sie mehrmals gegen den jungen Mann gewonnen hatte, erklärte ihm die

Schöne, daß er überhaupt nicht spielen könne. »Oh, Herrin«, erwiderte Scherr-Khan, »wie kann derjenige nicht besiegt werden, der gegen dich spielt?« In arabischen Quellen findet sich häufig die Legende über Dilaram, die Frau eines arabischen Wesirs, eines leidenschaftlichen Schachspielers (→ *Dilaram-Matt*). Im Epos europäischer Völker können sowohl die der orientalischen Folklore ähnlichen Motive als auch solche festgestellt werden, die mit eigenen Traditionen und der Lebensweise jener Kreise verbunden waren, in denen das Spiel verbreitet war. Das Schach wurde von französischen Troubadouren und Minstrels, deutschen Minnesängern und russischen Barden und Erzählern gepriesen. In den Werken der Völker figuriert das Schach vor allem als Spiel, das den menschlichen Verstand trainiert und eine beliebte Freizeitbeschäftigung der Krieger ist. Im russischen Heldenepos, in dem das Schach auf die Ebene solcher Wettkämpfe wie Bogenschießen und Ringkampf erhoben war, spielen alle Haupthelden Schach: Ilja Muromez, Dobrynja Nikitisch, Aljoscha Popowitsch, Michailo Potyk, Stawr Godinowitsch. Nach der Sage »Ilja Muromez und Zar Kalin« erholen sich die Kiewer Mannen am Vorabend einer Schlacht beim Schachspiel. Ein ähnliches Motiv gibt es im französischen »Rolandslied« (12. Jh.). Hier wird das Schachspiel in der Episode der Feier anläßlich des Sieges Karls des Großen über die Mauren gezeigt. Für die Mehrheit der Werke des mittelalterlichen Epos ist das Spiel um einen Einsatz kennzeichnend. Dabei konnte es sich um Reichtum, die Hand der Tochter eines Adligen oder um das Leben des Rivalen handeln. Das betrifft zum Beispiel die französischen Romane über das Hofleben und über das Interesse der Ritter für das Schach »Huon de Bordeaux« (um 1200) und »Garin de Montglane« (13. Jh.), worin Karl den jungen Ritter Garin, in den sich die Frau des Imperators verliebt hatte, zu einer Partie Schach auffordert. Nach einer anderen französischen Legende (Ende des 9. Jh.) durfte ein junger Höfling die Schwester des Herrschers heiraten, nachdem er diesen dreimal in Folge beim Schachspiel besiegt hatte. Ebenso wie in der orientalischen Folklore erscheint im Epos europäischer Völker die Gestalt einer schönen und klugen, hervorragend Schach spielenden Frau. Dieses Motiv gibt es zum Beispiel in der altrussischen Heldensage »Stawr Godinowitsch«. Katherina, die Frau des Recken Stawr, gewinnt gegen den Kiewer Fürsten Wladimir und befreit dadurch ihren Mann aus dem Gefängnis.

Franklin und Schach. Das Schachspiel ist kein sinnloser Zeitvertreib. Mit seiner Hilfe kann man eine Reihe sehr wertvoller Eigenschaften des Verstandes erlangen oder festigen, die im Leben nützlich sind, so daß sie zu Gewohnheiten werden, die in allen Fällen dienlich sind. Denn das Schachspiel ist ein Abbild des Lebens. Dies ist die Quintessenz der Schrift »The Morals of Chess« (1779) des berühmten amerikanischen Aufklärers, Gelehrten und Staatsmannes Benjamin Franklin (1706–90).
Franklin selbst war von jungen Jahren an ein leidenschaftlicher Verehrer des Schachspiels, das er mehrfach in seiner Autobiographie erwähnte. Bekannt ist ebenfalls, daß er in seiner Pariser Zeit häufig das Café de la Régence aufsuchte, in den 1780er Jahren den Erfinder des Schachautomaten, Baron von Kempelen, kennenlernte und mit dem englischen Dichter William Jones, Autor des Poems »Caissa«, zusammentraf. In seiner moralphilosophischen Schrift, die erstmal 1786 in den USA publiziert wurde, zeigte Franklin den positiven Einfluß des Schachs auf den Menschen, auf seine geistigen Fähigkeiten, seine Moral, sein Verhalten. Als hervorragendes Modell des Lebens, schrieb Franklin, formt das Schach einerseits so notwendige Eigenschaften wie Vorausschau, die umfassende und nüchterne Einschätzung sich ständig wandelnder Situationen, die Vorsicht, die uns zurückhält, Züge zu machen, die man nicht zurücknehmen kann, und die Angewohnheit, in schwierigen Situationen nicht zu verzagen und bis zum Schluß zu kämpfen. Außerdem ist das Schachspiel, nach Franklin, deshalb wertvoll, weil es auf der Einhaltung hoher moralisch-ethischer Regeln und der Achtung vor dem Gegner beruht, und weil ihm leeres Gerede, unehrliche Methoden und schmutzige Tricks fremd sind.

Franklins Moralschrift hatte großen Erfolg. Sie wurde sehr bald in andere Sprachen übersetzt, in einer Reihe europäischer Länder herausgegeben und hatte damit deutlichen Einfluß auf die Entwicklung der Schachkultur Ende des 18., Anfang des 19. Jahrhunderts.

Frankreich. Bereits im frühen Mittelalter – nicht später als im 9.–10. Jahrhundert – kam das Schachspiel aus Spanien nach Frankreich. Im 11.–12. Jahrhundert befaßten sich viele angesehene Leute und Ritter mit dem Schach. Aus dieser Zeit sind einige großartige Schachfiguren und schöne Legenden überliefert. Ungeachtet des Widerstandes der Kirche, die dieses Spiel mit dem Glücksspiel Würfeln auf eine Stufe stellte, wurden schon im Mittelalter Traktate über das Schach verfaßt. Europäische Bekanntheit erlangten die in lateinischer Sprache verfaßten Werke des in Nordfrankreich lebenden Dominikanermönchs Jacobus de Cessolis und von Nicola de San Nicolai aus der Lombardei, dessen Traktat »→ *Bonus Sozius*« 1300 herauskam. Damals spielte man noch nach den Regeln des östlichen → *Schatrandsch,* aber einige Figurenbezeichnungen und entsprechende Figurendarstellungen hatten sich bereits geändert.

In der Renaissance (15.–16. Jahrhundert) veränderten sich in Frankreich wie zuvor schon in Italien die Regeln des Schachspiels, das damit lebhafter und dynamischer wurde. Im 17. Jahrhundert erscheinen Traktate zur Lehre des Schachs. Aus dieser Zeit sind siebzehn Partien erhalten, die allesamt mit dem Königsgambit eröffnet wurden:

□ Lefon der Ältere
■ Russeiro
Paris, 1636

1. e4 e5 2. f4 e:f4 3. ♘f3 g5 4. h4 g4 5. ♘e5 h5 6. ♗c4 ♘h6 7. d4 d6 8. ♘d3 ♕e7 9. ♘c3 ♘f5 10. ♗:f4 ♘:h4 11. ♕d2 ♘g6 12. 0-0-0 c6 13. ♖hf1 ♗e6 14. ♗g5 ♕:g5 15. ♕:g5 ♗h6 16. ♕:h6 ♖:h6 17. ♗:e6 f:e6 18. ♖f6 ♔d7 19. ♘f4 ♘:f4 20. ♖:h6   1-0

Im 18. Jahrhundert verbreitet sich das Schachspiel auch unter den Angehörigen des dritten Standes. Cafés und Clubs werden Versammlungsorte der Schachspieler. Besondere Berühmtheit erlangt das Pariser »Café de la Régence«, das 1718 eröffnet wurde. Hier fanden sich u. a. die führenden französischen Aufklärer → *Voltaire*, Diderot und → *Rousseau* ein, entweder um selbst Schachpartien auszutragen oder anderen Akteuren beim Spiele zuzusehen. Auch Napoleon gab dort seine Visitenkarte ab. Im »Régence« verkehrten Schachmeister wie Légal und dessen berühmter Schüler → *Philidor*, der auf eine Anregung Diderots hin 1749 sein Werk »L'analyze du jeu des échecs« schrieb, das später in vielen Ländern der Welt herauskam.

Frankreich konnte, vor allem dank so starker Meister wie → *A. Deschapelles*, → *L. La Bourdonnais* und → *P. Saint-Amant* seine führende Stellung im europäischen Schach auch in der ersten Hälfte des 19. Jahrhunderts behaupten. La Bourdonnais galt nach seinen sechs Zweikämpfen mit → *A. McDonnell* (1934–35), dem besten englischen Schachspieler jener Zeit, als stärkster Schachmeister Europas. Diese Partien hatten einen deutlichen Einfluß auf die Entwicklung der Schachkunst. Zu jener Zeit trug das »Régence« zwei Fernpartien gegen Londoner Schachspieler aus. Nach dem Sieg der Pariser in der 1. Partie erhielt die angewandte Eröffnung 1. e4 e6 den Namen → *Französische Verteidigung*.

□ London
■ Paris
Fernpartie 1834-1836

1. e4 e6 2. d4 d5 3. e:d5 e:d5 4. ♘f3 ♘f6 5. ♗d3 c5 6. ♕e2+ ♗e7 7. d:c5 0-0 8. ♗e3 ♖e8 9. ♗b5 ♘c6 10. ♘d4 ♗:c5 11. ♗:c6 b:c6 12. c3 ♗:d4 13. c:d4 c5 14. ♕d3 ♕b6 15. 0-0 ♗a6 16. ♕b3 ♕:b3 17. a:b3 ♗:f1 18. ♔:f1 ♘g4 19. d:c5 ♘:e3+ 20. f:e3 ♖:e3 21. ♘d2 ♖ae8 22. b4 ♖d3 23. ♖:a7 ♖:d2 24. b5 ♖:b2 25. b6 d4 26. b7 d3 27. ♖a8 ♔f8   0-1

La Bourdonnais gab 1836 in Paris das erste Schachjournal der Welt heraus – »Le Palamède«. Auf der Titelseite prangten die Worte des spanischen Schriftstellers → *Cervantes*: »Das Leben gleicht einer Schachpartie«. Von einer romantischen Einstellung zum Schach zeugt auch der Titel selbst, denn Palamedes soll nach Homers »Odyssee« am trojanischen Krieg teilgenommen und das Schachspiel erfunden haben. Später war das Café de la Régence Schauplatz der Zweikämpfe zwischen Arnoud de Riviera und → *S. Dubois* (1855), → *P. Morphy* gegen → *A. Anderssen* und → *D. Harrwitz* (1858), Anderssen gegen Harrwitz (1858) bzw. Ignaz Kolisch (1860) u. a. Im Sommer 1867 ging in Paris anläßlich der Weltindustrieaustellung das erste internationale Schachturnier (das dritte weltweit) über die Bühne.

In der ersten Hälfte des 20. Jahrhunderts machten sich einzelne französische Theoretiker einen Namen wie André Chéron (1895–1980) und François Le Lionnais (1901–1984). Frankreich selbst brachte lange Zeit keine Schachspieler von internationalem Format mehr hervor, aber namhafte ausländische Meister wie → *A. Aljechin*, → *D. Janowski*, O. Bernstein, → *S. Tartakower*, E. Snosko-Borowski, N. Rossolimo siedelten sich im Lande an. 1921 wurde der französische Schachverband gegründet, der einer der Initiatoren der Schaffung des Weltschachbundes → *Fide* war, der 1924 in Paris aus der Taufe gehoben wurde.

In den letzten zwei Jahrzehnten ging es mit dem französischen Schach wieder etwas bergauf. Die Schacholympiade in Nizza (1974), das Kandidatenturnier von Montpellier (1985), die Junioren-WM in Belfort (1983), die Ausrichtung der Schach-WM 1990 in Lyon und andere Turniere leisteten dazu ihren Beitrag. Bei der Olympiade 1984 in Saloniki kam das französische Team auf einen ausgezeichneten 6. Platz, bei der Mannschafts-WM in Luzern (1985) landete man bereits auf Rang vier! Seit Anfang der 90er Jahre verfügt Frankreich mit → *J. Lautier* wieder über einen Weltklassespieler.

Französische Verteidigung. 1. e4 e6

Diese Verteidigung wurde nach der berühmten Fernpartie zwischen London und Paris (1834–36) populär. Die ersten Analysen publizierte → *C. F. von Jänisch* 1842. Eine der Hauptideen bestand zu jener Zeit in der Festigung des Punktes f7, der oft zur Zielscheibe der angriffsfreudigen Schachromantiker wurde. Zu Beginn des 20. Jahrhunderts galt die Französische Verteidigung insbesondere in den Händen des ungarischen Großmeisters → *G. Maróczy* als gefürchtete Waffe. In neuerer Zeit machte sich neben den Russen → *M. Botwinnik* und → *W. Kortschnoj* besonders der deutsche Großmeister → *W. Uhlmann* um ihre Entwicklung verdient.

Die gebräuchlichsten Systeme sind:

Das Match Saint-Amant – Staunton im Pariser Café Régence, Paris. 1843.

das Nimzowitsch-System: 1. e4 e6 2. d4 d5 3. ♘c3 ♗b4;
das klassische System: 1. e4 e6 2. d4 d5 3. ♘c3 ♘f6;
das Tarrasch-System: 1. e4 e6 2. d4 d5 3. ♘d2;
die Vorstoß-Variante: 1. e4 e6 2. d4 d5 3. e5.

Frauenschach. Es gibt den Aphorismus, daß wir alles Schöne im Leben den Frauen verdanken. Selbst die Geburt eines anscheinend besonders männlichen Spiels, wie das eine kriegerische Auseinandersetzung symbolisierende Schach, ist nach der Legende von den indischen Prinzen Gau und Talhand mit einer Frau verbunden. Bezeichnend ist auch, daß sich die Schachspieler nicht den Kriegsgott Mars zu ihrem Schutzpatron erkoren haben, sondern die bezaubernde Nymphe → *Caissa*. In den ersten Jahrhunderten der Existenz des Schachs waren es oft die Frauen, deren Überlegenheit im Spiel gegen die Männer in den Epen vieler Völker besungen wurde.

Die Geschichte des Schachs kennt jedoch nicht viele Namen von Frauen, die sich mit diesem Spiel befaßt haben. Über Jahrhunderte hinweg ließ die gesellschaftliche Stellung der Frau ihr äußerst wenig Freizeit, Schach zu spielen, geschweige denn, sich ernsthaft mit Schach zu beschäftigen. Selbst aus dem 19. Jahrhundert sind nur einzelne Namen von Vertreterinnen des schönen Geschlechts überliefert, die sich für das Schachspiel begeisterten. Das erste internationale Frauenturnier fand erst 1897 in London statt. Dreißig Jahre später (1927) wurde unter der Ägide der → *Fide* in der englischen Hauptstadt die erste Damenweltmeisterschaft ausgetragen. Den Sieg errang die 21jährige → *V. Menchik,* die auch an Männerturnieren teilnahm und bis zu ihrem Tod 1944 keine gleichwertige Konkurrentin hatte.

Die allmählich wachsende Popularität des Schachs und die höhere Schachkultur im allgemeinen waren die entscheidenden Faktoren für die Fortschritte im Frauenschach. 1950 wurde die Leningraderin → *L. Rudenko* Schachweltmeisterin. Über vier Jahrzehnte waren mit ihr sowie → *O. Rubzowa,* → *J. Bykowa,* → *N. Gaprindaschwili* und → *M. Tschiburdanidse* nur sowjetische Schachspielerinnen auf dem Schachthron zu finden. Zu den Titelanwärterin-

»Die Aufgabe ist gelöst!«

Im Damenschachclub. Stockholm 1912.

nen zählten → *A. Kuschnir,* → *N. Alexandria,* → *N. Ioseliani,* → *I. Lewitina,* Marta Litinskaja, → *J. Donaldson-Achmylowskaja* u. a. Zu den stärksten nichtsowjetischen Spielerinnen der Nachkriegsjahre gehörten die Französin → *Ch. Chaudé de Silans,* die Jugoslawin Milunka Lazarević sowie die Ungarinnen Józsa Langos und Zsuzsa Veröci.

In den 70er/80er Jahren wuchs die Klasse der besten Schachspielerinnen deutlich. Der Großmeistertitel für Frauen wurde eingeführt. Weltmeisterin Nona Gaprindaschwili nahm erfolgreich an Männerturnieren teil. Ihr wurde 1978 als erster Frau der Großmeistertitel der Männer verliehen. Maja Tschiburdanidse, → *P. Cramling,* → *Zsu.* und → *J. Polgar* sowie → *Xie Jun* sollten es ihr später gleichtun. Judit Polgar gewann 1993 in Budapest ein Match gegen Exweltmeister → *B. Spasski.* Auch in den mehrfach ausgetragenen Wettkämpfen einer Frauenauswahl gegen die weltbesten Senioren hatten die Damen meistens deutlich das bessere Ende für sich, zuletzt in Prag 1995.

Das allein bedeutet noch nicht, daß reine Frauenturniere in naher Zukunft abgeschafft werden sollten oder daß Frauen den WM-Thron der Männer erstürmen werden. Natürlich gibt es kein Frauenschach in dem Sinne, wie es keine Frauenmathematik oder Frauenmusik gibt. Aber das Schach ist nicht nur Wissenschaft und Kunst, worin Frauen sich nicht vor den Männern verstecken müssen, sondern auch Sport. Ein sehr harter Sport, der riesige psychische und physische Energien abfordert. Es gibt schon einige Gründe, Frauen im Schach, wie in anderen Sportarten auch, gesondert spielen zu lassen.

G

Gabel. So nennt man den Doppelangriff eines Steins auf zwei gegnerische Steine. Gängig sind die Ausdrücke Springergabel und Bauerngabel, von der Läufergabel wird seltener gesprochen. Von einer »Familiengabel« spricht man, wenn ein Springer König, Dame und Turm aufspießt.

Eine elegante Gabelkombination rettete Weiß im folgenden Beispiel das Unentschieden:

□ S. Tarrasch
■ F. Marshall
Nürnberg, 1905

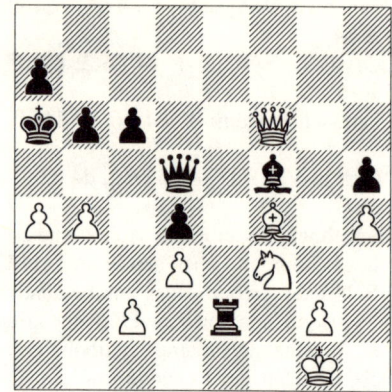

32. ♕:c6!! ♕:c6 33. b5+ ♔a5
33... ♕:b5 scheitert an 34. a:b5+ ♔b7 35. ♘:d4.
34. b:c6 ♖:c2 35. ♘:d4 ♖c5!
Es ist bereits am Nachziehenden, sich nach einer Rettung umzusehen.
36. c7 ♗g4 37. ♘b3+ ♔b4 38. ♘:c5 ♔:c5 39. a5 ♔d4 40. a:b6 a:b6 41. ♔f2 ♔d3 42. ♗d6 b5 43. ♗e7 ♔d4 44. ♗d6 ♔e4
1/2-1/2

Noch häufiger sind Springergabeln anzutreffen. Ein interessantes Beispiel zu diesem Thema ist die folgende Studie, die 1914 in der Deutschen Schachzeitung veröffentlicht wurde.

A. Troizki, 1914

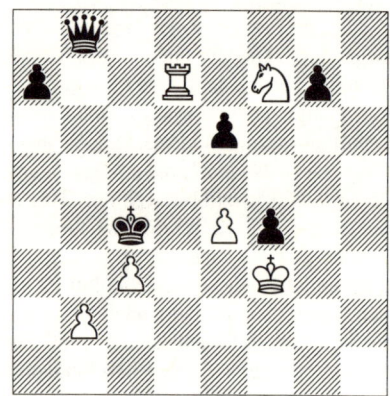

Weiß zieht und gewinnt

1. ♖b7! ♕g8 (1... ♕:b7 2. ♘d6+ mit Damengewinn) **2. ♘e5+ ♔c5 3. ♖b8! ♕h7** (3... ♕:b8

4. ♘d7+) 4. b4+ ♚d6 5. ♖h8! ♕:h8 6. ♘f7+ und gewinnt.

Galljamowa-Iwantschuk Alisa, * 18. Januar 1972 in Kasan, ukrainische Großmeisterin, WM-Kandidatin.

Als man im sowjetischen Sportkomitee von dem ungewöhnlich begabten Mädchen aus Kasan hörte, holte man es an eine Moskauer Sportschule und gab es unter die Fittiche des erfahrenen Trainers Rudolf Kimmelfeld. Sie pflegte schon damals einen scharfen Stil und brauchte den schachlichen Vergleich mit ihren männlichen Altersgenossen nicht zu scheuen, besonders nicht im Blitzspiel.

1987 wurde sie Weltmeisterin der Mädchen unter sechzehn Jahren. Im Sommer des darauffolgenden Jahres wiederholte sie diesen Erfolg im rumänischen Timişoara, im Herbst setzte sie noch eines drauf und holte sich im australischen Adelaide den WM-Titel U-20! Nur folgerichtig war es, daß sie 1990 beim Interzonenturnier in Asow den Sieg teilte (mit → *K. Arachamia*) und sich damit erstmals für das Kandidatinnenturnier zur Weltmeisterschaft qualifizierte.

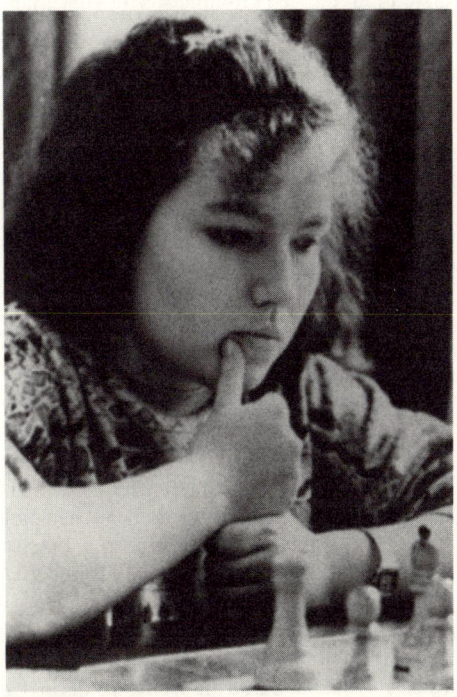

1991 heiratete Alisa Galljamowa den ukrainischen Großmeister → *W. Iwantschuk* und siedelte nach Lwow über. Bei einem Turnier der Schachehepaare hätten die beiden wohl keine Konkurrenz zu fürchten... Aber auch im »Normalschach« zeigte die ehrgeizige Galljamowa weiter gute Ergebnisse. Beim Wettkampf einer Frauenauswahl gegen die weltbesten Senioren auf der Karibikinsel Aruba 1992 schlug sie im Minimatch Exweltmeister → *W. Smyslow* (1,5:0,5), trennte sich von → *J. Geller*, O. Panno und → *W. Uhlmann* unentschieden und unterlag nur → *L. Polugajewski* und → *B. Ivkov* knapp. Ende 1992 erzielte Galljamowa bei der Mannschaftseuropameisterschaft der Damen am Spitzenbrett für die Ukraine mit 6,5/7 das beste Einzelergebnis.

□ A. Galljamowa-Iwantschuk
■ W. Smyslow
Aruba, 1992

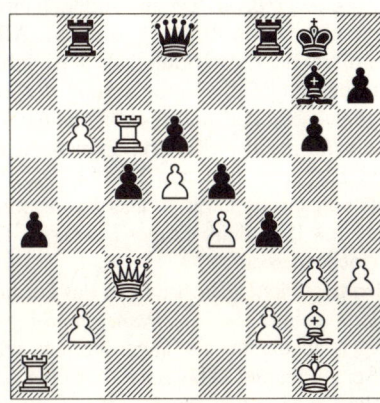

25. b4 f:g3 26. f:g3 ♖:b6 27. ♖:b6 ♕:b6 28. b:c5 ♕a7 29. ♕c4 a3 30. ♔h2 d:c5 31. d6+ ♔h8 32. ♕d3 a2 33. ♕d2 ♖a8 34. d7 ♗f6 35. ♕d6 ♔g7 36. ♖f1 ♔g5 37. h4 a1♕ 38. ♖:a1 ♕:a1 39. h:g5 ♕a5 40. ♕:e5+ ♔g8 41. ♕e6+ ♔g7 42. ♕f6+ ♔g8 43. e5   1-0

Gambit. Spielanfang, bei dem eine Seite zum Zwecke schneller Entwicklung bzw. eines Zentrumsvorteils Material opfert.

Der Terminus rührt vom italienischen Ausdruck »dare il gambetto« her, was soviel bedeutet wie »jemandem ein Bein stellen«. Der

Begriff »Gambit« wurde 1561 erstmals vom Spanier → *R. López* in Zusammenhang mit der Eröffnung 1. e4 e5 2. ♘f3 f6 3. ♘:e5 genannt.
Das Gambitspiel war besonders im 17. und 18. Jahrhundert populär, als die Schönheit einer Schachpartie fast ausschließlich nach der Zahl der geopferten Figuren bewertet wurde. Auch im 19. Jahrhundert waren Gambits in den Händen von Angriffsspielern und Kombinationsgenies wie → *L. La Bourdonnais*, → *A. McDonnell*, → *A. Anderssen* und → *J. Zukertort* eine gefürchtete Waffe. Die Methodik des Gambitspiels wurde dann von → *P. Morphy* und → *M. Tschigorin* vervollkommnet.
Anfang des 20. Jahrhunderts fanden spezielle Thematurniere statt, zum Beispiel im → *Königsgambit* (1903 in Wien) und im → *Evansgambit* (1914 in Baden, Österreich). Hervorragende Angriffsspieler wie → *R. Spielmann*, → *P. Keres*, → *D. Bronstein* und andere nahmen scharfe Gambits in ihr Repertoire auf. Allerdings führte die Entwicklung der Schachtheorie, insbesondere die Verbesserung der Verteidigungsmethoden, und das allgemein tiefere Verständnis positioneller Prinzipien dazu, daß einige besonders riskante Gambits deutlich seltener anzutreffen waren. Das Evansgambit erlebte erst 1995 dank einiger Kasparow-Partien eine Renaissance.
Zu den populärsten Eröffnungen des 20. Jahrhunderts gehört das → *Damengambit*, das häufiger abgelehnt als angenommen wird. Das Spiel trägt hier in beiden Fällen eher positionellen Charakter. Auch das → *Wolga-Gambit* ist ein häufiger Gast in den Turniersälen der Welt.
Auch in unserer Zeit werden neue Gambitideen geboren, mitunter auf Topniveau. In der 12. Partie des WM-Matches gegen → *A. Karpow* (London 1985) überraschte → *G. Kasparow* seinen Gegner und die gesamte Theoretikerschar in einer altbekannten Variante der → *Sizilianischen Verteidigung* mit der anscheinend »verrückten« Gambitidee 8... d5!?:

1. e4 c5 2. ♘f3 e6 3. d4 c:d4 4. ♘:d4 ♘c6 5. ♘b5 d6 6. c4 ♘f6 7. ♘1c3 a6 8. ♘a3 d5!?

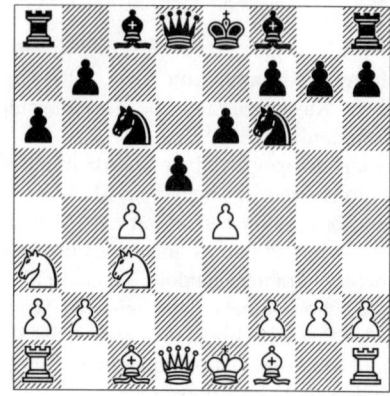

Die Londoner »Times« druckte dieses Diagramm auf ihrer Titelseite gleich neben den wichtigsten aktuellen politischen Nachrichten! Die Schachpresse taufte diese interessante Neuerung, die Kasparow ein Remis in der 12. und einen Glanzsieg in der 16. Partie eintrug, auf den Namen »Kasparow-Gambit«.

Gaprindaschwili Nona, * 3. Mai 1941 in Sugdidi (Georgien), fünfte Schachweltmeisterin, erste Frau, die den Großmeistertitel der Männer erkämpfte.
Nona erlernte mit fünf Jahren das Schachspiel. Sie wollte ihren fünf Brüdern in nichts nachstehen. Wenn die Jungen Fußball spielen gingen, lief Nona mit. Sie stiegen in die Nachbargärten ein – die kleine Nona war dabei. Ähnlich verhielt es sich auch beim Schach, wofür sich die Brüder begeisterten. Nona war ihnen in diesem Spiel bald gleichwertig.
Als das zwölfjährige Mädchen an einem Schülerturnier teilnahm, fiel es dem erfahrenen Pädagogen Wachtang Karzeladse, dem Begründer der georgischen Schachschule, sofort auf. Er förderte Nonas Vorliebe für das scharfe Angriffsspiel und führte dazu sogar spezielle Gambitturniere durch. Mit fünfzehn wurde Nona Stadtmeisterin Tbilissis, danach georgische Landesmeisterin. Bei dem sowjetischen Championat 1960 qualifizierte sich die 19jährige Fremdsprachenstudentin für das WM-Kandidatinnenturnier.
Siebzehn Schachspielerinnen aus zehn Ländern ermittelten 1961 in dem jugoslawischen Kurort Vrnjačka Banja die Herausforderin der

Weltmeisterin → *J. Bykowa*. Nona Gaprindaschwili gewann das Turnier mit 13 Punkten aus 16 Partien. Hier das Schlußspiel aus ihrer Partie gegen Milunka Lazarević:

□ M. Lazarević
■ N. Gaprindaschwili
Vrnjačka-Banja, 1961

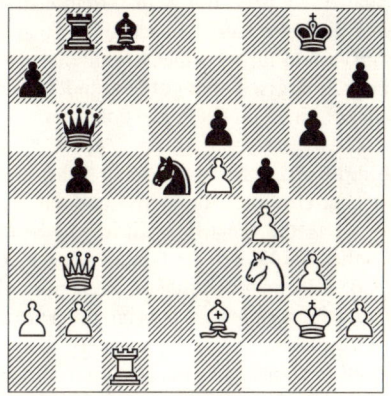

25. ♕:b5 ♛e3! 26. ♕:b8 ♛:e2+ 27. ♔h3 ♚g7! 28. ♕:a7+ ♚h6 29. ♕a3 ♚h5! 30. ♖e1 ♛f2! 31. ♕d3 ♝a6! 32. ♕d1 ♞e3! 33. ♖:e3 ♝f1+ 0-1

Dem scharfen, kompromißlosen, wahrhaft männlichen Stil Gaprindaschwilis hatte keine Kontrahentin etwas entgegenzusetzen. Das traf im Herbst 1962 auch auf Weltmeisterin Jelisaweta Bykowa zu. Das auf sechzehn Partien veranschlagte WM-Match war schon nach elf Runden entschieden. Zu groß war die Überlegenheit Gaprindaschwilis, die mit einem 9:2 (+7, -0, =4) die fünfte Weltmeisterin der Schachgeschichte wurde.

Nach diesem Triumph stellte sich Gaprindaschwili ein neues Ziel. Sie wollte dem »starken Geschlecht« beweisen, daß die Frauen im Schach nicht schwächer sind. In Hastings 1963/64 teilte sie im B-Turnier den 1.-2. Platz. Ein Jahr später, diesmal im Hauptturnier, sprang ein guter 5. Platz heraus. Im anschließenden Blitzturnier gewann Nona alle dreizehn Partien, darunter auch gegen Exweltmeister → *M. Tal*... Es folgten erfolgreiche Auftritte in Zwolle (1966), Göteborg (1968) und Dortmund (1974, 3. Platz). In Lone Pine 1976, bei der Offenen USA-Meisterschaft, gehörte sie zu den Co-Gewinnern. Daraufhin wurde ihr als erster Frau der Schachgeschichte der Großmeistertitel der Männer zugesprochen. Ihre Glanzpartie gegen Rudolf Servaty vom Dortmunder Turnier ging durch die Weltpresse!

□ N. Gaprindaschwili
■ R. Servaty
Dortmund, 1974

1. e4 c5 2. ♞f3 ♞c6 3. d4 c:d4 4. ♞:d4 g6 5. c4 ♝g7 6. ♝e3 ♞f6 7. ♞c3 ♞g4 8. ♕:g4 ♞:d4 9. ♕d1 e5 10. ♞b5 0-0 11. ♝e2 ♕h4 12. ♞:d4 e:d4 13. ♝:d4 ♕:e4 14. ♝:g7 ♕:g2 15. ♕d4!! ♕:h1+ 16. ♔d2 ♕:a1 17. ♕f6!! Schwarz gab auf, denn er kann das Matt allenfalls noch durch Racheschachs hinauszögern: 17... ♕:a2 18. ♝h6 ♕a5+ 19. ♔c1 ♕e1+ (19... ♕a1+ 20. ♔c2 ♕a4+ 21. ♔b1) 20 ♝d1.

Das Spiel gegen Männer war ein ausgezeichnetes Training für die Frauenkonkurrenzen, die sie jahrelang beherrschte. 1971 in Belgrad und 1975 in Timişoara triumphierte sie mit jeweils dreizehn Siegen in dreizehn Partien! Dreimal wurde sie Landesmeisterin, fünfmal hatte sie bei Schacholympiaden das beste Ergebnis am Spitzenbrett aufzuweisen.

Dreimal verteidigte Nona Gaprindaschwili ihren Titel gegen → *A. Kuschnir*. 1965 gewann sie klar mit 8,5:4,5 (+7, -3, =3), vier Jahre später mit demselben Resultat (+6, -2, =5). Im dritten Match zwischen den beiden ging es knapper zu (8,5:7,5; +5, -4, =7). 1975 wies sie den Ansturm ihrer Landsfrau → *N. Alexandria*, ebenfalls ein Schützling von Trai-

ner Wachtang Karzeladse, mit 8,5:3,5 (+8, -3, =1) ab. Drei Jahre danach mußte sie ihren Weltmeistertitel an die Georgierin → *M. Tschiburdanidse* abtreten (6,5:8,5; +2, -4, =9).
Bis Anfang der 90er Jahre beteiligte sich Gaprindaschwili weiter an WM-Ausscheidungskämpfen. 1982 gewann sie den »→ *Schachoscar*« der Frauen. Bei den Interzonenturnieren 1990 in Kuala Lumpur und 1991 in Sobotica belegte sie den 1. Platz. Von Gaprindaschwilis hoher Reputation in ihrer Heimat zeugt ihre Wahl zur Präsidentin des nationalen Olympischen Komitees Georgiens.

Gegenangriff. Besonders effektives Mittel bei der Verteidigung einer schwierigen Stellung. Oft wird die Attacke der einen Seite mit einem Gegenangriff im Zentrum oder am entgegengesetzten Flügel beantwortet. Ein gelungener Gegenangriff, der zur Rettung der Partie oder gar zum Sieg führt, hinterläßt mitunter nicht weniger ästhetischen Eindruck als ein glanzvoll durchgeführter Mattangriff.
Ein großer Meister des Gegenangriffs war der zweite Weltmeister → *Em. Lasker*. In eine schwierige Position geraten, glich er die Lage mit erfindungsreichem Spiel oft nicht nur aus, sondern übernahm durch entschlossene Konterattacken die Initiative:

□ I. Kan
■ Em. Lasker

Moskau, 1935

32... e:d4!? 33. e:f5 ♕f6! 34. ♖e6 d:c3!! 35. ♖:f6 c:d2 36. ♖:g6+ h:g6 37. ♕:g6+ ♔f8 38. ♕d6+ ♔e8 39. ♗c2 ♖b6! 40. f6 ♔d8 41. f7 ♔c8! 42. f8♕+ ♘:f8 43. ♕:f8+ ♔b7 44. ♕f6 ♔a6! 45. ♕d6 ♖e8 46. h4 ♖e1+ 47. ♔h2 ♖c1! 48. ♗f5 d1♕ 49. ♗c8+ ♔a5   0-1

»In dieser Partie«, erinnerte sich später der Moskauer Meister Ilja Kan, »demonstrierte Lasker die hohe Kunst, in kritischer Lage den Kampfverlauf mittels einer riskanten, taktisch und psychologisch aber gut begründeten Operation zu seinen Gunsten zu verändern.«

Gelfand Boris, * 24. Juni 1968 in Minsk, weißrussischer Großmeister, WM-Kandidat.
1989 setzte die Schachzeitschrift »64-Schachrundschau« anläßlich der Landesmeisterschaft der UdSSR einen originellen Preis aus: »Für das meiste geopferte Material im Turnier«. Der Drittplazierte des Championats, der kompromißlos kämpfende 21jährige Großmeister Boris Gelfand aus Minsk, gewann diese Spezialwertung mit Abstand. Besonders aggressiv war der Anhänger der → *Königsindischen Verteidigung* mit den schwarzen Steinen. Gegen → *R. Waganjan* und W. Tukmakow opferte er einen Bauern, gegen W. Malanjuk einen Läufer, gegen → *A. Sokolow* die Dame... Boris war schon sehr früh erfolgreich. Mit elf Jahren ist er bereits Meisterkandidat, studiert die Klassiker und leistet ein enormes schach-

liches Trainingspensum. 1985 wird er Schülermeister der UdSSR, zwei Jahre darauf Junioreneuropameister. 1989 gewinnt er in Palma de Mallorca das Ausscheidungsturnier zum → *Weltcup*. Im Februar 1990 glänzt er als Zweiter des Superturnieres im spanischen → *Linares* – einen halben Punkt hinter Weltmeister → *G. Kasparow*. 1990 schließt sich beim Interzonenturnier von Manila der Co-Sieg mit → *W. Iwantschuk* an. Im WM-Kandidatenturnier setzt er sich zunächst mit 5,5:4,5 über Nikolic (Bosnien) hinweg, scheitert dann aber im Viertelfinale am Engländer → *N. Short* (3:5). Gelfand zeigte sich von diesem Ausscheiden unbeeindruckt, wie sein Erfolg in Belgrad Ende 1991 und der geteilte 2.-3. Platz (mit Kasparow, hinter → *V. Anand*) beim Kategorie-18-Turnier in Reggio-Emilia kurz danach beweist. 1992 teilte er beim Aljechin-Memorial in Moskau mit Anand den Sieg und bezwang dabei Exweltmeister → *A. Karpow*:

□ B. Gelfand
■ A. Karpow
Moskau, 1992

1. d4 ♘f6 **2.** c4 e6 **3.** ♘f3 b6 **4.** a3 ♗b7 **5.** ♘c3 d5 **6.** ♕c2 ♘bd7 **7.** c:d5 ♘:d5 **8.** ♘:d5 ♗:d5 **9.** e4 ♗b7 **10.** ♗b5!

10... c6 **11.** ♗:c6 ♖c8 **12.** d5 ♕c7 **13.** ♘d4 ♗:c6 **14.** ♘:c6 ♘b8 **15.** ♗e3 ♘:c6 **16.** ♖c1 ♗c5 **17.** d:c6 ♕:c6 **18.** 0-0! 0-0 **19.** b4 ♗:e3 **20.** ♕:c6 ♗:c1 **21.** ♕a4 ♖c7 **22.** ♖d1 g6 **23.** g3 ♖fc8 **24.** ♖d7 ♗b2 **25.** ♔g2 ♔g7 **26.** f4 ♗c3 **27.** ♕d1 a5 **28.** ♖:c7 ♖:c7 **29.** ♕d6 ♖c4 **30.** ♕d3 b5 **31.** a4! a:b4 **32.** a:b5 ♖d4 **33.** ♕e3 e5 **34.** b6 ♖d7 **35.** ♕c5 ♖d2+ **36.** ♔h3 ♗d4 **37.** ♕c1,** und Schwarz überschritt die Bedenkzeit.

1993 gewann Gelfand wieder ein Interzonenturnier – diesmal in Biel – und qualifizierte sich damit erneut für die Kandidatenwettkämpfe. Nach Erfolgen gegen → *M. Adams* (5:3) und → *W. Kramnik* (4,5:3,5) unterlag er dann Karpow (3:6).

Geller Jefim, * 2. März 1925 in Odessa, russischer Großmeister, WM-Kandidat.
1979 ... Die sowjetische Landesmeisterschaft weist die bisher jüngste Besetzung aller Championate auf. → *G. Kasparow* (16 Jahre), → *A. Jussupow* (19), → *S. Dolmatow* (20), → *A. Beljawski* (26), → *R. Waganjan* (28) und andere Asse kämpfen um den Titel. Doch den holt sich der mit jugendlichem Feuer aufspielende 54jährige Jefim Geller!
Unwillkürlich hat man den Eindruck, daß Geller ein ganz besonderes Erfolgsrezept hat. Ist er doch der einzige Schachspieler, der gegen vier Weltmeister eine positive Bilanz aufweist: → *Botwinnik*, → *Smyslow*, → *Petrosjan* und → *Fischer*! Auf die Frage, wie er das geschafft hat, antwortete er: »Man muß alle Kräfte mobilisieren, darf nicht vor großen Namen zittern und muß hart am Schach arbeiten.« Letzteres kann man bei Geller an die erste Stelle setzen. Bereits 1949 war der junge Bursche, der gerade den Meistertitel erhalten hatte, ein ernsthafter Anwärter auf den Landesmeistertitel der UdSSR. Er blieb beim Championat nur einen halben Zähler hinter D. → *Bronstein* und W. Smyslow zurück. Von da an erzielte Geller regelmäßig bedeutende Erfolge und demonstrierte dabei eine erstaunliche Kreativität auf der Suche nach neuen Wegen im Schach. Bemerkenswert ist ein Ausspruch Botwinniks: »Bis Geller kam, haben wir die Königsindische Verteidigung nicht verstanden.« Hinzufügen muß man seine Verdienste bei der Ausarbeitung einer Reihe von Systemen in der → *Sizilianischen Verteidigung*, der → *Spanischen Partie* und dem → *Damengambit*. Aufgrund seiner glänzenden analytischen Fähigkeiten war Geller auch als Trainer

sehr gefragt. So war er es, der in der Abbruchstellung der berühmten Partie Botwinnik-Fischer (Schacholympiade Varna 1962) einen phantastischen Zug fand und seinem Landsmann damit das Remis rettete.

Aber auch in den eigenen Partien fand Geller tiefgründige strategische Manöver, studienartige Endspielfortsetzungen und glänzende kombinatorische Angriffe. Ein gutes Beispiel ist das folgende Schlußspiel. Geller läßt viermal die Dame einstehen!

□ J. Geller
■ W. Smyslow
Moskau, 1965

24. ♖cf1 ♖:e4 25. f:g6! f6
Auf 25... ♖:f4 folgt 26. g:h7+ matt.
26. ♕g5! ♕d7 27. ♔g1! ♗g7 28. ♖:f6! ♖g4 29. g:h7+ ♔h8 30. ♗:g7+ ♕:g7 31. ♕:g4!
Schwarz gab auf. Auf 31... ♕:g4 entscheidet 32. ♖f8+ ♖:f8 33. ♖:f8+ ♔g7 34. h8♕+ matt.

Geller war zweimal sowjetischer Landesmeister (1955 und 1979) und gewann mehr als 20 internationale Turniere, darunter Dresden (1959), Bewerwijk (1965), Kislowodsk (1966, 1968), Skopje (1967), Wijk aan Zee (1969, 1977), Moskau (1975), Las Palmas (1976, 1980), Bern (1987) usw. Geller zählte über viele Jahre hinweg zu den Anwärtern auf den Schachthron, aber über mehr als das WM- Halbfinale (1965 gegen → *B. Spasski*) kam er nicht hinaus. Aber den WM- Titel der Senioren (1992, Bad Wörishofen) ließ er sich nicht streitig machen!

Georgiew Kiril, * 28. November 1965 in Plovdiv, bulgarischer Großmeister, Juniorenweltmeister 1983.
Vor der Junioren-WM im französischen Belfort hatten die Experten den Titel quasi schon an den sowjetischen Spieler → *W. Salow* oder den Engländer → *N. Short* vergeben, aber ein anderer erzielte einen überzeugenden Triumph – der 18jährige Bulgare Kiril Georgiew! 1984 und 1986 gewann er die Meisterschaft Bulgariens und vertrat sein Land fortan bei Schacholympiaden am ersten Brett. Aus jenen Jahren datieren auch die ersten guten Plazierungen in internationalen Turnieren, ein geteilter Sieg in Stockholm 1983/84, der 1. Platz im B-Turnier von Wijk aan Zee und der geteilte Erfolg in Sarajevo 1986. Nach Heirat und Umzug nach Sofia ging es weiter bergauf. 1992 belegte er in einem doppelrundigen Turnier im schweizerischen Biel hinter → *A. Karpow* den zweiten Platz und blieb dabei als einziger Teilnehmer ungeschlagen. Das Miniduell gegen → *A. Schirow* gewann Georgiew 2:0.

□ A. Schirow
■ Kir. Georgiew
Biel, 1992

1. d4 ♘f6 2. c4 e6 3. ♘c3 ♗b4 4. f3 d5 5. a3 ♗:c3+ 6. b:c3 c5 7. c:d5 ♘:d5 8. ♕d3 b6! 9.

e4 ♗a6 10. ♕d2 ♗:f1 11. ♔:f1 ♘e7 12. ♘e2 ♘bc6 13. d:c5?! ♕c8!?
Stärker war 13... ♕c7!, was Karpow einen Tag später gegen Schirow spielte.
14. ♕e3 0-0! 15. c:b6 ♖d8! 16. ♔f2 a:b6 17. ♖b1 ♘e5 18. ♕:b6 ♕c4 19. ♗e3 ♘d3+ 20. ♔g3 f5?!
Genauer war laut Georgiew 20... ♘g6.
21. ♗g5! ♖d7 22. ♘d4
Danach erhält Schwarz einen starken Angriff. Richtig war 22. ♗:e7.
22... f4+! 23. ♔h4
Erzwungen, denn auf 23. ♗:f4? folgt ein Matt in sechs Zügen: 23... ♘:f4 24. ♔:f4 e5+ 25. ♔:e5 ♘g6+ 26. ♔f5 ♕f7+ 27. ♔g4 ♕f4+ 28. ♔h3 ♕h4+ matt.
23... ♘g6+ 24. ♔h5 ♘f8 25. ♕c6

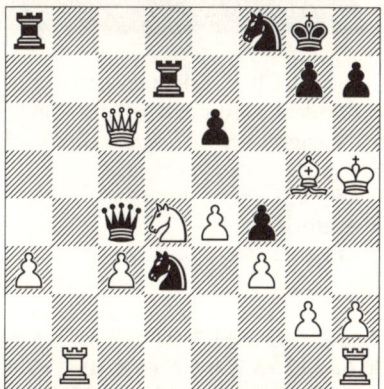

25... ♕a2! 26. ♖hg1 e5! 27. ♕:a8?
Mit 27. ♘b3! konnte Weiß noch Widerstand leisten.
27... ♕f7+ 28. ♔h4 h6! 29. g4 h:g5+
Schneller und eleganter gewann laut Georgiew 29... ♘f2!
30. ♔h3 e:d4 31. c:d4 ♘f2+ 32. ♔g2 ♕a2 33. ♕b8! ♘d3+ 34. ♔h1 ♕e2 35. ♖gf1 ♖:d4 36. ♕b3+ ♔h7 37. ♕b5 ♖d6! 38. h4 ♘g6 39. ♕:g5 ♘:h4 40. ♕:h4+ ♖h6 41. ♕:h6+ 0-1

1993 gehörte Georgiew mit einer Ratingzahl von 2660 zu den Top Ten der Welt.

Gheorghiu Florin, * 6. April 1944 in Bukarest, erster rumänischer Großmeister, Juniorenweltmeister 1963.
Mit sechzehn wurde er Landesmeister Rumäniens, mit neunzehn Juniorenweltmeister. Nach seinem Studium lehrte der Sprachwissenschaftler zunächst englische und rumänische Sprache und Literatur, entschied sich dann aber doch für die Laufbahn eines Schachprofis. Seit 1980 ist er Redakteur der Zeitschrift »Revista Romana de Şah«.

Bereits mit 21 Jahren wurde Gheorghiu Großmeister. Zu seinen bedeutendsten Turniererfolgen zählen die Siege in Bukarest (1967), Manila (1969), Philadelphia (1979, 1980), Berlin (1984) usw. Gheorghiu gilt als Positionsspieler. Einen der spektakulärsten Siege seiner Karriere erzielte der Rumäne 1966 auf der Schacholympiade gegen → R. Fischer.

□ F. Gheorghiu
■ R. Fischer
Schacholympiade Havanna, 1966

1. d4 ♘f6 2. c4 e6 3. ♘c3 ♗b4 4. f3 d5 5. a3 ♗:c3+ 6. b:c3 0-0 7. c:d5 e:d5 8. e3 ♘h5 9. ♕c2 ♖e8 10. g4 ♘f4 11. h4 c5 12. ♔f2 ♘g6 13. ♗d3 ♘c6 14. ♘e2 ♗e6 15. g5! ♖c8 16. h5 ♘f8 17. g6! f:g6 18. h:g6 h6 19. ♕b1! ♘a5 20. ♘f4 c4 21. ♗c2 ♖c6 22. ♖a2! ♘d7

23. a4 ♘f6 24. ♗a3 ♕d7 25. ♖b2 b6 26. ♖b5 ♘b7 27. e4! d:e4 28. ♗:e4 ♖cc8 29. ♖e5! ♗g4 30. ♘d5! ♖:e5 31. ♘:f6+ g:f6 32. d:e5 ♘c5 33. ♗:c5 ♕d2+ 34. ♔g3 ♗:f3 35. ♗:f3 ♖:c5 36. ♕c1! ♕:c1 37. ♖:c1 ♖:e5 38. ♔f4 ♔g7 39. ♗e4 h5 40. ♖d1 ♖e7 41. ♖d5 ♔h6 42. ♖d6 ♔g7 43. ♖c6 h4 44. ♖:c4 h3 45. ♔g3 ♔h6 46. ♗b1 ♖e3+ 47. ♔h2 ♖e1 48. ♗d3 ♖e3 49. ♖h4+ ♔g5 50. g7   1-0

Für die gesamte Partie benötigte Gheorghiu weniger als eine Stunde!

Gligorić Svetozar, * 2. Februar 1923 in Belgrad, serbischer Großmeister, elffacher jugoslawischer Landesmeister, WM-Kandidat.

Gligorić Weg ins Spitzenschach begann bald nach Ende des Zweiten Weltkrieges, in dem er als Partisan gegen die Invasoren kämpfte. 1947 wurde er Landesmeister und überflügelte darauf bei seinem Turniersieg in Warschau u. a. → *W. Smyslow* und → *I. Boleslawski*. »Meinen Stil kann man mit zwei Worten umreißen – angespanntes Gleichgewicht. Das ist ein Gleichgewicht der gekreuzten Degen. Wer in diesem Kampf fehlgreift, der geht unter«, so beschreibt Gligorić sein Schach. Besonders in den 50er Jahren führte Gligorić eine scharfe Klinge. Aus dieser Zeit datieren seine größten Erfolge. 1958 ist er in Portorož beim Interzonenturnier Zweiter hinter → *M. Tal*, glänzt auf der Münchener Schacholympiade mit dem besten Einzelergebnis (u. a. vor → *M. Botwinnik*) und wird Sportler des Jahres in Jugoslawien. Gligorić war dreimal WM-Kandidat (1953, 1959, 1968) und gewann eine Reihe von internationalen Turnieren: Mar del Plata 1950, 1953; Hastings 1951/52, 1956/ 1957, 1959/60, 1960/61; 1962/63 (geteilt mit → *A. Kotow*); Dallas 1957; Belgrad 1962, 1963 usw.

Gligorić blieb auch in fortgeschrittenem Alter noch aktiv, und das nicht schlecht, wie der 63jährige 1986 bei seinem souveränen Sieg im Tschigorin-Memorial von Sotschi bewies. Anfang der 80er Jahre schrieb Gligorić, der ein passionierter Gitarren- und Fußballspieler ist, das Buch »Ich spiele gegen die Figuren«, in dem er seine Schachkarriere nachzeichnete und seine 105 besten Partien kommentierte. Eine der denkwürdigsten ist das Duell des großen Kenners der → *Königsindischen Verteidigung* gegen → *T. Petrosjan*:

□ T. Petrosjan
■ S. Gligorić
Rovinj-Zagreb, 1970

1. c4 g6 2. ♘f3 ♗g7 3. d4 ♘f6 4. ♘c3 0-0 5. e4 d6 6. ♗e2 e5 7. 0-0 ♘c6 8. d5 ♘e7 9. b4 ♘h5 10. ♘d2! ♘f4 11. a4 f5 12. ♗f3 g5! 13. e:f5 ♘:f5 14. g3 ♘d4! 15. g:f4 ♘:f3+ 16. ♕:f3 g4! 17. ♕h1 e:f4 18. ♗b2 ♗f5 19. ♖fe1

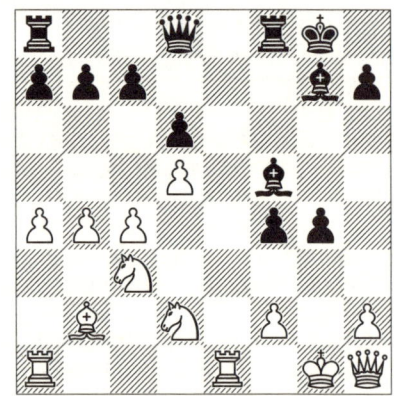

19... f3 20. ♘de4 ♕h4 21. h3 ♗e5! 22. ♖e3 g:h3 23. ♕:f3 ♗g4 24. ♕h1 h2+ 25. ♔g2

♕h5! 26. ♘d2 ♗d4! 27. ♕e1 ♖ae8! 28. ♘ce4 ♗:b2 29. ♖g3 ♗e5 30. ♖aa3 ♔h8 31. ♔h1 ♖g8 32. ♕f1 ♗:g3 33. ♖:g3 ♖:e4   0-1

Goethe und Schach. Seine Beziehung zu diesem Spiel legte der große deutsche Dichter und Denker Johann Wolfgang von Goethe (1749 bis 1832) in seinen Werken »Götz von Berlichingen« (1773) und »Egmont« (1787) dar. Im Götz beginnt der zweite Akt des Dramas mit einem Dialog über das Schachspiel. In das Gespräch des Bischofs mit Adelheid über ihre Partie mischt sich Liebetraut ein, ein guter Musiker, aber offenbar schwacher Schachspieler...

Goethe (links) beim Schachspiel. Zeichnung von J. E. Hummel. Staatliches Museum Dresden.

Adelheid: Ihr seid nicht bei Eurem Spiel. Schach dem König!
Bischof: Es ist noch Auskunft.
Adelheid: Lange werdet Ihr's nicht mehr treiben. Schach dem König!
Liebetraut: Dies Spiel spielt ich nicht, wenn ich ein großer Herr wär, und verböt's am Hofe und im ganzen Land.
Adelheid: Es ist wahr, dies Spiel ist ein Probierstein des Gehirns.

In der Tragödie »Egmont« findet das Schachspiel ebenfalls im zweiten Akt im Gespräch Wilhelms von Oranien mit dem Grafen Egmont Erwähnung. Sie vergleichen die Analyse der Lebenssituationen mit dem Nachdenken über eine Stellung beim Schachspiel:

Oranien: Egmont, ich trage viele Jahre her alle unsere Verhältnisse am Herzen; ich stehe immer wie über einem Schachspiele und halte keinen Zug des Gegners für unbedeutend; und wie müßige Menschen mit größter Sorgfalt sich um die Geheimnisse der Natur bekümmern, so halt' ich es für Pflicht, für Beruf eines Fürsten, die Gesinnungen, die Ratschläge aller Parteien zu kennen.

Spielte Goethe selbst auch Schach? Vor nicht allzu langer Zeit entdeckte man in Dresden eine bis dahin unbekannte Zeichnung des deutschen Malers Johann Erdmann Hummel, eines Zeitgenossen von Goethe, auf der nach Meinung von Experten der Dichterfürst beim Schachspielen mit einem Freund abgebildet ist.

Greco Gioacchino (1600–1634), herausragender italienischer Schachspieler der ersten Hälfte des 17. Jahrhunderts.
Da in Kalabrien gebürtig, nannte man ihn auch den »Kalabrier«. Greco hatte ein kurzes, aber bewegtes Leben. Er bereiste viele Städte und Länder und verblüffte seine schachlichen Gegner durch seinen mit Opfern und Fallen gespickten Angriffsstil. Die letzten Jahre seines Lebens verbrachte er größtenteils am Hofe des Königs Philipp IV. Er starb in Westindien. Nach seinem unerwarteten Tod erschien eine Sammlung von 150 Greco-Partien mit Anmerkungen des Maestros. Zwei Beispiele:

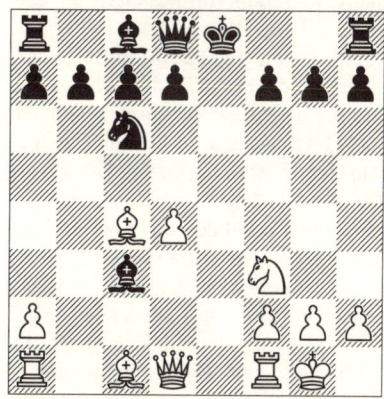

10. ♕b3 ♗:d4 11. ♗:f7+ ♔f8 12. ♗g5 ♗f6 13. ♖ae1 ♘e7 14. ♗h5 ♘g6 15. ♘e5! ♗:e5

16. ♖:e5 g6 17. ♗h6+ ♗g7 18. ♖f5+ ♔e7 19. ♖e1+ ♗e5 20. ♖e:e5+ ♔d6 21. ♕d5+ 1-0

In der folgenden Partie Grecos tritt erstmals das heutzutage gutbekannte Motiv eines Läuferopfers auf h7 mit anschließender Öffnung der h-Linie auf:

1. e4 e6 2. d4 ♘f6 3. ♗d3 ♘c6 4. ♘f3 ♗e7 5. h4 0-0 6. e5 ♘d5 7. ♗:h7+! ♔:h7 8. ♘g5+ ♗:g5 9. h:g5+ ♔g8 10. ♕h5 f5 11. g6 ♖e8 12. ♕h8+ matt!

Groningen – Turnier 1946, erste bedeutende internationale Schachveranstaltung nach dem Krieg. Der Staunton-Schachclub der holländischen Stadt Groningen beging seinen 75. Jahrestag und lud zu diesem Jubiläum die 20 stärksten Schachspieler der Welt ein. → *A. Aljechin* war nicht mehr dabei – der Weltmeister war ein halbes Jahr zuvor in Portugal verstorben. Deshalb sollte das Turnier nach den Plänen der Organisatoren auch dazu dienen, die Anwartschaft des niederländischen Ex-Weltmeisters → *M. Euwe* auf den verwaisten Schachthron zu unterstreichen. Außerdem sollte in Groningen der sechste und damit letzte Teilnehmer am Matchturnier der Fide bestimmt werden, in dem der neue Weltmeister ermittelt werden konnte.

Einen Monat lang (8. August – 7. September) war Groningen im Schachfieber. Die Eintrittskarten wurden von Männern im Schachlook verkauft, im Blumengeschäft konnte man aus Blumen gefertigte Schachbretter und -figuren erwerben, ein Möbelhändler pries Betten an, die denen der berühmten Schachmeister im Hotel »Frigge« glichen! Das Turnier lieferte einen Zweikampf zwischen Euwe und → *M. Botwinnik*, der gleich zu Beginn mit fünf Siegen in Front zog und vor der 9. Runde einen Vorsprung von 1,5 Punkten auf den Niederländer herausgearbeitet hatte. Am Tage ihres direkten Aufeinandertreffens fanden sich 2 500 Zuschauer ein. Botwinnik übernahm die Initiative in der Partie. Doch ein ungenauer Zug genügte, das Blatt zu wenden – das Idol der holländischen Schlachtenbummler, Max Euwe, erhielt Positionsvorteil und Gewinnchancen im Endspiel. Die Partie wurde unterbrochen und sollte in anderthalb Stunden wiederaufgenommen werden. Man gratulierte Euwe bereits zum Sieg. Die Zuschauer blieben vor Ort, weil sie ihrem Landsmann die verdienten Ovationen darbringen wollten:

□ M. Botwinnik
■ M. Euwe
Groningen, 1946

41. ♔e3! ♔e5 42. ♖c2!
Der Holländer dachte nun vierzig Minuten über seine Antwort nach und verstand, daß Weiß eine studienartige Rettung gefunden hatte. Es folgte noch:
42... c3 43. ♔d3 ♖d8+ 44. ♔e3! ♖d4 45. ♖:c3 ♖:e4+ 46. ♔f3 ♖:h4 47. ♖c6! ♖f4+ 48. ♔e3 ♖e4+ 49. ♔f3 ♔f5 50. ♖f6+ ♔:g5 51. ♖:g6+ Remis

Das war der Kulminationspunkt des gesamten Turnieres. Botwinnik konnte seine Führung bis zum Schluß verteidigen. Der Endstand: 1. Botwinnik – 14,5; 2. Euwe – 14; 3. Smyslow – 12,5; 4.-5. Najdorf, Szabó – 11,5; 6.-7. Boleslawski, Flohr – 11,0; 8.-9. Lundin, Stoltz – 10,5; 10.-12. Denker, Kotow, Tartakower – 9,5; 13. Kottnauer – 9; 14. Janowski – 8,5; 15.-16. Bernstein, Guimard – 7,0; 17. Vidmar – 6,5; 18. Steiner – 6; 19. O'Kelly – 5,5; 20. Christoffel – 5,0.

Das Turnier hatte gezeigt, daß Michail Botwinnik ein wirklicher Kandidat für den Weltmeistertitel war. Der Sieger wurde mit einem Lor-

beerkranz geehrt, und die Königin der Niederlande schenkte ihm eine silberne Tabakdose. Auch → *W. Smyslow* war zufrieden, hatte ihm doch der dritte Platz den Weg zum Matchturnier um die Weltmeisterschaft geöffnet.
Groningen ist bis heute eine Schachhochburg geblieben. Das traditionelle große Schachfestival, das alljährlich Ende Dezember ausgetragen wird, erlebte 1995 seine 34. Auflage.

Großmeister, höchster Titel im Schach, der von der → *Fide* bei entsprechenden Leistungen in internationalen Turnieren auf Lebenszeit verliehen wird.
Der Begriff des Großmeisters war bereits im 19. Jahrhundert bekannt, aber erst zu Beginn des 20. Jahrhunderts wurde er für Schachmeister verwandt, die Siege in großen internationalen Wettbewerben erreicht hatten. Diese Spieler wurden zu sogenannten Championsturnieren eingeladen (Ostende 1905, San Sebastian 1911 und St. Petersburg 1914). Als Großmeister wurden Spieler wie → *Aljechin*, Bernstein, → *Blackburne*, → *Bogoljubow*, → *Vidmar*, Grünfeld, → *Duras*, → *Sämisch*, → *Capablanca*, → *Keres*, → *Lasker*, Liliental, → *Maróczy*, → *Marshall*, → *Mieses*, → *Szabó*, → *Tarrasch*, → *Tartakower*, → *Teichmann*, → *Fine*, → *Flohr*, → *Tschigorin*, → *Schlechter*, → *Spielmann*, → *Stahlberg*, → *Euwe*, Eliskases, → *Janowski* und andere angesehen. In der Sowjetunion, wo dieser Titel seit 1935 existierte, konnten sich Bondarewski, → *Boleslawski*, → *Botwinnik*, → *Bronstein*, → *Kotow*, Löwenfisch, Ragosin und → *Smyslow* damit schmücken.
1949 schuf die Fide den Titel Internationaler Großmeister, den sie seit 1950 auf ihren jährlichen Kongressen verleiht (seit 1976 GM-Titel für Frauen). Ein Spieler muß dafür mindestens zwei Normen bei 24 ausgewerteten Partien gegen internationale Gegnerschaft erzielen und eine Elowertung (→ *Elozahlen*) von mindestens 2500 aufweisen. Der Titel eines Internationalen Großmeisters wird auf Lebenszeit verliehen.
Die Zahl der Großmeister wächst ständig an. Waren es 1959 weltweit nur 53 Akteure, die diesen Titel trugen, so sind es heute weit mehr als dreihundert.

GRÜNFELD-INDISCHE VERTEIDIGUNG

Grünfeld-Indische Verteidigung. 1. d4 ♞f6 2. c4 g6 3. ♞c3 d5

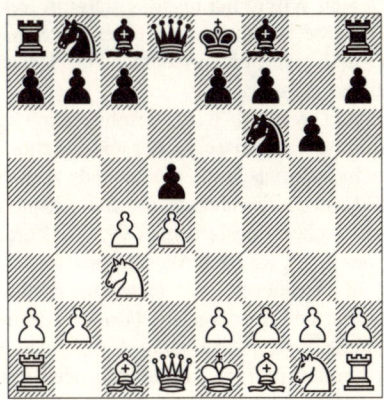

Diese Verteidigung wurde erstmals vom bekannten österreichischen Schachmeister und Theoretiker Ernst Grünfeld (1893–1962) in Wien 1922 im Match gegen seinen Landsmann Albert Becker angewandt. Ihr Grundgedanke besteht im Spiel gegen das starke weiße Bauernzentrum.
Anfänglich stand die Grünfeld-Indische Verteidigung nicht in dem Ruf, eine solide Eröffnung zu sein. Im stärksten Turnier der ersten Hälfte des 20. Jahrhunderts – Nottingham 1936 – kam sie überhaupt nicht aufs Brett. Doch die Analysen der Weltmeister → *A. Aljechin*, → *M. Botwinnik*, → *W. Smyslow*, → *R. Fischer*, → *A. Karpow*, → *G. Kasparow* und einer Reihe anderer namhafter Großmeister hauchten dieser Eröffnung neues Leben ein. In der WM-Revanche Kasparow-Karpow 1986 verteidigte sich Weltmeister Kasparow neunmal Grünfeld-Indisch! Von den zahlreichen Systemen der Grünfeld-Indischen Verteidigung verdienen folgende eine Hervorhebung:
das Zentralsystem: 4. c:d5 ♞:d5 5. e4 ♞:c3 6. b:c3;
das System mit früher Damenentwicklung nach b3: 4. ♞f3 ♝g7 5. ♛b3 d:c4 6. ♛:c4 0-0 7. e4 – und weiter: 7... ♝g4 8. ♝e3 ♞fd7 (Smyslow-System), 7... c6 (Boleslawski-System), 7... a6 (von ungarischen Meistern ausgearbeitet);
Systeme mit 4. ♝f4 oder 4. ♞f3 ♝g7 5. e3 c6 (Schlechter-System).

Guinness-Rekorde im Schach. 1986 kam ein Werk des englischen Historikers und Journalisten Ken Whyld heraus, das sich mit Rekorden befaßte, die auf dem Gebiet des Schachs aufgestellt wurden (»Chess. The Records. Guinness Book.«).
In einem Kapitel wird beschrieben, wann bestimmte Ereignisse in der Geschichte des Schachs erstmals aufgetreten sind, zum Beispiel die erste Erwähnung des Schachspiels in der persischen Poesie (um 600), das Vordringen des Schachs nach Westeuropa (etwa um 800 in Spanien), das erste internationale Schachturnier (London 1851) usw. An anderer Stelle sind interessante Fakten aus der über hundertjährigen Geschichte der Schachweltmeisterschaften zusammengetragen. So ist → *G. Kasparow*, der den Titel im Alter von 22 Jahren und 210 Tagen errang, der jüngste Weltmeister der Schachgeschichte. Der älteste Champion war → *W. Steinitz*, der bis zum 26. Mai 1894 die Schachwelt regierte und 58 Jahre und 10 Tage alt war. Die längste Zeit hatte → *Em. Lasker* den Schachthron inne – 26 Jahre und 337 Tage. → *M. Tal* brachte es dagegen nur auf ein Jahr und fünf Tage. Lasker war es übrigens auch, der das beste Resultat in WM-Zweikämpfen erzielte. In sieben Matches erreichte er 64,7% der Punkte (+45, -15, =42). Am häufigsten wurde → *M. Botwinnik* zum Weltmeister gekürt – 1948, 1958 und 1961. Das längste WM-Match gab es 1984/85 zwischen → *A. Karpow* und → *G. Kasparow* – es dauerte fünf Monate und war gleichzeitig auch das einzige, das unvollendet blieb. Es wurde beim Stande von 5:3 für Karpow nach einem Beschluß des Fide-Präsidenten → *F. Campomanes* abgebrochen. Die kürzeste WM-Partie stammt aus dem Match Botwinnik-Petrosjan (Moskau 1963). Bereits nach zehn Zügen (Weiß → *T. Petrosjan*) trennte man sich in der 21. Begegnung friedlich: 1. c4 ♘f6 2. ♘f3 g6 3. ♘c3 d5 4. c:d5 ♘:d5 5. e4 ♘:c3 6. d:c3 ♕:d1+ 7. ♔:d1 ♗g4 8. ♗e2 ♘d7 9. ♗e3 e5 10. ♘d2 remis.
Die längste Partie gab es zwischen A. Karpow und → *W. Kortschnoj*. Sie ist gleichzeitig auch die einzige WM-Partie der Schachgeschichte, die mit einem → *Patt* endete:

□ W. Kortschnoj
■ A. Karpow
Baguio, 1978

99... ♔g2 100. ♗d6 ♔f3 101. ♗h2 ♔g2 102. ♗c7 ♔f3 103. ♗d6 ♔e3 104. ♗e5 ♔f3 105. ♔d5 ♔g4 106. ♔c5 ♔f5 107. ♔:b5 ♔e6 108. ♔c6 ♔f6 109. ♔d7 ♔g7 110. ♗e7 ♔g8 111. ♔e6 ♔g7 112. ♗c5 ♔g8 113. ♔f6 ♔h7 114. ♔f7 ♔h8 115. ♗d4+ ♔h7 116. ♗b2 ♔h6 117. ♔g8 ♔g6 118. ♗g7 ♔f5 119. ♔f7 ♔g5 120. ♗b2 ♔h6 121. ♗c1+ ♔h7 122. ♗d2 ♔h8 123. ♗c3+ ♔h7 124. ♗g7 patt!

Die Chronik der Schachrekorde läßt sich ständig fortschreiben. Es werden Partien gespielt, die um die 200 Züge dauern und auch bei den Ratingzahlen werden die Grenzen weiter nach oben geschraubt. → *R. Fischers* Ratingrekord von 2780 schien unerreichbar und hatte zwei Jahrzehnte Bestand. Indessen enteilte Garri Kasparow 1992 zwischenzeitlich auf 2805 Punkte!

Gulko Boris, * 9. Februar 1947 in Erfurt, sowjetisch-amerikanischer Großmeister, WM-Kandidat.
Boris kam relativ spät, mit dreizehn Jahren, zum Schach, wurde aber nur zwei Jahre darauf Moskauer Schülermeister. Mit achtzehn nimmt er an der Moskauer Universität ein Psychologiestudium auf und befaßt sich in den Studentenjahren parallel ernsthaft mit Schach. Sein scharfer Angriffsstil erfährt in dieser Zeit einen Wandel hin zum aktiven Positionsschach. Größere Erfolge stellen sich ein. Erst gewinnt er die Meisterschaft der Studenten-

vereinigung »Burewestnik« (1972), dann die Moskauer Stadtmeisterschaft (1974) und 1977 die Landesmeisterschaft der UdSSR. Auch internationale Turniererfolge sind zu verzeichnen – Cienfuegos (1976) und Nikšić (1978).
Ende der 70er Jahre, nach einem Konflikt mit der sowjetischen Sportführung, beschloß Gulko, das Land zu verlassen, und stellte einen Ausreiseantrag. Doch die sowjetischen Behörden rollten ihm Steine in den Weg. Sieben Jahre lang (1979–86) sahen sich Gulko und seine Frau Anna Achscharumowa, zweifache Landesmeisterin der UdSSR (1974 und 1984), zu Staatsfeinden abgestempelt und allerlei Schikanen von seiten des totalitären Sowjetregimes ausgesetzt. Nur ihrer Standhaftigkeit im Kampf für ihre Rechte, der Durchführung von Hungerstreiks und Demonstrationen verdankte das einzigartige Schachehepaar (beide UdSSR-Champions!) die Ausreise. Einige Jahre später waren sie bereits Landesmeister der USA! Anna befaßte sich fortan beruflich mit der Computerprogrammierung, während Boris seine Karriere als Schachprofi fortsetzte.
1994 qualifizierte sich Boris Gulko in Groningen für das Viertelfinale zur → PCA-Weltmeisterschaft. Dort unterlag er dem Briten → N. Short nach der Verlängerung mit Schnellpartien knapp mit 5,5:6,5, nachdem es nach Ablauf der regulären Partien 4:4 unentschieden gestanden hatte. Im selben Jahr wurde Gulko erneut USA-Champion und vertrat die amerikanische Nationalmannschaft bei der Schacholympiade von Moskau am Spitzenbrett.

□ B. Gulko
■ A. Beljawski
Groningen, 1993

1. ♘f3 d5 2. c4 e6 3. b3 a5 4. e3 a4 5. b:a4 ♘d7 6. ♘c3 c6 7. c:d5 e:d5 8. ♗e2 ♘c5 9. 0-0 ♕a5 10. ♕c2 ♘:a4 11. e4 d:e4 12. ♕:e4+ ♗e7 13. ♗c4 ♘c5 14. ♕e5 ♗e6 15. ♗:e6 ♘:e6 16. ♖b1 ♕:e5 17. ♘:e5 ♘f6 18. f4 ♘d8 19. a4! ♗e7 20. ♖e1 f6 21. ♘c4 ♔f7 22. ♘e4 ♘h6 23. a5! ♖f8 24. ♖b3 ♔g8 25. ♖d3 ♘e6 26. ♖d7 ♗c5+ 27. ♔f1 ♖ab8 28. g3 ♗b4 29. ♘ed6 ♘c5 30. ♖c7 ♘a6 31. ♖:b7 ♖:b7 32. ♘:b7 ♘f5 33. ♗a3! ♗:a3 34. ♘:a3 ♖b8 35. ♖b1 ♔f8 36. ♖b6 ♘d4 37. ♘c4 ♔e7 38. ♔f2 ♖a8 39. ♖b1 ♖b8 40. ♖b6 ♖a8 41. ♔e3 ♘c2+ 42. ♔e4 ♘cb4 43. d4! ♖e8 44. ♘c5 ♖f8+ 45. ♔f3 ♘:c5 46. d:c5 ♘c2 47. a6 ♘d4+ 48. ♔g4 h5+ 49. ♔:h5 ♔g8 50. a7 ♔h7 51. ♖b8 ♖e2 52. ♔b2 ♖e8 53. ♖a2 f5 54. ♔h4   1-0

Gunsberg Isidor, * 2. November 1854 in Pest, † 2. Mai 1930 in London, Ende des 19. Jahrhunderts einer der stärksten Schachspieler der Welt.
... London 1878. Eine Menschentraube drängt sich um den Schachautomaten »Mephistopheles«, der jeden bezwingt, der es mit ihm aufnimmt. Der Besitzer des Automaten, der deutsche Unternehmer Gumpel, erhöht siegessicher den Einsatz. Fünf Jahre lang galt die Maschine als unschlagbar. Und diesen Ruhm verdankte sie dem jungen ungarischen Meister Isidor Gunsberg, der sich in ihrem Inneren verborgen hatte. Dann sagte er dem Automaten valet und beschloß, eine eigene Laufbahn als Schachprofi einzuschlagen. Ein sensationeller Erfolg stellt sich 1885 beim Turnier von Hamburg ein, wo Gunsberg Koryphäen wie → *S. Tarrasch* und → *J. Blackburne* hinter sich läßt und den ersten Preis holt. Zwei Jahre später bezwingt er Blackburne im Duell

Mit dem Schwung dieses Ergebnisses im Rücken forderte Gunsberg Weltmeister Wilhelm Steinitz zum Zweikampf heraus. Steinitz nahm den Fehdehandschuh auf. Das auf 20 Partien angesetzte Duell fand vom 9. Dezember 1890 bis 22. Januar 1891 in New York statt und endete mit einem knappen 10,5:8,5-Sieg des Weltmeisters (+6, -4, =9). Wie Tarrasch im Anschluß bemerkte, war Gunsberg der erste Spieler, der Steinitz mit dessen eigenen Waffen bekämpft und gezeigt hatte, daß auch ein Steinitz zu besiegen ist. Etwas mehr Schärfe im Angriff, etwas mehr Zähigkeit in der Verteidigung, und Gunsberg hätte es geschafft...
Gunsberg nahm von 1883 bis 1914 an 28 Turnieren teil, von denen er 7 gewann. Auch seine Matchbilanz (+5, -2, =1) war positiv. Nach dem St. Petersburger Turnier von 1914 zog er sich vom aktiven Schach zurück, führte aber unter Pseudonym diverse Schachspalten in Londoner Zeitungen und Zeitschriften.

um den Titel des Champions von England (+5, -2, =6).
Gunsberg galt als Anhänger der positionellen Schule von → *W. Steinitz*. Deshalb rief sein Match gegen den kombinationsgewaltigen → *M. Tschigorin* riesiges Interesse hervor. Der Zweikampf wurde von Dezember 1889 bis Januar 1890 auf Kuba ausgetragen und verlief äußerst spannend. Tschigorin spiele zu riskant und Gunsberg zu vorsichtig, schrieb damals die »Deutsche Schachzeitung«. Das Match endete 12:12 unentschieden (+9, -9, =6).

□ I. Gunsberg
■ M. Tschigorin

8. Matchpartie, 1889

1. ♘f3 d5 2. d4 ♘f6 3. e3 e6 4. ♗d3 ♗d6 5. b3 ♘bd7 6. ♗b2 0-0 7. ♘bd2 ♖e8 8. ♘e5 ♘f8 9. f4 c5 10. 0-0 a6 11. ♖f3 b5 12. d:c5 ♗:c5 13. ♖g3 ♘g6 14. h4! ♕b6 15. ♘f1 ♘:h4 16. ♘:f7! ♔:f7 17. ♗:f6 g:f6 18. ♕h5+ ♔e7 19. ♕:h4 ♗d7 20. ♖g7+ ♔d6 21. ♕:f6 ♗:e3+ 22. ♘:e3 ♕:e3+ 23. ♔f1! ♖ad8 24. ♖e1 ♕d2 25. ♖e2! ♕c1+ 26. ♔f2 ♗c6 27. ♖:h7 ♖f8 28. ♖:e6+! ♔c7 29. ♖c6+ ♔b7 30. ♖b6+   1-0

H

Handbuch des Schachspiels, systematisierter Leitfaden der Schacheröffnungen, spielte eine bedeutende Rolle für die Entwicklung der Eröffnungstheorie. Das »Handbuch des Schachspiels« geht auf eine Idee Paul Bilguers (1815 bis 1840), eines der stärksten Berliner Schachspieler der 30er Jahre des 19. Jahrhunderts, zurück. Vollendet und herausgegeben wurde es von Tassilo von Heydebrand und der Lasa (1818–99), einem der führenden deutschen Schachmeister und -historiker. Unter Lasas Redaktion kamen noch vier weitere Ausgaben heraus (1852, 1858 in Berlin; 1864, 1867 in Leipzig). Die 6. und 7. Auflage erschien 1880 bzw. 1891 in Leipzig, die 8. 1916 in Berlin unter der Redaktion → *K. Schlechters* und der Mitarbeit von → *S. Tarrasch*, → *R. Teichmann* und → *R. Spielmann*. 1921 fügte → *J. Mieses* Ergänzungen bzw. Johann Berger (1845–1933) einen Endspielteil hinzu.

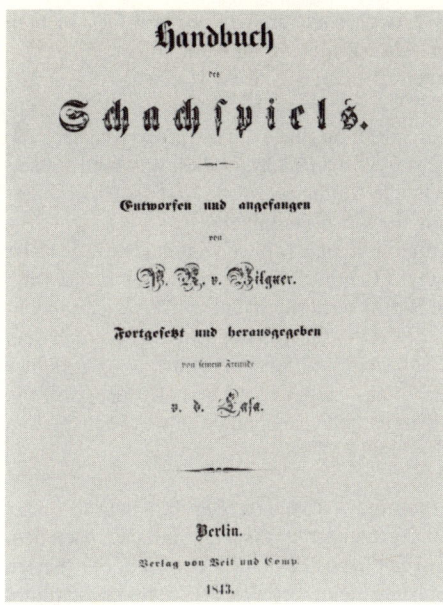

1. Ausgabe des »Handbuch des Schachspiels«, Berlin, 1843.

Harrwitz Daniel, * 29. April 1823 in Breslau, † 9. Januar 1884 in Bolzano, deutscher Schachmeister, Mitte des 19. Jahrhunderts einer der stärksten Spieler der Welt.

Im Unterschied zu seinem berühmten Landsmann → A. Anderssen, der den größten Teil seines Lebens in seiner Heimatstadt blieb, verbrachte Harrwitz fast all die Jahre seiner regen schachlichen Tätigkeit in London und Paris. Eine besondere Vorliebe hatte er für Matchwettkämpfe. Nur ein einziges Mal, 1857 in Manchester, nahm er an einem kleinen internationalen Turnier teil, dagegen brachte er es zwischen 1846 und 1860 auf stattliche sechzehn Matches, darunter gegen solche Koryphäen wie → H. Staunton, A. Anderssen und → P. Morphy.

Auf Staunton traf er 1846 in London. Der englische Champion absolvierte nur einen Teil der Partien zu gleichen Bedingungen. In der Mehrzahl der Begegnungen gab er Harrwitz den Bauern f7 sowie ein bis zwei Züge vor. Staunton gewann das Duell mit 12,5:9,5 (+12, -9, =1). Im selben Jahr entschied Harrwitz Zweikämpfe gegen die namhaften englischen Meister G. Walker, E. Williams und G. Madly zu seinen Gunsten.

Zwei Jahre später trennte er sich von Anderssen, dessen Schachkarriere damals gerade begann, unentschieden. Sowohl Anderssen als auch Harrwitz waren Schachromantiker, die keine Kompromisse kannten. Keine einzige ihrer Partien endete remis – jeder landete fünf Siege:

□ D. Harrwitz
■ A. Anderssen
Breslau, 1848 (2. Matchpartie)

1. e4 e5 2. f4 e:f4 3. ♗c4 ♕h4+ 4. ♔f1 ♗c5 5. d4 ♗b6 6. ♘f3 ♕e7 7. ♘c3 ♘f6 8. e5 ♘h5 9. ♘d5 ♕d8 10. g4 f:g3 11. ♗g5 f6 12. e:f6 g:f6 13. ♘e5 0-0 14. ♕:h5 f:g5+ 15. ♘f6+ ♔g7 16. ♕:h7+ ♔:f6 17. ♘g4+ 1-0

In den folgenden Jahren spielte Harrwitz erfolgreich gegen den Engländer Williams und den gebürtigen Deutschen Bernhard Horwitz. 1852 schlug er den ungarischen Meister J. Szén, ein Jahr darauf J. Löwenthal (+11, -10, =10).

In diesem Jahr begann Harrwitz auch, die Zeitschrift »British Chess Review« herauszugeben, die zwei Jahre lang erschien. Bald siedelte er nach Paris über, wo er im Café de la Régence glänzte und das Publikum durch Blindsimultanvorstellungen verblüffte. 1858 unterlag er Anderssen in einem kleinen Vergleich mit 2,5:4,5 (+1, -3, =3) und war der erste in Paris, der sich dem Zweikampf mit dem Amerikaner Paul Morphy stellte, der nach seinen siegreichen Auftritten gegen die englischen Meister aus London in die französische Metropole gereist war. Harrwitz schaffte es, Morphy in der einleitenden, allerdings inoffiziellen Partie zu schlagen. Auch im Match selbst konnte er den Amerikaner zweimal bezwingen.

Hier ist das Schlußspiel der 1. Matchpartie:

□ D. Harrwitz
■ P. Morphy
Paris, 1858

(siehe Diagramm Seite 126)

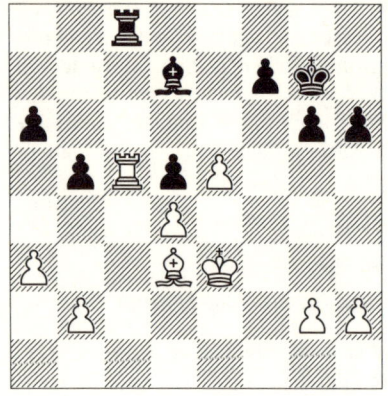

29... ♗e6 30. a4! b:a4 31. ♗:a6 ♖b8 32. ♖b5 ♖d8 33. ♖b6! ♖a8 34. ♔d2 ♗c8 35. ♗:c8 ♖:c8 36. ♖b5 ♖a8 37. ♖:d5 a3 38. b:a3 ♖:a3 39. ♖c5 ♔f8 40. ♔e2 ♔e7 41. d5 ♔d7 42. ♖c6 h5 43. ♖f6 ♔e7 44. d6+ ♔e8 45. e6 f:e6 46. ♖:e6+ ♔f7 47. d7 ♖a8 48. ♖d6 ♔e7 49. ♖:g6 ♔:d7 50. ♖g5 ♖h8 51. ♔f3 ♔e6 52. ♔g3 h4+ 53. ♔g4 h3 54. g3 ♔f6 55. ♖h5 1-0

An Morphys Gesamterfolg mit 5,5:2,5 gab es allerdings nichts zu rütteln. Harrwitz war schwer enttäuscht. Er konnte ja nicht ahnen, daß kein Meister der Welt je ein besseres Ergebnis gegen den genialen Morphy erreichen sollte! Der Redakteur des St. Petersburger Journals »Schachmatnij Listok«, Wiktor Michailow, der vom Schauplatz des Geschehens berichtete, zeichnete das folgende Bild des deutschen Schachspielers: »Wenn man den lebhaften Harrwitz erblickt, sein korrektes Französisch hört und seinen immer lustigen Geschichten lauscht, vermutet man in ihm nicht den gebürtigen Breslauer... Was Harrwitz' Spiel betrifft, so muß man ihn zweifellos zu den größten Schachmeistern unserer Zeit rechnen. Eine bemerkenswerte Originalität und eine äußerst schnelle Auffassungsgabe sind die Eigenschaften, die ihn auszeichnen.«

Seine Zeitgenossen würdigten ebenfalls Harrwitz' »Lehrbuch des Schachspiels«, das 1862 in Berlin herauskam. Dieses Werk war gleichzeitig sein schachlicher Abgesang. Nach dem Tode seines Vaters trat Harrwitz ein kleines Erbe an, siedelte in den Kurort Bolzano (Bozen) über und hängte das Schachspiel an den Nagel...

Hastings – Turniere. Berühmt wurde dieser Badeort an der englischen Südküste nach dem Turnier von 1895, an dem 22 der besten Schachspieler der Welt teilnahmen, darunter Weltmeister → *Em. Lasker*, Exweltmeister → *W. Steinitz* und die Thronanwärter → *M. Tschigorin*, → *S. Tarrasch*, → *I. Gunsberg*, → *J. Blackburne*

Den Sieg errang sensationell der Amerikaner → *H. N. Pillsbury* mit 16,5 Punkten vor Tschigorin – 16, Lasker – 15,5, Tarrasch – 14, Steinitz – 13, Schiffers – 12 usw.

Ein Vierteljahrhundert später, 1919, fand in Hastings erneut ein internationales Schachturnier statt. Der Sieger hieß → *J. R. Capablanca*. Ein Jahr danach beschloß die Leitung des örtlichen Schachvereins die Durchführung eines Weihnachtsturniers, das den Ausgangspunkt einer ruhmreichen Tradition setzte. Am erfolgreichsten in Hastings war → *S. Gligoric*,

Hastings, 1895. Sitzend (von links nach rechts): Vergani, Steinitz, Tschigorin, Lasker, Pillsbury, Tarrasch, Mieses und Teichmann. Stehend: Albin, Schlechter, Janowski, Marco, Blackburne, Maróczy, Schiffers, Gunsberg, Burn und Tinsley.

der fünfmal gewann, gefolgt von → *S. Flohr* (vier Erfolge), → *S. Tartakower*, → *P. Keres*, → *L. Szabó*, → *V. Hort*, → *U. Andersson*, → *J. Barejew* (alle drei Erfolge). Auch zwei Deutsche konnten sich in die Siegerliste eintragen: → *W. Uhlmann* (1958/59, 1965/66 – mit → *B. Spasski*, 1975/76 mit Bronstein und Hort) und → *Th. Luther* (1994/95).

Havanna – Turniere. Die Turniere in der kubanischen Hauptstadt gehören zu den populärsten Schachveranstaltungen in Lateinamerika. Seit 1962 werden die Capablanca-Memorials ausgetragen. In den 60er Jahren waren diese Anlässe besonders prestigeträchtig besetzt. Das 65er Turnier wurde durch die Teilnahme von → *R. Fischer* gekrönt. Der Amerikaner, dem die Reise nach Kuba von der US-Regierung nicht gestattet wurde, spielte von New York aus über Telefon! Ungeachtet dieses Handicaps teilte er den 2.-4. Platz mit → *J. Geller* und → *B. Ivkov*. Dieses Trio lag einen halben Punkt hinter → *W. Smyslow*, der das Turnier mit 15,5/22 gewann. In die Siegerliste der großen Capablanca-Memorials in den 60ern trugen sich weiterhin → *M. Najdorf* (1961), → *W. Kortschnoj* (1963), → *W. Smyslow* und → *W. Uhlmann* (1964), → *B. Larsen* (1967), R. Cholmow (1968), W. Kortschnoj und A. Suetin (1969) ein. Seit 1980 richtet auch der kubanische Radiosender »Radio Rebelde« internationale Schachturniere in Havanna aus.

Havel Miroslav, * 7. November 1881 in Teplice, † 8. Juli 1958 in Prag, tschechischer Problemkomponist.
Mit sechzehn schuf Miroslav Kostal seine erste Schachaufgabe und publizierte sie in einer tschechischen Zeitung. Von da an widmete er all seine Freizeit der Schachkomposition, und da dies anfangs von den Erziehern seines Gymnasiums mißbilligt wurde, wählte er das Pseudonym »Havel«.
In den 60 Jahren seiner kreativen Tätigkeit veröffentlichte er ungefähr 2000 Probleme und Studien, errang auf diversen Wettbewerben mehr als 70 erste Preise und führte verschiedene Schachspalten in vielen Zeitungen und Zeitschriften. Havel war der führende Problemkomponist der tschechischen Schule, die besonderen Wert auf elegante Konstruktionen und korrekte Matts legte. Havel strebte nach einer Synthese von Schwierigkeit, Tiefe und Schönheit. Sein bevorzugtes Genre waren die Dreizüger.

M. Havel »Slata Praga«, 1904

Matt in drei Zügen
1. ♘e4!! mit der Drohung 1. ♕e8+ ♔b6 3. ♘c4 matt; 1... a5 2. ♕d6+ ♔b5 3. ♘c3 matt; 1... ♔d7 2. ♔b7 ♔e6 3. ♕e8 matt.

Hecht Hans-Joachim, * 29. Januar 1939 in Luckenwalde, deutscher Großmeister.

»Mein Erfolg kam für viele unerwartet, am meisten jedoch für mich selbst«, sagte einer der Sieger der Offenen Deutschen Meisterschaft in Dortmund 1973 – Hans-Joachim Hecht. Von den fünfzehn Partien gewann er fünf, darunter auch gegen Exweltmeister → *B. Spasski*, und verlor nur eine. Hecht teilte den

Sieg mit → *U. Andersson* und B. Spasski. Von seinen Dortmunder Gewinnpartien verschaffte ihm besonders die gegen den Italiener Enrico Paoli schöpferische Befriedigung:

□ E. Paoli
■ H. J. Hecht
Dortmund, 1973

1. e4 e6 2. d4 d5 3. ♘d2 ♘f6 4. e5 ♘fd7 5. ♗d3 c5 6. c3 ♘c6 7. ♘e2 c:d4 8. c:d4 ♘b6 9. 0-0 ♗d7 10. ♘f3 ♗e7 11. ♗d2 ♘b4 12. ♗:b4?! ♗:b4 13. ♕b3 ♗e7 14. a4! 0-0!? 15. a5 ♘c4 16. ♗:c4 d:c4 17. ♕:c4 ♗c6 18. ♕d3 a6! 19. ♘d2 ♖c8 20. ♘c3 ♗c5 21. ♘b3 ♗b4 22. ♖fc1 ♕h4 23. ♕g3 ♕h6 24. ♕e3 ♕g6 25. ♕g3?! ♕f5! 26. ♘a2 ♗e7 27. ♘c3 f6 28. ♘d1 f:e5 29. ♘e3 ♕e4! 30. ♕:e5 ♗h4! 31. ♖c2 ♕g6 32. ♘c5 ♗:g2!! 33. ♕:e6+ ♕:e6 34. ♘:e6 ♖:c2 35. ♘:c2 ♖:f2 36. ♘e3 ♗h3 37. ♘g5 ♗d7 38. ♘d1 ♖f4! 0-1

Unter Hechts weiteren Erfolgen ragen die Siege in Bad Pyrmont (1970), Olot (1971), Málaga und Montpellier (1972), Dublin (1974) heraus.

Hertneck Gerald, * 18. September 1963, deutscher Großmeister.
Gerald Hertneck machte international erstmals beim SKA-Mephisto-Turnier in München 1991 auf sich aufmerksam. Seine Gefühle vor dem Auftritt schilderte er im nachhinein so: »Allein der Umstand, mit renommierten Weltklassespielern und der deutschen Spitze streiten zu dürfen, wäre bereits Ehre genug für den einzigen Nichtprofi im Feld. Bisher habe ich nämlich den Schritt zu Schach total aus den verschiedensten Gründen gescheut. Wie auch immer – trotz meiner Außenseiterrolle war es für mich von Anfang an beschlossene Sache, in der Tabellenspitze mitzumischen. Zumal man in der deutschen Schachöffentlichkeit von jeher dazu neigte, meine Spielstärke zu unterschätzen... Nach der Auslosung stand fest, daß ich in der ersten Runde gegen die »First Lady«, Judit Polgár, antreten mußte. Eine schwere Aufgabe zu Beginn, aber es gelang mir, die Partie nicht in taktisches Fahr-

wasser gleiten zu lassen. Ein Terrain, auf dem sich Judit besonders zu Hause fühlt. Ich spielte die Partie konzentriert durch, und am Ende schaute ein sauber herausgespielter positioneller Sieg heraus.«

□ G. Hertneck
■ J. Polgár
München, 1991

1. d4 ♘f6 2. c4 g6 3. ♘c3 ♗g7 4. e4 d6 5. ♘f3 0-0 6. ♗e2 e5 7. 0-0 ♘c6 8. d5 ♘e7 9. ♘d2 a5 10. ♖b1 ♘d7 11. a3 f5 12. b4 ♔h8 13. ♕c2 a:b4 14. a:b4 f:e4 15. ♘c:e4 ♘f5 16. ♘f3 h6 17. ♗d2 ♘f6 18. ♗d3 ♘h5 19. ♖a1 ♖b8? 20. ♘g3! ♘h:g3 21. h:g3 g5? 22. g4! ♘e7 23. ♘h2 b5 24. ♗e4! ♗b7 25. ♖a3 ♖f6 26. ♖h3 ♔g8 27. c:b5 ♗c8 28. ♖c1 ♕f8 29. ♖f3 ♖b7 30. ♖c3 ♖:f2 31. ♘f3 ♖e2 32. ♕d3 ♖:e4 33. ♕:e4 ♖:b5 34. ♖:c7 ♗b7 35. ♗:g5 ♗:d5 36. ♕e2 h:g5 37. ♕:b5 ♗:f3 38. ♖:e7 ♕:e7 39. g:f3 1-0

Beflügelt durch diesen Auftakt, schlug Hertneck noch → *E. Lobron*, → *V. Anand*, → *M. Wahls*, → *J. Nunn* bei Niederlagen gegen L. Christiansen und → *A. Beljawski* und belegte mit Großmeisternorm hinter Christiansen (9,5) gemeinsam mit Beljawski, → *R. Hübner* und → *B. Gelfand* (alle 8) den zweiten Rang. Am 1. Januar 1994 stand er – inzwischen längst

Nationalspieler geworden – in der Fide-Liste bereits mit einer → *Elozahl* von 2615 zu Buche. Zur Saison 1992/93 wechselte Hertneck vom Deutschen Meister Bayern München zum Ortsrivalen Münchener SC 36, wo er das Spitzenbrett hält.

Hickl Jörg, * 16. April 1965 in Wiesbaden, deutscher Großmeister.
Was internationale Titelnormen angeht, machte Jörg Hickl nicht viel Federlesens. Bei seinem ersten IM-Turnier 1985 holte er gleich die entsprechende Norm – den Titel gab's ein Jahr später. Beim ersten GM-Turnier – dem Zonenturnier von München 1987 – belegte er den zweiten Platz plus Normerfüllung und Qualifikation für das Interzonenturnier.
1988 wurde Hickl der Großmeistertitel verliehen.
Jörg Hickl stand bei den Schacholympiaden von Dubai (1986) und Saloniki (1988) sowie beim 3. Platz der Mannschafts-EM in Haifa (1989) im deutschen Nationalteam. In der → *Bundesliga* erkämpfte er erst mit Bayern München (im Zeitraum 1983–1991) mehrere und dann mit der SG Köln Porz einen Meistertitel (1993/94). Turniersiege errang er u. a. in Réunion (1991), beim Berliner Sommer (1992, geteilt), in Polanica Zdroj (1993, 1.- 2.), Kalkutta, Bad Ragaz, Maintal, Seefeld (alle 1995).
Hickl gilt als Positionsspieler, der geschlossene Stellungen bevorzugt und ausgetretene Theoriepfade meidet.

Hilfsmatt. Bezeichnung einer Schachaufgabe, in der Schwarz am Zug sich nicht verteidigt, sondern der Gegenpartei hilft, ihn in einer festgelegten Zugzahl mattzusetzen.
Die ersten Kompositionen mit dieser ungewöhnlichen Zielstellung gehen auf Max Lange in das Jahr 1854 zurück. Sechs Jahre später schuf → *S. Loyd* einen Dreizüger, in dem Schwarz zuerst zieht:

S. Loyd, 1860

Hilfsmatt in drei Zügen
1. ♔f6 ♖a8 2. ♔g7 ♗b8 3. ♔h8 ♗e5 matt!

1870–71 fand der erste Wettbewerb zum Hilfsmatt-Thema statt, der von einem anderen herausragenden amerikanischen Problemisten, → *W. Shinkman* (1847–1933), gewonnen wurde. Im 20. Jahrhundert fanden ähnliche Vergleiche in → *England*, → *Deutschland*, → *Ungarn*, → *Jugoslawien* und anderen Ländern sowie unter der Ägide der → *Fide* statt. Im »Fide-Album« nehmen Hilfsmattaufgaben ein eigenständiges Kapitel ein.

Hinlenkung, ein taktisches Verfahren, das den Gegner dazu zwingt, eine Figur auf ein unvorteilhaftes Feld oder eine ungünstige Vertikale bzw. Diagonale zu ziehen. Besonders effektvoll sind Hinlenkungen im Spiel gegen den König. Mit Hilfe eines Figurenopfers wird der Monarch auf ein Feld gezogen, wo er der Attacke der feindlichen Kräfte ausgesetzt ist.

☐ R. D. Velimirović
■ L. Szabó
Amsterdam, 1976

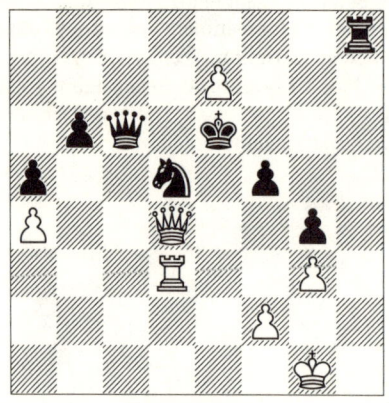

40... ♖h1+! 41. ♔:h1 ♘e3+! 0-1

Ein glänzendes Hinlenkungsopfer ereignete sich in der folgenden berühmten Miniatur:

☐ R. Reti
■ S. Tartakower
Wien, 1910

1. e4 c6 2. d4 d5 3. ♘c3 d:e4 4. ♘:e4 ♘f6 5. ♕d3 e5 6. d:e5 ♕a5+ 7. ♗d2 ♕:e5 8. 0-0-0 ♘:e4?

9. ♕d8+!!
Schwarz gab auf, denn das Matt folgt auf dem Fuße: 9... ♔:d8 10. ♗g5+ ♔c7 11. ♗d8 matt bzw. 10... ♔e8 11. ♖d8+ matt.

Hjartarson Johann, * 8. Februar 1963 in Reykjavik, isländischer Großmeister, WM-Kandidat. Die Teilnahme an Kadetten- und Juniorenweltmeisterschaften brachte Johann noch keine besonderen Lorbeeren ein – nach seinen ersten internationalen Turniererfolgen 1984 und 1985 (u. a. Gausdal, Reykjavik) wird er indessen zum Großmeister gekürt. Gleichzeitig nimmt er in Reykjavik ein Jurastudium auf, da ein Schachprofi seiner Meinung nach einen Bildungsabschluß in der Hinterhand haben sollte. Zwei Jahre später tritt Hjartarson in die Fußstapfen seines Landsmannes → *F. Olafsson* und qualifiziert sich im Interzonenturnier im ungarischen Szirak für die Kandidatenwettkämpfe zur Weltmeisterschaft. Dort schaltet er 1988 im Achtelfinale den erfahrenen Matchkämpfer → *W. Kortschnoj* mit 4,5:3,5 aus.

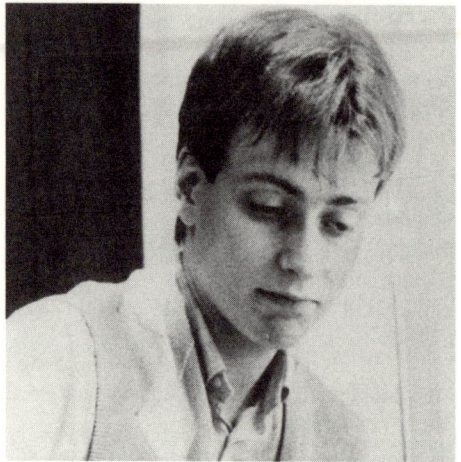

Diese Sensationsmeldung aus Kanada löste auf der Insel der Geysire, auf der Schach sehr populär ist, einen wahren Freudentaumel aus. So manches Glas wurde zum Wohle von Johann Hjartarson geleert! → *A. Karpow* erwies sich dann für den Isländer als zu hohe Hürde – er unterlag dem Exweltmeister 1,5:3,5. Ende der 80er Jahre glänzte der mehrfache Landesmeister Islands bei seinen Turniersiegen in London (1986) und München (1988).

Hjartarson, der einige Jahre für Bayern München in der → *Bundesliga* aktiv war, gehörte auch in der ersten Hälfte der 90er Jahre zur erweiterten Weltspitze, ohne jedoch an seine großen Erfolge anknüpfen zu können.

Sein breites Eröffnungsrepertoire erlaubt es Hjartarson, in Abhängigkeit von seinen Gegnern und seiner jeweiligen inneren Verfassung zwischen ruhigen klassischen und scharfen moderneren Eröffnungen zu variieren.

☐ J. Hjartarson
■ J. Smejkal
München, 1988

1. e4 e5 2. ♘f3 ♘c6 3. ♗b5 a6 4. ♗a4 ♘f6 5. 0-0 ♗e7 6. ♖e1 b5 7. ♗b3 d6 8. c3 0-0 9. h3 ♗b7 10. d4 ♖e8 11. ♘bd2 ♗f8 12. a3 h6 13. ♗c2 ♘b8 14. b4 ♘bd7 15. ♗b2 c5 16. b:c5 e:d4 17. c:d4 d:c5 18. d5 ♕c7 19. ♘f1 c4 20. ♘g3 a5 21. ♘f5 g6 22. d6 ♕c6 23. ♘3d4 ♕c5 24. ♕f3 b4 25. ♖ad1 ♕e5 26. ♘e7+ ♗:e7 27. d:e7 ♕:e7 28. ♕f4 ♕f8 29. ♘b5 c3 30. ♗c1 ♖e5 31. ♘d6 ♗c6 32. ♗b3 ♖e7 33. a:b4 a:b4 34. e5 ♘h5 35. ♕:b4 ♘:e5 36. ♕:c3 ♘h7 37. ♖:e5 ♕g7 38. ♕:c6 ♕:e5 39. ♕:a8 ♘f6 40. ♘:f7 1-0

Holländische Verteidigung. 1. d4 f5.
Der holländische Theoretiker Elias Stein war der erste, der diesen Spielanfang in einem 1789 erschienenen Lehrbuch analysierte. Der Grundgedanke dieser Eröffnung besteht in der Einschränkung des weißen Königsbauern durch die Kontrolle des Punktes e4 und der Schaffung eines aktiven Spiels am Königsflügel. Um die Entwicklung der Holländischen Verteidigung haben sich → *H. Pillsbury,* → *S. Tartakower,* → *M. Euwe,* → *R. Spielmann,* → *M. Botwinnik,* → *W. Smyslow,* → *D. Bronstein,* → *M. Tal,* → *B. Larsen,* → *V. Hort,* W. Malanjuk und andere Großmeister verdient gemacht. Zu verschiedenen Zeiten existierten zur Holländischen Verteidigung die gegensätzlichsten Meinungen. → *A. Aljechin* schrieb beispielsweise: »Eine riskante Verteidigung, die ich nur in Ausnahmefällen anwende.« David Bronstein verbarg indessen nicht sein Entzücken: »Eine wunderbare Eröffnung, die ich in Abhängigkeit von meinen jeweiligen Kontrahenten wähle. Sind sie ohne jugendliches Feuer und bar jeglicher Kampfeslust, dann spiele ich mit besonderem Vergnügen Holländisch. Sie treten häufig unnütz auf der Stelle, während Schwarz sich Angriffschancen am Königsflügel erarbeitet.«

Bereits im vorigen Jahrhundert unternahm es → *H. Staunton*, ein Gegengift für die Holländische Verteidigung zu entwickeln. Das nach ihm benannte Gambit mit 2. e4!? galt lange Zeit fast als Widerlegung der Eröffnung von Elias Stein. Jedoch wurden alsbald zuverlässige Verteidigungssysteme ausgearbeitet, die es dem Nachziehenden unter Rückgabe des Mehrbauern erlaubten, gleiche Chancen zu erzielen. In den 50er Jahren kam ein von Michail Botwinnik und anderen Schachspielern entwickeltes System in Mode, das bald als »Stonewall« (Steinwall) bezeichnet wurde. Die schwarzen Bauern nehmen dabei die Felder c6-d5-e6-f5 ein, der Springer strebt nach e4 und die Dame bzw. der Läufer werden gegebenenfalls über die Felder e8 und h5 auf den Königsflügel gebracht.
1983 errang ein 26jähriger Meister aus Sewastopol, Wladimir Malanjuk, bei der Sowjetischen Landesmeisterschaft mit der Leningrader Variante (1. d4 f5 2. c4 ♘f6 3. g3 g6 4. ♗g2 ♗g7 5. ♘f3 0-0 6. 0-0 d6 7. ♘c3 ♕e8) zwei glänzende Siege gegen die Großmeister → *A. Beljawski* und → *L. Polugajewski*, was diesem System einen enormen Popularitätszuwachs und eine Schar neuer Anhänger, darunter M. Gurewitsch, A. Wyschmanawin und → *J. Barejew,* verlieh.

Hort Vlastimil, * 12. Januar 1944 in Kladno, tschechisch-deutscher Großmeister, mehrfacher Landesmeister der Tschechoslowakei und der BR Deutschland, WM-Kandidat.

Zu Horts größten Turniererfolgen zählen die ersten Preise in Havanna (1971), Hastings (1967/68, 1974/75, 1975/76), Skopje (1969), Banja Luka (1976), Sarajevo (1980), Dortmund (1982, 1985), Amsterdam (1987). Seit Mitte der 80er Jahre lebt Vlastimil Hort in Deutschland und ist Mitglied der deutschen Nationalmannschaft. 1977 drang er in die Kandidatenwettkämpfe zur Weltmeisterschaft vor, wo er → B. Spasski nur knapp mit 7,5:8,5 unterlag. Hort wurde 1987 und 1989 Landesmeister der BR Deutschland und gewann 1991 in Bad Neuenahr die erste Deutsche Meisterschaft nach der Wiedervereinigung. Hort spielt seit Jahren für den deutschen Bundesligaverein SG Köln-Porz und hat sich überdies als Simultanspieler und Schachkommentator einen Namen gemacht.

»Vor allem bin ich Praktiker«, so Vlastimil Hort über sich. »Rein schachlich betrachtet, zähle ich mich zu den Positionsspielern, aber ich rechne auch nicht schlecht, wenn ich dazu gezwungen werde!«

□ W. Hug
■ V. Hort

Skopje, 1972

1. c4 ♘f6 2. ♘f3 e6 3. g3 b6 4. ♗g2 ♗b7 5. 0-0 ♗e7 6. d4 0-0 7. ♘c3 ♘e4 8. ♘:e4 ♗:e4 9. ♗f4 d6 10. ♕d2 ♘d7 11. ♖fd1 h6 12. ♘e1 f5! 13. ♗:e4 f:e4 14. ♕c2 ♘f6 15. f3 g5 16. ♗e3 ♕e8 17. ♔g2 ♕h5! 18. h3 ♕g6 19. ♖ac1 ♖f7 20. f:e4 g4 21. h4 e5! 22. ♕d3 ♘:e4 23. ♘c2 ♖af8 24. ♗g1

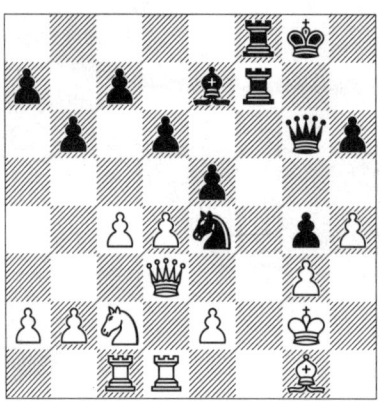

24... ♗:h4! 25. g:h4 ♖f3! 26. ♘e3 ♖g3+ 27. ♔h1 ♖f2! 0-1

Hübner Robert, * 6. November 1948 in Köln, deutscher Großmeister, mehrfacher WM-Kandidat.

Am 5. März 1965 berichteten Kölner Zeitungen vom sensationellen Sieg des Schülers Robert Hübner gegen den amtierenden Schachweltmeister → T. Petrosjan in einer Simultanpartie. Sechs Jahre später saß Hübner eben diesem Petrosjan im Viertelfinalmatch zur Weltmeisterschaft gegenüber (3,0:4,0; +0, -1, =6). Hübners Weg in die Weltspitze war zielstrebig und entmutigend für seine Kontrahenten. Mit dem ersten Versuch nahm er sowohl die Qualifikationshürde des Zonenturniers von Athen (1969) als auch des Interzonenturniers von Palma de Mallorca (1970), wo er hinter dem dominierenden Amerikaner → R. Fischer mit → J. Geller und → B. Larsen den 2.-4. Platz teilte:

Die Experten würdigten insbesondere Hübners unbändigen Siegeswillen. Nach der ersten Turnierniederlage ließ der Deutsche postwendend drei Gewinne folgen, nach der zweiten Null waren es gar sechs Siege en suite! Hübner hatte bereits zwei Runden vor Schluß das »Ticket« für die Kandidatenwettkämpfe gebucht.

Trotz dieses Erfolges traf Hübner in jenen Jahren nicht die endgültige Entscheidung, sich mit Haut und Haaren der Schachkunst zu verschreiben, sondern trat in die Fußstapfen seines Vaters, eines Lehrers für Alte Sprachen, und wurde einer der bedeutendsten Papyrologen der Welt. Auf die Frage »Was ist ihr Lieblingshobby?« pflegte er zu antworten: »Schach!«

Ende der 70er Jahre griff Robert Hübner wieder in den Kampf um die Weltmeisterschaft ein. Nach der erfolgreichen Qualifikation beim Interzonenturnier von Rio de Janeiro (1979, 1-3. Platz) schaltete er in den Kandidatenwettkämpfen die ungarischen Großmeister → A. Adorján (5,5:4,5 ; +2, -1, =7) und → L. Portisch (6,5:4,5; +2, -0, =9) aus und scheiterte erst im Finale an → W. Kortschnoj (3,5:4,5; +2, -3, =3).

Zwei Jahre später steht Hübner im Halbfinale und scheidet dort nach einem unentschiedenen Match gegen → W. Smyslow (5:5; +1, -1, =8)

27... d3 28. ♖ed1 ♕e7 29. ♕a3 ♘b4 30. e4 ♗e6 31. ♖d2 ♖d4 32. ♘e3 ♖c5 33. ♖ad1 ♕d8 34. ♘d5 ♗:d5 35. e:d5 ♕:a5 36. ♕:a5 ♖:a5 37. ♖c1 ♖c2 38. ♖cd1 ♘b4 39. ♖c1 g6 40. ♖c3 b6 41. f4 ♖a1 42. ♗f3 b5 43. ♔g2 ♖c4 44. ♔f2 ♔f8 45. ♗d1 ♖:c3 46. b:c3 ♘:d5 47. ♖:d3 ♘:c3 48. ♗c2 b4 49. ♔e3 a5
0-1

nach Losentscheid durch eine Roulettekugel denkbar unglücklich aus.

Zu Hübners bedeutendsten internationalen Turniersiegen zählen Sombor (1970), Oslo (1974), München (1979), Chikago (1982), Biel und Linares (1985), Solingen (1986). Mit seinen Vereinen Solinger SG und Bayern München konnte er überdies einige Deutsche Meistertitel und Europacupsiege feiern. Seit Herbst 1995 ist Hübner für den Bundesligisten SG Köln-Porz aktiv.

Robert Hübner, Autor des Buches »55 feiste Fehler«, gilt als tiefgründiger und selbstkritischer Analytiker, der als Praktiker einen feinen Positionsstil pflegt. Die folgende Partie war entscheidend für seinen Einzug in das Finale der Kandidatenkämpfe zur Weltmeisterschaft. So weit hatte es seit → *Em. Lasker* kein deutscher Schachspieler gebracht!

□ L. Portisch
■ R. Hübner

Abano Terme, 1980 (10. Matchpartie)

1. c4 c5 2. ♘f3 ♘f6 3. ♘c3 e6 4. g3 ♘c6 5. ♗g2 d5 6. c:d5 ♘:d5 7. 0-0 ♗e7 8. d4 0-0 9. ♘:d5 e:d5 10. d:c5 ♗:c5 11. ♕c2 ♗b6 12. ♖d1 ♕f6! 13. ♗g5 ♕e6 14. ♗f4 h6 15. ♕d3 ♖d8 16. a4 ♕e7 17. ♗d2 ♗g4 18. a5 ♗c5 19. ♖ac1 a6 20. ♖e1 ♖ac8 21. h3 ♗e6 22. e3 ♗b4 23. ♖a1 ♕d7 24. ♔h2 ♗f5 25. ♕b3 ♗:d2 26. ♘:d2 d4 27. ♘f1

Hypnose und Schach. Unter Hypnose versteht man die Lenkbarkeit der psychophysischen Reaktionen des Menschen durch Suggestion. Der Hypnotiseur versetzt den Hypnotisierten in einer speziellen Seance in einen schlafähnlichen Zustand und übt dabei einen Einfluß auf dessen Emotionen bzw. Gedächtnis aus. Bis zum heutigen Tag gibt es für dieses Phänomen keine erschöpfende wissenschaftliche Erklärung. Über den geschilderten Kontakt kann man auch die schachlichen Fähigkeiten eines Menschen beeinflussen. Der Moskauer Arzt und Hypnosefachmann Wladimir Raikow weiß folgendes zu berichten: »Einmal wurde einem Studenten, der ein mittelmäßiger Schachspieler war, suggeriert, daß er Schachweltmeister sei. Im Zustand der Hypnose spielte er gegen einen bekannten Schachmeister, der überrascht war, daß ihm ein Gegner gegenübersaß, der zwei Klassen besser spielte, als es seine schachliche Qualifikation erwarten ließ.« Ähnliches konnte auch → *M. Tal* berichten, nachdem er in Vorbereitung des Kinofilms »Sieben Schritte hinter den Horizont« an einer analogen Untersuchung teilgenommen hatte. Interessant ist, daß der besagte Student fortan auch ohne Hypnose stärker spielte.

Solche Experimente funktionieren aber bei weitem nicht immer. Nicht jeder ist fähig, in den Hypnosezustand zu gelangen. Die Möglichkeit einer Hypnose während einer Schachpartie durch einen der Kontrahenten bzw. einen im Raume befindlichen Hypnotiseur, die einen Einfluß auf das Spiel nehmen könnte, scheint nicht real. Doch solange nicht alle Rätsel dieses Naturphänomens gelüftet sind, verweisen nicht selten selbst bekannte Schachspieler nach vernichtenden Niederlagen auf geheimnisvolle Einwirkungen von seiten der Gegenpartei. So beschuldigte → *S. Tarrasch* einst Weltmeister → *Em. Lasker*, beim internationalen Turnier von Nürnberg (1896) die Gegner hypnotisiert und dadurch fünf auf Verlust stehende Partien noch gewonnen zu haben. In der Schachwelt konnte sich dieser Vorwurf an die Adresse Laskers, der nach → *A. Aljechins* Worten ein unerreichter Turnierkämpfer war und seine Kontrahenten vor allem durch starkes Spiel ausstach, nicht durchsetzen. Übrigens hatte sich auch Aljechin selbst nach seinen einzigartigen Triumphen von San Remo (1930) und → *Bled* (1931) gegen analoge Anwürfe zur Wehr zu setzen. Ein Vierteljahrhundert später traf es M. Tal, der seine Partien trotz mitunter inkorrekter Opfer meist zum Sieg führte. Eine interessante Episode ist vom Kandidatenturnier 1959 überliefert. Nachdem → *P. Benkö* die ersten beiden von insgesamt vier Partien gegen Tal verloren hatte, rief er aus: »Ich kann nicht gegen Tal spielen, er hypnotisiert mich!« Zur dritten Partie erschien Benkö mit Sonnenbrille – wohl um den »diabolischen Blick« des lettischen Schachzauberers zu neutralisieren. Tal trat ebenfalls mit dunkler Brille an und schlug den armen Benkö erneut...

Phantastische Geschichten von geheimnisvollen Strahlen waren auch während der WM-Zweikämpfe Spasski-Fischer (Reykjavik 1972) und Karpow-Kortschnoj (Baguio 1978) zu vernehmen. In letzterem Match beschuldigte Herausforderer → *W. Kortschnoj* → *A. Karpows* Leibpsychologen, Professor W. Suchar, ihn (Kortschnoj) zu hypnotisieren. Auch wenn das überzogen scheint, so steht doch fest, daß Suchars Anwesenheit den leicht reizbaren Kortschnoj aus dem Gleichgewicht brachte... In den genannten Beispielen sollte nicht die Rede von den »dämonischen« Fähigkeiten von Schachspielern oder speziell hinzugezogenen Personen sein, sondern vielmehr geht es um psychologische Anfälligkeit eines Spielers nach einer Niederlage, um die negative Wirkung der Autosuggestion, die den Fakt außer acht läßt, daß der jeweilige Kontrahent am entsprechenden Tag schachlich einfach besser war.

I

ICCF (International Correspondence Chess Federation), internationale Organisation der Fernschachspieler. Die ICCF wurde am 2. Dezember 1928 in Berlin gegründet. Ihr Leitspruch lautet: »Amici sumus« (Wir sind Freunde). Zu Beginn der 90er Jahre vereinigte die ICCF rund 100 Länder. Die Organisation führt eine Reihe bedeutender Fernschachturniere durch, darunter die Einzel- und Mannschaftsweltmeisterschaften der Damen und Herren. Die ICCF gibt die Monatszeitschrift »Fernschach« heraus. 1953 schuf die ICCF den Titel »Internationaler Fernschachgroßmeister«, der bis heute an mehr als 100 Akteure verliehen wurde. Sieben von ihnen besitzen ebenfalls den Großmeistertitel im Nahschach: → *A. O'Kelly* (1911–80, Belgien), Duncan Suttles (Kanada), Wjatscheslaw Ragosin (1908 bis 1962, UdSSR), Igor Bondarewski (1913 bis 1979, UdSSR), → *L. Schmid* (BR Deutschland), Michail Zeitlin (Rußland), László Bárczay (Ungarn).

Immergrüne Partie, Bezeichnung für eine Partie, die 1852 in Berlin zwischen dem 34-jährigen → *A. Anderssen* und seinem Schüler, dem 23jährigen deutschen Schachmeister und

-literaten Jean Dufresne (1829–93) ausgetragen wurde. Nachdem er in einem Evans-Gambit deutlichen Positionsvorteil erhalten hatte, setzte Anderssen seinen Gegner unter Opferung zweier Springer, einer Qualität und der Dame bereits im 24. Zug matt. → *W. Steinitz*, → *M. Tschigorin* und andere hielten diese Partie für eine der schönsten der Schachgeschichte.

□ A. Anderssen
■ J. Dufresne
Berlin, 1852

1. e4 e5 **2.** ♘f3 ♘c6 **3.** ♗c4 ♗c5 **4.** b4 ♗:b4 **5.** c3 ♗a5 **6.** d4 e:d4 **7.** 0-0 d3 **8.** ♕b3 ♕f6 **9.** e5 ♕g6 **10.** ♗a3 ♘ge7 **11.** ♖e1 b5 **12.** ♗:b5 ♖b8 **13.** ♕a4 ♗b6 **14.** ♘bd2 ♗b7 **15.** ♘e4 ♕f5 **16.** ♗:d3 ♕h5 **17.** ♘f6+ g:f6 **18.** e:f6 ♖g8 **19.** ♖ad1! ♕:f3
Besser war 19... ♖g4.

20. ♖:e7+! ♘:e7 **21.** ♕:d7+!! ♔:d7 **22.** ♗f5+ ♔e8 **23.** ♗d7+ ♔f8 **24.** ♗:e7+ matt!

Indien. Ursprungsland des Schachs. Für die Herkunft des Schachs aus Indien sprechen Legenden des Mittelalters, die Existenz der Figur des Elefanten, der lange Zeit Bestandteil des altindischen Heeres war, und die ursprüngliche Bezeichnung des Spieles als → *Schatrang* (Tschatrang), die sich von dem indischen militärischen Terminus → *Tschaturanga* ableitet. → *Voltaire* vertrat die Auffassung, daß die Spezifik des Denkens der Inder Eingang in das Schachspiel gefunden habe, das so allegorisch wie ihre Fabeln und ein Abbild ihrer Kriegführung sei.

In Indien selbst wurden bislang noch keine altertümlichen Schachfiguren gefunden, wie es in den Nachbarregionen Zentralasiens der Fall war, wo der Buddhismus und die indische Kultur vorherrschten. Die Inder gaben sowohl für die Entstehung des unmittelbaren Vorläufers des Schachs, des Tschaturanga, den Impuls als auch für die modernere Version dieses altehrwürdigen Spiels.

Das erste indische Buch über das Schachspiel, »Wilas-Mani-Mandschiri«, erschien gegen Ende des 18. Jahrhunderts in Sanskrit. 1828 bis 1829 trugen die Städte Madras und Hyderabad zwei Fernpartien gegeneinander aus. Elefanten brachten die verschlossene Schatulle, in der sich ein Couvert mit dem jeweiligen Zug befand, von einer Stadt zur anderen.

□ Hyderabad
■ Madras
Fernpartie 1828–1829

1. g3 f5 **2.** ♗g2 ♘f6 **3.** c4 e5 **4.** ♘c3 ♗e7 **5.** d4 e:d4 **6.** ♕:d4 c6 **7.** ♘h3 ♗a6 **8.** a3 ♘c5 **9.** ♕d1 0-0 **10.** 0-0 ♘ce4 **11.** ♕c2 d5 **12.** ♖d1 ♗e6 **13.** ♘g5 ♕c8 **14.** c:d5 c:d5 **15.** ♘g:e4 f:e4 **16.** ♗e3 ♘g4 **17.** ♗d4 ♗g5 **18.** h3 ♘:f2! **19.** ♖f1 ♘:h3+ **20.** ♔h2 ♖d8 **21.** ♕b3 h5 **22.** ♗:h3 ♗:h3 **23.** ♘:d5 ♗e6 **24.** ♘f5 ♖:d5! **25.** ♖:d5 ♕c6 **26.** ♖:g5 ♗:b3 **27.** ♖:g7+ ♔f8 **28.** ♖f1+ ♔e8 **29.** ♖f6 ♕c2 **30.** ♖h6 ♕e2+ **31.** ♔h3 ♕f1+ **32.** ♔h4 ♕f8 **33.** ♖:h5 ♗f7 **34.** ♖:f7 ♔:f7 **35.** ♖f5+ ♔e6 **36.** ♖:f8 ♖:f8 **37.** ♗:a7 ♔f5 **38.** ♔h3 ♖d8 **39.** ♗b6 ♖d3 **40.** ♔h4 e3 **41.** g4+ ♔f4 **42.** ♗c7+ ♔f3 **43.** g5 e2 **44.** ♗a5 ♖d1   0-1

Ein Teilnehmer dieses Matches, Ghulam Kassim, trat durch die Veröffentlichung einer Analyse des Muzio-Gambits in Erscheinung, in dem eine der Varianten heute noch seinen Namen trägt (1. e4 e5 2. f4 e:f4 3. ♘f3 g5 4. d4). Das erste Allindische Turnier wurde 1909 in Bombay ausgetragen. Der erste indische Schachspieler, der in der ganzen Schachwelt populär wurde, war → *M. Sultan Khan* (1905–66). Anfang der 30er Jahre tauchte der noch gänzlich unbekannte Inder in Europa auf, gewann dreimal die Englische Meisterschaft

und nahm erfolgreich an internationalen Turnieren teil, bevor er wieder nach Indien zurückkehrte und in der Versenkung verschwand.
Bald nach der Unabhängigkeit Indiens entstand die nationale Schachföderation (1951). Seit 1956 nimmt das Land an Schacholympiaden teil. Der stärkste Schachspieler war lange Manuel Aaron, der als erster Inder den Titel eines Internationalen Meisters verliehen bekam. Seit 1978 ist Indien auch im Frauenschach bei großen Wettkämpfen dabei. Als Sensation galt der 8. Platz, den die drei Khadilkar-Schwestern Vasanti, Jayshree und Rohini bei der 82er Olympiade erzielten.
Zu Beginn der 90er Jahre trat mit dem ersten indischen Großmeister → *V. Anand* ein Stern am Schachhimmel des Landes in Erscheinung. Binnen weniger Jahre marschierte der Schnellspieler aus Madras in die Weltspitze und forderte 1995 → *G. Kasparow* zum Zweikampf um den Weltmeistertitel heraus. Zuvor wurde 1991 mit Dibyendu Barua ein zweiter Inder Großmeister.

Internationale Turniere. Das erste Schachturnier mit Beteiligung von Akteuren aus verschiedenen Ländern wurde 1851 in London ausgetragen, das zweite folgte 1857 in New York. In den darauffolgenden zwei Jahrzehnten waren es dann 4 Turniere, in den 80er Jahren 10, in den 90ern 13.
Eine herausragende Rolle für die Entwicklung der Schachkunst spielten folgende internationale Anlässe: London (1851, 1899, 1922); Paris (1867, 1900); Hastings (1895); Wien (1898, 1908, 1922); St. Petersburg (1895/96, 1909, 1914); Budapest (1896); Berlin (1897); Monte Carlo (1901, 1902, 1903); Cambridge-Springs (1904); Prag (1908); San Sebastian (1911, 1912); Karlsbad (1911, 1923, 1929); Mährisch-Ostrau (1923); New York (1924, 1927); Baden-Baden (1925); Moskau (1925, 1935, 1936); San Remo (1930); Bled (1931); Zürich (1934); Nottingham (1936); das → *AVRO-Turnier* (1938) und andere.
Unter den traditionellen, alljährlich ausgetragenen Wettbewerben ragen die Neujahrsturniere von → *Hastings* heraus. In den 70–90er

Dresden, 1892. Sitzend (von links nach rechts): Lohmann, Schottländer, Winawer, Mason, Schallopp, von Bardeleben, Tarrasch, Mieses, Albin. Stehend: Heid, D. Schmidt, Blackburne, Noah, Hoffer, von Scheve, Walbrodt und Zwanzig.

Bad Kissingen, 1928. Sitzend (von links nach rechts): Nimzowitsch, Capablanca, Tarrasch und Marshall. Stehend: Euwe, Yates, Tartakower, Spielmann, Reti, Mieses und Bogoljubow (es fehlt Rubinstein).

Jahren fanden neue Traditionsturniere bzw. Schachfestivals Eingang in den internationalen Veranstaltungskalender, zum Beispiel Amsterdam, Wijk aan Zee und → *Tilburg* (alle Niederlande), Rom und → *Reggio-Emilia* (Italien), Madrid, → *Palma de Mallorca, Linares* (alle Spanien), München, Dortmund (Deutschland), Reykjavik (Island), Bugojno, Belgrad, Sarajevo, Novi Sad, Portorož (alle Jugoslawien), → *Moskau*, → *St. Petersburg*, Sotschi (alle Rußland). Offene Turniere, auch »Open« genannt, die im Schweizer System ausgetragen werden, erfreuen sich zunehmender Beliebtheit. Jeder Schachamateur kann gegen die Entrichtung eines Startgeldes daran teilnehmen und so mit Großmeistern die Klingen kreuzen. Zu den bekanntesten offenen Turnieren zählen das New York Open, der Berliner Sommer, das Philadelphia World Open, das Bieler Open, das Budapester Frühlingsfestival sowie früher das Lloyd's Bank in London, Ostende und Lugano.

Wurden internationale Turniere jahrzehntelang fast ausschließlich in Ländern wie England, Deutschland, Frankreich, Rußland, Österreich, Ungarn, Italien, Holland, den USA und Jugoslawien ausgetragen, so hat sich dieser Kreis heutzutage deutlich erweitert. Spanien, Kuba, Argentinien, Griechenland, Polen, Tschechien, die skandinavischen und viele andere Staaten, darunter auch die Philippinen, Indien, Israel usw. richten starke internationale Turniere aus.

Interzonenturniere, Qualifikationsetappe zur Einzelweltmeisterschaft der → *Fide*. Teilnahmeberechtigt sind die Qualifizierten der Zonenturniere, die ausgeschiedenen WM-Kandidaten des vorhergehenden WM-Zyklus sowie neuerdings Akteure mit einer entsprechend hohen → *Elozahl*. Interzonenturniere finden seit 1948 statt. Bis 1995 gab es 25 Konkurrenzen dieser Art. Ihre Zahl variierte pro Zyklus zwischen 1 und 3, ebenso die Menge der Qualifikationsplätze für das Kandidatenturnier (6 bis 12). Bis 1990 wurden die Interzonenturniere im Rundensystem mit 14–24 Teilnehmern ausgetragen. 1990 in Manila und 1993 in Biel ermittelten jeweils 64 Teilnehmer im Schweizer System die WM- Kandidaten.

Sieger der bisherigen Interzonenturniere:

→ *D. Bronstein* – 1948, Saltsjöbaden (Schweden); 1955, Göteborg.
→ *A. Kotow* – 1952, Stockholm.
→ *M. Tal* – 1958, Portorož ; 1964, Amsterdam; 1979, Riga.
→ *R. Fischer* – 1962, Stockholm; 1970, Palma de Mallorca.
→ *B. Larsen* – 1964, Amsterdam; 1967, Sousse; 1976, Biel.
→ *W. Smyslow* – 1964, Amsterdam.
→ *B. Spasski* – 1964, Amsterdam.
→ *A. Karpow* – 1973, Leningrad.
→ *W. Kortschno*j – 1973, Leningrad; 1987, Zagreb.
→ *H. Mecking* – 1973, Petropolis; 1976, Manila.
→ *T. Petrosjan* – 1979, Rio de Janeiro.
→ *L. Portisch* – 1979, Rio de Janeiro; 1982, Toluca.
→ *R. Hübner* – 1979, Rio de Janeiro.
→ *Z. Ribli* – 1979, Las Palmas.
→ *E. Torre* – 1982, Toluca, Mexiko.
→ *G. Kasparow* – 1982, Moskau.
→ *A. Jussupow* – 1982, Moskau.
→ *J. Timman* – 1985, Biel (Schweiz).
→ *R. Waganjan* – 1985, Biel.
G. Sax – 1985, Subotica (Jugoslawien).
→ *J. Speelman* – 1985, Subotica.
→ *N. Short* – 1985, Subotica.
→ *W. Salow* – 1985, Szirak, Ungarn.
→ *J. Hjartarson* – 1987, Szirak.
→ *W. Iwantschuk* – 1990, Manila.
→ *B. Gelfand* – 1990, Manila; 1993, Biel.

Interessant ist, daß es nur sechs Siegern von Interzonenturnieren gelang, im anschließenden Kandidatenturnier alle Hürden zu nehmen und den Weltmeister herauszufordern: Bronstein (1948–51), Tal (1958 bis 1960), Spasski (1964–66), Fischer (1970 bis 1972), Karpow (1973–75), Kasparow (1982 bis 1984).

Intuition im Schach. Darunter versteht man die Fähigkeit, ohne konkrete Berechnung bzw. streng logische Vorgehensweise, den besten Zug zu finden. Erfahrene Schachspieler verlassen sich in unterschiedlichem Maße auf ihre Intuition. Kein Schachspieler kommt ganz ohne intuitive Entscheidungen aus, besonders trifft dies auf komplizierte Stellungen zu, die sich nicht ohne weiteres dem logischen Denken bzw. der genauen Analyse am Brett erschließen. Ohne intuitive Züge und Opfer, ohne urplötzliche Eingebungen würde das Schachspiel ein gut Teil seiner Anziehungskraft einbüßen und trockener Mathematik gleichen. Laut dem Genie des intuitiven Spiels, → *M. Tal*, verdanken viele Züge im Schach ihre Entstehung der unbestimmten Empfindung »Das muß gut sein. Ich hab' das im Gefühl.«

Nicht selten kommt ein Schachspieler in die Extremsituation, daß ihm einerseits eine breite Palette guter Züge und verlockender Kombinationen zu Gebote steht, daß ihn das Ticken der Schachuhr aber andererseits gemahnt, schleunigst eine Entscheidung zu treffen! »Im Schach muß man – wenn man nicht alles berechnen kann – seiner Intuition vertrauen«, schrieb der russische Großmeister → *D. Bronstein*. »Die Wahl des Zuges ist dabei Sache des Geschmacks, nicht der Stellungseinschätzung.«

In seinem Buch »Selbstunterricht im Schachspiel« führt Bronstein ein intuitives Opfer eines Turmes für drei Bauern an, das man nur als »Zauberei« bezeichnen könne.

□ G. Maróczy
■ S. Tartakower

Teplitz-Schönau, 1922

17... ♖:h2!! 18. ♔:h2 ♕:f2+ 19. ♔h1 ♘f6
20. ♖e2 ♕:g3 21. ♘b1 ♘h5 22. ♕d2 ♗d7
23. ♖f2 ♕h4+ 24. ♔g1 ♗g3 25. ♗c3 ♗:f2+
26. ♕:f2 g3 27. ♕g2 ♖f8 28. ♗e1 ♖:f1+! 29.
♔:f1 e5 30. ♔g1 ♗g4 31. ♗:g3 ♘:g3 32. ♖e1
♘f5 33. ♕f2 ♕g5 34. d:e5 ♗f3+   0-1

Ioseliani Nana, * 12. Februar 1963 in Tbilissi, georgische Großmeisterin, zweimalige WM-Herausforderin.

Obwohl sie erst mit neun Jahren das Schachspiel erlernte, wurde Nana mit sechzehn Jugend-Europameisterin und Siegerin des Interzonenturniers von Rio de Janeiro (1979). In den folgenden Jahren zeigte Nana Ioseliani stabile Spitzenresultate, wie vier Goldmedaillen bei sowjetischen Landesmeisterschaften, mehrere Erfolge in Kandidatenmatches zur Weltmeisterschaft sowie eine Reihe von internationalen Turniersiegen beweisen. Neben ihrer intensiven Schachpraxis schloß Nana Ioseliani an der Universität von Tbilissi ein Journalistikstudium ab.

1988 erkämpfte sich Ioseliani erstmals das Recht, die amtierende Weltmeisterin herauszufordern. Nach hartem Kampf unterlag sie ihrer Landsfrau → *M. Tschiburdanidse* mit 7,5:8,5 (+2, -3, =13).

Außer Talent und Trainingsfleiß zeichnet Nana Ioseliani eine erstaunliche Selbstbeherrschung und Widerstandsfähigkeit in schwierigen Si-

tuationen aus. Nicht selten ist es ihr gelungen, in schachlich scheinbar aussichtsloser Lage das Blatt noch zu wenden. Ein gutes Beispiel ist das Kandidatinnenturnier 1988 im georgischen Zchaltubo, wo Nana nach dem ersten Durchgang mit 50% (3,5/7) alle Chancen auf den Turniersieg verspielt zu haben schien. Doch mit fulminanten 6,5/7 im zweiten Abschnitt holte sie die führende Jelena Achmylowskaja ein, bezwang sie im anschließenden Stichkampf und wurde Herausforderin von Maja Tschiburdanidse. Vier Jahre später ein ähnliches Bild. Nana geriet im auf acht Partien veranschlagten Finalmatch des Kandidatenturniers gegen → *Zsu. Polgar* schnell mit 0:2 ins Hintertreffen. In diesem Moment zweifelte wohl niemand am Sieg der favorisierten Ungarin. Außer Nana Ioseliani! Sie setzte den Kampf unentwegt fort und konnte den Stand ausgleichen. In den zusätzlich anberaumten Schnellpartien kam sie wiederum in Rückstand, den sie zweimal aufholte! Beim anschließenden Losentscheid hatte sie das Glück der Tüchtigen auf ihrer Seite und zog in das WM-Finale gegen die Chinesin → *Xie Jun* ein. Dort unterlag sie dann 1993 in Monaco deutlich 2,5:8,5 (+1, -7, =3).

Nana Ioseliani pflegt einen attraktiven Stil. Sie spielt dynamisch, verfügt über einen ausgezeichneten kombinatorischen Blick und ist in der Lage, komplizierte Varianten weit zu berechnen. Die folgende Partie stammt aus ihrem mit 6:3 gewonnenen Viertelfinalmatch des Kandidatinnenturniers gegen die Chinesin Liu Shilan.

□ N. Ioseliani
■ Liu Shilan
Felden, 1983

1. c4 e5 2. a3 ♘f6 3. d3 c6 4. ♘f3 g6 5. ♘c3 d6 6. g3 ♗g7 7. ♗g2 0-0 8. 0-0 ♕e7 9. e4 h6 10. d4 ♗g4 11. d5 c5 12. ♗e3 ♘a6 13. ♕d2 ♔h7 14. ♘e1 ♗d7 15. h3 ♖ab8 16. b4 c:b4? 17. a:b4 ♘:b4 18. ♖:a7 ♖fc8 19. ♘a4! ♘a6 20. ♘b6 ♖c7 21. ♘d3 ♗e8 22. ♖e1 ♕d8 23. f4! e:f4 24. g:f4 ♘g8 25. e5 ♗f8 26. ♕f2 ♕e7 27. e:d6 ♖:e3 28. ♕:e3 ♗:d6 29. ♕f2 ♘f6 30. f5 ♘h5 31. c5 ♗g3 32. f:g6+ f:g6 33. ♕e3 ♗b5 34. ♖f1 ♗:d3 35. ♕:d3 ♘:c5 36. ♖f7+ ♘g7 37. ♕:g3 ♕:b6 38. ♕c7! 1-0

ISLAND

Island. »Schachinsel« – so nennt man mitunter das Eiland am nördlichen Polarkreis. Und das ist vollauf berechtigt, denn die Isländer bringen es bei einer Einwohnerzahl von nur einer Viertelmillion auf immerhin acht Großmeister! Island kann auf eine lange Schachtradition zurückblicken. Eine der Sagen des 12.–13. Jahrhunderts berichtet vom Streit des Königs Knut mit dem Grafen Ulf beim Schachspiel, der für letzteren tragisch endete. Im Laufe der Jahrhunderte wurde das Schach in allen Kreisen der Gesellschaft populär. In »Der Geist und die Geschichte des Schach-Spiels« (Halle 1798, S. 28) schreibt der deutsche Historiker Günter Wahl: »Von den Isländern meldet Purchas in seinen Reisen, daß sie aus Eifer für dieses Spiel, sogar in der Nacht in dem Bette Schach zu spielen pflegten, wobei sie sich von ihren Bediensteten das Licht halten ließen.« Kein Zufall ist es auch, daß ein Jahrhundert später der amerikanische Philologieprofessor, Gründer der New Yorker Zeitschrift »The Chess Monthly« und Freund von → *P. Morphy,* Daniel Willard Fiske (1831–1904), ausgerechnet nach Island übersiedelte, um dort ein Weltschachzentrum zu schaffen! Seinen Bemühungen ist das Journal »I uppnami« (1888), die Gründung eines Schachvereins (1900) und das Buch »Chess in Iceland and in Icelandic Literature« (Florence 1905) zu verdanken.

Im 20. Jahrhundert übertraf der Schachkult in Island alle bis dato bekannten Beispiele. Anläßlich eines Gastspiels des Weltmeisters → *A. Aljechin* 1931 in Island unterbrach das Parlament zeitweise seine Sitzung. Die Ehrung des ersten isländischen Großmeisters, → *F. Olafsson,* geriet zu einem Nationalfeiertag (1958). Natürlich waren die Isländer auch stolz darauf, daß ihr Held später vier Jahre lang das Amt des → *Fide*-Präsidenten innehatte. Die Explosion des Schachinteresses in Island während des Weltmeisterschaftskampfes zwischen → *B. Spasski* und → *R. Fischer* 1972 in Reykjavik kann man nur mit dem Ausbruch eines Vulkans vergleichen. Von da an war Schach auf der Insel der Geysire eine Art Nationalsport. Einzig Handball konnte von der Popularität her mithalten. An den Schulen wurde Schachunterricht eingeführt, das Fernsehen strahlt Schachlektionen aus, in Reykjavik werden jedes Jahr größere internationale Turniere ausgetragen. 1988 wurde mit → *J. Hjartarson* erstmals ein isländischer Schachgroßmeister WM-Kandidat.

Italien. Das Schachspiel kam bereits im frühen Mittelalter ins Land, davon zeugen bei archäologischen Ausgrabungen in Venafro und in römischen Katakomben entdeckte Schachfiguren des arabischen Typus. Vom 10. bis 14. Jahrhundert wurde das Schach unter Höflingen, Rittern und Geistesgelehrten immer populärer. Das besondere Temperament der Italiener kam auch beim Schachspiel zur Geltung. »Nirgendwo sonst spielt man mit dieser Begeisterung, mit dieser Hingabe für das Schach wie in Italien. Am Schachbrett sucht der Italiener den Genuß des Kombinationsspiels und strebt nicht danach, Geld zu gewinnen oder als bester Spieler der Welt zu gelten. Das verleiht dem Schach der Italiener einen besonderen, sehr attraktiven Charakter. Die Kühnheit im Angriff, die schönen Opfer, der schnelle Einsatz der Offiziere – das sind die Haupteigenschaften des italienischen Stils. Dazu kommt, daß die Italiener gewöhnlich sehr schnell spielen.« So beschrieb der Redakteur der russischen Zeitschrift »Schachmatnij Listok«, Wiktor Michailow, seine Eindrücke von einem Aufenthalt in Rom 1863.
Diese Zeilen entsprachen voll und ganz den damaligen italienischen Schachtraditionen, die ihren Anfang in der Renaissance nahmen, als die langwierige Strategie des mittelalterlichen → *Schatrandsch* durch dynamischeres, zielstrebigeres Kombinationsspiel abgelöst wurde. Dieser Wechsel fand in den Werken von → *G. Polerio*, Salvio, Correra und → *G. Greco*, alles italienische Autoren des 16.–17. Jahrhunderts, seinen Niederschlag. Aus jener Zeit datiert auch der Sieg des Italieners Giovanni Leonardo beim Madrider Turnier von 1575, die Entstehung des berühmten Gedichtes »Scaccia ludus« (1513) von → *M. H. Vida* (1490 bis 1566) sowie die erstmalige Aufführung einer → *Lebendschachpartie* in der kleinen norditalienischen Stadt Marostica.

Von den italienischen Schachmeistern der Renaissance kommt besonders Gioacchino Greco (1600–33) eine große Rolle zu, dessen Opferstil den Italienern auch heute noch nah ist. 1974 wurde in Italien eine Greco-Prämie ausgelobt, die an die erfolgreichsten und kreativsten Schachspieler des Landes geht.
Im 18. Jahrhundert nahmen die drei Meister aus Modena → *E. Del Rio,* → *G. Lolli* und → *D. L. Ponziani*, Autor der klassischen Arbeit »Il giuoco incomparabile degli scacchi« (Das unvergleichliche Schachspiel, 1769), eine herausragende Stellung am europäischen Schachhorizont ein. Ihnen ist die Formulierung der Prinzipien der italienischen kombinatorischen Schule zu verdanken, die einen riesigen Einfluß auf die Entwicklung der europäischen Schachkunst hatte. Im darauffolgenden Jahrhundert hieß der neue Stern des italienischen Schachs → *S. Dubois* (1820–99), ein Meister, Theoretiker, Schachorganisator, Redakteur der ersten italienischen Schachzeitschrift »La Rivista degli scacchi« (Rom 1859) und einer der Gründer des italienischen Schachverbandes (1898).
Zu den bedeutenden italienischen Schachereignissen des 20. Jahrhunderts zählen die ersten nationalen Meisterschaften (1921 bei den Männern, 1938 bei den Frauen) und die großen internationalen Turniere von San Remo 1911 bis hin zu den Traditionsturnieren neueren Datums von Rom und → *Reggio Emilia*. Zur Popularität des Schachs in Italien trugen darüber hinaus das Matchturnier von Mailand 1975 und die Austragung des Weltmeisterschaftskampfes zwischen → *A. Karpow* und → *W. Kortschnoj* 1981 in Meran bei.
Bekannt sind die Namen des elffachen italienischen Champions Stefano Tatai sowie von Maria Monticelli und Clarice Benini, die zweimal an der Damenweltmeisterschaft teilnahm und 1937 in Stockholm hinter → *V. Menchik* den zweiten und 1949/50 in Moskau den 9. Platz belegte. Nicht zu vergessen ist der erste Großmeister Italiens, Sergio Mariotti, ein Schachromantiker im Geiste der alten italienischen Meister.

Italienische Partie, ein altehrwürdiger offener Spielanfang:
1. e4 e5 2. ♘f3 ♘c6 3. ♗c4 ♗c5

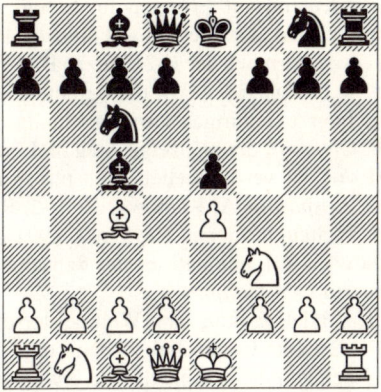

Die ersten Analysen der Italienischen Partie gehen auf die beiden stärksten italienischen Meister des 16.–17.Jahrhunderts, → *G. Polerio* und → *G. Greco*, zurück. Im 20. Jahrhundert strebten die Anziehenden in der Regel unverzüglich mit 4. c3 und 5. d4 den Kampf um das Zentrum an. Eine andere Möglichkeit ist die symmetrische Entwicklung: 4. d3 ♘f6 5. ♘c3 d6 6. ♗e3 ♗b6 7. h3 ♗e6 8. ♗b3 h6 9. 0-0. Die Italiener nannten diese Spielweise »giocco pianissimo« (ruhiges Spiel). Heute stehen Weiß auch hier schärfere Fortsetzungen zu Gebote, wie zum Beispiel der Canal-Angriff mit 6. ♗g5. In der modernen Turnierpraxis nimmt allerdings die ruhigere Behandlung mit Zügen wie d2-d3, c2-c3 und ♗c4-b3-c2 und dem Manöver ♘b1-d2-f1, die zu einem positionellen Manövrierkampf mit »spanischen« Motiven führt, einen breiteren Raum ein.

Ivkov Borislav, * 12. November 1933 in Belgrad, jugoslawischer Großmeister, Juniorenweltmeister 1951, WM-Kandidat.
1951 wird Borislav Ivkov überlegen mit 9,5/11 und 1,5 Punkten Vorsprung der erste Juniorenweltmeister der Schachgeschichte. 1955 verleiht ihm die → *Fide* nach Turniersiegen in Buenos Aires und Mar del Plata, wo er u. a. → *S. Gligorić,* → *M. Najdorf,* → *L. Szabó,* H. Pilnik, → *L. Pachman* und andere bekannte Schachspieler hinter sich ließ, den Großmeistertitel. Ivkov erzielte noch weitere zwei Jahrzehnte hohe sportliche Resultate: Er wurde mehrfach jugoslawischer Landesmeister, nahm an sechs Interzonenturnieren und zwölf Schacholympiaden teil und gewann u. a. die Turniere von Sarajevo (1959), Bewerwijk (1961), Zagreb (1965), Stockholm (1979). 1965 stieß er in das Kandidatenturnier zur Weltmeisterschaft vor, wo er 2,5:5,5 gegen → *B. Larsen* unterlag. 1970 wurde Ivkov zum Match UdSSR gegen den Rest der Welt in die Weltauswahl berufen.

Bora Ivkov gilt als feiner Positionsspieler und guter Theoretiker. Daß er auch einen Angriff zu führen weiß, bewies er u. a. 1961 in Bled, als er, trotz der Konkurrenz von Angriffsspielern wie → *M. Tal,* → *R. Fischer,* → *P. Keres* und → *J. Geller,* für die folgende Partie den Schönheitspreis des Turniers zugesprochen bekam:

□ B. Ivkov
■ L. Portisch
Bled, 1961

1. e4 e6 2. d4 d5 3. ♘c3 ♗b4 4. e5 c5 5. a3 ♗:c3+ 6. b:c3 ♕c7 7. ♕g4 f5 8. ♕g3 ♘e7 9. ♕:g7 ♖g8 10. ♕:h7 c:d4 11. ♔d1 ♗d7 12. ♕h5+ ♔d8 13. ♘e2 ♗a4 14. ♘f4 ♖:e5 15. ♕f7 ♗d7 16. ♗d3 ♕d6 17. ♖e1 e5 18. a4 ♗e8 19. ♕e6 ♕:e6 20. ♘:e6+ ♔d7 21. ♘c5+ ♔c8 22. ♖:e5 ♘bc6 23. ♖e2 ♖:g2 24. ♗:f5+ ♔d8 25. ♘:b7+ ♔c7

26. ♗f4+ ♘e5 27. ♖:e5 ♘:f5 28. ♖e7+ ♔c6
29. ♖c7+ ♔b6 30. ♖b1+ ♔a6 31. ♖c6+
Schwarz gab auf, denn er wird in zwei Zügen
mattgesetzt: 31... ♗:c6 32. ♘c5+ ♔a5 33.
♗c7 matt.

Iwantschuk Wassili, * 18. März 1969 in Bereshany, ukrainischer Großmeister, WM-Kandidat.
In den ersten Jahren seiner Schachlaufbahn war Wassili, der in einer Kleinstadt lebte, mehr oder weniger auf sich allein gestellt. Der Umzug in die ukrainische Schachmetropole Lwow und der Austausch mit erfahrenen Großmeistern und Trainern an der Schachfakultät des dortigen Sportinstitutes brachte ihm einen gewaltigen Leistungssprung. Schon seine ersten Erfolge in Juniorenturnieren, besonders der Sieg bei der Europameisterschaft 1986/87, sowie das glänzende Resultat beim New York Open 1988, wo er mit 7,5/9 → *B. Larsen*, → *E. Torre*, → *R. Byrne*, → *F. Gheorghiu*, J. Smejkal u. a. distanzierte, ließen die Schachwelt auf den Namen Iwantschuk aufmerksam werden. Die »New York Times« würdigte sein »tiefes Positionsverständnis und seine guten Eröffnungskenntnisse.« Und weiter: »Er kam nie in Zeitbedrängnis. Es scheint, daß Iwantschuk in nächster Zeit Großmeister wird, und daß er – wer weiß – ein neuer Stern des Sowjetschachs wird.«
Diese Prognose sollte sich alsbald als richtig erweisen. Binnen dreier Jahre (1989–91) stürmte Iwantschuk buchstäblich in die Weltspitze, an die dritte Stelle in der Weltrangliste. Zu seinen bedeutendsten Erfolgen in diesem Abschnitt zählen der Sieg in → *Linares* 1989 (vor → *A. Karpow*), der 1.-2. Platz in Biel 1989 (mit → *L. Polugajewski*), der geteilte Erfolg beim Interzonenturnier 1990 in Manila (mit → *B. Gelfand*), der glänzende Sieg in Linares 1991 vor der versammelten Weltspitze (u. a. → *G. Kasparow*, A. Karpow), der 1.-2. Rang beim Weltcupturnier in Reykjavik 1991 (mit Karpow). 1991 heiratete er die Schachgroßmeisterin → *A.Galljamowa*.
Im Kandidatenzyklus zur Weltmeisterschaft 1991–92 zählte Iwantschuk zu den Topfavoriten. Nachdem er im Achtelfinale erwartungsgemäß Leonid Judassin ausgeschaltet hatte, unterlag er jedoch im Viertelfinale → *A. Jus-*

supow nach dramatischem Kampf in der Verlängerung. Es wurde offenbar, daß Iwantschuk auf dem Weg zum Schacholymp noch ein hartes Stück Arbeit zur Vervollkommnung seines Stils bevorstand und daß es ihm deutlich an psychischer Stabilität mangelte. Ihn belastete, wie er selbst sagte, »die zu große Erwartungshaltung meiner Landsleute, die in mir schon den Herausforderer für Weltmeister Kasparow sahen. Ich war wohl etwas überdreht.«
Für den folgenden WM-Zyklus konnte sich Iwantschuk, der immer wieder mit nervlichen Problemen zu kämpfen hat, nicht qualifizieren. Seine Ergebnisse blieben aber hervorra-

gend, wie der 1. Platz in München 1994, sein mit Kasparow geteilter Turniersieg in Nowgorod 1994, sein dritter Erfolg in Linares 1995 (vor Karpow), sein Co-Erfolg mit → *W. Kramnik* in Horgen 1995 (u. a. vor Kasparow) und der Sieg in Wijk aan Zee (1996) zeigen. »Im Schach bin ich eher Realist als Romantiker. Ich versuche, die Situation auf dem Schachbrett objektiv einzuschätzen«, sagt Iwantschuk über sich selbst. »Besonderes Augenmerk lege ich auf die eröffnungstheoretische Vorbereitung, denn heutzutage sind die Varianten mitunter bis zum 30. Zug ausanalysiert. Ein gutes sportliches Resultat bringt natürlich viel Freude, doch wichtiger ist für mich die Qualität meiner Partien.« Die zweite Partie seines Matches gegen Judassin illustriert sehr gut den dynamischen Stil Iwantschuks. Sein Spiel ist aktiv, weit vorausschauend und voller schöner taktischer Ideen.

□ L. Judassin
■ W. Iwantschuk

Riga, 1991

1. e4 e5 **2.** ♘f3 ♘c6 **3.** ♗c4 ♘f6 **4.** d3 ♗e7 **5.** 0-0 0-0 **6.** c3 d5 **7.** e:d5 ♘:d5 **8.** ♖e1 ♗g4 **9.** ♘bd2 ♔h8 **10.** a4 f6 **11.** a5 ♖b8 **12.** ♘f1 ♗e6 **13.** ♕a4 a6 **14.** ♗:a6 ♘:a5 **15.** ♕:a5 ♖a8 **16.** ♕b5 ♘b6 **17.** ♗e3 ♗d7 **18.** ♕b3 b:a6 **19.** d4 e4 **20.** ♘3d2 f5 **21.** d5 ♖b8 **22.** ♕a2 ♘f6 **23.** ♖ad1 ♘a4 **24.** ♘c4 ♗b5 **25.** ♘a5 ♘:b2 **26.** ♕:b2 ♗:f1 **27.** ♕a2 ♗b5 **28.** c4 ♗d7 **29.** ♘c6 ♗:c6 **30.** d:c6 ♕e8 **31.** ♕:a6 ♗c3 **32.** ♖f1 f4 **33.** ♗a7 ♖a8 **34.** ♕b7 f3 **35.** ♕:c7 ♗e5 **36.** ♕d7

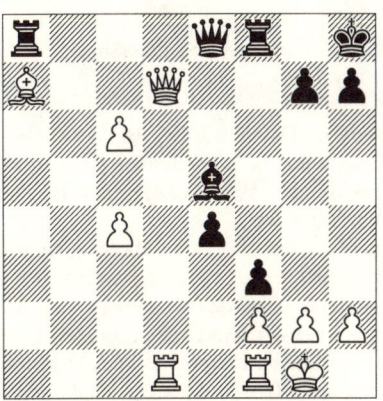

36... ♖:a7!!
Weiß überschritt die Bedenkzeit. Nach **37.** ♕:a7 folgt **37...** f:g2! **38.** ♔:g2 ♕g6+ **39.** ♔h1 ♕h5 mit undeckbarem Matt.

J

Jänisch Carl Friedrich von, * 23. August 1813 in Wyborg, † 17. März 1872 in St. Petersburg, russischer Maestro und Schachtheoretiker. Jänisch spielte bereits in den 30er Jahren des vorigen Jahrhunderts eine aktive Rolle im St.

Petersburger Schachleben. Er nahm an zahlreichen Turnieren teil und trug gegen Spieler aus Derpt (heute Tartu) Fernpartien aus. Seine Forschungen auf dem Gebiet des Endspiels und der Eröffnung nahmen den Mathematikprofessor bald so in Anspruch, daß er die wissenschaftlich-pädagogische Tätigkeit aufgab und sich vollständig dem Schach verschrieb. 1837 veröffentlichte er in St. Petersburg die Untersuchung »Decouvertes sur le cavalier (aux échecs)«, die sich der Analyse von Positionen widmet, in denen König und Springer gegen König und Bauern triumphieren.

Einen starken Eindruck auf seine Zeitgenossen hinterließ seine zweibändige Arbeit »Analyse nouvelle des ouvertures du jeu des échecs« die 1842–43 in Dresden und St. Petersburg in französischer Sprache herauskam. Dabei handelte es sich um eine ausführliche Darstellung der in jener Zeit populären Eröffnungen wie der offenen (Petrow-Verteidigung bzw. → *Russische Partie,* → *Italienische* und → *Wiener Partie,* Läuferspiel usw.) bzw. halboffenen und geschlossenen Spiele, darunter das von Jänisch erfundene Sizilianische Gambit (1. e4 c5 2. b4) und das → *Damengambit.* Im → «Handbuch des Schachspiels« (Berlin 1843) wird dieses Werk Jänischs als »klassisch« bezeichnet. 1847 erscheint in der Übersetzung G. Walkers in London »Jaenisch's Chess Procetor: A new Analysis of the Openings of the Games by C. F. Jaenisch, of Petersburgh«. Unter seinen folgenden fundamentalen Neuschöpfungen bzw. Untersuchungen gehören das »Jänisch-Gambit« in der → *Spanischen Partie,* das zu einem scharfen Spiel führt (1. e4 e5 2. ♘f3 ♘c6 3. ♗b5 f5), die Begründung des Zuges 3... a6 in der Spanischen Partie (»Deutsche Schachzeitung«, 1848) und die Ausarbeitung einer Theorie der → *Französischen Verteidigung* (»Chess World«, 1868) zu den wichtigsten. In den 50–60er Jahren befaßte sich Jänisch mit der Erforschung des Schachs durch mathematische Methoden. Diesem Problem ist das »Traktat über die Anwendung der mathematischen Analyse auf das Schachspiel« gewidmet, das 1862–63 in St. Petersburg in französischer Sprache erschien.

Jänisch war einer der besten Schachspieler Rußlands, der jedoch an Stärke den Meistern → *A. Petrow* und Ilja Schumow, dem er 1854 in einem Match mit 5:7 unterlag, nachstand. Während seines Deutschlandaufenthaltes 1842 spielte er mehrfach gegen von der Lasa, Bledow und andere. 1851 wurde Jänisch zum ersten internationalen Turnier der Schachgeschichte nach London eingeladen, doch er reiste zu spät an und trug statt dessen nach dem Ereignis einen Vergleich mit → *H. Staunton* aus (2,5:7,5; +2, -7, =1).

Das folgende Schlußspiel stammt aus der 3. Partie dieses Matches:

□ H. Staunton
■ C. Jänisch
London, 1841

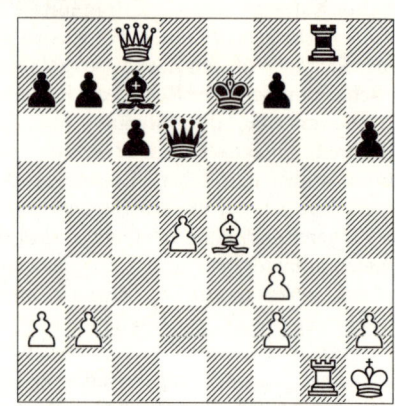

32. ♕h3 ♖:g1+ 33. ♔:g1 ♕:d4 34. ♕:h6 ♕:b2 35. ♕g5+ ♕f6 36. h4 ♕:g5+ 37. h:g5 ♗f4 38. g6 f:g6 39. ♗:g6 c5 40. ♗d3 ♔d6 41. ♔f1 a6 42. a4 ♔e5 43. ♔e2 ♔d4 44. ♗f5 b5 45. a:b5 a:b5 46. ♔d1 ♔c3 47. ♗e4 b4 48. ♗h7 c4 49. ♗g8 b3 50. ♗e6 ♔b4 51. ♗d5 c3 52. ♗e4 ♔a3   0-1

Jänisch befaßte sich auch mit der Schachkomposition. Er entwickelte eine Theorie zu Selbstmattaufgaben und schuf eine Reihe origineller Studien zum Thema der Bauernumwandlung. Darüber hinaus tat Carl Friedrich Jänisch viel für die Popularisierung des Schachs in → *Rußland.* Er war einer der Gründer der St. Petersburger Gesellschaft der Schachfreunde (1853), Autor zweier Ausgaben der »Regeln des Schachspiels« (Regles du jeu des échecs, 1854, 1857) und seit 1856 Redakteur der ersten ständigen Schachspalte einer russischen Zeitung, der »St. Petersburgskije wedomosti«.

Janowski David, * 7. Juni 1868 in Wolkowysk (Weißrußland), † 15. Januar 1927 in Hyères (Frankreich), WM-Kandidat zu Beginn des 20. Jahrhunderts.

Janowski befaßte sich schon frühzeitig mit dem Schach, aber bekannt wurde er erst, als er im Pariser »Café de la Régence« viele Meister besiegte. 1894 feierte er im großen Nürnberger Turnier sein internationales Debüt. Er gelangte mit 10,5 Punkten aus 17 Partien in die

Preisränge und bezwang dabei u. a. → *R. Teichmann*, → *J. Blackburne* und G. Marco. Weniger erfolgreich war Janowski 1895 in → *Hastings*, aber auch hier bekamen Koryphäen wie → *M. Tschigorin*, → *W. Steinitz* und → *K. Schlechter* seine Kombinationskraft zu spüren. Dann folgten die erfolgreichen Auftritte in Budapest (1896), Berlin (1897) und Wien (1898), wo er Dritter wurde und W. Steinitz, K. Schlechter, M. Tschigorin, → *G. Maróczy* u. a. hinter sich ließ.

Seine kühne und phantasievolle Spielweise trug Janowski viele Sympathien in der Schachwelt ein. Zeitgenössische Quellen bescheinigen dem passionierten Glücksspieler Janowski etwas Dämonisches. Mit seinem dunklen Teint und den pechschwarzen Haaren verkörperte er eher den Prototyp eines Pariser Flaneurs als den typischen Denker des königlichen Spiels. Janowski selbst beschrieb sein Schach in einer englischen Zeitung einmal so: »Es erinnert an die schottische Königin Maria Stuart – sie war schön, aber unglücklich.«

Anfang des 20. Jahrhunderts zählte Janowski neben Tschigorin, Schlechter, Tarrasch, Maroczy und → *F. Marshall* zu den aussichtsreichsten Kandidaten für die Weltmeisterschaft. Er errang Turniersiege in Monte Carlo (1901), Hannover (1902), Barmen (1905) und kam in Cambridge-Springs (1904), Ostende und Berlin (1905) auf den 2.–3. Platz. 1909 begann der Pariser Mäzen Pierre Nardus, Janowski einige Matches gegen → *Em. Lasker* zu finanzieren. In jenem Jahr fanden zwei Trainingswettkämpfe statt. Einer endete 2:2 (+2, -2), der andere nahm einen traurigen Ausgang für Janowski: 2,5:8,5 (+1, -7, =3). Im offiziellen WM-Kampf selbst erging es Janowski mit 1,5:9,5 (+0, -8, =3) dann noch schlimmer. Dem feinen Psychologen Lasker fiel es nicht schwer, die Schwächen Janowskis, den Widerwillen, sich auf ein positionelles Gefecht einzulassen, und die Neigung, in jeder Position auf Gewinn zu spielen, auszunutzen. In einem Match kommen diese Mängel besonders zum Tragen. Nichtsdestotrotz konnte Janowski in seiner Karriere von 21 Zweikämpfen 11 gewinnen, darunter gegen → *S. Winawer*, Showalter und Marshall.

Die Fülle an kombinatorischen Ideen sind der wertvollste Schatz, den David Janowski der Schachwelt hinterlassen hat.

□ H. N. Pillsbury
■ D. Janowski

Hannover, 1902

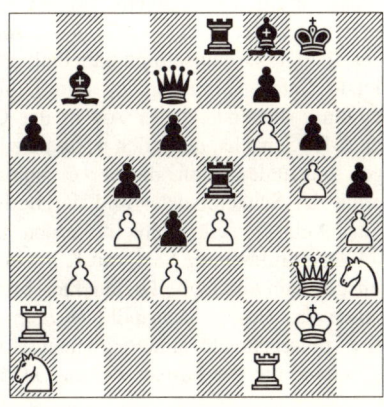

37... ♖:e4 38. d:e4 ♖:e4 39. ♔h2 ♖e3 40. ♕:e3 d:e3 41. ♘c2 d5 42. ♘:e3 d4 43. ♘g2 ♗:g2 44. ♖:g2 ♗d6+ 45. ♘f4 ♕f5 46. ♖gf2 ♕g4 47. ♔h1 ♕:h4+ 48. ♔g1 ♕g3+ 49. ♔h1 ♕:b3 50. ♔g2 ♕:c4 51. ♖e1 d3 52. ♖e8+ ♔h7 53. ♘:d3 ♕:d3 54. ♖fe2 ♕g3+ 55. ♔h1 ♕h3+ 56. ♔g1 c4, und Schwarz gewann.

Jugoslawien. Auf dem Territorium des späteren Jugoslawien wurde das Schach im Mittelalter bekannt. Historische Zeugnisse belegen die Existenz des »skaki« (nach dem italienischen »scacchi«) 1422 in Dubrovnik. Große Popularität erlangte das Schach hierzulande im 20. Jahrhundert. Mit → *M. Vidmar* und Bora Kostić gab es zwei Schachspieler der Extraklasse, dazu kam eine Reihe großer Turniere wie Rogaška-Slatina (1929), → *Bled* (1931) und Maribor (1934).

Anfang der 60er Jahre mauserte sich Jugoslawien zu einer der führenden Schachnationen der Welt. Eine große Anzahl von Traditionsturnieren kurbelten das Schachleben im Lande an, darunter in Bugojno, Belgrad, Nikšić, Sarajevo, Ljubljana, Zagreb, Subotica, Vrnjačka-Banja, Sombor, Vinkovci und anderen Städten. Binnen dreier Jahrzehnte sammelte Jugoslawien bei Schacholympiaden mehr als ein Dutzend Medaillen. Drei Olympiaden richteten die Jugoslawen selbst aus: 1950 Dubrovnik (Gold!), 1972 Skopje, 1990 Novi Sad. Das Land war ebenfalls Gastgeber einer Reihe von Interzonen- bzw. Kandidatenturnieren.

1970 war die Hauptstadt Belgrad Schauplatz des denkwürdigen Vergleichs Sowjetunion gegen den Rest der Welt (→ *Match des Jahrhunderts*). »Die Organisatoren haben alles bis ins letzte Detail vorausgeplant, damit diese Begegnung, die erste dieser Art in der Geschichte des Schachs, unter den besten Bedingungen stattfinden kann, die der grandiosen Autorität der Schachmeister und der Bedeutung des Anlasses selbst gerecht werden. Der 2000 Plätze umfassende Saal, mit Klimaanlagen ausgestattet und taghell beleuchtet, bietet, wie auch das Hotel ›Metropol‹, in dem die Akteure untergebracht sind, jeglichen Komfort«, schwärmte die Pariser Zeitung »Combat«.

Zwei Jahrzehnte später blickte die Schachwelt wieder nach Jugoslawien, diesmal stand, während im Lande der Bürgerkrieg tobte, die kleine Insel Sveti Stefan im Mittelpunkt des Interesses, wo die »Match-Revanche« zwischen dem aus der Versenkung zurückgekehrten → *R. Fischer* und → *B. Spasski* stattfand. Jugoslawien stellte insgesamt fünf Juniorenweltmeister – → *B. Ivkov* (1951), B. Parma (1961), B. Kurajica (1965), O. Cvitan (1981) und I. Miladinović (1994). Zur Weltspitze zählten lange Jahre → *S. Gligorić*, → *B. Ivkov*, → *A. Matanović*, → *L. Ljubojević* bzw. bei den Damen M. Lazarević und → *A. Marić*. Nach dem Zerfall Jugoslawiens verfügt Bosnien, das 1994 bei der Schacholympiade Silber gewann, mit den Großmeistern P. Nikolić und I. Sokolov über zwei Topspieler. Der → *»Schachinformator«* sowie die »Enzyklopädie der Schacheröffnungen« sind weltweit anerkannte Standardwerke der jugoslawischen Schachliteratur.

Junge Klaus, * 1. Januar 1924 in Concepción (Chile), † 18. April 1945 bei Welle (Lüneburger Heide), einer der talentiertesten deutschen Schachmeister des 20. Jahrhunderts.

Bereits mit siebzehn Jahren war Klaus Junge einer der besten Schachspieler Deutschlands. In den üblen Jahren des Zweiten Weltkrieges gelang es ihm, an zwölf Turnieren teilzunehmen und sein Talent zu entfalten. Nur zweimal blieb er dabei ohne Preis. Aus starken Konkurrenzen wie Hamburg (1941), Dresden (1942) und Prag (1942) ging er als Sieger hervor. In Prag teilte er den 1. Platz mit Weltmeister → *A. Aljechin*, der den Hamburger Studenten in der letzten Runde im direkten Duell unbedingt schlagen mußte, um mit ihm gleichzuziehen.

Junge, der als talentiertester deutscher Schachspieler nach → *Em. Lasker* galt, wurde von Experten eine glänzende Karriere vorausgesagt. Doch das Schicksal war ihm nicht wohlgesonnen. 1942 wurde Klaus Junge zur Wehrmacht eingezogen. Er fiel 20 Tage vor Kriegsende.

□ A. Aljechin
■ K. Junge
Salzburg, 1942

1. d4 d5 2. c4 e6 3. ♘c3 c6 4. e4 d:e4 5. ♘:e4 ♗b4+ 6. ♘c3 c5! 7. ♗e3 ♕a5 8. ♘ge2 c:d4 9. ♗:d4 ♘f6 10. a3 ♗e7 11. ♘g3 ♘c6 12. b4 ♕c7 13. ♗e3 0-0 14. ♗e2 b6 15. 0-0 ♗b7 16. ♘b5 ♕b8 17. ♕c1 a6 18. ♘c3 ♕c7 19. ♘a4 ♘d7 20. ♖d1 ♘ce5! 21. f3 a5 22. ♕b2 a:b4 23. a:b4 ♗f6 24. ♕b3

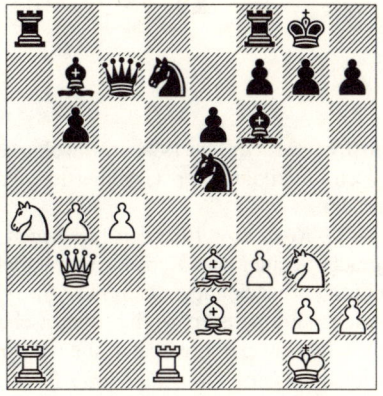

24... b5! 25. c:b5 ♗d5! 26. ♖:d5 e:d5 27. ♖c1 ♘c4! 28. ♗:c4 d:c4 29. ♖:c4 ♕e5 30. ♘c5 ♘b6 31. ♖c1 ♘d5 32. ♘ge4 ♘:e3 33. ♕:e3 ♖a1! 34. ♖f1 ♖d8! 35. ♘:f6+ ♕:f6 36. b6 ♖:f1+ 37. ♔:f1 ♕:b6 38. ♕e4 ♕b5+ 39. ♔f2 ♖e8 40. ♕d4 ♕b6! 41. ♘b3 ♖b8 42. ♕:b6 ♖:b6 43. g4 ♖:b4, und Schwarz realisierte sein materielles Übergewicht (69).

Jussupow Artur, * 13. Februar 1960 in Moskau, russisch-deutscher Großmeister, WM-Kandidat.
Als der erfahrene Trainer Mark Dworezki auf den damals dreizehnjährigen Artur Jussupow traf, versprach er, ihn binnen dreier Jahre zum Jugendweltmeister zu machen. Dieses Experiment verlief glänzend. Artur erfüllte die Vorgabe ein Jahr früher und holte sich 1977 seinen ersten großen Titel. Dabei fiel auf, daß er seinen Altersgenossen besonders im Endspiel klar überlegen war.
Mit neunzehn debütierte Jussupow bei der Landesmeisterschaft der UdSSR – mit sensationellem Erfolg. Er belegte mit 10,5/17 den zweiten Platz! Er erzielte sechs Siege und verlor nur zweimal, darunter gegen einen gewissen → *G. Kasparow*, der als damals 18jähriger ebenfalls zum ersten Mal seine Visitenkarte beim sowjetischen Championat abgab und auf dem 3.-4. Rang einkam.
Nach dem Sieg im Zonenturnier von Jerewan (1982) nahm Artur den Kampf um die Weltmeisterschaft auf. Beim zweiten Anlauf, nach den Erfolgen beim Interzonenturnier von Tunis 1985 und dem Kandidatenturnier von Montpellier im gleichen Jahr, schlug Jussupow im Halbfinale zur Weltmeisterschaft den Holländer → *J. Timman* sicher mit 6:3, unterlag dann aber im Finale knapp mit 6,5:7,5 seinem Landsmann → *A. Sokolow*.
Nachdem er bei einem Raubüberfall in Moskau nur knapp mit dem Leben davongekommen war, beschloß Artur Jussupow 1991, sich in Deutschland niederzulassen. Er wählte sich das bayerische Bad Wiessee als neues Domizil und vertrat in der → *Bundesliga* die Farben des Deutschen Serienmeisters Bayern München. 1991 schaltete er im WM-Viertelfinale

mit dem aufstrebenden Ukrainer → *W. Iwantschuk* einen der Favoriten auf den Weltmeistertitel aus. Der entscheidende Sieg gelang ihm in der Verlängerung des Matches:

□ W. Iwantschuk
■ A. Jussupow
Brüssel, 1991

1. c4 e5 2. g3 d6 3. ♗g2 g6 4. d4 ♘d7 5. ♘c3 ♗g7 6. ♘f3 ♘gf6 7. 0-0 0-0 8. ♕c2 ♖e8 9. ♖d1 c6 10. b3 ♕e7 11. ♗a3 e4 12. ♘g5 e3 13. f4 ♘f8 14. b4 ♗f5 15. ♕b3 h6 16. ♘f3 ♘g4 17. b5 g5 18. b:c6 b:c6 19. ♘e5 g:f4 20.

♘:c6 ♕g5 21. ♗:d6 ♘g6 22. ♘d5 ♕h5 23. h4 ♘:h4 24. g:h4 ♕:h4 25. ♘de7+ ♔h8 26. ♘:f5 ♕h2+ 27. ♔f1 ♖e6 28. ♕b7
28. ♘ce7! mit unklarem Spiel (Jussupow).

28... ♖g6!!
Jetzt gibt es gegen die Drohung 29... ♕h1+!! 30. ♗:h1 ♘h2+ nebst 31... ♖g1 matt nur eine einzige Verteidigung.
29. ♕:a8+ ♔h7 30. ♕g8+! ♔:g8 31. ♘ce7+ ♔h7 32. ♘:g6 f:g6 33. ♘:g7 ♘f2!!
Droht 34... ♘h3!
34. ♗:f4 ♕:f4 35. ♘e6 ♕h2 36. ♖db1 ♘h3 37. ♖b7+ ♔h8 38. ♖b8+ ♕:b8 39. ♗:h3 ♕g3   0-1

1991 gewann Artur Jussupow in großem Stil ein internationales Turnier in Hamburg. Von 14 Partien gewann er elf bei drei Unentschieden! 1992 schied er im WM-Halbfinale gegen Timman mit 4:6 aus. 1994 vertrat er Deutschland bei der Moskauer Schacholympiade am Spitzenbrett. Im Herbst 1995 wechselte Jussupow nach dem Rückzug von Bayern München aus der Bundesliga zur Solinger SG .

K

Kamsky Gata, * 2. Juni 1974 in Nowokusnezk, russisch-amerikanischer Großmeister, WM-Kandidat.
Als → *G. Kasparow* 1988 den 14jährigen Leningrader Schüler Gata Kamsky als möglichen Nachfolger bezeichnete, kam das für viele westliche Journalisten völlig überraschend. Aber schon zwei Jahre später stieg Kamsky durch seinen Sieg im → *Tilburger* Superturnier in die Weltelite auf...
Gata ist ein Enkel des bekannten Gründers des tatarischen dramatischen Theaters in Kasan, Gata Sabirow, der auf der Bühne unter dem Pseudonym »Kamsky« auftrat. Er zeichnet sich nicht nur durch sein Naturtalent, sondern auch durch beeindruckende Hartnäckigkeit und Ehrgeiz aus. Bereits im Alter von zwei Jahren konnte er lesen, mit vier fühlte er sich zur Mathematik hingezogen, und mit sechs spielte er auf dem Klavier ohne Noten schwierige Musikstücke. In der dritten Schulklasse begann er, sich mit Schach zu befassen, was die Musik in den Hintergrund drängte. Sein Training nahm viele Stunden pro Tag in Anspruch. Hier machte sich die spartanische Erziehung bemerkbar, die Gata vom Vater Rustam, einem Meister des Sports im Boxen, erhalten hatte. Der Junge betrieb jeden Tag Gymnastik und Crossläufe.

Mit 9 Jahren erfüllte Gata die Norm für die 1. Leistungsklasse, mit 12 wurde er Jugendmeister der UdSSR und wiederholte damit den Rekord, den einst Kasparow aufgestellt hatte. Dann gewann er das Schachfestival in Weljandi (Estland), wobei er 120 Kontrahenten – darunter 35 Meister! – hinter sich ließ. 1989, nach einem Turnier in New York, entschied sich Gatas Vater dafür, mit seinem Sohn in den USA zu bleiben. Er hoffte, dadurch den Marsch seines Sohnes auf den Schacholymp zu beschleunigen. Jedoch die Realität erwies sich als härter. Erfolge und Mißerfolge wech-

selten einander ab. Kamsky begann, häufiger in amerikanischen Open und in starken europäischen Turnieren zu spielen. Einige der besten Resultate dieser Periode: 1989 Long Beach – 1.-5. Platz; Palma de Mallorca – 2.-3. Platz; 1990 New York – 2.-5. Platz; Paris – 3.-9. Platz; Neu Delhi – 1.-2. Platz. 1991 wurde er Champion der USA. In diesem Jahr teilte er im Belgrader Superturnier den 2.-3. Platz. Im Aljechin-Memorial in Moskau 1992 wurde er Dritter und gewann die Sympathien des Publikums durch sein kämpferisches Schach. Im Interzonenturnier von Biel 1993 qualifizierte er sich für die Kandidatenkämpfe zur Weltmeisterschaft. Durch Siege gegen P. van der Sterren, → *V. Anand* und → *W. Salow* qualifizierte er sich für den Zweikampf gegen → *Fide*-Weltmeister → *A. Karpow*. Im parallel laufenden WM-Zyklus der → *PCA* drang er durch Erfolge gegen → *W. Kramnik* und → *N. Short* in das Finale vor, wo er Anand unterlag.

□ G. Kamsky
■ N. Short

Linares 1994, 5. Matchpartie

1. d4 ♘f6 2. c4 e6 3. ♘c3 ♗b4 4. e3 c5 5. ♗d3 ♘c6 6. ♘ge2 c:d4 7. e:d4 d5 8. c:d5 ♘:d5 9. 0-0 ♗d6 10. ♘e4 ♗e7 11. a3 0-0 12. ♗c2 ♖e8 13. ♕d3 g6 14. ♗h6 b6 15. ♖ad1 ♗b7 16. ♖fe1 ♖c8 17. ♗b3 a6 18. ♘2g3 ♘b8 19. ♕f3! ♖c7 20. ♘h5 ♘d7 21. h4! ♘7f6 22. ♘h:f6+ ♘:f6

23. d5!
Der entscheidende Durchbruch im am besten befestigten Punkt der Stellung! 23... ♗:d5 scheitert nun an 24. ♘:f6+ ♗:f6 25. ♗:d5 e:d5 26. ♖:e8+ ♕:e8 27. ♕:f6 und 23... ♘:d5 an 24. ♗:d5 ♗:d5 25. ♖:d5 e:d5 26. ♘f6+ ♗:f6 27. ♖:e8+ ♕:e8 28. ♕:f6.
23... ♘:e4 24. d:e6! f5 25. ♖:d8 ♖:d8 26. ♖d1 1-0

Kandidatenturniere. Ein halbes Jahrhundert lang (1886–1937) wählten sich die amtierenden Weltmeister ihren Gegner im Kampf um die Schachkrone selbst. So kam es, daß bei weitem nicht alle von der Stärke her in Frage kommenden Maestros in den Genuß eines WM-Matches kamen. Das lag an schwer zu erfüllenden finanziellen Bedingungen, mitun-

KANDIDATINNENTURNIERE

ter an der Halsstarrigkeit des jeweiligen Champions, an fehlender Unterstützung durch die Schachwelt oder an Verwerfungen der Weltgeschichte durch Kriege usw. So mußten Koryphäen wie → *H. N. Pillsbury,* → *A. Rubinstein,* → *A. Nimzowitsch,* → *S. Flohr* und andere auf das wichtigste Match ihres Lebens verzichten...

Erst 1950 führte der Weltschachbund → *Fide* verbindliche Regeln für die Austragung der Weltmeisterschaft ein. Es wurde ein mehrstufiges Qualifikationssystem eingerichtet, das alle drei Jahre in der Ermittlung des aktuellen Herausforderers für den amtierenden Weltmeister gipfelte. Krönung des WM-Ausscheids war zunächst ein Kandidatenturnier, das sich aus den Erstplazierten eines Interzonenturniers zusammensetzte. Von 1950 bis 1962 wurden fünf Kandidatenturniere ausgetragen. Die Sieger: Budapest 1950 → *D. Bronstein* und → *I. Boleslawski* (Bronstein gewann den Stichkampf); Zürich 1953 – → *W. Smyslow*; Amsterdam 1956 – Smyslow; Bled/Zagreb/Belgrad 1959 – → *M. Tal*; Curaçao 1962 – → *T. Petrosjan*. Von der sportlichen Berechtigung dieses Qualifikationsmodus zeugt der Umstand, daß die Sieger der Kandidatenturniere in keinem Falle im anschließenden Titelkampf dem Weltmeister unterlagen! Zweimal (1951 und 1954) erreichten sie ein Unentschieden. Nur ein führender Großmeister konnte ob dieses Systems mit der Schachgöttin Caissa hadern – → *P. Keres*. Der Este war in Kandidatenturnieren viermal Zweiter und kam demzufolge zu keinem einzigen Weltmeisterschaftskampf.

1962 ersetzte die Fide die herkömmlichen Rundenturniere durch ein Kandidatenturnier, das im K.-o.-System ausgetragen wurde. Im Zeitraum von 1965 bis 1984 waren es jeweils acht Akteure, die in Matches den Herausforderer des Weltmeisters ermittelten. Die Sieger der einzelnen WM-Zyklen waren 1965 und 1968 – → *B. Spasski,* 1971 – → *R. Fischer,* 1974 – → *A. Karpow,* 1978 und 1981 – → *W. Kortschnoj,* 1984 – → *G. Kasparow*. In vier Fällen wurden die Herausforderer auch Weltmeister: Spasski (1969), Fischer (1972), Karpow (1975, kampflos), Kasparow (1985).

Die Begleitumstände der Duelle zwischen Kasparow und Karpow von 1984–86, d. h. der abgebrochene WM-Kampf 1984/85, das Wiederholungsmatch 1985 und die WM-Revanche 1986, zwangen die Fide, eine neue Form der WM-Ausscheidungen zu finden. Im Resultat gab es im Zyklus 1985–87 das Kandidatenturnier von Montpellier und Kandidatenmatches. WM-Herausforderer wurde Karpow. Derselbe Spieler setzte sich auch in der folgenden Ausscheidung von 1988–90 durch, als es nur Kandidatenzweikämpfe, aber kein Kandidatenturnier gab. Drei Jahre später (1991–93) kristallisierte sich → *N. Short* in den Kandidatenduellen als Sieger heraus. Er bestritt den Titelkampf gegen Kasparow allerdings nicht unter der Ägide der Fide, sondern der → *PCA*. Nächster WM-Herausforderer der Fide wurde → *G. Kamsky,* der den Zyklus 1993–95 gewann.

Kandidatinnenturniere Die WM-Ausscheidung bei den Frauen verläuft nach einem ähnlichen Muster wie bei den Männern. 1952 bis 1957 fanden Kandidatinnenturniere statt. Die Siegerinnen: Moskau 1952 – → *J. Bykowa*; Moskau 1955 – → *O. Rubzowa,* Plowdiw 1959 – K. Sworykina; Vrnjačka Banja 1961 – → *N. Gaprindaschwili*; Suchumi 1964 – → *A. Kuschnir* (nach Stichkampf gegen Lazarević und Satulowskaja); Subotica 1967 – Kuschnir. 1971–1984 wurden die Turniere durch Kandidatinnenzweikämpfe ersetzt. WM-Herausforderinnen wurden Kuschnir (1971), → *N. Alexandria* (1975 und 1981), → *M. Tschiburdanidse* (1978), → *I. Lewitina* (1984). Nach einem Beschluß des Fide-Kongresses in Manila 1983 kehrte man zur alten Turnierform zurück. Die Siegerinnen: Malmö 1986 – J. Achmylowskaja (→ *Donaldson-Achmylowskaja*); Zchaltubo 1988 – → *N. Ioseliani* und Achmylowskaja (Ioseliani gewann den Stichkampf); Borshomi 1990 – → *Xie Jun* und → *A. Maric* (→ *Xie Jun* gewann den Stichkampf). Ohne Präzedenzfall war die neue Entscheidung der → *Fide,* die überlegene Siegerin des Kandidatinnenturniers von Shanghai 1992, → *Zsu. Polgar,* ein Match gegen die Zweitplazierte, Ioseliani, spielen zu lassen. Das Duell endete nach Verlängerung unentschieden, und Ioseliani triumphierte nach Losentscheid.

Karpow Anatoli, * 23. Mai 1951 in Slatoust, zwölfter Weltmeister.

Schon als Kind studierte er mit besonderer Begeisterung die Partien → *J. R. Capablancas*. »Ich habe alle seine Partien auswendig gelernt«, erinnerte sich Karpow später. Vielleicht rührt daher der erstaunlich rationale Stil des jungen Karpow sowie seine feine Endspielbehandlung. Mit vierzehn bekam Karpow den Meistertitel und hielt sich, nach dem Umzug seiner Eltern ins zentraler gelegene Tula, oft in Moskau auf, wo → *M. Botwinnik* die Patenschaft für ihn übernahm. 1969 wird Karpow in Stockholm Juniorenweltmeister; ein Jahr später gewinnt er ein Turnier im venezolanischen Caracas und erhält den Großmeistertitel zugesprochen. Nach dem Umzug nach Leningrad, wo sein Freund und Trainer Semjon Furman lebte, nahm Anatoli ein Ökonomiestudium auf. Nach

Karpows Sieg beim Aljechin-Memorial in Moskau äußerte Michail Botwinnik emphatisch: »Prägen Sie sich diesen Tag ein – heute ist am Schachhimmel ein neuer Stern aufgegangen!« Nach dem Sieg im amerikanischen San Antonio 1972 und beim Interzonenturnier von Leningrad 1973 galt Karpow als ernsthafter Anwärter auf die Weltmeisterschaft. Und tatsächlich, nach Matchsiegen gegen → *L. Polugajewski*, → *B. Spasski* und → *W. Kortschnoj* forderte der 23jährige Russe Weltmeister → *R. Fischer* zum Titelkampf heraus. Das Match kam indessen nie zustande, weil der Weltschachbund → *Fide* die Forderungen des Amerikaners, der u. a. auf einem unbegrenzten Match bis zum 10. Sieg beharrte, nicht erfüllte. Am 1. April 1975 lief das letzte Ultimatum an Fischer ab. Anatoli Karpow wurde zum zwölften Weltmeister der Schachgeschichte erklärt.

Karpow hat im Laufe der Jahre bei zwei erfolgreichen Titelverteidigungen und zahlreichen Siegen bei internationalen Turnieren bewiesen, daß er die Schachkrone zu Recht getragen hat. Als amtierender Weltmeister gewann er 31 von 38 internationalen Turnieren, an denen er teilnahm, darunter in Mailand 1975, Bad Lauterberg und Las Palmas 1977, Montreal 1979, Tilburg 1980 und 1983, Moskau 1981, Hamburg 1982, London 1984 usw. Zweimal hatte er sich des Ansturms eines anderen großen Schachspielers zu erwehren – Wiktor Kortschnoj. In ihrem ersten Duell in Baguio 1978 entschied beim Stande von 5:5 (Remisen wurden nicht gezählt) Karpows Sieg in der 32. Partie den Ausgang eines dramatischen Matches.

□ A. Karpow
■ W. Kortschnoj

Baguio, 1978

1. e4 d6 2. d4 ♘f6 3. ♘c3 g6 4. ♘f3 ♗g7 5. ♗e2 0-0 6. 0-0 c5 7. d5 ♘a6 8. ♗f4 ♘c7 9. a4 b6 10. ♖e1 ♗b7 11. ♗c4 ♘h5 12. ♗g5 ♘f6 13. ♕d3 a6 14. ♖ad1 ♖b8 15. h3 ♘d7 16. ♕e3 ♗a8 17. ♗h6 b5 18. ♗:g7 ♔:g7 19. ♗f1 ♘f6 20. a:b5 a:b5 21. ♘e2 ♗b7 22. ♘g3 ♖a8 23. c3 ♖a4 24. ♗d3 ♕a8

25. e5! d:e5 26. ♕:e5 ♘c:d5 27. ♗:b5 ♖a7 28. ♘h4 ♗c8 29. ♗e2 ♗e6 30. c4 ♘b4 31. ♕:c5 ♕b8 32. ♗f1 ♖c8 33. ♕g5 ♔h8 34. ♖d2 ♘c6 35. ♕h6! ♖g8 36. ♘f3 ♕f8 37. ♕e3 ♔g7 38. ♘g5 ♗d7 39. b4 ♕a8 40. b5 ♘a5 41. b6 ♖b7   1-0

1981 in Meran brauchte Karpow nur 18 Partien, um das Duell mit 6:2 für sich zu entscheiden.

Mitte der 80er Jahre geriet Karpows Vorherrschaft in der internationalen Turnierarena ins Wanken. Mit → *G. Kasparow* war ihm ein ebenbürtiger Gegner erwachsen. In ihrem ersten Match, 1984/85 in Moskau, zog Karpow nach neun Partien mit 4:0 in Front und sah bei lediglich zwei fehlenden Gewinnen wie der sichere Sieger aus. Es folgte eine Remisserie von 17(!) Partien, bevor Karpow auf 5:0 erhöhte. Doch Herausforderer Kasparow verkürzte in der 32. Partie auf 1:5 und kam nach weiteren Unentschieden in der 47. und 48. Begegnung auf 3:5 heran. Bei diesem Stand wurde das Match im Hinblick auf den physischen und psychischen Verschleiß der Kontrahenten von Fide-Präsident → *F. Campomanes* abgebrochen.

Der Wiederholungskampf im Herbst 1985 endete mit einem 13:11 für Kasparow (+5, -3, =16).

Karpow versuchte dreimal, sich die Schachkrone von Kasparow zurückzuholen. In der WM-Revanche unterlag er knapp 11,5:12,5 (+4, -5, =15). 1987 in Sevilla war Karpow nahe am Ziel, doch Kasparow gewann die letzte Partie des Matches und glich zum 12:12 (+4, -4, =16) aus. 1990 in New York/Lyon scheiterte Karpow mit 11,5:12,5 ebenfalls hauchdünn.

Im Laufe von sieben Jahren (1984–90) hatten Karpow und Kasparow fünf Zweikämpfe gegeneinander ausgetragen und dabei 144 Partien gespielt! So ein Dauerduell ist in der Schachgeschichte ohne Beispiel. Von den Remisserien des ersten Matches abgesehen, waren alle Vergleiche sehr spannend und viele Partien hochdramatisch.

Das Ende der 18. Partie des Revanchematches 1986 ist nur ein Beispiel dafür:

□ G. Kasparow
■ A. Karpow
Leningrad, 1986

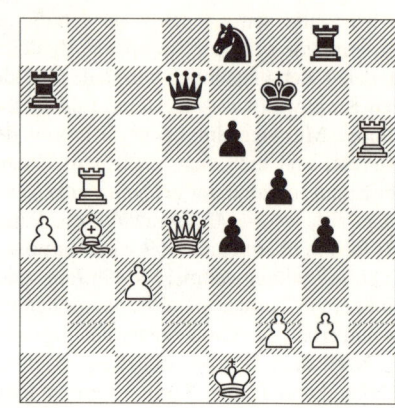

38. ♖h7+ ♘g7 39. a5 ♔g6 40. ♕:d7 ♖:d7 41. ♖h4 ♖gd8 42. c4 ♖d1+ 43. ♔e2 ♖c1 44. a6 ♖c2+ 45. ♔e1 ♖a2 46. ♖b6 ♖d3 47. c5 ♖a1+ 48. ♔e2 ♖a2+ 49. ♔e1 g3 50. f:g3 ♖:g3 51. ♔f1 ♖g:g2 52. ♗e1 ♖gc2 53. c6 ♖a1 54. ♖h3 f4 55. ♖b4 ♔f5 56. ♖b5+ e5 57. ♖a5 ♖d1 58. a7 e3   0-1

Im Halbfinale des darauffolgenden Kandidatenturniers schaltete Karpow den aufstrebenden Inder → *V. Anand* mit 4,5:3,5 aus, scheiterte dann 1992 in Linares aber überraschend mit 4:6 an dem Engländer → *N. Short*. Da

Kasparow und Short ihr WM-Match in Eigenregie ausrichteten, trugen Karpow und → *J. Timman* 1993 in Holland einen Ersatzzweikampf aus. Karpow gewann 12,5:8,5 und wurde Fide-Weltmeister. 1994, beim Superturnier von → *Linares*, kam es zum Kräftemessen der beiden amtierenden Weltmeister. Karpow erzielte mit phänomenalen 11/13 und der Ratingperformance von 3000 einen der bedeutendsten Turniererfolge seiner Karriere und ließ den Erzrivalen Kasparow um 2,5 Punkte hinter sich. Mit über 100 Siegen in internationalen Veranstaltungen ist Karpow der erfolgreichste Turnierspieler aller Zeiten.

□ A. Karpow
■ W. Topalow
Linares, 1994

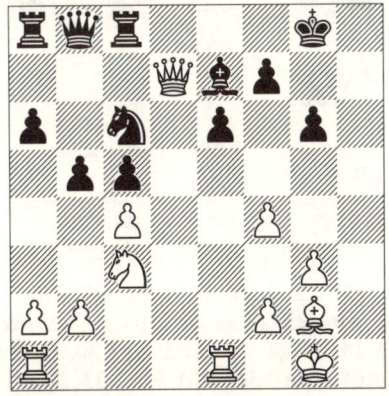

20. ♖:e6! ♖a7 21. ♖:g6+ f:g6 22. ♕e6+ ♔g7 23. ♗:c6 ♖d8 24. c:b5 ♗f6 25. ♘e4 ♗d4 26. b:a6 ♕b6 27. ♖d1 ♕:a6 28. ♖:d4! ♖:d4 29. ♕f6+ ♔g8 30. ♕:g6+ ♔f8 31. ♕e8+ ♔g7 32. ♕e5+ ♔g8 33. ♘f6+ ♔f7 34. ♗e8+ ♔f8 35. ♕:c5+ ♕d6 36. ♕:a7 ♕:f6 37. ♗h5 ♖d2 38. b3 ♖b2 39. ♔g2   1-0

Kasparow Garri, * 13. April 1963 in Baku, dreizehnter Weltmeister.
Das Jahr 1980 war für Garri Kasparow, der seit seinem 12. Lebensjahr der Botwinnik-Schachschule angehörte, ein denkwürdiges – er wurde in Dortmund Juniorenweltmeister und holte mit der sowjetischen Nationalmannschaft bei der Schacholympiade in Malta die Goldmedaille. Kasparow machte sehr schnell große

Fortschritte. Sein Stil wurde von Turnier zu Turnier immer universeller, seine theoretischen Kenntnisse tiefer, seine Siege eindrucksvoller. Davon zeugen insbesondere seine Erfolge in den jugoslawischen Städten Banja Luka (1979), Bugojno (1982) und Nikšić (1983). Auffällig waren seine reiche Phantasie und die Fähigkeit der schnellen Variantenberechnung.
Die → *Königsindische Verteidigung* ist für Kasparows dynamischen Stil wie maßgeschneidert. Ihr hat der spätere Weltmeister so manchen Glanzsieg zu verdanken.

□ L. Kavalek
■ G. Kasparow
Bugojno, 1982

1. c4 g6 2. d4 ♗g7 3. ♘c3 ♘f6 4. e4 d6 5. ♘f3 0-0 6. h3 e5 7. d5 ♘a6 8. ♗e3 ♘h5 9. ♘h2 ♕e8 10. ♗e2 ♘f4 11. ♗f3 f5 12. h4 ♕e7 13. g3 ♘b4! 14. ♕b3 ♘fd3+ 15. ♔e2 f4 16. ♗d2 f:g3 17. f:g3

(siehe Diagramm Seite 154)

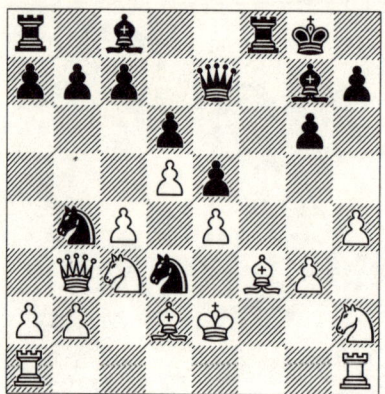

17... ♖:f3! 18. ♘:f3 ♗g4 19. ♖af1 ♖f8 20. ♘d1 ♕f7 21. ♗e3 ♗:f3+ 22. ♔d2 ♕d7 23. ♖hg1 ♕h3 24. a3 ♗:e4 25. ♖:f8+ ♗:f8 26. a:b4 ♕h2+ 27. ♔c3 ♘c1! 0-1

1982 gewann Kasparow das Interzonenturnier von Moskau und schaltete in den Kandidatenzweikämpfen nacheinander die Großmeister → *A. Beljawski* (6:3), → *W. Kortschnoj* (7:4) und → *W. Smyslow* (8,5:4,5) aus.
Das WM-Match Karpow-Kasparow begann am 9. September in Moskau und dauerte länger als fünf Monate (!), ehe es beim Stande von 5:3 für Karpow von Fide-Präsident → *F. Campomanes* abgebrochen wurde. Kasparow hatte in den ersten Partien noch Lehrgeld zahlen müssen und lag schnell 0:4 zurück, bewies aber im weiteren Matchverlauf Ausdauer und Zähigkeit. Die Neuauflage des WM-Kampfes wurde auf September 1985 angesetzt.
Kasparow nutzte die relativ kurze Pause optimal, indem er zwei kleine Wettkämpfe gegen die Großmeister → *R. Hübner* (4,5:1,5) und → *U. Andersson* (4:2) absolvierte, die mit ihrer positionellen Spielweise dem Karpow-Stil nahekommen. Im zweiten Match gegen Karpow ging er gleich in der 1. Partie in Führung, nachdem er seinen Kontrahenten mit einer theoretischen Neuerung überraschen konnte. Doch Karpow schlug in der 4. und 5. Partie zurück, ehe Garri in der 11. Begegnung das Gleichgewicht wiederherstellen konnte. Die spektakuläre 16. Partie brachte die endgültige Wende zugunsten des Herausforderers, der eine Eröffnungsvariante kreierte, die unter der Bezeichnung »Kasparow-Gambit« Bestandteil der Schachtheorie wurde (→ *Gambit*).

☐ A. Karpow
■ G. Kasparow
Moskau, 1985

1. e4 c5 2. ♘f3 e6 3. d4 c:d4 4. ♘:d4 ♘c6 5. ♘b5 d6 6. c4 ♘f6 7. ♘1c3 a6 8. ♘a3 d5!? 9. c:d5 e:d5 10. e:d5 ♘b4 11. ♗e2 ♗c5 12. 0-0 0-0 13. ♗f3 ♗f5 14. ♗g5 ♖e8 15. ♕d2 b5 16. ♖ad1 ♘d3 17. ♘ab1 h6 18. ♗h4 b4 19. ♘a4 ♗d6 20. ♗g3 ♖c8 21. b3

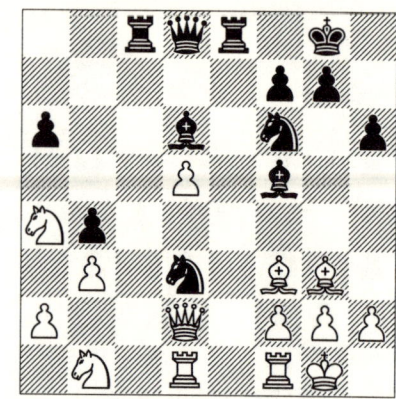

21... g5! 22. ♗:d6 ♕:d6 23. g3 ♘d7! 24. ♗g2 ♕f6! 25. a3 a5 26. a:b4 a:b4 27. ♕a2 ♗g6 28. d6 g4! 29. ♕d2 ♔g7 30. f3 ♕:d6 31. f:g4 ♕d4+ 32. ♔h1 ♘f6! 33. ♖f4 ♘e4 34. ♕:d3 ♘f2+ 35. ♖:f2 ♗:d3 36. ♖fd2 ♕e3! 37. ♖:d3 ♖c1! 38. ♘b2 ♕f2 39. ♘d2 ♖:d1+ 40. ♘:d1 ♖e1+ 0-1

Kasparow gewann das Duell mit 13:11 (+5, -3, =16) und ging mit seinen 22 Jahren als jüngster Weltmeister in die Schachgeschichte ein.
Aber die Kette der Auseinandersetzungen der beiden großen Ks, die an Klasse und Dramatik kaum zu überbieten waren, war damit noch lange nicht beendet. Sie bestritten noch drei Wettkämpfe gegeneinander, von denen Kasparow zwei mit 12,5:11,5 gewann: 1986 in London/Leningrad (+5, -4, =15) und 1990 in New York/Lyon (+4, -3, =17). 1987 behauptete Kasparow in Sevilla durch ein 12:12 (+4, -4, =16) den Weltmeistertitel.
Kasparow bewies auch in den bedeutendsten

Turnieren der 80er und 90er Jahre seine Überlegenheit, wie u. a. seine Siege in Belfort, Moskau, Reykjavik (1988), Barcelona und Skellefteå (1989), Tilburg (1989, 1991), Linares (1990, 1992, 1993), Horgen (1994), Riga, Nowgorod (1995) zeigen.

Garri Kasparow setzte die besten Traditionen der Weltmeister fort und widmete gesellschaftlichen Tätigkeiten zum Zwecke der Popularisierung des Schachs große Aufmerksamkeit. So organisiert und unterstützt er Schachschulen in verschiedenen Ländern der Welt und ist bestrebt, den Schachsport zu professionalisieren und stärker in die elektronischen Medien zu bringen. Diesem Ziel diente die Gründung der Professional Chess Association (→ *PCA*), unter deren Ägide der WM-Kampf von 1993 in London über die Bühne ging. Garri Kasparow

Die Schachkönige Karpow und Kasparow haben so manchen Strauß ausgefochten

ließ seinem Herausforderer → *N. Short* beim 12,5:7,5 (+6, -1, =13) keine Chance. 1995 hatte Kasparow seinen PCA-Titel gegen den Inder → *V. Anand* zu verteidigen. Dieses Duell in der 107. Etage des New Yorker World Trade Center verlief anfangs sehr ausgeglichen. Nach einer Remisserie zum Auftakt ging Anand durch einen Sieg in der 9. Partie in Führung, doch Kasparow konterte postwendend:

□ G. Kasparow
■ V. Anand
New York, 1995

1. e4 e5 2. ♘f3 ♘c6 3. ♗b5 a6 4. ♗a4 ♘f6 5. 0-0 ♘:e4 6. d4 b5 7. ♗b3 d5 8. d:e5 ♗e6 9. c3 ♘c5 10. ♘bd2 d4 11. ♘g5 d:c3 12. ♘:e6 f:e6 13. b:c3 ♕d3 14. ♗c2! ♕:c3 15. ♘b3!! Ein sehr starkes Turmopfer.

15... ♘:b3 16. ♗:b3 ♘d4 17. ♕g4! ♕:a1 18. ♗:e6 ♖d8

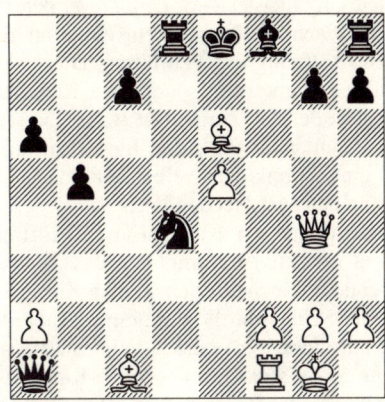

19. ♗h6! ♕c3
Der Läufer ist wegen 20. ♕h5+ ♔e7 21. ♕f7 matt tabu.
20. ♗:g7 ♕d3 21. ♗:h8 ♕g6 22. ♗f6 ♗e7 23. ♗:e7 ♕:g4 24. ♗:g4 ♔:e7 25. ♖c1 c6 26. f4 a5 27. ♔f2 a4 28. ♔e3 b4 29. ♗d1 a3 30. g4 ♖d5 31. ♖c4 c5 32. ♔e4 ♖d8 33. ♖:c5 ♘e6 34. ♖d5 ♖c8 35. f5 ♖c4+ 36. ♔e3 ♘c5 37. g5 ♖c1 38. ♖d6 1-0

Bereits die nächste Partie brachte eine Vorentscheidung im Match, denn Anand tappte in eine raffinierte Falle (siehe Stichwort → *Falle*). Letzlich konnte Kasparow mit einem überzeugenden 10,5:7,5 (+4, -1, =13) seinen Titel verteidigen.

Katalanische Eröffnung. 1. d4 ♘f6 2. c4 e6 3. g3

Während eines internationalen Turniers in Barcelona, der Hauptstadt Kataloniens, unterbreitete Großmeister → *S. Tartakower* den Vorschlag, einen Wettbewerb zur Kreation einer neuen Eröffnung durchzuführen. Diese sollte dann den Namen der spanischen Region erhalten, in der das Turnier stattfand. Die Teilnehmer unterstützten diese Idee. Am eifrigsten ging Tartakower selbst zur Sache – er gewann den ausgesetzten Preis.

Die Hauptidee der Katalanischen Eröffnung besteht im aktiven Kampf um das Zentrum, wobei dem fianchettierten weißen Königsläufer eine Schlüsselrolle zukommt. Außerdem wird auf diese Weise die → *Nimzowitsch-Indische Verteidigung* umgangen. Katalanisch besitzt auch die Besonderheit, das es sehr flexibel ist, d. h. daß Übergänge in andere Eröffnungen (→ *Englische Eröffnung*, → *Reti-System*, → *Slawische* und → *Damenindische Verteidigung*) möglich sind. Die neue Spielweise errang schnell Anerkennung und kam in den bedeutendsten Turnieren (→ *Moskau 1935*; → *AVRO 1938*) und in der WM-Revanche Aljechin-Euwe 1937 zur Anwendung. Anfang der 50er Jahre bereicherten insbesondere → *P. Keres* und → *W. Smyslow* die Katalanische Eröffnung um neue originelle Ideen. Meist hat Schwarz nach 3... d5 4. ♗g2 früher oder später zu entscheiden, ob er mit d5:c4 eine offene oder nach 4...♗e7 eine geschlossene Spielweise anstrebt.

Keller-Hermann Edith, * 17. November 1921 in Dresden, deutsche Großmeisterin, WM-Kandidatin.

Edith kommt aus einer schachbegeisterten Familie. Ihr älterer Bruder, Rudolf Keller (1917 bis 1993) wurde 1950 Internationaler Meister. In den 40–60er Jahren war Edith Keller-Hermann die stärkste deutsche und eine der führenden Schachspielerinnen der Welt. Von 1942 bis 1953 wurde sie fünfmal Deutsche Meisterin, genauso oft war sie später bei den Titelkämpfen der DDR erfolgreich. Bei den internationalen Turnieren von Wien (1957) und Halle (1967) errang sie den 1. Preis. Erfolgreich war mit Rang 5-7 auch ihr Auftritt bei der Weltmeisterschaft der Damen 1949/50.

Dreimal nahm sie an Kandidatinnenturnieren zur Weltmeisterschaft teil und belegte jeweils vordere Plätze: 1952 – 4.-6.; 1955 – 3.; 1959 – 4.-5. Mehrfach vertrat Edith Keller-Hermann die DDR bei Schacholympiaden am Spitzenbrett. 1957 erzielte sie dabei mit 10,5/14 das beste Einzelergebnis, 1963 kam sie mit 11,5/14 gleich hinter → *N. Gaprindaschwili* ein.

Edith Keller-Hermann war nach → *V. Menchik* die zweite Frau in der Schachgeschichte, die sich erfolgreich in Männerturnieren schlug. 1951 in Dortmund gewann sie gegen den Großmeister Nicolas Rossolimo sowie den Internationalen Meister Stojan Puc und remisierte u. a. gegen → *J. Bogoljubow* und Henry Groh.

□ E. Keller-Herrmann
■ N. Rossolimo

Dortmund, 1951

22... a3 23. f4 ♗:c3 24. ♕:c3 ♕:c3 25. b:c3 ♘a4 26. ♖:d6 ♘:c3 27. f5 g:f5 28. e:f5 ♘f8 29. ♗d2 ♗:f5 30. ♘d4 ♖:e1+ 31. ♗:e1 ♘:a2 32. ♘:f5 ♘e6 33. ♖d1 c5 34. ♖a1 ♘b4 35. ♗:b7 ♖a7 36. ♗e4 ♘g5 37. ♗b1 ♘f3+ 38. ♔f2 ♘:e1 39. ♔:e1 a2 40. ♗e4 ♖a6 41. ♔d2 1-0

Bei der DDR-Meisterschaft 1953 belegte sie einen guten 9. Platz. 1954/55 gewann sie das B-Turnier von Hastings. 1977 wurde Edith Keller-Hermann der Internationale Großmeistertitel der Frauen verliehen.

Keres Paul, * 7. Januar in Narwa, † 5. Juni in Helsinki, estnischer Großmeister, mehrfacher WM-Kandidat.

Paul Keres spielte bereits in jungen Jahren viel

Fernschach (bis zu 150 Partien gleichzeitig!) und befaßte sich mit der Komposition von Schachaufgaben, von denen viele mit Preisen bedacht wurden. Das folgende Stück verfaßte Keres im Alter von sechzehn Jahren:

P. Keres

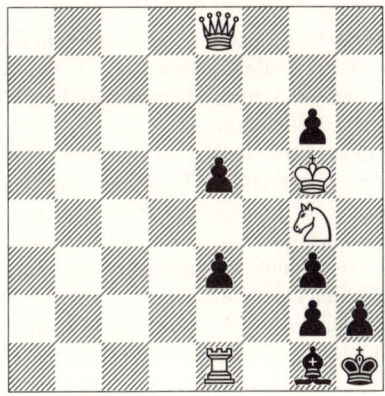

Matt in zwei Zügen
1. ♕h8! Spielt auf Zugzwang: 1... e4 2. ♖:g1+! ♔:g1 3. ♕a1 matt; 1... e2 2. ♕:h2+! g:h2 3. ♘f2 matt.

Mit neunzehn demonstrierte Keres seine Stärke im praktischen Spiel. Er gewann das Championat Estlands und vertrat seine Heimat 1935 bei der Schacholympiade in Warschau am Spitzenbrett. In der ersten Runde traf er dabei gleich auf Weltmeister → *A. Aljechin* und ... verlor. »Diese Partie zeigte mir, daß es mir im Vergleich mit Schachspielern dieser Klasse noch an der nötigen schachlichen Reife, Technik und Erfahrung mangelte.« Trotzdem hinterließ sein kombinatorisches Talent schon damals starken Eindruck, so daß man ihn den »neuen Morphy« nannte. Nur ein Jahr später erringt Keres in Bad Nauheim seinen ersten großen internationalen Erfolg. Er teilt gemeinsam mit Aljechin, von dem er sich im direkten Vergleich remis trennt, den ersten Preis. 1937 läßt Keres dann eine Serie glänzender Siege in Margate, Ostende, Prag, Wien und auf dem Semmering folgen. Die »Times« schrieb damals: »Keres bringt einen Hauch Abenteuer in das Spiel... Nur er und Aljechin können uns vor der unendlichen Eintönigkeit des Positionsschachs retten.«

Keres gehörte nun zum Kreis der Anwärter auf den WM-Thron. Das bestätigte er mit seinem glänzenden Resultat beim berühmten → *AVRO-Turnier* von 1938, wo er mit → *R. Fine* vor der versammelten Weltelite den Sieg teilte. Als Keres 32 Jahre später anläßlich des → *Matches des Jahrhunderts*, wo er übrigens mit dem 3:1 gegen → *B. Ivkov* das beste Ergebnis der sowjetischen Mannschaft erzielte, nach der besten Partie seiner Karriere gefragt wurde, antwortete er: »Ich kann nur die wichtigste nennen – das ist der Sieg gegen Fine im AVRO-Turnier 1938.«

□ R. Fine
■ P. Keres
AVRO-Turnier, 1938

1. e4 e5 2. ♘f3 ♘c6 3. ♗b5 a6 4. ♗a4 ♘f6 5. 0-0 ♗e7 6. ♕e2 b5 7. ♗b3 d6 8. a4 ♗g4 9. c3 0-0 10. a:b5 a:b5 11. ♖:a8 ♕:a8 12. ♕:b5 ♘a7!
In diesem einfachen Zug liegt die Pointe des schwarzen Planes. Der Bauer wird mit leichtem Entwicklungsvorsprung zurückgewonnen (Keres).
13. ♕e2 ♕:e4 14. ♕:e4 ♘:e4 15. d4 ♗:f3 16. g:f3 ♘g5 17. ♔g2 ♖b8 18. ♗c4 e:d4 19. c:d4 ♘e6 20. d5 ♘c5 21. ♘c3 ♘c8 22. ♖e1 ♔f8 23. ♖e2 f5 24. ♘b5 ♘b6 25. b3 ♘:d5! 26.

♘d4 ♘b4 27. ♗d2? d5! 28. ♗:b4 ♖:b4 29. ♘c6 d:c4! 30. ♘:b4 c:b3 31. ♘d5 ♘d3!

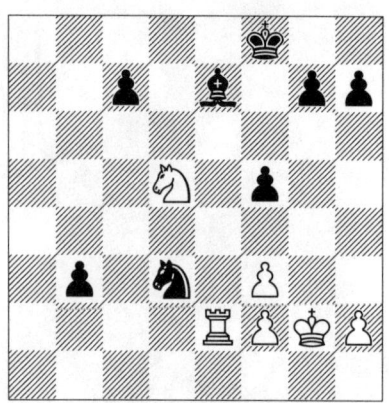

32. ♖d2 b2 33. ♖d1 c5 34. ♖b1! c4 35. ♔f1 ♗c5 36. ♔e2 ♗:f2! 37. ♘e3 c3!
Jetzt scheitert 38. ♔:d3 ♗:e3 39. ♔:c3 an 39... ♗c1!
38. ♘c2 ♘e1 39. ♘a3 ♗c5?
Beide Kontrahenten waren in Zeitnot.
40. ♔:e1?
Richtig war 40. ♖:e1! ♗:a3 41. ♔d3 ♗b4 42. ♔c2.
40... ♗:a3 41. ♔d1 ♗d6 42. ♔c2 ♗:h2 43. ♖h1 ♗e5 44. ♖:h7 ♔f7 45. ♖h1 g5 46. ♖e1 ♔f6 47. ♖g1 ♔g6 48. ♖e1 ♗f6 49. ♖g1 g4! 50. f:g4 f4 51. g5 ♗d4 52. ♖d1 ♗e3 53. ♔:c3 ♗c1 54. ♖d6+ ♔:g5 55. ♖b6 f3 56. ♔d3 ♔f4 57. ♖b8 ♔g3   0-1

1948 nimmt Keres am Matchturnier um die Weltmeisterschaft teil und belegt den 3.-4. Platz. Angefangen von 1953, wird er dann in vier Kandidatenturnieren in Folge Zweiter. »Es ist leichter, einmal Erster als viermal Zweiter zu werden«, äußerte → T. Petrosjan. M. Botwinnik bezeichnete Keres als den stärksten Turnierkämpfer seiner Zeit. Keres nahm an 70 internationalen Turnieren teil, wovon er über 20 gewann. Dreimal wurde er Landesmeister der UdSSR.

Immer korrekt und freundlich, vielseitig gebildet, so erinnern sich seine Zeitgenossen an Paul Keres, der zudem auch ein guter Tennisspieler war, wie seine mehrfache Teilnahme an estnischen Meisterschaften zeigt. Als Autor brachte er es auf 42 Schachbücher, darunter Eröffnungsmonographien, analytische Arbeiten zum Endspiel und Sammlungen eigener Partien. Ihm zu Ehren werden in Tallinn regelmäßig internationale Keres-Gedenkturniere durchgeführt, auch der 1975 eingeweihte Schachpalast trägt seinen Namen.

Kieseritzky Lionel, * 1. Januar 1806 in Derpt, heute Tartu (Estland), † 18. Mai 1853 in Paris, einer der stärksten europäischen Meister Mitte des 19. Jahrhunderts.

Vater Otto Kieseritzky, ein begeisterter Schachspieler, zeigte seinem 14. Kind, dem damals dreijährigen Lionel, recht früh, wie man mit Dame und Läufer mattsetzt. Die weitere schachliche Ausbildung des Knaben oblag dann dem Bruder Felix, der damals einer der besten Spieler der Stadt war. 1825 ging Lionel an die Universität, um die Jurisprudenz zu studieren. Doch er begeisterte sich mehr für die Mathematik und ... Schach! Nach einer kurzen Phase als Notarsgehilfe und Mathematiklehrer entschied sich Lionel für die Laufbahn des Schachprofis. 1839 findet er in der damaligen Welthauptstadt des Schachs, Paris, seine zweite Heimat. Bald schon teilte das Journal »Le Palamède« seinen Lesern mit, daß »ein Herr Kieseritzky eingetroffen« sei, »ein junger Russe und sehr starker Schachspieler«. Nach dem Tode von → L. La Bourdonnais (1840) galt Kieseritzky als stärkster Spieler des Landes. Doch es war nicht leicht für ihn, seinen Lebensunterhalt mit Schach zu verdienen. Er mußte viele Stunden im »Café de la Régence« zubringen, um auf Geld zu spielen oder für fünf Francs die Stunde Unterricht zu geben. Einer seiner Freunde und Partner, der deutsche Historiker Wilhelm Schwarz, erinnerte sich: »Kieseritzky war ein sehr höflicher, umgänglicher und ziemlich vielseitiger Mensch. ... Er war ein talentierter Mathematiker und sehr kenntnisreich in Geschichte und Genealogie!«

1846 reiste Kieseritzky nach London, um sich mit → H. Staunton zu messen. Doch dieser Traum ging nicht in Erfüllung. Statt dessen gewann er ein Match gegen Bernhard Horwitz (1807–55) mit 7,5:4,5 und gab ein Buch mit 50 Partien heraus. Fünf Jahre später kehrte er nach London zurück, um am ersten internationalen Turnier der Schachgeschichte teilzunehmen.

Doch schon im ersten Duell zieht er gegen den späteren Sieger → *A. Anderssen* mit 0,5:2,5 den kürzeren. In einer Serie von freien Partien kann er Anderssen mit 10:6 schlagen. Eine dieser Begegnungen ist als »→ *Unsterbliche Partie*« in die Geschichte eingegangen. Das verdanken wir Kieseritzky, der, begeistert vom Spiel seines Gegners, den Text der Partie nach Paris an das 1849–51 von ihm herausgegebene Journal »Régence« telegraphierte. 1850 trug Kieseritzky gegen den Amerikaner John William Schulten eines der längsten Matches aller Zeiten aus: er gewann es mit 112:39!

Lionel Kieseritzky war ein Schachromantiker, einer der herausragenden Angriffsspieler seiner Zeit. Viele Siege errang er mit dem nach ihm benannten Gegengambit:

□ J. Schulten
■ L. Kieseritzky
Paris, 1844

1. e4 e5 **2.** f4 e:f4 **3.** ♗c4 ♕h4+ **4.** ♔f1 b5
Kieseritzkys Gegengambit!
5. ♗:b5 ♘f6 **6.** ♘c3 ♘g4 **7.** ♘h3 ♘c6 **8.** ♘d5 ♘d4 **9.** ♘:c7+ ♔d8 **10.** ♘:a8 f3 **11.** d3 f6 **12.** ♗c4 d5! **13.** ♗:d5 ♗d6 **14.** ♕e1 f:g2+ **15.** ♔:g2

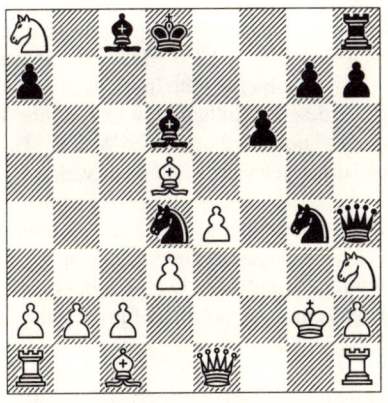

15... ♕:h3+! **16.** ♔:h3 ♘e3+ **17.** ♔h4 g5+ **18.** ♔h5 ♗g4+ **19.** ♔h6 ♗f8+ matt!

Kinder und Schach. Ein Schulknabe hat eine Partie gewonnen. Seine Augen leuchten, alles geht ihm fortan besser von der Hand ... Doch wieviel Leid bringt eine Niederlage mit sich! Tränen rinnen ihm übers Gesicht, aber am nächsten Tag schon kämpft er noch verbissener um den Sieg. Lange prägen sich ihm die Begegnungen am Schachbrett und der Besuch von Turnieren Erwachsener und anderer Veranstaltungen ein. Aber die Liebe zum Schach währt das ganze Leben.

Deshalb sollte man am besten in der Kindheit mit dem Schachspielen beginnen. Die Spielregeln und Weisheiten des Schachs prägen sich in dieser Phase besser ein. Außerdem hat das Schach in diesem Alter die günstigste Wirkung auf den Menschen. Die Kinder kommen oft als 5–6jährige zu diesem Spiel, aber auch mit 7–10 ist es noch nicht zu spät, sich die Anfangsgründe des Schachs anzueignen. Wie die Erfahrung zeigt, fördert das Schach bei Kindern die Herausbildung von Eigenschaften wie Konzentration, Ausdauer, Willensstärke und logischem Denken. Im 20. Jahrhundert wurde die Notwendigkeit offenbar, das Schach zu einem Schulfach zu machen. Großmeister → *S. Tarrasch* legte bereits 1903 in einem Artikel ein Projekt für Schachausbildung an Mittelschulen dar. Das Schachspiel, schrieb Tarrasch, entwickelt den Verstand, lehrt Geduld, fördert die Entwicklung der Auffassungsgabe und der Phantasie und entspricht damit allen Anforderungen einer vernünftigen Pädagogik.

1942 trat Capablanca in seinen »Letzten Schachlektionen« ebenfalls für den Schachunterricht für Kinder ein: »Ich denke, daß man das Schach in die Schulprogramme aller Länder aufnehmen sollte. Mit zehn Jahren müssen die Schüler mit einem Schachprogramm beginnen, das ihr Alter und ihr Talent berücksichtigen sollte.«

In der zweiten Hälfte unseres Jahrhunderts nahm die Schachausbildung an Schulen reale Züge an. In einer Reihe von Ländern traten heiße Verfechter des Schachunterrichts schon für die untersten Klassenstufen auf den Plan. Darunter befand sich der bekannte sowjetische Pädagoge Wassili Suchomlinski (1918–70), der als langjähriger Direktor einer Mittelschule in der Ukraine die günstige Wirkung des Schachs feststellte. In seinem Buch »Mein Herz gehört den Kindern« (1969) berichtet er von dem folgenden Fall: »Das Schachbrett half mir, das mathematische Denken von Ljuba und Pawel zu entdecken. Bis dahin hatte ich die Schärfe ihrer Gedanken nicht bemerkt.« Seine Schlußfolgerung war kategorisch: »Das Schach in der Grundschule muß eines der Elemente der geistigen Kultur werden.«

Diese Idee im Landesmaßstab durchzusetzen erfordert eine gründliche Vorbereitung. In Venezuela wurden zu diesem Zweck zwei Schulen ausgewählt: in einer wurde Schachunterricht eingeführt, in der anderen blieb alles beim alten. Als Spezialisten einige Zeit später das Wissens- und allgemeine Kulturniveau sowie die Disziplin verglichen, kamen sie zu dem Ergebnis, daß es in der ersten Schule höher war. Nach diesem Experiment wurde das neue Unterrichtsfach in Caracas in einer Reihe von Schulen eingeführt. Gleichzeitig wurden Schachpädagogen ausgebildet. Seit 1988/89 gibt es an allen Schulen des Landes. Dasselbe wurde in Island getan. Heutzutage gibt es u. a. in Kanada, USA, Schweiz, Rußland, Deutschland, Frankreich, Kuba, Mexiko Schachunterricht. Es wurden auch spezielle Lehrmittel geschaffen. So wurde in der Schweiz unter der Leitung des Mitgliedes des Schweizerischen Schachverbandes Beat Rüegsegger ein Schachlehrkurs ausgearbeitet, bei dem die weltweiten Erfahrungen der Schachpädagogik berücksichtigt und gute theoretische und praktische Beispiele ausgewählt wurden. Das Thema der Schachausbildung in der Schule erörtern die Wissenschaftler auf wissenschaftlichen Kongressen und Symposien. So befaßten sich beispielsweise auf den Dresdener Konferenzen »Die Bedeutung des Schachs für die Erziehung, Wissenschaft und Kultur« der Jahre 1988 und 1989, an denen mehr als 200 Spezialisten aus 23 Ländern teilnahmen, mehr als die Hälfte der 80 Beiträge mit dem Thema »Schach und Schule«. Der Schachunterricht, so lautet der einhellige Tenor, ist ein ausgezeichnetes Mittel zur intellektuellen Entwicklung der Kinder.

Eine wichtige Seite der Schachausbildung der Schüler ist der Wettkampf. Reiche Erfahrun-

Zwei Tage nach seinem glänzenden Auftritt beim II. Moskauer Turnier (1935) gab Emanuel Lasker Moskauer Schülern eine Simultanvorstellung. Daran nahm auch einer der Autoren des vorliegenden Buches teil, dessen Spiel vom großen Lasker gelobt wurde.

gen sammelte man diesbezüglich in Hamburg, wo seit den 50er Jahren Massenturniere und seit 1977 Schulvergleiche im Schach durchgeführt werden. In Rußland gibt es ähnliche Traditionen. Die Wettbewerbe »Weißer Turm« und »Turnierschachhoffnungen« waren für → M. Tschiburdanidse, → G. Kasparow, → A. Sokolow, → S. Dolmatow, → A. Jussupow, → W. Salow und andere die ersten Etappen ihrer schachlichen Laufbahn. Die → Fide führt heutzutage Weltmeisterschaften für die Jahrgänge U12, U14 und U16 durch.

Kindermann Stefan, * 28. Dezember 1959 in Wien, deutscher Großmeister.

»Es ist schwer, gegen Stefan zu kämpfen, da in ihm der Pirat Silvester schlummert«, sagte schmunzelnd der Moskauer Großmeister Juri Rasuwajew nach seiner Rückkehr vom Prager Turnier im Januar 1992, wo ihm seine einzige Niederlage – gegen Kindermann – den ersten Platz gekostet hatte.

Kindermann brachte in einer Spanischen Partie schon im 11. Zug eine Neuerung. Trotzdem erreichte Schwarz im komplizierten Manövrierkampf etwas Vorteil. Im 31. Zug unterlief Rasuwajew jedoch eine Ungenauigkeit, die sein Gegner glänzend dazu nutzte, mittels eines vorübergehenden Bauernopfers die Initiative zu übernehmen.

□ S. Kindermann
■ J. Rasuwajew

Prag, 1992

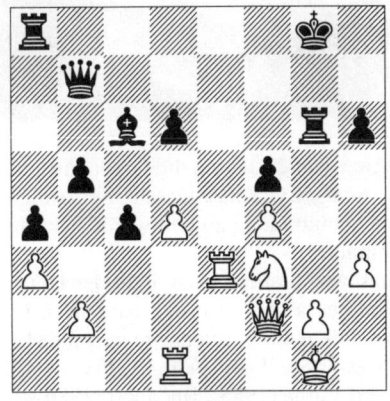

32. d5! ♗:d5 33. ♘h4 ♖g7 34. ♖g3 ♗e4 35. ♖:d6 ♔h7 36. ♖:g7+ ♕:g7 37. ♕b6!
Weiß baut Druck gegen die schwachen Punkte g6 und h6 auf.

37... ♕a7?!
Stärker war 37... ♖g8! 38. ♖g6 ♕f8 39. ♖f6 ♕g7 40. ♕e6 ♖e8! 41. ♖:h6+ ♕:h6 42. ♕d7+ ♕g7 43. ♕:e8 ♕:b2 (Kindermann).
38. ♖:h6+ ♔g7 39. ♖g6+ ♔f7 40. ♖f6+ ♔g7 41. ♘:f5+
Weiß forciert den Übergang in ein gewonnenes Turmendspiel.
41... ♗:f5 42. ♕:a7+ ♖:a7 43. ♖:f5 b4 44. ♖b5 b:a3 45. b:a3 ♖f7 46. g3 ♖c7 47. ♖b2 ♖d7 48. ♔f2 c3 49. ♖e2!
Genau gespielt. Nach 49. ♖c2 könnte 49... ♖d3 die Realisierung des Vorteils erschweren.
49... ♔f6
Auf 49... ♖d3 plante Kindermann das Manöver 50. ♖e7+ ♔f6 51. ♖c7.
50. ♔e3 1-0

Es ist symbolisch, daß der Aufstieg Stefan Kindermanns zu den Höhen schachlicher Meisterschaft bei einem Turnier in Athen begann, wo er – 20jährig – den 2. Platz belegte. Griechenland wurde ein gutes Pflaster für ihn. Im selben Jahr gewann er ein Turnier in Saloniki, wonach ihm der Titel eines Internationalen Meisters verliehen wurde.
1984 siegte er in zwei offenen Turnieren in Zürich, ein Jahr später teilte er in Dortmund mit → *V. Hort* und Juri Rasuwajew den ersten Preis. Die Erfolge in Stary Smokovec (1987, 1. Platz) und Prag (1988) brachten ihm schließlich den Großmeistertitel. Kindermann vertrat über Jahre hinweg die Farben des Deutschen Serienmeisters Bayern München, bevor er im Herbst 1995 nach Bremen wechselte. 1995 gewann Stefan Kindermann im slowenischen Ptuj das Zonenturnier vor → *W. Kortschnoj* und → *Th. Luther*.

Kino und Schach. Mit der Erfindung der Kinematographie Ende des 19. Jahrhunderts gab es ein neues und ziemlich aussichtsreiches Mittel, die Schachkunst zu propagieren. Schon in den 20er/30er Jahren widmeten sich einige Kinostreifen dem Schachspiel. Der erste hieß »Der Schachspieler« und stammte vom französischen Regisseur R. Bernard. Dem Film lag die Geschichte des Schachautomaten von

Kempelen zugrunde, die sich im 18. Jahrhundert ereignete. Berühmt sind ebenfalls die Verfilmungen der »Schachnovelle« von Stefan Zweig, deren erste aus dem Jahre 1960 vom westdeutschen Regisseur G. Oswald stammt.
Mit dem Schachthema befaßten sich mit Erfolg Filmleute aus vielen Ländern – Tschechei, Polen, Jugoslawien, USA, Indien... Einem Ingmar-Bergmann-Film, »Das Siebte Siegel« (1957), in dem es um das Duell zwischen dem Tod und einem ihn besiegenden Ritter geht, wurde 1958 auf dem Internationalen Filmfestival von Cannes die »Silberne Palme« verliehen. Es gibt auch einige Spielfilme über das Leben herausragender Schachmeister. Dazu zählt der → A. *Aljechin* gewidmete Film »Der weiße Schnee Rußlands«. Regisseur war A. Wyschinski nach Motiven des Romans »Weiß und Schwarz« von Großmeister → A. *Kotow*. 1973 erschien der Film »Großmeister« auf der Bildfläche, der sich mit dem Leben von Großmeister Wladimir Simagin beschäftigte. Regisseur war S. Mikaeljan. Das Drehbuch schrieb der bekannte Moskauer Dramaturg Leonid Sorin. 1986 drehte der kubanische Regisseur Manuel Herrera in Zusammenarbeit mit sowjetischen Filmschaffenden den Kinostreifen »Capablanca«.
Jedes Jahr nimmt die Zahl der Spielfilme zu, in denen das Schachspiel zumindest episodisch anzutreffen ist. Das trifft auch auf Märchenfilme, Trickfilme und andere Genres zu. Hervorzuheben wären noch Dokumentarfilme über Leben und Schaffen der Schachweltmeister bzw. über bedeutende internationale Schachturniere. Zum Beispiel über das Moskauer Turnier 1925 – »Schachfieber«.
→ J. R. *Capablanca* und andere Größen wirkten in diesem Film mit. Am Beispiel einer Blindsimultanvorstellung von → M. *Tal* zeigte der populärwissenschaftliche Film »Sieben Schritte hinter den Horizont« (1969) die kolossalen Reserven des menschlichen Gehirns auf. In den letzten Jahrzehnten entführte das Fernsehen weltweit Millionen von Zuschauern mit Übertragungen von Schachlektionen, Duellen im Schnellschach und WM-Kämpfen in die Zauberwelt des Schachs.

Knaak Rainer, * 16. März 1953 in Pasewalk, deutscher Großmeister.
1977 wurde der Leipziger Student Rainer Knaak der zweite deutsche Schachspieler nach → *Em. Lasker*, der ein internationales Schachturnier in Rußland gewann. In Balaschicha schaffte der 24jährige Großmeister sieben Siege in dreizehn Partien und erzielte neun Punkte. Die Spezialisten würdigten sein nicht schablonenhaftes Spiel, die interessanten taktischen Ideen, das stabile theoretische Fundament. Besonders gefährlich war er mit Schwarz, wovon vier Siege zeugen.
Rainer erlernte frühzeitig – mit 6 Jahren – das Schachspiel. Dank seines Naturtalentes und seiner riesigen Arbeitsfähigkeit konnte er schon

im Alter von 22 Jahren die Großmeisterhürde überspringen. Gleichzeitig schloß er erfolgreich seine Schulbildung ab und wurde Schachprogrammierer.
Knaak war fünfmal Champion der DDR. Zu seinen herausragenden internationalen Erfolgen gehören die Turniersiege in Halle (1978), Leipzig (1983, 1984, 1986), Cienfuegos (1984), stammt Varna (1985), Budapest (1986) sowie der 2-3. Platz in Bad Lauterberg (1991). Zu den kreativen Leistungen, die ihm besondere Befriedigung verschafften, zählt die folgende Partie.

□ R. Knaak
■ J. Tompa
Budapest, 1986

1. d4 ♘f6 2. c4 e6 3. ♘c3 ♗b4 4. e3 0-0 5. ♘f3 d5 6. ♗d3 c5 7. 0-0 ♘c6 8. a3 d:c4 9. ♗:c4 ♗:c3 10. b:c3 ♕c7 11. ♗a2 e5 12. h3 e4 13. ♘h2 ♗f5 14. ♘g4 ♘:g4 15. h:g4 ♗g6 16. a4 ♖fd8 17. ♕e2 ♖d7 18. ♗a3 b6 19. ♗c4! ♘a5 20. ♗b5 ♖dd8 21. ♖ad1 h6 22. ♗a6 c:d4 23. c:d4 ♖d5 24. ♖c1 ♕d8 25. ♖c3 h5 26. ♖fc1 ♕g5 27. ♗c8! h:g4 28. ♕:g4 ♕h6 29. f4 e:f3 30. ♕:f3 ♕g5

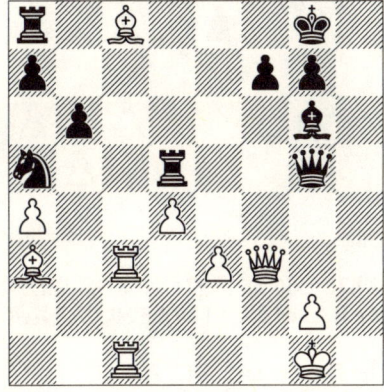

31. ♗e7!
Tanz der Läufer!
31... ♕:e7 32. ♕:d5 ♗e4 33. ♕h5 ♗g6 34. ♕h3 a6 35. ♗:a6! 1-0

Kochanowski und Schach. Zu den literarischen Werken der Renaissance gehört das Gedicht »Szachy« des polnischen Poeten Jan Kochanowski (1530–84). Sujet und Kolorit der Beschreibung des Schachspiels spiegeln die ritterlichen Gebräuche und die in jener Zeit populären Legenden vom Kampf um eine schöne Frau, die sich in diesem Falle zudem als gute Schachspielerin erweist, wider. Die Handlung ist einfach. Zwei stattliche polnische Ritter – Fiedor und Bozzuj – halten um die Hand der dänischen Prinzessin Anna an. Um ein blutiges Duell zu vermeiden, schlägt der König vor, den Streit am Schachbrett auszufechten: »Wer siegt, der wird mein Schwiegersohn!« Dann folgt die Beschreibung einer spannenden Partie, in der sich die Waagschale zugunsten von Bozzuj neigt. Anna, verliebt in Fiedor, ist verzweifelt. Während einer Spielpause findet sie für ihn eine Gewinnkombination, die sie ihm unbemerkt zuflüstert – die Geschichte nimmt ein gutes Ende.
Interessant ist, daß M. Dzieduszycki *(Szachy w Polszcze*, Krakow 1856) und später der Redakteur von »Szachisty Polskiego«, Alexander Wagner (Krakow 1912), anhand des Textes eine 77-zügige Partie rekonstruiert haben.

Kombination – forcierte Variante unter Ausnutzung verschiedener taktischer Verfahren. Gewöhnlich geht die Kombination mit einem → *Opfer* einher. In der Eröffnung taucht sie oft in der Form einer → *Falle* auf, in die einer der Kontrahenten hineintappt. Im Mittelspiel ist die Kombination oft ein Kettenglied des strategisch geplanten Partieverlaufs bzw. der effektvolle Schlußpunkt der Partie.
Schöne Kombinationen verschaffen dem Schachspieler einen ästhetischen Genuß. Sie zerstören das materielle bzw. positionelle Gleichgewicht des Kampfes und setzen die herkömmlichen Vorstellungen vom Wert der Figuren und ihrer Rolle in der Schachpartie außer Kraft. Typische Kombinationsmotive sind die → *Fesselung*, die → *Ablenkung*, die → *Hinlenkung*, die → *Mühle*, der → *Doppelangriff*, das Abzugschach, das → *erstickte Matt*, das → *Patt*, der Zwischenzug, die Zertrümmerung des Verteidigungswalls, die → *Blockade*, die → *Gabel*, das Ausschalten gegnerischer Figuren vom Spiel, die Linienöffnung, die Attacke gegen die schwachen Punkte f7 und h7 und viele andere. Die Vorbereitung und Durchführung jeder Kombination ist in jeder konkreten Stellung anders, unwiederholbar, und bietet damit der Phantasie des Schachspielers ein weites Feld.
Die folgende glänzende Kombination ist gemäß → *W. Steinitz* eine der schönsten, die jemals auf dem Schachbrett erschaffen worden sind:

□ J. Zukertort
■ J. Blackburne
London, 1883

(siehe Diagramm Seite 164)

KÖNIG

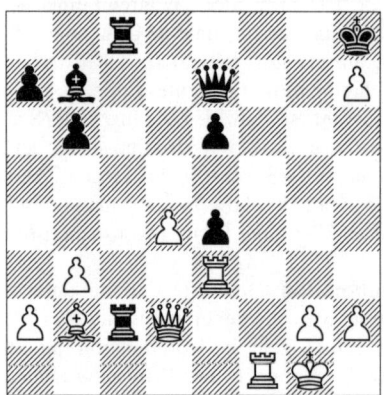

27. d5+! e5 28. ♕b4!! ♖8c5 29. ♖f8+! ♔:h7 30. ♕:e4+ ♔g7 31. ♗:e5+ ♔:f8 32. ♗g7+! 1-0

König. Die Hauptfigur im Schachspiel und gleichzeitig die einzige, die nicht geschlagen werden darf. Wenn ein König sich den Schachgeboten gegnerischer Figuren nicht mehr erwehren kann, spricht man von einem Matt. Die Partie ist damit beendet. Das Endziel der Schachpartie besteht einzig und allein darin, den gegnerischen König unter Verwendung diverser strategischer und taktischer Verfahren mattzusetzen. Doch dazu kommt es im Turnierschach recht selten. Meist streckt eine der Seiten angesichts eines überwältigenden Vorteils der Gegenpartei vorzeitig die Waffen. Im Falle eines offensichtlichen bzw. unverrückbaren Gleichgewichtes der Kräfte einigen sich die Kontrahenten im Regelfall auf ein → *Remis*, ohne den Kampf bis zu den »nackten« Königen fortzusetzen.

Aber welchen aktiven Anteil nimmt der König selbst an der Schlacht? In der → *Eröffnung* strebt er meist mittels Rochade heraus aus dem → *Zentrum*, hinter einen Bauernwall in eine der Ecken des Brettes. Im → *Mittelspiel* durchlebt der König oft aufregende Momente, wenn er sich einem Bauernsturm bzw. gefährlichen Figurenattacken ausgesetzt sieht. Mitunter ist der König dann gezwungen, sich selbst erfinderisch zu verteidigen. Oder aber er wandert ins Zentrum des Brettes und unterstützt seine Figuren beim Angriff auf den Monarchen der Gegenseite! So geschehen in folgender Partie, für die der damals 60jährige → *S. Tarrasch* den Schönheitspreis zugesprochen bekam:

□ S. Tarrasch
■ R. Reti
Wien, 1922

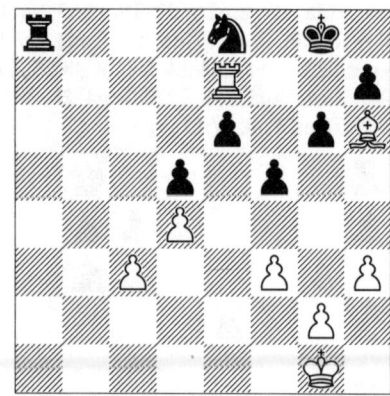

34. ♔h2! ♘d6 35. ♖g7+ ♔h8 36. ♖d7 ♘b5 37. ♔g3! ♘:c3 38. ♔f4 ♘b5 39. ♔e5 ♖e8 40. ♔f6

Mit der Drohung 41. ♔f7. Auf 41... ♔g8 folgt 41. ♖g7+ ♔h8 42. ♖b7 ♘d6 43. ♖d7 ♘b5 44. ♔f7 ♖g8 45. ♖d8!, und das Matt ist nicht zu verhindern, daher... 1-0

Manchmal greift der Monarch sogar im Mittelspiel ins Geschehen ein...

□ N. Short
■ J. Timman
Tilburg, 1991

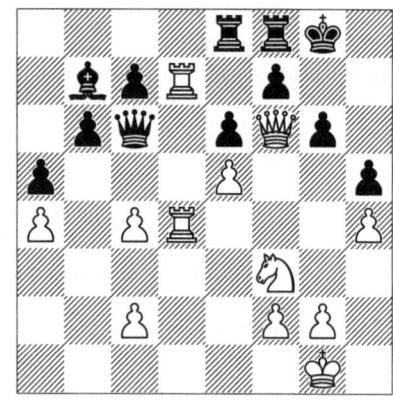

31. ♔h2!!
Eine phantastische Idee. Der weiße König läuft nach h6!
31... ♖c8 32. ♔g3 ♖ce8 33. ♔f4 ♗c8 34. ♔g5
1-0

Während die aktive Teilnahme des Königs am Geschehen im Mittelspiel die Ausnahme bildet, so ist sie im → *Endspiel* die Regel. Das Spiel der Könige in diesem Partiestadium birgt unendlich viele Feinheiten. In der nachstehenden Studie von → *M. Botwinnik* hat es auf den ersten Blick den Anschein, daß Weiß durch die Eroberung des Bauern d5 einen leichten Sieg erzielt. Jedoch könnte Schwarz in diesem Falle mit seinem König auf d7 die Opposition halten und sich ins Remis retten. Als einziger Gewinnweg erweist sich vielmehr das Vordringen des Königs auf die a-Linie.

M. Botwinnik, 1939

Weiß zieht und gewinnt
1. ♔f5! (1. ♔f6? ♔b6! — und Schwarz hält die Opposition.) 1... ♔b6 2. ♔f6! ♔b7 3. ♔f7 ♔b8 (3... ♔b6 4. ♔e8 ♔c6 5. ♔d8) 4. ♔e6 ♔c7 5. ♔e7! ♔c6 (5... ♔c8 — 6. ♔d6) 6. ♔d8 ♔d6 7. ♔c8 ♔c6 8. ♔b8 ♔b6 9. ♔a8 und gewinnt.

Königsgambit. Das Königsgambit ist eine der ältesten und schärfsten Eröffnungen überhaupt, die schon in einem frühen Partiestadium zu haarsträubenden Verwicklungen führen kann. Erstmalige Erwähnung findet es 1561 bei → *R. López*. Um seine weitere Untersuchung machten sich insbesondere die italienischen Meister der Renaissance verdient. Bis

KÖNIGSGAMBIT

1. e4 e5 2. f4

Mitte des 19. Jahrhunderts war das Königsgambit eine der populärsten Eröffnungen. Hervorragende Schachspieler wie → *L. La Bourdonnais*, → *A. McDonnell*, → *A. Anderssen*, → *P. Morphy*, → *W. Steinitz*, → *M. Tschigorin* und andere griffen zu dieser scharfen Waffe. Im 20. Jahrhundert war es nur → *R. Spielmann*, der das Königsgambit regelmäßig anwandte. → *P. Keres*, der sich in den 30er Jahren intensiv mit der Analyse dieses romantischen Spielanfangs befaßte, war überzeugt, daß er wieder Einzug in die Turnierpraxis halten würde. Spielern wie → *D. Bronstein*, → *M. Tal*, → *B. Spasski*, → *R. Fischer* und der jungen → *J. Polgar* verdankte das Königsgambit seine, wenn auch eher sporadische, Fortexistenz bei hochkarätigen Anlässen. Die Grundidee dieses Gambits besteht darin, unter Bauernopfer Vorteil im Zentrum und einen Entwicklungsvorsprung zu erzielen und damit günstige Voraussetzungen für einen baldigen Königsangriff zu schaffen. Die Theorie kennt drei grundlegende Arten, auf das Gambit zu reagieren: erstens die Annahme des Gambits (2... e:f4), zweitens die Ablehnung (2... ♗c5 oder 2... ♘f6) und drittens Falkbeers Gegengambit (2... d5). Im ersteren Falle stehen beiden Seiten Dutzende scharfer Systeme zu Gebote. So können nach 3. ♘f3 zum Beispiel das Polerio-Muzio-Gambit (3... g5 4. ♗c4 g4 5. 0-0), das Kieseritzky-Gambit (4. h4 g4 5. ♘e5, die Paulsen-Verteidigung (5... ♗g7), das Allgaier-Gambit (4. h4 g4 5. ♘g5), das

McDonnell-Gambit (4. ♗c4 g4 5. ♘c3) oder andere Abspiele auf das Brett kommen. Auf das Läufergambit (3. ♗c4) stehen Schwarz ebenfalls mehrere effektive Fortsetzungen zur Verfügung: 3... ♕h4+ 4. ♔f1 g5; 3... ♘f6 4. ♘c3 c6; 3... d5 4. e:d5 ♕h4+ 5. ♔f1 g5; 3... f5 u. a.

Königsindische Verteidigung. 1. d4 ♘f6 2. c4 g6 3. ♘c3 ♗g7 4. e4 d6

1875 publizierte die »Deutsche Schachzeitung« eine in Indien gespielte Partie zweier Brahmanen. Der geistreiche → *S. Tartakower* gab der Eröffnung sofort den Namen »Königsindische Verteidigung«. Noch fast ein halbes Jahrhundert später ordnete → *J. R. Capablanca* diesen Spielanfang in seinem Lehrbuch den inkorrekten Verteidigungen zu. Trotzdem wuchs die Zahl ihrer Anhänger. Schnell avancierte sie zu den populärsten Eröffnungen überhaupt und wurde in den Händen von → *R. Fischer*, → *S. Gligorić*, → *J. Geller*, → *G. Kasparow* u. a. zu einer gefürchteten Waffe. Die Hauptsysteme sind das Klassische System (5. ♘f3 0-0 6. ♗e2 e5 7. 0-0), das Petrosjan-System (5. ♘f3 0-0 6. ♗e2 e5 7. d5), das Sämisch-System (5. f3), das Awerbach-System (5. ♗e2 0-0 6. ♗g5), der Vierbauernangriff (5. f4) und das System mit der Entwicklung des Läufers nach g2.

Körperkultur und Schach. Auf der obenstehenden bekannten Zeichnung des Dänen Herluf Bidstrup betreibt ein Mensch nacheinander verschiedene Sportarten – Turnen, Laufen, Boxen, Fahrradfahren, Rudern, Fechten... Und alles nur deshalb, um mit frischen Kräften am Schachbrett zu sitzen und eine ernste Partie zu spielen, die 5–6 Stunden dauert. Frei nach dem Motto: »Nur in einem gesunden Körper wohnt ein gesunder Geist!«

Sind die Verluste an psychischer und geistiger Energie beim Schachprofi so groß? Bereits 1901 führte der deutsche Soziologe und Militärhistoriker Baron von Wardener eine vergleichende Untersuchung unter führenden Schachspielern, Schauspielern, Schriftstellern, Wissenschaftlern und Militärs durch. Er kam zu dem Schluß, daß die größten Belastungen auf den Schachmeistern liegen, die deshalb mit 56,8 Jahren – gegenüber 60,8, 65,5, 67,2, 70 der anderen genannten Berufsgruppen – auch die geringste Lebenserwartung hätten! Hier wird ersichtlich, wie wichtig sportliche Betätigung in Vorbereitung auf einen Schachwettkampf ist. Dazu kommt die Einhaltung eines bestimmten Arbeitsregimes, aktive Erholung, vernünftige Ernährung, regelmäßige ärztliche Kontrolle. Interessant sind die Ernährungsempfehlungen, die das Münchener Institut für Sportmedizin für Schachspieler aussprach: an Turniertagen sollte man leichte vegetarische Diät halten (Reisbrei, Pfannkuchen mit Quark, Früchte, alkoholfreie Getränke) und sich in der letzten Spielstunde die Zeit zu ein bis zwei Täßchen starken Kaffees nehmen.

Kortschnoj Wiktor, * 23. März 1931 in Leningrad, einer der stärksten Schachspieler der zweiten Hälfte des 20. Jahrhunderts, zweimaliger WM-Herausforderer.

»Wir hatten eine schwere Kindheit und keine große Wahl«, erinnert sich Wiktor Kortschnoj an seine Generation der sogenannten Kinder des Krieges. Hunger und Kälte im belagerten Leningrad zu besiegen, half dem 12jährigen Wiktor das Schach. Tag und Nacht studierte er das Lehrbuch von Dufresne. Er spielte die Partien und Varianten im Kopf nach, da er über kein Schachbrett verfügte.

Mit sechzehn wurde Wiktor Jugendchampion der UdSSR. Er galt schon damals als wahrer Schachfanatiker, der Tag und Nacht gegen Gegner beliebiger Qualifikation zocken konnte und grundsätzlich jede Position auf Gewinn spielte, was nicht immer von Vorteil war. → *M. Botwinnik* meinte damals, daß zuviel Eifer Kortschnoj nur schade; → *D. Bronstein* vertrat die Auffassung, daß sich das mit der Zeit schon legen würde.

Die Jahre vergingen, doch Kortschnoj wurde immer schonungsloser zu sich selbst und kompromißloser anderen gegenüber. Er hatte mitunter unerwartete Einbrüche in Turnieren zu verzeichnen – typisch für Maximalisten. So kommt er bei der Sowjetischen Landesmeisterschaft 1959 nur auf dem 9. Rang ein, wird aber im Jahr darauf (mit der Bilanz +12, -3, =4) sowjetischer Champion! Drei Jahre später wiederholt er seinen Triumph (+10, -1, =8), fällt aber bei den darauffolgenden Titelkämpfen auf den 10. Platz zurück. »Ich habe«, sagte Kortschnoj damals, »von Aljechin, Nimzowitsch und Lasker gelernt sowie in letzter Zeit von Bronstein. Sein Spiel macht auf mich mehr Eindruck.«

Die Analyse seines relativ schwachen Abschneidens beim Kandidatenturnier von Curaçao 1962, wo er mit +7, -7, =13 hinter → *T. Petrosjan*, → *J. Geller*, → *P. Keres*, → *R. Fischer* nur den 5. Platz belegte, läßt Kortschnoj einen neuerlichen Höhenflug antreten. Er wird 1964 zum dritten Mal Sowjetischer Landesmeister und gewinnt danach in Ungarn ein Turnier mit dem phänomenalen Ergebnis von 14,5 Punkten aus 15 Partien sowie 1965 in Jerewan. Alle diese drei Wettbewerbe absolviert er ohne eine einzige Niederlage! Das war um so erstaunlicher, wenn man bedenkt, daß der glänzende Meister des Gegenangriffs gern das Feuer auf sich lenkt. 1968 und 1974 stieß Kortschnoj jeweils in das Finale des Kandidatenturniers zur Weltmeisterschaft vor, wo er → *B. Spasski* (3,5:6,5) bzw. → *A. Karpow* (11,5:12,5) unterlag.

1976 brachte eine einschneidende Veränderung in Kortschnojs Leben mit sich – er emigrierte in die Schweiz. Schachlich begann damit der beste Abschnitt in seiner Karriere. 1978 schlug er B. Spasski (10,5:7,5) und 1981 → *R. Hübner* (6,5:3,5) jeweils im Finale des Kandidatenturniers und konnte somit zweimal Weltmeister Anatoli Karpow zum Titelkampf herausfordern. Auf die Hintergründe dieser Duelle, die er mit 5:6 bzw. 2:6 verlor (Remispartien wurden nicht gewertet) ging er später in seinem Buch »Antischach« ausführlich ein.

Beim zweiten Match, 1981 in Meran, zählte

Kortschnoj schon 50 Lenze. Die Niederlage nahm ihm praktisch die letzte Chance, jemals Weltmeister zu werden. Im anschließenden WM-Zyklus mußte er im Halbfinale gegen den zukünftigen Weltmeister → *G. Kasparow* seine Hoffnungen begraben. Die erste Partie, in der Schwarz mit einem glänzenden neuen Eröffnungskonzept aufwartete, ging jedoch klar an Kortschnoj!

□ G. Kasparow
■ W. Kortschnoj
London, 1983

1. d4 ♘f6 2. c4 e6 3. ♘f3 b6 4. ♘c3 ♗b7 5. a3 d5 6. c:d5 ♘:d5 7. e3 g6! 8. ♗b5+ c6 9. ♗d3 ♗g7 10. e4 ♘:c3 11. b:c3 c5! 12. ♗g5 ♕d6! 13. e5 ♕d7 14. d:c5 0-0 15. c:b6 a:b6 16. 0-0 ♕c7 17. ♗b5! ♗:e5?!
Kortschnoj bezeichnete diesen Bauernraub als Auftauchen einer »alten Kinderkrankheit«.
18. ♗h6 ♗g7 19. ♗:g7 ♔:g7 20. ♕d4+ ♔g8 21. ♘g5
Besser war laut Kortschnoj 21. ♘e5!
21... h6 22. ♘e4 ♗:e4 23. ♕:e4 ♘a6 24. ♕e3

24... ♕c5! 25. ♕:c5 ♘:c5 26. ♖fb1 ♖fd8 27. ♗f1 ♖d6 28. ♖b4 ♔f8 29. a4 ♖a5 30. g3 ♔e7 31. ♔g2 f5! 32. ♗b5 ♖d2 33. ♖d4 ♖:d4 34. c:d4 ♘:a4! 35. ♖:a4 ♖:b5 36. ♖a7+ ♔d6 37. ♖h7?! h5 38. ♖g7 ♖d5 39. ♖:g6 b5 40. ♔f3 b4 41. ♔e3 b3 42. ♔d2 ♖:d4+ 43. ♔c3 b2 44. ♔:b2 ♖d2+ 45. ♔c3 ♖:f2 46. h4 f4! 47. ♖g5 ♖f3+ 48. ♔d4 ♖:g3 49. ♖:h5 ♖e3 50. ♖h6 ♔e7 51. h5 e5+ 52. ♔d5 f3   0-1

Kortschnoj zeigte sich auch Mitte der 90er Jahre noch schachlich aktiv und erfolgreich und bewies ein ums andere Mal, daß er noch nichts verlernt hat. So qualifizierte er sich 1995 als knapp 64jähriger im slowenischen Ptuj für das Interzonenturnier und gewann im gleichen Jahr das Großmeisterturnier von San Francisco, das Superturnier von Madrid und das starke Wichern-Open von Hamburg!

Kotow Alexander, * 12. August 1913 in Tula, † 8. Januar 1981 in Moskau, sowjetischer Großmeister und Schachautor, WM-Kandidat.
Fast wäre Alexander beim Damespiel geblieben, das ihm sein Vater beigebracht hatte, doch Schulfreunde stießen ihn auf das Schach, das ihn fortan nicht mehr loslassen sollte. Mit sechzehn war er bereits Stadtmeister von Tula. In seiner Moskauer Zeit befaßte er sich intensiver mit Schach und qualifizierte sich 1938 für das Finale der UdSSR-Meisterschaft. Dort traf er auf die fast komplett versammelte sowjetische Spitze um M. Botwinnik und G. Löwenfisch. Zur allgemeinen Überraschung erwies sich Alexander Kotow als ernsthafter Anwärter auf den 1. Platz! Erst in der letzten Runde konnte der Gewinner von Nottingham 1936, Michail Botwinnik, den unbekümmert auftrumpfenden Debütanten durch einen Sieg in der direkten Begegnung noch abfangen. Kotow belegte den 2. Rang und wurde postwendend zum dritten Großmeister der Sowjetunion gekürt.
Während des Krieges befaßte sich Alexander Kotow mit der Konstruktion von neuartigen Waffensystemen. Für die Erfindung des 120-mm-Granatwerfers erhielt er 1944 den Lenin-Orden. Nach dem Krieg erzielte er eine Reihe glänzender Resultate am Schachbrett: 1.-2. Platz bei der UdSSR-Meisterschaft 1948, 4. bzw. 1. Platz bei den Interzonenturnieren von Saltsjöbaden (1948) und Stockholm (1952), Teilnahme an den Kandidatenturnieren von Budapest 1950 (6. Platz) und Zürich 1953 (8.-9. Platz).
Ausgerechnet beim berühmten Züricher Turnier gelang ihm gegen → *J. Awerbach* seine »unsterbliche Partie«:

□ J. Awerbach
■ A. Kotow
Zürich, 1953

30... ♕:h3+!! 31. ♔:h3 ♖h6+ 32. ♔g4 ♘f6+
33. ♔f5 ♘d7 34. ♖g5 ♖f8+ 35. ♔g4 ♘f6+
36. ♔f5 ♘g8+ 37. ♔g4 ♘f6+ 38. ♔f5 ♘:d5+
39. ♔g4 ♘f6+ 40. ♔f5 ♘g8+ 41. ♔g4 ♘f6+
42. ♔f5 ♘g8+ 43. ♔g4 ♗:g5 44. ♔:g5 ♖f7
45. ♗h4 ♖g6+ 46. ♔h5 ♖fg7 47. ♗g5 ♖:g5+
48. ♔h4 ♘f6 49. ♘g3 ♖:g3 50. ♕:d6 ♖3g6
51. ♕b8+ ♖g8   0-1

In einer Reihe von Büchern lüftete Kotow die Geheimnisse auf dem Weg zu schachlicher Meisterschaft, darunter in »Geheimnisse des Denkens des Schachspielers« (1970) und »Wie wird man Großmeister« (1985). Viele Jahre seines Lebens widmete Alexander Kotow dem Studium des Lebens und Schaffens seines großen Landsmannes → *A. Aljechin*. Sein zweibändiges Werk »Das Schacherbe Aljechins« wurde in mehrere Sprachen übersetzt. Nach Motiven seines Romanes »Weiß und Schwarz« schrieb Kotow das Drehbuch zur Verfilmung des Lebens von Aljechin in »Der weiße Schnee Rußlands«.

Kramnik Wladimir, * 25. Juni 1975 in Tuapse, russischer Großmeister, WM-Kandidat.
1987 erhielt die berühmte Botwinnik-Schachschule einen Brief, in dem sich Partieformulare des 11jährigen Meisterkandidaten Wladimir Kramnik befanden. Nach aufmerksamem Studium dieser Partien kam Exweltmeister → *M. Botwinnik* zu dem Schluß, daß man diesen Jungen unbedingt aufnehmen müsse. Besonders imponierte Botwinnik Kramniks Vorliebe für Endspiele – eine seltene Erscheinung in dieser Altersgruppe.

Wladimir erlernte das Schachspielen im Alter von sechs Jahren. Seine Eltern sind Künstler – die Mutter Musikerin, der Vater Maler und Bildhauer. Sie halfen ihrem Sohn früh, die Schönheit des Schachs zu erkennen. 1991 wurde Kramnik Jugendweltmeister U18. Im Frühjahr 1991 teilte er im Dortmunder Open den 1.-3. Platz. Auf Drängen → *G. Kasparows* erhielt er 1992 einen Platz in der russischen Nationalmannschaft bei der Schacholympiade in Manila. Der 17jährige Kramnik hielt es wie Julius Cäsar – er kam, sah und siegte! Sein phänomenales Resultat von 8,5/9 am ersten Ersatzbrett trug maßgebend dazu bei, daß Rußland einen überzeugenden Olympiasieg feierte. Der russische Nationaltrainer Sergej Makarytschew sagte: »Die hervorstehende Besonderheit von Kramniks Stil ist die Verbindung von Kraft und Harmonie ...«, und er ergänzte mit einem Anflug von Verwunderung: »›Normale‹ Menschen beginnen erst mit über dreißig so zu spielen ...«
Genauso beeindruckend spielte Kramnik 1993 beim Interzonenturnier in Biel, wo er sich für das Kandidatenturnier der Fide-Weltmeister-

schaft qualifizierte. Ein Jahr nach Manila gehörte Kramnik, der seine → *Elozahl* mittlerweile auf 2710 verbessert hatte, zur absoluten Weltspitze. Die logische Folge war eine Offerte aus der deutschen → *Bundesliga*. Kramnik spielt seit der Saison 1992/93 am Spitzenbrett des SV Empor Berlin. Der neue Stern am Schachhimmel ist manchmal etwas phlegmatisch, und nach eigenem Bekunden, fehlt ihm der Ehrgeiz, der einem Champion angemessen ist. Äußerlich wirkt Wladimir mit seinen 195 cm (!) eher wie ein Basketballer. Seine zweite Leidenschaft ist hingegen das Strandvolleyball, dem er sich daheim in Tuapse am Schwar-zen Meer widmet.

1994 in → *Linares* konnte er zum ersten Mal in seinem Leben Weltmeister Garri Kasparow bezwingen:

□ W. Kramnik
■ G. Kasparow
Linares, 1994

1. ♘f3 ♘f6 2. c4 g6 3. ♘c3 ♗g7 4. e4 d6 5. d4 0-0 6. ♗e2 e5 7. d5 ♘bd7 8. ♗g5 h6 9. ♗h4 g5 10. ♗g3 ♘h5 11. h4 g4 12. ♘h2 ♘:g3 13. f:g3 h5 14. 0-0 f5 15. e:f5 ♘c5 16. b4 e4 17. ♖c1 ♘d3! 18. ♗:d3 e:d3 19. f6! ♖:f6 20. ♕:d3 ♕f8 21. ♘b5!? ♗f5

22. ♖:f5! ♖:f5 23. ♘:c7 ♖c8 24. ♘e6 ♕f6 25. ♘f1 ♖e5 26. ♖d1! ♕f5! 27. ♕:f5 ♖:f5 28. c5 ♗f8! 29. ♘e3 ♖f6 30. ♘c4 d:c5 31. b5! ♗h6?

31... ♖e8 mit ungefährem Gleichgewicht (Kramnik).
32. ♖e1!
Durch die Aktivierung des Turmes erhält Weiß großes Übergewicht (Kramnik).
32... ♖e8 33. ♖e5 ♖e7 34. ♖:h5 ♖ef7 35. ♔h2 ♗c1 36. ♖e5 ♖f1 37. ♖e4 ♖d1 38. ♖:g4+ ♔h7? 39. ♘e5! ♖e7 40. ♘f8+
Schwarz gab auf, ohne 40... ♔h6 41. ♖g6+ ♔h5 42. g4+ ♔:h4 43. g3 matt abzuwarten.

Beim 1994 erstmalig ausgetragenen Intel-Grand-Prix stellte Kramnik seine überragenden Qualitäten im → *Schnellschach* unter Beweis. Er gewann die Gesamtwertung und schlug unterwegs gleich zweimal Garri Kasparow. Ihre Moskauer Partie fand sogar die uneingeschränkte Bewunderung von Michail Botwinnik, der ansonsten ein entschiedener Gegner des Schnellschachs war.

Kasparow hat Kramnik oft als seinen Nachfolger bezeichnet, doch bei seinem ersten Ansturm mußte der Kronprinz noch Lehrgeld bezahlen. Im → *Fide*-Zyklus hieß die Endstation nach einem Auftaktsieg über Leonid Judassin → *B. Gelfand*. Im Viertelfinale der → *PCA*-WM unterlag Kramnik gegen → *G. Kamsky*.

1995 gewann Wladimir Kramnik in Dortmund das stärkste Turnier, das in der Nachkriegszeit auf deutschem Boden ausgetragen wurde – vor → *A. Karpow*. Stratege Kramnik erzielte seine Siege dabei überwiegend auf taktischem Wege:

□ W. Kramnik
■ N. Short
Dortmund, 1995

22. ♗:e6! f:e6 23. ♕:g6 ♘:e5 24. ♕h7+ ♔f8 25. ♘f4 1-0

Im Herbst 1995 gewann Kramnik das PCA-Super-Classic in Horgen gemeinsam mit → *W. Iwantschuk* u. a. vor → *N. Short* und G. Kasparow. Ein weiterer Turniersieg in Bel-

grad (mit B. Gelfand) ließ Wladimir Kramnik zum 1. 1. 1996 auf Rang 1 der Fide-Weltrangliste vorstoßen (→ *Elozahlen*).

Kuba. Die ersten Hinweise auf das Schach gehen bis Ende des 15. Jahrhundert zurück, d. h. kurz nach der Entdeckung Kubas durch Kolumbus (1492). Anfang der 60er Jahre des 19. Jahrhunderts entstand in Havanna der erste Schachclub Lateinamerikas und wurde die Fachzeitschrift »Revista Mensual de Ajedrez« herausgegeben. Die stärksten Schachspieler waren zu jener Zeit der Plantagenbesitzer Don Felix Cikre und sein ehemaliger Sklave José María Cikre, mit dem → *P. Morphy* während seines Kubaaufenthaltes 1862 einige Blindpartien wechselte. Zwei Jahre später besuchte Morphy erneut Havanna und gab eine Simultanvorstellung im Blindspiel.

1885 wurde der Schachclub Havannas gegründet (Steinitz: »ein Eldorado des Schachs«), der zwei Weltmeisterschaftskämpfe zwischen Steinitz und Tschigorin (1889 und 1892), das Match Tschigorin-Gunsberg (1890) sowie eine Reihe von Vergleichen der besten Kubaner wie S. Golmayo (1820–98) und A. K. Vasquez (1844–1901) mit namhaften ausländischen Schachmeistern ausrichtete, darunter → *W. Steinitz,* → *Em. Lasker,* → *J. Blackburne* und A. Mackenzie. Sehr viel tat → *J. R. Capablanca* für das kubanische Schach. Er nahm am ersten internationalen Turnier auf Kuba teil (Havanna 1913), gewann in der kubanischen Hauptstadt 1919 einen Zweikampf gegen Bora Kostić sowie zwei Jahre später den WM-Kampf gegen Lasker.

Nach der kubanischen Revolution von 1959 nahm die Schachkultur im Lande einen enormen Aufschwung, denn das Schachspiel genoß die Unterstützung des Staates. Interessenten wurde kostenlos Spielmaterial zur Verfügung gestellt, Schachlehrer reisten in speziell ausgestatteten Eisenbahnwaggons durch das Land, und ausländische Großmeister, darunter → *P. Keres*, hielten Vorlesungen bzw. gaben Simultanvorstellungen. Eine besondere Rolle bei der Popularisierung des kubanischen Schachs spielen die Capablanca-Gedenkturniere, die seit 1962 ausgetragen werden und insbesondere in den 60er und 70er Jahren einen Großteil der Weltelite versammelten. Der Höhepunkt der kubanischen Schachgeschichte war jedoch die Austragung der Schacholympiade in Havanna (1966), bei der die kubanische Nationalmannschaft in das A-Finale vorstieß. Zum Abschluß der Olympiade fand in der kubanischen Hauptstadt ein grandioses Massensimultan statt. 380 Schachmeister kreuzten mit 6840 Schachfans die Klingen!

Der Radiosender »Radio Rebelde« gibt eine Schachzeitschrift heraus, organisiert alljährlich eine Capablanca-Woche und Che-Guevara-Gedenkturniere. Kuba hat mit G. García, R. Hernández, J. Nougeiras, A. Rodriguez, R. Vera und dem Juniorenweltmeister von 1986, W. Arencibia, eine Reihe von Großmeistern herausgebracht.

Kubbel Leonid, * 25. Dezember 1891 in St. Petersburg, † 18. April 1942 in Leningrad, führender russischer Schachkomponist. Gemeinsam mit seinen Brüdern Arvid (1889

den die Dreizüger, für die Opfer, schwierige, weil stille zweite Züge und die Symmetrie der Varianten und Mattbilder charakteristisch sind. In den Studien kam der Kombination die dominierende Rolle zu.

Wir haben hier eine Aufgabe von Leonid Kubbel vor uns, die 1930 bei einem Wettbewerb der »Neuen Leipziger Zeitung« den 1. Preis gewann:

L. Kubbel, 1930

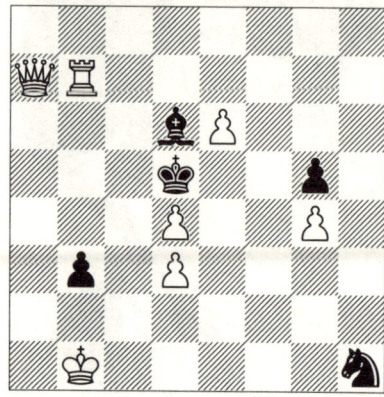

Matt in drei Zügen
1. ♖b6 ♘f2 2. ♖:d6+ ♔:d6 3. ♕d7 matt; 1... ♔:e6 2. ♕c7! ♔f6 3. ♖:d6 matt; 1... ♔:d4 2. ♖:d6+ ♔c3 3. ♕a5 matt; 1... ♔:d4 2. ♖:d6+ ♔e5 3. ♕d4 matt; 1... ♗c7 2. ♕a4! ♗:b6 3. ♕d7 matt.

bis 1938) und Jewgeni (1894–1942), die später übrigens auch bekannte Problemisten wurden, begann Leonid schon in seinen Kinderjahren, Schachaufgaben zu entwerfen. Mit dreizehn konnte er die ersten davon veröffentlichen. 1907 schlug ihn, nach eigenem Bekunden, das aufsehenerregende Buch »Das Indische Problem« von Kohtz und Kockelkorn in seinen Bann. Kubbel publizierte damals viele seiner Aufgaben in den Zeitschriften »Deutsches Wochenschach« und »Deutsche Schachzeitung«, wo er vier Jahre in Folge (1908 bis 1911) 1. Preise erhielt. In seinen reiferen Jahren, von Beruf Chemieingenieur, widmete er einen Großteil seiner Freizeit seinem Lieblingshobby – den Aufgaben und Studien. Auf diesem Teilgebiet des Schachs gelangte Leonid Kubbel zu Weltruhm. In den 38 Jahren seiner Kompositionstätigkeit, die bis zu seinem Tode im belagerten Leningrad 1942 anhielt, schuf er mehr als 2800 Probleme und ungefähr 500 Studien. Einige hundert davon wurden bei nationalen bzw. internationalen Wettbewerben ausgezeichnet, 120 mit einem 1. Preis! Einen großen Teil seines Werkes bil-

Kuschnir Alla, * 11. August 1941 in Moskau, dreimalige WM-Herausforderin.

»Äußerlich erinnert sie an Edith Piaf, aber dieses hilflose Spätzlein besitzt den Charakter eines wahrhaften Gladiators«, rief 1972 in Riga ein Journalist aus, der Alla Kuschnir während ihres WM-Matches gegen → *N. Gaprindaschwili* beobachtete. Das war bereits ihr drittes Duell mit der georgischen Weltmeisterin, und es war das spannendste. Nach zehn Partien führte Gaprindaschwili mit drei Punkten Vorsprung, aber die Herausforderin gab sich keinesfalls geschlagen. Durch Siege in der 11. und 14. Partie konnte sie den Rückstand auf ein Minimum verkürzen – 6,5:7,5. Die beiden noch ausstehenden Partien endeten remis, so daß Alla Kuschnir zum dritten Mal in Folge Vizeweltmeisterin war.

Alla Kuschnir galt zu jener Zeit als eine der kompromißlosesten Spielerinnen der Welt. Von 36 Partien zweier Kandidatenturniere (1964 und 1967) gewann sie 25 und remisierte nur 6! 1971 gestaltete sie von 18 Begegnungen im Kandidatinnenturnier nur zwei unentschieden (10 Siege).

1973 wanderte Alla Kuschnir nach Israel aus. Drei Jahre später unternahm sie, die zu den ersten zwölf Frauen gehörte, die mit dem neugeschaffenen Großmeistertitel der Frauen geehrt wurden, ihren vierten und letzten Anlauf auf den Schacholymp. Gemeinsam mit Jelena Achmylowskaja gewann sie das Interzonenturnier in Holland und schaltete danach in den Kandidatenduellen erst → *I. Lewitina* (6:3) und dann Jelena Fatalibekowa (6,5:3,5) aus. Im Finale mußte sie der damals erst 17jährigen → *M. Tschiburdanidse* nach hartem Kampf (6,5:7,5) den Weg zum Match gegen die Weltmeisterin freimachen.

□ A. Kuschnir
■ N. Gaprindaschwili
Riga, 1972, 8. Matchpartie

1. d4 ♘f6 **2.** c4 g6 **3.** ♘c3 d5 **4.** c:d5 ♘:d5 **5.** e4 ♘:c3 **6.** b:c3 ♗g7 **7.** ♗c4 0-0 **8.** ♕e2 c5 **9.** 0-0 ♘c6 **10.** ♗e3 ♕c7 **11.** ♖c1 ♖d8 **12.** ♗f4 ♕d7 **13.** d:c5 ♕e8 **14.** ♗d5 ♗d7 **15.** ♗g5 ♖dc8 **16.** ♕d2 ♘a5 **17.** ♗e3 e6 **18.** ♗b3 ♗f8 **19.** ♖fd1! ♖c7 **20.** c4 ♘:b3 **21.** a:b3 ♗c8 **22.** ♕a5 ♖d7 **23.** ♘c3 ♗e7 **24.** ♘b5 ♖:d1+ **25.** ♖:d1 ♗d7 **26.** ♘d6 ♗:d6 **27.** c:d6 f6 **28.** e5 f5 **29.** h4 ♕c8 **30.** ♗h6 ♕d8 **31.** ♕b4 ♕b6 **32.** ♕c3 ♔f7 **33.** c5 ♕d8 **34.** ♗g5 ♕g8 **35.** ♕e3 a6 **36.** ♗f6 ♖c8 **37.** b4 ♖c6 **38.** ♕g5 ♖c8 **39.** ♖d3 h5 **40.** ♖g3 ♖e8 **41.** ♕h6 ♖c8 **42.** ♔h2! ♖b5 **43.** ♕g5 ♖e8 **44.** ♖c3 ♗d7 **45.** b5! a:b5 **46.** c6! b:c6 **47.** ♖a3 ♖a8 **48.** ♖:a8 ♕:a8 **49.** ♗d8   1-0

L

La Bourdonnais Louis Charles Mahé de, *1797 oder 1795, † 13. Dezember 1840 in London, französischer Schachmeister, einer der stärksten Schachspieler Europas in der ersten Hälfte des 19. Jahrhunderts.

Die adlige Herkunft und das väterliche Erbe brachten La Bourdonnais keine Reichtümer ein. Verarmt, wie er war, mußte er mit dem Schachspiel seinen Lebensunterhalt verdienen. Als Sekretär des Pariser Schachclubs erhielt er 1200 Francs pro Jahr. Da das allein natürlich nicht zum Leben reichte, mußte er um Geld spielen. Keine leichte Arbeit. »Man muß lange spielen, nur um fünf Francs zu verdienen. Wenn Sie zwei Partien mit Turmvorgabe in Folge gewinnen, dann gnade Ihnen Gott! Der Verlierer fordert dann garantiert noch einen Springer dazu«, klagte La Bourdonnais seinem englischen Freund, dem Maestro Walker, sein Leid.

Zu Beginn der 20er Jahre besiegte La Bourdonnais die besten französischen Schachspieler, und der große Deschapelles erklärte ihn zu seinem Nachfolger. Aber richtige Berühmtheit erlangte La Bourdonnais erst nach den Zweikämpfen gegen den Champion von England, → *A. McDonnell* 1834–35. Von sechs Duel-

len gewann er vier. Der Gesamtstand lautete +45, -27, =13 zu seinen Gunsten. La Bourdonnais konnte begeisternde Attacken führen, war jedoch gleichzeitig tief in die Gesetze des positionellen Schachs eingedrungen. Seine Kombinationen basierten auf einem strategischen Plan, den er konsequent umsetzte.

□ A. McDonnell
■ L. La Bourdonnais
London, 1834

1. e4 c5 2. f4 e6 3. ♘f3 d5 4. e5 ♘c6 5. c3 f6 6. ♘a3 ♘h6 7. ♘c2 ♕b6 8. d4 ♗d7 9. ♘e3 c:d4 10. c:d4 ♗b4+ 11. ♔f2 0-0 12. ♔g3 ♖ac8 13. h4 f:e5 14. f:e5

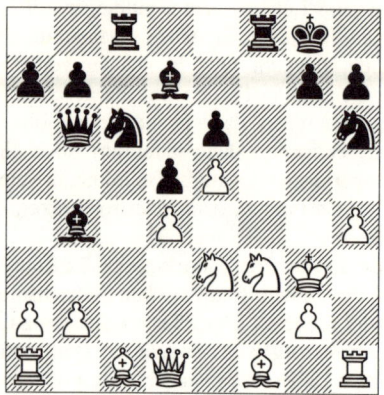

14... ♖:f3+! 15. g:f3 ♘:d4 16. ♗d3 ♖f8 17. f4 ♗c5 18. ♖f1 ♗b5! 19. ♗:b5 ♕:b5 20. ♔h3 ♘e2 21. ♘g2 ♘f5 22. ♔h2 ♘eg3 23. ♖f3 ♘e4 24. ♕f1 ♕e8 25. b4 ♗d4 26. ♖b1 ♕h5 27. ♖bb3 ♖c8 28. ♗e3 ♖c2 29. ♔g1 ♗:e3+ 30. ♖f:e3 ♘d2 31. ♕d3 ♖c1+ 32. ♔h2 ♘f1+ 33. ♔h3

Die traurige Reise des weißen Königs über f2-g3-h3-h2-h1-g2-h3 neigt sich dem Ende zu.

33... ♘1:e3 34. ♘:e3 ♕f3+ 0-1

1836 gab La Bourdonnais in Paris das erste Schachjournal der Welt heraus – »Le Palamède«. Der Maestro erwies sich auch als talentierter Redakteur und Literat.

Larsen Bent, *4. März 1935 in Tilstedt, dänischer Großmeister, einer der stärksten Schachspieler der Welt in den 60er und 70er Jahren, mehrfacher WM-Kandidat.

Mit neunzehn Jahren war Larsen bereits der beste Spieler des Landes. 1956 vertrat er Dänemark bei der Schacholympiade in Moskau am Spitzenbrett. Er bestand seine internationale Feuertaufe mit Bravour und erzielte das beste Einzelergebnis aller Teilnehmer! Folgerichtig wurde ihm der Großmeistertitel verliehen.

Nach diesem Erfolg bricht Larsen sofort seine Ausbildung an einem polytechnischen Institut ab und wird Schachprofi. Nach dem Ausscheiden im Interzonenturnier von 1958 reist er dennoch zum Kandidatenturnier nach Portorož – als Sekundant von → *R. Fischer!* Larsen selbst hatte nie einen Trainer. 1964 wird Larsen durch einen 1.-4. Platz im Interzonenturnier von Amsterdam erstmals WM-Kandidat. Er kommt bis in das Halbfinale, wo er → *M. Tal* nach hartem Kampf mit 4,5:5,5 unterliegt. 1967 war sein Jahr. Nach drei Siegen in den bedeutenden Turnieren von Havanna, Winnipeg und Palma de Mallorca sowie dem Erfolg beim Interzonenturnier in Sousse galt Larsen als heißer Anwärter auf den Weltmeistertitel. »Larsen versteht es, Positionen aufs Brett zu bringen, die seinem Geschmack entsprechen. Ein tiefer strategischer Plan – das ist das Wichtigste an seinen Partien. Diesem Plan folgt er mit beneidenswerter Konsequenz, die mitunter an Starrköpfigkeit grenzt. Die Ideen des Dänen sind immer originell und tiefgründig«, stellte ihm sein langjähriger Konkurrent → *W. Kortschnoj* ein treffendes Zeugnis aus. Laut → *M. Botwinnik* ist Larsen vor allem ein sehr

starker Praktiker, der schnell und genau rechnet und ohne Zögern die nötigen Entscheidungen trifft.

Aber wie läßt sich das Fiasko erklären, das Larsen 1971 mit dem 0:6 gegen Fischer im Kandidatenmatch erlitt? Seinem Gegner waren die Mängel in Larsens Schach und besonders einige Besonderheiten seines Charakters nicht entgangen. So wich Larsen prinzipiell einem Remis aus, war immer äußerst und mitunter überoptimistisch und oft zu selbstsicher. Sein Biograph und Landsmann Erich Brendom erklärte diese Eigenschaften in »Bent Larsen – ein Kämpfer« damit, daß Larsen ein Jütländer und damit wie die meisten Leute aus dieser nördlichen dänischen Region wagemutig und ziemlich geradeheraus sei...

Larsen gewann in seiner Karriere mehr als 40 internationale Turniere, darunter bei einer Reihe sehr prestigeträchtiger Anlässe. 1970, beim Match UdSSR-Rest der Welt, spielte er am Spitzenbrett – noch vor Bobby Fischer. 1971 brachte Larsen seine Partiensammlung »Ich spiele auf Sieg« heraus.

Eine Reihe von schönen Siegen brachte ihm die nach ihm benannte Larsen-Eröffnung ein:

□ B. Larsen
■ L. Kavalek
Lugano, 1970

1. b3 c5 **2.** ♗b2 ♘c6 **3.** c4 e5 **4.** g3 d6 **5.** ♗g2 ♘ge7 **6.** e3 g6 **7.** ♘e2 ♗g7 **8.** ♘bc3 0-0 **9.** d3 ♗e6 **10.** ♘d5 ♕d7 **11.** h4 f5 **12.** ♕d2 ♖ae8 **13.** h5 b5 **14.** h:g6 h:g6 **15.** ♘ec3 b:c4 **16.** d:c4 e4 **17.** 0-0-0 ♘e5 **18.** ♘f4 ♖d8 **19.** ♔b1 ♗f7

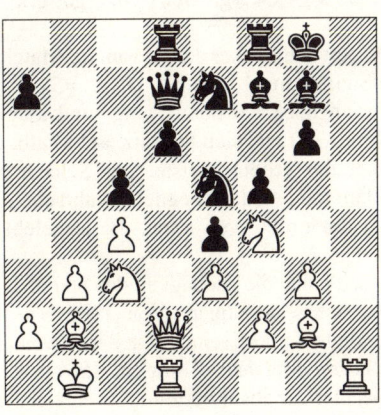

20. g4 ♘:g4 **21.** f3 e:f3 **22.** ♗:f3 ♘e5 **23.** ♕h2 ♗:c4 **24.** b:c4 ♘:f3 **25.** ♕h7+ ♔f7 **26.** ♘cd5 ♖g8 **27.** ♘:e7 ♖b8 **28.** ♔a1 ♕:e7 **29.** ♕:g6+ ♔f8 **30.** ♘e6+ ♕:e6 **31.** ♗:g7+ ♔e7 **32.** ♗f8+!! ♖b:f8 **33.** ♖h7+   1-0

Lasker Emanuel, * 24. Dezember 1868 in Berlinchen, † 11. Januar 1941 in New York, zweiter Schachweltmeister.

Nach dem Umzug nach Berlin zum älteren Bruder Berthold, der damals Medizinstudent und einer der stärksten Schachspieler der Stadt war, erkrankte der elfjährige Emanuel urplötzlich an Masern. Genau zu dieser Zeit brachte ihm Berthold das Schachspielen bei, das den kleinen Bruder fortan nicht mehr losließ.

Im Frühling 1888 beendet Emanuel Lasker die Schule und nimmt in Berlin ein Philosophiestudium auf. Im Winter jenes Jahres gewinnt er im Café »Kaiserhof« sein erstes Schachturnier. Nach dem Sieg in einem Nebenturnier des Deutschen Schachkongresses in Breslau ein Jahr später wird ihm der Meistertitel verliehen. Die folgenden Matchsiege gegen die bekannten Curt von Bardeleben, → *J. Mieses,* Henry Bird und Berthold Englisch lassen den 22jährigen Lasker in die Gilde der stärksten Meister Europas aufrücken. Nach dem Erfolg im Londoner Turnier von 1892 und den siegreichen Zweikämpfen gegen → *J. Blackburne* und H. Bird wächst sein Vertrauen in die eigene Stärke, und es reift der Traum heran, um die Weltmeisterschaft zu kämpfen.

Ein Jahr später fordert Lasker →*W. Steinitz* zum Titelkampf heraus. Der Weltmeister nimmt den Fehdehandschuh auf. Das Duell ging 1894 in New York, Philadelphia und Montreal über die Bühne. Weltmeister sollte sein, wer zuerst zehn Siege erreicht. Unentschieden wurden nicht gezählt. Der Kampfverlauf war äußerst spannend. Beim New Yorker Auftakt schlug das Pendel immer hin und her – die erste Partie gewann Lasker, die zweite Steinitz, dann wieder Lasker, dann Steinitz. Nach sechs Begegnungen stand es 3:3. Eine Vorentscheidung brachte die siebente Partie, die Steinitz nach zwischenzeitlichen Vorteilen am Ende noch verlor. Lasker gab die Initiative im Match daraufhin bis zum Schluß nicht mehr

Marshall, → K. Schlechter, → D. Janowski und andere.
Im Londoner Wettbewerb überflügelte er den Zweitplazierten um viereinhalb, in St. Petersburg und Paris um zwei Zähler. Die folgende Partie, die den 1. Schönheitspreis erhielt, illustriert trefflich das kombinatorische Vermögen Laskers:

□ W. Steinitz
■ Em. Lasker
London, 1899

1. e4 e5 2. ♘c3 ♘f6 3. f4 d5 4. d3 ♘c6 5. f:e5 ♘:e5 6. d4 ♘g6 7. e:d5 ♘:d5 8. ♘:d5 ♕:d5 9. ♘f3 ♗g4 10. ♗e2 0-0-0 11. c3 ♗d6 12. 0-0 ♖he8 13. h3 ♗d7 14. ♘g5 ♘h4! 15. ♘f3

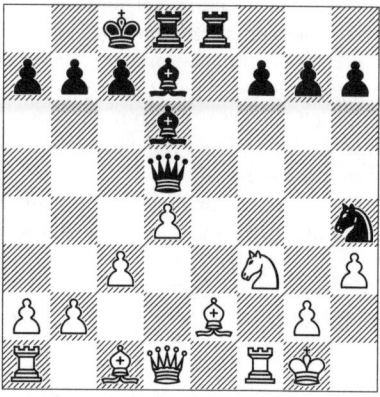

15... ♘:g2!! 16. ♔:g2 ♗:h3+! 17. ♔f2 f6! 18. ♖g1 g5 19. ♗:g5 f:g5 20. ♖:g5 ♕e6 21. ♕d3 ♗f4 22. ♖h1 ♗:g5 23. ♘:g5 ♕f6+ 24. ♗f3 ♗f5 25. ♘:h7 ♕g6 26. ♕b5 c6 27. ♕a5 ♖e7 28. ♖h5 ♗g4 29. ♖g5 ♕c2+ 30. ♔g3 ♗:f3 0-1

aus den Händen. In der 19. Partie errang er den entscheidenden zehnten Sieg. Steinitz erhob sich und tat seinen berühmten Ausruf: »Ein dreifaches Hurra dem neuen Weltmeister!«
Lasker hatte damit bereits im Alter von 25 Jahren den Schacholymp erklommen. Die Schachwelt reagierte mit Zurückhaltung auf ihren neuen Champion. Skeptiker führten seinen Erfolg auf den großen Altersunterschied gegenüber Steinitz zurück. Lasker verwies seinerseits darauf, daß er Steinitz mit dessen eigenen Waffen geschlagen hätte. In seinen Londoner Lektionen bewies er seinen Kritikern, daß er über ein tiefes Verständnis der Gesetze des Schachkampfes verfügte. Diese Vorlesungen, die eine Reihe neuer Ideen und origineller Konzeptionen für Theorie und Praxis enthielten, sind in seinem Werk »Der gesunde Menschenverstand im Schach« zusammengefaßt.
Von seiner besten Seite zeigte sich Lasker auch in den folgenden internationalen Turnieren. Mit Ausnahme von → *Hastings* 1895 (3. Platz) holte er sich in → *St. Petersburg* 1895/1896, Nürnberg 1896, London 1899 und Paris 1900 überall überzeugend den Sieg und distanzierte dabei Konkurrenten wie W. Steinitz, → *S. Tarrasch,* → *H. N. Pillsbury,* → *M. Tschigorin,* J. Blackburne, → *R. Charousek,* → *F.*

1896 gewann Lasker das Revanche-Match gegen Steinitz mit 12,5:4,5 (+10, -2, =5).
»Warum habe ich derart sang- und klanglos verloren?« fragte sich Steinitz. »Deshalb, weil Lasker der größte Meister des Schachspiels ist, dem ich jemals begegnete, wahrscheinlich sogar der größte von allen, die je gelebt haben.«
Die Zeit sollte die Richtigkeit des Steinitzschen Ausspruches bestätigen. Von 1907 bis 1910 verteidigte Lasker seinen Titel in Zweikämpfen gegen Marshall, Tarrasch, Janowski und Schlechter. Er absolvierte in diesen vier Duel-

len insgesamt 52 Partien, von denen er 23 gewann und nur vier verlor. 1909 und 1914 folgten Siege in den internationalen Turnieren von St. Petersburg. Besonders der zweite von ihnen stärkte Laskers Reputation als bester Schachspieler der Welt. Das entscheidende Duell war jenes gegen → *J. R. Capablanca*:

□ Em. Lasker
■ J. R. Capablanca
St. Petersburg, 1914

1. e4 e5 2. ♘f3 ♘c6 3. ♗b5 a6 4. ♗:c6 d:c6 5. d4 e:d4 6. ♕:d4 ♕:d4 7. ♘:d4 ♗d6 8. ♘c3 ♘e7 9. 0-0 0-0 10. f4 ♖e8 11. ♘b3 f6

12. f5! b6 13. ♗f4 ♗b7 14. ♗:d6 c:d6 15. ♘d4 ♖ad8 16. ♘e6 ♖d7 17. ♖ad1 ♘c8 18. ♖f2 b5 19. ♖fd2 ♖de7 20. b4! ♔f7 21. a3 ♗a8 22. ♔f2 ♖a7 23. g4 h6 24. ♖d3 a5 25. h4 a:b4 26. a:b4 ♖ae7 27. ♔f3 ♖g8 28. ♔f4 g6 29. ♖g3 g5+ 30. ♔f3 ♘b6 31. h:g5 h:g5 32. ♖h3 ♖d7 33. ♔g3! ♔e8 34. ♖dh1 ♗b7 35. e5! d:e5 36. ♘e4 ♘d5 37. ♘6c5 ♗c8 38. ♘:d7 ♗:d7 39. ♖h7 ♖f8 40. ♖a1 ♔d8 41. ♖a8+ ♗c8 42. ♘c5   1-0

1911 ging Lasker mit der geliebten Martha Kohn den Bund der Ehe ein. In ihr verband sich vieles – Schönheit, Charme, ein scharfer Verstand, poetische Begabung. Aber das Wichtigste – sie war dem Champion die Begleiterin, die er so brauchte! In einem seiner Briefe an sie schrieb Lasker: »In Deiner Nähe verliere ich nie das Gleichgewicht. Im fernsten Erdteil fühle ich mich zu Hause. Du bist der Wandschirm, der mich von den Kleinlichkeiten des Lebens abschließt und mich ganz konzentrieren läßt bei schöpferischer Arbeit.
... Du bist richtig!! Denn: Du spielst kein Schach!! Du fragst mich nicht in den Mußestunden nach dem mißlichen Stand des gefesselten Läufers oder angegriffenen Bauern! Du überwindest heroisch Deine tödliche Abneigung für die schädliche Zigarre und überreichst sie mir unaufgefordert in der Stunde des Nachdenkens... Du übst Rücksicht während der Turnierzeit, meine Nerven sind alsdann sehr reizbar, und: nimmst nichts übel!!«

Knapp 27 Jahre lang hat Emanuel Lasker das Zepter des Schachkönigs sicher in der Hand gehalten. Erst 1921 in Havanna mußte er es an den Kubaner José Raoul Capablanca weitergeben. Das hinderte ihn jedoch nicht daran, 1923 in Mährisch-Ostrau und 1924 in New York in glänzendem Stil zu gewinnen, wo er – wie schon zehn Jahre zuvor in St. Petersburg – Capablanca und → *A. Aljechin* hinter sich ließ. Der Journalist Horace Ransom von Bigelow schrieb damals: »Lasker ist mit seinen 56 Jahren noch immer der erste Turnierkämpfer der Welt. Man kann sagen, daß er noch kühner und ideenreicher spielt als früher.« Laskers schachliche Stärke lag darin begründet, daß er das positionelle und das kombinatorische Spiel gleichermaßen meisterlich beherrschte, sehr findig in der Verteidigung und ein großer Experte komplizierter Endspielstellungen war. In vielen Partien störte er bewußt riskant das Gleichgewicht der Stellung im Vertrauen darauf, daß er mit seiner Rechenkraft und seinem kombinatorischen Scharfblick das Blatt letztlich zu seinen Gunsten wenden würde. Alexander Aljechin sagte, als er schon im siebenten Jahr den Schachthron innehatte: »Lasker war mein Lehrer. Ohne ihn wäre ich nicht der geworden, der ich heute bin. Die Idee der Schachkunst ist ohne Emanuel Lasker undenkbar.«

Lasker war nicht nur ein großer Schachpraktiker. Seiner Feder entsprangen fundamentale Arbeiten über das Schach, darunter das klassische »Lehrbuch des Schachspiels«. Von der Vielseitigkeit Laskers, der Doktor der Mathematik und Philosophie war, zeugen Werke wie »Kampf« (1907), »Das Begreifen der Welt« (1913), »Philosophie des Unvollendbar« (1919). Über das letztere äußerte Laskers enger Freund Albert Einstein, das es sehr originell sei und einen tiefen Einblick in Laskers Persönlichkeit gebe.

Lasker, der auch dem Kartenspiel sehr zugetan war und sogar einmal für Deutschland an einer Olympiade im Bridge teilnahm, schrieb 1928 »Das verständige Kartenspiel« und 1929 »Brettspiele der Völker«.

Bis in seine letzten Tage bewahrte sich Lasker einen klaren Verstand und die Liebe zur Schachkunst. Kurz nach Laskers Tod äußerte Capablanca über ihn: »Er war tiefgründiger und erfindungsreicher als alle, die ich kannte... Er gehört mit Morphy und Steinitz zu den drei größten Namen im Schach.«

Las Palmas – Turniere. Seit 1972 werden hier, auf Gran Canaria, mit Unterstützung der Stadt stark besetzte internationale Schachturniere ausgetragen. Unter den Siegern der ersten zehn Wettbewerbe (1972–81) befinden sich bekannte Namen: → *L. Portisch* (1972), → *T. Petrosjan* und → *L. Stein* (1973), → *L. Ljubojević* (1974 und 1975), → *J. Geller* (1976), → *A. Karpow* (1977), Sax und Tukmakow (1978), → *R. Waganjan* (1979), Geller, Petrosjan und → *A. Miles* (1980), → *J. Timman* (1981). Nach sechsjähriger Unterbrechung wurde die Tradition 1987 wiederaufgenommen. 1993 und 1994 stellten die Organisatoren ein Turnier der Kategorie 16 bzw. 17 auf die Beine, das von Ivan Morovic (vor A. Khalifman und → *V. Anand*) bzw. → *G. Kamsky* (vor Karpow, → *W. Topalow*, → *L. Lautier*) gewonnen wurde.

Lau Ralf, * 19. Oktober 1959 in Delmenhorst, deutscher Großmeister.

Seinen ersten größeren Erfolg errang Ralf Lau mit neunzehn Jahren, als er einer der Co-Sieger beim Turnier von Rybniza wurde (1979). Sieben Jahre später war er Großmeister. Zwei Turniersiege in Budapest 1985 und 1986 sowie vordere Plazierungen in New York 1986 (3.-4. Platz) und im Zonenturnier von Beer-Shewa 1985 (2.-3.) hatten ihm diesen Titel eingetragen. Lau gilt als Open-Spezialist.

Er gewann u. a. die offenen Turniere von Dortmund 1993, Bad Ragaz 1994 und Dresden 1995.

1994 kehrte Ralf Lau nach den Stationen München 36 und Stadthagen zu seinem alten Verein Solinger SG zurück, mit dem er 1991 den Europapokal gewonnen hatte.

☐ R. Lau
■ R. Waganian
Köln, 1991

1. e4 ♘f6 2. e5 ♘d5 3. d4 d6 4. ♘f3 g6 5. ♗c4 c6 6. 0-0 ♗g7 7. ♘bd2 0-0 8. ♗b3 ♗g4 9. h3 ♗:f3 10. ♘:f3 d:e5 11. ♘:e5 ♘d7 12. ♘f3 e6 13. c3 ♕c7 14. ♖e1 b5 15. a4 b:a4 16. ♗:a4 a5 17. ♕e2 ♘5b6 18. ♗c2 ♘d5 19. ♕e4 c5 20. d:c5 ♕:c5 21. ♕h4 ♖fb8 22. ♖a4 ♕e7 23. ♗g5 ♕f8 24. ♖a2 ♗f6 25. ♗e4 ♗g7 26. ♗:d5 e:d5 27. ♖ea1 ♖b3 28. ♗:f6 ♕:f6 29. ♕:f6 ♘:f6 30. ♘d4 ♖b6 31. b4 ♘e4 32. ♖:a5 ♖:a5 33. b:a5 ♖a6 34. ♘b5 ♘c5 35. ♘c7 ♖a7 36. a6 ♔f8 37. ♖a5 ♘b3 38. ♘b5 ♖a8 39. ♖a3 ♘c5 40. a7 ♘e6 41. ♖a6   1-0

Läufer. »Und damals, auf dem Elefanten, riesig wie ein Berg, stürzte sich der tollkühne Wikarna in Begleitung von vier Kampfwagen, die die Beine des Elefanten schützten, erneut auf Dschischna...«, so schildert das altindische Epos »Mahabharata« die Schlacht mit Kampfelefanten. Es kommt nicht überraschend, daß im Osten, wo das Schachspiel eine Schlacht assoziierte, die Schachfiguren, die den Ehrenplatz neben Dame und König einnahmen, nach dem mächtigen Elefanten benannt wurden.

In Europa besaß man zu der Zeit, als das Schach aus dem Osten herüberkam, nur eine vage Vorstellung von Elefanten. Daher haben die Spanier den arabischen Terminus »alfil« ohne Übersetzung übernommen. In Italien wurde er leicht zu »alfiere« modifiziert, während die Figur des Elefanten in den übrigen Ländern eine neue Bezeichnung erhielt. Bei den Engländern verwandelte er sich in einen Bischof (bishop), bei den Franzosen in einen Narren (fou), bei den Deutschen in einen Läufer, bei den Tschechen in einen Schützen (stretec), bei den Bulgaren in einen Offizier (ofizer)... Nur in der Rus wurde der arabische Begriff genau übersetzt – die Figur heißt bis heute Elefant (slon).

Im Mittelalter durfte der Läufer auf der Diagonalen nur drei Felder ziehen, wobei er, ähnlich wie der Springer, Figuren überspringen konnte. In der Renaissance wurde ihm das Recht zu springen genommen, dafür konnte er sich von nun an in einem Zug auf der ganzen Diagonale bewegen. Die Läufer... Wie die Türme zielen sie ins Weite, eben nur auf der Schrägen. Dies führt zu Besonderheiten im Spiel mit den Läufern, in ihren Manövern, Drohungen, Angriffen und Opfern. Diese Figuren werden früh in den Kampf geworfen, damit sie das Zentrum festigen oder verwundbare Punkte im gegnerischen Lager unter Beschuß nehmen. Die Läufermanöver erlangen im Mittelspiel große Kraft, wenn sie mit den Aktionen der anderen Figuren gut koordiniert sind. Jeder moderne Schachspieler weiß die harmonische Kraft zu schätzen, die ein Läuferpaar entfalten kann. → *S. Tarrasch* unterstrich seinerzeit, daß der Besitz eines Läufers gegenüber einem Springer gleichbedeutend mit dem Vorteil einer »kleinen Qualität« sei. Die Konstellation von zwei Läufern gegen zwei Springer bewertete er bereits als deutlichen Vorteil. Die Praxis relativiert jedoch die Gültigkeit dieser Postulate. Viel hängt davon ab, ob die Stellung einen offenen oder geschlossenen Charakter trägt, von der Position des Königs usw. Unscheinbare Läufermanöver können sich plötzlich in eine Attacke großer Stärke auswachsen...

Ein Läuferopfer auf f7 (f2) bzw. h7 (h2) bildete schon oft die Ouvertüre einer schönen Kombination. Wir haben hier das Finale einer berühmten Partie vor uns, die der spätere Weltmeister → *Em. Lasker* ganz zu Beginn seiner Karriere gewann. Das doppelte Läuferopfer auf h7 und g7 bereitete einer vernichtenden Attacke der Schwerfiguren das Feld:

□ Em. Lasker
■ D. Bauer

Amsterdam, 1889

15. ♗:h7+! ♔:h7 **16.** ♕h5+ ♔g8 **17.** ♗:g7!! ♔:g7 **18.** ♕g4+ ♔h7 **19.** ♖f3 e5 **20.** ♖h3+ ♕h6 **21.** ♖:h6+ ♔:h6 **22.** ♕d7! ♗f6 **23.** ♕:b7 ♔g7 **24.** ♖f1 ♖ab8 **25.** ♕d7 ♖fd8 **26.** ♕g4+ ♔f8 **27.** f:e5 ♗g7
27... ♗:e5 28. ♕f5 f6 29. ♕:e5
28. e6 ♖b7 **29.** ♕g6 f6 **30.** ♖:f6+ ♗:f6 **31.** ♕:f6+ ♔e8 **32.** ♕h8+ ♔e7 **33.** ♕g7+   1-0

Nicht weniger effektiv können Läufer im Endspiel agieren. Läuferendspiele bergen eine Unmenge an Feinheiten. Bekannterweise garantieren selbst zwei Mehrbauern bei ungleichfarbigen Läufern noch lange nicht den Sieg. Im folgenden Beispiel erwies sich ein Läufer sogar gegenüber einer Dame als überlegen. Dieses dramatische Duell aus der Studie des russischen Problemisten Sergej Kaminer (1908–38) wirkt wie ein schachliches Capriccio, wie ein anwachsendes Tosen im Finale einer Sinfonie, das das tragische Ende des schwarzen Monarchen ankündigt...

S. Kaminer, 1925

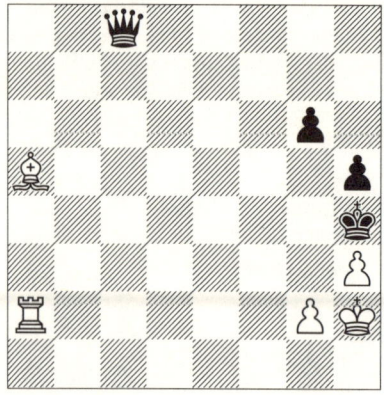

Weiß gewinnt
1. ♖c2 ♛:c2 (1... ♛f8 2. ♖c4+ ♚g5 3. ♗d2+ ♚f6 4. ♖f4+) 2. ♗d8+ g5 3. ♗a5 ♛e2 4. ♗c7! ♛f2 5. ♗d6! ♛f4+ 6. g3+! ♛:g3+ 7. ♗:g3 matt!

Lautier Joel, * 12. April 1973 in Toronto, französischer Großmeister, Juniorenweltmeister 1988, WM-Kandidat.
Seine Mutter, eine Japanerin, brachte ihm früh die ersten Züge bei, bevor sich sein Vater, ein passabler Schachspieler, des Jungen annahm. Joel gewann diverse französische Kindermeisterschaften, aber bekannt wurde der 15jährige erst 1988 durch seinen sensationellen Auftritt bei der Juniorenweltmeisterschaft in Australien. Dort ließ er die sowjetischen Favoriten → *W. Iwantschuk*, → *B. Gelfand*, G. Serper sowie → *W. Akopjan* hinter sich und wurde jüngster Juniorenweltmeister aller Zeiten! Frankreich war aus dem Häuschen, die Sponsoren standen Schlange. Letztlich investierten die französische Baufirma »Immopar« und der bekannte Dramaturg und Schachfreund Fernando Arrabal zwei Millionen Francs in Lautiers Schachausbildung.

1991 holt sich Joel Lautier den ersten Preis beim Rubinstein-Memorial in Polanica Zdroj, 1992 distanziert er beim Neujahrsturnier von Pamplona den Zweitplazierten, Miguel Illescas, um ganze zwei Punkte.
Bei der Schacholympiade von Manila 1992 erzielt Lautier am Spitzenbrett der Nationalmannschaft Frankreichs ausgezeichnete 9/12. Endlich verfügte Frankreich, einst eine Hochburg des Schachs, wieder über einen Großmeister der Weltklasse, der zu berechtigten Hoffnungen Anlaß gab.
Im Frühling 1993 gelingt dem inzwischen 20jährigen Franzosen ein Glanzsieg gegen eines seiner Idole – → *A. Karpow*.

□ J. Lautier
■ A. Karpow
Dortmund, 1993

1. c4 ♘f6 2. ♘c3 e5 3. ♘f3 ♘c6 4. g3 ♗b4 5. ♘d5 e4 6. ♘h4 0-0 7. ♗g2 ♖e8 8. 0-0 d6 9. d3 e:d3 10. ♛:d3 ♘:d5 11. c:d5 ♘e5 12. ♛c2 ♗c5 13. b3 ♛e7 14. ♗b2 a5 15. a3 ♘g6 16. ♘:g6 h:g6 17. e4 g5 18. ♖ae1 f6 19. ♚h1 g4 20. f4 g:f3 21. ♖:f3 ♗d7 22. ♖f4 ♖f8 23. ♖ef1 ♗e3 24. ♖4f3 ♗b6 25. g4 ♖ae8 26. ♖h3 ♗:g4 27. ♖g3 ♗h5 28. ♛d2 g6

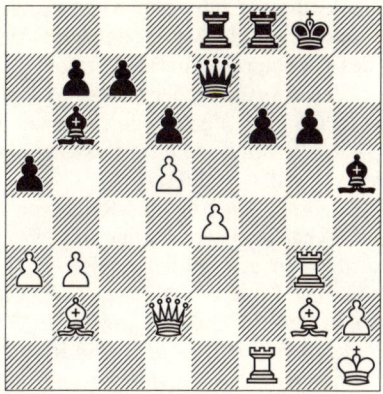

29. ♖f5 ♛h7 30. ♗:f6 ♖f7 31. ♕g5 c6 32. e5 d:e5 33. d:c6 ♚f8 34. ♖:e5 ♖:e5 35. ♕:e5 ♝c7 36. ♕e6 ♝g4 37. ♕:g4 ♖:f6 38. ♕c8+   1-0

Im selben Jahr qualifizierte sich Lautier erstmals für die Kandidatenkämpfe zur Weltmeisterschaft, unterlag dort aber dem Holländer → *J. Timman.* Seinen bisher größten Erfolg feierte der Mann aus Paris beim Viererturnier in Amsterdam 1995. Er schlug Weltmeister → *G. Kasparow* im Minimatch 1,5:0,5 und gewann den Wettbewerb vor ihm, → *W. Topalow* und J. Piket.

Lebendschach – Bezeichnung für eine Schachpartie, in der Menschen die Schachfiguren darstellen und die auf öffentlichen Plätzen oder Theaterbühnen aufgeführt wird. Bereits im Mittelalter gab François Rabelais in seinem Roman »Gargantua und Pantagruel« (1564) eine Beschreibung einer Partie mit lebendigen Figuren. Zwei Fragmente:

»Nach vollendeter Abendmahlzeit wurde in Gegenwart der Dame ein Ball nach Art eines Turniers veranstaltet, der nicht nur das Anschaun lohnte, sondern ewigen Gedenkens wert war. Zu seiner Eröffnung wurde der Fliesenboden des Saals mit einem umfänglichen samtenen Teppich in Form eines Schachbretts ausgelegt; das heißt, er war halb in weiße, halb in gelbe Quadratfelder aufgeteilt, jedes drei Palmen nach Länge und Breite, woraufhin den Saal zweiunddreißig junge Leute betraten, von denen sechzehn in goldenes Tuch gekleidet waren; acht junge Nymphen, wie die Alten sie als Gefolge Dianas abzubilden pflegten, ein König, eine Königin, zwei Turmwächter, zwei Ritter und zwei Bogenschützen. In gleicher Anordnung traten sechzehn andere auf, die in Silbertuch gekleidet waren. ... bei wiedereinsetzender Musik sahen wir die vor der Königin aufgestellte Nymphe eine volle Drehung nach links zu ihrem König hin ausführen, als wolle sie um Urlaub bitten, die Partie zu eröffnen, zugleich aber auch ihrer ganzen Schar den Gruß entbieten. Dann rückte sie bescheidentlich zwei Felder weit vor und machte mit einem Kratzfuß der Gegenpartei ihre Reverenz.«

Von den Aufführungen mit lebenden Schachfiguren kommt den Inszenierungen im norditalienischen Marostica und im deutschen Schachdorf → *Ströbeck,* wo die Tradition jeweils über 300 Jahre anhält, die größte Bedeutung zu. In Marostica sollen – so besagt die Legende – im Jahre 1554 auf dem Platz vor dem Schloß zwei junge Ritter auf dem Schachbrett ausgefochten haben, wer von beiden um die Hand der Tochter des örtlichen Machthabers anhalten dürfe. 1954, genau vierhundert Jahre später, wurde an genau jener Stelle unter Mitwirkung der Bürger der Stadt diese Tradition erneuert. Die Vorstellungen finden seitdem einmal alle zwei Jahre statt.

Aber auch andere Länder können auf Erfah-

Traditionelle Vorstellung im Lebendschach in Marostica, Italien, 1972.

Eine Partie Lebendschach in Brüssel 1988.

rungen im Lebendschach verweisen. So wurde 1796, zur Zeit der Herrschaft Jekaterinas II. anläßlich der Ankunft des schwedischen Königs Gustaf IV. in der unweit von St. Petersburg gelegenen Residenz des Grafen Stroganow die erste Partie Lebendschach in Rußland ausgetragen.

Im April 1879 in New York spielte in einer Aufführung des Manhattan Chess Club Mephistopheles mit dem Prinzen eine Schachpartie um dessen Seele... Die Reiter waren mit langen Lanzen ausgerüstet, die ihnen das Aussehen der Ritter Heinrichs IV. verliehen. Die Infanterie stellten sechzehn junge Mädchen in blauen und roten Amazonenkostümen mit goldenen bzw. silbernen Helmen dar. Die Könige waren wie einst Karl der Große gewandet – mit blitzenden Edelsteinen und brillantbesetzten Diademen auf dem Haupt.

1891 wurde in der irischen Hauptstadt Dublin ein Club für das Schachspiel mit lebenden Figuren gegründet, der auf Bestellung zu gesellschaftlichen Anlässen bzw. Familienfeiern entsprechende Partien aufführte. Eines der Mitglieder dieses Clubs schrieb sogar ein Buch über diese spezielle Art des Schachs. Anläßlich des Zonenturniers in Bad Pyrmont (1951) sowie der Eröffnung der Schacholympiade von Lugano (1968) gab es eine Inszenierung der → *Unsterblichen Partie* zwischen → *A. Anderssen* und → *L. Kieseritzky*.

Im 20. Jahrhundert trug eine Reihe von führenden Schachmeistern Partien mit lebenden Schachfiguren aus, zum Beispiel → *H. N. Pillsbury* in London 1902, → *J. R. Capablanca* in Berlin 1930, Los Angeles 1933 und Margate 1935/ 1936, → *M. Tal* in Riga 1962 und Leningrad 1964, → *M. Botwinnik* und → *W. Smyslow* in Moskau 1962.

Légals Matt – Bezeichnung für eine berühmte Kombination, die der Lehrer → *Philidors*, Kermur Sire de Légal (1702–92), in hohem Alter im berühmten Pariser Café de la Régence kreierte:

□ K. Légal
■ Saint Brie
Paris, 1787

1. e4 e5 2. ♗c4 d6 3. ♘f3 ♘c6 4. ♘c3 ♗g4

5. ♘:e5!!? ♗:d1? 6. ♗:f7+ ♔e7 7. ♘d5+ matt!

Dieses Mattbild ist auch als Seekadettenmatt bekannt. Später war das Motiv Légals mehrfach in der Turnierpraxis anzutreffen, wenn auch in schwierigeren Versionen.

Zwei Beispiele:

☐ B. Horwitz
■ L. Bledow
Berlin, 1837

1. e4 e5 2. ♘f3 ♘c6 3. ♗c4 ♗c5 4. c3 ♗b6 5. d4 ♕e7 6. d5 ♘d8 7. ♗e2 d6 8. h3 f5 9. ♗g5 ♘f6 10. ♘bd2 0-0 11. ♘h4 f:e4 12. ♘:e4 ♘:e4! 13. ♗:e7 ♗:f2+ 14. ♔f1 ♘g3+ matt!

☐ S. Tarrasch
■ M. Tschigorin
St. Petersburg, 1893 (5. Matchpartie)

1. e4 e5 2. ♘f3 ♘c6 3. ♗b5 a6 4. ♗a4 ♘f6 5. ♘c3 ♗b4 6. ♘d5 ♗a5 7. 0-0 b5 8. ♗b3 d6 9. d3 ♗g4 10. c3 ♘e7?
Angezeigt war 10... ♘d7.
11. ♘:e5!! d:e5
11... ♗:d1 scheitert an 12. ♘:f6+ g:f6 13. ♗f7+ ♔f8 14. ♗h6+ matt bzw. 12... ♔f8 13. ♘ed7+, und Schwarz erhält eine Verluststellung.
12. ♘:f6+ g:f6 13. ♕:g4 ♘g6 14. ♗d5 ♖b8 15. f4 c6 16. ♗:c6+ ♔e7 17. ♗d5 b4 18. f:e5 ♕b6+ 19. ♔h1 ♘:e5 20. ♕h5! ♘g6 21. ♖:f6 ♔:f6 22. ♗g5+ ♔g7 23. ♕h6+ ♔g8 24. ♖f1 ♖f8 25. ♗f6 ♕:f6 26. ♖:f6 1-0

Lehmann Heinz, * 20. Oktober 1921 in Königsberg, † 8. Juni 1995 in Berlin, deutscher Großmeister.
In den Kriegsjahren kam Heinz Lehmann als Jurastudent in die deutsche Hauptstadt. Ende der 40er Jahre entwickelte er sich zu einem der führenden Schachspieler von Berlin bzw. ganz Deutschlands. Zweimal vertrat er die deutschen Farben bei Schacholympiaden (1958 und 1960). Zu seinen besten Resultaten gehören die Siege in Malta (1958) und Rom (1964) sowie die zweiten Plätze in San Benedetto (1958) und Reggio Emilia (1962). 1992 wurde ihm von der → *Fide* ehrenhalber der Großmeistertitel verliehen. Beruflich war Dr. jur. Heinz Lehmann als Regierungsdirektor beim Berliner Senat tätig.

Lékó Péter, * 8. September 1979 in Szeged, ungarischer Großmeister.
1994, mit fünfzehn Jahren, wurde Péter Lékó jüngster Großmeister aller Zeiten. → *R. Fischer* und → *J. Polgár* hatten einige Monate

länger gebraucht als das »Wunderkind« aus Szeged. 1994 wurde er in seiner Heimatstadt mit 8/9 auch Jugendweltmeister U16.
Er hält nicht mit seiner Absicht hinter dem Berg, eines Tages Schachweltmeister zu werden. 1995 bewies er seinen beschleunigten Aufwärtstrend durch einen Sieg in Kopenhagen und besonders durch seinen dritten Rang in Dortmund hinter → *W. Kramnik* und → *A. Karpow*, aber vor → *W. Iwantschuk*, → *J. Lautier*, → *N. Short*, J. Piket usw. Von dort stammt auch sein Sieg gegen den Russen → *J. Barejew* – sein bis dahin hochwertigster »Skalp«:

☐ J. Barejew
■ P. Lékó
Dortmund, 1995

1. d4 ♘f6 2. c4 e6 3. ♘f3 b6 4. ♘c3 ♗b4 5. ♗g5 ♗b7 6. e3 h6 7. ♗h4 ♗:c3+ 8. b:c3 d6 9. ♘d2 g5 10. ♗g3 ♕e7 11. h4 ♖g8 12. ♖h2 ♘c6 13. ♗d3 0-0-0 14. ♕e2 ♔b8 15. e4 ♔a8! 16. ♘b3 e5 17. d5 ♘b8 18. a4 a5 19. c5?! d:c5 20. ♖b1 ♖e8! 21. f3 ♘d6 22. ♘d2 f6 23. ♖h1 ♔a7! 24. ♗f2 ♗a6 25. g4 ♗:d3 26. ♕:d3 ♘a6 27. ♔e2? ♕d7 28. ♕c2

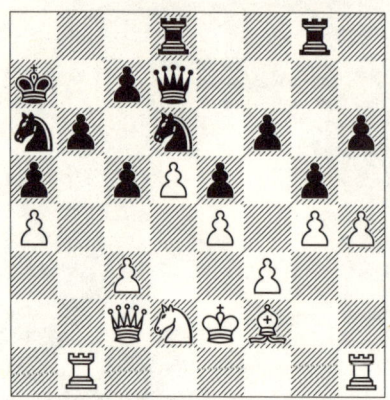

28... h5! 29. g:h5 g4! 30. ♖bg1 g:f3+ 31. ♘:f3 ♕h7! 32. ♘d2 ♕:h5+ 33. ♔e1 f5 34. ♕d1 ♕f7 35. ♖:g8 ♖:g8 36. ♖g1 ♖f8 37. ♕f3 ♕e8! 38. ♖g5 f:e4 39. ♕g3 ♕:a4 40. ♖:e5 ♘c4 41. ♘:c4 ♕:c4 42. ♕e3 a4   0-1

Lessing und Schach. Im Leben und Schaffen eines der Begründer der deutschen klassischen Literatur, Gotthold Ephraim Lessing (1729–81), hatte das Schach seinen festen Platz. Lessing kam schon als Kind mit dem Schachspiel in Berührung. Vollends entflammte er dafür in seiner Leipziger Studentenzeit. In Berlin wechselte er gern mit Moses Mendelssohn freie Schachpartien. Bekannt ist Lessings Ausspruch, nach dem das Schach zu sehr ein Spiel sei, um eine Wissenschaft zu sein, und zu sehr eine Wissenschaft, um ein Spiel zu sein. Unter seinen frühen Prosafabeln befindet sich »Der Springer«.
Wie auch → *Goethe* führte Lessing eine Schachszene in eines seiner Dramen ein. Der zweite Akt von »Nathan der Weise« (1779), in diesem Werk geht es um die Kreuzzüge der Christen, wird mit der Beschreibung einer Schachpartie zwischen dem Sultan Saladin und seiner Schwester Sittah eingeleitet. Sittah gewinnt und demonstriert dabei »Kunst« und einen »ruhigen und schnellen Blick«. Als positives Merkmal wertet Lessing auch die schachliche Begabung des anderen Haupthelden – Nathan. »Er hat Verstand; er weiß zu leben, spielt gut Schach.«
Diese Worte wechseln sich mit einer analogen Charakteristik des Derwischs Al-Gafi ab, der gerade im Begriff steht, den Palast des Sultans zu verlassen, und davon träumt, erneut bei seinen Lehrmeistern im alten Indien zu weilen.

Lewitina Irina, * 8. Juli 1954 in Leningrad, WM-Herausforderin 1978.
Mit siebzehn wurde Lewitina bereits Sowjetische Landesmeisterin. Kurze Zeit später beteiligte sie sich erfolgreich an den Ausscheidungen zur Weltmeisterschaft. Gleich in ihrem ersten Anlauf auf den Schachthron stieß sie in das Finale des Kandidatinnenturniers vor, wo sie → *N. Alexandria* 1975 mit 8:9 unterlag. Drei Jahre darauf bezwang Lewitina nacheinander → *N. Gaprindaschwili* (6:4), Nana Alexandria (7,5:6,5). Lidija Semjonowa (7:5) und erwarb das Recht, Weltmeisterin → *M. Tschiburdanidse* herauszufordern.
»Das Frauenschach erlebt derzeit eine romantische Entwicklungsphase«, äußerte sie, die sich selbst zum scharfen kombinatorischen Spiel hingezogen fühlte und auch im komplizierten strategischen Kampf stark war, in einem Interview.
Im Match gegen Tschiburdanidse war Lewitina anfangs sehr erfolgreich, als sie mit 4,5:3,5 in Führung ging. Eine Doppelnull in den Partien 9 und 10 erschütterte sie aber psychologisch so stark, daß sie nicht mehr zurückschlagen konnte und das Duell 5,5:8,5 verlor. Irina Lewitina siedelte zu Beginn der 90er Jahre in die USA über.

□ N. Gaprindaschwili
■ I. Lewitina
Lwow, 1983

1. d4 ♘f6 2. c4 e6 3. ♘c3 ♗b4 4. ♘f3 c5 5. g3 b6 6. ♗g2 ♗b7 7. 0-0 c:d4 8. ♕:d4 ♘c6 9. ♕d3 0-0 10. ♖d1 ♖c8 11. ♘b5 ♘a5! 12. ♘e5? ♗:g2 13. ♔:g2 a6 14. ♘d4 ♕c7 15. ♘df3 d6 16. ♘:f7 ♖:f7 17. a3 e5! 18. ♘g5 ♕b7+ 19. f3 ♗c5 20. b4 ♗d4 21. ♖a2 ♘:c4 22. e3 ♘:e3+ 23. ♗:e3 ♖c3 24. ♕f5 ♖:e3 25. ♕e6+ ♔h8 26. ♖c2 ♕d7 27. ♕:d7 ♘:d7 28. ♘e6 ♖g8 29. ♖c7 ♘f6 30. ♘:d4 e:d4 31. ♖:d4 ♖:a3 32. ♖:d6 ♘e8   0-1

Linares – Turniere. Seit 1978 werden in dieser andalusischen Stadt Großmeisterturniere durchgeführt. In den ersten Turnieren kreuzten 10–12 Spieler die Klingen, seit 1991 sind es 14. Spätestens seit 1991, als → *W. Iwantschuk* vor → *G. Kasparow* gewann und → *A. Karpow* nur achter wurde, gilt Linares als eine Art inoffizielle Turnierweltmeisterschaft. Dieser Anlaß wies genau wie der ein Jahr später, der von Kasparow mit Vorsprung vor Iwantschuk, → *J. Timman* und Karpow dominiert wurde, die Fide-Kategorie 17 auf. 1993 erreichte man mit einem Eloschnitt von 2676,79, was der Kategorie 18 entspricht, einen neuen Rekord. Weltmeister Garri Kasparow erzielte wiederum einen überragenden Sieg und distanzierte die Verfolger → *V. Anand* und A. Karpow um 1,5 Zähler. Denkwürdig war auch Linares 1994. Diesmal drehte Anatoli Karpow den Spieß um und verwies mit phänomenalen 11/13 seinen Erzrivalen Kasparow sowie → *A. Schirow* mit 2,5 Zählern Vorsprung auf den 2.-3. Platz. Karpow erzielte damit eine nie zuvor erreichte Ratingperformance von 3000 Punkten. 1995 triumphierte zum dritten Mal nach 1989 und 1991 Wassili Iwantschuk vor Karpow, Schirow und → *W. Topalow*.
Eine Besonderheit der Linares-Turniere besteht in der Remisregel des Schachmäzens Luis Rentero. Die Spieler dürfen bei Androhung einer Geldstrafe keine sogenannten schnellen Großmeisterremisen vereinbaren. Damit ist Kampfschach garantiert!
Alle Linares-Sieger auf einen Blick: 1978 – Eslon und Debarnot, 1978 – Christiansen, 1981 – Karpow und Christiansen, 1983 – → *Spasski*,

Señor Luis Rentero möchte in Linares »Blut« für sein Geld sehen

1985 – → *Ljubojević* und → *Hübner*, 1988 – Timman, 1989 – Iwantschuk, 1990 – Kasparow, 1991 – Iwantschuk, 1992 – Kasparow, 1993 – Kasparow, 1994 – Karpow, 1995 – Iwantschuk.

Ljubojević Ljubomir »Ljubo«, * 2. November 1950 in Titovo Užice, jugoslawischer Großmeister.
Ljubomir Ljubojević kam in einer Zeit zum Schach, als ganz Jugoslawien von den Auftritten eines → *M. Tal* in Portorož und Bled verzückt war. Er bekannte später, daß Tal ihn mit seinen glänzenden Kombinationen und seinen Partien entscheidend dazu bewogen hatte, den Beruf eines Schachprofis zu ergreifen. Ljubojević' Stil erinnert in vielem an Tal – er ist genauso funkelnd, erfindungsreich und verwegen. Die Natur hat Ljubojević mit einem flinken Verstand ausgestattet – er spielt ausgezeichnet Blitz! Viele Großmeister können sich noch an ihre erste Bekanntschaft mit »Ljubo« erinnern. Der 20jährige war 1970 auf eigene Faust zur Schacholympiade nach Siegen gereist, um Koryphäen wie → *B. Spasski*, → *R. Fischer*, → *T. Petrosjan*, → *L. Portisch* u. a. einmal aus nächster Nähe beobachten zu können. Im Foyer der »Siegerlandhalle« sah

man Ljubo pausenlos Blitzpartien zocken – auf einem erstaunlichen Niveau. Nur ein Jahr später wurde ihm nach einem 2. Platz in Vrnjačka Banja der Großmeistertitel verliehen. Seitdem ist er ein ständiger Gast in den stärksten Turnieren der Welt, mitunter mit großem Erfolg, wie eine kleine Statistik beweist: Palma de Mallorca (1971) – 1.-2. Platz, Las Palmas (1974) – 1. Platz, Mailand (1979) – 2.-4. Platz (mit → *A. Karpow* und T. Petrosjan), »Turnier der Sterne« Montreal (1979) – 4. Platz, Linares (1985) – 1.-2. Platz, Reggio Emilia (1985/86) – 1.-3. Platz, Amsterdam (1986) – 1. Platz.

Ausgezeichnet auch sein Auftritt beim → *Weltcup* 1988–89, einer Serie von sechs Turnieren. Er belegte in der Gesamtwertung unter den 25 besten Großmeistern der Welt den 5. Rang und gewann gemeinsam mit → *G. Kasparow* die Etappe Barcelona (1989). Der jüngste Streich gelang Ljubo in Monaco 1993, als er in der kombinierten → *Blind-/Schnellschach*wertung die fast vollständig versammelte Weltelite deklassierte.

Obwohl Ljubomir Ljubojević über viele Jahre hinweg zur Weltspitze zählte, gelangte er nie unter die WM-Kandidaten. Gründe dafür könnten in seinem zu risikoreichen Stil, seinen großen Formschwankungen bzw. in späteren Jahren in seiner Lebensphilosophie zu suchen sein, die da lautet: »Schachpartien und Turniere wird es noch viele geben, ebenso wie Siege und Fehler. Aber das ist nicht das wichtigste. Die Hauptsache ist, daß man sich die Ruhe seines inneren seelischen Friedens bewahrt.«

Dabei hilft ihm seine zweite Heimat Spanien, seine Familie und natürlich die Liebe zur Schachkunst.

□ L. Ljubojević
■ L. Portisch

Luzern, 1982

1. e4 c5 2. ♘f3 d6 3. d4 c:d4 4. ♘:d4 ♘f6 5. ♘c3 a6 6. ♗g5 e6 7. f4 ♗e7 8. ♕f3 ♕c7 9. 0-0-0 ♘bd7 10. g4 b5 11. ♗:f6 ♘:f6 12. g5 ♘d7 13. f5 ♘c5 14. h4 b4 15. ♘ce2 e5 16. ♘b3 ♗b7 17. ♘g3 0-0-0

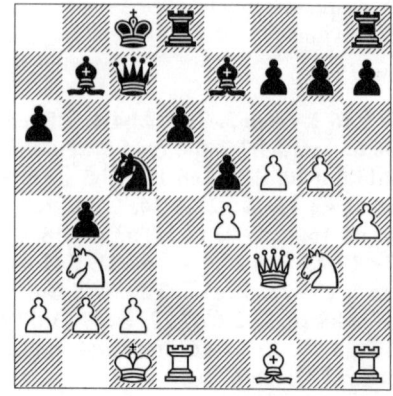

18. ♗c4! ♘:e4 19. ♗d5 ♘:g3 20. ♕:g3 ♔b8 21. ♖he1 ♖c8 22. ♕g2 ♗:d5 23. ♖:d5 ♕b6 24. ♖e4 ♖c7 25. ♕g4 ♔a7 26. ♖:b4 ♕e3+ 27. ♔b1 h5 28. ♕d1 ♖hc8 29. ♕f1 ♔a8 30. ♖a5 ♖a7 31. ♕h1+ 1-0

Lobron Eric, * 7. Mai 1960 in Philadelphia, deutsch-amerikanischer Großmeister.

Eric Lobron wurde in den USA geboren, lebt aber seit frühester Kindheit in Deutschland. 1980 gewann er die Deutsche Meisterschaft. Den Jurastudenten, der sich bald für die Laufbahn eines Schachprofis entschied, zeichneten Kaltblütigkeit in komplizierten Stellungen und ein gesundes Selbstbewußtsein aus. Davon zeugen seine Siege in Biel (1981), Ramat-Chascharone und Manila (1982), die ihm den Großmeistertitel einbrachten.

Lobron gilt auch als sehr guter Mannschaftsspieler, wie er bei Schacholympiaden und in der → *Bundesliga* bei der SG Solingen, beim SC Stadthagen und seit 1994 beim SV Empor Berlin nachwies. Im Europapokalfinale gegen ZSKA Moskau sorgte Lobron für die einzigen Siege für sein Solinger Team und hatte damit den Löwenanteil am Cupgewinn.

□ E. Lobron
■ S. Makarytschew
Solingen, 1991

1. ♘f3 ♘f6 2. c4 b6 3. g3 c5 4. ♗g2 ♗b7 5. ♘c3 g6 6. 0-0 ♗g7 7. ♖e1 0-0 8. e4 ♘c6 9. e5 ♘g4 10. h3 ♘h6 11. d4 ♘:d4 12. ♘:d4 ♗:g2 13. ♔:g2 c:d4 14. ♕:d4 ♘f5 15. ♕e4 d6 16. ♗f4 d:e5 17. ♗:e5 ♘d6 18. ♕f4 ♗:e5 19. ♖:e5 e6 20. ♖d1 ♕c7 21. ♖e4! ♘e8?! 22. b3 ♕:f4 23. ♖:f4 ♔g7 24. ♖fd4 ♘f6 25. f4 h5 26. ♔f3 ♖fe8 27. ♘e4 e5 28. ♘:f6 ♔:f6 29. ♖e4 e:f4 30. ♖:f4+ ♔g7 31. ♖d7 ♖f8 32. h4 a6 33. ♔e4 ♖ae8+ 34. ♔d5 ♖e3 35. ♔c6 ♖:g3 36. ♔:b6 ♖g4 37. ♖:g4 h:g4 38. c5 g5 39. h:g5 ♔g6 40. c6   1-0

Zu den herausragenden Erfolgen Lobrons zählen der zweifache Sieg beim hochdotierten New York Open (1983 und 1992) und das zweimalige Vordringen in das Interzonenturnier (1990 und 1993). Stark ist er auch im → *Schnellschach*, wie sein zweiter Platz beim Brüsseler Superturnier 1992 und der Sieg beim Intel-Qualifier 1995 in Hastings beweist.

Lolli Giambattista, * 1698 in Nonantola, † 4. Juni 1769, italienischer Schachspieler und Theoretiker.
Lolli ist neben → *Del Rio* und → *Ponziani* einer der drei Meister von Modena. Den Extrakt seiner langjährigen Analysen bildet sein Werk »Theoretisch-praktische Betrachtungen über das Schachspiel, oder Das Schachspiel, in seinem besten Lichte dargestellt von Giambattista Lolli aus Modena«, das 1763 in Bologna herauskam. In dieser klassischen Arbeit werden alle Stadien der Schachpartie beleuchtet. Sie umfaßt Untersuchungen Del Rios, eine ausführliche Eröffnungsbetrachtung, eine Kritik der Philidorschen »Analyse des Schachspiels« von 1749, zahlreiche Endspielkennt-

Das Werk Giambattista Lollis »Theoretisch-praktische Betrachtungen über das Schachspiel, oder Das Schachspiel, in seinem besten Lichte dargestellt von Giambattista Lolli aus Modena«

nisse Lollis, die ihre Aktualität bis heute nicht eingebüßt haben und mehr als 100 Aufgaben. Wir haben, eine Studie Lollis vor uns, in der sich die Könige ein effektvolles Duell liefern.

Lolli, 1763

Weiß zieht und gewinnt
1. ♔d6 ♔f8 2. f7!! ♔:f7 3. ♔d7 ♔f8 4. ♔e6

♔g7 5. ♚e7 ♔g8 6. ♚f6 ♔h7 7. ♚f7 ♔h8 8. ♚:g6 1-0

London – Turniere. 1851 fand in London das erste internationale Turnier der Schachgeschichte statt. Es wurde auf Initiative von → *H. Staunton* vom St. George's Chessclub ausgetragen und organisatorisch mit der Internationalen Industrieausstellung verknüpft. Unter den sechzehn stärksten Schachspielern Europas trug der Deutsche → *A. Anderssen* den Sieg davon. Fortan galt bzw. gilt London bis auf den heutigen Tag zu Recht als eine der Weltmetropolen des Schachs. Auch das zweite internationale Schachturnier überhaupt ging 1862 dort über die Bühne, ebenso 1883 eines der längsten Turniere, das zwei Monate dauerte. Vierzehn Matadore maßen dabei in zwei Durchgängen ihre Kräfte. Remispartien wurden wiederholt, und erst nach dem dritten unentschiedenen Ausgang in Folge durfte man sich in der Tabelle einen halben Zähler anschreiben lassen. Auf diese Weise wurden 256 (!) Partien gespielt. Bedeutsam war dieser Wettbewerb auch deshalb, weil hier erstmals Uhren mit einem doppelten Zifferblatt zur Anwendung kamen, die vom Mitglied des Schachclubs von Manchester, Thomas Wilson, entwickelt worden waren. Bis dahin hatte man – wenn überhaupt – nur mit Sanduhren gespielt. Der Sieger hieß am Ende → *J. Zukertort*, der mit seinen 22 Punkten → *W. Steinitz* um drei und → *J. Blackburne* um fünfeinhalb Zähler distanzierte. Dieses Turnier war für die Bestimmung der Kandidaten ausschlaggebend, die drei Jahre später das erste WM-Match der Schachgeschichte austragen sollten. Das bedeutendste Turnier zum Ausklang des 19. Jahrhunderts fand wiederum in London statt. Von den fünfzehn Akteuren, die hier 1899 die Klingen kreuzten, erwies sich Weltmeister → *Em. Lasker* als der beste, der mit 23,5/28 viereinhalb Zähler zwischen sich und den Rest des Feldes legte. Das Londoner Turnier 1922 war die erste offizielle Veranstaltung, an der → *J. R. Capablanca* als amtierender Weltmeister teilnahm. Der Kubaner errang auch den Sieg. Gemäß seinem Vorschlag nahmen die Teilnehmer erstmals in der Schachgeschichte einen die Austragung der Weltmeisterschaft betreffenden Regelkatalog an, der als »Londoner Vereinbarung« bekannt wurde. Mit → *A. Aljechin* (1932) und → *A. Karpow* (1982 und 1984) trugen sich noch zwei weitere Weltmeister in die Siegerliste der Londoner Turniere ein. In den 80er bis Mitte der 90er Jahre fand in London alljährlich ein starkes Open statt – das Lloyd's Bank Masters. 1993 holte die »Times« die PCA-Weltmeisterschaft zwischen → *G. Kasparow* und → *N. Short* an die Themse.

López Ruy, lebte Mitte des 16. Jahrhunderts, spanischer Schachspieler und Autor.
Der Geistliche aus Safra galt als einer der stärksten Schachspieler Spaniens, als er an den Hof von Philipp II. kam. 1560 besiegte er in Rom mit Leonardo da Cutri den besten Spieler Italiens. »Das glänzende und feurige Spiel Leonardos konnte gegen die Kenntnis und Erfahrung von López nichts ausrichten. Der Sieger schonte seinen jungen und talentierten Gegner nicht«, schrieb Alessandro Salvio, ein Zeitgenosse von López und Leonardo. Er war es auch, der Leonardos Revanche fünfzehn Jahre später beim Turnier in Madrid eindrucksvoll beschrieb. 1561 verfaßte López sein »Buch über die Erfindung und die Kunst des Schachspiels« (Libro de la invención liberal y arte del juego del Axedrez), eine der ersten theoretischen Arbeiten über das Schach überhaupt. Unter seinen Eröffnungsanalysen befand sich auch die Variante 1. e4 e5 2. ♘f3 ♘c6 3. ♗b5, die heute unter dem Namen → *Spanische Partie* bzw. Ruy López zu den populärsten Schacheröffnungen zählt. Er ist auch der Autor des Abspiels 1. e4 e5 2. f4 e:f4 3. ♗c4 f5, das heutzutage »López' Gegengambit« heißt. Ruy López' Arbeiten wurden in die deutsche, französische und portugiesische Sprache übersetzt.

Loyd Samuel, * 31. Januar 1841 in Philadelphia, † 10. April 1911 in New York, amerikanischer Problemkomponist, einer der führenden Problemisten der Schachgeschichte.
In der Familie Loyd gab es acht Kinder. Der jüngste Sproß, Samuel, begeisterte sich ebenso wie seine Brüder Thomas und Isaac schon früh für Schach und Schachkomposition. Als 14jähriger veröffentlichte Samuel seine erste

Schachaufgabe. Er stellte seinen Kompositionen nicht selten ein geistreiches Motto oder eine kleine lustige Geschichte voran. Von Kindheit an war Samuel ein großer Tierfreund und überdies kein schlechter Tierstimmenimitator... Seinem Kater Riedl, der mit grell-weißem Kopf und Schwanz sowie blauschwarzem Rumpf und Pfoten die Schachfarben verkörperte und gern die Atlasbezüge mit den schwarz-weißen Quadraten erklomm, widmete Samuel Loyd einige glänzende Witzaufgaben. In der Reihe »Die Katzen aus Kilkenny« spiegelt die Aufstellung der Schachfiguren die Konturen einer Katze wider. Ein Beispiel daraus:

S. Loyd, 1888

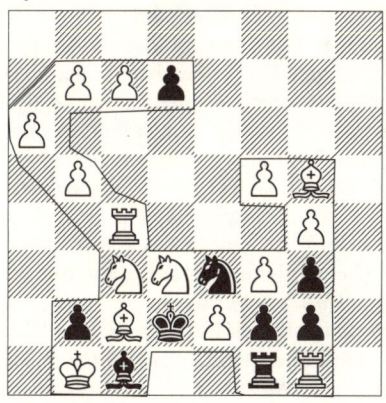

Matt in vier Zügen
1. b8♘! (Nun droht 2. ♘:d7, 3. ♘c5 und 4. ♘b3 matt.) 1... d5 2. ♘c6 d:c4 3. ♘e4+ ♔:e2 4. ♘d4+ matt!

Den Gipfel der Meisterschaft Loyds stellen seine Dreizüger dar. Nach seiner Auffassung waren drei Züge genau das richtige Maß für eine ideale Schachaufgabe.

S. Loyd, 1876

Matt in drei Zügen
1. ♖hh1! b2 2. ♖hb1! b:a1♕ 3. ♖b8+ matt; 2... a:b1♕ 3. ♖a8+ matt; 2... d6 3. ♗b5+ matt; 2... f6 3. ♗h5+ matt; 1... b:c2 2. ♖hc1!

»Zauberer des Paradoxen«, so wurde Loyd, der 750 Aufgaben schuf, von seinen Zeitgenossen genannt. Loyd war darüber hinaus auch ein starker Schachpraktiker, der 1867 am internationalen Turnier zu Paris teilnahm. Berühmt wurde er auch durch seine scharfsinnigen Mathematikaufgaben und Spiele. Für eines seiner besten Rätsel hielt Loyd jenes, in dem die Dame von a1 aus in einer minimalen Anzahl von Zügen alle Felder des Brettes bestreichen soll. Ein Lösungsweg in 14 Zügen ist folgender: ♕a1-a8-g2-a2-g8-g4-c8-f8-b4-b8-g3-c3-h8-h1-a1.

Lucena Luis Ramírez, lebte um 1500, spanischer Schachspieler und Autor.
Der Sohn des Königlichen Botschafters, Luis Ramírez, Student an der Universität von Sala-

manca, begeisterte sich für das Schachspiel und verfaßte um 1497 das Buch »Repetition der Liebe und Kunst des Schachspiels« (Repetición de Amores e Arte de Axedres). Den ersten Teil seines Traktates bilden philosophische Betrachtungen über die Liebe. Im zweiten Abschnitt geht es um die Spielregeln und um die Analyse von elf Eröffnungen und 150 Aufgaben. Von der Existenz des Buches von Lucena erfuhren die Historiker erst im 20. Jahrhundert. Es gilt als erstes Zeugnis der modernen Form des Schachs in Europa.

Luther Thomas, * 4. November 1969 in Erfurt, deutscher Großmeister.
Thomas Luther war eine der größten Nachwuchshoffnungen der DDR, was zahlreiche Titel in diversen Altersklassen immer wieder bestätigten. Nach der politischen Wende in Deutschland vollbrachte der Erfurter einen beachtlichen Leistungssprung, der 1993 vorerst im Gewinn der Deutschen Meisterschaft gipfelte. 1994 brachte er durch den Sieg in Lippstadt den überfälligen Großmeistertitel unter Dach und Fach. Sein bisher prestigeträchtigster internationaler Erfolg gelang ihm 1994/95 beim Traditionsturnier von → *Hastings*, das er vor John Nunn gewann. 1995 qualifizierte sich Thomas Luther beim Zonenturnier im slowenischen Ptuj (2.-3. Platz gemeinsam mit → *W. Kortschnoj* hinter → *S. Kindermann*) für das Interzonenturnier des laufenden WM-Zyklus.

Thomas Luther, der seit der Saison 1993/94 für den Bundesligisten Empor Berlin aktiv ist, verfügt über sehr gute Eröffnungskenntnisse und eine ausgezeichnete Technik in klaren Stellungen. Aber als e4-Spieler weiß er auch schneidige Attacken zu führen, wie die folgende Partie beweist, die von den Lesern der Zeitschrift »Schach« als beste der Saison 1990/91 gewählt wurde:

□ Th. Luther
■ S. Mohr
Altensteig, 1990

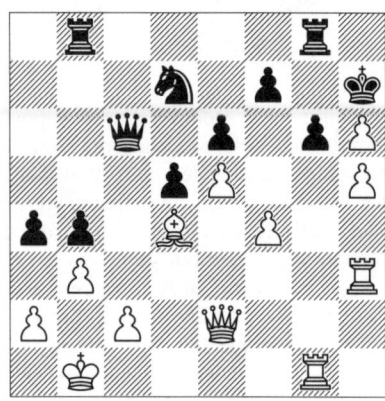

31. f5! e:f5 32. e6! ♖be8 33. e:f7! ♖:e2 34. f:g8♕+ ♔:g8 35. h7+ ♔f7 36. h:g6+ ♔e6 37. ♖e3+ ♖:e3 38. ♗:e3 ♕c3 39. g7   1-0

Lutz Christopher, * 24. Februar 1971 in Duisburg, deutscher Großmeister.
November 1990. In dem kleinen Kurort Bad Wildbad geht ein Großmeisterturnier über die Bühne. Doch nicht die namhaften → *W. Unzicker*, → *M. Taimanow* oder → *L. Vogt* erringen den Turniersieg, sondern der 19jährige Christopher Lutz, der den Zweitplazierten um 1,5 Punkte distanziert! Damit erfüllt Positionsspieler Lutz seine erste Großmeisternorm. Der Titel wird ihm ein Jahr später nach einem Sieg in Budapest verliehen.
Eines seiner besten Resultate erzielte Christopher Lutz Ende 1992 in Baden-Baden, als er hinter → *A. Karpow* vor → *A. Jussupow*, L.

Psachis, → *R. Hübner* u. a. den 2. Platz erkämpfte. Wenig später durchbrach er auch erstmals die Schallmauer der 2600 Elo-Punkte und bekam bei der SG Köln-Porz in der Bundesliga das Spitzenbrett. 1995 wurde Christopher Lutz Deutscher Meister.

□ Ch. Lutz
■ P. Nikolić
Wijk aan Zee, 1995

1. e4 e6 2. d4 d5 3. ♘c3 ♗b4 4. e:d5 e:d5 5. ♗d3 ♘c6 6. a3 ♗:c3+ 7. b:c3 ♕f6 8. ♖b1 ♘ge7 9. ♘e2 ♘g6 10. 0-0 ♕d6 11. f4 f5 12. c4 ♘ce7 13. c:d5 ♘:d5 14. c4 ♘f6 15. ♗d2 ♕d7 16. ♖b5! ♕f7 17. ♘g3 0-0 18. ♘:f5 a6

19. ♖e5!? ♘:e5 20. f:e5 ♗:f5 21. ♖:f5 ♕d7 22. ♗c3 ♘e8 23. ♖:f8+ ♔:f8 24. ♗:h7 a5 25. d5 ♖a6 26. e6 ♕e7 27. ♕f1+ ♘f6 28. h4! ♖b6 29. ♗d4 ♖b3 30. h5 b6 31. h6 ♖g3 32. ♕f4   1-0

Maestro (italienisch – »Meister, Lehrer«), so nannte man vom 19. Jahrhundert an Schachspieler, die bedeutende Erfolge in starken Turnieren erzielten und internationale Anerkennung genossen. In Rußland galten Ende des 19. bis Anfang des 20. Jahrhunderts jene Spieler als Meister, die in den Kongressen des Deutschen Schachbundes oder anderen internationalen Prestigeveranstaltungen nicht weniger als ein Drittel der möglichen Punkte erzielten. Mit Beginn des 19. Jahrhunderts verlieh → *Rußland* den Siegern der Allrussischen Amateurturniere den Titel »Maestro«.

Mainka Romuald, * 15. Mai 1963 in Gleiwitz, deutscher Großmeister.
Die Mainkas kamen im November 1977 als Spätaussiedler aus Polen nach Deutschland. Die Zwillingsbrüder Romuald und Gregor, ein späterer Bundesligaspieler, schlossen sich bald einem Dortmunder Schachverein an. 1991 vollbrachte Romuald einen großen Leistungssprung. Er schaffte binnen eines Jahres in Prag, Bad Wörishofen und bei seinem Sieg in Köln-Porz die erforderlichen Normen für den Großmeistertitel! Der letztgenannte Erfolg brachte ein Engagement beim Bundesligisten SG Köln-Porz mit sich, für den Mainka 1993/94 einen Meistertitel sowie zwei Vizemeisterschaften mitkämpfte. 1994 stieß er durch einen zweiten Rang beim Lloyd's Bank Masters (hinter → *A. Morosewitsch*) in die Londoner Finalrunde des Intel Grand Prix vor.

Malich Burkhard, * 29. November 1936 in Schweidnitz, deutscher Großmeister.
Burkhard Malich ging als junger Spieler den geraden Weg. Mit fünfzehn wurde er Landesmeister bei den Schülern, zwei Jahre später holte er den Titel bei den Jugendlichen, mit zwanzig war er DDR-Meister bei den Erwachsenen. In den darauffolgenden Jahren war er sechsmal Zweiter und einmal, 1973, Erster. Seine wissenschaftliche Tätigkeit, er ist pro-

movierter Historiker, schränkte Malichs Turnieraktivitäten ein. Neben einer Reihe von Teilnahmen an Schacholympiaden zählen der mit Smejkal geteilte Sieg in Amsterdam 1971, die ersten Plätze in Zinnowitz (1969, 1971), Decin (1976), Leipzig (1.-3. 1977) sowie der dritte Rang in Halle 1976 zu seinen größten Erfolgen. 1975 wurde Malich der Großmeistertitel verliehen. Mit seiner Mannschaft Buna Halle konnte »der B«, wie er in Schachkreisen genannt wird, eine Reihe von DDR-Meistertiteln erringen.

Marić Alisa, * 10. Januar 1970 in New York, serbische Großmeisterin, WM-Kandidatin.
»An welchem Tisch spielt Alisa Marić?« fragte ein gerade im Turniersaal eingetroffener Journalist. »Sie werden sie leicht finden. Gehen

Sie zu dem Brett, um das die meisten Männer herumstehen«, lautete die Antwort.
Die dunkelhaarige Schönheit aus Belgrad war schon mit sechzehn Jahren Landesmeisterin Jugoslawiens. Mit siebzehn nahm sie an den Ausscheidungen zur Weltmeisterschaft teil. Im zweiten Anlauf gelangte sie dann bis in das Finale des Kandidatinnenturniers, wo sie 1991 nach hartem Kampf der Chinesin → *Xie Jun* unterlag, die dann auch Weltmeisterin wurde.
In Hastings 1994/95 belegte sie einen ausgezeichneten 5. Rang. Nach Meinung von → *J. Nunn* gelang ihr die beste Partie des Turniers:

□ A. Marić
■ J. Howell
Hastings 1994/95

1. ♘f3 ♘f6 2. c4 g6 3. g3 ♗g7 4. ♗g2 0-0 5. d4 d5 6. c:d5 ♘:d5 7. 0-0 ♘b6 8. ♘c3 ♘c6 9. e3 e5 10. d5 ♘a5 11. e4 c6 12. ♗g5 f6 13. ♗e3 c:d5 14. ♗:b6 ♕:b6 15. ♘:d5 ♕d8 16. ♖c1 ♘c6 17. b4 f5 18. e:f5! e4 19. f6 ♗h6 20. ♖:c6 e:f3

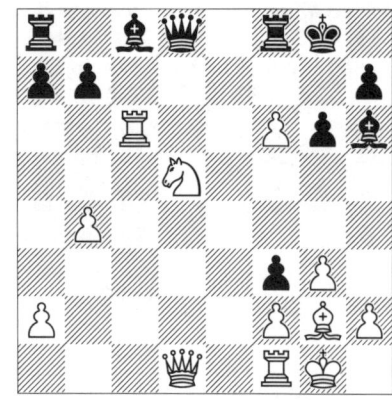

21. ♖d6! f:g2 22. ♖e1!
Die Pointe! Die schwarze Dame ist gefangen, und obwohl der Nachziehende sogar über Materialvorteil verfügt, ist er verloren, da der Bauer f6 seine Stellung lähmt (Nunn). Schwächer wäre übrigens 22. ♖:d8 g:f1♕+ 23. ♔:f1 (23. ♕:f1 ♖:d8) ♗h3+ gewesen.
22... ♕:d6 23. ♘e7+ ♕:e7 24. f:e7 ♖e8 25. g4! ♗g7 26. ♕d5+ ♔h8 27. h3 a6 28. b5 ♖b8 29. ♕d6 ♖a8 30. b:a6 b6 31. ♕c6 ♗:a6 32. ♕:a8   1-0

Alisas Zwillingsschwester Mirjana hat keine vergleichbaren Erfolge aufzuweisen. Immerhin war sie zweimal Co-Siegerin bei der Mädchen-WM U16 (1984, 1985) und trägt ebenfalls den Großmeistertitel der Damen.

Maróczy Géza, * 3. März 1870 in Szeged, † 29. Mai 1951 in Budapest, ungarischer Großmeister und Literat, WM-Kandidat.

Géza Maróczy kam erst im Alter von fünfzehn Jahren zum Schach, gehörte aber nur zehn Jahre später bereits zu den besten Spielern der Welt. Im Nürnberger Turnier 1896, wo alles dabei war, was Rang und Namen hatte, belegte Maróczy den 2. Platz hinter Weltmeister → *Em. Lasker,* aber noch vor Koryphäen wie → *W. Steinitz,* → *M. Tschigorin,* → *H. N. Pillsbury,* → *S. Tarrasch,* → *D. Janowski,* → *K. Schlechter* u. a. Großen Eindruck auf seine Zeitgenossen hinterließen seine Siege in Monte Carlo (1902 und 1904), Ostende und Barmen (1905) sowie Wien (1908). Während Maróczys Gastspielreise durch die Vereinigten Staaten im Jahre 1906 versuchten amerikanische Schachclubs, ein WM-Match zwischen Lasker und ihm auf die Beine zu stellen. Die Bemühungen scheiterten letztlich an der finanziellen Barriere.

In den folgenden Jahren wechselten Maróczys Erfolge und Mißerfolge einander ab. Teilweise wurde das auf finanzielle Miseren zurückgeführt. Maróczy, von Beruf eigentlich Ingenieur und Mathematiker, sagte einmal: »Ich habe wegen des Schachs meine Arbeit verloren, denn der Besitzer des Betriebes sah es mit Mißbehagen, daß ich aufgrund meiner Reisen zu Schachturnieren häufig um Urlaub nachsuchte.«

Maróczys bestes Resultat nach dem Ersten Weltkrieg ist der mit → *A. Aljechin* und → *J. Bogoljubow* geteilte Sieg in Karlsbad 1923 vor E. Grünfeld, → *R. Reti,* → *A. Nimzowitsch,* → *R. Teichmann,* → *S. Tartakower,* → *A. Rubinstein* usw. Er vertrat Ungarn bei Schacholympiaden dreimal am Spitzenbrett. Von den 57 Turnieren seiner vierzigjährigen Schachlaufbahn gewann er 12 (einige geteilt) und war 14 mal Zweiter. Er absolvierte sieben Zweikämpfe, darunter gegen → *R. Charousek* 1896 (10,5:6,5) und → *M. Euwe* 1921 (4,5:4,5).

Die Partien Maróczys sind Lehrbeispiele für feines Positionsschach sowie hohe Verteidigungs- und Endspielkunst.

□ G. Maróczy
■ G. Marco

Paris, 1900

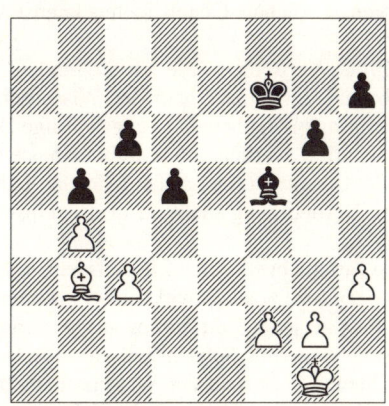

36. g4! ♗e4 37. f4 ♔e6 38. ♔f2 ♔d6 39. ♔e3 c5 40. ♗d1 ♗b1 41. ♗e2 d4+ 42. c:d4 c:b4 43. ♗:b5 b3 44. ♗d3! ♗a2 45. ♗c4! h5 46. f5! g:f5 47. g5! 1-0

Maróczy galt auch als führender Theoretiker, Literat und Pädagoge. Von seinen Ratschlägen profitierten insbesondere der fünfte Weltmeister Max Euwe und die erste Weltmeisterin → *V. Menchik*, die sich als Schülerin Maróczys begriff.
Seiner Feder entsprangen etwa 20 Schachbücher, zwei Romane und vielzählige Publikationen in Zeitungen und Zeitschriften. Unter seinen Werken befinden sich Partiensammlungen von Tarrasch (gemeinsam mit Euwe) und → *P. Morphy* (Leipzig, 1909). Letztere leitete er mit einer originellen Parabel ein, die ein Loblied auf das Schach als Wissenschaft und Kunst ist. Hier Fragmente vom Anfang bzw. Ende:
»Als Gott sein großes Werk vollendete, näherte sich ihm das Schach mit Klage, daß es ohne Unterkunft sei, da es weder in den ernsten Palast der Wissenschaften noch in das schimmernde Heim der Kunst eingelassen werde: es sei aber seiner unwürdig, das gedankenarme Alltagsspiel zum Genossen zu haben!
Der Herr antwortete: Ich habe dir kein besonderes Heim gegeben, weil dein Gebiet kein scharf eingegrenztes ist, aber ich habe dich in Verwandtschaft gesetzt sowohl mit der Wissenschaft als auch mit der Kunst. Der einen kannst du vorhalten, daß sie kaum logisch strenger denken kann als du, der anderen, daß du genau solchen Genuß bieten kannst wie sie!
... Große Vertreter werde ich dir senden, die dich bald der Kunst, bald der Wissenschaft näherbringen, die bewunderungswürdige Dinge schaffen werden, ohne daß man sie für große Gelehrte oder große Künstler halten wird. Befriedigung mußt du in dir selbst suchen!«
»Die Geschichte des Schachspiels lehrt«, setzt Maróczy fort, »daß es wirklich so gekommen ist. Fast zu jeder Zeit gab es ausgezeichnete Vertreter, die das Schachspiel auf eine Höhe brachten, die es bald zur Wissenschaft, bald zur Kunst machte. Es gab Gelehrte und Künstler des Spiels.«
Zu diesen großen Schachspielern – den Gelehrten und den Künstlern – gehört auch Géza Maróczy.

Marshall Frank James, * 10. August 1877 in New York, † 9. November 1944 in New York, amerikanischer Maestro, WM-Herausforderer.
Im Herbst 1893, Marshall hatte an einer → *Simultanvorstellung* von Weltmeister → *W. Steinitz* teilgenommen, tauchte in der Montrealer Zeitung »Le Monde« ein Foto mit folgender Bildunterschrift auf: »Das ist der zukünftige Champion Frank Marshall – Sohn von Alfred Marshall. Ungeachtet seiner Jugend steht er unseren besten Schachspielern in nichts nach. In seinem Spiel vereinigen sich Reaktionsschnelligkeit und Originalität. Den Angriff zieht er der Verteidigung deutlich vor.«
Bald nach der Rückkehr seiner Familie nach New York avancierte Marshall zu einem der stärksten Schachspieler der USA. 1900 erhielt er eine Einladung zu einem Turnier in Paris, an dem viele Koryphäen der damaligen Zeit teilnahmen – einschließlich Weltmeister → *Em. Lasker*. Marshall kam auf dem 8.-9. Platz ein, konnte aber sowohl dem Turniersieger Lasker als auch dem Zweitplazierten, → *H. N. Pillsbury*, eine Niederlage zufügen. So richtig in seinem Element fühlte er sich 1903 in Wien, wo alle Partien mit dem Königsgambit eröffnet wurden. Hier überflügelte er Pillsbury, → *K. Schlechter*, → *R. Teichmann*, → *G. Maróczy*, → *J. Mieses* und mußte nur → *M. Tschigorin* den Vortritt lassen.
Den bedeutendsten Erfolg seiner Karriere erzielte Marshall ein Jahr später im amerikanischen Cambridge-Springs, wo er den ersten Preis holte und Em. Lasker und → *D. Janowski* um ganze zwei Punkte distanzierte. Die Zeitschrift »Checkmate« sah Marshalls Triumph so: »Von seiner Originalität, die bisweilen bis ins Paradoxe geht, hat die Welt schon erfahren, aber seine Fähigkeit, sich in beliebigen Positionen und Stilrichtungen zurechtzufinden, war eine Offenbarung! Er stellte Lasker eiserne Präzision, Janowski Angriffswirbel, Schlechter elegante Wiener Phantasie, Mieses direkten Druck entgegen. Wenn er das auch im kommenden Jahr beibehält – vor allen Dingen in den Matches –, dann können wir einen zweiten Morphy begrüßen.«
Der »neue Morphy« war eine ziemlich charismatische Persönlichkeit. Er war knapp zwei

Meter groß und hatte ein mephistophelisches Profil. Seine Uhrenkette und seine Krawatte zierten bronzene Pferde, die seine Natur als Romantiker, als Vertreter des Kombinationsspiels, als Meister der Attacke und Gegenattacke, kurzum als wagemutiger Ritter des Schachs zu symbolisieren schienen!
In Zweikämpfen zeigte sich Marshall mit Ausnahme der Erfolge gegen Teichmann 1902 (3,5:1,5) und Janowski 1905 (10:7) jedoch nicht von seiner besten Seite. Gegen → S. Tarrasch 1905 (5:12), Em. Lasker 1907 (3,5:11,5) und → J. R. Capablanca 1909 (8:15) gab es jeweils ein Fiasko. Es zeigte sich, daß ein Romantiker gegen die Vertreter der positionellen Schule einen schweren Stand hat. Besonders die Niederlage gegen Lasker war sehr schmerzlich, handelte es sich bei ihrem Match doch um einen Weltmeisterschaftskampf. In Nürnberg 1906 und Düsseldorf 1908, wo er jeweils gewann, meinte es die Schachgöttin besser mit ihm.
Frank Marshall war bis zu Beginn der 30er Jahre aktiv. Eine seiner besten Partien ist die folgende gegen → J. Bogoljubow, für die er einen Schönheitspreis erhielt:

□ F. Marshall
■ J. Bogoljubow
New York, 1924

1. d4 ♘f6 2. ♘f3 e6 3. ♗g5 d5 4. e3 ♘bd7 5. c4 c6 6. c:d5 e:d5 7. ♘c3 ♕a5 8. ♗d3 ♘e4 9. ♕c2 ♘:g5 10. ♘:g5 h6 11. ♘f3 ♗e7 12. 0-0 0-0 13. a3 ♕d8 14. ♖ae1 a5 15. ♕e2 ♘f6 16. ♘e5 ♗d6 17. f4 c5 18. ♗b1 ♗d7 19. ♕c2 ♗c6 20. d:c5 ♗:c5 21. ♔h1 ♖e8 22. e4! ♗d4 23. ♘:c6 b:c6 24. e5 ♘g4 25. ♕h7+ ♔f8 26. g3! ♕b6 27. ♗f5 ♘f2+ 28. ♖:f2 ♗:f2 29. ♕h8+! ♔e7 30. ♕:g7 ♔d8 31. ♕f6+ ♖e7 32. e6! ♗d4 33. e:f7 ♗:f6 34. f8♕+ ♔c7 35. ♖:e7+ ♗:e7 36. ♕:a8 ♔d6 37. ♕h8! ♕d8 38. ♕e5+ ♔c5 39. ♘a4+ ♔c4 40. ♕c3+ ♔b5 41. ♗d3+ ♔:a4 42. ♕c2+ matt!

Ein weiteres Beispiel aus dem reichen Erbe des Amerikaners:

□ S. Lewitzky
■ F. Marshall
Breslau, 1912

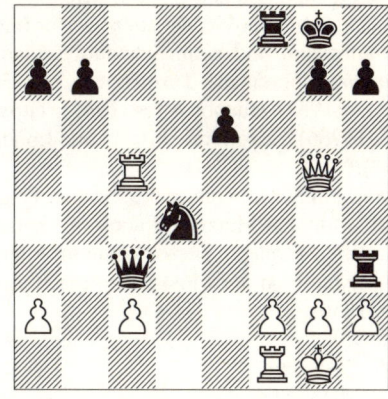

23... ♕g3!!, und Weiß streckte die Waffen. »Das ist der berühmteste Zug meiner Karriere«, erinnerte sich Marshall. »Die Zuschauer waren so begeistert, daß sie mir Goldmünzen zuwarfen.«

Ein Vierteljahrhundert lang war Frank James Marshall der stärkste Spieler der USA. Er bereicherte das → *Damengambit*, die → *Französische Verteidigung* und die → *Spanische Partie* um eine Reihe wertvoller Ideen. Der Marshall-Angriff im Spanier ist bis heute in der Hand vieler Großmeister eine gefährliche Waffe. Marshall hatte ihn bereits für sein Match gegen Capablanca vorbereitet, doch er bekam diese Variante gegen diesen Gegner erst 1918 in New York aufs Brett – neun Jahre später!
Drei Jahre zuvor gründete er den Marshall Chess Club, dem er bis in seine letzten Lebenstage vorstand und der auch heute noch existiert.

Matanović Aleksandar, * 23. Mai 1930 in Belgrad, serbischer Großmeister und Schachjournalist.
Seine glänzenden Auftritte in Belgrad 1954 und Zagreb 1955, wo er hinter → *D. Bronstein* bzw. → *W. Smyslow* jeweils den 2. Platz belegte, brachten Matanović den Großmeistertitel ein. 1958 schloß er in Belgrad sein Philologiestudium ab. Acht Jahre später avancierte er zum Initiator und Chefredakteur des berühmten → *»Schachinformator«*, der bis heute zur Standardausrüstung jedes Schachmeisters gehört. Zu den größten Erfolgen von Aleksandar Matanović, der auch an vier Interzonenturnieren und neun Schacholympiaden teilnahm, gehören die Turniersiege von Beverwijk (1957), Buenos Aires (1961), Titovo-Užice (1966), Luxemburg (1971) und London (1983).
Obwohl ein Schachspieler des aktiven Positionsstils, tut sich Matanović auch mit kombinatorischen Schlägen hervor – wie im folgenden Beispiel von der Moskauer Schacholympiade 1956.

□ A. Dückstein
■ A. Matanović

Moskau, 1956

16... d5!! 17. ♗:f6 ♘:f6 18. e:d5 c:d5 19. ♗:d5 e4! 20. ♗:e4 ♘:c3 21. ♖:d8 ♖:d8 22. ♕:c3 ♕:c3 23. b:c3 ♖e8 24. ♗:b7 ♖:e1+ 25. ♔d2 ♖g1 26. h3 a5 27. c4 ♔f8 28. c5 ♔e7 29. ♔c3 ♖g3+ 30. ♔d4 ♖:h3   0-1

Match des Jahrhunderts – Bezeichnung für zwei Duelle UdSSR gegen den Rest der Welt. Die langjährige Überlegenheit der sowjetischen Schachspieler im internationalen Maßstab ließ die Idee zu einem Kräftemessen dieser Schachnation gegen eine Auswahl der besten Spieler der übrigen Staaten aufkommen. Sie wurde 1970 in Belgrad auf Initiative des Exweltmeisters und damals amtierenden Fide-Präsidenten → *M. Euwe* verwirklicht. Beide Teams umfaßten zehn Akteure, darunter jeweils zwei Ersatzleute. Gespielt wurden vier Durchgänge. Für die Sowjetunion gingen Weltmeister → *B. Spasski*, die vier Exweltmeister → *T. Petrosjan*, → *W. Smyslow*, → *M. Botwinnik* und → *M. Tal* sowie die Großmeister → *W. Kortschnoj*, → *L. Polugajewski*, → *J. Geller*, → *M. Taimanow* und → *P. Keres* ins Rennen. Ersatzspieler waren → *L. Stein* und → *D. Bronstein*. Der »Rest der Welt« setzte sich aus → *B. Larsen*, → *R. Fischer*, → *L. Portisch*, → *V. Hort*, → *S. Gligorić*, → *S. Reshevsky*, → *W. Uhlmann*, M. Matulović, → *M. Najdorf*, → *B. Ivkov* und den Reservespielern → *F. Olafsson* und → *K. Darga* zusammen. Die Sowjetunion gewann knapp mit 20,5:19,5 und hatte ihre besten Kräfte in Keres (3:1 gegen Ivkov), Geller (2,5:1,5 gegen Gligorić), Botwinnik (2,5:1,5 gegen Matulović), Taimanow (2,5:1,5 gegen Uhlmann) und Smyslow (2,5:1,5 gegen Reshevsky/Olafsson). In der Weltauswahl glänzte inbesondere Bobby Fischer mit einem 3:1 über Petrosjan, aber auch Portisch und Hort konnten ihre Minimatches gegen Kortschnoj bzw. Polugajewski knapp für sich entscheiden.
Larsen trennte sich von Spasski 1,5:1,5 unentschieden und konnte in der 4. Partie Stein bezwingen.
1984 kam es, diesmal auf Initiative von → *F. Campomanes*, in London zur Neuauflage des »Match des Jahrhunderts«. Für die Sowjetunion spielten: Weltmeister → *A. Karpow*, Herausforderer → *G. Kasparow*, L. Polugajewski, W. Smyslow, → *R. Waganjan*, → *A. Beljawski*, M. Tal, J. Rasuwajew, → *A. Jussupow*, → *A. Sokolow* und → *O. Romanischin*, W. Tukmakow (beide Ersatz). Die Weltauswahl: → *U. Andersson*, → *J. Timman*, W. Kortschnoj, → *L. Ljubojević*, → *Z. Ribli*, → *Y.*

Seirawan, → J. Nunn, → R. Hübner, → A. Miles, → E. Torre sowie B. Larsen, M. Chandler (beide Ersatz). Die UdSSR-Auswahl hatte wiederum das bessere Ende für sich – diesmal mit 21:19. Beljawski war mit 3,5/4 ihr erfolgreichster Punktesammler gefolgt von Karpow, Kasparow und Tal (jeweils 2,5/4). Auf der Gegenseite zeichneten sich Torre, Kortschnoj, Ribli und Miles mit jeweils 2,5/4 aus.

Zwei kleine Kostproben von den »Jahrhundert-Matches«:

☐ B. Larsen
■ B. Spasski
Belgrad, 1970

1. b3 e5 2. ♗b2 ♘c6 3. c4 ♘f6 4. ♘f3 e4 5. ♘d4 ♗c5 6. ♘:c6 d:c6 7. e3 ♗f5 8. ♗e2 ♕e7 9. ♕c2 0-0-0! 10. f4 ♘g4! 11. g3 h5 12. h3 h4! 13. h:g4 h:g3! 14. ♖g1

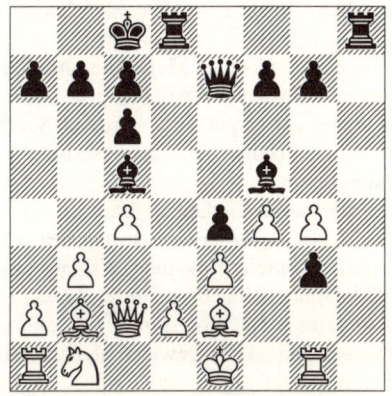

14... ♖h1!! 15. ♖:h1 g2 16. ♖f1 ♕h4+ 17. ♔d1 g:f1♕+ 18. ♗:f1 ♗:g4+ 19. ♗e2 ♕h1+
0-1

☐ A. Beljawski
■ Y. Seirawan
London, 1984

1. d4 d5 2. c4 d:c4 3. ♘f3 ♘f6 4. ♘c3 c5 5. d5 e6 6. e4 e:d5 7. e5 ♘fd7 8. ♗g5 ♗e7 9. ♗:e7 ♕:e7 10. ♘:d5 ♕d8 11. ♗:c4 0-0 12. ♕c2 ♖e8 13. 0-0-0 ♘:e5 14. ♖he1 ♘bc6 15. ♘:e5 ♘:e5 16. ♗b5 ♖e6 17. ♘f4 ♕f6 18. ♕d2 g6 19. ♕d8+ ♔g7 20. ♘:e6+ ♗:e6 21. ♕:a8 ♗:a2 22. ♕d8 ♕f5 23. ♗d3 ♕f4+ 24. ♖d2 ♘c6 25. ♕e8 ♗e6 26. ♖e4 ♕:h2 27. ♖:e6 f:e6 28. ♕:e6 ♘d4 29. ♕e7+ ♔h6 30. ♕f8+
1-0

Matchturnier – Rundenturnier, in dem die Teilnehmer gegeneinander jeweils mehr als eine Partie austragen. Der erste Wettbewerb dieser Art ging 1867 in Paris über die Bühne. Dreizehn Akteure spielten jeder gegen jeden jeweils zwei Partien. Mitunter wurden zur Ermittlung des Stärksten jeweils Minimatches über vier, fünf oder sechs Partien bestritten. Letzteres war beispielsweise 1895/96 in → *St. Petersburg* der Fall, wo die vier Erstplazierten des → *Hastinger* Turniers von 1895, → *H. N. Pillsbury*, → *M. Tschigorin*, → *Em. Lasker* und → *W. Steinitz*, aufeinandertrafen. Der 1. Platz ging dabei an Lasker. Bekannte Matchturniere über sechs Partien sind weiterhin Ostende 1907 (Sieger → *S. Tarrasch*) und New York 1927 (Sieger → *J. R. Capablanca*). Das bedeutendste Matchturnier nach dem Kriege fand 1948 in Den Haag/Moskau statt. Fünf führende Großmeister, → *M. Euwe*, → *S. Reshevsky*, → *P. Keres*, → *M. Botwinnik* und → *W. Smyslow* ermittelten den Nachfolger des verstorbenen Weltmeisters → *A. Aljechin*. Botwinnik wurde der neue Champion.

Mathematik und Schach. Seit langer Zeit schon ist das Schach ein Untersuchungsgegenstand der Mathematik. Zog anfangs noch das quadratische Brett mit seinen 64 Feldern das Interesse der Mathematiker an, so standen bald die Figuren selbst mit ihrer spezifischen Gangart im Blickpunkt. Letztlich bildete das Schachspiel einen Bezugspunkt für die Entwicklung der Spieltheorie bzw. der Kybernetik (vgl. → *Computerschach*).
Bereits im 18.–19. Jahrhundert befaßten sich Mathematiker mit Untersuchungen des Schachs. Eine der ersten Fragestellungen war, wie die Marschroute eines Springers beschaffen sein müßte, der alle Felder des Brettes bestreicht, dabei aber keines zweimal betritt. 1759 fand der bekannte Mathematiker Leonhard Euler eine der möglichen Lösungen. Später wurden noch andere Wege gezeigt, u. a. von → *C. F. Jänisch* in seinem dreibän-

digen Werk »Die Anwendung der mathematischen Analyse auf das Schachspiel« (1862 bis 1863): ♘d4-c2-a1-b3-c1-a2-b4-d3-c5-a6-b8-d7-f6-e8-g7-h5-g3-h1-f2-e4-d6-b5-a7-c8-e7-g8-h6-f5-h4-g2-e1-f3-e5.

Großes Interesse der Mathematiker rief auch die Aufgabe mit den acht Damen hervor, die der Deutsche I. Betzel 1848 entwarf. Acht Damen sollten so auf einem Schachbrett plaziert werden, daß sie einander nicht schlagen können. Der große Mathematiker Karl Friedrich Gauss fand anfangs 72 Lösungen, kam aber später zeitgleich mit dem blinden Gelehrten F. Nauk auf ganze 92!

Bekannt ist auch eine analoge Aufgabe mit Türmen. Diese Spielereien sind für die Mathematik natürlich interessant, haben allerdings für die Schachtheorie keinen praktischen Wert. Die Frage nach der Beziehung zwischen dem Schach und der Mathematik ist in anderer Hinsicht interessanter: Sind beide sich in bezug auf den Charakter des analytischen Denkens des Menschen nahe? → *A. Aljechin* und → *M. Tal*, die das Schachspiel vor allem als Kunst ansahen, verneinen diese Frage. Das schloß aber nicht aus, daß einige führende Schachmeister auf beiden Gebieten ihre besondere Begabung nachwiesen. Unter den Weltmeistern finden wir mit → *Em. Lasker*, der eine mathematische Formel entwickelte, die auch heute noch in den mathematischen Enzyklopädien aufgeführt ist, und → *M. Euwe*, der einst Hollands größtes Rechenzentrum leitete, zwei Doktoren der Mathematik.

Matt, persisch-arabisch für »sterben«. Von einem Matt spricht man, wenn der König ein Schachgebot erhält, gegen welches es keine Verteidigung mehr gibt. Die Partie ist damit beendet. Gewonnen hat die Seite, die das Matt erklärt hat. Häufiger wird nicht bis zum Matt gespielt, d. h. einer der Kontrahenten überzeugt sich von der Hoffnungslosigkeit seiner Lage und gibt die Partie auf. Mattkombinationen, die oftmals mit materiellen Opfern einhergehen, hinterlassen beim Betrachter einen starken ästhetischen Eindruck. Diese Art Kombinationen stellen auch das Wesen der → *Schachkomposition* dar.

McDonnell Alexander, * 22. Mai 1798 in Belfast, † 14. September 1835 in London, irischer Maestro, einer der stärksten europäischen Schachspieler in den 30er Jahren des 19. Jahrhunderts.

In seiner Jugend setzte McDonnell mit Erfolg auf eine berufliche Karriere. Von einer Indien-Reise zurückgekehrt, wurde er Sekretär der Westindischen Handelsgesellschaft in London.

Aber alle seine Gedanken kreisten um das Schach. Sein Lehrmeister war in jenen Jahren der stärkste Spieler Englands, William Lewis. Als McDonnell ihn besiegte, erklärte Lewis ihn zu seinem Nachfolger und zog sich vom Schach zurück. 1831 gewann McDonnell einen Zweikampf gegen Frazer mit 3,5:1,5 und bestätigte damit seine Spitzenstellung unter den britischen Meistern. McDonnell ähnelte charakterlich seinem ehemaligen Lehrer Lewis; der bekannte englische Schachfunktionär George Walker erinnerte sich:»McDonnell war immer schweigsam und ließ sich nie aus der Ruhe bringen, ganz gleich ob er selbst oder sein Gegner am Zug war. Es kam vor, daß er über einen Zug anderthalb Stunden oder länger nachdachte...«

Diese behäbige Spielweise kontrastierte besonders zum schnellen Spiel des Franzosen → *L. La Bourdonnais*. 1834/35 trugen die beiden im Londoner Westminster Club eine Serie von Zweikämpfen aus, die sich insgesamt auf 85 Partien belief. Man kann mit Fug und

Recht davon sprechen, daß es dabei um die Ermittlung des stärksten Spielers von Europa ging. Von sechs Wettkämpfen konnte der Ire nur zwei gewinnen – beide mit 5:4, Unentschieden wurden nicht gezählt. Dabei kreierte McDonnell u. a. das später nach ihm benannte Gambit 1. e4 e5 2. ♗c4 ♗c5 3. b4 ♗:b4 4. f4. Eine brisante Mischung aus dem → *Evans-* und dem → *Königsgambit*!

Im Unterschied zu seinem Kontrahenten strebte McDonnell, egal ob mit den weißen oder schwarzen Steinen, immer ein offenes, scharfes Spiel an. Seine Kombinationen begeisterten das Publikum, so auch das Damenopfer in der nachstehenden Partie:

□ L. La Bourdonnais
■ A. McDonnell
London, 1834

1. d4 d5 2. c4 d:c4 3. e4 e5 4. d5 f5 5. ♘c3 ♘f6 6. ♗:c4 ♗c5 7. ♘f3 ♕e7 8. ♗g5 ♗:f2+ 9. ♔f1 ♗b6 10. ♕e2 f4 11. ♖d1 ♗g4 12. d6 c:d6 13. ♘d5

13... ♘:d5! 14. ♗:e7 ♘e3+ 15. ♔e1 ♔:e7 16. ♕d3 ♖d8 17. ♖d2 ♘c6 18. b3 ♗a5 19. a3 ♖ac8! 20. ♖g1 b5! 21. ♗:b5 ♗:f3 22. g:f3 ♘d4! 23. ♗c4 ♘:f3+ 24. ♔f2 ♘:d2 25. ♖:g7+ ♔f6 26. ♖f7+ ♔g6 27. ♖b7 ♘d:c4 28. b:c4 ♖:c4 29. ♕b1 ♗b6 30. ♔f3 ♖c3 31. ♕a2 ♘c4+ 32. ♔g4 ♖g8 33. ♖:b6 a:b6 34. ♔h4 ♘f6 35. ♕e2 ♖g6 36. ♕h5 ♘e3   0-1

Mitunter überspannte McDonnell den Bogen und verlor. Hinter der äußerlich undurchdringlichen Schale loderte in seinem Herzen die Flamme eines Kämpfers, der immer nach dem Sieg strebte! McDonnell starb früh im Alter von 37 Jahren.

Mecking Henrique da Costa, * 2. Februar 1952 in Rio Grande do Sul, erster brasilianischer Großmeister, WM-Kandidat.

Sein erster Lehrer war Großmeister Erich Eliskases. »Ich lernte von ihm die Kunst des Positionsspiels. Kombinatorische Fähigkeiten hatte ich immer«, so Mecking. Bereits mit dreizehn Jahren wurde er Champion Brasiliens. Ein Jahr darauf gewann er das Zonenturnier und qualifizierte sich damit für das Interzonenturnier in Sousse (1967), wo er den 11.-12. Platz belegte. Dieses Resultat wiederholte er 1970 beim Interzonenturnier in Palma de Mallorca.

In den folgenden Jahren tat Mecking einen riesigen Leistungssprung. Beim Interzonenturnier von 1973, das auf brasilianischem Boden in Petropolis stattfand, gewann Mecking von siebzehn Partien sieben und blieb ohne Niederlage. Das bedeutete den Turniersieg vor den punktgleichen → *J. Geller,* → *L. Polugajewski* und → *L. Portisch* sowie die Qualifikation für die Kandidatenzweikämpfe zur Weltmeisterschaft. Gegen → *S. Reshevsky* gelang ihm eine der besten Partien des Turniers:

□ H. Mecking
■ S. Reshevsky
Petropolis, 1973

1. e4 e5 2. ♘f3 ♘c6 3. ♗b5 a6 4. ♗a4 ♘f6 5. 0-0 ♗e7 6. ♖e1 b5 7. ♗b3 0-0 8. c3 d6 9. h3 ♘b8 10. d4 ♘bd7 11. ♘bd2 ♗b7 12. ♗c2 ♖e8 13. b4 ♗f8 14. a4 a5 15. b:a5 ♖:a5 16. ♖b1 ♗a6 17. a:b5 ♖:b5 18. ♗b3 ♖e7 19. ♕c2 ♖b8 20. ♘g5 ♗b7 21. f4 h6 22. f:e5 d:e5 23. ♘gf3 c5 24. ♗a3 ♕c7 25. ♘h4 ♖ee8 26. ♕a2 ♘b6 27. d:e5 ♖:e5

28. ♗:f7+! ♕:f7 29. ♕:f7+ ♔:f7 30. ♖:b6 ♘d7 31. ♖b5 ♗a6 32. ♖f1+ ♔g8 33. ♖:b8 ♘:b8 34. ♖:f8+! 1-0

Brasilien nahm den Erfolg Meckings mit Jubel auf. Der neue Volksheld wurde vom Präsidenten persönlich empfangen. Das Foto mit Staatsoberhaupt und Großmeister vor der Nationalflagge ging durch alle Gazetten des Landes. Die Brasilianer sahen Mecking schon auf dem Schachthron... Aber bereits im Viertelfinale schied er gegen → *W. Kortschnoj* mit 5,5:7,5 (+1, -3, =9) aus. Drei Jahre später unternahm Mecking einen weiteren Versuch, den Schacholymp zu erstürmen. Er gewann das Interzonenturnier von Manila (1976), unterlag dann aber in den Kandidatenkämpfen Lew Polugajewski mit 5,5:6,5 (+0, -1, =11).

Leider mußte sich Mecking bald darauf wegen einer schweren rätselhaften Krankheit vom Turnierschach zurückziehen. Seine wundersame Genesung mehr als zehn Jahre später nahm er als ein Zeichen Gottes und verfaßte das kleine Buch »Wie Christus mein Leben rettete«. Nach Absolvierung einer katholischen Akademie kehrte er nach zwölfjähriger Abstinenz wieder zum geliebten Schach zurück.

Sein Comeback fiel mit einem kleinen Match gegen den starken bosnischen Großmeister Predrag Nikolić passabel aus. Er unterlag knapp mit 2,5:3,5. Bei weiteren Turnieren zeigte sich indessen, daß Mecking nicht wieder an seine alte Leistungsstärke anknüpfen konnte.

Memorial – Veranstaltung, die dem Gedenken an einen führenden Schachspieler gewidmet ist. Bekannte Memoriale, die an einen Weltmeister erinnerten, fanden an folgenden Orten statt: Steinitz – Prag 1956; Lasker – Berlin 1962, 1968; Capablanca – in Kuba seit 1962; Aljechin – Moskau 1956, 1971, 1975, 1992; Euwe – Amsterdam seit 1987; Petrosjan – Jerewan seit 1984; Tal – Moskau 1992, 1993. Anderen führenden Meistern gewidmete Memoriale: Anderssen – Büsum 1968, 1969; Tschigorin – Moskau 1947, Sotschi seit 1963, St. Petersburg 1909, 1993; Maróczy – Debrecen 1970; Rubinstein – Polanica Zdroj seit 1963; Vidmar – Ljubljana und Portorož seit 1969; Kostić – Vršac seit 1969; Asztalos – in Ungarn seit 1958; Keres – Tallinn seit 1977; Barcza – in Ungarn seit 1987, und andere.

Menchik Vera, * 16. Februar 1906 in Moskau, † 27. Juni 1944 in London, erste Weltmeisterin der Schachgeschichte.

Die ersten 15 Jahre ihres Lebens verbrachte Vera in Rußland. Mit neun Jahren erlernte sie das Schach von ihrem Vater, einem Tschechen. 1921 siedelte sie mit den Eltern in die Heimat ihrer Mutter, den englischen Badeort → *Hastings*, über, der für seine Schachtradition bekannt ist. Die internationale Sprache des Schachs half Vera, die Anpassung an die neue Umgebung zu meistern.

Da Vera Menchik in jenen Jahren als Ausländerin noch nicht an den englischen Damenmeisterschaften teilnehmen durfte, wurden Wettkämpfe gegen Männer ihre schachliche Universität. Ihre ersten beiden Auftritte in den Hastinger Neujahrsturnieren von 1923/24 und

1924/25, bei denen sie den 7.-8. bzw. den 2. Platz belegte, zeigten, daß es das talentierte Mädchen zu etwas bringen könnte. Mit neunzehn trug Vera Menchik zwei Matches gegen die englische Landesmeisterin Edith Price aus, die sie beide gewann.

1927 fand in London die erste Schachweltmeisterschaft der Frauen statt. Vera Menchik demonstrierte mit 10,5/11 ihre große Überlegenheit. Später konnte sie ihren Titel sechsmal verteidigen. Von 83 dabei gespielten Partien gewann sie 78 und verlor nur eine! Außerdem bestritt sie zwei Duelle gegen die Deutsche Sonja Graf, die sie 1934 in Rotterdam mit 3:1 und 1937 auf dem Semmering mit 11,5:4,5 für sich entschied.

Vera Menchik war die erste Frau, die gleichberechtigt gegen die Männer spielte. Mit → Em. Lasker, → J. R. Capablanca, → A. Aljechin, → M. Euwe und → M. Botwinnik saßen ihr fünf Weltmeister am Schachbrett gegenüber. Gegen Euwe hatte sie mit zwei Siegen, einer Niederlage und einem Unentschieden sogar eine positive Bilanz! Der Holländer wurde daher zum Präsidenten des »Vera Menchik Clubs« gewählt, dem alle Meister angehörten, die gegen die hübsche junge Dame verloren hatten... Das betraf u. a. → S. Reshevsky, E. Colle, → S. Tartakower, → F. Sämisch und → M. Sultan Khan. Der Letztgenannte traute sich angeblich zwei Jahre lang nicht in seine indische Heimat zurück, weil er den Spott seiner Landsleute fürchtete...

□ V. Menchik
■ G. Thomas
London, 1932

1. d4 ♘f6 2. c4 g6 3. ♘c3 ♗g7 4. e4 d6 5. f3 0-0 6. ♗e3 e5 7. ♘ge2 b6 8. ♕d2 ♘c6 9. d5 ♘e7 10. g4 ♘d7 11. ♖g1 a5 12. 0-0-0 ♘c5 13. ♘g3 ♗d7 14. h4 a4 15. h5 ♕b8 16. ♗h6 ♕a7 17. ♗:g7 ♔:g7 18. ♘f5+! ♘:f5? 19. g:f5 a3 20. f6+! ♔h8 21. ♕h6 a:b2+ 22. ♔b1 ♖g8 23. h:g6 f:g6

24. ♕:h7+! 1-0

»Ein elegantes Finale! Vera Menchik hat den gesamten Angriff sehr überzeugend geführt. Sie ist zweifellos eine Ausnahmeerscheinung. Sie hat eine riesige Befähigung zum Schachspielen«, schrieb A. Aljechin. Sie spielte in Männerturnieren ingesamt 487 Partien und erzielte dabei ein achtbares Resultat: +147, -193, =147. Zu ihren besten Ergebnissen zählen der mit → A. Rubinstein geteilte 2.-3. Platz in Ramsgate 1929 sowie die 3. Ränge in Maribor (1934), Great Jarmut (1935) und Montevideo (1939). 1942 gewann sie ein Match gegen den 77jährigen Großmeister → J. Mieses mit 6,5:3,5. Das war einer der letzten Auftritte dieser talentierten Schachspielerin. Zwei Jahre später – sie war 38 Jahre alt – kam sie bei einem Bombenangriff auf London ums Leben.

Mieses Jaques, * 27. Februar 1865 in Leipzig, † 23. Februar 1954 in London, deutscher Großmeister und Schachliterat.

Seinen ersten Erfolg erzielte Mieses im Alter von 22 Jahren mit dem 3. Platz im Nebenturnier des 5. Kongresses des Deutschen Schachbundes. Beim nächsten Kongreß 1889 in Breslau wiederholte er diese Plazierung – diesmal allerdings im Hauptturnier.

Schöne Kombinationen, überraschende und originelle Züge, scharfsinnige Opfer – all dies charakterisierte den Stil des Schachromantikers Jaques Mieses. Seinen bedeutendsten Turniersieg feierte er 1907 in Wien, als er u. a. so namhafte Meister wie → *O. Duras,* → *G. Maroczy,* → *S. Tartakower* und → *M. Vidmar* hinter sich lassen konnte. Seine Kollektion an ersten Preisen ist nicht allzu umfangreich, seine Sammlung an Schönheitspreisen dafür um so mehr. Den letzten erhielt er 1945 in → *Hastings,* da war er 80 Jahre alt!

□ G. Marco
■ J. Mieses
Monte Carlo, 1901

1. e4 c5 2. ♘f3 e6 3. d4 c:d4 4. ♘:d4 ♘c6 5. ♘c3 ♘f6 6. ♘db5 ♗b4 7. a3 ♗:c3+ 8. ♘:c3 d5 9. e:d5 e:d5 10. ♗f4 0-0 11. ♗d3 ♗g4 12. f3 ♗h5 13. 0-0 ♗g6 14. ♗:g6 h:g6 15. ♗g5 ♕b6+ 16. ♔h1 ♕:b2 17. ♗:f6 g:f6 18. ♕d2 ♕b6 19. ♘:d5 ♕d8 20. ♖ad1 ♔g7 21. ♕f4 ♘e5 22. ♕b4 ♖h8 23. h3 ♖c8 24. ♕e7 ♕f5 25. ♔g1 ♖ae8 26. ♕:b7

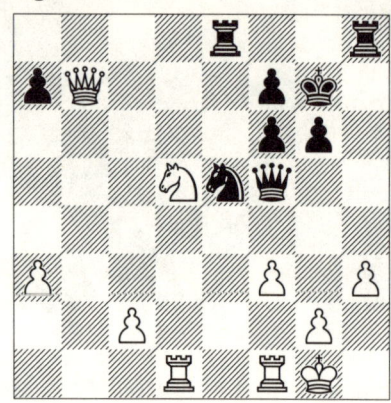

26... ♖:h3!! 27. g:h3 ♕g5+ 28. ♔f2 ♘d3+! 29. ♖:d3 ♕h4+ 30. ♔g1 ♕g3+ 0-1

Das Eröffnungsrepertoire Mieses' war genau auf seinen Stil zugeschnitten. Als Weißer bevorzugte er die → *Wiener Partie,* das Nordische bzw. das Schottische Gambit, als Nachziehender griff er zur → *Sizilianischen* bzw. → *Skandinavischen Verteidigung.* Der letzteren Eröffnung widmete er 1918 eine spezielle Monographie. In den Turniertabellen tauchten unter dem Namen Mieses selten halbe Punkte auf – er spielte nur auf Sieg. Das trifft auch auf seine Zweikämpfe zu: 1885 gegen → *D. Janowski* 7:7 (+6, -6, =2); 1905 gegen Leonhardt 4,5:1,5 (+4, -1, =1); 1905 gegen Napier 5:5 (+4, -4, =2).

1902 brachte Mieses, der auch regelmäßig als Schachkorrespondent aktiv war, eine überarbeitete Neuauflage des Lehrbuchs von Dufresne heraus. 20 Jahre später ergänzte er die 8. Auflage von Bilguers »→ *Handbuch des Schachspiels«.* Mieses bewahrte sich bis ins hohe Alter eine beachtliche Spielstärke. Mit 62 spielte er für Deutschland auf der Schacholympiade, mit 74 setzte er in Amerika das Schachpublikum mit seinen Marathonvorstellungen im → *Simultanspiel* in Erstaunen, mit 78 absolvierte er in England eine Simultantournee. Mieses' Karriere dauerte 60 (!) Jahre.

Miles Anthony, * 23. April 1955 in Birmingham, englischer Großmeister, Juniorenweltmeister 1974.

Dreimal nahm Miles Anlauf, Juniorenweltmeister zu werden. Nach Silber in Teesside 1973 klappte es ein Jahr später in Manila. Schon damals zeichnete Miles ein unbändiger Siegeswille aus. 1976 erfüllte Miles im russischen Dubna mit einem 3.-6. Platz seine letzte Großmeisternorm. Nach Rückkehr in die Heimat kassierte er dafür eine größere Summe, die der Millionär Jim Slater für den Schachspieler ausgesetzt hatte, der Englands erster → *Großmeister* wird.

Miles hat in der Folgezeit einige glänzende Turniererfolge zu verbuchen: Amsterdam (1976, 1977), London (1980, 1.-3.), Las Palmas (1980, 1.-3.), Puerto Rico (1980, 1.-2.) und Baden-Baden (1981, 1.-2.). 1979 nahm er am Interzonenturnier in der lettischen Hauptstadt Riga teil.

Tony Miles pflegt einen originellen Stil, der bei den Schachfans sehr gut ankommt. Der Engländer geht oft schon in der Eröffnung eigene Wege. Bei der Mannschaftseuropameisterschaft im schwedischen Skara düpierte er den damals amtierenden Weltmeister → *A. Karpow* mit einem höchst unregelmäßigen Spielanfang...

□ A. Karpow
■ A. Miles
Skara, 1980

1. e4 a6 2. d4 b5

3. ♘f3 ♗b7 **4.** ♗d3 ♘f6 **5.** ♕e2 e6 **6.** a4 c5 **7.** d:c5 ♗:c5 **8.** ♘bd2 b4 **9.** e5 ♘d5 **10.** ♘e4 ♗e7 **11.** 0-0?! ♘c6 **12.** ♗d2 ♕c7 **13.** c4 b:c3 **14.** ♘:c3 ♘:c3 **15.** ♗:c3 ♘b4 **16.** ♗:b4 ♗:b4 **17.** ♖ac1 ♕b6 **18.** ♗e4 0-0 **19.** ♘g5 h6 **20.** ♗h7+!? ♔h8 **21.** ♗b1 ♗e7 **22.** ♘e4 ♖ac8 **23.** ♕d3? ♖:c1 **24.** ♖:c1 ♕:b2 **25.** ♖e1 ♕:e5 **26.** ♕:d7 ♗b4 **27.** ♖e3 ♕d5 **28.** ♕:d5 ♗:d5 **29.** ♘c3 ♖c8 **30.** ♘e2 g5 **31.** h4 ♔g7 **32.** h:g5 h:g5 **33.** ♗d3 a5 **34.** ♖g3 ♗f6 **35.** ♖g4 ♗d6 **36.** ♔f1 ♗e5 **37.** ♔e1 ♖h8 **38.** f4 g:f4 **39.** ♘:f4 ♗c6 **40.** ♘e2 ♖h1+ **41.** ♔d2 ♖h2 **42.** g3 ♗f3 **43.** ♖g8 ♖g2 **44.** ♔e1 ♗:e2 **45.** ♗:e2 ♖:g3 **46.** ♖a8 ♗c7   0-1

Seinen Ruf als extravagante Persönlichkeit festigte Tony Miles 1984 in → *Tilburg,* als er ein Weltklasseturnier im Liegen absolvierte und... gewann!

Mitte der 80er Jahre siedelte Miles in die USA über, erzielte aber keine großen Erfolge mehr. Zurück in England zeigte seine Formkurve Mitte der 90er Jahre bald wieder nach oben, wie diverse Turniersiege, u. a. auf Kuba 1995, bewiesen.

Mittelspiel, Stadium einer Schachpartie, das der Eröffnung nachfolgt und oft der entscheidende Abschnitt einer Begegnung ist. Das Mittelspiel setzt gewöhnlich um den 12.–15. Zug herum ein (bei forcierten theoretischen Abspielen auch später), wenn die Figuren entwickelt sind und beide Seiten sich der Umsetzung ihrer strategischen Pläne zuwenden. Dabei spielen die Stellung der Figuren, die Bauernstruktur, die offenen Linien, die Existenz sogenannter schwacher Felder und andere charakteristische Positionsmerkmale eine entscheidende Rolle. Die Akteure berechnen konkrete Varianten und suchen nach versteckten taktischen Ressourcen bzw. Kombinationen.

Beispiele dafür, wie Strategie und Taktik Hand in Hand gehen, lassen sich in vielen Partien finden. So auch in der Begegnung der jungen Meister → *L. Pachman* und → *D. Bronstein*, die 1946 im Rahmen des Vergleiches Prag-Moskau stattfand. Nach 15 Zügen entstand die folgende, für die → *Königsindische Verteidigung* typische Stellung. Weiß strebt ein Spiel im Zentrum und am Königsflügel an, während Schwarz auf der geöffneten a-Linie bzw. gegen die Punkte b3 und d4 vorzugehen gedenkt. Diese Partie unterstreicht, daß im Mittelspiel die entscheidenden kreativen Akzente gesetzt werden.

□ L. Pachman
■ D. Bronstein

Prag-Moskau, 1946

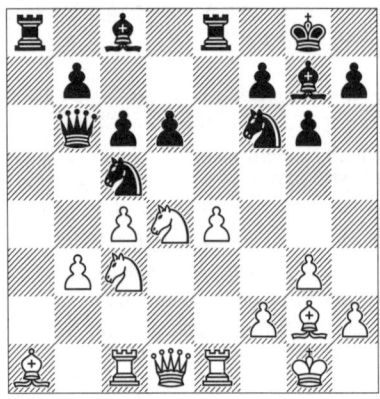

16. h3 ♘fd7 17. ♖b1 ♘f8 18. ♔h2 h5 19. ♖e2

»Auf 19. f4«, schrieb Bronstein, »folgt 19... h4 20. g4 ♘ce6, und Schwarz dringt auf den geschwächten Feldern des Königsflügels ein. Weiß verstärkt die Turmstellung, d. h. bringt den Turm nach d2, wo er die zweite Reihe gegen einen Einbruch des schwarzen Turmes verteidigt und gleichzeitig den Bauern d6 bedroht.«

19... h4 20. ♖d2

Erlaubt Schwarz, mittels eines Qualitätsopfers einen Angriffsplan auszuführen, der auf der Schwäche der schwarzen Felder basiert. Weiß hatte die folgende Antwort zwar vorausgesehen, aber ihre Folgen unterschätzt.

20... ♖:a1!

»Schwarz verwirklicht die geplante Kombination. Nun entspinnt sich ein sehr interessantes Handgemenge.« (Bronstein)

21. ♖:a1 ♗:d4 22. ♖:d4 ♘:b3 23. ♖:d6 ♕:f2!

Die Pointe der Kombination und des Vormarsches des h-Bauern. Schlecht wäre 23... ♘:a1 24. ♘d5 ♕:f2 25. ♘f6+ nebst 26. ♘:e8.

24. ♖a2

Auf 24. ♕:b3 folgt ein Matt in fünf Zügen: 24... h:g3+ 25. ♔h1 ♗:h3 26. ♖g1 ♗:g2+ 27. ♖:g2 ♕f1+ 28. ♖g1 ♕h3 matt.

24... ♕:g3+ 25. ♔h1 ♕:c3 26. ♖a3

Auf 26. ♖d3 folgt 26... ♕c1!

26... ♗:h3 27. ♖:b3 ♗:g2+ 28. ♔:g2 ♕:c4 29. ♖d4 ♕e6 30. ♖:b7 ♖a8 31. ♕e2 h3+ 0-1

Mohr Stefan, * 22. Oktober 1967 in Frankfurt/M., deutscher Großmeister.

1988 erzielte Stefan Mohr durch Turniersiege in Budapest und Schöneck die für den Großmeistertitel erforderlichen Normen. In der deutschen → *Elo*-Rangliste auf Platz vier emporgestiegen, wurde Mohr in das Nationalteam berufen, mit dem er bei der Mannschaftseuropameisterschaft 1989 in Haifa die Bronzemedaille holte. In der → *Bundesliga* spielte Mohr, zuvor in der 2. Liga bei Marbach aktiv, für Sindelfingen, Solingen, Duisburg und seit der Saison 1995/96 für Zähringen.

Monte Carlo – Turniere. »Ihr Engagement dem Schach zu widmen, das nicht zu den Glücksspielen zählt, war eine gute Idee der Verwaltung der zentralen Spielstätte«, schrieb im März 1901 das »British Chess Magazine«.

Erstmals wurden die stärksten Schachmeister der Welt ins Mekka des Roulettespiels eingeladen. »Der Raum, in dem das Turnier stattfand, war einer der besten und reich geschmückten Säle der ersten Etage. Von der einen Seite eröffnet sich einem ein schöner Blick in die Gärten, die das Casino umsäumen, sowie auf die Villen und Hotels. Von der anderen Seite hatte man einen prächtigen Rundblick auf das Meer mit dem gewundenen Ufer...«, schwärmte der Korrespondent des Prager Blattes »Bohemia«.

Scheinbar konnte die Akteure nichts daran hindern, die Welt mit glänzenden Beispielen ihrer Schachkunst zu entzücken. Doch da war noch dieser geheimnisvolle riesige Tisch inmitten des Hauptsaales »Circle privé«, der tagsüber friedlich vor sich hin träumte, aber abends die Aufmerksamkeit der Schachspieler magisch anzog... Kaum ein Maestro konnte der Verlockung widerstehen, sich im Glücksspiel zu versuchen. Wie der amerikanische Großmeister → *F. Marshall* später zugab, stachelte ein kleiner Anfangsgewinn von 200 Dollar seine Leidenschaft derart an, daß er jeden Abend ins Casino ging und ihm fortan auch tagsüber die schwarzen und roten Felder des Roulettes im Kopf herumspukten, so daß er sich nicht mehr auf das schwarzweiß karierte Schachbrett konzentrieren konnte. Letztlich belegte er nur den 10. Platz unter 14 Teilnehmern, verlor 2000 Dollar und machte sich noch lange Zeit danach schwere Vorwürfe, was für ein Dummkopf er doch gewesen sei.

Doch er war nicht der einzige. Nicht besser erging es dem Sieger des Turniers, → *D. Janowski*, der seinen 1. Preis in Höhe von 5000 Francs verspielte! Trotzdem wurden die Turniere von Monte Carlo immer populärer. Schon im darauffolgenden Jahr reisten 20 der stärksten Spieler der Welt – es fehlte nur Lasker – in den noblen Kurort. Der Sieger hieß → *G. Maróczy*, der 14,75 Punkte erzielte. Ein Unentschieden wurde mit 0,25 Punkten bewertet und die Partie wiederholt. Der Gewinner erhielt dann einen Zuschlag von 0,5 Punkten, kam also insgesamt auf 0,75. Zweiter wurde → *H. N. Pillsbury* (14,5) vor David Janowski. Im doppelrundigen Wettbewerb von 1903 gewann → *S. Tarrasch*; ein Jahr später war erneut Maroczy erfolgreich.

Die Tradition der Schachturniere in Monte Carlo wurde über 60 Jahre später wieder aufgegriffen. 1967–69 fanden hier Schachfestivals statt. Als Präsident des Organisationskomitees fungierte Fürst Rainier III. Die Namen der jeweiligen Erstplazierten der Hauptturniere lassen erahnen, wie hochkarätig diese Wettbewerbe besetzt waren: 1967 – 1. Fischer 7/9, 2. Smyslow 6,5, 3.-4. Geller und Larsen je 6; 1968 – 1. Larsen 9,5/13, 2. Botwinnik 9, 3.-4. Hort und Smyslow 8,5; 1969 – 1.-2. Portisch und Smyslow je 8/11, 3.-4. Hort und Lombardy je 7.

1992 gewann → *W. Iwantschuk* hier ein starkes Schnellturnier, das eine Serie von Veranstaltungen dieser Art in Monte Carlo einleitete. 1993, 1994 und 1995 gab es kombinierte Wettbewerbe im → *Schnell-* bzw. → *Blindschach* (!), bei denen jeweils ein Großteil der Weltelite am Start war. Die Sieger lauteten → *L. Ljubojević*, → *V. Anand* und → *A. Karpow*.

Morosewitsch Alexander, * 18. Juli 1977 in Moskau, russischer Großmeister.

Mit fünfzehn überraschte er beim Tal-Memorial in Moskau erstmals die Spezialisten. Der schlanke Bursche mit dem kurzgeschnittenen Haar und dem freundlichen Lächeln, auf dessen Namensschild ganz bescheiden der Titel »Meisterkandidat« stand, spielte sichtbar auf Großmeisterniveau.

Zwei Jahre später beim Londoner Lloyd's Bank Open 1994 machte er auch international auf sich aufmerksam. Sein phänomenales Ergebnis von 9,5/10 entsprach einer Ratingperformance von 2970 Punkten und legte Vergleiche zu → *R. Fischers* Sieg bei der amerikanischen Meisterschaft 1963 (11/11) bzw. → *A. Karpows* Erfolg in Linares 1994 nahe.

Die folgende Partie stammt aus dem Londoner Turnier:

□ A. Miles
■ A. Morosewitsch
London, 1994

1. d4 d5 2. ♘f3 ♘c6 3. g3 g6 4. ♗g2 ♗g7 5. 0-0 e6 6. b3 ♘ge7 7. ♗b2 0-0 8. c4 a5 9. e3

b6 10. ♕d2 ♗a6 11. ♖c1 h6 12. c:d5 e:d5 13. ♘c3 ♕d7 14. a3 g5 15. ♖c2 f6 16. ♖ac1 ♗b7 17. ♘e1 ♘d8! 18. ♘d3 ♖c8 19. a4! ♘f7 20. ♗a3 ♖fe8 21. ♕d1! ♘g6 22. b4 ♗f8 23. ♖a2! a:b4 24. ♘:b4 ♗:b4 25. ♗:b4 ♔g7! 26. ♕b3 c5 27. ♗a3 c:d4 28. e:d4 ♗a6! 29. ♕d1 ♗c4 30. ♖b2 ♖c6 31. ♖cb1 ♖e6 32. h3 f5 33. a5 b:a5 34. ♖b7 f4 35. ♔h2 f:g3+ 36. f:g3 ♕f5! 37. ♕d2 h5! 38. ♗c1 ♗f1! 39. g4 h:g4 40. ♗:d5 ♖f6 41. ♕:g5 ♕f2+ 42. ♔h1 ♗g2+ 43. ♗:g2 ♖e1+ 44. ♔h2 g3+   0-1

Im Dezember 1994 in Moskau führte Alexander Morosewitsch die russische Juniorenauswahl bei der Schacholympiade am Spitzenbrett auf den ausgezeichneten Bronze-Rang.

Morphy Paul, * 22. Juni 1837 in New Orleans, † 10. Juli 1884 in New Orleans, amerikanischer Maestro, Mitte des 19. Jahrhunderts stärkster Schachspieler der Welt.

Mit zehn kam Paul zum Schach, mit zwölf besiegte er schon den auf einer Gastspielreise in den USA befindlichen ungarischen Maestro Johann Jakob Löwenthal mit 1,5:0,5! Das Schachspiel schlug ihn derart in seinen Bann, daß weder die Jahre am College noch die Verleihung des Rechtsanwaltsdiploms seine Leidenschaft dafür zu zügeln vermochten. Der 20jährige Morphy beschloß, seine Kräfte in ernsthaften Schachwettkämpfen zu erproben. Bereits sein erster Auftritt brachte ihm einen großen Erfolg. Im Herbst 1857 gewann er den Amerikanischen Schachkongreß in New York! Im Finale dieses Matchturniers besiegte er den berühmten → *L. Paulsen* mit 6:2.

Nachdem er noch mehr als 250 Partien mit den stärksten Spielern der USA gewechselt hatte, reist Morphy über den Ozean nach Europa. In England angekommen, sucht er das Duell mit dem führenden Meister und Theoretiker → *H. Staunton*. Aber trotz aller Bemühungen – Staunton weicht dem Kräftemessen mit dem jungen Amerikaner aus. Nach deutlichen Matchsiegen gegen die Engländer Barnes, Bird und andere sowie Löwenthal, der beim 4:10 noch den härtesten Widerstand leistet, begibt sich Morphy nach Paris. Hier trägt er im berühmten Pariser »Café de la Régence« Zweikämpfe gegen → *D. Harrwitz* und den Sieger des Londoner Turniers von 1851, → *A. Anderssen*, aus. Morphys Überlegenheit ist unstrittig. Das erste Match gewinnt der Amerikaner 5,5:2,5 (+5, -2, =1), und gegen Anderssen ist er mit 8:3 (+7, -2, =2) erfolgreich.

□ P. Morphy
■ D. Harrwitz
Paris, 1858

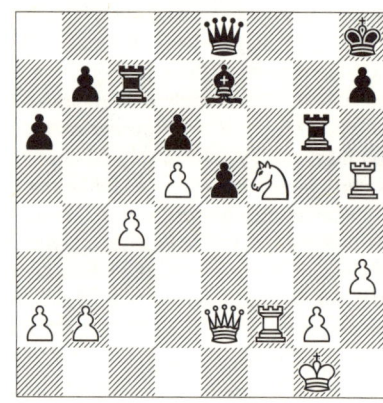

30. c5! ♖:c5 31. ♖:h7+! ♔:h7 32. ♕h5+ ♔g8 33. ♘:e7+ ♔g7 34. ♘f5+ ♔g8 35. ♘:d6   1-0

□ P. Morphy
■ A. Anderssen
Paris, 1858 (7. Matchpartie)

1. e4 d5 2. e:d5 ♕:d5 3. ♘c3 ♕a5 4. d4 e5 5. d:e5 ♕:e5+ 6. ♗e2 ♗b4 7. ♘f3! ♗:c3+ 8. b:c3 ♕:c3+ 9. ♗d2 ♕c5 10. ♖b1 ♘c6 11. 0-0 ♘f6 12. ♗f4 0-0! 13. ♗:c7 ♘d4 14. ♕:d4 ♕:c7 15. ♗d3! ♗g4 16. ♘g5! ♖fd8 17. ♕b4 ♗c8 18. ♖fe1 a5 19. ♕e7 ♕:e7 20. ♖:e7 ♘d5 21. ♗:h7+ ♔h8 22. ♖:f7 ♘c3 23. ♖e1 ♘:a2 24. ♖f4 ♖a6 25. ♗d3   1-0

»Wer mit Morphy spielt«, schrieb Anderssen in einem seiner Briefe, »lasse jede Hoffnung schwinden, daß derselbe in irgendeine noch so fein angelegte Schlinge gehen werde... Den Eindruck, den Morphy auf mich gemacht hat, kann ich nicht treffender schildern, als wenn ich sage, er behandelt das Schach mit dem Ernste und der Gewissenhaftigkeit eines Künstlers.«

Nach Siegen über die stärksten französischen Meister in einer Reihe leichter Partien und einigen erfolgreichen Simultanvorstellungen im Blindspiel in Paris und London sowie einem Schaukampf gegen fünf Meister im St. James' Club (+2, -2, =1) verließ Morphy Europa und kehrte in seine Heimat zurück. Zweitausend Schachanhänger hatten sich in der Aula der New Yorker Universität versammelt, um den unbesiegbaren Morphy zu feiern. Der Saal war mit Namensschildern der von ihm geschlagenen Koryphäen wie Anderssen, Harrwitz, Löwenthal u. a. geschmückt.

Auch in Europa hatte das allgemeine Interesse am Schach merklich zugenommen. »Der Baum des Schachlebens«, schrieb die St. Petersburger »Schachmatnij Listok«, »trug lange nicht so schöne grüne Blätter wie in der Minute, als ein neuer, genialer Kämpfer in der Schacharena auftauchte und die schlummernden alten Veteranen aufschreckte.«

Um so unerwarteter kam der Entschluß Morphys, der die stärksten Meister Europas und Amerikas besiegt hatte und als ungekrönter König des Schachs galt, sich plötzlich gänzlich vom Schach zurückzuziehen... »Stolz und Kummer des Schachs« (Pride and Sorrow of Chess) nannte David Lawson daher seine Morphy-Biographie, die 1976 in New York erschien.

Morphys Zeitgenossen übertrafen sich in Erklärungen für die Gründe seiner überwältigenden Siege, die sie immer wieder auf sein überragendes kombinatorisches Talent zurückführten. Doch das ist nicht das ganze Geheimnis seiner Erfolge. »Das Schaffen Morphys«, so → *A. Karpow*, »eines lange vor unserer Zeit und unserem Schach lebenden Künstlers, ist deshalb so lehrreich für uns, weil er ein Gefühl für die Harmonie der Figuren und ihrer Angriffsobjekte entwickelte und über die auch nach heutigen Maßstäben überragende Fähigkeit verfügte, von der Attacke auf positionelles Spiel umzuschalten.«

Morra-Gambit. Eine der schärfsten Varianten der → *Sizilianischen Verteidigung*, die ähnlich wie das → *Evans-Gambit* den Status einer selbständigen → *Eröffnung* bekommen hat.
1. e4 c5 2. d4 c:d4 3. c3! d:c3 4. ♘:c3

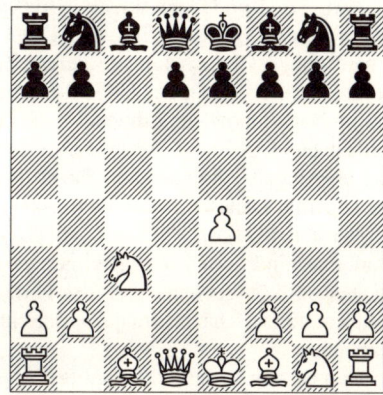

Dieses Gambit ist nach dem Franzosen Pierre Morra benannt, der 1945 in Nizza entsprechende Analysen veröffentlichte. Ende der 50er Jahre wurde es vom jugoslawischen Großmeister Milan Matulović in die Turnierpraxis eingeführt. Deshalb firmiert diese Fortsetzung mitunter unter der Bezeichnung Matulović-Gambit.

Die Grundidee des frühen Bauernopfers besteht in der Erlangung eines spürbaren Entwicklungsvorsprungs. Weiß baut sich in der Regel nach folgendem Muster auf: ♘c3, ♘f3, ♗c4, ♕e2, ♖fd1, ♗e3, ♖ac1 nebst den Bauernvorstößen b2-b4 bzw. e4-e5. Wenn Schwarz das Gambit ablehnen will, stehen ihm im 3. Zug die Fortsetzungen 3... d3, 3... g6, 3... d5 und 3... ♘f6 zu Gebote.

Moskau – Turniere. Schon gegen Ende des 19. Jahrhunderts machte sich Moskau als bedeutendes Zentrum der Schachkultur einen Namen, denn hier ging die WM-Revanche zwischen → *Em. Lasker* und → *W. Steinitz* über die Bühne. Lasker nannte Moskau damals ein Eldorado des Schachs. Drei Jahrzehnte später, 1925, fand im Zentrum der sowjetischen Hauptstadt, im Hotel Metropol, das erste internationale Moskauer Turnier statt. Fast alle Stars der Schachwelt stellten sich diesem Kräftemessen: Weltmeister → *J. R. Capablanca*, Exweltmeister Em. Lasker, → *A. Rubinstein*, → *R. Reti*, → *F. Marshall*, → *R. Spielmann*, E. Grünfeld, → *S. Tartakower*, → *C. Torre* sowie die zehn stärksten sowjetischen Meister → *J. Bogoljubow*, P. Romanowski, A. Iljin-Genewski, F. Bogatyrtschuk, Werlinski, G. Löwenfisch u. a. Das Turnier hielt einige Überraschungen bereit. Zum einen war das der Erfolg des UdSSR-Champions Jefim Bogoljubow, der Emanuel Lasker um anderthalb und José Raoul Capablanca um zwei Zähler überflügelte, zum anderen gab es da die Siege von Iljin-Genewski und Werlinski über Capablanca bzw. Lasker. Eine noch größere Sensation war indessen das riesige Interesse der Moskauer am königlichen Spiel, das übrigens in dem Kinofilm »Schachmatnaja Gorjatschka« dokumentiert ist.

1935 kam es zum zweiten Moskauer Turnier. Wie schon zehn Jahre zuvor waren Lasker und Capablanca dabei, die u. a. auf eine kleine Schar junger westlicher Großmeister trafen: → *S. Flohr*, Lilienthal, → *G. Stahlberg* und Weltmeisterin → *V. Menchik*. Von sowjetischer Seite gingen u. a. → *M. Botwinnik*, Rjumin, Ragosin, Alatorzew, Kan und Goglidse ins Rennen. Das Turnier ging in zwei geräumigen Sälen im Gebäude des heutigen Puschkin-Museums über die Bühne, die bis zu viertausend Zuschauern Platz boten. Den Sieg teilten Botwinnik und Flohr. Dritter wurde Lasker, Vierter Capablanca.

Nur ein Jahr später, im Mai 1936, wurden auf fünf Tischen im besten Saal Moskaus, dem

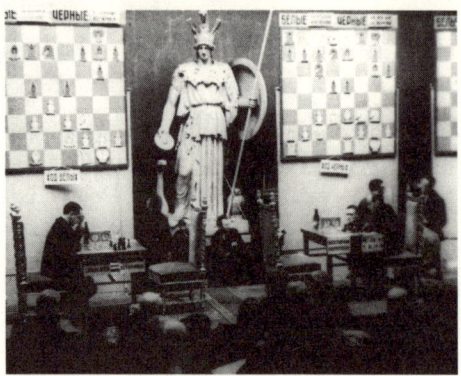

Das zweite internationale Turnier von Moskau (1935) fand im Museum der schönen Künste statt (heute Puschkin Museum)

Kolonnensaal des Gewerkschaftsgebäudes, die Schachuhren in Gang gesetzt – Startschuß für das dritte Moskauer Turnier. Fünf sowjetische kreuzten mit fünf ausländischen Spielern die Klingen, darunter erneut die herausragenden Namen von Lasker und Capablanca sowie Flohr, Lilienthal und Eliskases. Der Wettbewerb bestand aus zwei Durchgängen. Der glänzend disponierte Capablanca gewann mit 13/18 und konnte erstmals in einem Turnier Lasker hinter sich lassen.

In den Nachkriegsjahren war Moskau oft Schauplatz großer internationaler Turniere, darunter des zweiten Teils des Matchturniers um die Weltmeisterschaft (1948), des Tschigorin-Memorials (1947), der Aljechin-Gedenkturniere (1956, 1971, 1975, 1992) und des WM-Turniers der Frauen 1949/50. Zweimal fand hier die Schacholympiade (1956, 1994) sowie das Schnellturnier »Kreml-Sterne« statt (1994, 1995).

Mühle – effektvolle Kombination, bei der sich Turm und Läufer bei den Schachgeboten abwechseln und einem Mühlstein gleich die Kräfte des Gegners aufreiben. Das wohl berühmteste Beispiel einer Mühle stammt aus der Partie des mexikanischen Maestro → *C. Torre* gegen → *Em. Lasker* beim Moskauer Turnier von 1925. Interessant ist auch die psychologische Vorgeschichte zu dieser Partie. Exweltmeister Lasker ging schon auf die Sechzig zu, spielte aber immer noch ein frisches, originelles und kühnes Schach. Nach elf Partien lag er nur einen halben Zähler hinter dem Führenden, → *J. Bogoljubow*, zurück. In der 12. Runde hatte es Lasker mit dem jungen talentierten Mexikaner Torre zu tun. Lasker wehrte eine verfrühte Attacke ab, wonach sein Gegner in ein tiefes Nachdenken verfiel. Hier glaubte nun ein Mitglied des Turnierkomitees den richtigen Moment gekommen, Lasker ein soeben aus Berlin eingetroffenes dringliches Telegramm auszuhändigen. Lasker öffnete es, las es und... ein zufriedenes Lächeln huschte über sein Gesicht. Er hatte erfahren, daß sein gemeinsam mit seinem Bruder Berthold geschriebenes Drama vom Deutschen Theater zur Aufführung angenommen worden war. Natürlich ließ diese Neuigkeit Lasker viele Gedanken durch den Kopf schwirren, die mit seiner gerade laufenden Schachpartie nicht viel zu tun hatten... Der Exweltmeister, berühmt für seinen Erfindungsreichtum in verwickelten Stellungen, spielte fortan unsicher und übersah nach einigen Zügen ein glänzendes Damenopfer Torres, das den Auftakt zu einer Mühle bildete.

□ C. Torre
■ Em. Lasker
Moskau, 1925

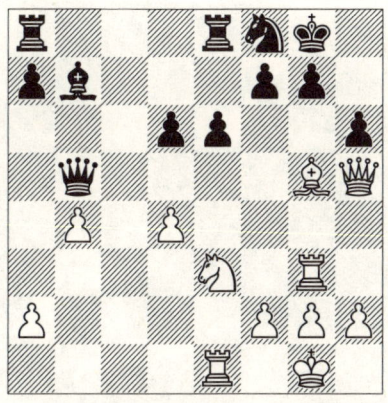

25. ♗f6!! ♕:h5 26. ♖:g7+ ♔h8 27. ♖:f7+ ♔g8 28. ♖g7+ ♔h8 29. ♖:b7+ ♔g8 30. ♖g7+ ♔h8 31. ♖g5+ ♔h7 32. ♖:h5 ♔g6 33. ♖h3 ♔:f6 34. ♖:h6+ ♔g5 35. ♖h3 ♖eb8 36. ♖g3+ ♔f6 37. ♖f3+ ♔g6 38. a3 a5 39. b:a5 ♖:a5 40. ♘c4 ♖d5 41. ♖f4 ♘d7 42. ♖:e6+ ♔g5 43. g3   1-0

MUSIK

Musik und Schach. Beides verbindet die Logik des Gedankens, ihre Dynamik und das ständige Wechselspiel der verschiedenen Variationen. Von diesen Gemeinsamkeiten rührt auch das geflügelte Wort vom Schach als »Musik der Gedanken« und die Schachleidenschaft berühmter Komponisten wie Beethoven, Chopin, Schostakowitsch oder Prokofjew. Dimitri Schostakowitsch liebte das Schach sehr, weil in ihm Kunst und Wissenschaft verschmelzen und es ihm Erholung und Inspiration verschaffte. Sergej Prokofjew stellte Analogien vom Schaffen führender Schachspieler zu den Genies der Welt der Musik her: »Während mir der komplizierte und tiefsinnige Lasker wie der majestätische Bach vorkommt, erinnert mich der lebendige, zielstrebige Capablanca eher an den ewig jungen Mozart, der mit derselben Leichtigkeit und mitunter auch lieblichen Zartheit zu Werke ging wie auch Capablanca.«

Unter den großen Musikern der Vergangenheit haben einige auch ihre Begabung für das Schach offenbart. So erwies sich der Begründer der französischen komischen Oper, → *Philidor*, als großer Schachmeister. Der bekannte ungarische Komponist Ferencz Erkel, Schöpfer der ungarischen Nationalhymne, bestand erfolgreich gegen den Teilnehmer des Londoner Turniers Joszef Szén und gründete in Pest den ersten Schachclub. Der italienische Sänger Enrico Caruso kreuzte am Schachbrett mit dem jugoslawischen Großmeister Bora Kostic die Klingen. Dem Schach leidenschaftlich zugetan waren auch die bekannten Komponisten Robert Schumann, Richard Strauss, Arthur Bliss, Nikolai Rimski-Korsakow, Alexander Skrjabin, Anatoli Ljadow, Sergej Tanejew und andere. Sergej Prokofjew trug 1937 sogar einen Schachwettkampf gegen den Geigenvirtuosen David Oistrach aus. Wir haben hier das Schlußspiel der ersten Partie vor uns:

□ S. Prokofjew
■ D. Oistrach
Moskau, 1937

(siehe Diagramm Seite 210)

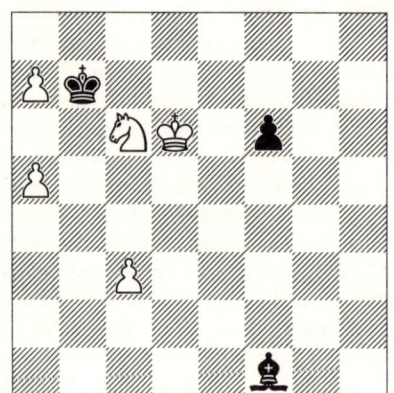

60... f5 61. ♔e5 ♗d3 62. ♔d4 ♗e4 63. a6+ ♔a8 64. ♘b4 ♔:a7 65. c4 ♔b6 66. c5+ ♔a7 67. ♔e5 ♔b8 68. ♘d5 ♗d3 69. ♘b4 ♗e4 70. c6 ♔c7 71. a7 ♗:c6 72. ♘:c6 ♔b7   1/2-1/2

Mitunter greifen die Künstler in ihren Werken das Thema Schach auf. So kam zum Beispiel 1903 in Berlin eine Sammlung Berliner Schachlieder heraus, darunter auch die Hymne der

Das Match zwischen Sergej Prokofjew (rechts) und David Oistrach, Moskau, 1937.

Berliner Schachgesellschaft, aus der deutlich die Melodie des Seemannschores aus der Wagner-Oper »Der Fliegende Holländer« herausklang. Gegen Ende der 30er Jahre sorgte das Ballett »Mate« des Engländers Arthur Bliss für Furore, das erst in Paris und dann in vielen Theatern der Welt aufgeführt wurde. Beispiele aus den 80er Jahren sind das amerikanische Ballett »Tschaturanga – eine Schachfantasie« und das englische Musical »Chess«.

Den Reigen der musikalisch-schachlichen Allegorien setzen das Klavierstück »Das Duell am Schachbrett. Parade und Matt« des Dänen Peer Tilman sowie das symphonische Gedicht für Chor und Orchester »Die Schachballade« des schwedischen Musikers und Internationalen Schachmeisters Michael Wiedenkeller, das auf Motiven aus altskandinavischen Liedern beruht, fort. Bereits zu Beginn dieses Jahrhunderts hatte der brasilianische Komponist Arturo Napoleon (auch einer der stärksten Schachspieler seines Landes) die musikalische Sammlung »Caissa Brasiliana« herausgegeben, in der er die besten Schachpartien seiner Landsleute vertont hatte!

Ein überdurchschnittliches musikalisches Talent offenbarten auch einige bekannte Schachgroßmeister. Prokofjew äußerte sich lobend über das Klavierspiel → *S. Tarraschs*: »Präziser Rhythmus, klare Phrasierung und Ausdruckskraft zeugen von großer Musikalität dieses berühmten Schachspielers.« Ein erstklassiger Pianist ist ebenfalls Großmeister → *M. Taimanow*. Dem siebenten Weltmeister → *W. Smyslow* legte man gar nahe, das Schachbrett an den Nagel zu hängen und eine Sängerkarriere im Moskauer Bolschoi-Theater einzuschlagen.

Großmeister Mark Taimanow am Fortepiano.

N

Nabokow Wladimir, * 23. April 1899 in St. Petersburg, † 2. Juli 1977 in Montreux, russisch-amerikanischer Schriftsteller und Schachspieler, Autor von »Lushins Verteidigung«, einem der bekanntesten Romane der Weltliteratur zu einem schachlichen Thema.

Wladimir wurde schon in seinen Kinderjahren vom Vater an das Schach herangeführt und begeisterte sich als Jugendlicher vor allem für die Schachkomposition. 1919 aus Rußland emigriert, publizierte er seine Aufgaben in der russischsprachigen Berliner Zeitung »Rulj«, wo er eine Schachecke führte. Dort wurde 1927 auch sein Gedicht »Schachmatnij Kon« (Der Schachspringer) gedruckt sowie bald darauf seine Rezension von Jewgeni Snosko-Borowskis Buch »Capablanca und Aljechin«. Die Besprechung endete mit den Worten: »Ein bescheidener, aber flammender Anhänger Caissas begrüßt das Erscheinen dieses aufregenden Buches.«

Auch in den folgenden Jahren fuhr Nabokow fort, Schachsonette zu schreiben und unter dem Pseudonym »Sirin« Schachaufgaben zu veröffentlichen. Darunter auch die nachstehende, die aus den Londoner »Evening News« stammt:

W. Nabokow, 1967

Matt in drei Zügen
1. ♘d7 ♚:e4 2. ♖f1 d4 3. ♘f6 matt.

1970 gab der Schriftsteller in Amerika sogar eine Sammlung »Gedichte und Aufgaben« heraus (Poems and Problems. New York-Toronto). In einem seiner Mondscheingedichte von 1942 heißt es in einer Zeile sinngemäß: Wir haben ein Schachspiel dabei, Shakespeare und Puschkin. Wir sind's zufrieden.

Wie tief Nabokow das Schach erfaßt hat, davon zeugt sein Roman »Lushins Verteidigung« (1930). In ihm zeichnet Nabokow das Porträt eines Schachgroßmeisters, der in der begrenzten Welt der 64 Felder lebt, unendlich einsam und unfähig zum Leben in der Gesellschaft ist und ein tragisches Ende findet. Zur Beschreibung des Schachgenies und der Qualen des Schöpfertums eines Schachspielers findet der Autor originelle Metaphern, die deutlich machen, wie tief er in die Psychologie des Schachs eingedrungen war. Der folgende Satz zeigt beispielsweise, wie kräftezehrend die häusliche Vorbereitung eines Schachspielers sein kann. »Je kühner er in seiner Phantasie wurde, je klarer seine Konzeption bei der verborgen gehaltenen Arbeit zwischen den Turnieren erschien, desto schrecklicher empfand er seine Ohnmacht, und wenn der Kampf dann begann, spielte er nur noch ängstlicher und vorsichtiger.«

Nabokow will zeigen, daß sein Held nicht einfach selbstvergessen Schach spielt, sondern das das für ihn gleichsam eine heilige Handlung ist. Er lebt in einem Schachuniversum und betrachtet andere als Eindringlinge aus fremden Welten. »Das Geheimnis, nach dem er strebte, war Einfachheit, harmonische Einfachheit, die mehr als die komplizierteste Magie in Erstaunen setzte«, schreibt der Autor am Anfang des Romans, als ob er uns auf die Unausweichlichkeit des tragischen Finales hinweisen will. Denn das reale Leben, das Lushin umgibt, ist disharmonisch und eben nicht einfach. Der Tod des Helden ist kein Zufall. Lushin verteidigte sich nicht nur am Schachbrett, sondern auch vor dem Leben. Er flüchtete vor allen sichtbaren und eingebildeten Hindernissen – vor den Eltern, aus dem Gymnasium, vor der Ehefrau, vor dem Leben. Ungeachtet des traurigen Ausganges, der vorherbestimmt scheint, verläßt den Leser nicht das Gefühl der magischen Anziehungskraft des Schachs.

Der erfolgreiche Roman »Lushins Verteidigung« wurde in viele Sprachen übersetzt. Möglicherweise deshalb, weil der Autor nicht das reale Leben eines bestimmten Großmeisters nachzeichnete, sondern den Leser durch ein ungewöhnliches, in vielem groteskes Prisma Einblick in die Welt des Schachs nehmen läßt.

Najdorf Miguel, * 15. April 1910 in Warschau, argentinischer Großmeister, in den 50er Jahren einer der stärksten Schachspieler der Welt. Najdorfs origineller Stil wurde bereits in seinen jungen Jahren unter dem Einfluß → *S. Tartakowers* geformt, der sein erster Lehrer war. Mit 22 erzielte Najdorf seinen ersten großen Erfolg – er konnte zwei Schaupartien gegen Weltmeister → *A. Aljechin* remis gestalten. Drei Jahre später gewann er ein Match gegen Tartakower mit 3:2 und wurde 1935, 1937 und 1939 in die polnische Olympiadeauswahl berufen. Während der Schacholympiade 1939, die in Buenos Aires stattfand, brach in Europa der Zweite Weltkrieg aus. Najdorf beschloß, in Südamerika zu bleiben. Bald avancierte er dortzulande, auch wegen seiner Umgänglichkeit, seines großen Talentes und unermüdlichen Einsatzes zum Wohl des Schachs, zum populärsten Schachspieler. Er war einer der Initiatoren der Turniere von Mar del Plata, von denen er selbst zehn gewann. 1947 stellte Najdorf in São Paulo einen Weltrekord im → *Blindspiel* auf. Binnen 24 Stunden nahm er es gleichzeitig mit 45 Gegnern auf und erzielte mit +39, -2, =4 ein phänomenales Resultat.

Najdorf war nicht nur über lange Zeit hinweg der stärkste Spieler Argentiniens – er holte sich in den 50er–70er Jahren sieben Landesmeistertitel –, sondern qualifizierte sich auch zweimal für das → *Kandidatenturnier* zur Weltmeisterschaft. In Budapest 1950 und Zürich 1953 belegte er den 5. bzw. 6.-7. Platz. Najdorf gewann eine Reihe von internationalen Turnieren, darunter 1962 als 52jähriger das Capablanca-Memorial in Havanna, wo er u. a. → *B. Spasski*, → *W. Smyslow*, → *L. Polugajewski*, → *S. Gligorić* und → *B. Ivkov* hinter sich ließ. Najdorf ist ein hervorragendes Beispiel für schachliche Langlebigkeit. Mit sechzig knöpfte er → *M. Tal* beim → *Match des*

Jahrhunderts 1970 in Belgrad ein 2:2 ab, und selbst mit über 80 Jahren beteiligt er sich noch aktiv am Turniergeschehen. Zu seinen denkwürdigsten Partien zählt Don Miguel seinen Sieg über → *R. Fischer* in Santa Monica.

□ M. Najdorf
■ R. Fischer

Santa Monica, 1966

1. d4 ♘f6 2. c4 g6 3. ♘c3 ♗g7 4. e4 d6 5. ♗e2 0-0 6. ♗g5 c5 7. d5 e6 8. ♘f3 h6 9. ♗h4 e:d5 10. c:d5 g5 11. ♗g3 b5?! 12. ♘d2! a6 13. 0-0 ♖e8 14. ♕c2 ♕e7? 15. ♖ae1 ♘bd7 16. a4! b4 17. ♘d1 ♘e5 18. ♘e3 ♘g6 19. ♘ec4 ♘f4 20. ♗:f4 g:f4

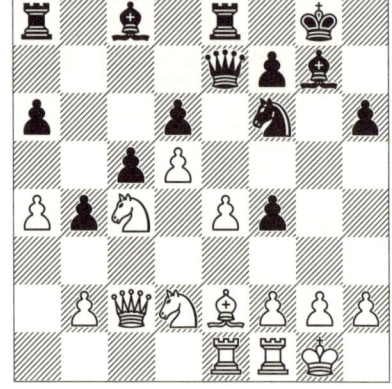

21. e5! d:e5 22. ♗f3 ♕f8 23. ♘:e5 ♗b7 24. ♘dc4 ♖ad8 25. ♘c6! ♖:e1 26. ♖:e1 ♖e8 27. ♖d1! ♖c8 28. h3 ♘e8 29. ♘6a5 ♖b8 30. ♕f5 ♘d6? 31. ♘:d6 1-0

Miguel Najdorf ist Autor einer Reihe von theoretischen Neuschöpfungen. Eines der populärsten Systeme der → *Sizilianischen Verteidigung* trägt seinen Namen — 1. e4 c5 2. ♘f3 d6 3. d4 c:d4 4. ♘:d4 ♘f6 5. ♘c3 a6.

Neoromantik im Schach. In der Schachkunst des 20. Jahrhunderts nimmt die Neoromantik neben der klassischen Richtung, die die Einhaltung positioneller Prinzipien bzw. die harmonische Einheit von positionellen und kombinatorischen Elementen in den Vordergrund stellt, eine wichtige Stellung ein. Im Unterschied zur Romantik des vergangenen Jahrhunderts, deren Vorherrschaft auf der Schwäche der Theorien bzw. der Verteidigungsverfahren gründete, vereinigt die Neoromantik, die in den 20er Jahren des 20. Jahrhunderts aufkam, moderne Ideen mit positionellen Prinzipien. Der bekannte sowjetische Meister und Schachtheoretiker Peter Romanowski wies in seiner Arbeit »Romantik in der Schachkunst« (1960) darauf hin, daß diese Richtung lediglich eine Widerspiegelung der Natur des Menschen sei, die sich keinesfalls gegen das klassische Schach stellte.

Vom Streben nach der Verbindung romantischer Ideen mit wissenschaftlichen Prinzipien des Schachkampfes zeugen die Arbeiten von Neoromantikern wie → *R. Reti* (»Neue Ideen im Schach«), → *A. Nimzowitsch* (»Mein System«, »Die Praxis meines Systems«), → *S. Tartakower* (»Die hypermoderne Schachpartie«), → *R. Spielmann* (»Richtig opfern«), → *G. Breyer* und anderen. Die Partien dieser Meister dienten einem tieferen Verständnis des Schachs. Die Idee eines Figurendrucks auf das Zentrum gipfelte in ganz neuartigen Fianchetto-Systemen wie dem → *Reti-System* und der → *Königs-* bzw. → *Damenindischen Verteidigung*. Man kombinierte quasi »positionell«. Die Ausdrucksweise der Protagonisten der neuen Stilrichtung nahm bisweilen einen gekünstelt wirkenden Charakter an. Sie nannten sich Hypermodernisten, Ultramodernisten usw., worin sich der Einfluß des Expressionismus und anderer zu jener Zeit modischen Kunstrichtungen nicht verleugnen läßt.

Mitte des Jahrhunderts trat eine neue Generation von Schachspielern auf den Plan, die sich zur Romantik bekannte. Ihre Vertreter behandelten Stellungen mit gestörtem Gleichgewicht, in denen es auf Schritt und Tritt komplizierte und weitverzweigte Varianten zu berechnen gilt, mit großer Meisterschaft. Sie gingen ein hohes Risiko ein, schreckten dabei zur Erlangung der Initiative auch nicht vor Opfern zurück und verfügten über eine große Phantasie. Aufstrebende Spieler wie → *P. Keres*, → *D. Bronstein* und → *I. Boleslawski* belebten die romantischsten Eröffnungen des Schachspiels wie das → *Königsgambit* (Keres, Bronstein), das Jänisch-Gambit der → *Spanischen Partie* (Bronstein) und spezialisierten sich auf Bauernopfer in der Eröffnung (Boleslawski). In den 50er und 60er Jahren gehörten Wladimir Simagin, Alexander Tolusch, Ratmir Cholmow, → *L. Stein*, Jewgeni Wasjukow, Raschid Neshmetdinow und natürlich → *M. Tal* mit seinen intuitiven Opfern zu den sowjetischen Schachspielern, die sich dem Geist der Romantik verpflichtet fühlten.

In anderer Weise trat zu jener Zeit der Romantizismus eines → *B. Larsen* zu Tage, der nicht zu den ausschließlich kombinatorischen Schachspielern gehörte. Der Däne ging schon in der Eröffnung eigene Wege und wählte manchmal Varianten, die als von der Theorie widerlegt galten. In der folgenden Partie opferte er schon im 9. Zug nach 1. c4 g6 2. ♘c3 ♗g7 3. d4 d6 4. e4 ♘d7 5. ♗e3 ♘gf6 6. f3 0-0 7. ♕d2 c5 6. ♘ge2 ♕a5 9. ♘d5 mit 9... ♘:d5!?die Dame, »weil ich auf einmal Lust verspürte, ideenreich zu spielen... Ich bin nicht sicher, daß das Opfer korrekt ist, aber es ist voller Phantasie.«

Nach 18... ♗g7-h6! ergab sich diese Lage:

□ J. Nielsen
■ B. Larsen
Kopenhagen, 1965

(siehe Diagramm Seite 214)

Eine phantastische Stellung! Besonders malerisch wirkt der schwarze Tripelbauer im Zentrum. Wenn jetzt 19. ♗d3, so 19... ♖e8, und auf 19. ♗:d5+ folgt 19... ♘:d5 20. ♕:h6 ♘:c7, und Schwarz hat mehr als genug Holz für die Dame. Es ist interessant zu beobachten, wie schnell Larsen alle seine Figuren ins Spiel bringt.
19. g4 d:e4 20. ♕:d4 ♖:f3 21. ♕:e4 ♗:g4 22. ♖g1 ♖af8! 23. ♖:g4 ♘:g4 24. ♕e6+ ♔h8 25. ♕:g4 ♖e8+ 26. ♖e7
Der Turm geht auch bei 26. ♔d1 ♖f1+ 27. ♔c2 ♖c1+ verloren.
26... ♖:e7+ 27. ♔d1 ♖f1+ 28. ♔c2 ♖f2+ 29. ♔d1 ♖d2+ 0-1

New York – Turniere. 1857 fand in New York der erste amerikanische Schachkongreß statt. Es handelte sich dabei um das einzige (!) Turnier, an dem → *P. Morphy* jemals teilnahm. Im Finalduell bezwang er → *L. Paulsen* mit 6:2.
Die New Yorker Turniere sind in mehrfacher Hinsicht bemerkenswert. 1889 ging hier das längste Turnier der Schachgeschichte über die Bühne. Es dauerte mehr als zwei Monate und wurde – bei 20 Teilnehmern – in zwei Umgängen ausgetragen. Die erste Remispartie wurde jeweils wiederholt. Die Sieger, Max Weiss und → *M. Tschigorin*, holten 29 Punkte aus 38 Partien. Die beste Ausbeute aller New Yorker Wettbewerbe geht auf → *Em. Lasker* zurück, der 1893 13 aus 13 holte! Ein Jahr später feierte → *W. Steinitz* in der amerikanischen Metropole den letzten Turniersieg seiner Karriere. → *J. R. Capablanca* gewann 1913–1918 fünfmal in Folge in New York.
Die Turniere von 1924 und 1927 gehören zu den Sternstunden der Schachgeschichte. 1924 gewann Lasker mit 16/20 vor Capablanca 14,5 und → *A. Aljechin* 12. Die weitere Reihenfolge: 4. Marshall 11; 5. Reti 10,5; 6. Maroczy 10; 7. Bogoljubow 9,5; 8. Tartakower 8; 9. Yates 7; 10. Ed. Lasker 6,5; 11. Janowski 5. 1927 trugen sechs Teilnehmer jeder gegen jeden Minimatches über vier Partien aus. Aljechin nannte den Wettbewerb einen »Prolog zum Kampf um die Weltmeisterschaft«. Dieses Kräftemessen gab ihm die nochmalige Ge-

New York, 1924. Sitzend (von links nach rechts): Yates, Capablanca, Janowski, Ed. Lasker und Em. Lasker. Stehend: Marshall, Tartakower, Maróczy, Aljechin, Reti und Bogoljubow.

legenheit, das Spiel von Weltmeister Capablanca zu studieren, der das Turnier mit einer glänzenden Vorstellung gewann und sich danach im Hinblick auf das kommende WM-Duell gegen Aljechin wohl zu sicher fühlte. Der Endstand: 1. Capablanca 14/20; 2. Aljechin 11,5; 3. Nimzowitsch 10,5; 4. Vidmar 10; 5. Spielmann 8; 6. Marshall 6.

Seit Beginn der 70er Jahre findet alljährlich das New York Open statt, das zu den bedeutendsten und bestdotierten offenen Turnieren der Welt zählt.

Niederlande. »Bei uns in Holland spielt man seit dem 13. Jahrhundert Schach!« sagte der Bürgermeister Leeuwardens auf dem feierlichen Empfang im Rathaus anläßlich des Kandidatenturniers 1956 mit Stolz. »Das beweisen die bei Ausgrabungen in unserer Stadt gefundenen 700 Jahre alten Schachfiguren.« Als Zeugnisse des Schachinteresses im 16. und 17. Jahrhundert können die Arbeiten der berühmten niederländischen Landschaftsmaler Lucas van Leyden (1494–1533), Cornelius de Man (1621–1706) und anderer dienen, die diesem Spiel bemerkenswerte Gemälde widmeten.

Der stärkste niederländische Schachspieler des ausgehenden 18. Jahrhunderts war Elias Stein (1748–1812), Autor des Buches »Die neue Erfahrung des Schachspiels« (1789) und Schöpfer einer Eröffnung, die später unter der Bezeichnung → *Holländische Verteidigung* bekannt wurde. Der berühmte Franzose → *Philidor* lebte einige Jahre in den Niederlanden und schuf hier sein Werk »Die Analyse des Schachspiels«.

Knapp hundert Jahre später kamen in Holland → *Schachzeitschriften* heraus, gastierten hier bekannte Maestros aus England, Deutschland und anderen Ländern. 1889, beim ersten internationalen Schachturnier auf niederländischem Boden, in Amsterdam, trug Amos Burn vor → *Em. Lasker* den Sieg davon. In der ersten Hälfte des 20. Jahrhunderts avancierte das Land zu einem der Zentren des europäischen Schachlebens. 1935 gewann der Holländer → *M. Euwe* hier ein Match gegen → *A. Aljechin* und wurde der fünfte Weltmeister der Schachgeschichte. Zwei Jahre später verlor er, wiederum auf heimischem Boden, den Titel in der Match-Revanche, und 1938 ging in Holland das berühmte → *AVRO-Turnier* über die Bühne. Die schachliche Autorität des Landes wurde auch durch die Tätigkeit des ersten Fide-Präsidenten Alexander Rueb (1882 bis 1959) gestärkt, der überdies internationaler Schachschiedsrichter sowie ein Schachkomponist war, der eine Anthologie der Schachstudie in fünf (!) Bänden schuf.

Auch nach dem Zweiten Weltkrieg verblieb Holland im Epizentrum schachlicher Großereignisse. Hier fanden 1948 der erste Teil des Matchturniers um die Weltmeisterschaft, das Turnier in → *Groningen* 1946, das Kandidatenturnier 1956 sowie die Schacholympiade 1954 statt. In → *Tilburg,* Amsterdam, Bewerwijk, Wijk aan Zee, Groningen und anderen Städten wurden und werden Traditionsturniere ausgerichtet.

Vielfache Landesmeister der 50er–70er Jahre waren Jan Hein Donner, Hans Ree und der gebürtige Leningrader Gennadi Sosonko. Große Popularität erlangte Donner (1927–88) auch als glänzender Schriftsteller. Er führte in »De Tiyd« eine Schachspalte, und einige seiner Bücher wurden in Holland zu wahren Bestsellern.

Der führende Schachspieler der Niederlande ist seit den 70er Jahren → *J. Timman,* der mehrfach WM-Kandidat war und 1993 gegen → *A. Karpow* um den Titel des Fide-Weltmeisters kämpfte. 1976 führte er Holland bei der Schacholympiade von Haifa zur Silbermedaille.

Zu den stärksten Großmeistern der Niederlande zählen weiterhin John van der Wiel und in den 90er Jahren Jeroen Piket, Paul van der Sterren und Loek van Wely. Eine große Rolle bei der Propagierung des Schachs im Lande sowie bei der Talentförderung spielt das 1986 gegründete Max-Euwe-Zentrum und die drei Jahre später entstandene Schachakademie »Max Euwe«.

Zu den bekanntesten holländischen Problemkomponisten zählen Henry Weenink (1892-1931), Eeltje Visserman (1922–78) und Jan Hartong (1902–87). Einen wertvollen Beitrag zur Entwicklung der Schachkultur leistete der holländische Historiker Antonius van der Linde

(1833–97), der von seiner Jugend an in Deutschland lebte. Er untersuchte die Evolution des Schachs im Osten und in Europa und verfügte über eine umfangreiche Literatursammlung, die gemeinsam mit der Kollektion Meindert Niemeijers (1902–87) den Grundstock der heute mehr als 18000 Bände umfassenden größten → *Schachbibliothek* der Welt bildet. Sie befindet sich in der Königlichen Bibliothek von Den Haag.

Nimzowitsch Aaron, * 7. November 1886 in Riga, † 16. März 1935 in Kopenhagen, in den 20er–30er Jahren einer der stärksten Schachspieler der Welt, Schachtheoretiker und Schachschriftsteller.
Die richtige Begeisterung für das Schach ergriff den Rigaer nach eigener Aussage erst während seines Studiums in Berlin. Hier traf er auch auf die späterhin bekannten russischen Schachspieler Ossip Bernstein und Benjamin Blumenfeld, den Deutschen Theodor von Scheve und den Amerikaner Benjamin Bird. »Obwohl sie mich an Stärke bei weitem übertrafen, gerieten sie gegen mich oft in eine verzwickte Lage, da ich mitunter Kombinationen fand, auf die kein anderer gekommen wäre. Allerdings verlor ich eine riesige Anzahl von Partien, da ich ohne die Möglichkeit zu kombinieren völlig überfordert war.«
Diesen Mangel zu beheben erwies sich als nicht einfach. Der Einbruch beim Turnier in Barmen 1905, wo er von 17 Partien acht verlor und nur drei gewann, zwang Nimzowitsch, ernsthaft über seinen Stil nachzudenken und sich tiefgründig mit den Problemen der Schachstrategie auseinanderzusetzen. Das Studium der Partien des Nürnberger Turniers von 1906 brachte Nimzowitsch auf die Bedeutung der »Kunst der Konsolidierung der Kräfte«. Schon Ende 1906 gewinnt er das Turnier von München und überflügelt → *R. Spielmann* dabei um zwei Punkte. Dieser Erfolg trägt ihm den Meistertitel ein.
Auf seinen zweiten internationalen Turniersieg muß Nimzowitsch 17 Jahre warten (Kopenhagen 1923). In der Zwischenzeit arbeitete er daran, Gesetzmäßigkeiten des Schachkampfes zu beschreiben. Seine Suche war nicht nutzlos.

1925 wurde die Schachwelt durch zwei Werke von Aaron Nimzowitsch aufgerüttelt – »Die Blockade« und »Mein System«. Diese Bücher enthielten sehr viel Neues, das – wie so oft – Streit und Diskussionen auslöste. Exweltmeister → *Em. Lasker* schätzte diese Arbeiten hoch ein.
Aber Nimzowitsch war nicht nur ein Theoretiker, der neue Wege beschritt. Sein tiefes Eindringen in die Geheimnisse der Schachkunst erlaubte es ihm auch, große Erfolge in der Praxis zu erringen. Von 1925 bis 1933 gewann er neun erste Preise, darunter in solchen Superturnieren wie Marienbad (1925), Dres-

den (1926), Berlin (1928), Karlsbad (1929) – vor → *J. R. Capablanca*, → *A. Rubinstein*, → *M. Euwe*, → *J. Bogoljubow*. In dieser Phase stand Aaron Nimzowitsch im Zenit seines Schaffens.

□ J. Bogoljubow
■ A. Nimzowitsch
San Remo, 1930

1. d4 ♘f6 2. c4 e6 3. ♘c3 ♗b4 4. ♕b3 c5 5. d:c5 ♘c6 6. ♘f3 ♘e4 7. ♗d2 ♘:c5! 8. ♕c2 f5 9. e3 0-0 10. ♗e2 b6 11. 0-0-0 a5! 12. a3

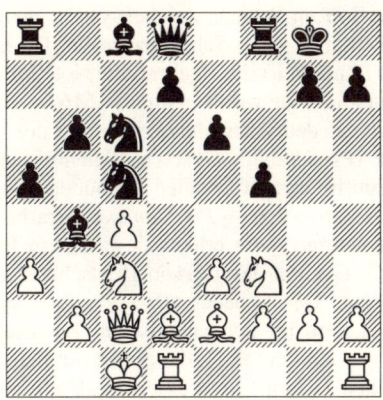

12... a4! 13. ♘b5 ♗:d2+ 14. ♘:d2 ♘a5! 15. ♗f3 d5! 16. c:d5 ♗a6 17. ♘c4 ♗:b5 18. d:e6 ♕c7 19. ♗:a8 ♗:c4 20. ♗d5 ♗:d5 21. ♖:d5 ♕c6! 22. e7 ♕:d5 23. e:f8♕+ ♔:f8 24. ♖d1 ♕e5! 25. h3 h5 26. g4 h:g4 27. h:g4 ♘ab3+ 28. ♔b1 f:g4 29. ♖g1 ♕d5 30. ♖d1 ♕e4 31. ♖g1 ♘d2+ 32. ♔c1 ♕d5! 33. ♕h7 ♘de4 34. ♕h8+ ♔f7 35. ♔b1 ♕d3+ 0-1

Nimzowitsch galt nun als ernstzunehmender Anwärter auf den Weltmeistertitel. Seine praktischen Chancen, ein WM-Match auf die Beine zu stellen, waren allerdings verschwindend gering. Trotzig schrieb der nie um einen geistreichen Spruch verlegene Maestro auf das Türschild seiner Kopenhagener Wohnung: »Anwärter auf die Weltmeisterschaft A. Nimzowitsch«. Die Schachwelt sollte das nie vergessen!
Zu dem Zweikampf → A. Aljechin contra Nimzowitsch ist es indessen nie gekommen. Der unpraktische und einsam lebende Großmeister konnte keine Mäzene auftreiben, die für ihn 10 000 Dollar auf den Tisch gelegt hätten. Das quälende Gefühl der Ausweglosigkeit, die seelische Depression und Krankheit taten das ihrige – im 49. Zug des Lebens starb Nimzowitsch... Aber sein schöpferisches Erbe ist unsterblich.
Aljechin: »Eine wahrhaftige Vorstellung von Nimzowitsch als Künstler und Philosoph kann nur der bekommen, der mit seinen Büchern vertraut ist. Sein letztes Werk, ›Die Praxis meines Systems‹, ist besonders interessant.«
→ T. Petrosjan: »Jedesmal, wenn ich ›Die Praxis meines Systems‹ durchblättere, ist es mir,

217 NIMZOWITSCH-INDISCHE VERTEIDIGUNG

als ob ich jene Aussprüche Nimzowitschs, die, wie ich jetzt weiß, seinerzeit die Fundamente meiner schachlichen Weltanschauung gelegt haben, aufs neue entdecke.«
→ Larsen: Für mich ist Nimzowitsch das, was ich mit der Muttermilch aufgesogen habe. Ich habe ihn früh verstanden, und er ist gleichsam organisch in mich eingegangen.«

Nimzowitsch-Eröffnung. 1. e4 ♘c6

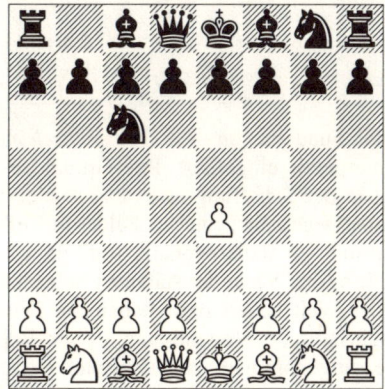

Dieser halboffene Spielanfang tauchte fast zeitgleich mit der → Aljechin-Verteidigung (1. e4 ♘f6) in der Turnierpraxis auf. In gewisser Weise sind diese beiden Eröffnungen miteinander verwandt. Jedoch erreichte die Nimzowitsch-Eröffnung nie die Popularität ihrer »Schwester«. Der Grund liegt darin, daß Weiß durch 2. d4 d5 3. ♘c3 d:e4 4. d5 ♘e5 5. ♗f4 ♘g6 6. ♗g3 f5 7. h4 einen dauerhaften positionellen Vorteil erhält.
Ins Archiv sollte man diese Eröffnung allerdings nicht verbannen. Als Überraschungseffekt taugt sie allemal! Das zeigte auch die Partie Ivanović-Knaak (Balaschicha 1977): 1. e4 ♘c6 2. d4 e5 3. d:e5 ♘:e5 4. ♘c3 ♗b4 5. f4 ♘c6 6. ♕d3 d6 7. a3 ♗:c3+ 8. ♕:c3 ♘f6 9. ♕e3 0-0 10. ♗d3 ♖e8 11. ♘e2 ♗f5 12. ♘g3 ♗:e4 13. ♘:e4 ♘:e4, und Schwarz realisierte sein Übergewicht.

Nimzowitsch-Indische Verteidigung. 1. d4 ♘f6 2. c4 e6 3. ♘c3 ♗b4, eine der populärsten geschlossenen Spielweisen.
Diese Eröffnung wurde in den 20er Jahren die-

ses Jahrhunderts von → *A. Nimzowitsch* in die Turnierpraxis eingeführt. Ihre Grundidee besteht in der Schaffung eines Druckspiels der Figuren gegen die zentralen Felder in Verbindung mit den Bauernvorstößen d7-d5, c7-c5, e7-e5, b7-b5. Viele der stärksten Schachspieler der Welt hatten bzw. haben die Nimzowitsch-Indische Verteidigung in ihr Repertoire aufgenommen, zum Beispiel → *J. R. Capablanca*, → *A. Rubinstein*, → *A. Aljechin*, → *M. Botwinnik*, → *W. Smyslow*, → *B. Spasski*, → *F. Sämisch*, → *J. Geller*, → *M. Taimanow*, → *L. Polugajewski*. Allein im WM-Match 1985 zwischen → *A. Karpow* und → *G. Kasparow* stand sie in 24 Partien sechsmal zur Debatte.

Zu den populärsten Systemen der Nimzowitsch-Indischen Verteidigung zählen:

das Rubinstein-System – mit 4. e3 erreicht Weiß eine schnelle Figurenentwicklung. Schwarz hat darauf eine breite Auswahl: 4... b6, 4... c5, 4... d5, 4... 0-0, 4... ♘c6, 4... d6. Ein gebräuchliches Abspiel ist 4. e3 0-0 5. ♗d3 d5 6. ♘f3 c5 7. 0-0 ♘c6 8. a3 ♗:c3 9. b:c3 d:c4 10. ♗:c4 ♕c7 usw.

das Sämisch-System – Weiß zwingt hier den Gegner zum sofortigen Tausch seines Läufers gegen den Springer: 4. a3 ♗:c3+ 5. b:c3.

das Klassische System – Weiß forciert die Ereignisse nicht, sondern spielt 4. ♕c2. Ähnliches läßt sich auch von Romanischins Zug 4. g3 sagen.

das Leningrader System – hier kann das Spiel nach 4. ♗g5 einen schärferen Charakter annehmen.

Notation im Schach, Zeichensystem zur Dokumentation einer Schachpartie. In den meisten Ländern ist die algebraische Notation gebräuchlich. Sie wurde erstmals 1616 in einem Buch des deutschen Herzogs August der Jüngere (Pseudonym: Gustavus Selenus) angewandt. Im darauffolgenden Jahrhundert wurde die Notation von → *Ph. Stamma* überarbeitet. Ihre heutige Form erhielt sie in einem Buch → *G. Grecos*, das 1784 in Deutschland herauskam. Das Schachbrett wurde hierbei in Vertikalen mit den lateinischen Buchstaben »a« bis »h« und in Horizontalen mit den arabischen Ziffern 1 bis 8 eingeteilt. Die Figuren werden – mit Ausnahme des Bauern – durch ihren Anfangsbuchstaben bezeichnet. Andere wichtige Symbole der Schachnotation sind: 0-0 (kurze Rochade), 0-0-0 (lange Rochade), : (Schlagen), + (Schachgebot). Außerdem haben Symbole Eingang in die Schachliteratur gefunden, die einen Zug bzw. die Stellung bewerten, zum Beispiel: starker Zug – !, sehr starker Zug – !!, schwacher Zug – ?, grober Fehler – ??, beachtenswerter Zug – !?, Zug von zweifelhaftem Wert – ?!, Weiß steht besser ±, Weiß steht etwas besser – ⩲, die Position ist ausgeglichen – =, Schwarz steht besser – ∓, Schwarz steht etwas besser – ⩳. Das Zeichensystem des → *Schachinformators* ist noch weit feiner verästelt.

Man unterscheidet die Langnotation, bei der hinter der jeweiligen Zugnummer sowohl das Ausgangs- als auch das Bestimmungsfeld der ziehenden Figur notiert wird, und die gebräuchlichere Kurznotation, bei der das Ausgangsfeld weggelassen wird.

Eine andere Form der Schachnotation ist die beschreibende Notation, die mitunter noch in englisch- bzw. spanischsprachigen Ländern angewandt wird. Hier werden die Vertikalen nicht nach der Reihenfolge des Alphabets, sondern nach den Anfangsbuchstaben der Figuren bezeichnet, die in der Ausgangsstellung auf diesen Linien stehen, d. h. die e-Linie wird mit K wie König bzw. King benannt. Bei den Horizontalen bleibt es bei eins bis acht, aber es wird jeweils aus Sicht des Spielers gezählt. Die Züge 1. e4 e5 2. ♘f3 ♘c6 sehen in der beschreibenden Notation in der englischen Sprache so aus: 1. P-K4 P-K4 2. Kn-KB3 Kn-QB3. Beim → *Fernschach* kommt die Zahlennotation zur Anwendung. Die Felder a1-a8 sind durch die Zahlen 11-18, b1-b8 durch 21-28 usw. gekennzeichnet. Der Zug e2-e4 entspräche hier dem Code 52-54.

Nottinghamer Turnier 1936. »Turnier des Jahrhunderts!«, »Schlacht der Champions!« – die Gazetten überschlugen sich in ihren Schlagzeilen über das größte Turnierereignis in der ersten Hälfte des 20. Jahrhunderts. Die vier Weltmeister → *M. Euwe,* → *A. Aljechin,* → *J. R. Capablanca,* → *Em. Lasker* waren angetreten, dazu Großmeister der Extraklasse wie → *M. Botwinnik,* → *S. Flohr,* → *M.Vidmar,* → *J. Bogoljubow,* → *S. Tartakower,* → *R. Fine,* → *S. Reshevsky*. Die Ehre Albions suchten die Meister Taylor, Alexander, Thomas und Winter zu verteidigen.

Ungewöhnlich war auch das Fluidum des Turniers. Das unverwechselbare Kolorit des guten alten England... Die folgenden Sätze telegrafierte Peter Mussuri, Korrespondent von »Schachmaty w SSSR« in die Heimat: »Abends, nach dem Essen, studieren die Teilnehmer das Turnierreglement. Sie empören sich darüber, die Hängepartien an den Rundentagen austragen zu müssen. Capablanca spricht friedlich mit Tartakower. Aljechin liest Pariser Zeitungen. Bogoljubow, den sie aufgrund seiner Fülle ›Doppelbauer‹ nennen, duelliert sich mit Vidmar und zwei Schlachtenbummlern im Bridge.« Erste Runde, erste Kraftprobe. Ein rotes Seil teilt die Akteure von den etwa 150 Zuschauern ab. 150 rauchende Zigarren... Bald kann man kaum noch atmen.
Die Turniersieger heißen Botwinnik und Capablanca. Beide holen 10 Punkte und verweisen das Trio Reshevsky, Fine und Euwe auf den 3.-5. Platz. 6. wird Aljechin (9) vor Lasker und Flohr (je 8,5).

Nunn John, * 25. April 1955 in London, englischer Großmeister.
Von der Mathematik zum Schach, vom Schach zur Mathematik... Lange Jahre ging John Nunn bald vor der einen, bald vor der anderen Insel der Logik und festen Regeln im Sumpf der Ungereimtheiten des Lebens vor Anker. Mit fünfzehn wurde er Student in Oxford –

Nottingham, 1936. Sitzend (von links nach rechts): Thomas, Lasker, Capablanca, Lord und Lady Derbyshire, Euwe, Aljechin, Winter. Stehend: Fine, Tartakower, Vidmar, Bogoljubow, Taylor, Alexander, Flohr, Reshevsky, Botwinnik und Mackenzie.

der jüngste in Großbritannien seit vierhundert Jahren. Mit neunzehn gewann er die Junioreneuropameisterschaft im Schach. Noch eine Marke – John Nunn wird Doktor der Mathematik und Schachgroßmeister (1978). Zwei Jahre darauf gewinnt er das Championat Englands und entscheidet sich für die Schachlaufbahn.
Auch wenn John Nunn nicht ganz auf den Gipfel des Olymps vordrang, so hat sein Name in der Schachwelt doch einen ausgezeichneten Klang! Zu seinen größten Erfolgen zählen die ersten Preise in Budapest (1978), Hastings (1979/80), Wiesbaden (1981), Biel (1982), Zürich (1984), Genf (1987) und Wijk aan Zee (1982, 1990, 1991). Im → *Weltcup* 1988–89,

an dem die 25 stärksten Großmeister der Welt teilnahmen, belegte John Nunn in der Gesamtabrechnung den 6. Platz. Seine schachlichen Ambitionen sind sehr vielseitig. So ist er Autor einer Reihe von Eröffnungs- bzw. Endspielwerken und Komponist bzw. einer der weltbesten Löser von Schachproblemen.

John Nunn gilt neben → *G. Kasparow* als einer der größten Experten der → *Königsindischen Verteidigung*, die ihm viele Glanzsiege eintrug, darunter auch den folgenden:

□ L. Portisch
■ J. Nunn

Skelleftea, 1989

1. d4 ♘f6 2. ♘f3 g6 3. c4 ♗g7 4. ♘c3 0-0 5. e4 d6 6. ♗e2 e5 7. ♗e3 h6 8. 0-0 ♘g4 9. ♗c1 ♘c6 10. d5 ♘e7 11. ♘e1 f5 12. ♗:g4 f:g4 13. ♘c2 g5 14. ♗e3 ♖f4 15. ♗d2 ♗d7 16. b4 ♘g6 17. ♖c1 ♘h4! 18. ♔h1?
Besser war 18. f3!
18... ♕e8 19. f3

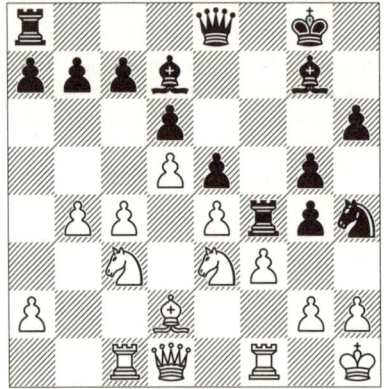

19... g:f3 20. g3 ♕h5 21. g:h4?
Nur mit 21. ♖f2 war noch Widerstand möglich.
21... ♖:h4 22. ♖f2 g4 23. ♘f1 ♖h3 24. ♔g1 ♕g6 25. ♘g3 ♖f8 26. ♘f5 ♖:f5 27. e:f5 ♗:f5 28. ♘e2 f:e2 29. ♕:e2 ♗d3 30. ♕d1 g3 31. h:g3 ♗e4   0-1

O

O'Kelly de Galway Alberic, * 17. Mai 1911 in Brüssel, † 3. Oktober 1980 in Brüssel, belgischer Großmeister, Fernschachweltmeister 1959–61.

Mit 25 Jahren wurde der Graf mit einem weiteren Ehrentitel ausgezeichnet – Champion von Belgien. Ein Jahr später erschuf er seine »Unsterbliche Partie«:

□ P. Devos
■ A. O'Kelly

Belgien, 1937

1... ♕:f2+!! 2. ♔:f2 ♘g4+ 3. ♔f3 e4+! 4. ♔:e4 ♘df6+ 5. ♔f3 ♘e5+ 6. ♔f2 ♘fg4+ 7. ♔g1 ♗e3+ matt!   0-1

O'Kelly war insgesamt siebenmal Landesmeister und nahm an acht Schacholympiaden sowie im Zeitraum von 1936–1968 an 100 internationalen Turnieren teil. 25 davon gewann er, darunter in Bewerwijk und Leiden (1946), Dortmund (1951), Bognor Regis (1954, 1955, 1956, 1960, 1961), Paris (1965, 1966), Palma de Mallorca (1965). O'Kelly war gleichzeitig ein begeisterter Fernschachspieler, der bei der dritten Fernschach-WM 1959-61 den Titel holte.

Der in seinem Auftreten immer korrekte Graf Alberic O'Kelly fungierte bei vielen wichtigen schachlichen Anlässen als Schiedsrichter, zum Beispiel bei den Weltmeisterschaften von 1966 und 1969. Zu den theoretischen Erkenntnissen, die er für die Entwicklung der Schachtheorie beisteuerte, gehört das System 1. e4 c5 2. Sf3 a6 der → *Sizilianischen Verteidigung*.

Olafsson Fridrik, * 26. Januar 1935 in Reykjavik, isländischer Großmeister, WM-Kandidat.
Mit sechzehn wurde Fridrik Olafsson erstmals isländischer Landesmeister. Ein Jahr später gewann er das Championat der skandinavischen Länder und belegte bei der Juniorenweltmeisterschaft den 3. Platz. 1955 wurde er Co-Sieger in Hastings und gewann im Jahr darauf ein internationales Turnier in Reykjavik. 1957 schlug er den erfahrenen argentinischen Großmeister Pilnik in einem Zweikampf überzeugend mit 5:1. Der Großmeistertitel ließ angesichts dieser Erfolge auch nicht auf sich warten.

Ende der 50er Jahre beteiligte sich Olafsson an den Ausscheidungskämpfen zur Weltmeisterschaft. Er überstand das Zonen- und auch das Interzonenturnier. Im Kandidatenturnier von 1959 kam der Isländer auf den 7. Platz, schlug aber in den Minimatches einmal → *P. Keres* und zweimal → *T. Petrosjan*, womit er indirekt in den Kampf an der Spitze eingriff. Die folgende Partie stammt aus diesem Turnier:

□ F. Olafsson
■ T. Petrosjan
Bled, 1959

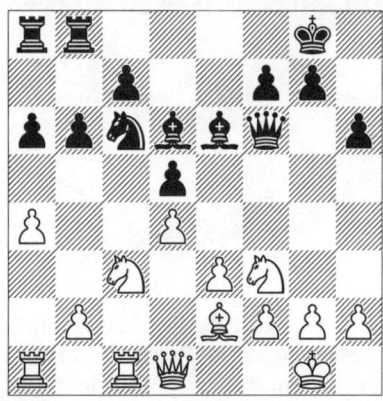

17. e4! d:e4 18. ♘:e4 ♕f4 19. d5! ♕:e4 20. d:e6 ♖d8 21. e:f7+ ♔:f7 22. ♕e1 ♔f8 23. ♖c4 ♖e8 24. ♖ac1 ♘e5 25. ♖e4 ♘:f3+ 26. ♗:f3 ♕f7 27. ♖e3 ♗f4! 28. ♗:a8 ♗:e3 29. f:e3 ♖:a8 30. ♕g3 ♔g8 31. ♖:c7 ♕f6 32. ♕f2 ♕e5 33. ♖d7 ♖e8 34. ♖d3 ♕e4 35. ♕c2 ♔h7 36. ♕d1 ♖e6 37. ♖c3 ♖g6 38. ♕c2 ♕:c2 39. ♖:c2 ♖d6 40. ♔f2 ♖d3 41. ♔f3 ♖b3 42. ♔e4 a5 43. ♔d4 g5 44. e4 ♔g7 45. ♖f2 ♖b4+ 46. ♔d5 ♖:a4 47. e5 ♖a1 48. e6 b5 49. e7 ♖d1+ 50. ♔c6 ♖e1 51. ♔:b5 ♖e5+ 52. ♔a4 ♖:e7 53. ♔:a5 ♖a7+ 54. ♔b4 ♖a8 55. b3 h5 56. ♔c5 ♖c8+ 57. ♔d6 ♖d8+ 58. ♔c6 ♖c8+ 59. ♔d7 ♖c1 60. ♖b2! ♖h1 61. b4 ♖:h2 62. b5 ♖h1 63. b6 ♖d1+ 64. ♔e6 ♖d8 65. b7 ♖b8 66. ♔f5   1-0

Zu den späteren Erfolgen Olafssons zählen die ersten Preise in Reykjavik (1972 und 1976) und Wijk aan Zee (1976), der 3. Platz in Los Angeles (1963) sowie mit 14/18 das beste Ergebnis am Spitzenbrett bei der Schacholympiade von Varna 1962. 1978–82 war der Schachgroßmeister und Jurist Präsident des Weltschachbundes → *Fide*. 1995 ging in der isländischen Hauptstadt anläßlich des 60. Geburtstages von Fridrik Olafsson ein starkbesetztes Großmeisterturnier über die Bühne, an dem der Jubilar ebenfalls teilnahm.

Olympiaden, Mannschaftswettbewerbe der Mitgliedsländer der → *Fide*. Olympiaden sind die größten Feiertage des Schachs überhaupt, denn wenn bei den Männern etwa 100 und bei den Frauen ungefähr 50 Ländermannschaften aufeinandertreffen, sitzen sich über 600 Schachspieler von allen Kontinenten gleichzeitig unter einem Dach am Schachbrett gegenüber. Hier wird der Leitspruch der Fide »Gens una sumus« (Wir sind eine Familie) Wirklichkeit. Die erste Schacholympiade bzw. das »Turnier der Nationen«, wie es damals hieß, fand 1927 in London statt. Die sechzehn teilnehmenden Mannschaften fanden im Gebäude des englischen Parlaments nicht die besten Spielbedingungen – jedermann hatte ungehinderten Zutritt zu den Schachtischen – und ein strenges Zeitreglement vor (20 Züge in der Stunde, drei Runden in zwei Tagen). Trotzdem kam der ersten Veranstaltung dieser Art eine große Bedeutung zu, denn sie diente der Popularisierung des Schachs und war gleichzeitig der Ausgangspunkt einer langen Tradition. Die siegreiche Mannschaft Ungarns konnte den vom Schatzmeister der Fide, Frederick Gustavus Hamilton-Russel, gestifteten Wanderpokal in Empfang nehmen.

Vor der folgenden Olympiade in Den Haag tauchte plötzlich die Frage auf, ob man die Teilnahme von Profis zulassen solle. Der Fide-Kongreß entschied sich dafür, keine Unterschiede zwischen Amateuren und Profis zu machen. Vor dem Zweiten Weltkrieg fanden acht Schacholympiaden statt. Die bestbesetzte war die von Buenos Aires 1939, bei der 26 Mannschaften mit von der Partie waren. Während des Turniers erreichte die Schachspieler die Nachricht vom Ausbruch des Krieges in Europa. Viele europäische Großmeister, darunter die komplette polnische Nationalmannschaft, angeführt von → *M. Najdorf*, trafen den Entschluß, nach der Olympiade in Argentinien zu bleiben.

Seit 1950 werden die Schacholympiaden alle zwei Jahre durchgeführt. 1952 nahm erstmals die Sowjetunion daran teil, die von da an achtzehnmal triumphieren sollte! Die USA kam insgesamt auf fünf Goldmedaillen (1931 bis 1937, 1976), Ungarn auf drei (1927, 1928 und 1978). Je einen Sieg erzielten Polen (1930), Deutschland (1939) und Jugoslawien (1950). Schacholympiaden fanden in 21 Ländern und 28 Städten statt, darunter viermal in Deutschland.

An der Moskauer Olympiade von 1956 nahmen erstmals eine Reihe asiatischer Staaten teil – Indien, Iran, Mongolei, Philippinen. Waren dort aber nur 34 Länder vertreten, so

zählte man zehn Jahre später in Havanna bereits 56 und 1982 in Luzern 92.
Beginnend mit der 22. Olympiade in Haifa 1976, begannen die Frauen, zeit- und ortsgleich mit den Männern ihre Olympiade auszutragen. Bis dahin (1957–74) hatten sie ihre Wettkämpfe separat absolviert. Drei Jahrzehnte hatte auch hier die Sowjetunion dominiert, bis ihr 1988 und 1990 Ungarn den Rang ablief.
Schacholympiaden – das sind nicht nur Punkte, Plätze und Medaillen, sondern auch Schachpartien, von denen viele in die Schatzkammer der Schachkunst gehören, wie zum Beispiel die Begegnungen Aljechin-Eliskases (1939), Botwinnik-Fischer (1962), Spasski-Fischer (1970) usw. Unter den Weltmeistern, die auf den Olympiaden glänzten, gebührt → *T. Petrosjan* ein Ehrenplatz. Er spielte auf zehn Olympiaden 130 Partien, von denen er nur eine verlor! In vieler Hinsicht bemerkenswert war die Olympiade 1992 in Manila. Durch die politischen Entwicklungen in Europa und den damit verbundenen Zerfall der Sowjetunion und Jugoslawiens traten neue Staaten auf die Weltkarte, die in Manila von den ersten zehn Plätzen allein sieben einnahmen. Rußland siegte vor Usbekistan und Armenien. Bei den Frauen lag Georgien vor der Ukraine und China vorne. Ein ähnliches Bild ergab sich 1994 in Moskau. Wiederum ging Gold an Rußland und Georgien vor Bosnien-Herzegowina und Rußland II bei den Männern bzw. Ungarn und China bei den Frauen.

Omar Khayam und Schach. Unter den Vierzeilern (Rubaiyat) des persisch-tadschikischen Dichters Omar Khayam (um 1021 – wahrsch. 1122), die mit Recht Poesie der Weisheit genannt werden, gibt es auch solche mit Schachmotiven. Besonders nah ist dem Herzen des Schachspielers der folgende Rubai.

Welt ist ein Schachbrett, Tag und Nacht
   geschrägt
Wo Schicksal Menschen hin und her bewegt
Sie durcheinanderschiebt, Schach bietet, schlägt
Und nacheinander in die Schachtel legt.

Ähnliche Analogien des Schachs zum Leben, in dem nach heißen Auseinandersetzungen das Ende doch unweigerlich herannaht, waren sowohl in der östlichen Literatur des Mittelalters als auch in Europa verbreitet, wie das Beispiel von → *Cervantes'* »Don Quijote« zeigt.

Opfer – ein Kombinationselement, das zu einem großen Teil die Schönheit einer Schachpartie ausmacht. Das Ziel von Opfern kann beispielsweise darin bestehen, die Königsfestung des Kontrahenten zu zerschlagen oder die Koordination der gegnerischen Kräfte zu stören.
Die Zahl der Opfervariationen ist praktisch unbegrenzt. Nichtsdestotrotz lassen sich Opfer nach Größe und Inhalt klassifizieren. Den ersten Versuch dieser Art unternahm der österreichische Großmeister → *R. Spielmann* in seinem Buch »Richtig opfern« (Leipzig, 1932). Er teilte die Opfer in zwei Klassen ein – scheinbare und reale. Erstere, auch forcierte Opfer genannt, tragen dank genauer Berechnung sehr bald handfeste Früchte ein, d. h. sie führen zur Verbesserung der Stellung oder zum Matt des Gegners. Die zweite Gruppe von Opfern beruht auf allgemeinen Erwägungen bei der Einschätzung der entstehenden Lage und der Voraussicht günstiger Veränderungen im weiteren Partieverlauf. In der modernen Literatur spricht man in diesem Zusammenhang von intuitiven oder positionellen Opfern. Sie lassen sich laut Spielmann wiederum in verschiedene Klassen unterteilen, zum Beispiel in Entwicklungsopfer, die die schnelle Mobilisierung der eigenen Kräfte vorantreiben, oder bremsende Opfer, die dem Gegner genau dies verwehren. Andere Opfer sind direkt gegen den feindlichen König gerichtet. Sie können die Rochade verhindern, den gegnerischen König seines Schutzwalls berauben oder ihn in die Brettmitte zerren, wo er ins Kreuzfeuer der Figuren gerät. Mit Opfern kann man seinen Figuren starke Felder oder offene Linien und Diagonalen zugänglich machen bzw. die gegnerischen Kräfte vom entscheidenden Brettabschnitt ablenken.
Das erste der beiden folgenden Beispiele illustriert ausgezeichnet den Charakter forcierter Opfer, das zweite zeigt ein originelles Opfer

auf weite Sicht, das sich einer konkreten Berechnung entzieht.

□ R. Teichmann
■ K. Schlechter

Karlsbad, 1911

19. ♗:f7+! ♔:f7 20. ♘g5+ ♔g8 21. ♕h5 ♘:f5 22. ♕:h7+ ♔f8 23. ♕:f5+ ♔g8 24. ♕g6!! ♕d7 25. ♖e3
Schwarz gab auf, denn gegen das Manöver ♖e3-h3-h8 nebst ♕h7 matt gibt es keine Verteidigung.

Ein weiteres Beispiel:

□ D. Bronstein
■ P. Keres

Göteborg, 1955

14. ♗:h6! g:h6 15. ♕d2 ♘h7 16. ♕:h6 f5 17. ♘:f5 ♖:f5 18. ♗:f5 ♘f8 19. ♖ad1 ♗g5 20. ♕h5 ♕f6 21. ♘d6 ♗c6 22. ♕g4 ♔h8 23. ♗e4! ♗h6 24. ♗:c6 d:c6 25. ♕:c4 ♘c5 26. b4 ♘ce6 27. ♕:c6 ♖b8 28. ♘e4 ♕g6 29. ♖d6 ♗g7 30. f4 ♕g4 31. h3 ♕e2 32. ♘g3 ♕e3+ 33. ♔h2 ♘d4 34. ♕d5 ♖e8 35. ♘h5 ♘e2 36. ♘:g7 ♕g3+ 37. ♔h1 ♘:f4 38. ♕f3 ♘e2 39. ♖h6+ 1-0

Opfer fallen im Schach nicht vom Himmel, sie sind keine zufälligen Geistesblitze... Vielmehr sind sie ein gesetzmäßiges Produkt vorhergehender logischer Spielführung, tiefer Stellungseinschätzung, genauer Berechnung und der Intuition, die sich der Schachspieler im Laufe langjähriger Praxis erworben hat. Wenn man die Möglichkeit zu opfern ungenutzt verstreichen läßt, geht der Stellungsvorteil nicht selten auf den Gegner über. Wie sagte doch einst der geistreiche → *S. Tartakower*: Opfere, um nicht selbst Opfer zu werden!

Österreich. Die erste Erwähnung des Schachs in Österreich geht auf die mittelalterliche Sammlung von Gedichten und Liedern »Carmina Burana« (1240) zurück. Bekannt ist ebenfalls, daß im 16. Jahrhundert am Hofe der Habsburger Monarchie Schach gespielt wurde. 1769 fand dort auch die erste Demonstration des → *Automaten* des Barons von Kempelen statt. Das 19. Jahrhundert war für Österreich schachlich eine goldene Zeit. Meister wie → *J. Allgaier*, Ernst Falkbeer, Adolf Albin, Karl Hampe, Adolf Schwarz und Berthold Englisch waren in ganz Europa bekannt. Sie leisteten einen wertvollen Beitrag zur Entwicklung der Schachtheorie, wovon eine Reihe nach ihnen benannter Gambits und Gegengambits zeugt. Die 1857 gegründete Wiener Schachgesellschaft begann, örtliche bzw. große internationale Turniere zu organisieren. 1859 debütierte hier der spätere Weltmeister → *W. Steinitz*. Ein Fernschachvergleich zwischen Wien und Paris dauerte zwei Jahre (1884–85) und endete 1:1.

Zu den bekannten Persönlichkeiten des Schachs zählte damals der Theoretiker und Problemkomponist Johann Berger (1845–1933). Er gründete die Grazer Schachgesellschaft, leitete die »Deutsche Schachzeitung« und war der Autor eines kapitalen Werkes über die Theorie und Praxis des Endspiels. 1870 organisierte er in → *Wien* ein internationales Turnier, das er selbst gewann.

Zum Mittelpunkt des Wiener Schachlebens avancierte das Café Central am Goldenen Ring, in dem u. a. auch der zukünftige WM-Herausforderer → *K. Schlechter* verkehrte. Hier vervollkommneten auch andere starke Schachspieler des Landes ihre Meisterschaft wie der Redakteur der international renommierten »Wiener Schachzeitung« (1898–1916) Georg Marco und der Sieger vieler internationaler Turniere → *R. Spielmann*. Anfang des 20. Jahrhunderts nahmen bekannte Schachmeister wie → *R. Reti, M. Vidmar, S. Tartakower* und E. Grünfeld in Wien ihren Wohnsitz. In den 20er–30er Jahren fanden in Österreich bedeutende internationale Turniere statt: Wien 1922, auf dem Semmering 1926 und Semmering-Baden 1937. Zu jener Zeit, 1928 und 1930, belegte Österreich auf Schacholympiaden zweimal den vierten Rang.

Nach dem 2. Weltkrieg wurden in Österreich neben anderen starken Turnieren Studenten- und Juniorenweltmeisterschaften sowie 1980 die 3. Computer-WM ausgetragen. Der stärkste österreichische Spieler der 80er und 90er Jahre ist Josef Klinger, der schon mit 21 Jahren Großmeister wurde – nach Karl Robatsch Österreichs zweiter nach dem Krieg. Österreicher leisteten einen wichtigen Beitrag zur Entwicklung der logischen Schule der Schachkomposition. Der Wiener Mathematikprofessor Josef Halumbirek (1891–1968), lange Jahre Vizepräsident der Fide-Kommission für → *Problemschach*, veröffentlichte allein schon über 500 Aufgaben.

P

Pachman Ludek, * 11. Mai 1924 in Bělá pod Bezděžem, tschechisch-deutscher Großmeister.

Ludek Pachman ist achtfacher Landesmeister der ČSSR und gewann eine Reihe von internationalen Turnieren: Marienbad 1951 und 1954, Mar del Plata 1959, Athen 1968, Reggio Emilia 1975/76 u. a.

Wegen seines politischen Engagements während des »Prager Frühlings« 1968 war er inhaftiert und konnte 1972 das Land verlassen. Er fand in der BR Deutschland seine neue Heimat. 1978 wurde er Deutscher Meister. Ludek Pachman verfaßte eine Reihe von sehr guten Büchern über Schachstrategie und Schachtaktik.

Pähtz Thomas, * 4. September 1956 in Erfurt, deutscher Großmeister.

Thomas Pähtz wurde 1988 (geteilt mit → *L. Espig*) und 1990 (mit → *R. Tischbierek*) DDR-Meister. Der Großmeistertitel wurde dem Erfurter 1992 verliehen. Die erforderlichen Normen hatte er in Kecskemét und Varna (beide 1987) sowie beim »Berliner Sommer« (1990) erzielt.

Pähtz pflegt einen risikofreudigen Stil. Sein Vorbild ist der Vollbluttaktiker → *M. Tal*. Die folgende Partie, die Pähtz für eine seiner besten Leistungen hält, hätte auch von Tal stammen können...

□ Th. Pähtz
■ M. Ghinda
Potsdam, 1985

1. e4 c5 2. ♘f3 d6 3. d4 ♘f6 4. ♘c3 c:d4 5. ♘:d4 e6 6. g4 h6 7. h4 ♘c6 8. ♖g1 h5 9. g:h5 ♖:h5 10. ♗g5 ♖h8 11. ♕d2 ♕b6 12. ♘b3 ♘e5 13. ♖g3 ♗d7 14. 0-0-0 ♖c8 15. ♕e1 ♘g6 16. ♘d4 a6 17. f4 ♘h5 18. ♖f3 ♘g:f4 19. ♖:f4 ♘:f4 20. ♗:f4 ♖:c3 21. ♕:c3 e5 22. ♗:e5 d:e5 23. ♘f5 f6 24. ♗h3 g6 25. ♕g3 g:f5 26. ♕g6+ ♔e7

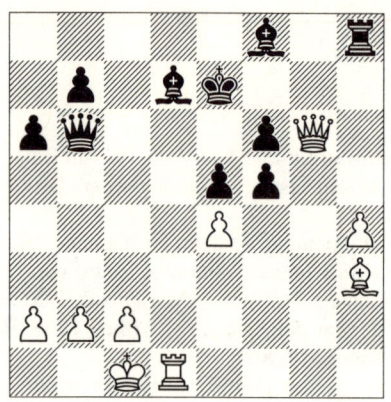

27. ♖:d7+!! ♔:d7 28. ♕:f5+ ♔c6 29. ♕d7+ ♔c5 30. ♕d5+ ♔b4 31. a3+ ♔a4 32. ♗d7+ ♕b5 33. ♕:b7 ♗h6+ 34. ♔b1 ♕:d7 35. ♕:a6 matt!

In den letzten Jahren stellte Thomas Pähtz seine eigenen schachlichen Ambitionen in den Hintergrund und konzentrierte sich auf seine Tätigkeit als Nachwuchstrainer. Sein Sohn Thomas jun. wurde 1993 Deutscher Meister U-11. Tochter Elisabeth wurde 1995 im brasilianischen São Lourenco Vizeweltmeisterin bei den Mädchen U-10.

Palma de Mallorca – Turniere. Besonders in den 60er und 70er Jahren fanden in Palma, dem beliebten Urlaubsort auf der spanischen Insel Mallorca, starke Großmeisterturniere statt.
Besonders erfolgreich war →B. Larsen, der 1967 und 1969 gewann und 1968 den zweiten Preis teilte. Der Spitzenstand von 1969 lautet: 1. Larsen 12; 2. Petrosjan 11,5; 3.-4. Hort und Kortschnoj je 10,5; 5. Spasski 10; 6. Díez del Corral 9,5; 7.-8. Mecking und Panno je 9; 9.-10. Najdorf und Parma je 8,5.
Folgende Spieler waren ebenfalls in Palma de Mallorca erfolgreich: 1965 – →K. Darga, → A. O'Kelly, Pomar; 1966 – →M. Tal; 1968 – →W. Kortschnoj; 1971 – →L. Ljubojević, Panno; 1972 – Kortschnoj, Panno, Smejkal.

Paris – Turniere. Die bedeutendsten Pariser Turniere fanden 1867 (Premiere) sowie 1878 und 1900 anläßlich der Weltausstellungen statt.
1867: 13 Teilnehmer traten unter einem ungewöhnlichen Reglement in zwei Durchgängen gegeneinander an. Unentschieden wurden beiden Kontrahenten als Niederlage angerechnet. Zur Messung der Bedenkzeit – 10 Züge in einer Stunde – wurden Sanduhren eingesetzt. Im Falle einer Zeitüberschreitung mußte der Betreffende eine Strafe bezahlen, die für 15 Minuten 20 Francs betrug. Den 1. Platz belegte mit 20 Punkten der ungarische Maestro Ignaz Kolisch. Als Sensation wurde der 2. Rang des bis dahin in der Schachwelt völlig unbekannten Warschauer Kaufmannes → S. Winawer aufgenommen (19 Zähler). Dritter wurde → W. Steinitz (18 Punkte), der ein Jahr zuvor → A. Anderssen im Match geschlagen hatte, vor dem Deutschen Gustav Neumann (17). Unter den Teilnehmern befand sich auch der bekannte amerikanische Problemkomponist → S. Loyd.
1878: 12 Akteure in zwei Umläufen. Den Sieg teilten → J. Zukertort und Simon Winawer mit 16,5 Punkten. Zukertort gewann den Stichkampf mit 3:1. Dritter wurde → J. Blackburne (14,5) vor Mackenzie, Bird (je 13) und → A. Anderssen (12,5).
1900: Stärkstes der Pariser Turniere. Weltmeister → Em. Lasker errang einen triumphalen Sieg. Er gewann 14 Partien, verlor eine und spielte einmal remis. Der Endstand: 1. Lasker 14,5/16; 2. Pillsbury 12,5; 3.-4. Maroczy und Marshall je 12; 5. Burn 11; 6. Tschigorin 10,5; 7.-9. Marco, Mieses und Schlechter alle 10; 10.-11. Showalter und Janowski je 9; 12. Mason 4,5 usw.
1924–1938 gingen in der französischen Hauptstadt 6 Turniere über die Bühne. → A. Aljechin gewann zweimal (1925, 1933), → J. R. Capablanca einmal (1938). Seit den 60er Jahren fanden in Paris eine Reihe von Open statt. Das bestbesetzte gewann 1984 → W. Kortschnoj mit 7,5/9. Seit Beginn der 90er Jahre ist Paris Austragungsort von Weltklasseturnieren im → Schnellschach. Bei der Trophée Immopar gewannen J. Timman (1991) und → G. Kasparow (1992), beim Intel Grand Prix Kasparow (1994, 1995).

Patt – unentschiedener Partieausgang, da eine Seite über keinen regelgerechten Zug mehr verfügt, obwohl ihr König nicht im Schach steht. Solche Fälle treten im Schach relativ selten auf. Sich in einer Pattsituation befinden wurde über die Grenzen des Schachs hinaus zu einem geflügelten Wort.

Pattpositionen sind auch deshalb interessant, weil die pattsetzende Seite zu diesem Zeitpunkt in der Regel über einen beträchtlichen materiellen Vorteil verfügt, es aber an der nötigen Konzentration und Sorgfalt vermissen läßt. Pattideen sind in kritischen Situationen oftmals die letzten Anker, um sich ins Remis zu retten.

Die folgende Episode stammt aus einem Match zweier WM-Kandidaten. In dem Moment, als Schwarz scheinbar eine Gewinnstellung erreicht hatte, traf ihn ein Blitz aus heiterem Himmel!

□ R. Hübner
■ A. Adorjan

Bad Lauterberg, 1980

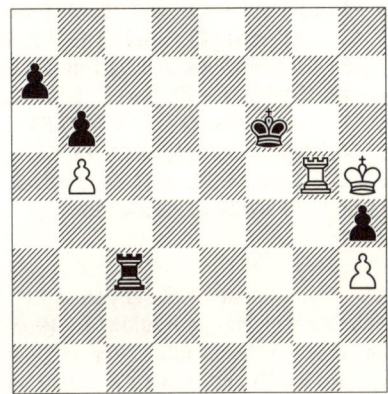

66... ♖c5?
Übersieht das Patt. 66... ♖:h3 67. ♖d5 ♔e6 68. ♖d8 ♖b3 bzw. 67. ♖g6+ ♔e5 68. ♖g7 ♖g3 69. ♖:a7 h3 70. ♖a2 ♖g2 71. ♖a3 h2 72. ♖h3 ♖g8 hätte zum Sieg geführt.
67. ♔:h4!! ♖:g5 patt!

Pattmotive sind auch ein fester Bestandteil der → *Studienkomposition*.
Die folgende Miniatur mit ihrem eleganten Finale wurde bei einem Wettbewerb der »Basler Nachrichten« mit einem 1. Preis ausgezeichnet.

A. Rinck, 1924

Remis
1. ♘f2 ♖e1+ 2. ♔d2! (Wenn 2. ♔c2, so 2... ♖f1! 3. ♔c3 ♔b5 4. ♘e4 ♖:f8 5. ♘d6+ ♔c5 6. ♘:c4 ♖f3+, und Schwarz gewinnt.) 2... ♖e2+ (2... ♖f1 3. ♔e3) 3. ♔c3 ♖:f2 4. ♗c5+! ♔:c5 patt!

Paulsen Louis, * 15. Januar 1833 in Nassengrund, † 18. August 1891 in Nassengrund, deutscher Maestro und Theoretiker.

Von frühester Kindheit an konnte Louis Paulsen beobachten, wie sein Vater seine Brüder Wilfried und Ernst sowie die Schwester Amalia, die später als erste Schachmeisterin bezeichnet wurde, im Schach unterrichtete. Als er sieben war, wurde er selbst in die Geheimnisse dieses Spiels eingeweiht. Er war auf vielen Gebieten talentiert und in seiner Schulzeit besonders in Mathematik und Fremdsprachen erfolgreich. Später interessierte er sich wie seine Brüder für die Landwirtschaft und verließ das heimatliche Gut nur zu Studienzwecken oder Schachturnieren.

1854 reiste Paulsen in die USA, wo sich zu jener Zeit sein Bruder Ernst aufhielt. 1857 nahm er am ersten amerikanischen Schachkongreß in New York teil, wo er im Finale → *P. Morphy* mit 2:6 unterlag und somit den 2. Platz belegte. Hier in Amerika absolvierte er auch einige Blindsimultans. An einem Oktoberabend des Jahres 1857 gewann er von fünf Partien vier bei einem Unentschieden, woraufhin ihm Morphy höchstpersönlich eine Goldmedaille überreichte. Zwei Jahre später brachte er es schon auf 15 Partien gleichzeitig, was damals Weltrekord war.

1861 kehrte Paulsen aus Übersee zurück und tauchte gleich in das europäische Schachleben ein. Er holte in Bristol den ersten Preis und gestaltete einen längeren Zweikampf mit Ignaz Kolisch erfolgreich – 16:15 (+7, -6, =18). Seinen Ruf als einer der besten Matchspieler Europas und stärkster Schachspieler Deutschlands festigte er durch zwei Erfolge über → *A. Anderssen*. 1870 gewann er 5,5:4,5 und 1877 5,5:3,5. In diesen Duellen trafen zwei schachliche Antipoden aufeinander. Der Meister des Positionsspiels, Louis Paulsen, den → *W. Steinitz* einen Pionier der neuen Schule nannte, hatte dem glänzenden Romantiker Anderssen erfolgreich Paroli geboten. Die Strategie Paulsens, der beispielsweise gerne seine Läufer fianchettierte, wie wir es heute aus der → *Damen-* bzw. → *Königsindischen Verteidigung* kennen, war damals für viele eine Offenbarung. Louis Paulsen war damit seiner Zeit etwas voraus. Ihm gehört die Autorenschaft einer Reihe von Eröffnungssystemen in der → *Sizilianischen* (1. e4 c5 2. ♘f3 e6 3. d4 c:d4 4. ♘:d4 a6) und → *Französischen Verteidigung* (1. e4 e6 2. d4 d5 3. e5). »Louis Paulsen wird unvergessen bleiben, denn er hat sich mit seinen Musterpartien und den von ihm entdeckten Varianten, ohne die kein Schachlehrbuch auskommt, selbst ein Denkmal gesetzt«, schrieb → *M. Tschigorin*.

□ I. Berger
■ L. Paulsen
Berlin, 1881

1. e4 c5 2. ♘c3 ♘c6 3. g3 e6 4. ♗g2 ♘ge7 5. ♘ge2 ♘d4 6. d3 ♘ec6 7. ♗e3 ♗e7 8. ♕d2 0-0 9. 0-0 d6 10. f4 ♗d7
Solche unklaren, irrationalen Positionen waren das Element von Paulsen (→ *A. Nimzowitsch*).
11. ♖f2 ♖c8 12. ♘d1 f5 13. c3 ♘:e2+ 14. ♖:e2 a6 15. ♘f2 ♘a5 16. b3 h6! 17. ♖ae1 f:e4!! 18. d:e4 ♕c7! 19. ♖d1 ♖cd8 20. ♕c2 b5! 21. ♖ed2 ♖c8 22. ♗h3 ♘c6 23. ♘g4 e5!! 24. f5 ♔h7 25. ♗f2

25... b4!
Jetzt wird die Idee von Schwarz deutlich. Der Springer kommt binnen weniger Züge auf das starke Feld d4.
26. c:b4 ♘:b4 27. ♕c3 ♗b7 28. ♗g2 ♘c6 29. h4 ♕b8 30. ♕c4 ♘d4! 31. ♘e3 ♕a8! 32. ♕d3 ♔h8 33. ♖f1 ♗c6 34. ♗e1 ♖b8 35. ♖df2 a5 36. ♘c4 a4 37. ♕e3! ♖f6 38. ♖b2 a:b3 39. a:b3 ♗b5 40. ♖ff2 ♗:c4 41. b:c4 ♕a1 42. ♖a2 ♕b1 43. ♔h2 ♖b3 44. ♗c3 ♕d1 45. ♕d2 ♕h5 46. ♖b2 ♖fb8 47. ♕e1 ♗:h4! 48. ♖:b3 ♗f6+ 49. ♔g1 ♖:b3 50. ♖b2 ♖:b2 51. ♗:b2 ♘f3+ 52. ♗:f3 ♕:f3 53. ♗c1 ♕d3 54. ♔g2 ♕:c4 55. ♔f3 d5 56. e:d5 ♕:d5+ 57. ♔g4 e4 58. ♕h1 ♕d3 59. ♗:h6 ♕e2+ 60. ♔f4 ♕d2+ 61. ♔:e4 ♕d4+ 62. ♔f3 ♕d5+
0-1

PCA – Professional Chess Organisation, internationale Schachorganisation, die 1993 auf Initiative von Schachweltmeister → *G. Kasparow* (Rußland) und seinem Herausforderer → *N. Short* (England) ins Leben gerufen wurde und sich auf die finanzielle Unterstützung des weltweit führenden Computerchip-Herstellers »Intel« gründete. Die ersten Wettbewerbe, die unter Federführung der neuen Organisation stattfanden, waren das WM-Match Kasparow-Short 1993 in London sowie 1994 und 1995 die »Intel Grand Prix«-Serie im → *Schnellschach* in Moskau, New York, London und Paris. 1995 kam es zur Austragung der PCA Super Classics. Diese Turniere wurden von → *W. Iwantschuk* und G. Kasparow (Riga), Kasparow (Nowgorod) und → *W. Kramnik* und W. Iwantschuk (Horgen) gewon-

nen. 1995 verteidigte PCA-Weltmeister Garri Kasparow in New York seinen Titel mit 10,5:7,5 gegen den Inder → *V. Anand*.
Die Gründung der PCA führte zu einer Spaltung der Schachwelt, die sich in der Existenz zweier Weltmeister – Kasparow bei der PCA und → *A. Karpow* bei der → *Fide* – und doppelter Ratinglisten manifestierte. Um diesen absurden Zustand zu beenden, unterzeichneten Fide-Präsident → *F. Campomanes* und Kasparow im Dezember 1994 eine Kooperationsvereinbarung, die für 1996 ein Vereinigungsmatch beider Weltmeister vorsah. »Wir sind überzeugt«, heißt es in diesem Dokument, »daß wir das Schach durch Bündelung unserer Kräfte und die Koordination unserer Politik in eine professionelle, sich selbst finanzierende Sportart verwandeln werden.« Weiterhin wurde als gemeinsame Zielrichtung vereinbart, alles dafür zu tun, daß das Schach in das Programm der Olympischen Spiele aufgenommen wird.

Fide-Präsident Campomanes und PCA-Boß Kasparow fanden nach Jahren der Feindschaft im Dezember 1994 in Moskau wieder zueinander – sehr zum Unwillen von Fide-Weltmeister Karpow.

Petrosjan Tigran, * 17. Juni 1929 in Tblissi, † 13. August 1984 in Moskau, neunter Schachweltmeister.
Tigran wurde vom Schicksal nicht verwöhnt. Seine Kindheit verbrachte er in den bitteren Jahren des Krieges. Früh verlor er seine Eltern. Und nur das Schach, für das er mit zwölf Jahren entflammte und bei dem sich schnell sein Talent offenbarte, half ihm, seine Sorgen zeitweilig zu vergessen. Tigran strebte nicht nach Figurenopfern und Kombinationen, wie es für junge Schachspieler eigentlich charakteristisch ist, sondern überraschte seine Lehrer mit logischem Spiel, tiefgründiger Stellungseinschätzung und der Fähigkeit, sich zäh und erfinderisch zu verteidigen. Bei der sowjetischen Juniorenmeisterschaft 1946 blieb er ungeschlagen. Danach siedelte Petrosjan nach Moskau über, um sich schachlich weiter zu vervollkommnen.
Langsam, aber unaufhaltsam mehrten sich Petrosjans Erfolge. 1951 qualifizierte er sich beim sowjetischen Championat für das Interzonenturnier. In den folgenden zehn Jahren konnte er seine Resultate bei den Qualifikationsturnieren zur Weltmeisterschaft kontinuierlich steigern. 1962 feiert der 33jährige Petrosjan auf der Karibikinsel Curaçao einen glänzenden Erfolg. Er gewinnt das WM-Kandidatenturnier, an dem außer ihm noch → *M. Tal*, → *R. Fischer*, → *P. Keres*, → *J. Geller*, → *W. Kortschnoj*, → *P. Benkö* und M. Filip teilnahmen, und ist damit Herausforderer von Weltmeister → *M. Botwinnik*! In Anspielung auf seinen Vornamen wurde Petrosjan von der Presse damals oft mit einem Tiger verglichen, der endlich erwacht sei. Exweltmeister → *M. Euwe*, ebenfalls journalistisch begabt, fand bessere Vergleiche: »Petrosjan ist kein Tiger, der auf seine Beute springt, sondern eher eine Python, die ihr Opfer erwürgt, oder ein Krokodil, das stundenlang auf den richtigen Moment wartet, um dann entscheidend zuzuschnappen...«
Und diese entscheidende Stunde kam! 1963 fand in Moskau das WM-Duell Botwinnik contra Petrosjan statt. Petrosjan gewann mit 12,5:9,5 (+5, -2, =15) und wurde der neunte Weltmeister in der Geschichte des Schachs. Botwinnik würdigte im nachhinein die positionelle Meisterschaft seines Widerparts, fügte aber am Schluß an: »Seine Stärke liegt vor allem in der Verteidigung.« Diese Charakteristik ließ jedoch die potentiellen Möglichkeiten Petrosjans außer acht. Schon im WM-Kampf des Jahres 1966 gegen → *B. Spasski* erlebte die Schachwelt einen neuen Petrosjan. Es zeigte sich, daß er nicht nur ver-

teidigen konnte, sondern auch glänzend anzugreifen verstand. In der 10. Matchpartie steckte er zunächst zwei Qualitäten ins Geschäft, um dann mit einem schönen Damenopfer den Sieg zu erzwingen:

□ T. Petrosjan
■ B. Spasski
Moskau, 1966

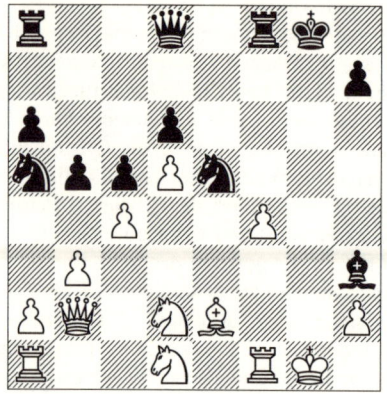

21. ♘e3! ♗:f1 22. ♖:f1 ♘g6 23. ♗g4! ♘:f4 24. ♖:f4! ♖:f4 25. ♗e6+ ♖f7 26. ♘e4 ♕h4 27. ♘:d6 ♕g5+ 28. ♔h1 ♖aa7 29. ♗:f7+ ♖:f7 30. ♕h8+! 1-0

Auf die Frage, warum er seine »Geheimwaffe« – die Taktik – nicht schon früher ausgepackt hatte, antwortete Petrosjan: »Jeder spielt so, wie es ihm gegeben ist. Mir ist von Natur aus eine gewisse Vorsicht eigen. Ich mag keine Situationen, die mit einem Risiko verbunden sind. Gerade meine taktische Meisterschaft ist es, die mich von einer Reihe von Kombinationen abhält, denn ich sehe auch für meinen Gegner immer noch eine Erwiderung...«

Sechs Jahre lang trug Petrosjan die Schachkrone. In dieser Periode gewann er die großen Turniere von Los Angeles (1963) und Buenos Aires (1964). An der Spitze der sowjetischen Nationalmannschaft erzielte er auf den Schacholympiaden von Tel Aviv (1964), Havanna (1966) und Lugano (1968) jeweils das beste Ergebnis am Spitzenbrett.

1969 unterlag Petrosjan im WM-Kampf seinem Herausforderer Boris Spasski mit 10,5:12,5 (+4, -6, =13). Aber auch als Exweltmeister beteiligte er sich weiter an den Kandidatenkämpfen und blieb noch lange einer der stärksten Spieler der Welt, wie u. a. seine Turniersiege in San Antonio (1972), Las Palmas (1973), Lone Pine (1976), Tallinn (1979) zeigten. Robert Fischers Vormarsch auf den WM-Thron konnte Petrosjan zwar nicht stoppen, aber er brachte dem Amerikaner in den Kandidatenkämpfen die einzige Niederlage bei.

□ T. Petrosjan
■ R. Fischer
Buenos Aires, 1971

1. d4 ♘f6 2. c4 g6 3. ♘c3 d5 4. ♗f4 ♗g7 5. e3 c5 6. d:c5 ♕a5 7. ♖c1 ♘e4 8. c:d5 ♘:c3 9. ♕d2 ♘:a2 10. b:c3 ♕a5 11. ♗c4 ♘d7 12. ♘e2 ♘e5 13. ♗a2 ♗f5 14. ♗:e5 ♗:e5 15. ♘d4 ♕:c5 16. ♘:f5 g:f5 17. 0-0 ♕a5 18. ♕c2! f4 19. c4! f:e3 20. c5! ♕d2 21. ♕a4+ ♔f8 22. ♖cd1 ♕e2 23. d6! ♕h5

Wie der Moskauer Schachspieler I. Loktew zeigte, konnte Schwarz sich hier mit folgender Variante retten: 23... ♗:h2+! 24. ♔:h2 ♕h5+ 25. ♔g1 e2 26. ♕d4! f6 27. ♖d3 e:f1♕+ 28. ♔:f1 ♕h1+ 29. ♔e2 ♕h5+ 30.

♔d2 ♕g5+ 31. ♔d1 ♕h5+ 32. ♔c1 ♕g5+ 33. ♔c2 ♕f5!

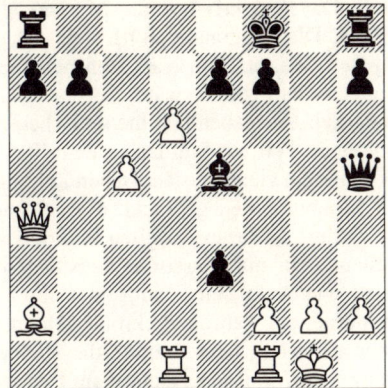

24. f4! e2 25. f:e5 e:d1♕ 26. ♖:d1 ♕:e5 27. ♖f1! f6 28. ♕b3 ♔g7 29. ♕f7+ ♔h6 30. d:e7 f5 31. ♖:f5 ♕d4+ 32. ♔h1   1-0

Petrosjan war ein Mensch mit vielseitigen Interessen und Fähigkeiten. Er tat sich auch als Schachtheoretiker bzw. -journalist hervor. Er war lange Jahre Redakteur der Zeitung »Schachmatnaja Moskwa« bzw. danach der Wochenzeitschrift »64«. Er reiste oft durchs Land und gab → *Simultanvorstellungen* bzw. hielt Vorlesungen. Für seine Dissertation »Einige Probleme der Logik des schachlichen Denkens« wurde ihm 1968 in Jerewan der Titel Kandidat der philosophischen Wissenschaften verliehen.

Petrow Alexander, * 12. Februar 1794 in Selo Bisserowo (Pskower Gebiet), † 22. April 1867 in Warschau, erster russischer Schachmeister, Schachtheoretiker und Problemkomponist.

Bereits in den 20er Jahren galt Petrow nach Erfolgen über die stärksten St. Petersburger Meister als bester Schachspieler Rußlands, woran sich auch im nächsten knappen halben Jahrhundert nichts mehr ändern sollte. Unter seinen Schülern bzw. Zeitgenossen befinden sich → *C. F. von Jänisch,* Ilja Schumow, Sergej und Dimitri Urussow sowie Wiktor Michailow. Von 1840 an lebte Petrow in Warschau, wo er bedeutenden Einfluß auf die Entwicklung der polnischen Schachkultur nahm. Alexander Petrow war seiner Zeit in vielem voraus. Er strebte in offenen Stellungen die schnelle Figurenentwicklung bzw. Linienöffnungen an und geizte dabei mit jedem Tempo. Wenn er erst einmal Entwicklungsvorsprung hatte, nutzte er diesen zur Entfaltung schneller Attacken:

□ A. Petrow
■ Schimanski
Warschau, 1847

1. e4 e6 2. d4 d5 3. e:d5 e:d5 4. c4 ♗b4+ 5. ♘c3 ♘e7 6. ♘f3 ♗g4 7. ♗e2 d:c4 8. 0-0 ♗:f3 9. ♗:f3 c6 10. ♕e2 ♕:d4 11. ♖d1 ♕f6 12. ♘e4 ♕e6 13. a3 ♗a5 14. ♗g4 ♕g6 15. ♗f5 ♘:f5 16. ♘f6+   1-0

1824 gab Petrow in St. Petersburg eine fundamentale Arbeit über das Schachspiel in fünf Teilen heraus – »Schachspiel, systematisch geordnet unter Hinzufügung der Partien Philidors und Bemerkungen zu diesen«. Er schätzte → *Philidors* Lehre von den Bauern und dem Bauernzentrum hoch ein, war jedoch nicht mit der Philidorschen These einverstanden, daß der Anziehende bei korrektem Spiel gewinnen müsse. Außerdem konnte er die negative Einschätzung des Zuges 2. ♘f3 nicht teilen und verteidigte die Gambiteröffnungen. Petrow legte eine Reihe neuer Ideen dar, zum Beispiel über die aktive Verteidigung, die Rol-

le der konkreten Variantenberechnung bei der Stellungseinschätzung usw. »Einem entschlossen vorgetragenen Angriff zu widerstehen und ihn zurückzuschlagen«, unterstrich Petrow, »ist eine große Kunst... Ein Rückzug bedeutet noch nicht, daß die Partie verloren ist, denn es kann der Fall eintreten, daß sich ein Verteidigungsspiel in ein Angriffsspiel verwandelt.« Breite Bekanntheit erlangten Petrows Arbeiten, die der → *Russischen Partie* (in der englischen bzw. französischen Literatur nur »Petrow« genannt), dem Läuferspiel und dem → *Königsgambit* (Petrow-Variante) gewidmet waren. Petrow war Organisator eines der ersten Schachvereine im Lande (St. Petersburg 1837), ein bemerkenswerter Literat, wie seine Erzählungen »Szenen aus dem Leben von Schachspielern« (1844–46) zeigen, und ein Pionier der → *Schachkomposition*. Seine vielzügigen → *Selbstmattaufgaben* zeichnen sich durch Originalität und Schwierigkeit aus. Klassisch wurde die folgende Aufgabe:

A. Petrow, 1824
Die Flucht Napoleons von Moskau nach Paris

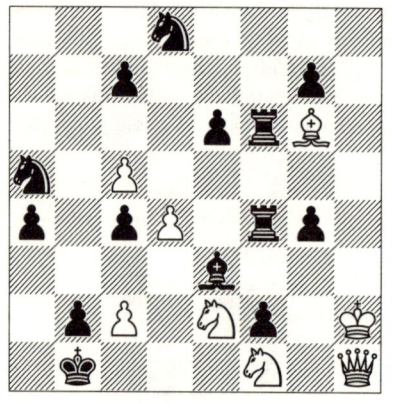

Matt in 14 Zügen
1. ♘d2+ ♚a2 2. ♘c3+ ♚a3 3. ♘db1+ ♚b4 4. ♘a2+ ♚b5 5. ♘bc3+ ♚a6 6. ♘b4+ ♚a7 7. ♘b5+ ♚b8 8. ♘a6+ ♚c8 9. ♘a7+ ♚d7 10. ♘b8+ ♚e7 11. ♘c8+ ♚f8 12. ♘d7+ ♚g8 13. ♘e7+ ♚h8 14. ♔g2+ matt!

In dieser Aufgabe wird symbolisch die Verfolgung des französischen Herrschers Napoleon (schwarzer König) durch die russische Kavallerie unter Platow (weiße Springer) dargestellt. Das Feld »a1« bedeutet Moskau, »h8« ist Paris. Die Diagonale a8-h1 steht für den Fluß Beresina, an dem Napoleon beinahe in Gefangenschaft geraten wäre.

Die Partien, Aufgaben und theoretischen Abhandlungen Petrows wurden in den 40er bis 60er Jahren in vielen ausländischen Zeitungen bzw. Monographien gedruckt. »Die Schachwelt verliert an diesem zweiten Philidor, von welchem man nur klassische Leistungen in Partien wie Aufgaben kennt, einen ihrer ersten Sterne, ein wahrhaft gekröntes Haupt im Reiche der 64 Felder«, schrieb die »Schachzeitung« 1867 in ihrem Nachruf auf Petrow.

Pfleger Helmut, * 6. August 1943 in Teplitz-Schönau, deutscher Großmeister.
Wenn die Patienten die Worte ihres Arztes hören, daß bei ihnen eine Schachtherapie völlig ausreiche, atmen sie erleichtert auf. Erstens ist ihre Krankheit nicht so ernst, und zweitens ist eine Partie Schach eine zwar ungewöhnliche, aber angenehme Medizin! Um so mehr, da sie Helmut Pfleger nicht nur als Arzt, sondern auch als Schachgroßmeister verschrieben hat. Seiner Meinung nach kann dies dem Streßabbau dienen und eine aktive Lebenseinstellung fördern.
Mit achtzehn kam Pfleger bei der Junioren-WM auf den 4.-5. Platz. 1964 feierte er sein Debüt bei einer Schacholympiade mit dem besten Einzelresultat am 4. Brett – 12,5 Punkte aus 15 Partien. Damit hatte er einen großen Anteil an der Bronzemedaille der bundesdeutschen Mannschaft. Eine Reihe von Siegen errang Pfleger, *die* Entdeckung der Olympiade von Tel Aviv, in flottem Stil:

□ H. Pfleger
■ Z. Domnitz
Tel Aviv, 1964

1. d4 ♘f6 2. c4 g6 3. ♘c3 ♗g7 4. e4 d6 5. ♗e2 e5 6. d:e5 d:e5 7. ♕:d8+ ♔:d8 8. f4 ♘fd7 9. ♘f3 c6 10. 0-0 e:f4 11. ♗:f4 f6 12. ♖ad1 ♔e8 13. e5 f:e5 14. ♗g3 ♘c5 15. ♗:e5 ♗:e5 16. ♘:e5 ♗e6 17. b4 ♘cd7 18. ♘f3 ♔e7 19. ♘g5 ♘f8 20. ♘:e6 ♘:e6 21. ♗g4 ♘d7 22. ♖de1 ♘df8 23. ♘e4 ♘d8

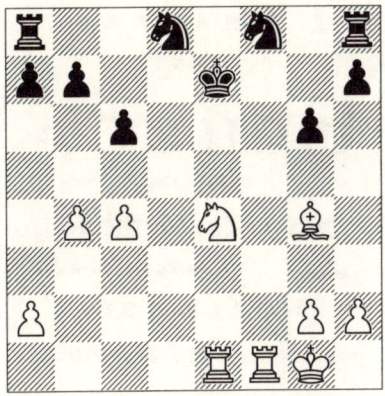

24. ♘c5+ ♔d6 25. ♖f6+ ♔c7 26. ♖e7+ ♔b8 27. ♖:b7+ ♘:b7 28. ♘a6+ matt!

Zu Pflegers größten Erfolgen zählen seine Turniersiege in Polanica Zdroj (1971) und Montilla (1973). In Manila 1975 teilte er hinter → *L. Ljubojević* gemeinsam mit → *B. Larsen*, → *H. Mecking* und → *L. Polugajewski* den 2. Rang. In diesem Jahr erhielt er von der → *Fide* den Großmeistertitel zugesprochen. In jüngster Zeit machte sich Dr. Pfleger vor allem als Fernsehmoderator von Schach- bzw. populärwissenschaftlichen Sendungen und Schachbuchautor einen Namen.

Philidor, eigentlich François André Danican, * 7. September 1726 in Dreux bei Paris, † 31. August 1795 in London, französischer Schachmeister und Opernkomponist, in der zweiten Hälfte des 18. Jahrhunderts einer der stärksten Schachspieler der Welt, Begründer der Theorie des Positionsspiels.
Philidor kam in einer Familie von Musikern des Königlichen Hofes zur Welt. Sein Großvater spielte Fagott, sein Vater und die Brüder dienten in der königlichen Chorkapelle. Philidor war sechs Jahre alt, als er für den Chor der Versailler Kapelle bestimmt wurde. Hier war es verboten, sich mit Glücksspielen zu beschäftigen, aber das Schachspiel, mit dem Philidor früh in Berührung kam, war erlaubt. So wurden schon in jungen Jahren zwei kulturelle Betätigungen – Musik und Schach – untrennbare Bestandteile seines Lebens. Er erzielte in beiden Disziplinen schnelle Fortschritte. Mit zehn Jahren gewann Philidor bereits gegen alle Erwachsenen seiner Kapelle. Mit zwölf schuf er ein Chorwerk, das mit einer königlichen Auszeichnung bedacht wurde. In seinem Leben schrieb Philidor 26 Opern, vorzugsweise komische, zu Themen aus dem Alltag des Volkes, darunter »Le Soldat Magicien« (Der Zauberer, 1760), »Le Jardinier et son Seigneur« (Der Gärtner und sein Herr, 1761) und »Le Maréchal Ferrant« (Der Hufschmied, 1761). Seine Kantate nach Versen von Horaz wurde weltberühmt. Sie wurde in Paris, London, Rom, Berlin, Wien und St. Petersburg aufgeführt, wo die Partitur auf Bitten von Katharina II. verblieb.

Der Ruhm Philidors in der Schachkunst sollte sich indessen als dauerhafter erweisen. Bereits in den 1740 Jahren galt er nach erfolgreichen Auftritten im Pariser Café de la Régence als einer der besten Schachspieler Europas. Am Rande seiner Konzertreise nach Holland (1745) besiegte er die stärksten Spieler des Landes. Danach reiste Philidor nach London, wo er in Slaughter's Coffeehouse die besten einheimischen Meister besiegte, darunter Abraham Jansen. 1847 wurde in London mit großer Feierlichkeit Philidors Zweikampf mit dem Syrer → *Ph. Stamma* ausgerichtet. Philidor führte in allen Partien die schwarzen Steine, was ihn nicht daran hinderte, acht Partien zu gewinnen – bei einer Niederlage und einem Remis. Glän-

zend waren auch seine Auftritte in Deutschland, wo er, wie auch in England, vielen Gegnern einen Bauern oder eine Figur vorgab und mitunter auch ohne Ansicht des Brettes spielte. Leider sind diese Partien nicht erhalten geblieben. Überliefert sind größtenteils jene aus den letzten Lebensjahren Philidors.

□ Leister
■ Philidor

London, 1790 (ohne den Bauern f7)
1. e4 c5 2. ♕h5+ g6 3. ♕:c5 ♘c6 4. c3 e5 5. ♕e3 ♘f6 6. h3 d5 7. e:d5 ♘:d5 8. ♕e2 ♘f4 9. ♕f3 ♗h6 10. ♗b5 0-0 11. ♕e4 ♗f5 12. ♕c4+ ♔h8 13. ♕f1 ♗d3 14. ♗:d3 ♘:d3+ 15. ♔e2 ♖:f2+ 16. ♕:f2 ♘:f2 17. ♔:f2 ♕d3 18. ♘e2 ♖f8+ 19. ♔e1 e4 20. ♖f1 ♖:f1+ 21. ♔:f1 ♕c2 22. ♔e1 ♘e5 23. ♘a3 ♘d3+ 24. ♔f1 ♕d1 matt! 0-1

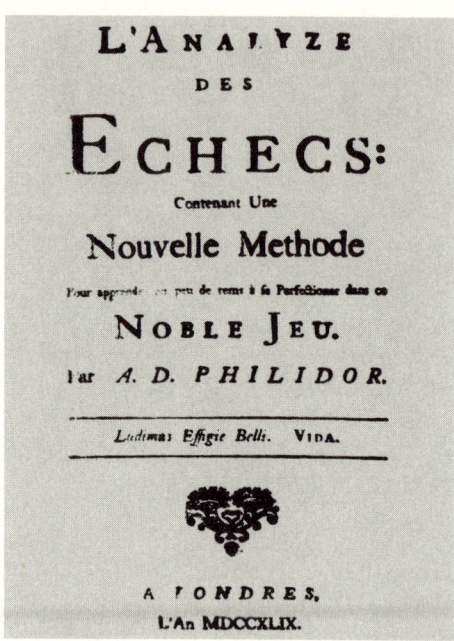

Philidors Hauptwerk »L'Analyze des Echecs«, London, 1794

Da die Musik allein nicht einträglich genug war, unterzeichnete Philidor 1775 einen Vertrag, der vorsah, daß er jedes Jahr von Februar bis Juni die Mitglieder des St. James' Chess Club im Schachspiel zu unterrichten hätte. Er mußte auf diese Bedingungen eingehen, da er eine große Familie zu ernähren hatte. Die letzten Jahre seines Lebens brachte er in London zu. Er litt schwer unter der Trennung von seiner Familie. In Paris setzte man ihn aufgrund seiner Beziehungen zum Hof des Königs auf die Liste verdächtiger Personen, obwohl er, wie aus seinen Briefen hervorgeht, mit der Großen Französischen Revolution sympathisierte.

Philidor leistete einen riesigen Beitrag zur Entwicklung der Schachtheorie. Bereits mit 23 Jahren schrieb er in Holland das Buch »L'Analyse du jeu des échecs«, das 1749 in London in französischer Sprache herauskam. Diese Arbeit brachte die Wende in den Vorstellungen darüber, wie Schach gespielt werden sollte. Im Unterschied zu seinen Vorgängern und seinen italienischen Zeitgenossen, die das Prinzip des Figurenangriffs gegen den feindlichen König über alles stellten, führte Philidor anhand von neun ausführlich kommentierten Beispielpartien neuartige, positionelle Prinzipien ein. Ihnen liegt die Rolle des Bauernzentrums und die Schaffung einer stabilen Bauernkette zugrunde, deren Vorrücken dem Angreifer Raumvorteil sichert.

Obwohl das moderne Schach mittlerweile strategisch und taktisch weit fortgeschritten ist, werden auch heute noch eine Reihe von Partien gespielt, die die Richtigkeit des Philidorschen Leitspruches beweisen: »Die Bauern sind die Seele des Schachspiels«.

Philidor-Verteidigung. 1. e4 e5 2. ♘f3 d6

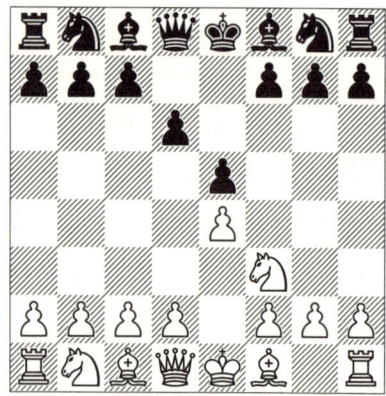

Wir haben hier einen der alten Spielanfänge vor uns, die erstmals in der Göttinger Handschrift Ende des 15. Jahrhunderts sowie in → *Lucenas* Buch 1497 Erwähnung fanden. Drei Jahrhunderte später avancierte → *Philidor* zum Erforscher und Anhänger dieser Eröffnung. Die Grundidee besteht in der Stabilisierung des Punktes e5. Allerdings bleibt Schwarz häufig in der Entwicklung zurück, weshalb Weiß in der Regel deutlichen Positionsvorteil erzielt. Die Philidor-Verteidigung ist in der Praxis recht selten anzutreffen. Hauptfortsetzungen sind 3. d4 ♘f6 4.♘c3 ♘bd7 5. ♗c4 ♗e7 6. 0-0 0-0 7. ♕e2 c6 8. a4 ♕c7 oder 4... e:d4 5.♘:d4 ♗e7 6. ♗f4 0-0 7. ♕d2 a6 8. 0-0-0 d5 9. e5 ♘h5 10. ♗e3.

Pietzsch Wolfgang, * 21. Dezember 1930 in Wittgendorf, † 29. Dezember 1996 in Leipzig, deutscher Großmeister.
Pietzsch war 1949 Meister der sowjetischen Besatzungszone und 1960, 1962 und 1967 Champion der DDR. Sechsmal vertrat er sein Land auf Schacholympiaden (1952, 1958, 1960, 1962, 1966 und 1968). Nach dem Sieg im Leipziger Interschachturnier (1965) wurde ihm 1966 der Großmeistertitel verliehen. Der Leipziger, der von Beruf Lehrer für Mathematik und Physik war, zog sich Ende der 60er Jahre vom aktiven Turnierschach zurück.

Pillsbury Harry Nelson, * 5. Dezember 1872 in Somerville bei Boston, † 17. Juni 1906 in Philadelphia, amerikanischer Maestro, um die Jahrhundertwende einer der stärksten Schachspieler der Welt.
Pillsbury kam mit sechzehn Jahren recht spät zum Schach, ohne das er jedoch bald nicht mehr leben konnte, wie er später freimütig gestand. Nach seinem Sieg beim Championat des »Manhattan Chess Club« wurde ihm die Ehre zuteil, beim Turnier des Jahrhunderts zu Hastings gemeinsam mit → *W. Steinitz* und J. Showalter Amerikas Farben zu vertreten.
Als echter Amerikaner kam der 22jährige Harry Nelson Pillsbury in Erwartung eines sicheren Sieges nach Europa. Für viele hätte sich diese Siegesgewißheit als Bumerang erwiesen, aber Pillsbury sorgte tatsächlich für Furore. Nach einer Auftaktniederlage gegen → *M. Tschigorin* bezwang er der Reihe nach Koryphäen wie → *S. Tarrasch, W. Steinitz,* → *D. Janowski,* → *R. Teichmann,* E. Schiffers... 15 Gewinne, drei Unentschieden und drei Verluste bedeuteten den 1. Platz! Dieser Erfolg kam absolut unerwartet, denn er hatte zuvor kein einziges großes Turnier bestritten. Tarrasch bezeichnete Pillsbury als genialen Schachspieler mit tiefen Ideen.

Es ist kaum zu glauben, aber wahr. Sein erster internationaler Auftritt blieb der größte Erfolg seiner Karriere. Obwohl er auch in den nächsten zehn Jahren u. a. geteilte Siege in → *Wien* (1898) und München (1900), zweite Plätze in → *Paris* (1900) und Monte Carlo (1902) sowie geteilte dritte Ränge in Nürnberg (1896) und → *London* (1899) erreichte, konnte Pillsbury seinen Erfolg von Hastings nicht wiederholen. In 17 Jahren brachte er es auf 312 Partien in Turnieren (+172, -63, =77) und 64 in sechs Zweikämpfen (+31, -19, =14). Unvergessen sind die traumhaften Erfolge seiner weltweiten Gastspiele mit → *Simultanvorstellungen* im → *Blindspiel.* Die Geschwindigkeit des Denkens, ein phänomenales Gedächtnis und die vornehme Erscheinung des Maestros machten auf die zukünftigen Weltmeister → *J. R. Capablanca* und → *A.*

21. ♕:h8+ ♚d7 22. ♕:h7 ♚c8 23. ♕:f7 d4
24. ♕e6+ ♖d7 25. ♕g8+ ♖d8 26. ♕g4+ ♖d7
27. ♗e3   1-0

Pirc-Ufimzew-Verteidigung. 1. e4 d6 2. d4
♘f6 3. ♘c3 g6

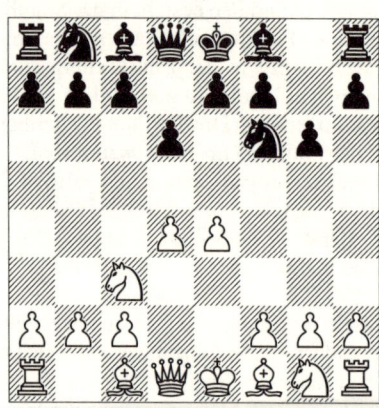

Dieser halboffene Spielanfang gehört mit zu
den populärsten im modernen Schach. Diese
Verteidigung hatte es anfangs schwer, sich
einen Platz an der Sonne zu erkämpfen. Als
→ *W. Steinitz* in der Partie Tarrasch-Charousek (Nürnberg 1896) eines ähnlichen Aufbaus
angesichtig wurde, charakterisierte er ihn als
zu »verschroben«. Ja, und acht Jahre später
setzte gar der Feind aller Schablone und der
Vorreiter neuer Ideen im Schach, → *S. Tartakower*, hinter den Zug 3... g6 ein Fragezeichen! Erst gegen Ende der 30er Jahre gewann
dieses vielgescholtene Eröffnungskonzept dank
der Untersuchungen des russischen Meisters
Anatoli Ufimzew und des jugoslawischen
Großmeisters Vasja Pirc auch unter Weltklassespielern Anhänger. → *M. Botwinnik* und →
T. Petrosjan sowie später → *V. Hort,* R. Keene,
→ *J. Timman,* S. Asmaiparaschwili, → *A.
Schirow* u. a. griffen zu dieser Waffe.
Die Grundidee der Pirc-Ufimzew-Verteidigung besteht in der Schaffung eines Gegenspiels gegen das starke weiße Bauernzentrum.
Am populärsten ist das Dreibauernsystem —
4. f4 ♗g7 5.♘f3 c5 sowie das klassische System — 4. ♘f3 ♗g7 5.♗e2 0-0 6. 0-0.

Polerio Giulio Cesare, 1548–1612, italienischer Schachspieler und Theoretiker.
Polerio begleitete seinen Freund Leonardo da

Aljechin einen gewaltigen Eindruck und bestärkten sie in ihrem Entschluß, die Schachlaufbahn einzuschlagen. »Das Spiel Pillsburys
hat mich buchstäblich elektrisiert.« (Capablanca). »Pillsburys Auftritte habe ich damals
als ein Wunder angesehen.« (Aljechin). Binnen sechs Jahren (1898–1904) gab Pillsbury
40 Blindvorstellungen, spielte dabei 666 Partien (+456, -75, =135) und stellte auch einige
Weltrekorde auf, darunter einen 1902 in Moskau: +17, -1, =4. Auch in die Eröffnungstheorie brachten Pillsburys Ideen frischen Wind,
besonders trifft das auf sein geliebtes → *Damengambit* zu. Pillsbury betrachtete sich als
einen Schüler Steinitz'. Laut Romanowski ist
das Schaffen Pillsburys »eine klare, markante
und praktische Illustration der Steinitzschen
Formeln. Von Pillsbury können wir vieles lernen: den unerschütterlichen Willen zur Initiative, die strenge Logik bei der Aufstellung des
strategischen Planes und seine konsequente
Durchführung sowie technische Präzision und
genaue Berechnung.«

□ H. N. Pillsbury
■ R. Swiderski

Hannover, 1902

1. d4 d5 2. c4 e6 3. ♘c3 b6 4. ♘f3 ♗b7 5.
c:d5 e:d5 6. e4! d:e4 7. ♘e5 ♗d6 8. ♕g4!
♚f8 9. ♗c4 ♗:e5 10. d:e5 ♕d4 11. ♗d5! c6
12. ♗:e4 ♕:e5 13. ♗f4 ♘f6 14. ♕h4 ♕e7 15.
0-0-0 ♘e8 16. ♕g3 ♘a6 17. ♖he1 ♖d8

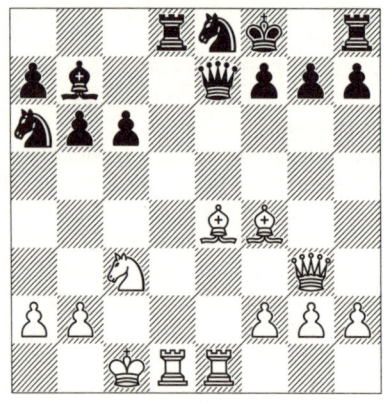

18. ♗d5 ♕c5 19. ♖:e8+! ♚:e8 20. ♕:g7 c:d5

Cutri auf der Reise nach Madrid (1574–79). In seiner Schrift, die er 1594 vollendete, legte er eine detaillierte Analyse des Muzio-Gambits und anderer Systeme des → *Königsgambits* vor. Ebenso gehen eine Reihe interessanter Opfer in anderen Eröffnungen, darunter das Springeropfer auf f7 im → *Zweispringerspiel im Nachzuge,* auf Polerio zurück.

□ Polerio
■ Domenico
Rom, 1602

1. e4 e5 **2.** ♘f3 ♘c6 **3.** ♗c4 ♘f6 **4.** ♘g5 d5 **5.** e:d5 ♘:d5
Heutzutage spielt man 5... ♘a5!
6. ♘:f7 ♔:f7 **7.** ♕f3+ ♔e6 **8.** ♘c3 ♘ce7
Stärker ist 8... ♘cb4.
9. d4 c6 **10.** ♗g5 h6 **11.** ♗:e7 ♗:e7 **12.** 0-0-0 ♖f8 **13.** ♕e4! ♖:f2 **14.** d:e5 ♗g5+ **15.** ♔b1 ♖d2 **16.** h4 ♖:d1+ **17.** ♖:d1 ♗:h4 **18.** ♘:d5 c:d5 **19.** ♖:d5 ♕g5 **20.** ♖d6+ ♔e7 **21.** ♖g6 1-0

Polerio war einer der ersten, der die Möglichkeiten der Dame im Endspiel untersuchte:

Polerio, 1590

Schwarz am Zug, Weiß gewinnt
1... h5 2. a4 h4 3. a5 h3 4. a6 h2 5. a7 h1♕ 6. a8♕+ ♔g1 7. ♕a1+ ♔g2 8. ♕g7+ ♔h3 9. ♕h6+ ♔g2 10. ♕g5+ ♔h3 11. ♕h5+ ♔g2 12. ♕g4+ ♔h2 13. ♔f2!
Das Matt ist unvermeidlich.

Polgár-Schwestern. Zsuzsa, Zsofia und Judit Polgar gehören zu den herausragenden Schachspielerinnen der Welt. Sie wurden von ihren Eltern, dem Psychologen László und der Lehrerin Klara Polgár, nach einem speziellen Programm erzogen. Der Vater unterrichtete die Mädchen beispielsweise in Naturwissenschaften und Schach, die Mutter in Sprachen. Ein Kind soll an der Wissensaneignung, am Entdecken und am selbständigen Denken von vier Jahren an Freude haben, meint das Familienoberhaupt und Autor des Buches »Erziehe ein Genie!«. Lange Jahre lang standen die staatlichen Stellen in Budapest László Polgárs Methode negativ gegenüber, aber heute sehen sie, daß László und Klara Polgár drei Genies erzogen haben...

Zsuzsa, * 19. April 1969 in Budapest, Großmeistertitel bei Männern und Frauen, WM-Herausforderin.
Als Zsuzsa sieben Jahre alt war, nahm sie ihr Vater mit zum Ungarischen Championat. Das Mädchen verfolgte begeistert das Spiel der Meister. → *L. Szabó* wurde auf die Kleine aufmerksam, ging zu ihr und setzte sich im Zuschauersaal neben sie. »Wenn du willst, zeige ich dir, wie die Figuren ziehen«, meinte er gönnerhaft. »Wenn Sie wollen, zeige ich Ihnen, wie Weiß an Tisch fünf gewinnen konnte«, lautete die Antwort. Der verblüffte Szabó hatte seinen Mund noch gar nicht zu, da dik-

tierte ihm Zsuzsa auch schon eine lange Gewinnvariante.
Bald darauf übernahm Szabó die Patenschaft über Zsuzsa Polgár, die die Schachwelt immer mehr in Erstaunen versetzte. Mit zwölf wurde sie Mädchenweltmeisterin U16 und gewann in Varna ein internationales Frauenturnier. Mit vierzehn konzentrierte sie sich bereits auf das »Männerschach«. »Unser Ziel ist die Weltmeisterschaft der Männer!« verkündete László Polgár. 1986 qualifizierte sich Zsuzsa durch einen Bronzerang bei der Ungarischen Meisterschaft für das Zonenturnier.

□ Zsu. Polgár
■ G. Forintos
Budapest, 1986

1. d4 ♘f6 2. c4 c5 3. d5 e6 4. ♘c3 e:d5 5. c:d5 ♗d6?! 6. ♘f3 0-0 7. ♗g5 ♖e8 8. e3 a6 9. a4 ♗f8 10. h3 d6 11. ♗d3 ♘bd7 12. 0-0 ♘e5 13. ♘:e5 ♖:e5 14. ♗h4 ♖e8 15. e4 ♗e7 16. ♗g3 ♘d7 17. ♗e2!? ♗f6! 18. ♕c2 ♘f8 19. f4 ♗h4?! 20. ♗h2 ♗f6 21. ♖ae1 ♗d4+ 22. ♔h1 ♕h4 23. ♗d3 ♘g6 24. ♘e2! ♗f6 25. ♘g1! ♕h6 26. e5 d:e5 27. f:e5 ♘:e5?! 28. ♕c3! ♗:h3 29. ♘:h3 ♘g4 30. ♖:e8+ ♖:e8 31. ♕:c5 ♘:h2 32. ♔:h2 ♗:b2 33. ♔h1 ♕h5?! 34. ♕b4 ♗e5 35. ♕:b7 ♖f8 36. ♕b3 ♗b8 37. ♖f5 ♕h4 38. ♗:a6 ♖e1+ 39. ♗f1 g6 40. ♖f3 ♕e5 41. g3 h5 42. ♘f4 ♕g5 43. ♘e6!
1-0

Zsuzsa befaßte sich fünf, sechs Stunden am Tag mit Schach. Die Schachbibliothek des Hauses Polgár umfaßte neben etwa 1500 Bänden auch eine Eröffnungskartothek, wie sie laut → *M. Botwinnik* damals nicht einmal im Zentralen Moskauer Schachclub zu finden war. Zsuzsa erzielte eine Reihe guter Resultate in Männerturnieren wie Bilbao 1987 (5.-6.) und Stary Smokovec 1987 (2.-3.). 1988 und 1990 holte Zsuzsa gemeinsam mit ihren jüngeren Schwestern und Ildiko Madl bei der Schacholympiade die Goldmedaille. 1992 traf sie den Entschluß, um den Weltmeistertitel bei den Frauen zu kämpfen. Beim → *Kandidatinnenturnier* von Shanghai, das sie mit drei Punkten Vorsprung gewann, zeigte sie ihre klare Überlegenheit. Nur aufgrund einer unsinnigen Regelung der → *Fide* mußte sie einen Stichkampf gegen die Zweitplazierte → *N. Ioseliani* austragen, den sie nach unentschiedenem Ausgang durch Losentscheid verlor... Im Kandidatinnenturnier von 1994 teilte Zsuzsa mit → *M. Tschiburdanidse* den Sieg. Diesmal gewann sie das Entscheidungsmatch 1995 in St. Petersburg mit 5,5:1,5 und wurde Herausforderin von Weltmeisterin → *Xie Jun*.

Zsofia, * 2. November 1974 in Budapest, ungarische Großmeisterin.

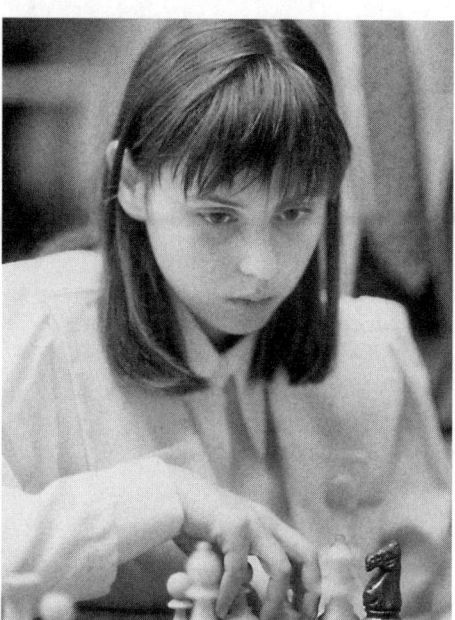

Zsofia wiederholte nicht die »Fehler« der älteren Schwester und spielte von Anfang an nur gegen Jungen. Bei der U14-WM in Puerto Rico (1986) belegte sie den 2.-3. Platz. Drei Jahre später »eroberte« sie Rom. Beim Open in Italiens Metropole schlug sie u. a. die Großmeister Palatnik, Rasuwajew sowie Tschernin und gewann das Turnier mit sensationellen 8,5/9!

□ Zso. Polgár
■ A. Tschernin
Rom, 1989

1. e4 c5 2. ♘f3 e6 3. d4 c:d4 4. ♘:d4 ♘c6 5. ♘c3 ♕c7 6. ♗e2 ♘f6 7. 0-0 ♗e7 8. ♗e3 0-0

9. f4 d6 10. ♔h1 a6 11. ♕e1 ♘a5 12. ♕g3 ♘c4 13. ♗c1 b5 14. a3 ♕b6 15. ♖d1 ♗b7 16. b3 ♘a5 17. ♗f3 ♖ac8 18. ♗b2 ♖fd8?

19. ♘d5!! ♘:d5 20. ♘:e6! g6 21. ♘:d8 ♕:d8 22. e:d5 ♖:c2 23. ♖ab1 ♗h4 24. ♕h3 ♗c8 25. ♗g4 ♗:g4 26. ♕:g4 ♘:b3 27. g3! ♗e7 28. f5 a5 29. f:g6 h:g6 30. ♕h3 ♖:b2 31. ♖:b2 a4 32. ♖f2 ♘c5 33. ♖df1 f5 34. g4 ♘e4 35. ♖g2   1-0

1991 trennte sich Zsofia in einem Match vom holländischen Großmeister Gennadi Sosonko 3:3 unentschieden.

Judit, * 23. Juli 1976 in Budapest, Großmeistertitel bei Männern und Frauen.
»Ich möchte nicht die Prognose wagen, daß Judit eines Tages den Weltmeistertitel der Männer erringt, aber unter die WM-Kandidaten zu gelangen liegt durchaus im Bereich ihrer Möglichkeiten«, sagte Großmeister → *L. Polugajewski* kurz nach einem Trainingsmatch gegen das damals 14jährige Mädchen. Und weiter: »Sie pflegt einen scharfen kombinatorischen Stil und spielt auf Matt. Nicht zufällig hat sie das Wolga- bzw. Königsgambit in ihrem Repertoire.« Jeder Auftritt Judits erregt besondere Aufmerksamkeit. Mit zwölf Jahren erfüllte sie die Normen für den Titel Internationaler Meister – der Männer! → *R. Fischer* und → *G. Kasparow* hatten dazu zwei Jahre länger gebraucht. Auf der Schacholympiade der Frauen 1988 zeigte Judit mit 12,5/13 das absolut beste Resultat aller Teilnehmerinnen. Im Dezember 1991 stellte sie einen Weltrekord anderer Art auf, indem sie das Champio-

nat Ungarns gewann, obwohl mit → *A. Adorján*, → *L. Portisch*, G. Sax, P. Lukacs, A. Groszpeter, J. Horváth, I. Faragó und T. Tolnai die komplette Spitze des Landes versammelt war. Platz fünf belegte übrigens Schwester Zsuzsa. Judit war nun die bis dato jüngste Großmeisterin aller Zeiten!
Einer ihrer bedeutendsten Turniersiege ist der im Traditionsturnier von Hastings 1992/93 gemeinsam mit → *J. Barejew*, den sie in beiden Durchgängen besiegte:

□ J. Polgár
■ J. Barejew
Hastings 1992/93

21. ♖:g7+! ♔:g7 22. ♖g1+ ♔h8 23. ♘f7+ ♔h7 24. ♘:h6! 1-0

Anfang 1993 entzückte Judit die Schachwelt bei ihrem 5,5:4,5-Erfolg gegen Exweltmeister → *B. Spasski* mit schönen Partien:

□ J. Polgár
■ B. Spasski

Budapest, 1993 (8. Matchpartie)

1. e4 e5 2. ♘f3 ♘c6 3. ♗b5 a6 4. ♗a4 ♘f6 5. 0-0 ♗e7 6. ♖e1 b5 7. ♗b3 d6 8. c3 0-0 9. h3 ♘b8 10. d4 ♘bd7 11. ♘bd2 ♗b7 12. ♗c2 ♖e8 13. ♘f1 ♗f8 14. ♘g3 g6 15. b3 d5 16. ♗g5 h6 17. ♗h4!? d:e4?! 18. ♘:e4 g5 19. d:e5! ♘:e4 20. ♗:e4 ♖:e4 21. ♖:e4 g:h4 22. ♖d4! ♖e7 23. e6! f:e6 24. ♘e5 ♖g7 25. ♖:d7 ♕g5 26. ♕f3 ♖d8 27. ♖:g7+ ♕:g7 28. ♖e1 ♗c5 29. ♘g4! ♕g6 30. ♕f4 ♗b6 31. ♘:h6+ ♔g7 32. ♕:h4 ♕f6 33. ♕:f6+ ♔:f6 34. ♖e2 ♖d1+ 35. ♔h2 ♖c1 36. g4 ♖:c3 37. h4 ♖d3 38. g5+ ♔e7 39. g6 ♔f8 40. ♖:e6 ♖f3 41. ♘g4 ♖f5 42. ♔g3 1-0

Judit Polgár bewies gegen Exweltmeister Boris Spasski, daß Frauen eine scharfe Klinge schlagen.

Judit gehört seit dem Sommer 1993 mit einer Elozahl von über 2600 zur Weltspitze. Das Interzonenturnier von Biel 1993 brachte Judit indessen noch nicht die Qualifikation für die Kandidatenmatches zur Weltmeisterschaft. Unter ihren zahlreichen vorderen Plazierungen bei verschiedenen Superturnieren ragt ihr Sieg in Madrid 1994 (u. a. vor I. Sokolov, → G. Kamsky, → A. Schirow, → W. Salow, J. Barejew) noch heraus. In der Weltrangliste vom Januar 1996 wird Judit auf Platz 10 geführt.

Polugajewski Lew, * 20. November 1934 in Mogilew, † 30. August 1995 in Paris, russischer Großmeister, mehrfacher WM-Kandidat.

Bei einem Gastspiel 1947 in Kuibyschew (heute Samara) wurde Großmeister → *S. Flohr* auf den 13jährigen Lew Polugajewski aufmerksam, einen Jungen mit leuchtenden Augen und Adlerprofil, der ihm in Simultanpartien erfolgreich Widerstand leistete, und sagte ihm eine große Zukunft voraus. Sechs Jahre später wird Lew bei der Russischen Meisterschaft Zweiter und erhält den Titel eines Schachmeisters. Nach einem Maschinenbaustudium schlägt er dann doch die Schachlaufbahn ein. Seine ersten internationalen Erfolge sind die Siege in Marienbad 1959 und Mar del Plata 1962, wo er u. a. → *W. Smyslow*, → *L. Szabó*, → *M. Najdorf*, O. Panno und → *L. Pachman* hinter sich läßt. Bald darauf wird er zum Großmeister gekürt. 1967–1969 teilt er dreimal in Folge bei UdSSR-Meisterschaften den 1.-2. Platz. Bei den Interzonenturnieren von Petropolis (1973, 2.), Manila (1976, 2.-3.) und Riga (1979, 2.) qualifiziert er sich jeweils für die Kandidatenmatches zur Weltmeisterschaft. Zweimal gelangt er ins Halbfinale: 1977, nach einem 6,5:5,5-Sieg gegen einen der Favoriten des WM-Zyklus, → *H. Mecking*, und 1980, nach einem 5,5:2,5-Erfolg gegen Exweltmeister → *M. Tal.*

Für Polugajewskis Stil sind die genaue Berechnung komplizierter Varianten, logische Pläne, aber auch das Auffinden von paradox anmutenden Zügen charakteristisch.

»Die Schönheit des Schachs verbirgt sich für mich in ungewöhnlichen Zügen, die nicht dem Standard entsprechen. Ich strebe nicht nach äußeren Effekten, sondern nach originellen Fortsetzungen.

Schön kann beispielsweise auch ein geistreicher Ausweg aus einer scheinbar hoffnungslosen Lage sein«, sagte Lew Polugajewski einem der Autoren des vorliegenden Buches. Polugajewskis Eröffnungsrepertoire war vielleicht etwas begrenzt, dafür aber bestens ausgefeilt. Mit den weißen Steinen war er den Anhängern der → *Königsindischen Verteidigung* ein furchtbarer Gegner, als Schwarzer war er mit der → *Nimzowitsch-Indischen* bzw. der → *Damenindischen Verteidigung* aus-

□ L. Polugajewski
■ E. Torre
London, 1984

1. d4 d5 2. c4 c6 3. ♘f3 ♘f6 4. ♘c3 d:c4 5. a4 ♗f5 6. e3 e6 7. ♗:c4 ♗b4 8. 0-0 0-0 9. ♕e2 ♘bd7 10. e4 ♗g6 11. ♗d3 ♘h5 12. ♗f4 ♖e8 13. e5 ♘d5 14. ♘:d5 c:d5 15. h3 ♗e7 16. ♖fc1 a6 17. ♖c3 ♗:f3 18. ♕:f3 ♘b8

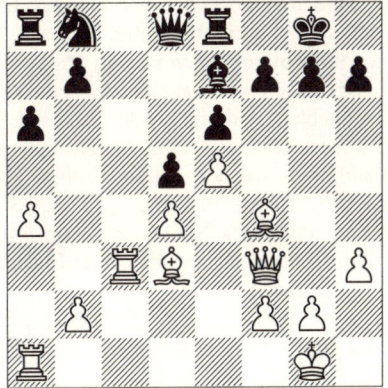

19. ♗:h7+! ♔:h7 20. ♕h5+ ♔g8 21. ♖g3 g6 22. ♖:g6+! f:g6 23. ♕:g6+ ♔h8 24. ♕h6+ ♔g8 25. ♕:e6+ ♔h8 26. ♕h6+ ♔g8 27. ♕g6+ ♔h8 28. ♕h5+! ♔g8 29. ♗h6
Diese Position mußte ich einschätzen, als ich die Kombination startete (Polugajewski).
29... ♗f8 30. ♕g6+ ♔h8 31. ♗:f8 ♖:f8 32. ♕h6+ ♔g8 33. ♖a3! 1-0

gerüstet. Der »wichtigste Pfeil in seinem Köcher« (Petrosjan) war natürlich die → *Sizilianische Verteidigung*, mit deren Feinheiten er bis ins letzte vertraut war. Bereits 1957 hatte er mit der Analyse einer Variante begonnen, die später als »Polugajewski-Variante« in die Schachtheorie einging — 1. e4 c5 2. ♘f3 d6 3. d4 c:d4 4. ♘:d4 ♘f6 5. ♘c3 a6 6. ♗g5 e6 7. f4 b5. »Ungefähr ein halbes Jahr lang«, gab Polugajewski zu, »brachte ich täglich Stunden mit dieser Variante zu, deren Stellungsbilder mich auch nachts in meinen Träumen verfolgten.« Er füllte Heft um Heft mit phantastischen Analysen einer Variante, die, wie er selbst sagt, sein zweites Ich wurde. Resultat dieser Arbeit war das 1977 in Moskau erschienene Buch »Roshdenije Varianta« (Die Geburt einer Variante).

Lew Polugajewski gewann ungefähr 30 internationale Turniere, darunter Bad Liebenstein (1963), Sotschi (1963, 1974, 1976), Sarajevo (1964), Bewerwijk (1966), Skopje (1968), Amsterdam (1972), Manila (1982), Biel (1986), Hanninge (1988). Aber besonders überzeugend fiel 1971 sein zweiter Sieg im argentinischen Mar del Plata aus, wo er mit 13 Punkten aus 15 Partien den Zweitplazierten um ganze drei Zähler distanzierte.

Zu den Kunstwerken des Großmeisters gehört auch die folgende Partie, die mit einem Schönheitspreis ausgezeichnet wurde.

Die letzten Jahre seines Lebens verbrachte Lew Polugajewski in Paris, wo er u. a. → *J. Lautier* trainierte. Ende 1994 fand anläßlich seines 60. Geburtstages in → *Buenos Aires* ein hochkarätig besetztes Thematurnier zur Sizilianischen Verteidigung statt, dem er als Ehrengast beiwohnte. Am 30. August 1995 starb »Polu« an den Folgen einer langen und schweren Krankheit.

Ponziani Domenico Lorenzo, * 9. November 1719 in Modena, † 15. Juli 1796 in Modena, italienischer Maestro und Schachtheoretiker. Von Beruf Jurist, Professor des bürgerlichen Rechts, brachte es Ponziani indessen als einer der drei Meister von Modena zu internationalem Ruhm. Dieses Dreigestirn (dazu noch → *E. Del Rio* und → *G. Lolli*) begründete die Prinzipien der auf Angriffsschach orientierten Italienischen Schachschule, zu deren wichtigsten das der schnellen Figurenentwicklung zählt. Ponziani ist Autor der klassischen Arbeit »Il gioco incomparabile degli scacchi« (Das mit nichts vergleichliche Schachspiel, Modena, 1769), die in verschiedene Sprachen übersetzt wurde. Das Buch gliedert sich in drei Abschnitte: im ersten legt Ponziani die allgemeinen Regeln des Schachs und, angefangen bei → *P. Damiano*, eine Kritik der Ansichten vorhergehender Autoren dar. Im zweiten Teil folgt eine Analyse diverser Spielanfänge wie der → *Spanischen Partie* und der Eröffnung 1. e4 e5 2. ♘f3 ♘c6 3. c3, die heute Ponzianis Namen trägt. Im letzten Abschnitt finden wir verschiedene Endspiele und 50 Aufgaben.

D. Ponziani, 1769

Weiß zieht und gewinnt
1. ♔g8 ♖g2+ 2. ♔f8 ♖h2 3. ♖b6+! ♔f5 4. ♔g7 ♖g2+ 5. ♔f7 ♖h2 6. ♖b5+ ♔f4 7. ♔g6 ♖g2+ 8. ♔h6! ♖h2+ 9. ♖h5   1-0

Portisch Lajos, * 4. April 1937 in Zalaegerszeg, ungarischer Großmeister, mehrfacher WM-Kandidat.
Die Eltern wollten aus ihm einen Geigenvirtuosen machen, doch Lajos' Liebe zum Schach erwies sich als stärker. 1955 erfüllte er die Meisternorm, und nur ein Jahr danach war er mit → *P. Benkö* Co-Sieger beim Budapester Aljechin-Gedenkturnier. Mit 21 wurde Portisch erstmals ungarischer Landesmeister, ein Titel, den er später noch neunmal holen sollte. Auch international zählte er sehr bald zur Spitzenklasse, wie 24 Turniersiege allein im Zeitraum 1956-1975 beweisen, darunter Madrid (1960); Sarajevo (1962); San Antonio und Bewerwijk (1965); Amsterdam (1963, 1967, 1969); Hastings (1970, 1971); Wijk aan Zee (1965, 1972, 1975, 1977); Las Palmas (1972); San Antonio (1972 – mit → *A. Karpow* und → *T. Petrosjan*); Mailand (1975 – vor Karpow, dem er im zusätzlich anberaumten Match mit 2,5:3,5 unterlag); Tilburg (1978); Toluca (1982).
Von 1962 an hat Portisch alle Interzonenturniere bestritten und sich im Zeitraum von 1965–1986 nur einmal nicht für die Kandidatenzweikämpfe zur Weltmeisterschaft qualifiziert! Zweimal drang er in das Halbfinale des Kandidatenturniers vor, unterlag dort aber 1977 → *B. Spasski* 6,5:8,5 und 1980 → *R. Hübner* 4,5:6,5.
Portisch ist der geborene Stratege und wurde daher oft als ungarischer Botwinnik bezeichnet. Mit den Jahren wurde sein Stil immer universeller. Sein aktives Positionsschach, das ausgefeilte Eröffnungsrepertoire und die Kunst

der Turniervorbereitung sind wichtige Gründe für die ungewöhnliche Stabilität der sportlichen Resultate von Lajos Portisch.
Daß er auch vor taktischen Verwicklungen nicht zurückschreckt, hat Portisch mehr als einmal bewiesen. So auch bei seinem Turniersieg in Mailand 1975:

□ L. Portisch
■ S. Gligorić

Mailand, 1979

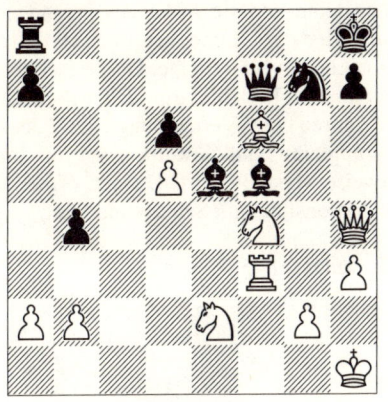

28. ♘h5! ♗:f6 29. ♘:f6 ♕e7 30. ♘d4 ♗g6
31. ♘c6 ♕b7 32. ♘:h7! ♘f5
32... ♗:h7 scheitert an 33. ♘d8! ♖:d8 34. ♕:d8+ ♗g8 35. ♕h4+ ♗h7 36. ♖f8+ matt.
33. ♖:f5! ♗:f5 34. ♘e7!!   1-0

Portisch ist die anerkannte Galionsfigur des ungarisches Schachs. Seit 1956 nahm er für sein Land an allen Schacholympiaden teil – bis auf wenige Ausnahmen immer am 1. Brett.

Priestley und Schach. Einer der bedeutendsten englischen Schriftsteller und Dramatiker des 20. Jahrhunderts, John Boynton Priestley (1894–1984), war von Jugend an mit dem Schach verbunden, das auch in seinen Werken mehrfach vorkommt. Interessant ist die Schachszene in seinem frühen Roman »Faraway« (1932). Zwei Freunde, William und Greenlow, treffen sich an den Winterabenden, setzen sich an den Kamin und verbringen viele Stunden beim Schachspiel. William geht riskant und zielstrebig zu Werke und läßt sich vom Angriffsspiel hinreißen. Sein Gegner, der gewöhnlich Pfeife raucht, beeilt sich nicht mit dem Antwortzug, führt methodisch seinen Plan durch und schleppt die Partie nicht selten ins tiefe Endspiel, was William als langweilig und uninteressant empfindet. Aufschlußreich sind die Gedankengänge der beiden während der Partie. Dem einen gefällt das Schachspiel so, weil sich in ihm viel Persönliches verbirgt, für den anderen sind die Figuren nur Symbole und nichts mehr.

Mit welchen Augen Priestley selbst das Schach sah, teilte er 1971 einem der Autoren des vorliegenden Buches in einem Brief mit (hier erstmals publiziert):
»1. Die zwei anziehendsten Elemente des Schachs scheinen mir das Fehlen irgendeiner Erfolgsnotwendigkeit sowie die Forderung zu sein, alles frühzeitig zu planen, was mich übrigens sehr an die Arbeit des Schriftstellers bei der Entwicklung einer Handlung im Roman oder einem Stück erinnert.
2. Was die Stellung betrifft, die das Schach in meinem Leben einnimmt, so ist sie faktisch gar nicht so bedeutend. Ich habe hauptsächlich im Alter von 17–19 Jahren Schach gespielt. Zu jener Zeit kam es vor, daß man mich noch weit nach Mitternacht am Schachbrett antreffen konnte. Aber trotz allem bin ich in diesem Spiel nie mehr als ein Amateur gewesen. Aufrichtig gesagt, habe ich es sogar gefürchtet, da ich fühlte, das es mehr Zeit in Anspruch nimmt, als ich ihm zu widmen in der Lage war.
3. Ich kenne das Spiel und seine Möglichkeiten nicht gut genug, um mich über seine Zukunft zu äußern. Dennoch nehme ich an, daß mit dem Anwachsen der Freizeit mehr und mehr Menschen Schach spielen werden.«

Problemschach. Bei einem Schachproblem handelt es sich um eine künstlich geschaffene Position, in der in der Regel Weiß beginnt und in einer bestimmten Zahl von Zügen mattsetzt. Die Probleme gliedern sich in folgende Gruppen: Zweizüger, Dreizüger, Vierzüger und Mehrzüger. Ihre Komposition bedarf reicher Phantasie und hoher analytischer Meisterschaft. Beides trifft man bereits in den Schachaufgaben mittelalterlicher Traktate an – in den Mansuben. Im 18. bzw. bis zur zweiten Hälfte des 19. Jahrhunderts ist die Entwicklung der Problemkomposition mit den Namen führender Schachmeister und wahrer Künstler wie dem Syrer → *Ph. Stamma*, dem Italiener → *E. Del Rio* und später dem Deutschen → *A. Anderssen*, den Russen → *A. Petrow*, I. Schumow und anderen verbunden. Ein starker Schachpraktiker war auch der berühmte amerikanische Problemkomponist → *S. Loyd*.

Das Problemschach entwickelte sich bald zu einer selbständigen Richtung. In einer Reihe von Ländern traten Gruppen von Problemisten auf, die sich nur diesem Genre der Schachkunst widmeten. In den Schachspalten von Zeitungen und Zeitschriften wurden Wettbewerbe in der Komposition von Schachproblemen ausgeschrieben. Bereits in den 70er bis 80er Jahren des vorigen Jahrhunderts bildeten sich nationale Schulen bzw. Richtungen auf diesem Gebiet heraus. Die englische Schule legte besonderes Gewicht auf die Schwierigkeit der Lösung, die tschechische auf die Schönheit des Mattbildes, während sich die deutsche auf die Tiefe des Inhalts und die logische Entwicklung der Kombination konzentrierte. Die russische Schule, die sich um die Jahrhundertwende herausbildete, strebte eine Vielseitigkeit an, die die wichtigsten Richtungen der Problemkomposition zu einem einheitlichen künstlerischen Stil verschmelzen sollte.

Die moderne Problemkomposition entwickelt sich in Richtung der Vertiefung des strategischen und konstruktiven Inhalts. Bei aller Vielgestaltigkeit der Thematik gibt es in ihr eine Reihe allgemeiner ästhetischer Prinzipien: die Tiefe und Originalität des Gedankens des Autors, die Schwierigkeit bei der Findung des ersten Zuges, unerwartete effektvolle Opfer usw. Die Aufgaben beinhalten viele taktische Ideen, die auch in der praktischen Schachpartie anzutreffen sind: Ablenkung gegnerischer Figuren, das Verstellen von Linien, die Blockade von Feldern, Fesselung bzw. Entfesselung und vieles andere. Die Komponisten streben danach, diese Ideen in vollendeter künstlerischer Form umzusetzen. Die Lösung von Schachproblemen bringt den Schachspielern einen großen Nutzen. Sie entwickelt das kombinatorische Sehen, die analytischen Fähigkeiten, die Genauigkeit der Variantenberechnung, d. h. all das, was man für das praktische Spiel braucht.

Als ein Beispiel einer kombinatorischen Idee, die für alle Schachspieler von Interesse ist, führen wir eine scharfsinnige Kombination an, die unter der Bezeichnung »das indische Thema« bekannt wurde. Ihr Autor ist der Engländer Henry Loveday (1815-48), der in Indien lebte und sie Mitte des vergangenen Jahrhunderts im Londoner »Chess Players' Chronicle« veröffentlichte. Das Wesen dieser Kombination besteht darin, daß sich die weißen Figuren unter Vermeidung eines Pattes so umgruppieren, daß jeweils eine von ihnen zeitweise verstellt wird. Danach öffnet sich ihre Aktionslinie mit Schach und Matt.

H. Loveday, 1845

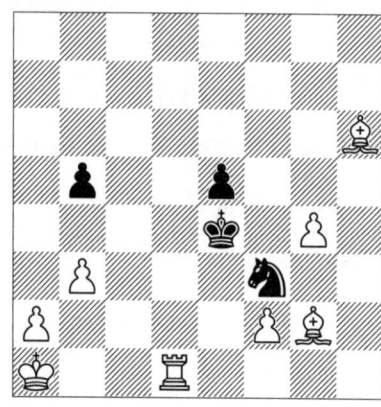

Matt in drei Zügen
1. ♗c1 (kritischer Zug) 1... b4 2. ♖d2 (Sperrung) 2... ♔f4 3. ♖d4+ matt.

Vom Einfluß dieses Werkes auf die Entwicklung der Problemkomposition zeugt die Monographie »Das Indische Problem« der beiden bekannten deutschen Problemisten Johann Kohtz und Carl Kockelkorn (1903), in der die Prinzipien der Logischen Schule ihre tiefe Begründung fanden.

Da es an dieser Stelle unmöglich ist, alle wichtigen Problemisten aufzuführen, beschränken wir uns auf die Klassiker auf diesem Gebiet der Schachkunst:

Österreich: Conrad Bayer (1828–1897), Anton Novotny (1829–1871), Maxim Feigl (1871–1940), Conrad Erlin (1856–1946);
England: Horatio Bolton (1793–1873), Walter Grimshaw (1832–1890), Joseph Graham Campbell (1830–1891), Frank Healey (1828–1906), Benjamin Laws (1861–1931), Arthur Mackenzie (1861–1905), Charles Planck (1856–1935), Godfrey Heathcote (1870 bis 1952), Edit Baird (1859–1924), Comins Mansfield (1896–1984), Cyril Henry Stanley Kipping (1891–1964);
Ungarn: Arnold Pongrácz (1810–1890), Mór Ehrenstein (1858–1929), Ottó Bláthy (1860 bis 1939);
Deutschland: Julius Mendheim (1788–1836), Ferdinand Julius Brede (1800–1849), Johann Kohtz (1843–1918), Carl Kockelkorn (1843 bis 1914), Philipp Klett (1833–1910), Friedrich Köhnlein (1879–1916), Wilhelm Holzhausen (1876–1935), Erich Zepler (1898 bis 1980);
Niederlande: Henry Gerard Marie Weenink (1892–1931), Eeltye Visserman (1922–1978), Meindert Niemejer (1902–1987);
Italien: Giorgio Guidelli (1897–1924), Alberto Mari (1892–1953), Ottavio Stocci (1906 bis 1964), Adriano Chicco (1907–1990);
Rußland: Alexander Galizki (1863–1921), → *L. Kubbel* (1891–1942), Leonid Issajew (1898 bis 1932), Semjon Lewman (1896–1942), Lew Loschinski (1913–1976), Wladimir Bron (1909 bis 1985);
Polen: David Przepiorka (1880–1940), Marian Wrobel (1907–1960);
USA: George Cheney (1837–1861), → *Loyd* (1841–1911), →*W. Shinkman* (1847–1933), Otto Würzburg (1875–1951), Alain White (1880–1951);
Frankreich: Theodor Herlin (1817–1889), Pierre Auguste d'Orville (1804–1864), Emile-Leonard Pradignat (1831–1912);
Tschechien: Antonin König (1836–1911), Jan Dobrusky (1853–1907), Jiří Chocholous (1856 bis 1930), Josef Pospisil (1861–1916), → *M. Havel* (1881–1936), Karel Traxler (1866 bis 1936), Emil Palkoska (1871–1955);
Argentinien: Arnoldo Ellerman (1893–1969);
Rumänien: Wolfgang Pauly (1876–1934);
Dänemark: Knud Hannemann (1903–1981).

Psychologie des Schachspiels. Der Kampf in der Schachpartie besitzt nicht nur seine innere, rein schachliche Logik und Dialektik, sondern auch eine komplizierte Psychologie, die sich aus den einander widerstrebenden Absichten zweier gänzlich unterschiedlicher Charaktere ableitet. Auf dem Schachbrett kämpfen Menschen miteinander und nicht Holzfiguren, pflegte → *Em. Lasker* zu sagen. Es reicht nicht, sich Theorievarianten und Strategeme anzueignen, nein, man muß auch den Gegner mit seinem Eröffnungsrepertoire, seinem Stil und seinen menschlichen Stärken und Schwächen kennen. Lasker war der erste, der seine Kontrahenten eingehend studiert hat. Als feiner Psychologe erwies sich auch → *A. Aljechin*. Das wurde besonders in seinem Weltmeisterschaftskampf gegen → *J. R. Capablanca* deutlich, als es ihm in der Vorbereitung gelang, starke und schwache Seiten des Kubaners in allen drei Partiestadien ausfindig zu machen. Außer diesen »unsichtbaren« psychologischen Faktoren des Schachs gibt es auch leichter greifbarere, die mit dem Verhalten der Kontrahenten am Schachbrett zusammenhängen. Eine Schachpartie, die unter den Augen vieler Zuschauer ausgetragen wird, gleicht mitunter einem Theaterstück von 5–6 Stunden Dauer! Und wie unterschiedlich benehmen sich doch die Schauspieler. Der eine umkreist, nachdem er einen Zug ausgeführt hat, im wahrsten Sinne des Wortes den Tisch wie ein Geier, der im Begriff ist, sich jederzeit auf seine Beute zu stürzen. Ein anderer wiederum pendelt eiligen Schrittes von einem Ende der Bühne zum anderen. Es gibt Schachspieler, die die ganze Partie über mit ihrem Stuhl verwachsen zu sein scheinen, während andere nach jedem Zug aufspringen und mit irgend jemandem ein Schwätzchen halten. Manch einer mustert aufmerksam seinen Gegner, ein anderer läßt seinen Blick ziellos durch den Saal schweifen. Einer raucht, der andere haßt den Tabaksqualm usw. → *R. Spielmann* berichtete von einem kuriosen Fall aus der Turnierpraxis: Einmal spielte → *S. Tartakower* gegen → *A. Nimzowitsch*; der letztere bestellte ein Glas Tee. Beim Umrühren des Tees stieß der Löffel immer so lautstark an das Glas, daß Tartakower die Absicht seines Gegners vermutete, ihn aus der Konzentration zu bringen. Auge um Auge! Tartakower bestellte sich eine leere Tasse plus Löffel und begann nun seinerseits zu musizieren...

Ähnlich einem Schauspieler, der sich ganz in die Rolle hineinversetzt, die er verkörpert, muß auch ein Schachspieler in der Lage sein, alles um sich herum zu vergessen. Als Beispiel dieses Abschaltens kann ein Vorfall dienen, der sich 1909 beim Turnier von St. Petersburg ereignete. Ein Teilnehmer erhob sich von seinem Brett und zog dabei an der Tischdecke, auf der sich eine Karaffe mit Wasser befand. Die Karaffe zerschellte direkt neben dem Stuhl des englischen Meisters Amos Burn. Von dem lauten Knall irritiert, sprangen die Akteure auf und unterbrachen ihre Partien. Nur Burn saß regungslos da und grübelte über seinem nächsten Zug. Wie sich später herausstellte, hatte er von der ganzen Aktion überhaupt nichts mitbekommen!

Kaltblütigkeit und Ausdauer sind von jedem Schachspieler gefordert. Diese Eigenschaften waren beim estnischen Großmeister → *P. Keres* besonders ausgeprägt. Einzig seine mitunter roten Ohren konnten darauf hindeuten, daß er sich in einer kritischen Stellung befand. Den undurchdringlichen Anblick einer Sphinx bietet → *B. Spasski*, egal ob er auf der Siegerstraße ist oder sich einen Zug vor dem Matt befindet. Ganz anders verhält es sich bei → *G. Kasparow*, dessen Grimassen sichere Auskunft über die Qualität seiner Stellung geben. Die Nutzung außerschachlicher Faktoren der Einwirkung auf den Gegner gilt seit langem als Verletzung der Ethik des edlen Schachspiels. Bereits → *B. Franklin* verurteilte in seinem Traktat »Morals of Chess« die primitiven Tricks der psychologischen Kriegführung am Schachbrett: »Wenn Ihr Gegner lange nachdenkt, sollten Sie ihn nicht antreiben oder ihre Ungeduld über seine Langsamkeit äußern. (Damals kannte man noch keine Schachuhren. I. und. W. Linder). Sie sollten weder singen noch pfeifen, nicht auf die Uhr schauen, kein Buch zur Hand nehmen und darin lesen, nicht mit den Füßen auf den Boden oder mit den Fingern auf den Tisch trommeln oder irgendetwas unternehmen, um seine Aufmerksamkeit abzulenken. Denn all diese Dinge sind sehr unangenehm und bringen nicht Ihre Spielkunst, sondern Ihre List und Grobheit an den Tag.« Heute mögen diese Ratschläge naiv klingen, aber sie zeigen, daß das Verhalten von Schachspielern schon seit langem ein Thema ist. Heute gibt es »verfeinerte« Methoden, den Gegner aus dem Konzept zu bringen, die mit der Ethik des Schachs ebenfalls nichts zu tun haben. Dazu gehören das laute Setzen der Figuren, das heftige Klopfen auf die Schachuhr, mehrfache Remisangebote in einer Partie usw.

Andere Methoden der Einwirkung auf den Gegner wurden im 20. Jahrhundert zum Gegenstand einer breiten Diskussion – → *Hypnose* und Parapsychologie. Im Zusammenhang mit der Rolle von Parapsychologen bei WM-Kämpfen sagte → *M. Botwinnik* einem der Autoren des vorliegenden Buches: »Ein starker Schachspieler muß auch ein starker Psychologe und in psychologischer Beziehung stabil sein. Auf die Weltmeister trifft das gewöhnlich zu. ›Parapsychologen‹ können nur auf psychisch instabile Menschen eine Wirkung erzielen. Aber die werden kaum eine Weltmeisterschaft gewinnen können.«

Viele Aspekte der Schachpsychologie werden untersucht – nicht nur zum Zwecke eines erfolgreicheren Spiels. Der französische Psychologe Binet (1894) sowie bekannte Schachspieler wie der Deutsche → *Em. Lasker* (1907), die Russen Blumenfeld (1945) und Krogius (1981), der Amerikaner → *R. Fine* (1982) und der Engländer Hartston (1983) widmeten diesem Thema wissenschaftliche Abhandlungen.

Puschkin und Schach. Der Stammvater der neuen russischen Literatur, Alexander Puschkin (1799–1837), liebte das Schachspiel. Davon zeugen Erinnerungen seiner Zeitgenossen, das Vorhandensein von Schachliteratur in seiner Bibliothek und natürlich die denkwürdigen Zeilen in seinem berühmten Roman »Eugen Onegin« (4. Kapitel, 26. Strophe), in denen er die Spielszene zwischen Lenski und Olga beschreibt:

Oder sie sitzen, fern von allen,
Und schaun, die Stirne in der Hand,

Aufs Schachbrett nieder unverwandt,
In tiefes Nachdenken verfallen,
Bis Lenski einen Bauern führt
Und seinen eignen Turm kassiert.

Die Helden des Romans »Eugen Onegin« Lenski und Olga am Schachbrett.

In Puschkins Bibliothek, die in St. Petersburg aufbewahrt ist, finden wir die Pariser Ausgabe von → *Philidors* Buch »L'analyze du jeu des échecs« (Die Analyse des Schachspiels, 1820), die ersten drei Nummern des französischen Schachjournals »Le Palamède« (1836) und zwei Exemplare des Werkes »Schachspiel, systematisch geordnet unter Hinzufügung der Partien Philidors und Bemerkungen zu diesen, herausgegeben von Alexander Petrow« (St. Petersburg, 1824). Eines davon schenkte ihm der Autor selbst und fügte eine persönliche Widmung hinzu: »Dem sehr geehrten Herrn Puschkin, als Zeichen aufrichtiger Hochachtung. Vom Herausgeber.«

Der Dichter war vom besonderen Wert des Schachs und von seinem Nutzen im Leben des Menschen, der Familie und der Gesellschaft überzeugt. In einem Brief an seine Frau Natalja Nikolajewna vom September 1932 schrieb Puschkin: »Ich danke Dir, meine Liebste, dafür, daß Du Schach lernst. Das ist unbedingt nötig in jeder gut eingerichteten Familie: die Beweise später.« Das Schach war dem Dichter bis zum Ende seines Lebens ein treuer Begleiter. Zeitgenossen berichten, daß Puschkin seine letzte Schachpartie als Gast des Fürsten Mestscherskij gespielt habe – einen Tag vor dem verhängnisvollen Duell, bei dem er den Tod fand.

R

Reggio Emilia – Turniere. Diese traditionellen Neujahrsturniere werden in Italien seit 1958 auf Initiative des dreifachen Landesmeisters Enrico Paoli ausgetragen. Dank den Anstrengungen des Sponsors Maurizio Davolio Marani wuchs der Eloschnitt der Veranstaltungen Jahr für Jahr. Gewann 1971/72 noch der einzig teilnehmende Großmeister (Soltis, USA), so wies die Besetzung der 29. Auflage 1986/87 im schönen Verdi-Saal des Aristo-Theaters ausschließlich Großmeister und die Kategorie 14 der Fide auf. Der Ungar → *Z. Ribli* siegte mit 6,5/11 vor → *V. Hort, W. Smyslow,* A. Tschernin und → *B. Spasski* – alle 6. Fünf Jahre später (1991/92) kam es bereits zur Rekordkategorie 18. Zehn Großmeister maßen in diesem Superturnier ihre Kräfte. Man scherzte damals, daß eigentlich alle gegen einen spielten. Der Inder → *V. Anand* stand neun der stärksten Schachspieler der ehemaligen Sowjetunion gegenüber, darunter Weltmeister → *G. Kasparow* und Exweltmeister → *A. Karpow.* Doch Vishy zeigte, daß auch einer allein im Felde ein Krieger sein kann! Er erzielte vier Siege und blieb ungeschlagen. Der Endstand: 1. Anand – 6; 2.-3. Gelfand, Kasparow – je 5,5; 4. Karpow – 5; 5.-7. Iwantschuk, Khalifman, Polugajewski – alle 4,5; 8.-9. Salow, M. Gurewitsch – je 4; 10. Beljawski – 1,5.

Aus der Geschichte dieser Traditionsturniere sind noch zwei Fakten erwähnenswert: Nur dem Jugoslawen Parma gelang es, zweimal in Reggio zu gewinnen (1965/66 und 1970/71), und 1982/83 hatte eine Frau die Nase vorn – → *N. Gaprindaschwili.*

Religion und Schach. Die Geschichte des Schachs ist eng mit den bedeutendsten religiösen Lehren und Glaubensrichtungen verbunden. Der Prozeß der Umwandlung des Vierer-Spiels → *Tschaturanga* in den Kampf zweier Kontrahenten, das → *Schatrang* (heute → *Schach*), wurde in gewisser Weise durch die Konzeption des Buddhismus stimuliert, der dem Verstand die Priorität gab und Glücksspiele ablehnte. Die buddhistischen Pilger verbreiteten das Schach in Tibet, der Mongolei, China, Japan und Südostasien.

Die orthodoxen islamischen Theologen waren dem Schachspiel in der Epoche der arabischen Eroberungen des 7. und 8. Jahrhunderts feindselig gesonnen. Aber das Schach war im Iran, in Mittelasien und in einer Reihe anderer Länder, die sich im Machtbereich des arabischen Khalifats befanden, so bekannt, daß die islamischen Eiferer es als gottgefällig erklären mußten. Der bedeutende Theologe Sachla ibn abu Sachla († 1013) schrieb: »Wenn dem Gemüt nicht die Gefahr eines Schadens droht, und dem Gebet keine Vernachlässigung, dann ist das Schachspiel eine angenehme Betätigung zweier Freunde.« Das Verbot des Islam, Lebendiges bildlich darzustellen, beeinflußte die Formen der Schachfiguren. Sie wurden abstrakt, was ihre Herstellung erleichterte und günstig für die Verbreitung des Spiels war.

Im 9.–10. Jahrhundert fand das Schach seinen Weg nach Europa. Die Haltung der Kirche war auch hier unter dem Einfluß der Askesevorschriften der byzantinischen Mönche ursprünglich negativ. In der Kirchengesetzsammlung »Nomokanon« des Patriarchen Photius wurde das Schachspiel mit dem Würfelspiel auf eine Stufe gestellt. Bereits Ende des 7. Jahrhunderts war es vom 3. Konzil von Konstantinopel bei Strafe des Kirchenbannes verboten worden. Gestützt auf diese Verbote, beharrte auch die Römische Kirche zunächst auf ihrer Unduldsamkeit gegenüber dem Schachspiel. Der Brief des Kardinals Damiani (1061) an Papst Alexander II. begann mit diesen Worten: »Ich halte meine Feder zurück, denn ich erröte vor Scham, daß ich noch schändlichere Ausschweifungen als Jagd und Vogelfang erwähnen muß, nämlich das Laster des Würfelns und des Schachspiels.« Und dann wurde die Schachbegeisterung des Ehrenbischofs von Florenz verurteilt. Unter dem Einfluß des Klerus verfügte König Ludwig IX., der Heilige, 1254 ein Verbot des Schachspiels in Frankreich. Es dauerte drei Jahrhunderte, bis die katholische Kirche nachgab. Ende des 14. Jahrhunderts hob das Regensburger Konzil das Verbot auf; nicht lange danach galt das Schachspiel als eines der unerläßlichen Elemente der Rittererziehung.

Gegen das Schach war auch die Kirche der Rus eingestellt, wo die Deutungen der byzantinischen Mönche Aufnahme in die »Kormtschi-Bücher« (Steuermannsbücher) fanden. 1262 wurde den geistlichen Würdenträgern das Spiel unter Androhung ihrer Exkommunikation untersagt. Besonders beunruhigt zeigte sich die Kirche über dem »Sündenfall« zugeneigte Priester. Im Paisiewsker Buch (Ende des 14. Anfang des 15. Jahrhunderts) waren für den Fall schachlicher Betätigung verschie-

José Frarra (1854–1904) »Die Rückkehr des Missionars«, Frankreich.

dene Strafen bis hin zur Entziehung aller Ränge vorgesehen. Das 1551 in Moskau einberufene Hundertkapitel-Konzil erklärte, daß das Schachspiel der heiligen Schrift zuwiderlaufe. Zar Iwan der Schreckliche fuhr trotzdem fort, mit seinen Vertrauten Schach zu spielen. Seinem Beispiel folgten die Bojaren. Der Adel und die Kaufleute ließen nicht lange auf sich warten. Das Leben selbst führte die Verbote der Kirche ad absurdum, und auf dem Konzil von 1649 fiel über das Schach kein einziges Wort mehr.

Das Verhältnis der Kirche zum Schach hatte sich in einer Reihe von europäischen Ländern in der Epoche der Renaissance bald dergestalt verändert, daß es die Geistlichen selbst waren, die die Verbreitung des Spiels förderten. 1512 besang der italienische Humanist → *M. H. Vida*, der später der Bischof von Alba wurde, das Spiel in seinem Gedicht »Scacchia ludus« als eine der Schöpfungen der Götter des Olymp. Dem Prediger aus der Estremadura → *R. López*, Autor eines Schachbuches und Teilnehmer am Madrider Turnier 1575, überließ der spanische König einige Kirchengemeinden. 1617 gab der sizilianische Geistliche Pietro Carrera ein Schachbuch heraus. Aber besonders berühmt wurde die klassische Arbeit »Il gioco incomparabile degli scacchi« (Das unvergleichliche Schachspiel, 1769) des Modenaer Geistlichen → *D. L. Ponziani*. Zusammen mit zwei anderen Meistern aus Modena, → *E. Del Rio* und → *G. Lolli*, war Ponziani der Begründer der italienischen Kombinationsschule.

Am 14. Oktober 1944 erließ der Madrider Bischof Leopoldo ein Dekret, in dem die spanische Nonne Teresa de Ávila (1515–1582) zur Schutzheiligen des Schachs erklärt wurde. Sie hatte sich von jungen Jahren an für dieses Spiel begeistert und in ihrem religiösenTraktat »Wege zur Vervollkommnung« schachliche Metaphern benutzt.

Der bekannteste Schachspieler unter den Theologen des 20. Jahrhunderts ist der New Yorker Großmeister William Lombardy, der 1957 Juniorenweltmeister und 1972 Sekundant von → *R. Fischer* war. Er ist auch der Autor einer speziellen Untersuchung über den Rang des Schachs in der Geschichte der katholischen Kirche.

Im Laufe der jahrhundertelangen kirchlichen Historie lassen sich einige Päpste finden, die das Schachspiel hoch einschätzten. Der Krakauer Kardinal Karol Wojtyla, der spätere Papst Johannes Paul II., äußerte sich wie folgt: »Das Schach birgt in sich die tiefen Weisheiten der Völker. Es ist ein wahrhaftiges Ebenbild des Lebens, eine Widerspiegelung des menschlichen Schicksals, die uns den irdischen Leidensweg in Finsternis und ständiger Zeitnot vorgezeichnet hat. Ganz wie im Schach treffen wir auch im Leben auf alle möglichen Fallen, Fehler, Verrechnungen, Opfer, auf Könige und Königinnen, Doppelbauern und ungewöhnliche Springerzüge, die vorkommen, kaum daß wir am Brett sitzen...«

Im Winter 1991 empfing Papst Johannes Paul II. im Vatikan den Schachweltmeister → *G. Kasparow*.

Remarque und Schach. Der bekannte deutsche Romancier Erich Maria Remarque (1898 bis 1970) war vielen Sportarten gegenüber aufgeschlossen. Als sein erster Roman herauskam, war er Redakteur der in Deutschland populären Zeitschrift »Sport im Bild«. Der Schriftsteller mochte auch das Schachspiel, was in einer Reihe seiner Werke Widerspiegelung fand. Schachszenen sind beispielsweise in seinen Romanen »Drei Kameraden« (1938) und »Arc de Triomphe« (1946) zu finden, wo der Gedanke geäußert wird, daß das Schach sowohl der Ablenkung dienen kann als auch zur Konzentration zwingt.

Diese Ansicht des Autors wird auch in dem Roman »Geborgtes Leben« (1959) deutlich. Darin gibt es folgende eindringliche Episode: Eine der handelnden Personen, der 80jährige Richter, der an einer schweren Form der Tuberkulose leidet, wird todkrank ins Sanatorium eingeliefert. Die Tage vergehen, und er kämpft erfolgreich gegen die Krankheit an. Als lebensverlängerndes Elixier erweist sich für ihn das Schach. Nachdem die Ärzte mitbekommen hatten, daß sich ein hoffnungslos kranker Mensch so leidenschaftlich für dieses Spiel begeistern kann, besorgten sie ihm einen passenden Gegner. Die beiden spielten fortan miteinander Schach, wobei sie sich ihre Züge per Telefon übermittelten.

Remis, eines der drei möglichen Resultate einer Schachpartie, für welches beide Kontrahenten einen halben Punkt bekommen.

»Hoffen Sie auf das Beste, aber rechnen Sie mit dem Schlimmsten«, besagt ein oft gehörter Spruch. Aber im Schach gibt es die goldene Mitte zwischen den beiden Extremen, zwischen Sieg und Niederlage – das Remis! Lange Jahre war es allerdings das Stiefkind des königlichen Spiels. Es wurde aus den Turniertabellen gedrängt. Remispartien wurden wiederholt, mitunter wurde beiden Kontrahenten eine Null angerechnet. Erst 1870 beim Kongreß des Deutschen Schachbundes in → *Baden-Baden* wurde das Unentschieden als ein normaler Partieausgang bewertet. Um die Jahrhundertwende traten mit → *R. Teichmann*, → *K. Schlechter* u. a. die ersten »Remiskönige« auf den Plan. Der letztere gestaltete 1893 alle zehn Partien seines Matches mit Georg Marco remis und trennte sich selbst im Gambitturnier (!) von Basel 1914 in 14 von 18 Partien friedlich.

In den 20er Jahren kam gar eine Theorie vom Remistod des Schachs auf, die darin begründet war, daß das Schach angeblich zu weit ausanalysiert sei. Eine Reihe von über die Remisflut verärgerten Großmeistern wollten den Fluch, der auf dem Schach lastete, mit einer Reformation der Spielregeln bannen. Ihre Ängste erwiesen sich jedoch als verfrüht. Das Schach ist praktisch unerschöpflich. Die Diskussionen rund um das Remis halten allerdings bis heute an.

Einer, der Remisen haßte, ja sie als einen dummen und unnormalen Spielausgang ansah, war der Maximalist → *R. Fischer*. Dank seiner Appelle führte die → *Fide* bei Kandidatenzweikämpfen die Regel ein, daß bei einer bestimmten Anzahl von Siegen das Match vorzeitig beendet ist. Bei den Weltmeisterschaftskämpfen von 1978, 1981 und 1984 wurden Remisen überhaupt nicht gezählt! Andererseits war es ausgerechnet Fischer, der die Fide-Regel unterlief, die Remisschlüsse unter 30 Zügen untersagte. Auf der Schacholympiade von Varna 1962 rauchte der Amerikaner schon nach 19 Zügen mit dem bulgarischen Großmeister Georgi Padewski die Friedenspfeife mit der Begründung, daß er viel besser als die Fide wisse, wann eine Position remis sei und wann nicht! Mehr Glück mit dem Verbot von Großmeisterremisen hatte der spanische Turnierorganisator und Schachmäzen Luis Rentero, der den Akteuren des Superturniers von → *Linares* mit saftigen Geldstrafen drohte.

Remisstellungen können sich gleich aus der Eröffnung heraus ergeben, wenn der positionelle und materielle Ausgleich offensichtlich ist und jeder noch so kleine Versuch, die Position zu verstärken, zu Vorteilen für den Gegner führt.

Nicht selten ist ein Remisausgang aber auch die logische Folge eines scharfen Handgemenges im Mittelspiel, wenn die Attakke der einen auf eine ebenbürtige Verteidigung der anderen Seite getroffen ist. So geschehen beispielsweise in der 5. Partie der Fide-WM zwischen → *J. Timman* und → *A. Karpow*. Dort trat man nach haarsträubenden Verwicklungen im Mittelspiel in Friedensverhandlungen ein:

□ J. Timman
■ A. Karpow

Arnhem, 1993

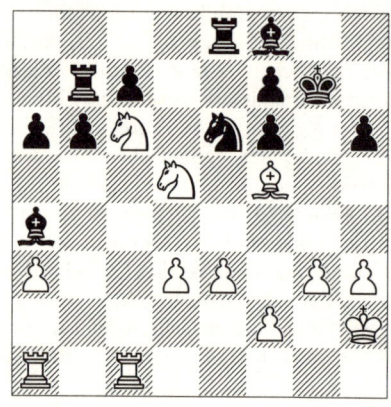

30. ♖c4 ♗b5 31. ♖g4+ ♘g5 32. ♗d7 ♖e6 33. ♗:e6 ♗:c6 34. ♘f4 f:e6 35. ♘:e6+ ♔g8 36. ♘d8 ♗f3 37. ♘:b7 ♗:b7 38. h4 f5 39. ♖f4 ♘f3+ 40. ♔h3 ♘e5 41. d4 ♘c4 42. a4 ♗c8 43. ♖c1 b5 44. a:b5 a:b5 45. d5 ♗d6 46. ♖f:c4 b:c4 47. ♖:c4 ♔f7 48. ♔g2 ♔e7 49. f3 h5 50. ♔f2 ♗b7 51. ♖d4 ♗c5 52. ♖f4 ♗c8 53. ♖a4 ♗b7 54. ♖f4 ♗c8 55. ♖a4   1/2-1/2

Die sportliche Konstellation ergibt mitunter, daß ein Spieler von vornherein nur ein Unentschieden anstrebt. Das ist nicht nur bei Turnieren, sondern auch bei Weltmeisterschaftsduellen der Fall, wenn ein Akteur nach einer Niederlage zur seelischen Stabilisierung erst einmal ein Remis einschieben möchte. Ein gutes Beispiel dafür ist das WM-Match zwischen A. Karpow und → *G. Kasparow* von 1984, als Kasparow 0:4 zurücklag und mit einer Remisserie das drohende K.o. verhinderte. Nachdem von 48 Partien 40 einen unentschiedenen Ausgang genommen hatten, brach Fide-Präsident → *F. Campomanes* das Match ab... Die Regelung, daß Remisen bei Weltmeisterschaften nicht zählen, wurde daraufhin wieder aufgehoben. Das hinderte Kasparow und Anand 1995 bei der PCA-WM nicht daran, mit acht Unentschieden in ihren Zweikampf zu starten...

Reshevsky Samuel, * 26. November 1911 in Ozorków (Polen), † 4. April 1992 in Spring Valley (USA), amerikanischer Großmeister, WM-Kandidat.

Sammy konnte man als eine Art Weltmeister der → *Wunderkinder* bezeichnen. So etwas hatte die Schachwelt noch nicht erlebt – der sechsjährige Junge im Matrosenanzug gab den Mitgliedern des Wiener Schachclubs eine → *Simultanvorstellung* und gewann Partie um Partie! Seine Gegner, erfahrene Spieler und in Ehren ergraut, konnten sich nicht erklären, was ihnen da widerfahren war. Reshevsky erinnerte sich später: »Schachspielen war für mich schon damals eine normale Lebensfunktion – wie die Atmung. Es erforderte von mir keine bewußte Anstrengung.«

Sammy war noch keine elf Jahre alt, als er erstmals an einem Meisterturnier teilnahm. Eduard Lasker, Ossip Bernstein, → *D. Janowski* – auf diese Koryphäen traf er 1922 in New York. Die Partie gegen Janowski blieb ihm für sein ganzes Leben in Erinnerung. »Das Jüngelchen versteht vom Schach nicht mehr, als ich vom Seiltanzen! Schauen Sie auf seine Position! Bald hat er keinen Zug mehr! Völlige Paralyse!« sagte Janowski nach zwölf Zügen zu Eduard Lasker. Sein Angriff wurde Zug für Zug stärker, aber sein junger Gegner verteidigte sich überraschend hartnäckig.

□ D. Janowski
■ S. Reshevsky

New York, 1922

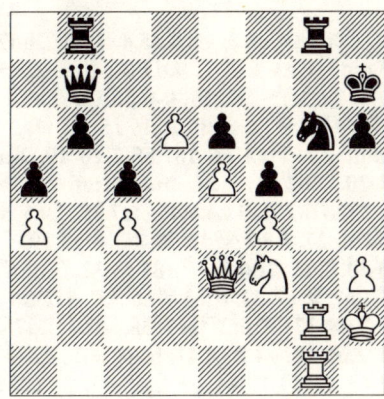

38. h4
Danach grämte sich Janowski, daß er nicht mit 38. ♘g5+! den Gewinn forciert hatte.
38... ♕c6 39. h5

Wiederum gewann 39. ♘g5+!
39... ♘h8 40. ♘g5+?! h:g5 41. f:g5 ♘g6! 42. ♖g3 ♔g7 43. ♖h3 ♖h8! 44. h:g6 ♖:h3+ 45. ♔:h3

Der Abgabezug. In der Spielpause wandte sich Janowski erneut an Ed. Lasker: »Sie hatten recht. Der Junge ist ein Wunder. Ich fühle, daß ich die Partie verlieren werde.«

45... ♖h8+ 46. ♔g3 ♕:a4 47. ♕f3 f4+! 48. ♔g4 ♕c2 49. ♕:f4 ♕e2+ 50. ♔g3 ♕d3+ 51. ♔g2 ♕e2+ 52. ♔g3 ♕h2+ 53. ♔f3 ♖f8 54. ♕f6+! ♔g8! 55. d7! ♖:f6+ 56. g:f6 ♕d2 57. ♖h1?

Richtig war 57. g7.
57... ♕d3+ 58. ♔g2 ♕:g6+, und Janowski stellte bald die Uhr ab.

»Ich habe den großen Meister besiegt!« rief der glückliche Sammy und fiel seinem Vater um den Hals.

Dreizehn Jahre danach reiste der mittlerweile zweifache amerikanische Landesmeister Reshevsky nach Europa und gewann in Margate (1935), wo er auch Exweltmeister → *J. R. Capablanca* bezwang:

□ S. Reshevsky
■ J. R. Capablanca
Margate, 1935

1. d4 ♘f6 2. c4 e6 3. ♘c3 d5 4. ♗g5 ♘bd7 5. c:d5 e:d5 6. e3 ♗e7 7. ♗d3 0-0 8. ♕c2 c5 9. ♘f3 c4 10. ♗f5 ♖e8 11. 0-0 g6 12. ♗h3 ♘f8 13. ♗:c8 ♖:c8 14. ♗:f6 ♗:f6 15. b3 ♕a5 16. b4 ♕d8 17. ♕a4 a6 18. b5 ♖e6 19. ♖ab1 ♖b8 20. ♖b2 ♗e7 21. b:a6 ♖:a6 22. ♕c2 ♘e6 23. ♖fb1 ♖a7 24. a4! ♘c7 25. ♘e5 ♕e8 26. f4 f6 27. ♘g4 ♕d7 28. h3 ♔g7 29. ♘f2 ♗a3 30. ♖a2 ♗d6 31. ♘fd1 f5 32. ♘b5 ♗a5 33. ♘:c7 ♗:c7 34. ♘c3 ♖e6 35. ♕f2 b6 36. ♕f3 ♖d8 37. ♖ab2 ♕e7 38. ♖b4 ♖d7 39. ♔h1 ♗d8 40. g4 f:g4 41. h:g4 ♕d6 42. ♔g1 ♗c7 43. ♔f2 ♖f7 44. g5 ♗d8 45. ♔e2 ♗:g5 46. ♖:b6 ♕a3 47. ♔d2 ♗e7 48. ♖b7 ♖:a4 49. ♕:d5 ♖a5 50. ♕:c4 ♖h5 51. ♔d3 ♕a8 52. ♕e6 ♕a3 53. ♖d7 ♖hf5 54. ♖b3 ♕a1 55. ♖:e7 ♕f1+ 56. ♔d2! 1-0

Nach diesem Sieg schrieb der bekannte russische Meister Peter Romanowski: »In der Person von Reshevsky erhält die Schachwelt zweifellos einen bedeutenden Denker, der alle Chancen besitzt, in der Zukunft um den Weltmeistertitel zu kämpfen.«
1948 war Reshevsky einer der Teilnehmer des Matchturniers um die Weltmeisterschaft. Gemeinsam mit → *P. Keres* teilte er hinter → *M. Botwinnik* und → *W. Smyslow* den 3.-4. Platz. Beim Kandidatenturnier in Zürich 1953 kam er auf dem 2.-4. Platz ein. Als 57jähriger war er noch einmal WM-Kandidat, unterlag aber im Viertelfinalmatch → *W. Kortschnoj*.
Der Kampf, die Auseinandersetzung – das war es, was Reshevsky so am Schach anzog. Er konnte nicht ohne, aber auch nicht allein vom Schach leben. Um seine Familie zu ernähren, mußte er als Buchhalter arbeiten, kehrte aber immer wieder in die Gefilde von → *Caissas Reich* zurück. 1961 trennte er sich in einem Wettkampf von → *R. Fischer* 5,5:5,5 unentschieden; 1970 gehörte er im → *Match des Jahrhunderts* der Weltauswahl an.
1991 nahm er in Moskau an den Veranstaltungen teil, die dem 70. Geburtstag seines Freundes und langjährigen Kontrahenten Wassili Smyslow gewidmet waren. Tausende Schachanhänger gingen »zu Reshevsky«, wie man sonst nur »zu Menuhin« oder »zu Rostropowitsch« geht. Von kleinem Wuchs, mit heller Mütze und unglaublich energiegeladen – so präsentierte sich der 80jährige Sammy am Schachbrett. Beim Senioren-Weltcup im Schnellschach glich er ein 0:2 gegen Smyslow unter tosendem Beifall durch zwei Siege aus! Augenzeuge → *G. Kasparow* konstatierte, daß Reshevsky eine phantastische Technik demonstriert habe, die jedem Großmeister auch im Normalschach zur Ehre gereichen würde.

Reti Richard, * 28. Mai 1889 in Petschinok bei Preßburg, † 6. Juni 1929 in Prag, tschechischer Großmeister und Theoretiker.
»Was halten Sie von ihrem Schüler Reti?« wurde → *S. Tartakower* 1907 gefragt. »Er wird irgendwann einer der besten Spieler der Welt sein, wenn nicht sogar Weltmeister. Er ist ein suchender Künstler.« Schon zu Beginn der 20er Jahre zählte Reti, der in Kaschau (1918), Göteborg und Wien (1920) bzw. in Teplitz-Schönau (1922) erste, in Mährisch-Ostrau und Wien (1923) sowie in Dortmund (1928) zweite Preise sammelte und in Karlsbad (1923) und New York (1924) auf dem vierten bzw. fünften Rang einkam, zur Weltklasse.
Viele Partien Retis in diesen Turnieren sind Ausdruck seiner Suche nach neuen Ideen. Er arbeitete originelle Eröffnungssysteme aus, die zu flexiblen Positionen führten, in welchen

das Druckspiel der fianchettierten Läufer auf das Zentrum eine besondere Rolle spielte. Mit einer dieser Flankeneröffnungen, die bis heute seinen Namen trägt – → *Reti-System* – feierte Reti großartige Siege über einige der stärksten Spieler der Welt wie → *J. R. Capablanca*, → *J. Bogoljubow* und → *A. Rubinstein*. → *A. Aljechin* äußerte nach seiner Partie gegen Reti in Wien 1922: »Reti ist der einzige Meister, dessen Züge für mich oft völlig überraschend sind.« Das konnte zwei Jahre zuvor bereits → *M. Euwe* feststellen, der gegen Reti ein Match mit 1:3 verlor. Einer von zwei Kurzsiegen Retis sei hier angeführt:

□ M. Euwe
■ R. Reti
Amsterdam, 1920

1. e4 e5 2. ♘f3 ♘c6 3. ♗c4 ♘f6 4. d4 e:d4 5. 0-0 ♘:e4 6. ♖e1 d5 7. ♗:d5 ♕:d5 8. ♘c3 ♕a5 9. ♘:d4? ♘:d4 10. ♕:d4 f5 11. ♗g5 ♕c5! 12. ♕d8+ ♔f7 13. ♘:e4 f:e4 14. ♖ad1 ♗d6! 15. ♕:h8 ♕:g5 16. f4 ♕h4 17. ♖:e4

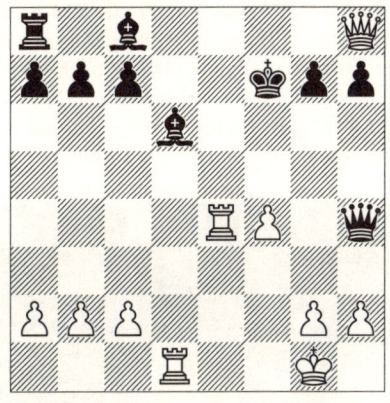

17... ♗h3! 18. ♕:a8 ♗c5+ 19. ♔h1 ♗:g2+ 20. ♔:g2 ♕g4+ 21. ♔f1 ♕f3+ 22. ♔e1 ♕f2+
0-1

Richard Reti strebte danach, die wissenschaftlichen Prinzipien des Schachkampfes mit den romantischen Ideen des Kombinationsspiels zu verknüpfen. »Wir kombinieren positionell«, schrieb er in seinem Buch »Neue Ideen im Schach« (1922) über sich und seine Mitstreiter → *A. Nimzowitsch*, S. Tartakower, → *R. Spielmann*, → *G. Breyer* und andere. Interessant ist auch sein Werk »Die Meister des

Schachbretts« (1929), in dem er anhand der Partien von 22 Koryphäen die Schönheit und Tiefe der Schachkunst demonstrierte.
Von der Vielseitigkeit seines Schaffens zeugen auch seine Studien, die eine besondere Nähe zum praktischen Spiel aufweisen und einen großartige ästhetischen Eindruck hinterlassen.

R. Reti, 1925

Weiß zieht und gewinnt
1. ♘c3+ ♔a1 2. ♕a4+ (2. ♕:g2 patt) 2... ♔b2 3. ♕a2+ ♔c1 4. ♕b1+ ♔d2 5. ♕b2+ ♔e1! 6. ♕c1+ ♔f2 7. ♘d1+! ♔f3 8. ♕c3+ ♔e2 9. ♕b2+ ♔d3! 10. ♕b3+ ♔d2 11. ♕a2+ ♔d3 12. ♘b2+! ♔e3 13. ♘c4+ ♔f3 14. ♘e5+ 1-0

Reti-System. 1. ♘f3

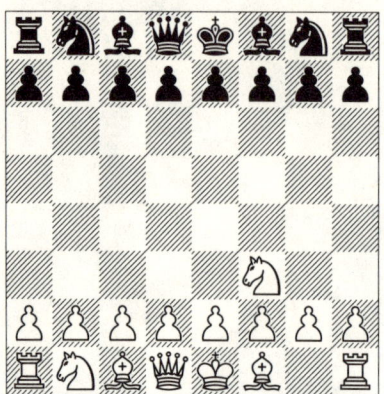

1923 führte Richard Reti eine neue Eröffnung in die Turnierpraxis ein, deren Ziel darin bestand, einen Figurendruck auf die zentralen Felder zu errichten, ohne die eigenen Bauern vorschnell vorzurücken. Der Zug 1. ♘f3 verhindert 1... e7-e5 und läßt Weiß noch eine Reihe von Möglichkeiten offen. → *S. Tartakower* nannte den Fund seines Zeitgenossen eine Eröffnung der Zukunft. Mit seinem System brachte Reti 1924 in New York dem Weltmeister → *J. R. Capablanca* die erste Niederlage seit zehn Jahren bei! Die wichtigsten Systeme und Varianten dieses Spielanfangs sind: das klassische System – 1. ♘f3 d5 2. c4 d:c4; das Gambit-System – 1. ♘f3 d5 2. c4 c6 3. g3 ♘f6 4. ♗g2 d:c4; das Lasker-System – 1. ♘f3 d5 2. c4 c6 3. b3 ♗f5; das Capablanca-System – 1. ♘f3 d5 2. c4 c6 3. b3 ♘f6 4. g3 ♗g4 5. ♗g2 e6 u.a.

Ribli Zoltán, * 6. September 1951 in Mohács, ungarischer Großmeister, WM-Kandidat.
Mit 20 Jahren wurde Ribli Junioreneuropameister. Dreimal gewann er darauf das Championat Ungarns (1973, 1974, 1977). Schon in jungen Jahren fiel bei Ribli auf, daß er gern mit dem »Remis in der Tasche« spielt. »Eine Niederlage bringt mich aus dem Gleichgewicht«, bekennt er. »Ich weiß, daß viele eine Schwächung ihrer Position in Kauf nehmen, um Gewinnchancen zu erhalten. Doch ich mache das nicht, weil es meiner Natur zuwiderläuft.« Möglicherweise hat die fehlende Stabilität nach Niederlagen den talentierten Ribli zu Beginn der 80er Jahre, als er zum dritten Mal versuchte, den Schacholymp zu erstürmen, am Erreichen noch größerer Erfolge gehindert. Am Anfang stand der großartige Sieg beim Interzonenturnier von Las Palmas 1982, bei dem er ungeschlagen blieb. Dann folgte im WM-Kandidatenmatch gegen → *E. Torre* ein 6:4-Erfolg. Im Halbfinale traf er auf den 62jährigen Exweltmeister → *W. Smyslow*. War es der Verlust der Auftaktpartie oder die ungewohnte Atmosphäre (auf derselben Bühne duellierten sich → *G. Kasparow* und → *W. Kortschnoj*), die Ribli nicht seine gewohnte Sicherheit finden ließen? »Ribli ist ein guter Schachspieler mit einem feinen Positionsverständnis, der über ein wunderbares Gedächtnis und breitgefächerte Eröffnungskenntnisse verfügt«, äußerte der erfahrene Smyslow nach dem Match, »doch psychologisch hatte er der Siegesgewißheit, die ich über den gesamten Zweikampf hinweg ausstrahlte, nichts entgegenzusetzen.«
Ein weiterer Höhenflug unter die WM-Kandidaten sollte Ribli nicht mehr gelingen, aber seine Turnierergebnisse blieben nach wie vor erstklassig: 2. Platz in Wijk aan Zee 1983, geteilter Erfolg in Portorož 1985, Turniersiege in Dortmund 1986 und Reggio Emilia 1986/87.

Nach der Niederlage gegen → N. Short im Interzonenturnier von Subotica, wo er den 4. Platz belegte, stellte Ribli einen Rekord der besonderen Art auf. Er blieb ein ganzes Jahr lang ungeschlagen! Und das, obwohl er 1988 am Weltcupturnier in Belfort teilnahm und auf einen Großteil der Weltspitze, angeführt von Kasparow, traf. Neben 14 Unentschieden erzielte er dort einen einzigen Sieg:

□ Z. Ribli
■ J. Speelman
Belfort, 1988

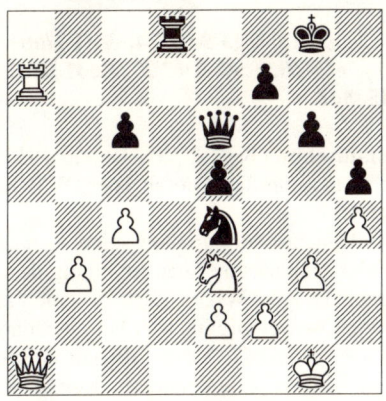

32. ♖a8! ♖:a8 33. ♕:a8+ ♔g7 34. ♕d8! ♘c5
35. b4 ♘b3 36. ♕d3 ♘d4 37. ♘c2 ♘f5 38.
e4 ♕d6! 39. ♕e2 ♘d4 40. ♕d1 ♘b5 41. ♕a1
♘d4 42. ♘:d4 e:d4 43. c5! ♕d7! 44. ♔f1 f5!
45. e:f5 g:f5 46. ♕c1 ♕d5 47. ♕g5+ ♔f8 48.
♕:h5
48. ♔e1!
48... d3 49. ♔e1 ♕b3
Stärker war 49... d2+.
50. ♕:f5+ ♔e7 51. ♕e5+ ♔f7 52. ♕c7+ ♔g8
53. ♕d8+ ♔f7 54. ♕d7+ ♔f8 55. ♕d6+ ♔f7
56. ♕f4+ ♔e7 57. ♕e5+ ♔f7 58. ♕h5+! ♔e7
59. ♔d2! ♕c2+ 60. ♔e3 d2 61. ♕e5+ ♔f7
62. ♕c7+ ♔e6 63. ♕:c6+ ♔e5 64. ♕d6+ ♔f5
65. g4+ ♔:g4 66. ♕f4+ ♔h3 67. ♕g3+   1-0

Zoltan Ribli gehörte der legendären ungarischen Mannschaft an, die 1978 auf der Schacholympiade von Buenos Aires vor der Sowjetunion die Goldmedaille gewann. In Deutschland wurde er mit Bayern München mehrfacher Mannschaftsmeister sowie 1992 Europacupsieger. Zur Spielzeit 1995/96 wechselte er zum Aufsteiger SK Passau.

Rinck Henry, * 10. Januar 1870 in Lyon, † 26. Februar 1952 in Barcelona, französischer Problemkomponist, einer der Klassiker der modernen Studie.
Nach seiner Ausbildung zum Chemieingenieur siedelte der 30jährige Henry Rinck nach Spanien über. Dort arbeitete er in einem eigenen Chemielabor und befaßte sich in seiner Freizeit mit der → *Studienkomposition*. In einem halben Jahrhundert (1901–52) publizierte Rinck mehr als 1400 Studien. In einem Meinungsaustausch mit den Lesern des »Rigaer Tageblattes« schrieb Rinck 1904 zu diesem Thema: »Abgesehen davon, daß eine Studie etwas ›poetisch Schönes‹ ausdrücken muß, so hat auch unanfechtbar festzustehen, daß die Studie korrekt ist und daß es keine Nebenlösungen gibt. Hier beginnen die Aufregungen und wirklichen Qualen für den Autor...«

In seinem Schaffen überwiegen die Elemente des positionellen Figurenkampfes. Das Hauptprinzip ist ein Maximum an Inhalt bei einem Minimum an Figuren.

A. Rinck, 1940
1. Preis »Schackvarlden«

(siehe Diagramm Seite 256)

Weiß zieht und gewinnt
1. ♖d7+ ♔b6 2. ♖b7+! ♔c5 3. ♖b5+! ♔d4 4. ♖d5+ ♔c3 5. ♖c8+ ♔b4 6. ♖c4+ ♔a3 7. ♖d3+ ♔b2 8. ♖b3+! ♔:b3 9. ♖e4+ und gewinnt.

Rittner Horst, * 16. Juli 1930 in Breslau, sechster Fernschachweltmeister.
Frühzeitig hatte sich Horst Rittner dem → *Fernschach* verschrieben. Mit 26 Jahren wurde er in dieser Diszipin Gesamtdeutscher Meister. Zehn Jahre später gewann er das prestigeträchtige Ragosin-Gedenkturnier. 1971 wurde er Fernschachweltmeister. Horst Rittner, der lange Redakteur bzw. Chefredakteur der Zeitschrift »Schach« war, erwarb sich u. a. als ICCF-Vizepräsident auch Verdienste um die Organisation des internationalen Fernschachs. Rittner, der achtmal die Norm für den Fernschachgroßmeister erfüllte, gehört auch Jahre nach seinem WM-Triumph der Weltklasse an.

□ J. van Oosterom
■ H. Rittner
Fernpartie 1983/86

1. e4 e6 2. d4 d5 3. ♘d2 c5 4. e:d5 e:d5 5. ♘gf3 ♘c6 6. ♗b5 ♗d6 7. d:c5 ♗:c5 8. ♘b3 ♗b6 9. 0-0 ♘ge7 10. ♖e1 0-0 11. ♗e3 ♗g4 12. ♗:b6 a:b6 13. c3 ♕d6 14. ♗e2 ♘g6 15. h3 ♗e6 16. ♗f1 ♘f4 17. ♕d2 h6 18. ♕e3 ♗f5 19. ♕:b6 ♗e4 20. ♕e3 ♖fe8 21. ♘bd4 ♘:d4 22. ♘:d4

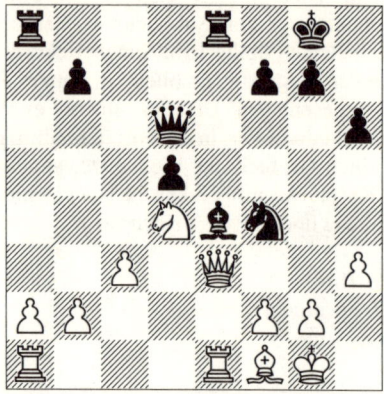

22... ♗:g2! 23. ♕g3 ♗:f1 24. ♔:f1 ♕a6+ 25. ♔g1 ♘e2+ 26. ♘:e2 ♖:e2 27. ♖ed1 ♖:b2 28. ♖:d5 ♕e2   0-1

Romanischin Oleg, * 10. Januar 1952 in Lwow, ukrainischer Großmeister, WM-Kandidat.
Oleg Romanischin durchlief seine »schachliche Universität« unter der Anleitung des bekannten Trainers Wiktor Kart, der eine ganze Plejade Lwower Großmeister betreute, darunter → *A. Beljawski*, Adrian Michaltschischin, Marta Litinskaja und andere. Romanischin pflegte von Jugend an einen originellen, dynamischen Positionsstil. Mit 20 wurde er Juniorenuropameister.
Mitte der 70er Jahre stieg Romanischin in der sowjetischen Schachszene zu einer bekannten Figur auf. Bei der Landesmeisterschaft 1974 debütierte er mit einem 5.-7. Platz. Seine besten Resultat bei sowjetischen Championaten erzielte er 1975 (2.-5.), 1980 (3.-5.) und 1981 (3.).
Romanischin gewann etwa 20 internationale Turniere: Novi Sad (1975), Jerewan (1976), Dortmund (1976), Hastings (1976/77), Cienfuegos und Leningrad (1977), Moskau (1985), Reggio Emilia (1985–86), Bonn (1994) u. a. Beim Qualifikationsturnier der → *PCA*, 1993 in Groningen, wurde Oleg Romanischin erstmals WM-Kandidat.

□ A. Beljawski
■ O. Romanischin
Groningen, 1993

1. d4 ♘f6 2. c4 e6 3. ♘c3 ♗b4 4. ♕c2 d5 5. c:d5 ♕:d5
Dieser Zug wurde von Romanischin populär gemacht.
6. ♘f3 ♕f5 7. ♕b3 c5 8. a3 ♗a5 9. e3 ♘c6 10. ♗e2 c:d4 11. e:d4 ♕d5 12. ♗c4 ♕e4+ 13. ♗e3 0-0 14. 0-0 ♗:c3 15. ♕:c3 ♗d7 16. ♖ae1 ♕f5 17. ♗d3 ♕h5 18. ♕d2 ♖ac8 19. ♗g5 ♘d5 20. ♖e4 f5 21. ♖h4 ♕f7 22. ♔h1 h6 23. ♗:h6 g:h6 24. ♖:h6 ♕g7 25. g4 f:g4 26. ♖g6 ♖:f3 27. ♕g5 ♖f7 28. ♕:g4 ♘ce7 29. ♖:g7+ ♖:g7 30. ♕h4 ♗c6 31. f3 ♘e3 32. ♗h7+ ♖:h7 33. ♕g5+ ♔f7 34. ♕:e3 ♘f5 35. ♕e5 ♗d5 36. ♔g1 ♖c2 37. ♖f2 ♖c1+ 38. ♖f1 ♖c2 39. ♖f2 ♖c1+ 40. ♖f1 ♖c4 41. ♔f2 ♖c2+
0-1

In der ersten Runde des Kandidatenturniers wurde ihm mit dem Inder → *V. Anand* (dem späteren WM-Herausforderer) gleich der schwerste Brocken zugelost, dem er mit 2,5:4,5 unterlag.

Rousseau und Schach. Der berühmte französische Schriftsteller, Aufklärer und Philosoph Jean-Jaques Rousseau (1712–1778) enthüllte in seinem autobiographischen Werk »Bekenntnisse« (1766–1769) und in dem Roman »Die Neue Heloise« (1762) seine Leidenschaft für das Schach. Er kam mit diesem Spiel erst als 20jähriger in Berührung, was seiner Begeisterung dafür indes keinen Abbruch tat. Rousseau beschreibt, wie er sich ein Schachbrett und ein Schachbuch des Kalabriers → *G. Greco* kaufte, sich in sein Zimmer einschloß und ohne Unterlaß versuchte, alle Partien auswendig zu lernen. Rousseau studierte auch Werke von → *Ph. Stamma* und → *Philidor*. Später besuchte er die bekanntesten Pariser Schachcafés, darunter das be-rühmte »Régence«, wo er sogar mit Philidor selbst sowie dessen Lehrer Legal freie Partien wechselte.
In einem anderen Kapitel seiner »Bekenntnisse« erfährt der Leser, daß Jean-Jaques Rousseau einst auch mit dem französischen Feldherrn Prinz de Conti am Schachbrett die Klingen kreuzte.
Diese Partie, die Rousseau gewann, ist uns überliefert worden. Sie wurde 1843 im französischen Journal »Le Palamède« abgedruckt und seitdem oft publiziert:

☐ J. J. Rousseau
■ Prinz Conti
Schloß Montmerancy, 1759

1. e4 e5 2. ♘f3 ♘c6 3. ♗c4 ♗c5 4. c3 ♕e7 5. d4 ♗b6 6. 0-0 d6 7. ♗g5 f6 8. ♗h4 g5? 9. ♘:g5! f:g5 10. ♕h5+ ♔f8 11. ♗:g5 ♕g7 12. f4! e:d4 13. f5! d:c3+ 14. ♔h1 c:b2 15. ♗:g8 b:a1♕ 16. f6!
1-0

Diese Partie ist wirklich reizvoll. Es ist noch eine Kostprobe der Schachkünste Rousseaus erhalten, die aus dem Jahre 1774 datiert und auch 16 Züge aufweist. Allerdings hat dieses Duell der Schriftsteller Abbat Roman gewonnen, mit dem Rousseau in seinen letzten Lebensjahren oft Schach spielte und der Autor von Gedichten über Schach bzw. Philidor ist.

Rubinstein Akiba, * 12. Dezember 1882 in Stawiski, † 14. März 1961 in Anvers, polnischer Großmeister, zu Beginn des 20. Jahrhunderts einer der stärksten Spieler der Welt. Rubinstein kam ziemlich spät zum Schach – erst mit vierzehn Jahren schloß er mit diesem Spiel Bekanntschaft. Aber nur zwei bis drei Jahre danach spielte er viel und auch erfolgreich. 1903 wurde er beim III. Allrussischen Turnier in Kiew Dritter; vier Jahre später (1907) beim V. Turnier dieser Kategorie bereits russischer Champion. In jenem Jahr begann auch die Serie seiner glänzenden Auftritte in der internationalen Turnierarena. Einen besonders starken Eindruck auf seine Zeitgenossen hinterließen seine Siege in Ostende (1907, geteilt mit Bernstein), Karlsbad (1907), St. Petersburg (1909, geteilt mit → *Em. Lasker*), San Sebastian (1912), Breslau (1912, geteilt mit → *O. Duras*) und Pistyan (1912).
Die Schachwelt wollte Rubinstein gegen Lasker um den Weltmeistertitel kämpfen sehen, zumal sich Rubinstein 1908 in den Duellen gegen → *R. Teichmann* (3,5:2,5), → *F. Marshall* (4,5:3,5) und → *J. Mieses* (6:4) auch als Matchspieler von seiner besten Seite gezeigt hatte. Nach langen Verhandlungen wurde der Titelkampf gegen Lasker schließlich auf den Herbst 1914 angesetzt, doch dann begann der Erste Weltkrieg... Nach dem Krieg wechsel-

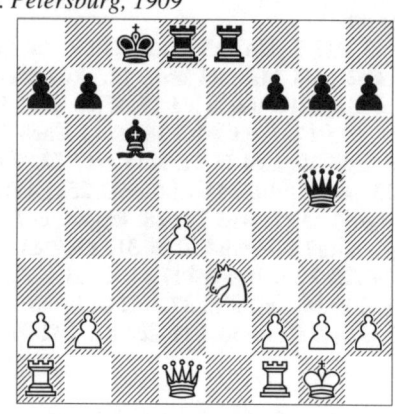

A. Rubinstein
Em. Lasker
St. Petersburg, 1909

16. ♖c1! ♖:e3 17. ♖:c6+! b:c6 18. ♕c1! ♖:d4 19. f:e3 ♖d7 20. ♕:c6+ ♔d8 21. ♖f4!
Ein bemerkenswerter Zug! Weiß droht, die Partie mittels ♕a8+ nebst ♖e4+ und ♖c4+ durch einen direkten Angriff auf den König zu entscheiden. Schwarz sieht sich zum Damentausch gezwungen, wonach er ein schlechtes Endspiel erhält. (Lasker)
21... f5 22. ♕c5 ♕e7 23. ♕:e7+ ♔:e7 24. ♖:f5 ♖d1+ 25. ♔f2 ♖d2+ 26. ♔f3 ♖:b2 27. ♖a5 ♖b7 28. ♖a6 ♔e8 29. e4 ♖c7 30. h4 ♔f7 31. g4 ♔f8 32. ♔f4 ♔e7 33. h5 h6 34. ♔f5 ♔f7 35. e5 ♖b7 36. ♖d6 ♔e7 37. ♖a6 ♔f7 38. ♖d6 ♔f8 39. ♖e6 ♔f7 40. a3   1-0

ten Rubinsteins Erfolge und Mißerfolge einander ab; er hatte nicht mehr die Stärke, um mit → *J. R. Capablanca* oder → *A. Aljechin* um die Schachkrone zu konkurrieren.
Die Partien Rubinsteins sind Bestandteil der Schachklassik. Eine Reihe von Eröffnungen, darunter die → *Nimzowitsch-Indische Verteidigung*, das → *Damengambit*, das → *Vierspringerspiel* und andere, hat er um eine Reihe von Systemen bereichert, die heute noch breite Anwendung in der Praxis finden. Seine Pläne zeichneten sich durch die Tiefe strategischen Ideen aus.»Eine für Rubinstein charakteristische Eigenschaft ist die kolossale Länge seines Planes, der ihm als logische Brücke von der Eröffnung bis zum Endspiel dient«, schrieb → *A. Nimzowitsch*. In vielen Partien blitzte auch die kombinatorische Begabung Rubinsteins auf. Virtuos behandelte er das Endspiel. In Turmendspielen konnte es niemand mit ihm aufnehmen. »Sie können von Glück sagen, Akiba, daß sie im 20. Jahrhundert leben, denn im Mittelalter hätte man Sie wegen Zauberei verbrannt. Was Sie aus Turmendspielen herausholen, ist einfach ein Wunder«, machte → *S. Tartakower* halb im Spaß, halb im Ernst aus seiner Bewunderung kein Hehl.

Das schöpferische Erbe Rubinsteins fand Aufnahme in die Schatzkammer der Schachkunst. Laut → *R. Reti* sind seine Partien die vollkommene Verkörperung der Steinitzschen Lehre.
Obwohl er seit 1931 wegen einer Nervenkrankheit keine Turniere mehr bestritt, nahm Rubinstein bis zu seinem Lebensende Anteil am internationalen Schachgeschehen. In den Kriegsjahren tauchte er gemeinsam mit seinen Söhnen Jonas und Sam unter fremdem Namen in einem belgischen Krankenhaus unter. Nach dem Krieg gab er Simultanvorstellungen, schrieb an seinen Memoiren und einem Buch über Capablanca und trainierte den zukünftigen belgischen Meister. Noch 1946 gewann er gegen → *M. Najdorf* eine gute Positionspartie.

Rubzowa Olga, * 20. August 1909 in Moskau, † 13. Dezember 1994 in Moskau, vierte Schachweltmeisterin.

Ihre ersten Schachlektionen erhielt Olga von ihrem Vater, einem großen Gelehrten und Professor, der seinerzeit sogar mit dem großen → *A. Aljechin* auf Schachturnieren die Klingen gekreuzt hatte. Olga Rubzowa machte ihren Ingenieurs-Abschluß, fühlte sich aber eher zum Schach berufen. Mit 18 Jahren wurde sie erste sowjetische Landesmeisterin – später ließ sie noch vier Titelgewinne folgen.

Hochspannung herrschte in der letzten Runde des internationalen Frauenturniers 1955 in Moskau, bei dem die dritte Teilnehmerin für das Matchturnier um die Damenweltmeisterschaft ermittelt werden sollte. Larissa Wolpert und Olga Rubzowa lagen gleichauf an der Spitze. Wolperts Gegnerin, die Argentinierin Bodo de Moscini spielte glänzend, so daß die sowjetische Spielerin ein Remis anbieten mußte. Damit war der Weg frei für Rubzowa, die unter den Augen ihrer fünf begeisterten Kinder gegen die Bulgarin Antonina Iwanowa ihren neunten Sieg in Folge errang und den 1. Platz belegte.

□ A. Iwanowa
■ O. Rubzowa

Moskau, 1955

1. d4 d5 **2.** ♘f3 ♘f6 **3.** c4 c6 **4.** e3 g6 **5.** ♗d3 ♗g7 **6.** ♘c3 0-0 **7.** 0-0 ♗g4 **8.** h3 ♗:f3 **9.** ♕:f3 e6 **10.** ♖d1 ♘bd7 **11.** c:d5 e:d5 **12.** b4 ♕e7 **13.** ♖b1 ♖fe8 **14.** b5 ♘e4 **15.** ♗d2 ♘:d2 **16.** ♖:d2 ♘f6 **17.** b:c6 b:c6 **18.** ♖db2 ♕d6 **19.** ♘a4

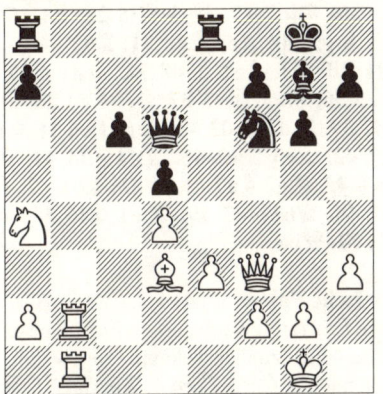

In diesem Moment endete die Partie Bodo de Moscini-Wolpert remis, und meine Gegnerin Iwanowa bot mir ebenfalls die Punkteteilung an. Die Versuchung, die Offerte anzunehmen, war groß, zumal meine Position etwas schlechter war. Doch da Weiß bereits viel Bedenkzeit verbraucht hatte, schätzte ich die Chancen insgesamt als ausgeglichen ein und setzte den Kampf fort. (Rubzowa)

19... ♖ab8 **20.** ♕e2 ♘d7 **21.** ♖b7? ♗:d4! **22.** ♕g4 ♖:b7 **23.** ♖:b7 ♘c5 **24.** ♖:a7 ♘d3 **25.** ♕:d4 ♕b8! **26.** ♘c3 ♘e5 **27.** e4 ♘c4 **28.** f3 ♘d6 **29.** e:d5

Tappt in die Falle. Besser war 29. ♖d7!

29... ♖e1+ **30.** ♔f2 ♘f5! **31.** ♕g4 ♖c1 **32.** ♕a4 ♕g3+ **33.** ♔e2 ♕e1+ 0-1

In einem harten Matchturnier gegen Weltmeisterin → *J. Bykowa* und die ehemalige Titelträgerin → *L. Rudenko* erwies sich Olga Rubzowa als die Beste und wurde die vierte Weltmeisterin in der Geschichte des Frauenschachs. 1958 verlor sie ihren Titel jedoch in der WM-Revanche an Bykowa.

1965 griff Olga Rubzowa wieder erfolgreich nach einer Schachkrone – diesmal wurde sie Weltmeisterin im → *Fernschach*. In diese Zeit fällt auch der schachliche Aufstieg ihrer

jüngsten Tochter Jelena, der in einer solchen Schachfamilie – Vater Abraham Poljak war ebenfalls Schachmeister – nicht überraschend kam.
1965 und 1967 nahmen Mutter und Tochter gemeinsam an den sowjetischen Titelkämpfen teil. Jelena Rubzowa-Fatalibekowa, die Schachgroßmeisterin und WM-Kandidatin wurde, setzte die Schachtradition der Familie Rubzowa fort.

Rudenko Ludmilla, * 27. Juli 1904 in Lubny bei Poltawa, † 5. März 1986 in Leningrad, zweite Schachweltmeisterin.
Ludmilla begeisterte sich früh für Schach und ... Schwimmen. Die Absolventin einer Sportschule war Wasserspringerin und Meisterin von Odessa über 400 Meter Brust. Ihre ersten schachlichen Auftritte in jener Zeit verliefen weniger erfolgreich. Erst 1925, nach ihrem Umzug nach Moskau, befaßte sie sich ernsthafter mit dem Schach und nahm auch an Männerturnieren teil. 1929 siedelte sie nach Leningrad über, wo sich der bekannte sowjetische Meister und Theoretiker Peter Romanowski um ihren weiteren schachlichen Werdegang kümmerte. Mitte der 40er Jahre stieg Ludmilla Rudenko in die Weltspitze auf. Sie wurde mehrfach Leningrader Meisterin, nahm erfolgreich an den Allrussischen Championates teil und schlug 1946 im Radiomatch UdSSR-Großbritannien am 2. Frauenbrett die mehrfache englische Landesmeisterin Rowena Bruce.
Anfang 1950 feiert Ludmilla Rudenko den größten Erfolg ihres Lebens. Sie holt sich bei der ersten Frauen-WM im Schach nach dem Krieg den Titel! Der Sieg fiel ihr alles andere als leicht, da sie mit einer Niederlage ins Turnier gestartet war. Danach nahm sie die Verfolgung der Amerikanerin Gisela Gresser und der Französin → *Ch. Chaudé de Silans* auf. In der 11. Runde hatte Rudenko zur Spitze aufgeschlossen, die sie nach der 13. Runde allein übernahm.
»Rudenko orientiert sich schnell in komplizierten Positionen und errät die Gedanken des Gegners«, bilanzierte → *S. Flohr* das Turnier, »Gegen Gresser und Heemskerk bewies sie,

daß sie sich zäh verteidigen kann. In den Partien mit Benini und Bykowa demonstrierte sie ihre Angriffsqualitäten.«

□ L. Rudenko
■ C. Benini
Moskau 1949/50

1. d4 d5 2. ♘f3 ♘f6 3. c4 d:c4 4. ♘c3 a6 5. a4 ♗f5 6. e3 e6 7. ♗:c4 ♗b4 8. 0-0 0-0 9. ♕e2 ♗g4 10. ♖d1 ♘bd7 11. e4 ♘b6 12. ♗b3 h6 13. h3 ♗h5 14. g4 ♗g6 15. ♘e5 ♗h7 16. f3 ♕e7 17. ♗e3 ♖fd8 18. ♘d3 ♗a5 19. ♖ac1 ♘bd7 20. ♕g2 ♔h8 21. ♘e2 ♗b6 22. ♕f2 ♖ac8 23. ♘c5 ♗:c5 24. d:c5 ♘e5 25. ♘d4 c6 26. ♗f4 ♘fd7 27. ♕g3 ♕f6 28. h4 g5 29. h:g5 h:g5 30. ♗e3 ♘f8 31. ♖d2 ♘fg6 32. ♗d1 ♖d7 33. ♗e2 ♖cd8 34. ♖cd1 ♕e7 35. b4 a5 36. b:a5 ♕:c5 37. ♔f2 ♘f4 38. ♘:e6 ♖:d2 39. ♖:d2 ♖:d2 40. ♗:c5 f:e6 41. ♔f1!! ♔g7 42. ♗e3 ♖:e2 43. ♗:f4 g:f4 44. ♕:f4 ♖e1+ 45. ♔g2 ♘f7 46. ♕d2! ♖b1 47. ♕c2 ♖a1 48. ♕b2+ e5 49. ♕:a1 ♔f6 50. ♕b2 ♘d6 51. ♕b4 1-0

Russische Partie. 1. e4 e5 2. ♘f3 ♘f6
Diese Eröffnung war schon sehr früh bekannt, wurde aber zunächst kaum angewandt, da Weiß nach 3. ♘:e5 ♘:e4 4. ♕e2 ♕e7 5. ♕:e4

Rußland. Das Schachspiel kam um das 8.-9. Jahrhundert vom Osten her in die Alte Rus. Davon zeugen archäologische Funde und die russischen Termini »schachmaty« (Schach), »slon« (Elefant – entspricht dem Läufer) und »fers« (Wesir – entspricht der Dame), die allesamt östlichen Ursprungs sind. Bei Ausgrabungen in Kiew, Minsk, Grodno, Wolkowysk, Berestje, Susdal und in anderen Städten wurden mehr als 400 altertümliche Schachfiguren zu Tage gefördert. Das Schach war bereits im 11.–13. Jahrhundert ein Element der russischen Kultur. Auch im russischen Heldenepos sind Schachepisoden anzutreffen. Obwohl die Kirche das Schach bis Mitte des 17. Jahrhunderts bekämpfte, war es unter den Handwerkern, Händlern, Lehnsleuten und Bojaren weit verbreitet. Selbst die Zaren begeisterten sich für dieses Spiel. Iwan der Schreckliche soll der Überlieferung nach sogar am Schachbrett gestorben sein. Die sogenannten »Schachmatschiki« spezialisierten sich auf die Herstellung von Schachfiguren. Die allgemeine Schachbegeisterung, die im russischen Staat herrschte, fiel auch den ausländischen Gästen auf. Der englische Reisende Turberville schrieb 1568: »Das Schachspiel ist dortzulande sehr verbreitet. Fast jeder kann Ihnen Schach und Matt bieten; diese Kunst rührt von einer großen Praxis her.«

In der ersten Hälfte des 19. Jahrhunderts traten die ersten russischen Schachmeister auf den Plan: → *A. Petrow* und → *C. F. von Jänisch*, später gesellten sich Ilja Schumow, die Brüder Sergej und Dimitri Urussow, Wiktor Michailow und andere hinzu. Das Schachspiel fand unter den Intellektuellen verschiedener Stände stärkere Verbreitung. Es erschienen die ersten Schachbücher von Butrimow (1821), Petrow (1824) und Jänisch (1842/43). 1853 wurde in → *St. Petersburg* die »Gesellschaft der Freunde des Schachspiels« gegründet – der erste offiziell von der Regierung genehmigte Schachverein Rußlands. 1859 kam die Zeitschrift »Schachmatnij Listok« heraus. Die russischen Schachspieler nahmen zu dieser Zeit internationale Kontakte auf und publizierten ihre Partien, Analysen und Aufgaben in Berlin, Paris oder Lon-

d6 6. d4 f6 7. f4 ♘c6 8. ♗b5 zu großes Übergewicht bekam. Erst → *A. Petrow* zeigt in den 30er Jahren des 19. Jahrhunderts, daß Schwarz nach 3. S:e5 mit 3... d6 vollwertiges Spiel erhält. → *C. F. von Jänisch* analysierte diese Eröffnung mit seinem Freund und Lehrer Petrow und veröffentlichte die Früchte ihrer gemeinsamen Untersuchungen 1842 im Pariser Journal »Le Palamède«. Interessant ist ebenfalls, daß Petrow, nach dem die Russische Partie im englischen Sprachraum auch heute noch benannt ist, bereits 1837 in einer Fernpartie mit St. Petersburger Schachspielern erstmals den Zug 3. d4 anwandte, der ein halbes Jahrhundert später als Steinitz-Fortsetzung in die Theorie einging.

Von den Schachspielern der Moderne haben u. a. → *A. Karpow*, → *W. Smyslow*, → *B. Larsen* und → *A. Jussupow* die Russische Verteidigung in ihrem Repertoire. In den WM-Kämpfen zwischen → *G. Kasparow* und → *A. Karpow* stand sie einige Male zur Debatte.

Weiß stehen im 3. Zug zwei grundlegende Fortsetzungen zu Gebote. Die erste ist das Schlagen des Bauern auf e5 — 3. ♘:e5 d6 4. ♘f3 ♘:e4 5. d4 (5. ♕e2 führt zur Lasker-Variante) 5... d5 6. ♗d3 ♗e7 7. 0-0 ♘c6 8. ♖e1 ♗g4 9. c4 ♘f6 10. c:d5 ♘:d5 11. ♘c3 0-0 usw.

Die zweite Möglichkeit ist 3. d4 (Steinitz-System). Es könnte folgen: 3.. e:d4 4. e5 ♘e4 5. ♕:d4 d5 6. e:d6 ♘:d6 7. ♘c3 oder 3... ♘:e4 4. ♗d3 d5 5. ♘:e5 ♗d6 6. 0-0 0-0 7. c4 ♗:e5 8. ♕:e5 ♘c6 9. f4 usw. mit ungefährem Ausgleich.

don. Petrow, seine Schüler und Zeitgenossen bildeten »eine Plejade von glänzenden Schachspielern, die schon begonnen haben, ihren Einfluß auf das europäische Schach geltend zu machen«, konstatierte 1867 das »Chessplayers Magazine«.

St. Petersburg blieb um die Jahrhundertwende das Zentrum des russischen Schachlebens, auch wenn → *Moskau*, wo 1899 und 1900/01 die ersten Allrussischen Turniere stattfanden, eine zunehmend größere Rolle spielte. Schachgesellschaften wurden auch in Riga, Wilna, Warschau und Lodz gegründet, woher die talentierten Salwe, → *A. Rubinstein* und Rotlewi kommen und wo 1907 das 5. Allrussische Turnier stattfand.

Eine herausragende Rolle bei der Entwicklung des russischen Schachs fiel → *M. Tschigorin* zu. Er gründete → *Schachzeitschriften*, organisierte Wettbewerbe und war gleichzeitig der Sieger der ersten Allrussischen Turniere. Er war 1889–95 der erste russische WM-Anwärter, der zweimal gegen → *W. Steinitz* zum Kampf um die Schachkrone antrat. Neben ihm taten sich Meister wie Emanuel Schiffers, Andrej Ascharin, Semjon Alapin, Alexander Solowzow hervor. Nach → *S. Winawer*, der 1867 glanzvoll in Paris debütierte, haben S. Alapin, A. Rubinstein, J. Bernstein, → *A. Nimzowitsch*, G. Salwe und F. Dus-Chotimirski international die größten Erfolge errungen. St. Petersburg sah 1895/96, 1909 und 1914 bedeutende internationale Turniere, während Moskau 1896/97 Schauplatz der WM-Revanche zwischen → *Em. Lasker* und → *W. Steinitz* war. Anfang des 20. Jahrhunderts ging in Rußland der Stern von → *A. Aljechin* auf, der einst die Schachkrone erobern sollte.

Nach der Großen Sozialistischen Oktoberrevolution gab Nikolai Krylenko, ein bedeutender Staatsfunktionär, der dem sowjetischen Schachverband vorstand, die Losung aus: »Schach ist ein Instrument der intellektuellen Kultur«. Von den 20er bis zu Beginn der 90er Jahre entwickelte sich das Schach im Rahmen der Sowjetunion, der außer Rußland noch die Ukraine, Weißrußland, die Republiken des Kaukasus, Mittelasiens und seit den 40er Jahren auch Moldawien und das Baltikum angehörten. Der Popularisierung des Schachs dienten insbesondere die ersten Sowjetischen Landesmeisterschaften sowie die drei Moskauer Turniere von 1925, 1935 und 1936, an denen Lasker, → *J. R. Capablanca* und andere führende Schachspieler des Westens teilnahmen. Junge talentierte Meister betraten die Schachbühne, zu denen u. a. → *M. Botwinnik*, Peter Romanowski, Wladimir Alatorzew, Sergej Belawenez, Ilja Kan, Wladimir Makagonow, Wjatscheslaw Ragosin, Nikolai Rjumin und Wsewolod Rauser gehörten.

Die staatliche Förderung des Schachsports trug bald Früchte. An der Meisterschaft der Gewerkschaften nahmen 1935 700000 Schachspieler teil. Es gab Turniere innerhalb von diversen Berufsgruppen, Familienwettbewerbe, Kinder- und Jugendvergleiche im Landesmaßstab. In den Pionierpalästen von Moskau, Leningrad, Kiew, Tbilissi, Taschkent, Charkow und Odessa nahmen Schachzirkel ihre Arbeit auf.

Das erste bedeutende Schachereignis nach dem Krieg war 1945 das Radiomatch Sowjetunion-USA, das die sowjetischen Schachspieler 15,5:4,5 gewannen. Dieser Vergleich zeigte, daß die UdSSR zur stärksten Schachnation der Welt avanciert war. 1947 trat die UdSSR der → *Fide* bei. 1948 stellte sie mit Michail Botwinnik, der das Matchturnier um die Schachkrone gewann, den Schachweltmeister. Nach dem Tode von Aljechin 1946 kamen von acht Weltmeistern sieben aus der Sowjetunion: M. Botwinnik, → *W. Smyslow*, → *M. Tal*, → *T. Petrosjan*, → *B. Spasski*, → *A Karpow*, → *G. Kasparow*. Bei den Frauen stellte die UdSSR seit 1949 fünf Titelträgerinnen: → *L. Rudenko*, → *J. Bykowa*, → *O. Rubzowa*, → *N. Gaprindaschwili*, → *M Tschiburdanidse*. Von 1952 bis 1994 gewann die UdSSR (ab 1992 Rußland) bei Schacholympiaden, wenn sie teilnahm, mit einer Ausnahme (1978) immer die Goldmedaille. Bei den Frauen ergibt sich ein ähnliches Bild. Weltweite Anerkennung erwarben sich auch die sowjetischen Problemkomponisten → *A. Troizki*, → *L. Kubbel*, die Brüder W. und M. Platow, M. Liburkin, L. Loschinski, W. Korolkow, G. Kasparjan, W. Bron, G. Nadareischwili, A. Gurewitsch, W. Rudenko und andere.

S

Saint-Amant Pierre Charles Fournier de, * 12. September 1800 auf Schloß Latour bei Montflancon, † 29. Oktober 1872 auf Schloß Hydra in Algier, französischer Maestro, Mitte des 19. Jahrhunderts einer der stärksten Schachspieler Europas.

»Die Ehre ist gerettet!« rief Saint-Amant nach dem Gewinn der 16. Partie seines Matches gegen → *H. Staunton* aus, eines Zweikampfes, der in der Presse zu einer großen schachlichen Schlacht zwischen Frankreich und England hochstilisiert wurde. Das Duell wurde 1843 im berühmten Pariser »Café de la Régence« ausgetragen. Nach acht Partien lag Saint-Amant mit 0,5:7,5 hoffnungslos zurück. Doch er setzte mutig den Kampf fort und erreichte noch ein ehrenvolles Resultat – 8:13 (+6, -11, =4).

□ P. Saint-Amant
■ H. Staunton

Paris, 1843

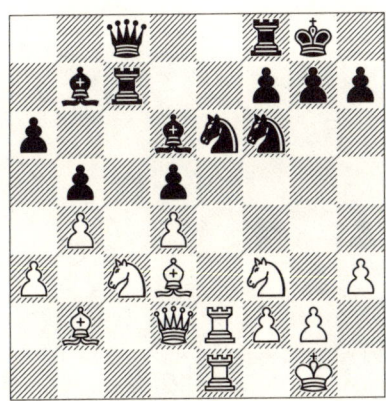

20. ♗f5 ♘e4 21. ♘:e4 d:e4 22. d5 e:f3 23. ♖:e6! ♕d8 24. ♗f6! g:f6 25. ♖:d6! ♔g7 26. ♖:d8 ♖:d8 27. ♗e4 1-0

Saint-Amant setzte die besten französischen Traditionen der → *Philidor*, → *Deschapelles* und → *Labourdonnais* fort. General Deschapelles sympathisierte mit ihm und redete ihn gern mit »mein Leutnant« an. Was das Schach angeht, da hatte es der »Leutnant« schnell zum General gebracht. 1836 hatte er in London George Walker mit 5,5:3,5 besiegt; 1842 vernichtete er förmlich den nach Paris gereisten Amerikaner John Schulten mit 11:1. Im selben Jahr gab Saint-Amant das Kind Labourdonnais', den »Palamède«, wieder heraus und brachte die Zeitschrift auf ein außerordentlich hohes Niveau. Im Frühling des Jahres 1843 gewann er in London einen kleinen Wettkampf gegen Staunton mit 3,5:2,5. Was die Revanche ergab, wurde weiter oben geschildert.

In den folgenden Jahren kehrte Saint-Amant seltener ans Schachbrett zurück. 1852 trennte er sich vom Amerikaner Stanley 4:4 unentschieden. 1858 belegte er in einem Turnier in Birmingham nur den 5. Platz. In dem legendären Zweikampf desselben Jahres zwischen → *P. Morphy* und → *A. Anderssen* war Saint-Amant der Sekundant des siegreichen Amerikaners Paul Morphy.

Saint-Amant war ein Geschäftsmann, der sich zeit seines Lebens die Freude am Reisen bewahrte.

Er erwarb ein Landgut in Algier, wo er 1872 auch starb.

Salow Waleri, * 26. Mai 1964 in Wroczlaw, russischer Großmeister, WM-Kandidat.
1980 gewann der Absolvent des Leningrader Pionierpalastes, Waleri Salow, im französischen Le Havre bei der U16-Weltmeisterschaft den Titel. Aber die Entscheidung für die Profilaufbahn fiel ihm nicht leicht. Lange schwankte der Ökonomiestudent zwischen dem Schach und der Wissenschaft. Erst sein glänzender Auftritt bei der Landesmeisterschaft der UdSSR (1987), wo er mit → *A. Beljawski* den Sieg teilte, sowie sein Erfolg beim

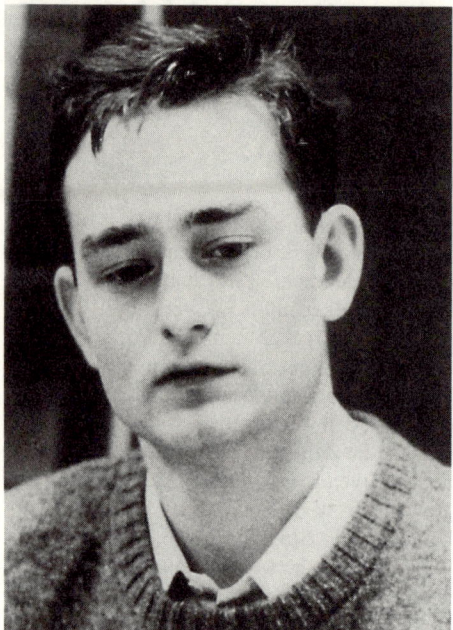

Interzonenturnier im ungarischen Szirak ließen das Pendel zugunsten des Schachs ausschlagen. In jenem Jahr wurde er auch erstmals WM-Kandidat.
Großartig auch sein Abschneiden beim → *Weltcup* 1988/89: hinter → *G. Kasparow* und → *A. Karpow* belegte er in der Gesamtwertung den 3. Platz und ließ 22 starke Großmeister hinter sich.
1991 trifft Salow eine weitere ernste Entscheidung – er siedelt nach Spanien über, erst nach → *Linares;* später folgt der Umzug nach Madrid. Seine Turnierergebnisse bleiben stabil. Bei den Superturnieren von Amsterdam 1991 und Wijk aan Zee 1992 trägt er gemeinsam mit → *N. Short* bzw. → *B. Gelfand* den Sieg davon. In beiden Konkurrenzen bleibt er ungeschlagen.
Allerdings bemerkte er mit Verdruß: »Ich bin vom Virus des Praktizismus infiziert, d. h. ich denke vor allem darüber nach, wie ich Niederlagen vermeiden kann.« Seine Remispartien sind indessen meist ein Kampf bis zur letzten Patrone. → *M. Tal* hat einmal folgendes über Salow gesagt: »Er spielt logisch und mutig. Er strebt in der Regel das maximale Resultat an.« 1993/1994 erzielte Waleri Salow beeindruckende Resultate. Beim Interzonenturnier in Biel qualifizierte er sich souverän für die Kandidatenzweikämpfe zur Weltmeisterschaft. Dort schaltete er im Achtelfinale seinen Landsmann A. Khalifman mit 5:1 aus und besiegte im Viertelfinale den Holländer → *J. Timman* mit 4,5:3,5.
In diesem Match demonstrierte Salow einmal mehr seine riesige Endspielstärke.

☐ J. Timman
■ W. Salow
Sanghi Nagar (4), 1994

61. ♔a1 ♔e6 **62.** ♔b1 ♔f7 **63.** ♔a1 ♔g7 **64.** ♔b1 ♔g6 **65.** ♔a1 ♘e5 **66.** ♗a3 ♔:g5 **67.** ♗e7+ ♔f5 **68.** g4+ ♔e6 **69.** ♗f8 ♔f7 0-1

☐ W. Salow
■ J. Timman
Sanghi Nagar (7), 1994

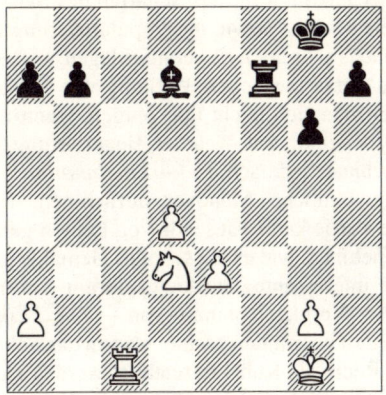

29... ♗f5 30. ♘e5 ♖e7 31. g4 ♗e4 32. g5 ♔g7 33. ♔f2 h6 34. g:h6+ ♔:h6 35. ♔g3 ♔g5 36. a3 b6 37. ♖f1 ♗d5 38. ♖f4 ♖c7 39. e4 ♗b3 40. ♖g4+ ♔h5 41. ♔f4 ♗f7 42. d5 ♗e8 43. ♖g3 ♔h6 44. d6 1-0

Angesichts der Tatsache, daß Salow im Herbst 1994 das K.-o.-Turnier von → *Tilburg* und auch das sehr stark besetzte Thematurnier zur → *Sizilianischen Verteidigung* in Buenos Aires gewann, kam sein deutlicher 1,5:5,5-Einbruch im WM-Halbfinale gegen → *G. Kamsky* im indischen Sanghi Nagar unerwartet. Salow sei übermotiviert gewesen, weil er seine Sternstunde im Kampf um die Schachkrone gekommen glaubte, analysierte der ehemalige Karpow-Trainer Igor Saizew in der russischen Zeitschrift »64-Schachübersicht«.

Sämisch Friedrich, * 20. September 1896 in Berlin, † 16. August 1975 in West-Berlin, deutscher Großmeister und Schachtheoretiker. In den 20er Jahren galt Friedrich Sämisch als einer der stärksten Schachspieler Deutschlands. Mit 24 Jahren wurde er Landesmeister; schon ein Jahr danach gewann er das Turnier von Wien (1921), wobei er u. a. → *M. Euwe* und → *G. Breyer* hinter sich lassen konnte. 1922 schlug er → *R. Reti* in einem Match 5,5:2,5 (+4, -1, =3). Seinen größten Erfolg erzielte Sämisch 1925 in → *Baden-Baden*, wo er hinter → *A. Aljechin* und → *A. Rubinstein* auf dem dritten Rang einkam.
Interessant ist, daß er als glänzender Blitzspieler galt, in Zeitnotphasen des normalen Wettkampfschachs aber oft überhaupt nicht zurechtkam. Seine »Zeitnotkrankheit« hinderte ihn nicht selten am Erreichen besserer Plazierungen. Als Beleg dafür mag eines der Turniere von → *Hastings* dienen, in dem er in fünf (!) Partien die Bedenkzeit überschritt. 1930 gehörte er der deutschen Mannschaft an, die bei der Schacholympiade die Bronzemedaille erkämpfte.

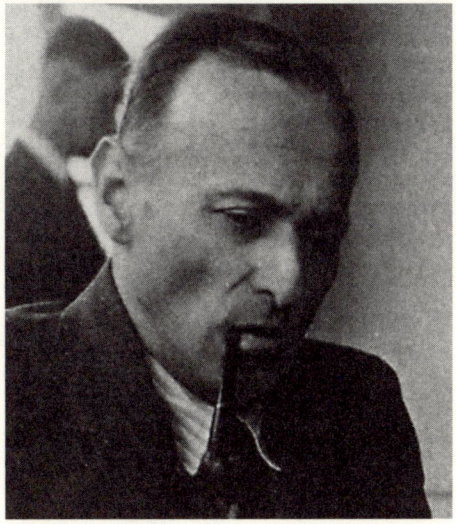

Einen wertvollen Beitrag leistete Sämisch auf dem Gebiet der Eröffnungstheorie. Die Variante 1. d4 ♘f6 2. c4 e6 3. Sc3 ♗b4 4. a3 der → *Nimzowitsch-Indischen Verteidigung* und das System 1. d4 ♘f6 2. c4 g6 3. ♘c3 ♗g7 4. e4 d6 5. f3 der → *Königsindischen Verteidigung* tragen seinen Namen.
Als Kuriosum ging sein Figurengewinn gegen → *J. R. Capablanca* in Karlsbad 1929 nach nur elf Zügen in die Geschichte ein: 1. d4 ♘f6 2. c4 e6 3. ♘c3 ♗b4 4. a3 ♗:c3+ 5. b:c3 d6 6. f3 e5 7. e4 ♘c6 8. ♗e3 b6 9. ♗d3 ♗a6?? 10. ♕a4 ♗b7 11. d5.
Schwarz zögerte den Widerstand noch bis zum 62. Zug hinaus, mußte dann aber doch aufgeben. Auf jenem Turnier errang Sämisch einen glänzenden Sieg gegen Ernst Grünfeld, für welchen er den Schönheitspreis erhielt. Hier das Schlußspiel:

(siehe Diagramm Seite 266)

□ F. Sämisch
■ E. Grünfeld
Karlsbad, 1929

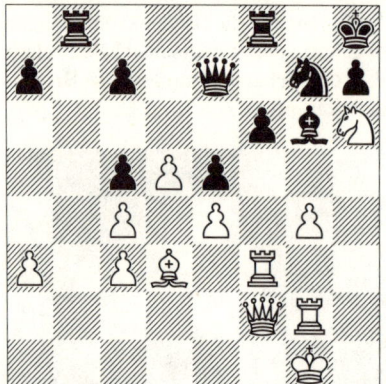

35. ♕h4! ♖b3 36. ♖gf2 ♖:c3 37. g5 ♘e8 38. g:f6 ♕d8 39. ♘g4 ♖:d3 40. ♖:d3 ♗:e4 41. ♖e3 ♘d6 42. ♘:e5 ♗f5 43. ♖:f5! ♘:f5 44. ♘g6+ ♔g8 45. ♖e7!! ♖f7 46. ♖:f7 ♔:f7 47. ♘e5+ ♔f8 48. ♕:h7   1-0

Schach. Das Schachspiel entstand vor etwa anderthalbtausend Jahren in Zentralasiens und ist seitdem Gemeingut von Völkern auf allen Kontinenten geworden. Im 20. Jahrhundert verwandelte sich die Schachkultur in ein Phänomen der Zivilisation. Das findet seinen Ausdruck in größeren Maßstäben und Formen des Wettkampfschachs, in der riesigen Vielfalt bzw. den Auflagen der Schachliteratur, in der Einführung des Schachs in das System der Schulbildung und schließlich in seiner Bedeutung für die Entwicklung der elekronischen Rechentechnik. 1994 wurde die Anzahl der Menschen, die Schach spielen können, auf eine halbe Milliarde geschätzt. Danach spielen 6,6 Millionen regelmäßig Schach, von denen wiederum fast 100 000 ein professionelles Niveau aufweisen, d. h. mindestens Meisteranwärter sind. Das Schach ist Menschen jedes Alters und jeder Nationalität zugänglich.

Womit läßt sich die wachsende Rolle des Schachs in der Gesellschaft erklären? Damit, daß sich in diesem Spiel Elemente der Wissenschaft, der Kunst und des Sportes verbinden. Dabei ist die Bedeutung jedes einzelnen dieser Faktoren für das Schaffen des Schachspielers selbst sowie die Popularisierung des Schachs sehr hoch zu veranschlagen.

Von der ästhetischen Wirkung des Schachs kann man sich leicht überzeugen, wenn man nur bedenkt, mit welcher Begeisterung die Zuschauer jede schöne → *Kombination* oder ungewöhnliche Manöver aufnehmen. Eine gute Partie kann Tausende von Leuten gefangennehmen, wie es ein schönes Gemälde oder eine interessante Theateraufführung vermag. Dieser Vergleich stammt von → *Em. Lasker,* als er zu begründen suchte, warum das Schach mit Recht als Kunst bezeichnet werden kann. Daß das Schach vor allem eine Kunst sei, haben → *A. Aljechin, M. Tal* und → *G. Kasparow* immer wieder betont.

Wie in jedem Kunstgenre, sei es die Musik oder die Malerei, die ihre eigene »Sprache« bzw. ästhetischen Normen besitzen, gibt es auch im Schach bestimmte Besonderheiten. Sie beginnen hier schon in der Art und Weise der Entstehung eines Kunstwerkes – sprich einer Schachpartie. Es wird im Wettkampf geboren, in der ständigen Auseinandersetzung zweier Kontrahenten, ihrer Gedanken, ihres Willens und ihrer Gefühle. Im Unterschied zu anderen Künsten, wo das Publikum auf das fertige Kunstwerk trifft, besitzt es im Schach die Möglichkeit, den schöpferischen Prozeß selbst zu verfolgen, d. h. unmittelbar zu beobachten, wie die Partie entsteht.

Ihre Spezifik besitzt auch eine andere, die wissenschaftliche Seite des Schachs. Laut → *J. R. Capablanca* ist das Schach ein intellektueller Zeitvertreib, der bestimmte künstlerische und viele wissenschaftliche Elemente aufweist. Davon, wie vielgestaltig diese Elemente sind, zeugt der Charakter des Schachkampfes selbst sowie die Vorbereitung darauf, die bereits große theoretische Kenntnisse in Eröffnung, Mittelspiel und Endspiel erfordert. All diese Stadien sind eng miteinander verflochten. Heutzutage sind insbesondere die Eröffnungen so ausgefeilt, daß in ihnen nicht nur die strategischen Hauptpläne des Mittelspiels sichtbar werden, sondern mitunter schon die Konturen des Endspiels durchschimmern. Der Schachmeister ist angehalten, die durch die Entwicklung der Computertechnik wachsende Flut von in Datenbanken gespeicherten

Schachpartien aus aller Welt für sich nutzbringend zu verarbeiten.

Die beginnende Computerisierung wird in naher Zukunft nicht ohne Einfluß auf die gesamte Entwicklung des Schachs bleiben. Es ist vorhersehbar, daß »elektronische Meister« mithelfen werden, Millionen von Menschen in die Anfangsgründe des Schachs einzuweisen. Für die nahe Zukunft läßt sich neben den herkömmlichen Schachvereinen das Aufkommen von komplexen Schacheinrichtungen mit eigenen Bibliotheken, Lehrklassen, Computerkabinetten, Wettkampfsälen usw. prognostizieren.

Was die Dauer einer Wettkampfpartie betrifft, so wird sie aller Wahrscheinlichkeit nach wie bisher 5–6 Stunden betragen. Das scheint für die Schaffung wahrer Schachkunst unabdingbar. Gleichzeitig wird das → *Schnellschach* eine stärkere Verbreitung erfahren, da es neben einer Reihe von organisatorischen Vorteilen neue Möglichkeiten für die Propagierung des Schachs eröffnet.

Wird es eines Tages angesichts der stetig wachsenden theoretischen Kenntnisse und der schachlichen Meisterschaft nötig sein, die Spielregeln zu modifizieren? Droht dem Schach der »Remistod«? Die Entwicklung der Schachkunst im 20. Jahrhundert zeigt, daß es immer wieder neue Talente gibt, die im Schach praktisch keine Grenzen kennen.

Schachbibliotheken. Im vergangenen Jahrhundert waren die privaten Schachbibliotheken von L. Bledow (Berlin), → *C. F. von Jänisch* (St. Petersburg), A. van der Linde (Den Haag), Th. von der Lasa (Posen), J. White (Cleveland), G. Allen (Philadelphia) und andere bekannt. Einige Sammlungen wurden nach dem Tode ihrer Besitzer in öffentliche Bibliotheken umgewandelt, andere wurden versteigert bzw. sind verschollen.

Im 20. Jahrhundert findet man unter den bedeutenden Sammlern von Schachliteratur so renommierte Schachaktivisten, Komponisten, Theoretiker bzw. Historiker wie László Tóth (1895–1964) aus Ungarn, Ilja Maizelis (1894 bis 1978) aus Moskau, Grigorio J. Lastra (1910 bis 1978) aus Buenos Aires, Adriano Chicco (1907–90) aus Genua. In Deutschland beläuft sich die Sammlung des Bibliographen und Historikers Egbert Meissenburg auf 4000 Bände, während die des Bamberger Großmeisters → *L. Schmid* mehr als 15000 umfäßt. In dieser einzigartigen Schachbibliothek befinden sich die ersten Ausgaben des 15.–18. Jahrhunderts, darunter von → *J. R. de Lucena* 1497, → *Damiano* 1512, → *R. López* 1561, G. Selenus 1616, → *G. Greco* 1669, → *Ph. Stamma* 1737 und → *Philidor* 1749.

Die größten öffentlichen Schachbibliotheken, die aus privaten Sammlungen hervorgegangen sind, befinden sich in der Königlichen Bibliothek von Den Haag (»Bibliotheca van der Linde – Niemeyeriana«, über 18000 Bände), im amerikanischen Cleveland (»Cleveland Public Library«, 13000 Bände), beim Ungarischen Schachverband in Budapest und im Zentralen Moskauer Schachclub. Die Büchersammlung und das Archiv von der Lasas werden in der Bibliothek der Polnischen Akademie der Wissenschaften aufbewahrt.

Gegen Ende des 20. Jahrhunderts gibt es weltweit so viele Schachbücher und Periodika, daß es praktisch unmöglich ist, daß eine einzelne Bibliothek über jede Ausgabe verfügt.

Schachkomposition. Sie wird manchmal als Poesie des Schachs bezeichnet – und das zu Recht. In den Aufgaben und Studien verbirgt sich viel Phantasie und Schönheit. »Das Verhältnis der Aufgabe zum Spiel selbst«, schrieb der bekannte russische Schachkomponist Alexander Galizki (1863–1921), »ist dasselbe wie das der schönen Künste – Musik, Malerei u. a. – zur Natur oder zum wirklichen Leben. Für die Aufgabe als Kunstwerk stellt die Schachpartie die Natur bzw. das wirkliche Leben dar. Wie die Natur – die Welt der Farben und Laute – die Elemente vorgibt, das Material für die Werke der Malerei und Musik, so nehmen wir von dem Schachspiel die Elemente für die Aufgaben, das Material für ihre Konstruktion.« Das Bestreben der Schachkomposition, in künstlerischer Form alle möglichen Ideen und Kombinationen umzusetzen, bestimmt ihren Wert und ihre Popularität unter den Schachspielern.

Was haben das praktische Spiel und die Komposition gemein bzw. wo liegen die Unterschiede? In der Aufgabe bzw. der Studie fehlt die für die Schachpartie typische Komponente des Sportes. Zu Beginn der Partie existiert ein Gleichgewicht der Kräfte, während in der Schachkomposition der Ausgang des Kampfes entsprechend der Anordnung der Figuren vorherbestimmt ist und alle Figuren an der Lösung der Aufgabe teilnehmen müssen. Diese Forderung nach Ökonomie, d. h. die Umsetzung der Lösungsidee mit minimalen Mitteln, ist ein künstlerisches Grundprinzip der Schachkomposition. Andere wichtige ästhetische Prinzipien sind die Ausdruckskraft des Gedankens, die Schwierigkeit, Einzigartigkeit und Schönheit der Lösung und das Fehlen von Dualen, d. h. von Teil- und Nebenlösungen.

In den letzten anderthalb Jahrhunderten erfuhr die Schachkomposition eine so große Entwicklung, daß sie sich praktisch in einen eigenständigen Zweig des Schachs verwandelte. Sie besitzt ihre eigene Theorie, Thematik, künstlerische Prinzipien und gliedert sich in einige sich voneinander stark unterscheidenden Spielarten: orthodoxe, die auf den herkömmlichen Schachregeln gründen; nicht orthodoxe, zum Beispiel → *Selbstmatts* und → *Hilfsmatts*; Märchenschach, wo nicht nur die Regeln andere sind, sondern auch die Form des Brettes variiert und neuartige Figuren eingeführt werden; → *darstellende Schachkomposition,* bei der mit einer bestimmten Figurenanordnung Ziffern, Buchstaben, Gegen- stände oder gar Ereignisse symbolisiert werden; Retro-Aufgaben, bei denen es darauf ankommt, die vorhergehenden Züge zu rekonstruieren.

Angesichts der Entwicklung dieses speziellen Zweiges des Schachs in vielen Ländern und vielgestaltigen Formen wurde 1956 eine entsprechende ständige Kommission der → *Fide* geschaffen, die einen internationalen Kodex für die Schachkomposition ausarbeitete, der 1958 angenommen wurde, internationale Wettbewerbe ausrichtet, das → *Fide-Album* herausgibt und internationale Titel verleiht. Unter der Ägide der Fide werden ebenfalls internationale Kongresse der Schachkomponisten sowie Einzel- und Mannschaftsweltmeisterschaften im Lösen von Aufgaben und Studien durchgeführt.

Schachsammler. Unter den Schachspielern gibt es viele Sammler. Der eine spezialisiert sich auf Schachbücher, bei denen es mittlerweile einige zehntausend Titel gibt; der andere konzentriert sich auf Briefmarken bzw. -Umschläge mit Schachmotiven bzw. -stempeln. Eine dritte Gruppe geht auf die Jagd nach Schachabzeichen, Schachmedaillen, Wimpeln usw. Aber es gibt ein weiteres Gebiet der Sammelleidenschaft im Schach – die Welt der Schachfiguren. Welch eine Veränderung haben die Figuren in den 1500 Jahren ihrer Existenz doch erfahren! Mit Talent, Phantasie, Erfindungsreichtum und handwerklichem Geschick wurden über die Jahrhunderte Miniaturskulpturen geschaffen, die den Geist der Epochen und die Besonderheiten der Lebensweise widerspiegeln. Diese Kunstwerke wurden aus Elfenbein und Walroßzähnen, Holz und Keramik, Gold und Silber, Stahl und Perlmutt, Porzellan und Bernstein, Glas und Bronze sowie in der Neuzeit aus verschiedenen Sorten Plaste gefertigt.

Viele alte und besonders wertvolle Figuren und Bretter gelten als nationales Gut und befinden sich in den bedeutendsten Museen der Welt – in London, Paris, München, Nürnberg, Moskau, St. Petersburg, Florenz, Wien, New York, Philadelphia und in anderen Städten. Bekannt ist auch eine Reihe von privaten Sammlern, die Schachsätze verschiedener Völker und Epochen vom frühen Mittelalter bis zu unserer Zeit in ihrem Besitz haben. In Deutschland sind das Dr. Halvor und Astrid Eger (Neu-Ulm), Dr. Thomas H. Thomsen (Königstein), Franz Josef Lang, Manfred Eger (beide Kelkheim), Hans Krieger (Großhansdorf), → *L. Schmid* (Bamberg); in England: Gareth Williams, Victor Keats, Michael Mark (alle London); in Italien: Dr. Gianfelice Ferlito; in den USA: David Hafler (Merion), George Dean (Boston), Bernice und Floyd Sarisohn, Benjamin Levene (Staat New York), Kay Morry (Staat Washington), Dail Brandreth (Yorklyn) und andere. Für die Schachkollektionäre ist es charakteristisch, daß sie ihre gesammelten Schätze zum Gegenstand einer wissenschaftlichen Untersuchung machen wollen und sie daher auf Ausstellungen, Seminaren und anderen Veranstaltungen einer breiten Öffentlichkeit zugänglich machen. Von eben

SCHACHHISTORIKER

Der bekannte Bamberger Schachsammler und Großmeister Lothar Schmid

diesen Motiven lassen sich die Mitglieder der 1984 ins Leben gerufenen Vereinigung → *Chess Collectors International* (CCI) leiten.
Die Tätigkeit der Schachsammler, der Erhalt von Kulturschätzen der Völker, bringt der Gesellschaft großen Nutzen. Eine Reihe von Privatsammlungen wurde die Basis von Schachmuseen oder speziellen Schachabteilungen großer Museen. So zum Beispiel die Kollektion Gustavus A. Pfeiffers (The Metropolitan Museum of Art in New York), Clifford Dolphs (Maryhill Museum of Art im Staat Washington) und des St. Petersburger Sammlers Wjatscheslaw Dombrowski, die in Moskau, im ersten Schachmuseum Rußlands, zu sehen ist.

Schachhistoriker. Das Schachspiel, das seit etwa 1500 Jahren existiert und tief im Leben vieler Völker verwurzelt ist, besitzt natürlich auch seine eigene Historikergilde. Ernstzunehmende Forschungen über Schach setzten im 17.–18. Jahrhundert ein, als sich herausstellte, daß die Entstehungsgeschichte des Schachs und seine anfängliche Entwicklung in der einen oder anderen Region der Welt noch eine Reihe von »weißen Flecken« aufwies. Als erstes schickten sich die Engländer an, diesen offenen Fragen auf den Grund zu gehen.

<u>England.</u> 1694 erschien in London in lateinischer Sprache die Arbeit des Oxford-Professors Thomas Hyde (1636–1702) über östliche Spiele unter dem Titel »De Ludis Orientalibus«. Der Autor kam auf der Grundlage philologischer Erkenntnisse zu dem Schluß, daß das Schachspiel in Indien entstanden sei und seinen Weg dann über Persien und die Araber nach Westeuropa genommen habe. Diese Auffassung teilte auch William Jones (1746–94) in seiner Publikation »On the Indian Game of Chess« (Kalkutta, 1790). 1860 veröffentlichte der Professor für östliche Sprachen des Londoner Königlichen Colleges Duncan Forbes (1798 bis 1868) das Buch »The History of Chess«, in dem er feststellte, das das Schach ursprünglich auch auf 64 Feldern, aber mit vier Personen gespielt wurde und in seiner primitiven Form ungefähr 3000 Jahre vor unserer Zeitrechnung entstanden sei. Damit war Harold Murray (1868–1955) nicht einverstanden. Er publizierte 1913 in Oxford eine fundamentale Arbeit unter demselben Titel. Murray teilte den Standpunkt von Jones, daß das Schachspiel in Indien von einer Person erfunden wurde, und gab mit 500 n. Chr. auch ein ungefähres Datum an. Die Untersuchung allgemeiner Probleme der Schachgeschichte und ihre Wechselwirkung mit anderen Kulturgebieten ist ein Bestandteil des modernen Werkes »Chess. The History of a Game« von Richard Eals, das 1985 in London herauskam. Der Geschichte des Schachs widmeten auch englische Schachspieler ihre Arbeiten wie Großmeister Harry Golombek mit »A History of Chess« (London 1976) und Maestro Philipp W. Sergeant (1872–1952), der in »A Century of British Chess« (London 1934) eine ausführliche Darstellung der englischen Schachentwicklung im 19. Jahrhundert liefert. Unter den neuzeitlichen Autoren sind Victor Keats und Michael Mark, Spezialisten für historische Schachfiguren, sowie Ken Whyld hervorzuheben, der neben vielen anderen Büchern,

darunter Arbeiten über → *Em. Lasker* und → *W. Smyslow*, auch »Chess. The Records. (London 1986) verfaßte und gemeinsam mit David Hooper eine Schachenzyklopädie herausgab (The Oxford Companion to Chess. Oxford/New York 1984).

Deutschland. Einen wertvollen Beitrag zur Erforschung der frühesten Entwicklungsperioden des Schachs leisteten im vorigen Jahrhundert der Holländer Antonius van der Linde (1833–97) und Tassilo von Heydebrand und der Lasa (1818–99). Ersterer verfaßte eine Reihe von Arbeiten zur Schachgeschichte im Osten und in Europa. Alle erblickten in Berlin das Licht der Welt: »Geschichte und Literatur des Schachspiels« (1874); »Das Schachspiel im 16. Jahrhundert« (1874); »Quellenstudien zur Geschichte des Schachspiels« (1881); »Das erste Jahrtausend der Schachliteratur« (1881). Eine klassische Arbeit ist »Zur Geschichte und Literatur des Schachspiels« (Leipzig 1897) von von der Lasa, der überdies ein bekannter Schachmeister und -theoretiker war. Von den Schachhistorikern des beginnenden 20. Jahrhunderts verdient Ludwig Bachmann

Antonius van der Linde

Tassilo von Heydebrand und der Lasa

(1856–1937), Autor der zweibändigen Arbeit »Aus vergangenen Zeiten. Bilder aus der Entwicklungsgeschichte des praktischen Schachspiels.« (Berlin 1920–22), besondere Erwähnung. Er liefert hier Biographien und Partien der führenden Schachspieler Frankreichs, Englands, Deutschlands, Österreich-Ungarns und Rußlands. Interessant ist auch sein Buch »Das Schachspiel und seine historische Entwicklung« (Leipzig 1924) sowie die Arbeiten über → *W. Steinitz,* → *H. N. Pillsbury* und → *R. Charousek.* Unter den Werken der modernen Autoren ist Dr. Jacob Silbermanns und Großmeister → *W. Unzickers* »Geschichte des Schachs« (München, Gütersloh, Wien 1975) mit einem Vorwort von → *M. Euwe* und das reich illustrierte »Schach. Eine Kulturgeschichte« (Leipzig 1986) von Prof. Joachim Petzold zu nennen. Zu den Büchern, die verschiedene Aspekte des Schachs betrachten, zählen »Schach. Spiel Sport Wissenschaft Kunst« (Hamburg 1984) von → *H. Pfleger* und Horst Metzing siowie »Umkämpfte Krone. Die Duelle der Schachweltmeister von Steinitz bis Kasparow« (Berlin 1987) von Raymund Stolze und anderen Autoren. Dem

100. Jahrestag des Deutschen Schachbundes ist Alfred Diels »Schach in Deutschland« (Düsseldorf 1977) gewidmet. Egbert Meissenburg leistete einen umfangreichen Beitrag zur Bibliographie verschiedener Probleme der Schachgeschichte. Originell ist Hans Petschars wissenschaftliche Arbeit »Kulturgeschichte des Schachspiels« (Aachen 1986). Mit der Geschichte der Schachfiguren befassen sich die Untersuchungen »Schach« (München 1960) von Hans und Siegfried Wichmann sowie »Schach und Tricktrack« (1991) von Antje Kluge-Pinsker.

Rußland. Die ersten Schachhistoriker traten hierzulande um die Jahrhundertwende mit originellen Publikationen in Erscheinung – Michail Gonjajew (1849–91), Iwan Sawenkow (1846–1913), der in seiner Arbeit »Zur Frage der Evolution des Schachspiels« (Moskau, 1905) ethnographisches Material aus Sibirien und Zentralasien nutzte, David Sargin (1859–1921) – der Autor des Buches »Die altertümlichen Spiele Schach und Dame« (Moskau, 1915). Nach der Oktoberrevolution von 1917 waren folgende Schachhistoriker am bedeutendsten: Nikolai Grekow (1886–1951) – Autor des Buches »Die Geschichte der Schachwettkämpfe« (2. Aufl. Moskau 1937) und einiger Arbeiten über das Leben und Schaffen von → *M. Tschigorin* (Moskau 1949; 2. Aufl. 1952); Michail Kogan (1898–1942), der einige Bücher über die nationale Schachgeschichte schrieb, darunter »Ein Abriß der Schachgeschichte der Sowjetunion« (Moskau-Leningrad 1938). Unter den Schachhistorikern der Nachkriegszeit sind folgende zu erwähnen: Isaak Romanow (1920–93), der einige Bücher über Tschigorin, Romanowski, → *A. Aljechin* und über Fernschach geschrieben hat; Jakow Neistadt, der Autor von »Das Schach bis Steinitz« (1961) und der Monographien »Der erste Weltmeister« (1971), »Ungekrönte Champions« (1975) und »Siegbert Tarrasch« (1983).

Den Problemen der frühen und modernen Geschichte des Schachs widmeten die Autoren des vorliegenden Buches, Isaak und Wladimir Linder, ihre Arbeiten. Dazu zählen Isaak Linders Bücher über die ersten russischen Meister »Alexander Petrow« (2. Auflage 1955), »Ilja Schumow – ein Künstler des Schachs« (1959), »An den Ursprüngen der Schachkultur« (1967), »Die ersten russischen Meister« (1979), »Schach in der Rus« (1964, 2. Aufl. 1975), »Die Ästhetik des Schachs« (1981) und »Chess in Old Russia« (Zürich, 1979). Gemeinsam verfaßten Isaak und Wladimir Linder in der Serie »Schachgenies« Bücher über → *J. R. Capablanca* (1988), Em. Lasker (1991) und A. Aljechin (1992), die alle im Berliner Sportverlag erschienen. 1994 kam in Moskau in russischer, deutscher und englischer Sprache I. Linders »Schachfiguren im Wandel der Zeit« heraus.

Der Schachgeschichte des Mittelalters ist eine Reihe von Untersuchungen des Großmeisters Juri Awerbach gewidmet. Sie befinden sich in seinem Buch »Auf der Suche nach der Wahrheit« (Moskau, 2. Aufl. 1992). Sergej Grodsenski befaßte sich mit der Geschichte des Fernschachs und mit der Stellung des Schachs im Leben russischer Gelehrter (Moskau 1983), Nikolai Sacharow mit Problemen der russischen Bibliographie (Moskau 1968). Bekanntheit erlangten in Lettland die schachhistorischen Arbeiten von Alexander Koblenz, in Georgien von Tengis Georgadse und in Usbekistan von Mamadshan Muchitdinow.

Niederlande. Hier erschienen in deutscher Sprache die Werke »Hundert Jahre Schachturniere. 1851–1950« (Amsterdam 1964) und »Hundert Jahre Schachzweikämpfe. 1851 bis 1950« (Amsterdam 1967) von Dr. P. Feenstra Kuiper.

Italien. Ein breites Echo erhielten hier Adolivio Capeces Buch »Storia degli Scacchi« (Die Schachgeschichte, Mailand 1973) sowie Adriano Ciccos (1907–90) und Antonio Rosinos Untersuchung »Storia degli Scacchi in Italia« (Die Schachgeschichte Italiens Venedig, 1990). Interessante Arbeiten veröffentlichten in der letzten Zeit Alessandro Sanvito, Franco Pratesi und Dr. Gianfelice Ferlito.

Ungarn. Frucht langjähriger Arbeit war ein dreibändiges Werk zur ungarischen Schachgeschichte (Budapest 1975, 1977, 1989) unter Redaktion von Großmeister Gedeon Barcza (1911–86) und des Schachhistorikers Arpád Földeák. Unter den anderen Arbeiten ist das Buch → *G. Maróczys* über → *P. Morphy* ziemlich bedeutend, das 1909 in Berlin und Leipzig in deutscher Sprache erschien.

Polen. In die englische, deutsche und russische Sprache wurde das 1958 in Warschau erschienene Buch »Z szachami przez wieki i kraje« (Mit dem Schach durch die Jahrhunderte und Länder) von Jerzy Gizycki übersetzt. Autor einer Reihe historischer Schachbücher war ebenfalls der polnische Schachmeister Wladislaw Litmanowicz (1918–92).

Spanien. Zu den Publikationen mit einem breiten Ansatz gehören Giulio Ganzos »Historia general del Ajedrez« (Allgemeine Schachgeschichte, Madrid 1973) und Gabriel Vicente Mauras »Evolución del Ajedrez. 40 siglos.« (Die Evolution des Schach in 40 Jahrhunderten, Madrid 1980). 1987 erschien in Spanien zeitgleich mit der Faksimile-Ausgabe des berühmten Schachbuches von Alfons dem Weisen (1283) ein Band mit Kommentaren dazu – die Frucht langjähriger Forschungen des Internationalen Meisters Ricardo Calvo.

USA. In den Vereinigten Staaten erschienen in diesem Jahrhundert eine Reihe von Büchern, die der allgemeinen und der nationalen Schachgeschichte gewidmet waren. Dazu zählen Henry A. Davidsons (1905–73) »A Short History of Chess« (New York 1949) und David Lawsons »Paul Morphy. The Pride and Sorrow of Chess« (New York 1976). Breit ist die historisch-schachliche Palette von Andrew Soltis: »American Chess Masters from Morphy to Fischer« (New York 1974); »The Great Chess Tournaments and Their Stories« (New York 1975); »The Book of Chess Lists« (Jefferson, North Carolina and London 1984); »The U.S. Chess Championships, 1845 bis 1985« (with Gene H. Mc Cormick, Jefferson, North Carolina, 1986). Über die Wechselwirkung von Schach und anderen kulturellen Gebieten in der Geschichte schrieben die Schachmeister Anthony Saidy und Norman Lessing in »The World of Chess« (London, Glasgow 1974).

Von den Arbeiten, die sich mit den Problemen der Entstehung des Schachs befassen, sind die Bücher des russischen Orientalisten Josif Orbeli (1887–1961), Camilla Trewers (1892 bis 1974) Werk »Schatrang« (Leningrad 1936) und »Schach – ein Symbol des Kosmos. Die Entwicklung des Schachs von der chinesischen Astrologie bis zur indischen Mystik« (Skopje 1972) des jugoslawischen Schachmeisters, Historikers und Mathematikers Pawel Bidew (1912–88) sowie die Publikation des englischen Professors Joseph Needham »The Magnet, Divination and Chess« (in Science and Civilisation in China, Vol. IV Cambridge 1962) zu nennen.

Seit 1991 finden internationale Konferenzen der Schachhistoriker zur Erörterung der Probleme der Entstehung und frühen Entwicklung des Schachs statt. Die erste wurde 1991 auf Initiative von Dr. Thomas Thomsen in Königsstein (Deutschland) durchgeführt, die zweite 1993 unter der Ägide der CCI und des Max-Euwe-Centrums.

Schachinformator (Šahovski informator), erscheint seit 1966 zweimal, derzeit dreimal im Jahr und beinhaltet die rund 700 besten, meist von den Akteuren selbst in Informatorsymbolik kommentierten Partien, die international gespielt wurden, sowie Turnierergebnisse, Fide-Nachrichten und anderes. Alle Partien sind nach einem speziellen Eröffnungsschlüssel geordnet. Seit 1967 wählt eine prominente Expertenjury die beste Partie bzw. seit 1971 die wichtigste theoretische Neuerung des jeweils vorangegangenen Bandes. Chefredakteur ist der serbische Großmeister → *A. Matanovic*. Der Schachinformator gehört zur Standardlektüre eines jeden Schachprofis.

Schachoscar. Die internationale Organisation der Schachpresse (Association Internationale de la Presse Echiquéenne – AIPE) verleiht diesen Preis für den besten Schachspieler des Jahres, der in einer Umfrage der AIPE-Mitglieder ermittelt wird. Der Schachoscar selbst ist eine silberne Statue, die ursprünglich einen Reiter auf einem kleinen Pferd darstellte, dann einen kleinen Bären, der auf einen Baum klettert (Wahrzeichen Madrids), und von 1974–88 ein Mädchen mit einem Schirm (Wahrzeichen Barcelonas). Der erste Schachoscar ging 1967 an → *B. Larsen.* 1968 und 1969 wurde er → *B. Spasski* verliehen, 1970 bis 1972 → *R. Fischer.* Die meisten Oscars sammelte → *A. Karpow* –

nämlich neun. Seit 1982 geht dieser Preis vorzugsweise an → *G. Kasparow*. 1978 bekam → *W. Kortschnoj* den Oscar.
Seit 1982 wird der Oscar auch an die beste Schachspielerin der Welt vergeben. Den ersten sicherte sich → *N. Gaprindaschwili*, den zweiten → *P. Cramling*. Von 1984–87 holte ihn sich → *M. Tschiburdanidse* und 1988 → *J. Polgar*.

Schachuhr. Sie wurde vom englischen Ingenieur Thomas Wilson (1843–1915) aus Manchester erfunden und gelangte erstmals beim internationalen Londoner Turnier 1883 zur Anwendung. Eine Schachuhr hat zwei Uhrwerke und zwei Zifferblätter. Nach Ausführung eines Zuges drückt ein Spieler einen Knopf, stellt damit seine Uhr ab und setzt gleichzeitig die des Gegners in Gang. Die mechanischen Uhren Wilsons haben die Sanduhr ersetzt. Heute sind die Schachuhren ein notwendiges Attribut eines Schachwettkampfes. Schachuhren haben ihre Herren und Sklaven, bemerkte einst → *R. Spielmann*. Herren seien jene, die den Kampf mit Souveränität und nüchterner Entschlossenheit führten, ohne Schwanken ihren Überzeugungen und Eingebungen folgten und in der Lage seien, die lähmende Angst zu überwinden.
Mit Sklaven meinte er die Schüchternen und Unentschlossenen, die ihrem Wissen und ihren Ideen nicht vertrauten und ständig mit Schaudern an die Möglichkeit einer Niederlage dächten.
Über die Perfektionierung der Schachuhren wurde viel nachgedacht. Heutzutage kommen immer mehr die elektronischen Uhren mit Digitalanzeige in Mode. 1992, im Match Fischer-Spasski, bestand eine neuartige, von Bobby Fischer selbst erfundene (!) Schachuhr ihre Feuertaufe. Das Grundprinzip der Fischer-Uhr ist, daß der Akteur mit jedem ausgeführten Zug eine Zeitgutschrift erhält. Das schont die Nerven der Spieler und reduziert die Zahl der Zeitnotfehler bzw. der Zeitüberschreitungen.

Schachzeitschriften. Bereits in der ersten Hälfte des 19. Jahrhunderts entstand in einer Reihe von europäischen Ländern, in denen mit der Gründung von Schachvereinen und der Durchführung von Turnieren ein Aufschwung des Schachlebens zu verzeichnen war, der Bedarf an einer periodischen Fachpresse. Zu Vorreitern der Schachjournalistik avancierten → *Frankreich*, → *England* und → *Deutschland*.

Frankreich. »La vie est une partie d'échecs« (Das Leben ist eine Schachpartie) – diese Worte des spanischen Dichters → *M. de Cer-*

»Le Palamède« – die erste Schachzeitschrift der Welt, Paris.

vantes schmückten die Titelseite des »Le Palamède«, der ersten Schachzeitschrift der Welt, die seit 1836 herausgegeben wurde und den Namen des griechischen Helden der Antike trug. Redakteur war bis 1839 mit → *L. La Bourdonnais* einer der stärksten Schachspieler Europas. Nach seinem Tod führte → *P. Saint-Amant* die Arbeit weiter. Der Inhalt des

Journals bestimmte in vielem auch das Erscheinungsbild nachfolgender französischer und internationaler Zeitschriften: Partien und Aufgaben, Theorieartikel, historische Dokumente und Skizzen, belletristische Abhandlungen, Korrespondenzen aus verschiedenen Hauptstädten usw. In diesem Stil waren auch die folgenden Schachzeitschriften »La Régence« und »La nouvelle Régence« (1849 bis 1864 mit Unterbrechungen) und »La Stratégie« (1867–1940) gestaltet. Seit 1959 existiert das sehr schöne mehrfarbige Journal »Europe échecs«. Alain Ledoux wurde zu Beginn der 90er Jahre Chefredakteur.

England. Von 1841 bis 1856 gab → *H. Staunton* die Zeitschrift »The Chess Players Chronicle« heraus. Sie erschien mit Unterbrechungen auch von 1859 bis 1902. Unter den anderen bedeutenden Ausgaben verdienen »The Chess Player's Magazine« (1863–67) und »The Chess Monthly« (1879–96) Erwähnung. Auf eine mehr als hundertjährige Geschichte kann das 1891 gegründete »The British Chess Magazine« (jetzt unter Murray Chandler) zurückblicken.

Deutschland. Mehr als hundert Jahre existierte das erste Schachjournal Deutschlands – »Die Schachzeitung der Berliner Schachgesellschaft«, die 1846 in Berlin von Ludwig Bledow ins Leben gerufen wurde. Sie erschien auch unter dem Titel »Deutsche Schachzeitung«. Unter ihren Redakteuren befanden sich mit → *A. Anderssen*, J. Dufresne, M. Lange, C. von Bardeleben, → *S. Tarrasch* und anderen bekannte Namen. 40 Jahre existierte die Zeitschrift »Deutsches Wochenschach« (1885 bis 1925). Ihren 50. Jahrgang erlebt 1996 die in Berlin erscheinende Zeitschrift »Schach«, deren Chefredakteur seit Anfang der 90er Jahre → *R. Tischbierek* ist. Populär in Deutschland sowie in anderen deutschsprachigen Ländern ist die großformatige »Rochade Europa«, die in Maintal von Heinz Köhler herausgegeben wird. Zu erwähnen ist weiterhin das »Schachmagazin 64« unter Otto Borik und der Bamberger »Schachreport«, der 1987 die »Deutschen Schachblätter« und 1989 die »Deutsche Schachzeitung« integrierte.

Rußland. Die erste Schachzeitschrift, »Schachmatnij Listok«, erschien von 1859 bis 1863 unter der Redaktion von Wiktor Michailow. Später gab → *M. Tschigorin* unter demselben Titel ebenfalls in St. Petersburg ein Schachjournal heraus (1876–81).
Um die Jahrhundertwende kristallisierte sich in Rußland mit Moskau ein weiteres Schachzentrum heraus. Dort erschienen dann auch die besten Schachperiodika des Landes: »Schachmatnoje Obosrenije« (Schachübersicht, 1891 bis 1910) und »Schachmatnij Westnik« (Schachbote, 1913–16). In der sowjetischen Periode verdienen »Schachmatnij Listok« (1922–31) und »Schachmaty w SSSR« (seit 1992 – Schachmatnij Westnik) besondere Erwähnung. In Moskau erschien seit 1924 das Journal »64«, seit 1980 »64 – Schachmatnoje Obosrenije«.

USA. Schachzeitschriften gibt es hier seit der Mitte des 19. Jahrhunderts: »The American Chess Magazine« (1846–47) und »Chess Monthly« (1857–61).
Um die Jahrhundertwende erschienen das »International Chess Magazine« (Steinitz, 1885 bis 1891) und »Lasker's Chess Magazine« (Lasker, 1904–09). Später wurden die Journale »Chess Review« (1933 gegründet) und »Chess Life« (1945 gegründet) am bekanntesten.

Von den Schachzeitschriften anderer Länder wurden die »Wiener Schachzeitung« (1855 gegründet), »Italia scacchistica« (Mailand seit 1911) und »Scacco« (Rom) besonders populär.

Zu nennen sind weiterhin »Sakkêlet« (Ungarn), »Szachy« (Polen), »Schachmatna Mysl« (Bulgarien), »Revista de sah« (Rumänien). Diese Reihe ließe sich noch lange fortsetzen.

In den letzten Jahren trat das holländische Journal »New in Chess« auf den Plan, das in englischer Sprache erscheint und sich zunehmender Beliebtheit erfreut.

Es gibt auch eine Reihe von Zeitschriften, die sich auf einen bestimmten Ausschnitt des Schachs, sei es → *Fernschach*, → *Schachkomposition*, → *Schachsammlungen*, Schachtheorie, Schachpsychologie, Schachgeschichte usw., spezialisiert haben: Dazu zählen das »Schachjournal« des Berliners Arno Nickel, Michael Marks »Chess Collector«, das Hamburger »Fernschach«, das holländische »Problemblad«, der britische »Problemist« und viele andere.

Schatrandsch, arabische Bezeichnung für das Schach. Sie ist vom iranischen → *Schatrang* (Tschatrang) abgeleitet und entstand Ende des 7. bis Anfang des 8. Jahrhunderts. Im Unterschied zum Schatrang sind vom Schatrandsch des 9.–15. Jahrhunderts nicht wenige Zeugnisse überliefert, die uns eine Vorstellung vom Schachspiel im Mittelalter geben. Die Figurenanordnung auf den 64 Feldern des Brettes und fast die gesamte Terminologie sind genauso wie beim Schatrang. Im Arabischen wurde aus Schatrang (Schach) Schatrandsch, pil wurde zu fil (Elefant bzw. Läufer), piada zu baidak (Bauer), farsin zu firsan (Wesir bzw. Dame). Unverändert blieb die Aussprache der Namen zweier Figuren, schah (König) und rukh (Turm), aber der asp (Springer) hieß im Arabischen faras.

Auf die Entwicklung der äußeren Gestalt der Figuren sowie auf das Spiel selbst übten die Araber einen bedeutenden Einfluß aus. Aufgrund des islamischen Verbotes, Lebendiges bildlich darzustellen, wurden die beeindruckenden kleinen Skulpturen der Könige und Damen, Kampfwagen und Elefanten, Reiter und Fußsoldaten durch abstrakte zylinder- bzw. kegelförmige Miniaturfiguren ersetzt. In ihnen war kaum zu erkennen, was sie symbolisierten. So wiesen zwei obere Vorsprünge auf einem Kegelstumpf auf die Figur des Elefanten (Läufer) hin, während ein Vorsprung den Kopf eines Pferdes (Springer) andeutete. Der rukh (Turm), der bis dahin die Form eines Kampfwagens mit zwei Kriegern an den Seiten hatte, blieb eine rechteckige Figur mit seitlichen Vorsprüngen.

Genau diese abstrakten Figuren waren es, die beginnend mit dem 8. Jahrhundert auf allen von den Arabern eroberten Territorien Verbreitung fanden – letztlich auch in Europa. Der Umstand, daß diese Art Figuren leicht herzustellen war, förderte diese Entwicklung und trug zur Demokratisierung des Spiels bei.

In Mittelasien, Iran und im Osten Arabiens wurde das Schachspiel zu einer der beliebtesten Freizeitbeschäftigungen. Reiche Familien ließen sich mitunter durch erfahrene Spieler im Schach unterweisen. Auch Frauen spielten Schach. In Sagen und Legenden kommt immer wieder die attraktive Gestalt einer Schachspielerin vor, die ausgezeichnet kombiniert und ihre männlichen Kontrahenten im Schach besiegt.

Die Schachspieler wurden damals gemäß ihrer Stärke in fünf Klassen eingeteilt. Zur höchsten Klasse (aliya) zählten nur wenige. Den Spielern der zweiten Klasse gaben sie einen Springer- oder Turmbauern vor, schwächeren einen Zentralbauern. Gegen Akteure der dritten Stufe gingen sie ohne Dame, die damals allerdings die schwächste Figur war, in die Partie. Der vierten Klasse gaben sie einen Springer oder Springer+Turmbauer und der fünften einen ganzen Turm vor. Die Geschichte hat die Namen der bedeutenden Meister des Schatrandsch (aliya) bewahrt. Dazu gehören die aus Zentralasien kommenden Djabir, Abu Naim al Chadim, Sairab Katai (8.–9. Jahrhundert), ar Rasi, as-Serachschi (9.–10. Jahrhundert) sowie jene, die sich sowohl durch die Stärke ihres Spiels als auch durch ihre Traktate über Schach Ruhm erwarben: der Araber al-Adli, der aus Turkmenien stammende as-Suli und sein Schüler, der Iraner Ladschladsch (9.–10. Jahrhundert), der Tadschike Abu-l-fatch (12. Jahrhundert), Ali-Schatrandschi (um 1400) aus Samarkand und andere. Ein großer Teil der in arabischer Sprache verfaßten Schachtraktate entstand auf Bestellung der Khalifen, an deren Höfen die bekannten Aliya miteinander wetteiferten. Viele Khalifen, darunter Harun ar-Rashid, al-Amin, al-Mamun u. a., galten als Gönner des Schachs.

Das Schach war bereits auf der Stufe des Schatrandsch kompliziert genug und theoretisch ausgearbeitet, ungeachtet der Tatsache, daß die Möglichkeiten des Spiels noch eingeschränkt waren. Nur → *Turm*, → *Springer* und → *König* zogen so, wie wir es heute kennen. Die Dame war damals die schwächste Figur, die sich nur ein Feld weit auf der Diagonalen bewegen konnte. Der → *Läufer* ging diagonal zwei Felder weit, ließ dabei immer eines aus und war wie der → *Springer* in der Lage, über

eine Figur hinwegzuspringen. Der → *Bauer* machte noch keinen Doppelschritt; die Rochade war noch nicht erfunden. Eine Partie entwickelte sich daher äußerst langsam. Eine Vorstellung von den Regeln und der Strategie des Schatrandsch gibt eine Partie, die aus dem Traktat von Ladschladsch stammt (10. Jahrhundert).
Sie beginnt mit der Eröffnung »Sajal« (Fluß), womit die Lawine der schwarzen Bauern auf der 6. Reihe gemeint ist...

1. g3 g6 2. g4 f6 3. e3 e6 4. ♘e2 d6 5. ♖g1 c6 6. f3 b6 7. f4 a6 8. f5 g:f5 9. g:f5 e:f5 10. ♗h3 ♘e7 11. ♖f1 ♖g8 12. ♘g3 ♖g5 13. ♗:f5 h6 14. ♗h3 ♘d7 15. d3 d5 16. c3 ♕c7 17. b3 ♖a7 18. c4 ♗d6 19. ♘c3 ♗e6 20. c:d5 c:d5 21. d4 ♗f8 22. ♖f2 ♕d6 23. b4 ♖c7 24. ♔d2 b5 25. ♗a3 ♘b6 26. ♗c5 ♘c6 27. a3 ♔f7 28. ♕c2 ♗c4 29. ♖ab1 ♖g6 30. ♘h5 ♔e8 31. ♘:f6+ ♔d8 32. ♘f:d5 ♖b7 33. ♖:f8+ ♔d7 34. ♗f5+ ♔e6 35. ♘f4 matt!

Um den Gang der Ereignisse in der Partie zu beschleunigen, begannen die Aliya das Spiel in bestimmten, oft symmetrischen Ausgangsstellungen, die nach etwa 15–20 Zügen aufs Brett kamen. Diese Positionen – Tabijas – trugen mitunter wohlklingende arabische Bezeichnungen, die von einer romantischen Schachauffassung zeugen:
»Mudschannach« (Der Geflügelte), »Sajal« (Fluß), »Maschaichi« (Der Weise), »Saif« (Das Schwert), »Muwaschscha« (Der Reichgeschmückte). Es gab ungefähr zwei Dutzend solcher Tabijas.
Zu hoher Kunst brachten es die Aliyas in den Schlußspielen der Partie – den »Mansuben«. So nannte man auch die kunstvollen Aufgaben und Studien. Sie unterscheiden sich noch deutlich von den modernen Schachkompositionen. Die Lösung begann mit einem Schach; das Prinzip der Ökonomie der Kräfte galt nur für die gewinnende Seite. Doch die für die Komposition wichtigsten Eigenschaften waren vorhanden – der Reichtum an Phantasie, die Originalität des Gedankens, eine geistreiche Lösung, die Schönheit der Schlußstellung.

Abu-l-Fatcha, 12. Jahrhundert

Matt in drei Zügen
1. ♕f5+ ♔h7 2. ♖g7+ ♖:g7 3. ♘f6 matt; 1... ♔:f5 2. ♗d3 matt; 1... ♔:h5 2. ♕g6 matt.

Das mittelalterliche Schatrandsch ist auch deshalb interessant, weil es dank der abstrakten Figuren schrittweise aufhörte, im Volk als Symbol einer kriegerischen Auseinandersetzung gesehen zu werden. Der dramatische Kampf in der Schachpartie assoziierte immer mehr die Wechselfälle des Lebens. Das fand im Epos, in den Traktaten über Schach und in den Werken der Klassiker der schöngeistigen Literatur wie → *O. Khayam,* Saadi, Nisami, Abul-Faradsch, Nawoi und anderer Dichter und Schriftsteller seinen Widerhall.
Das → *Schach* fand als Schatrandsch im frühen Mittelalter seinen Weg nach Europa. → *Spanien* und → *Italien* übernahmen es im 9. Jahrhundert von den Arabern. Später, im 10. bis 12. Jahrhundert, wurde es in → *Frankreich,* → *England,* → *Deutschland,* in den skandinavischen und anderen europäischen Ländern bekannt. Nur nach Byzanz, in die Rus, nach → *Bulgarien* und → *Ungarn* gelangte das Spiel unmittelbar aus dem Orient, wahrscheinlich ebenfalls im 10.–12. Jahrhundert. In Europa spielte man noch lange nach den Regeln des Schatrandsch, nur die Darstellung der Figuren und die Auslegung des Spiels waren bedeutenden Veränderungen unterworfen. Der Wesir räumte einer Frauengestalt, der Königin bzw. Dame, das Feld (in Entsprechung des mittelalterlichen Ritterkultes der Wunderschönen Dame). Die Figur des

rukh, des Phantasievogels, der im Osten als Schutzpatron der Krieger galt, verwandelte sich in einen bewaffneten Reiter und dann in einen Festungsturm. Der für die westeuropäischen Völker wenig verständliche arabische Terminus »alfil« (Elefant bzw. Läufer) wurde in Spanien und Italien original übernommen, in Frankreich und England aber durch die Begriffe »fou« (Narr) bzw. »bishop« (Bischoff) ersetzt. König, Springer und Bauer behielten ihre ursprüngliche Bedeutung bei.
Im 14.–15. Jahrhundert sind die Traditionen des östlichen Schatrandsch größtenteils verlorengegangen. Ende des 15. bzw. Anfang des 16. Jahrhunderts wurde mit dem Aufkommen neuer, das Spiel beschleunigender Regeln, die Abkehr vom Schatrandsch besiegelt. Dem Bauern wurde nun der Doppelschritt auf die vierte Reihe erlaubt, die Rochade von König und Turm wurde eingeführt, die Schlagkraft des Läufers und der Dame, die sich damit von der schwächsten in die stärkste Figur verwandelte, erhöhte sich grundlegend usw.

Schatrang (Tschatrang). Dieses Spiel auf einem 64-Felder-Brett mit moderner Figurenanordnung entstand gegen Ende des 5. bis zum Beginn des 6. Jahrhunderts in Zentralasien. Es gilt als Nachfolger des → *Tschaturanga*. Im Unterschied zu diesem bestand das Schatrang nur aus zwei Figurenarmeen und wurde auch nur von zwei Parteien gespielt. Neu war auch die Figur des Farsin, die einen Ratgeber des Königs darstellte (heute Dame). Das Ziel des Spieles bestand darin, den König mattzusetzen. Die Wahl des Zuges oblag nunmehr den Akteuren selbst und wurde nicht wie früher durch Würfel bestimmt. Die meisten Figurenbezeichnungen gehen auf die Sprache der Völker zurück, die westlich Indiens lebten und auch die Erfinder des Schatrang waren: schah (König), pieda (Bauer), pil (Elefant bzw. Läufer), asp (Springer), rukh (Turm). Die archäologischen Funde von Afrasiab (vgl. → *Archäologie* und Schach) zeugen davon, daß → *Springer* und → *Turm* auf traditionelle Weise dargestellt wurden – der Springer als Krieger zu Pferde und der Turm als Kampfwagen mit einem bewaffneten Krieger.
Im Schatrang fanden die neuen gesellschaftlich-kulturellen Lebensbedingungen der Völker der asiatischen Region ihre indirekte Widerspiegelung. Im einzelnen betrifft das die Evolution des Kriegshandwerks und den wachsenden Einfluß des Buddhismus mit seinem Selbstbewußtsein der Persönlichkeit, der Ablehnung von Glücksspielen usw. Obwohl das Schatrang ein neues Spiel war, wurde es dank des Einflusses der indischen Kultur von den anderen Völkern traditionell als »indisches Spiel« bezeichnet. So geschehen beispielsweise in der Pahlawi-Handschrift »Madayan-y-Tschatrang« (Buch vom Tschatrang, um 600), in den späten arabischen Legenden von der Herkunft des Schachs, im Poem Firdausis »Schach-Name« (vgl. → *Belletristik* und Schach). Im 8.–9. Jahrhundert breitete sich das Schatrang von Zentralasien nach Osten und Westen aus, wo es unter der arabischen Bezeichnung → *Schatrandsch* bekannt wurde.

Schiedsrichter. So wie aus anderen Sportarten auch, sind sie im Schach nicht mehr wegzudenken. Sie sorgen für gute Bedingungen für Akteure und Zuschauer, führen die Auslosung durch, kümmern sich um die Turniertabellen, wachen über die Einhaltung des Reglements und schlichten Streitfälle. Bei wichtigen internationalen Anlässen rekrutieren sich die Schiedsrichter aus dem Kreis der Personen, die über die größte Erfahrung auf diesem Gebiet verfügen und im Besitz einer entsprechenden offiziellen → *Fide*-Qualifikation sind. Bei Weltmeisterschaftskämpfen oder Schacholympiaden haben sich u. a. die Großmeister → *L. Schmid*, → *A. O'Kelly* und → *S. Flohr* sowie die internationalen Schiedsrichter Geeurt Gijssen (Holland) und Lew Abramow (Rußland) bewährt. Nach dem WM-Kandidatenfinale zwischen → *A. Karpow* und → *W. Kortschnoj* 1974 äußerten sich Hauptschiedsrichter O'Kelly und sein Stellverteter Flohr freimütig über ihren Job.
O'Kelly: »Ich bin schon das dritte Mal bei wichtigsten Anlässen Hauptschiedsrichter. Diese Tätigkeit erfordert einen großen Zeitaufwand sowie Kraft und Nerven. Die drei Matches zusammen kosteten mich ein halbes Jahr meines Lebens. Trotzdem verspüre ich eine große schöpferische Befriedigung.«

Flohr: »Was wird von einem Schiedsrichter einer solchen Veranstaltung verlangt? Ein Maximum an Takt, Höflichkeit und Achtung vor den Akteuren, besonders zu denen, die zurückliegen. Die Großmeister dürfen in keinem Falle den Eindruck bekommen, daß der Schiedsrichter besondere Sympathien für eine der beiden Seiten hegt. Während des Matches sollte sich der Schiedsrichter besser jeglicher Äußerungen zum sportlichen Verlauf, erst recht jedweder Prognosen enthalten. Er ist verpflichtet, dem schöpferischen Prozeß die idealen äußeren Bedingungen zu verschaffen.«

Schirow Alexej, * 4. Juli 1972 in Riga, lettisch-spanischer Großmeister, zu Beginn der 90er Jahre einer der stärksten Spieler der Welt.
»Der neue Schachzauberer aus Riga!« - so titulierte die Schweizer »Schachwoche« 1991 euphorisch den 19jährigen Alexej Schirow, der gerade vor → *J. Barejew*, → *U. Andersson*, → *J. Lautier*, → *M. Adams*, L. Christiansen und anderen das Großmeisterturnier von → *Biel* gewonnen hatte. Seine Hoffnung, eines Tages die Elo-Schallmauer von 2700 Punkten überschreiten zu können, erfüllte sich nach Turniersiegen u. a. in London (1991), Reykjavik (1992) und München (1993) schon bald.

Alexej Schirow, Absolvent der Botwinnik/Kasparow-Schachschule und Kadettenweltmeister 1988, bezeichnet sich selbst als »Rechner«, der taktische Stellungen mit langen, forcierten Varianten liebt. Ein ausgezeichnetes Beispiel für seinen attraktiven Stil ist seine Partie gegen Lautier vom Interzonenturnier auf den Philippinen:

□ J. Lautier
■ A. Schirow
Manila, 1988

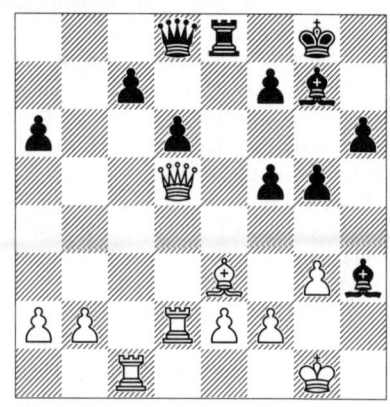

22... ♖:e3!!
Das zweite Qualitätsopfer in dieser Partie!
23. f:e3 ♕e7 **24.** ♔f2 ♗e5! **25.** ♖h1 ♗:g3+!
Das dritte Opfer!
26. ♔:g3 ♕e3+ **27.** ♕f3 ♕:d2 **28.** ♕a8+ ♔g7 **29.** ♔:h3 ♕:e2 **30.** ♕d5 ♔g6 **31.** ♕d4 f4 **32.** ♖g1 f5   0-1

→ *J. Timman* bekannte einmal: »Ich spiele alle Schirow-Partien nach. Das ist eine sehr interessante Beschäftigung... Er ist ein sehr starker und origineller Spieler, der immer die Initiative anstrebt.« Wie recht er mit dieser Einschätzung hatte, mußte der Holländer 1995 in Biel am eigenen Leibe erfahren. Für diese Partie erhielt Schirow den Supertorero-Preis zugesprochen:

□ A. Schirow
■ J. Timman
Biel, 1995

1. e4 e5 **2.** ♘f3 ♘c6 **3.** ♗c4 ♗c5 **4.** b4 ♗:b4 **5.** c3 ♗e7 **6.** d4 ♘a5 **7.** ♗e2 e:d4 **8.** ♕:d4 d6

9. ♕:g7 ♗f6 10. ♕g3 ♕e7 11. 0-0 ♗d7 12. ♘d4 0-0-0 13. ♘d2 ♘c6 14. ♕e3 h5 15. ♖b1 ♘h6 16. ♕d3 b6 17. a4! ♔b8? 18. a5! ♘:a5 19. ♕a6 ♔a8? 20. e5! ♕:e5 21. ♗f3+ d5 22. ♘c4! ♗c8 23. ♕:a5! ♕:d4! 24. ♕a2! ♕:c3 25. ♗e3!

Weiß hat bereits drei Bauern geopfert, aber seine Drohungen gegen den schwarzen Monarchen sind nicht mehr zu parieren (Schirow).
25... ♗b7

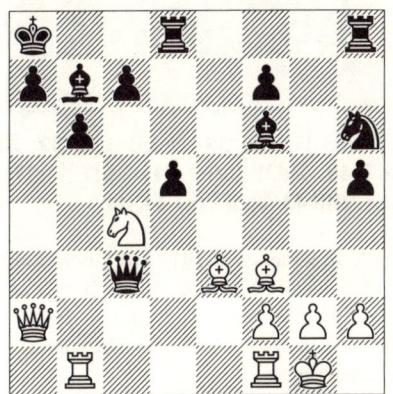

26. ♗:b6! c:b6 27. ♘:b6+ ♔b8 28. ♘:d5 1-0

1995 hat Alexej Schirow, der in der → *Bundesliga* erst für den Hamburger SK aktiv war und seit der Saison 1993/94 bei Empor Berlin spielt, seinen Wohnsitz in Spanien genommen.

Schlechter Karl, * 2. März 1874 in Wien, † 27. Dezember 1918 in Budapest, österreichischer Schachmeister, WM-Herausforderer.
Obwohl Karl Schlechter erst mit 13 Jahren zum Schach kam, war er mit 18 bereits einer der stärksten Schachspieler Wiens. Nach dem 5:5 im Match gegen Georg Marco 1893 beschloß er, Berufsschachspieler zu werden. Sein internationales Turnierdebüt gab er 1894 in Leipzig. Galt er anfangs als Kombinationsspieler, so demonstrierte Schlechter schon in → *Hastings* 1895 die Kunst des Positionsspiels. Hatte er eine gute Stellung, dann führte er die Attacke konsequent, standhaft und klug durch. In ausgeglichener Lage war er vorsichtig und ohne Illusionen. Neigte sich seine Position indessen dem Verlust zu, stellte er dem Gegner kleine Fallen, unternahm Konterausfälle oder verteidigte sich hartnäckig. Der Wiener Maestro ließ sich laut → *Em. Lasker* nur dann auf irgendeine Unternehmung ein, wenn sie sicheren Erfolg versprach.
Die friedfertige Einstellung Schlechters in der Schachpartie lag in gewisser Weise auch in seinem ruhigen, gutmütigen Wesen begründet. Ihm mangelte es mitunter am kämpferischen Temperament. Es kam vor, daß seine Gegner ihren Kopf in schlechten Stellungen mit einem ganz einfachen Mittel aus der Schlinge zogen – sie boten Schlechter remis an!
Nichtsdestoweniger war Schlechter ein Schachspieler mit einer großen Begabung. Zu Beginn des Jahrhunderts erzielte er bedeutende internationale Erfolge. Er gewann 1900 in München (gemeinsam mit → *H. N. Pillsbury*) und 1906 in Ostende, wo er im Finale ungeschlagen blieb und u. a. → *G. Maróczy*, → *A. Rubinstein* und → *F. Marshall* überflügelte. 1902 schlug er → *D. Janowski* in einem Zweikampf mit 7,5:2,5. Von der internationalen Presse wurde er bereits als ernsthafter Anwärter auf den Gewinn der Weltmeisterschaft gehandelt.

Obwohl Schlechter selbst gar keinen Titelkampf anstrebte, taten die Wiener Schachspieler nach seinen neuerlichen großen Erfolgen von Wien und Prag (1908) alles, um ihrem Landsmann zu einem Kräftemessen mit Emanuel Lasker zu verhelfen.

Der Weltmeister war prinzipiell zu einem Duell mit Karl Schlechter bereit. Aber den Förderern dieses Zweikampfes gelang es nicht, die notwendigen Mittel aufzutreiben. Daher wurde das WM-Match auf zehn Partien begrenzt! Es ging 1910 in Wien und Berlin über die Bühne.

Nach vier Auftaktremisen ging Schlechter durch einen Sieg in der 5. Partie in Führung. Nach vier weiteren Unentschieden verlor er die alles entscheidende letzte Begegnung... Das 5:5 reichte Lasker zur Verteidigung des Weltmeistertitels.

Wie sich in einem Wald Baumstämme und Äste dorthin ausbreiten, wo Platz ist, so entwickelte, laut einem Vergleich von → R. Reti, auch Schlechter seine Kräfte – wie die Natur, ohne besonderes Ziel. Keine versteckten Pläne und Kniffe, sondern lediglich gesunde Entwicklung; keine Hast und ungesunde Vermengung von Ideen, sondern harmonische Entfaltung.

Trotz aller Erhabenheit und Natürlichkeit schimmerte in Schlechters Partien mitunter auch die grandiose Leichtigkeit der Wiener Kunst, der Wiener Musik durch:

□ K. Schlechter
■ I. Gunsberg
Monte Carlo, 1901

1. d4 d5 **2.** c4 c6 **3.** ♘c3 e6 **4.** ♘f3 ♗d6 **5.** e4 d:e4 **6.** ♘:e4 ♗e7 **7.** ♗d3 ♘f6 **8.** 0-0 ♘:e4 **9.** ♗:e4 ♘d7 **10.** ♕e2 ♘f6 **11.** ♗c2 0-0 **12.** ♗d2 ♖e8 **13.** ♖ad1 g6 **14.** ♗c3 ♘f8 **15.** ♘e5 ♗g7 **16.** f4 ♘d7 **17.** ♖f3 ♘f8 **18.** ♖g3 ♕e7 **19.** a3 a5 **20.** ♕e1 ♕c7 **21.** h4! f6 **22.** ♘d3 ♖e7 **23.** h5! ♗d7 **24.** h:g6 h:g6 **25.** ♕f2 ♗e8 **26.** ♖h3 b6 **27.** ♕h4 ♖f7 **28.** d5! e:d5 **29.** c:d5 c:d5 **30.** ♘f2 ♖d8 **31.** ♘g4! ♖d6 **32.** ♗b3 ♗c6 **33.** ♖dd3 ♕d8 **34.** f5! g5 **35.** ♕h5 ♗e8 **36.** ♘e3 ♖fd7

37. ♘:d5!! ♖:d5 **38.** ♖:d5 ♗f7 **39.** ♖:d7 ♕:d7 **40.** ♖d3! ♗:b3 **41.** ♖:d7 ♘:d7 **42.** ♕e8+ ♘f8 **43.** ♕c6 ♘h7 **44.** a4 1-0

Karl Schlechter war 1912–18 Chefredakteur der »Deutschen Schachzeitung«. Unter seiner Redaktion erschien 1916 in Berlin die 8. Ausgabe des Bilguerschen »→ *Handbuch* des Schachspiels«.

Der Wiener hinterließ auch auf dem Gebiet der → *Schachkomposition* mit einer Reihe glänzender Aufgaben seine Spuren.

Schlosser Philipp, * 19. August 1968 in München, deutscher Großmeister.

Philipp Schlosser, der in Wasserburg am Inn aufgewachsen und auch heute noch zu Hause ist, hat seine erste GM-Norm zu Ostern 1991 in Budapest erfüllt. Zu Pfingsten 1992 ließ er – wiederum in der ungarischen Metropole – die zweite folgen. Nur zwei Wochen später wurde ihm der Großmeistertitel verliehen. Für Bayern München konnte er seit der Saison 1987/88 sechs Meistertitel und einen Europacupsieg miterkämpfen, bevor er 1995 zum SK Passau wechselte. 1993 in Baden-Baden, 1994 in Velden sowie in Badenweiler (1994 und 1995) gewann er internationale Openturniere.

Philipp Schlosser gilt als ruhiger Positionsspieler, der unnötige Risiken scheut. 1990 wurde er mit dem Schachoscar der deutschen Fachpresse ausgezeichnet – für eine Kombinationspartie!

Hier ist die Schlußphase:

□ Ph. Schlosser
■ I. Csom

Budapest, 1990

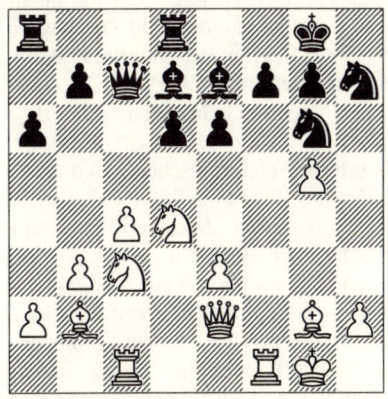

18. ♘d5! ♕c5
18... e:d5 19. ♖:f7!! ♔:f7 20. ♗:d5+ ♔e8 21. ♕h5 ♘hf8 22. ♖f1 ♗c6 23. ♖:f8+!
19. b4 ♕a7 20. ♕h5 ♗:g5 21. ♖:f7 ♘e5
21... ♔:f7 22. ♗e4!?
22. ♖cf1 e:d5 23. ♖:g7+! ♔:g7 24. ♖f7+ ♘:f7 25. ♘e6+ 1-0

Schmid Lothar, * 10. Mai 1928 in Dresden, deutscher Großmeister, internationaler Schiedsrichter und bedeutender Schachkollektionär.
1949 gewann der knapp 21jährige Lothar Schmid eine aufregende Partie gegen → *J. Bogoljubow*. Damit begann sein Weg ins »große Schach«. 1951 folgte der Sieg beim internationalen Turnier von Travemünde.
Lothar Schmid, einem vielseitigen Menschen mit juristischer Ausbildung, gelang es, verschiedene Aspekte der schachlichen Betätigung miteinander zu verbinden. Er war sowohl im Nahschach (Siege in Zürich 1954 und Göteborg 1956) als auch im → *Fernschach* erfolgreich, wie sein 1. Platz im Dyckhoff-Gedenkturnier 1954–56 und der 2. Rang bei der Weltmeisterschaft 1956–59 beweisen. 1959 trat ein einzigartiger Fall in der Schachgeschichte ein: ihm wurden gleichzeitig zwei → *Großmeistertitel* verliehen – im Nah- und im Fernschach!
Lothar Schmid besitzt eine der größten privaten → *Schachbibliotheken* der Welt. Seine Sammlung umfaßt mehr als 15 000 Bände, darunter so seltene Werke des 15.–16. Jahrhunderts wie das Traktat von → *L. Lucena* (1497) und alle acht Ausgaben → *P. Damianos* (1512–64). Gern gewährt er Historikern die Möglichkeit, Einblick in seine reiche Schachliteratur zu nehmen.
Schmid war aufgrund seiner korrekten, wohlwollenden Art und seiner schachlichen Erfahrung oft der Wunschschiedsrichter der Akteure bei wichtigen Schachanlässen. So leitete er die WM-Kämpfe Spasski-Fischer 1972, Karpow-Kortschnoj 1978 und Kasparow-Karpow 1986 sowie eine Reihe von Kandidatenmatches bzw. die Schacholympiade von 1980.
Aufgrund der starken beruflichen Belastung im Karl-May-Verlag, der seiner Familie gehört, konnte Schmid nie die Laufbahn eines Schachprofis einschlagen. Nichtsdestoweniger nahm er bis Ende der 70er Jahre an internationalen Turnieren teil. Zu seinen größten Erfolgen in dieser Phase zählen die Siege in Manila (1963), Zürich (1964), Mar del Plata (1970 und 1973) sowie London (1979). Oft vertrat er die BR Deutschland auf Olympiaden und Europameisterschaften.

□ L. Schmid
■ L. Szabó

Bath, 1973

1. e4 c5 2. ♘f3 d6 3. d4 c:d4 4. ♘:d4 ♘f6 5. ♘c3 a6 6. ♗e2 g6 7. ♗e3 ♘c6 8. ♘d5 ♘:d5 9. e:d5 ♘e5 10. 0-0 ♗g7 11. c4 0-0 12. h3 e6 13. d:e6 f:e6 14. ♕d2 ♘f7 15. ♖ad1 ♕f6 16. b3 ♗d7 17. f4 ♖ad8 18. a4 ♗c8 19. ♗f3 ♕e7 20. ♖fe1 e5 21. ♘c2 e:f4 22. ♗:f4 ♘e5

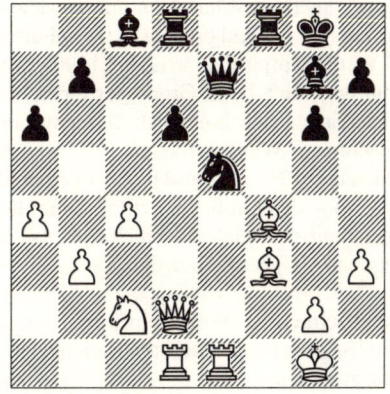

23. ♗d5+ ♗e6 24. ♘d4 ♗:d5 25. c:d5 ♖de8 26. ♘e6 ♖f5 27. ♖c1 ♕h4 28. ♖f1 ♘f7 29. g4 ♖f6 30. ♔g2 g5 31. ♗g3 ♕h6 32. ♖fe1 ♘e5 33. ♗:e5 d:e5 34. ♖c7 ♖f7 35. ♖:f7 ♔:f7 36. ♖f1+ ♔g8 37. ♖f5 ♗f6 38. ♕f2 ♗e7 39. ♖f7 ♗d6 40. ♕f5 ♖c8 41. ♘:g5   1-0

Schmittdiel Eckard, * 13.Mai 1960 in Dortmund, deutscher Großmeister.

Bereits in seiner ersten Bundesligasaison 1989/90 erzielte Eckhard Schmittdiel, der erst als 15jähriger zum Turnierschach gekommen war, mit 10/15 am 1. Brett für Dortmund Brackel ein Topresultat. Von nun an setzte er ganz auf Schach und brachte es im Schnitt auf 170 Wettkampfpartien pro Jahr! 1990 erzielte er mit dem Sieg beim Groninger Open einen großen Erfolg und holte sich die erste Großmeisternorm. Weitere folgten 1992 in Leeuwarden und 1994 in Gausdal. 1994 verlieh ihm die → *Fide* den Großmeistertitel. Schmittdiel ist ein intuitiver Spieler, der sich eher als Praktiker denn als Theoretiker sieht.

Schnellschach – Wettkampfform, bei der jedem Spieler 15–30 Minuten Bedenkzeit pro Partie zustehen.

... Im November 1991 fand im Pariser Théâtre des Champs Elysées, unweit des Arc de Triomphe, ein internationales Turnier im Schnellschach statt. Der prächtige Saal war bis in den letzten Rang hinein mit 2000 Zuschauern besetzt. Vor Beginn der Runde erklang die Musik des Begründers der französischen Komischen Oper und Schachgenies des 18. Jahrhunderts, → *Philidor*. Auf der mit märchenhaft schöner elektronischer Dekoration geschmückten Bühne duellierten sich sechzehn der namhaftesten Schachgroßmeister der Welt, darunter → *G. Kasparow*, → *A. Karpow*, → *J. Timman*, → *A. Jussupow*, → *N. Short*, → *V. Anand*... Der Preisfonds der grandiosen Schachshow »Trophée Immopar« betrug 1,2 Millionen Francs. Die Zuschauer konnten via in die Armlehnen der Sessel einmontierter Vorrichtungen ihre Zugvorschläge registrieren lassen. Für die meisten richtig vorhergesehenen Züge winkte als Preis ein Schachcomputer. Vier Tage dauerte die im k.-o.-System ausgetragene Veranstaltung. Im Finale trafen Kasparow und Timman aufeinander. → *Caissa* war dem Holländer hold, der die erste Partie gewann und dann ein Unentschieden folgen ließ. Ein Jahr später gewann Kasparow bei der »Trophée Immopar«.

Schnellpartien haben eine Reihe von Besonderheiten. Es ist nicht genügend Bedenkzeit vorhanden, um tiefgründige Pläne auszuarbeiten, komplizierte taktische Varianten ausführlich zu berechnen oder genaueste Endspieltechnik zu demonstrieren. In den Vordergrund treten vielmehr sportliche Eigenschaften und äußerste Konzentration – besonders dann, wenn nur noch wenige Minuten Bedenkzeit verblieben sind. Die Vorteile von Schnellturnieren liegen auf der Hand. Sie sind publikumswirksam und dauern nicht so lange wie die herkömmlichen Austragungsformen von Schachwettkämpfen. Das Interesse am Schnellschach explodierte nach dem Schaukampf Kasparow-Short, der 1987 im »Hippodrom«, dem größten Londoner Discoclub, stattfand und mit einem 4:2 Erfolg Kasparows endete. Die sechs Partien wurden von einer Fernsehgesellschaft, auf sechs Sonnabende verteilt, ausgestrahlt. In jenem Jahr empfahl der Weltschachbund → *Fide* auf dem Kongreß von Sevilla die Austragung von Europa- und Weltmeisterschaften im Schnellschach und erließ entsprechende Turnierregeln. An der ersten Weltmeisterschaft in dieser Disziplin, die 1988 in Mexiko stattfand, nahmen 61 Akteure teil. → *A. Karpow* siegte dank besserer Wertung vor dem punktgleichen W. Gawrikow.

1994 ging erstmals der Intel-Grand-Prix im Schnellschach über die Bühne. Austragungsorte dieser im k.-o.-System durchgeführten Turnierserie waren die Weltmetropolen Moskau, New York, London und Paris. Die Sieger der einzelnen Etappen hießen V. Anand, → *W. Kramnik*, → *W. Iwantschuk* und G. Kasparow. Dem späteren Gesamtsieger Wladimir Kramnik gelang dabei gleich zum Auftakt im Moskauer Kreml ein Glanzsieg gegen Weltmeister Garri Kasparow, der beweist, daß man auch mit verkürzter Bedenkzeit Kunstwerke am Schachbrett erschaffen kann. Selbst Exweltmeister →*M. Botwinnik*, der das Schnellschach scharf kritisierte, weil es eine ernste Bedrohung für das klassische Schach darstelle, zollte der folgenden Partie seine Anerkennung:

□ W. Kramnik
■ G. Kasparow
Moskau, 1994

1. ♘f3 ♘f6 2. c4 g6 3. ♘c3 ♗g7 4. e4 d6 5. d4 0-0 6. ♗e2 e5 7. d5 ♘bd7 8. ♗e3 ♘g4 9. ♗g5 f6 10. ♗h4 h5 11. ♘d2 ♘h6 12. f3 ♘f7 13. ♕c2 ♘h6 14. 0-0-0 c5 15. d:c6 b:c6 16. ♔b1 a5 17. ♘a4 c5 18. ♘c3 ♗e3 19. ♘d5 ♗d4 20. ♘b3 ♗b7 21. ♘:d4 c:d4 22. f4 ♖b8 23. ♖hf1 ♘h6 24. c5!? ♗:d5 25. e:d5 ♘f5 26. f:e5! ♘:h4 27. e:d6 ♘e5 28. ♖:d4 ♘f5

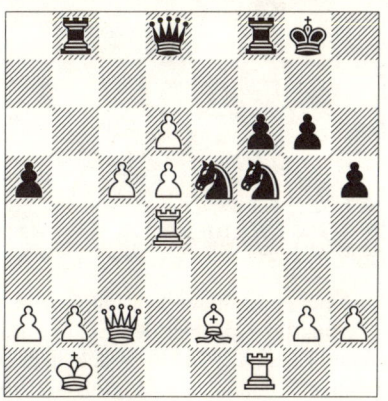

29. ♖:f5! g:f5 30. ♕:f5 ♔g7 31. ♗:h5 ♖h8 32. ♖g4+! ♔f8 33. ♕e6! ♖b7 34. c6 ♖:b2+ 35. ♔:b2 ♕b6+ 36. ♔a3 ♕c5+ 37. ♔a4 ♕c2+ 38. ♔b5 ♕b2+ 39. ♔a6 ♕e2+ 40. ♔b7 ♖h7+ 41. d7   1-0

Im Intel-Grand-Prix 1995 hießen die Einzelsieger W. Iwantschuk (Moskau), G. Kasparow (New York), → *M. Adams* (London) und G. Kasparow (Paris). Die Gesamtwertung ging an Garri Kasparow.

Auch in Deutschland erfreuen sich Turniere im Schnellschach zunehmender Beliebtheit. Bei den jährlich ausgetragenen Deutschen Meisterschaften in dieser Disziplin konnte sich → *K. Bischoff* mehrfach durchsetzen.

Schönheit in der Schachpartie. Das Schach entzückt den Menschen durch seine originellen Ideen,→ *Kombinationen, Opfer* bzw. paradoxen Züge. Das Gefühl für das Schöne hängt im Schach (wie auch auf anderen Gebieten der Kunst) vor allem mit der Harmonie zusammen. Sie findet in der Zweckmäßigkeit und Einheit der riesigen Vielfalt an Zügen ihren Ausdruck, im Widerstreit der Gegensätze, der von einer tiefen inneren Logik durchdrungen ist, in dem Neuen, Überraschenden und Geheimnisvollen des gesamten Prozesses schachlicher Kreativität.

Die Kombination spricht das ästhetische Empfinden besonders stark an. Je origineller sie ist, je weiter ihre Abspiele verzweigt sind, desto größeres Entzücken ruft sie beim Betrachter hervor. Heutzutage, da die Meisterschaft im Positionsspiel allenthalben gewachsen ist, können auch feine Figurenmanöver, logisch aufgebaute strategische Pläne oder scharfsinnige Verteidigungszüge ähnliche Reaktionen auslösen.

Die folgende berühmte Position kam nach 37... e3-e2 auf das Brett:

□ A. McDonnell
■ L. La Bourdonnais
London, 1834

(siehe Diagramm Seite 284)

SCHOTTISCHE PARTIE 284

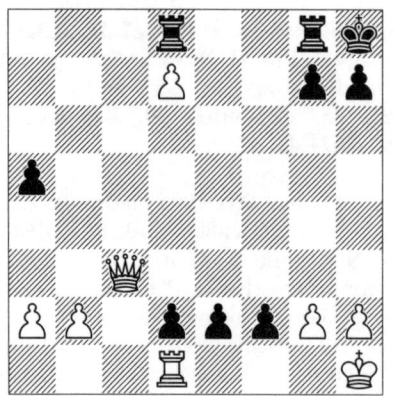

0-1

Der künstlerische Wert einer Schachpartie hängt auch davon ab, welchen Widerstand der Gegner geleistet hat, d. h. ob seine Fehler minimal geblieben sind und der Sieg damit hauptsächlich Ausdruck des Triumphes der Ideen der überlegenen Seite ist. Je stärker ein Schachspieler ist, desto hochwertigere Kunstwerke kann er schaffen. In dem Gedanken → S. Tarraschs, daß jeder gute Zug auch ästhetisch schön ist, befindet sich mehr als nur ein Körnchen Wahrheit. → Em. Lasker ging noch einen Schritt weiter: »Der stärkste Zug ist auch der schönste.« Ausgangs des 19. Jahrhunderts setzte die auch heute noch bestehende Tradition ein, für die besten Partien eines Turniers Schönheitspreise zu verleihen. Die erste Auszeichnung dieser Art, ein Silberpokal, wurde dem englischen Schachmeister Henry Bird 1876 in New York für seinen Sieg über James Mason verliehen. Hier das Schlußspiel dieser denkwürdigen Partie:

□ H. Bird
■ J. Mason
New York, 1876

1. e4 e6 **2.** d4 d5 **3.** ♘c3 ♘f6 **4.** e:d5 e:d5 **5.** ♘f3 ♗d6 **6.** ♗d3 0-0 **7.** 0-0 h6 **8.** ♖e1 ♘c6 **9.** ♘b5 ♗b4? **10.** c3 ♗a5 **11.** ♘a3 ♗g4 **12.** ♘c2 ♕d7 **13.** b4 ♗b6 **14.** h3 ♗h5 **15.** ♘e3 ♖fe8 **16.** b5 ♘e7 **17.** g4 ♗g6 **18.** ♘e5 ♕c8 **19.** a4 c6 **20.** b:c6 b:c6 **21.** ♗a3 ♘e4 **22.** ♕c2 ♗g5 **23.** ♗:e7 ♖:e7 **24.** ♗:g6 f:g6 **25.** ♕:g6 ♘:h3+

26. ♔h2 ♘f4 **27.** ♕f5! ♘e6 **28.** ♘g2 ♕c7 **29.** a5!? ♗:a5 **30.** ♖:a5 ♖f8! **31.** ♖a6!! ♖:f5 **32.** g:f5 ♘d8 **33.** ♘f4 ♕c8 **34.** ♘fg6 ♖e8 **35.** ♘:c6?

Besser war 35. ♖:a7 ♕b8 36. ♖ea1.

35... ♕c7+?

35... ♘:c6 36. ♖:e8+ ♕:e8 37. ♖:c6 a5 38. ♖c8?! ♕:c8 39. ♘e7+ ♔h7 40. ♘:c8 a4 und gewinnt.

36. ♘ce5 1-0

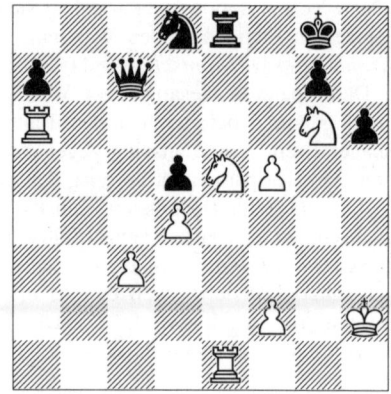

36... ♕:c3 37. ♖e3 ♕d2 38. ♔g2 ♕:d4 39. f6 g:f6 40. ♖:f6 ♘e6 41. ♖g3 ♘g5 42. ♘g4 ♔g7 43. ♘f4 ♕e4+ 44. ♔h2 ♔h7 44... ♘f3+ 45. ♖:f3 45. ♘h5+ ♔h8 46. ♖:h6 ♕c2 47. ♘hf6 ♖e7 48. ♔g2 d4 49. ♘e5 ♕c8 50. ♘g6+ 1-0

Schottische Partie. 1. e4 e5 2. ♘f3 ♘c6 3. d4

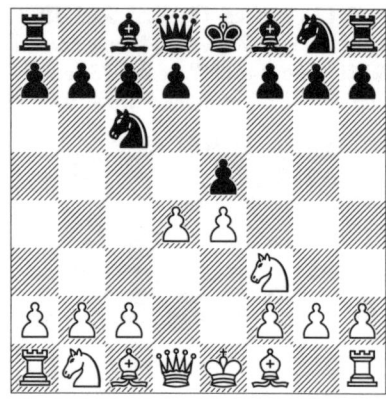

Die Bezeichnung dieser Eröffnung geht auf eine Fernpartie zwischen den Städten Edinburgh und London 1824–26 zurück, in der die siegreichen Schotten diese Zugfolge erstmals

anwandten. 40 Jahre später publizierte E. Schmidt in der »Deutschen Schachzeitung« eine Analyse dieses Spielanfangs.
In der über hundertjährigen Geschichte der Schachweltmeisterschaften kam die Schottische Partie in fünf WM-Kämpfen aufs Brett; in Steinitz-Zukertort (1886), Steinitz-Tschigorin (1892) und nach einem knappen Jahrhundert Pause in Kasparow-Karpow (1990), Kasparow-Short (1993) und Kasparow-Anand (1995). Besonders → *G. Kasparow* machte sich um die Wiederbelebung dieser alten Eröffnung verdient. Die ersten Züge der neuzeitlichen »Schotten« verliefen wie folgt:
Kasparow-Karpow — 14. Matchpartie: 3... e:d4 4. ♘:d4 ♘f6 5. ♘:c6 b:c6 5. e5 ♕e7 7. ♕e2 ♘d5 8. c4 ♗a6 9. b3 0-0-0 10. g3!? (Früher spielte man hier 10. ♗b2 f6 11. e:f6 ♘:f6.) 10... ♖e8 11. ♗b2 f6 12.♗g2 f:e5 13. 0-0 h5!? Nach scharfem Kampf einigten sich die Kontrahenten im 40. Zug auf remis.
Kasparow-Karpow — 16. Matchpartie: 3... e:d4 4. ♘:d4 ♘f6 5. ♘:c6 b:c6 5. e5 ♕e7 7.♕e2 ♘d5 8. c4 ♘b6 9. ♘bd2 ♘e6 10. b3 a5!? 11.♗b2 ♗b4 12. a3 ♗:d2+ 13. ♕:d2 d5 14. c:d5 c:d5 15. ♖c1 0-0. 1-0 im 102. Zug.
Kasparow-Short — 11. Matchpartie: 3... e:d4 4. ♘:d4 ♗c5 5. ♘:c6 ♕f6 6.♕d2 d:c6 7. ♘c3 ♗e6 8.♘a4 ♖d8 9. ♗d3 ♗d4 10. 0-0 ♕e7 11. c3 b5 12. c:d4 ♕:d4 13. ♕c2 ♕:a4 14. ♕:a4 b:a4 15.♗c2♗c4. Remis im 50. Zug.
Kasparow-Short — 17. Matchpartie: 3... e:d4 4. ♘:d4 ♗c5 5. ♘:c6 ♕f6 6. ♕d2 d:c6 7. ♘c3 ♗e6 8.♘a4 ♖d8 9. ♗d3 ♗d4 10. 0-0 a6 11. ♘c3 ♘e7 12. ♘e2 ♗b6 13. ♕f4 ♘g6 14. ♕:f6 g:f6 15.♘g3 h5. Remis im 41. Zug.
Kasparow-Anand — 8. Matchpartie: 3... e:d4 4. ♘:d4 ♘f6 5. ♘:c6 b:c6 6. e5 ♕e7 7. ♕e2 ♘d5 8. c4 ♗a6 9. b3 g5! (Eine starke Neuerung. Bekannt war u. a. 9... g6 10. f4 f6 11. ♗a3 ♕f7 12. ♕d2 ♘b6 13. c5 Kasparow-Karpow, Tilburg 1991) 10. ♗a3 d6 11. e:d6 ♕:e2+ 12. ♗:e2 ♗g7 13. c:d5 ♗:e2 14. ♔:e2 ♗:a1 15. ♖c1 0-0-0 16. ♖:c6 ♖he8 17. ♔d3 ♖d7 18. ♘c3 ♗:c3 19. ♔:c3 ♖e5 20. ♔c4 ♖e4+ 21. ♔d3 ♖e5 22. ♔c4 ♖e4+ remis.

Seirawan Yasser, * 24. März 1960 in Damaskus, amerikanischer Großmeister, Juniorenweltmeister 1979, WM-Kandidat.
Während des syrischen Bürgerkrieges 1963 verließen Yassers Eltern – der Vater war ein führender arabischer Computerspezialist, die Mutter Engländerin – illegal das Land in Richtung USA. Hier trennten sie sich, und Mutter Margaret blieb mit den drei Kindern allein. Ihr neuer zeitweiliger Lebenspartner, der sich mit Yoga beschäftigte, an Seelenwanderung glaubte und sich in der Heilkräutermedizin auskannte, übte einen starken Einfluß auf die Erziehung Yassers aus. Nach der Trennung siedelte die Mutter mit Yasser nach Seattle über. In jenem Jahr feierte Amerika den Sieg → *R. Fischers* über → *B. Spasski* in Reykjavik. Das Schachfieber steckte auch Yasser an, der bald anfing, den Schachclub »Last Exit« zu besuchen, der zehn Meilen von zu Hause entfernt war. Der leidenschaftliche Schachspieler und Immobilienmakler Arny Garcia

wurde auf den Jungen aufmerksam und begann, ihn zu unterstützen. Der Schachverein wurde Yassers zweite Heimat, und Garcia ersetzte ihm den Vater. Bei der Offenen Amerikanischen Meisterschaft erfüllte der 15jährige die Meisternorm und besiegte mit Arthur Bisguier seinen ersten Großmeister. Spätestens als Yasser am New Yorker Times Square an einem Tag 800 Dollar beim Blitzspiel gewann, stand seine Berufswahl fest!
1979 wurde Yasser Seirawan Juniorenweltmeister. 1980 war er Co-Sieger in Wijk aan Zee; danach kamen die Erfolge in Buenos Aires 1981, London 1981, Lugano 1983, New York 1985 und der Gewinn der Amerikanischen Meisterschaft 1986. Durch den 2. Platz

beim Interzonenturnier von Biel konnte er erstmals am Kandidatenturnier teilnehmen – wie auch 1987. Einer seiner größten Erfolge ist der 1. Platz in Haninge 1990, wo er ungeschlagen blieb und einen glänzenden Sieg über Exweltmeister → *A. Karpow* errang:

□ Y. Seirawan
■ A. Karpow
Haninge, 1990

1. c4 e5 2. g3 g6 3. d4 d6 4. d:e5 d:e5 5. ♕:d8+ ♔:d8 6. ♘c3 c6 7. f4! ♗e6! 8. ♘f3 ♗:c4 9. ♗h3! f5 10. b3!! ♗b4! 11. ♗b2 ♗d5

12. e4! f:e4 13. 0-0-0 ♗:c3! 14. ♗:c3 e:f3 15. ♗:e5 ♘d7! 16. ♗:h8 ♘e7! 17. ♖hf1 ♘f5! 18. ♗d4 h5! 19. g4 h:g4 20. ♗:g4 ♘h4 21. ♗f2 ♘g2 22. ♗g1 ♘h4 23. h3 ♔c7 24. ♗h2 ♘f6! 25. f5+ ♔b6 26. f:g6 ♘:g4 27. h:g4 ♖g8 28. ♖d4 a5! 29. g5 ♘:g6! 30. ♔d2! ♖f8 31. ♗g1 ♔a6 32. ♗f2! ♖f5 33. ♖g4 ♘e5 34. ♖g3 ♘g6 35. ♖h1! ♘e5 36. ♖e1!   1-0

Yasser Seirawan ist Chefredakteur der amerikanischen Zeitschrift »Inside Chess«.

Selbstmatt. Eine originelle Form des sogenannten Märchenschachs. Im Unterschied zu herkömmlichen Aufgaben zwingt hier eine der Seiten (in der Regel Weiß) die andere, sie in einer bestimmten Zahl von Zügen mattzusetzen. Dieses Spiel auf das eigene Matt erlaubt die Verwirklichung von Ideen, die in normalen Schachaufgaben nicht vorkommen. Die Komposition von Selbstmatts erfordert eine reiche Phantasie und analytische Fähigkeiten. Die ersten Versuche auf diesem Gebiet reichen bis ins Mittelalter zurück. Später konstruierten die drei Meister aus Modena → *E. Del Rio*, → *G. Lolli*, → *D. Ponziani* derartige Aufgaben. Als vollwertiges Genre wurde die Komposition von Selbstmatts aber erst in der Mitte des 19. Jahrhunderts anerkannt, als sich auf diesem Gebiet → *A. Petrow*, G. Bolton, O. Oppen, → *W. Shinkman*, J. Browne und andere hervortaten. Damals wurden auch die ersten Untersuchungen über die Methodik der Konstruktion von Selbstmatts publiziert (→ *C. F. von Jänisch*, 1859 bis 1861).

Wir haben hier ein Werk Alexander Petrows vor uns, der für seine schwierigen mehrzügigen Selbstmattaufgaben berühmt war.

A. Petrow, 1859

Selbstmatt in 13 Zügen
1. ♔h6+ ♘e5 2. ♖e4+ ♔d5 3. ♖:e5+ ♔d4 4. ♖e4+ ♔d5 5. ♕f7+ ♔d6 6. ♕e7+ ♔d5 7. ♕d7+ ♘d6 8. ♖e5+ ♔d4 9. c3+ ♗:c3 10. ♘b5+ ♗:b5 11. ♕a7+ ♖:a7 12. ♖h5+ ♖g7 13. ♘f5+ ♘:f5 matt!

Im 20. Jahrhundert erhielten die Selbstmattkompositionen »alle Bürgerrechte«. Davon zeugen entsprechende Wettbewerbe, darunter Weltmeisterschaften. Im → *Fide-Album* nehmen die Selbstmatts in der Rubrik Märchenschach einen bedeutenden Platz ein. Die folgende Aufgabe des deutschen Problemkomponisten Michael Keller, die bei einem Wettbewerb der Berliner Zeitschrift »Schach« mit dem 1. Preis ausgezeichnet wurde, fand Eingang ins Fide-Album (1980–82).

M. Keller, 1982

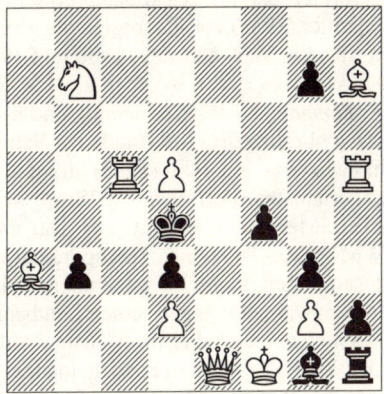

Selbstmatt in drei Zügen
1. ♗c1! (mit der Drohung 2. ♕e3+ f:e3 3. d:e3 ♗:e3 matt) 1... g6 2. ♕e4+ ♔:e4 3. ♖c4+ ♗d4 matt; 1... g5 2. ♕e5+ ♔:e5 3. ♗b2+ ♗d4+ matt!

Shakespeare und Schach. Zu Beginn dieses Jahrhunderts wurde in den USA ein Gemälde des holländischen Malers Karel van Mander entdeckt, das aus dem Jahre 1603 stammt und den genialen englischen Dichter und Dramatiker William Shakespeare (1564–1616) beim Schachspiel mit dem Dramatiker Ben Jonson zeigt. In der dargestellten Position erklärt Shakespeare seinem Widerpart gerade Schach und Matt.

Shakespeare und Ben Jonson. Gemälde von Karel van Mander, 1603.

Bei seiner Schachleidenschaft ist es verständlich, daß Shakespeare den Helden seiner Stücke mitunter schachliche Vergleiche in den Mund legte. In der deutschen Standardübersetzung durch Schlegel/Tieck (und in anderen Übersetzungen) sind leider alle Schachzitate Shakespeares getilgt. Aus Unkenntnis des Schachs?
Deshalb führen wir hier die Originalauszüge an. In »Der Widerspenstigen Zähmung« wendet sich Katharina empört an ihren Vater, der ihr einen Gemahl suchen will: »I pray you, Sir, is it your will to make a stale of me amongst these mates?« (Erster Aufzug. Erste Szene.). Dieses Wortspiel ist dadurch begründet, daß jemand, der zu jener Zeit beim Schach ein Patt übersehen hatte, dem Spott preisgegeben war. Interessant ist auch die Interpretation des Wortes »Schach!« in »König Johann«. Verärgert beschuldigt Königin Eleonore Constanze, die Mutter des Herzogs und Nichte des Königs, daß sie den Thron anstrebe und die ganze Welt bedrohen (in Schach halten) will: »Out, insolent! Thy bastard shall be king, that thou mayst be a queen, and check the world!« (Zweiter Aufzug. Erste Szene.)
In der Tragödie »König Lear« vergleicht sich der Graf Kent gegenüber seinem König mit der kleinsten Figur im Schach: »My life I never held but as a pawn to wage against thy enemies; no fear to lose it, thy safety being the motive.« (1. Aufzug. Erste Szene.)
In die erste Szene des fünften Aufzuges seines Dramas »Der Sturm« fügte Shakespeare eine Episode ein, in der die jungen Helden Ferdinand und Miranda Schach spielen.

Shinkman William Anthony, * 25. Dezember 1847 in Reichenberg (heute Liberec, Tschechien), † 25. Mai 1933 in Grand Rapids, Michigan, amerikanischer Schachkomponist.
Im Alter von sieben Jahren siedelte William Shinkman mit seinen Eltern von Europa ins amerikanische Grand Rapids unweit des Lake Michigan über. Shinkmans Werk bildet einen der Gipfelpunkte der → *Schachkomposition*. Er schuf mehr als 3500 Aufgaben unterschiedlicher Genres, vorzugsweise Drei- bzw. Mehrzüger, aber auch → *Selbstmatt*-Probleme. Für

seine Schöpfungen war ein paradoxer erster Zug, die Tiefe und Vollkommenheit bei der Realisierung des Gedankens sowie die Schwierigkeit und Schönheit der Lösung charakteristisch. Es gelang ihm auch, einige originelle Ideen von → *S. Loyd* mit großer technischer Meisterschaft auszuführen. 1929 gab der amerikanische Problemist und Verleger Alain Campbell White in seiner Serie zur Schachkomposition auch einen Sammelband mit 600 Aufgaben Shinkmans unter dem Titel »The Golden Argosy« heraus.

Wir haben hier einen der Lieblings-Fünfzüger des Autors vor uns:

W. Shinkman, 1906

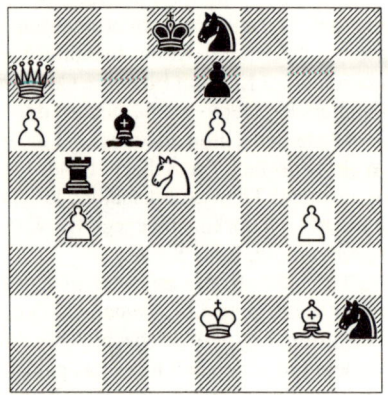

Matt in fünf Zügen
1. ♔e1! ♘:g4 2. ♗h3!! ♘e3 3. ♕:e7+ ♔c8 4. ♕d8+! ♔:d8 5. e7+ matt; 1... ♘f3+ (f1) 2. ♗:f3 (f1) ♖b4 3. ♘:b4 ♘d6 4. ♘:c6+ ♔c8 5. ♕b8 matt.

Short Nigel, * 1. Juni 1965 in Leigh, englischer Großmeister, WM-Herausforderer.
Nigel Short zeigte schon sehr früh seine phänomenalen schachlichen Anlagen. Mit zwölf Jahren nahm er bereits an der Britischen Meisterschaft der Erwachsenen teil und fügte dem Landesmeister Penrose eine Niederlage zu. Mit fünfzehn wurde er hinter → *G. Kasparow* Vizeweltmeister der Junioren (U20). Ein Jahr später beschloß Nigel, von der Schule zu gehen und sich mit noch größerer Hingabe dem Schach zu widmen.

Die Erfolge ließen nicht lange auf sich warten. Short wurde Nationalspieler und gewann 1983 das Turnier von Baku. Im folgenden Jahr beteiligte er sich an den WM-Ausscheidungen und drang über das Zonen- und Interzonenturnier bis ins Kandidatenturnier von Montpellier (1985) vor. Es folgten die großartigen Siege in Wijk aan Zee (1986 und 1987) und Reykjavik (1987), wo er u. a. → *M. Tal*, → *J. Timman*, → *W. Kortschnoj* und → *L. Portisch* überflügelte. Am Rande der Schacholympiade von Saloniki (1988) diktierte er den Journalisten die folgenden Worte in die Blöcke: »Meine Zeit kommt jetzt. Der nächste WM-Zyklus ist meiner. Das spüre ich.«
Und seine Zeit kam! Im genannten Zyklus schied er zwar noch gegen seinen Landsmann → *J. Speelman* aus, aber im nächsten Anlauf auf den WM-Thron nahm er nacheinander die Hürden → *B. Gelfand* (5:3), → *A. Karpow* (6:4) und J. Timman (7,5:5,5).

□ N. Short
■ J. Timman

El Escorial, 1993 (12. Matchpartie)

1. e4 e5 2. ♘f3 ♘c6 3. ♗b5 a6 4. ♗a4 ♘f6 5. 0-0 ♘:e4 6. d4 b5 7. ♗b3 d5 8. d:e5 ♗e6 9. c3 ♗c5 10. ♘bd2 0-0 11. ♗c2 f5 12. ♘b3 ♗b6 13. ♘fd4 ♘:d4 14. ♘:d4 ♗:d4 15. ♕:d4 c5 16. ♕d1 h6 17. f3 ♘g5 18. ♗e3 ♖c8 19. ♕d2 a5 20. ♖ad1 ♕e7 21. ♗b1 ♔h8 22. ♖fe1 ♖c7 23. ♗f2 b4 24. h4 ♘h7 25. ♕d3 g5 26. ♕a6 ♖fc8 27. ♗e2 ♖c6 28. ♕d3 g:h4 29. f4 ♖g8 30. ♕f3 b:c3 31. b:c3 ♖b6 32. ♗c2 ♖g4 33. ♔h2 ♖b8

34. ♖:d5 ♗:d5 35. ♕:d5 ♖:f4 36. ♗:c5 ♕g7 37. ♗d4 ♖e8 38. ♕d6 ♕g3+ 39. ♔g1 h3 40. ♖f2 h2+ 41. ♔h1 ♖:d4 42. ♕:d4 ♘f6 43. ♖e2 ♘h5 44. e6+ ♕g7 45. ♔:h2 f4 46. ♗g6!
1-0

Was hebt Short von anderen jungen Großmeistern ab und macht ihn zu einem Weltklassespieler? Vor allem ist das seine große kombinatorische Begabung. Er strebt ständig nach Initiative und Angriff. Seine Rechenkraft und sein taktischer Erfindungsreichtum lassen ihn auch aus schwierigen Lagen oft ungeschoren hervorgehen.

1993 erfüllte sich der millionenfach gehegte Wunsch der britischen Schachfans. Ein Engländer, Nigel Short, trat im Kampf um die Schachkrone gegen Weltmeister Garri Kasparow an. Das Match fand unter der Ägide der von beiden Spielern gegründeten Profiorganisation → PCA statt. Short bereitete sich mit aller Kraft auf diese große Schlacht vor. Er hatte bis dahin eine beängstigend schlechte Bilanz gegen Kasparow vorzuweisen: von bisher 15 Partien hatte Kasparow 10 gewonnen, Short dagegen nur eine (1986). Short war klar, daß er Gefahr lief, arg unter die Räder zu kommen. Aber er konnte es nicht verhindern. Nach zwei Monaten schachlichen Kampfes im Londoner »Savoy Theatre« feierte Kasparow einen überlegenen 12,5:7,5-Sieg (+6, -1, =13). Die eigentlich vorgesehenen letzten vier Begegnungen wurden als Schnellpartien ausgetragen. Kasparow gewann sie alle.
Ungeachtet des traurigen sportlichen Ausganges zeigte Short interessantes Schach, bei dem das Publikum oft auf seine Kosten kam. »Britannien ist stolz auf Sie!« sagte ihm nach dem Match ein Vertreter der »Times«, die den Wettkampf ausgerichtet hatte. Einige Remispartien waren wahre Thriller:

□ N. Short
■ G. Kasparow

London, 1993 (8. Matchpartie)

1. e4 c5 2. ♘f3 d6 3. d4 c:d4 4. ♘:d4 ♘f6 5. ♘c3 a6 6. ♗c4 e6 7. ♗b3 ♘bd7 8. f4 ♘c5 9. e5 d:e5 10. f:e5 ♘fd7 11. ♗f4 b5 12. ♕g4 h5 13. ♕g3 h4 14. ♕g4 g5 15. 0-0-0 ♕e7!? 16. ♘c6! ♘:b3+ 17. a:b3 ♕c5 18. ♘e4! ♕:c6 19. ♗:g5 ♗b7 20. ♖d6!
Ein großartiger Zug. Short hat eine Figur weniger und muß schnell etwas unternehmen, um das Opfer zu rechtfertigen. (Kasparow)
20... ♗:d6 21. ♘:d6+ ♔f8 22. ♖f1 ♘:e5 23. ♕:e6 ♕d5!

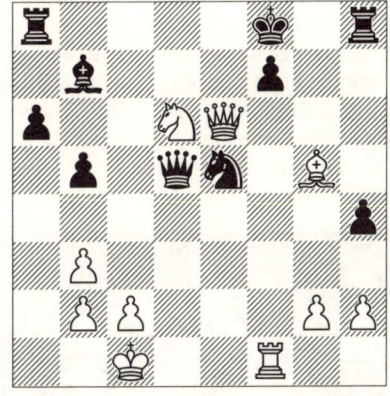

24. ♖:f7+! ♘:f7 25. ♗e7+ ♔g7 26. ♕f6+ ♔h7 27. ♘:f7 ♕h5 28. ♘g5+ ♔g8 29. ♕e6+ ♔g7 30. ♕f6+ ♔g8 31. ♕e6+ ♔g7 32. ♗f6+ ♔h6 33. ♘f7+ ♔h7 34. ♘g5+ ♔h6 35. ♗:h8+ ♔g6 36. ♘f7+ ♔h7 37. ♕e7 ♕:g2? 37... ♔g8!

38. ♗e5?
38. ♗d4 ♕h1+ 39. ♔d2 ♕g2+ 40. ♔c3 ♕c6+ 41. ♔b4 ♖e8, und Weiß sollte gewinnen.
38... ♕f1+ 39. ♔d2 ♕f2+ 40. ♔d3 ♕f3+ 41. ♔d2 ♕f2+ 1/2-1/2

Nach dem WM-Kampf wurde es zunächst still um Short, der aufgrund seiner PCA-Mitgliedschaft kaum noch Turniereinladungen erhielt. Sein nächster Anlauf auf den Schachthron endete nach einem Auftakterfolg über → *B. Gulko* (4:4, weiter nach Tiebreak) mit einer 1,5:5,5 Niederlage gegen → *G. Kamsky*.

Simenon und Schach. Die komplizierte Analyse des Verbrechens erinnert in gewisser Beziehung an den analytischen Prozeß des Schachspiels. Diese Idee führte der französische Kriminalautor George Simenon (1903 bis 1989) in einem seiner Romane über den Kriminalkommissar Maigret aus. In »Maigret und die ehrbaren Leute« (1961) war das Schachspiel auf geheimnisvolle Weise mit den nicht aufgedeckten Umständen eines Verbrechens verbunden, dem Mord an einem gewissen Monsieur Josselin, dem Mitbesitzer einer Kartonagefabrik.

Der Roman beginnt damit, daß die spät aus dem Theater zurückkehrende Frau und Tochter Josselins ihn erschossen im Sessel neben dem Schachtisch vorfinden. Auf dem Brett standen die Figuren noch so, als ob die Partie unterbrochen worden war. Der Mann der Tochter, der Kinderarzt Fabre, gab zu, daß er an diesem Abend tatsächlich mit Josselin Schach gespielt habe. Aber um 10.15 Uhr habe er das Haus aus dringenden Gründen verlassen müssen. Dem ersten Anschein nach sprechen alle Indizien gegen Fabre. Maigret versucht, sich folgende Szene vorzustellen: zwei Männer sitzen schweigend am Brett, wie alle Schachspieler während der Partie; in einem bestimmten Moment steht der Doktor auf, geht zur Kommode und entnimmt ihr eine automatische Pistole... Doch Maigret verwirft diesen Gedanken. Er kann sich Fabre mit dem Finger am Abzug nicht vorstellen. Und tatsächlich, im Laufe der Ermittlungen fällt jeglicher Verdacht von Fabre ab. Wie der Hausarzt aussagte, hatten Josselin und Fabre Hochachtung voreinander und teilten die Leidenschaft für das Schachspiel. Maigrets Zweifel erweisen sich am Ende als berechtigt. Er stellt fest, daß nicht Fabre Josselin ermordet hat, sondern eine Person, die gegen halb elf ins Haus eingedrungen war und das Opfer gut kannte. Es handelte sich dabei um den Bruder von Madame Josselin, der seine Schwester und seinen Schwager jahrelang erpreßt hatte.

Das Auftauchen von Schachmotiven in Simenons Werken ist kein Zufall. Die folgenden Sätze schrieb der Schriftsteller 1971 einem der Autoren des vorliegenden Buches in einem Brief – als Antwort auf drei Fragen:

»1. Am anziehendsten am Schach erscheint mir, daß die Anzahl der Probleme, die während der Partie entstehen, sowie die Lösungswege praktisch unbegrenzt sind.

2. Ich bin kein besonders guter Schachspieler. Früher habe ich dem Schach mehr Zeit gewidmet, aber jetzt spiele ich nur noch mit meinem elfjährigen Sohn.

3. Schach wird man immer spielen, insbeson-

J. R. Capablanca gibt eine Simultanvorstellung. Moskau, 1914.

dere in Rußland. Aber, allgemein gesagt, fürchte ich, daß das Leben, das alles immer hektischer macht, uns nicht die Ruhe gibt, die wir brauchen, um lange Partien zu spielen.«

Simultanspiel. Im Schach, das trifft wohl auf keine andere Sportart zu, kann es ein erstklassiger Spieler mit Dutzenden, wenn nicht Hunderten Gegnern gleichzeitig aufnehmen. Diese Art Wettkämpfe nennt man Simultanvorstellungen. Der Simultanspieler geht dabei an einer Reihe von Tischen entlang und führt an jedem Brett jeweils nur einen Zug aus. Bei Uhrensimultans, auch Handicapvorstellungen genannt, ist die Zahl der Gegner in der Regel auf 4–10 begrenzt. Beim Blindsimultan spielt der Hauptakteur alle Partien ohne Ansicht des Brettes. Bei alternierenden Vorstellungen führen die Simultangeber an jedem Brett jeweils abwechselnd einen Zug aus.

Einer der herausragendsten Simultanspieler war → *J. R. Capablanca*, der im Laufe von 40 Jahren (1901 Havanna bis 1941 New York) 491 Vorstellungen gab und dabei 13545 Partien absolvierte (+11912, -570, =1063; 92%!). Die Rekorde im Simultanspiel wurden ständig verbessert. 1922 gab → *F. Marshall* in Montreal eine Vorstellung an 155 Brettern (+126, -8, =21). → *M. Najdorf* zog 1950 in São Paulo an 250 Brettern nach (+226, -10, =14). → *V. Hort* schraubte den Rekord 1977 in Reykjavik auf 550 (+477, -10, =63) und erhöhte dann in Köln auf 601. Es läßt sich nur erahnen, wie ermüdend diese Prozedur für den Simultangeber, aber auch für seine Gegner gewesen sein muß. Die Jury hat errechnet, daß Hort auf seinem Rundgang zwischen den Tischen ungefähr 40 Kilometer zurückgelegt hatte!

Beispiellos in der Geschichte des Schachs ist das Massensimultan während der Schacholympiade von Havanna 1966 zu Ehren des Geburtstages von José Raoul Capablanca. 7000 Menschen nahmen daran teil!

Die Schachhistorie kennt noch weitere Beispiel für ungewöhnliche Simultanwettbewerbe. → *A. Aljechin* spielte 1932 in New York an 50 Brettern gegen jeweils vier sich beratende Spieler (+30, -6, =14). Capablanca nahm es 1932 in Havanna an 66 Brettern mit jeweils fünf Konsultanten auf (+46, -4, =16). → *M. Tal* schlug 1976 in einem Tele-Wettkampf eine australische Auswahl an acht Brettern mit 5,5:2,5. 1981 spielten → *A. Karpow*, → *B. Spasski*, → *W. Unzicker* und → *R. Hübner* jeder gegen 25 Computer simultan. Das Ergebnis lautete 100:0. → *G. Kasparow* bezwang u. a. 1992 in Baden-Baden die deutsche Nationalmannschaft in einem Uhrenhandicap mit 3:1.

Sizilianische Verteidigung. 1. e4 c5

Die ersten Theoretiker, die diese Eröffnung untersucht haben, waren → *L. Lucena* und → *G. Greco*. Sie nannten sie »il giuoco siciliano« – sizilianische Partie. Der Kampf entwickelt sich in der Sizilianischen Verteidigung besonders kompromißlos. Nicht zufällig zählen Spieler wie → *M. Tal*, → *R. Fischer*, → *M. Najdorf* und → *G. Kasparow* zu ihren Anhängern. Sizilianisch ist eine typische Kontereröffnung. Zu den scharfen Systemen gehören beispielsweise die Tscheljabinsker Variante des Großmeisters Jewgeni Sweschnikow (1. e4 c5 2. ♘f3 ♘c6 3. d4 c:d4 4. ♘:d4 ♘f6 5. ♘c3 e5 6. ♘db5 d6 7. ♗g5 a6 8. ♘a3 b5) oder das Kasparow-Gambit (1. e4 c5 2. ♘f3 e6 3. d4 c:d4 4. ♘:d4 ♘c6 5. ♘b5 d6 6. c4 ♘f6 7. ♘1c3 a6 8. ♘a3 d5).

Wichtige Hauptsysteme sind:

Das Paulsen-System: 1. e4 c5 2. ♘f3 e6 3. d4 c:d4 4. ♘:d4 – Schwarz stellt nun die Züge d7-d6 und ♘g8-f6 zurück und möchte erst mit den Figuren die schwarzen Zentralfelder beherrschen, z. B. 4... ♘c6, 4... a6, 4... ♕c7 usw. Der Richter-Rauser-Angriff entsteht nach der Zugfolge 1. e4 c5 2. ♘f3 ♘c6 3. d4 c:d4 4. ♘:d4

♘f6 5. ♘c3 d6 6. ♗g5 (6. ♗c4 führt zum Sosin-Angriff).
In der Drachenvariante wird der schwarze Königsläufer fianchettiert: 1. e4 c5 2. ♘f3 d6 3. d4 c:d4 4. ♘:d4 ♘f6 5. ♘c3 g6 usw.
Das Scheveninger System wurde erstmals 1923 beim Turnier im holländischen Scheveningen angewandt: 1. e4 c5 2. ♘f3 e6 3. d4 c:d4 4. ♘:d4 ♘f6 5. Sc3 d6 6. ♗e2 (6. g4 führt zum Keres-Angriff) 6... a6 7. 0-0 ♗e7 8. f4 0-0.
Sehr populär ist das Najdorf-System, dessen Ausgangstellung nach 1. e4 c5 2. ♘f3 d6 3. d4 c:d4 4. ♘:d4 ♘f6 5. ♘c3 a6 auf dem Brett ist.

Skandinavische Verteidigung. 1. e4 d5

Zentrales Kontergambit — so nannte → *L. Lucena* Ende des 15. Jahrhunderts diesen Spielanfang. Ihre aktuelle Bezeichnung erhielt die Skandinavische Verteidigung dank der Untersuchungen schwedischer Schachspieler zu Beginn des 20. Jahrhunderts. Der Autor der ersten Monographie über diese Eröffnung ist → *J. Mieses* (1918).
Schwarz strebt von den ersten Zügen an nach einem aktiven Figurenspiel im Zentrum. Nach 2. e:d5 ♕:d5 kann Weiß versuchen, durch den Tempogewinn gegen die früh ins Gefecht geworfene schwarze Dame einen Entwicklungsvorsprung zu erzielen: 3. ♘c3 ♕a5 4. d4 ♘f6 5. ♘f3 ♗g4 6. h3 ♗:f3 7. ♕f3 c6 8. ♗d2 usw.
Schwarz kann auf 2. e:d5 auch mit 2... ♘f6 fortfahren. Mögliche Abspiele danach sind 3. d4 ♘:d5 4. c4 ♘b6 5. ♘f3 ♗g4 oder 3. c4 c6 4. d:c6 ♘:c6 5. d3 e5 6. ♘c3 ♗f5 usw.

Die skandinavische Verteidigung ist auf Weltklasseturnieren ein seltener Gast. Eine Ausnahme bildete das WM-Match Kasparow-Anand (New York 1995), als der Inder in der 14. Partie als Schwarzer nach den Zügen 1. e4 d5 2. e:d5 ♕:d5 3. ♘c3 ♕a5 4. d4 ♘f6 5. ♘f3 c6 6. ♘e5 ♗e6 7. ♗d3 ♘bd7 8. f4 g6 9. 0-0 ♗g7 10. ♔h1 ♗f5! 11. ♗c4?! e6 12. ♗e2 h5 13. ♗e3 ♖d8 Eröffnungsvorteil erhielt.

Slawische Verteidigung. 1. d4 d5 2. c4 c6

Die Hauptidee der Slawischen Verteidigung besteht in der Festigung des Punktes d5, ohne die baldige Entwicklung des schwarzen Damenläufers zu behindern.
Der St. Petersburger Schachmeister → *C. F. von Jänisch* befaßte sich bereits in den 40er Jahren des 19. Jahrhunderts mit der Analyse dieses Spielanfangs. Einen wertvollen Beitrag zur Entwicklung dieser Verteidigung leisteten später S. Alapin, → *M. Tschigorin,* → *S. Tarrasch* und andere.
Einige Hauptsysteme der Slawischen Verteidigung sind:
das Abtauschsystem – 3. c:d5 c:d5 4. ♘c3 ♘f6 5. ♘f3 ♘c6 6. ♗f4 ♗f5 7. e3 e6 8. ♗b5;
das Tschechische System — 3. ♘f3 ♘f6 4. e3 (4. g3, 4. ♕c2);
das Hauptsystem – 3. ♘f3 ♘f6 4. ♘c3 d:c4;
das Botwinnik-System – 3. ♘f3 ♘f6 4. ♘c3 e6 5. ♗g5 d:c4;
das Slawische Gambit – 3. ♘c3 e6 4. e4 d:e4 5. ♘:e4 ♗b4+ 6. ♗d2 ♕:d4 7. ♗:b4 ♕:e4+ 8. ♗e2;
die Meraner Variante – 3. ♘c3 ♘f6 4. ♘c3 e6 5. e3 ♘bd7 6. ♗d3 d:c4 7. ♗:c4 b5.

Smyslow Wassili, * 24. März 1921 in Moskau, siebenter Schachweltmeister.

1988 setzte der italienische Schachverband den Gioacchino-Greco-Preis aus, der unter der Devise »Ein Leben dem Schach« stand. Der erste Schachspieler, dem diese Auszeichnung verliehen wurde, war Wassili Smyslow. Der Preisträger habe dank seiner bemerkenswerten sportlichen Langlebigkeit die höchste Stufe der Meisterschaft und schöpferischer Erfolge erreicht und auch als Lehrer und Autor einen bedeutenden Beitrag zur Entwicklung des Schachs geleistet.

»Das erste Schachbuch, das ich gelesen habe, war das Lehrbuch von Dufresne mit der eingefügten Lektion ›Der gesunde Menschenverstand im Schach‹ von Emanuel Lasker«, erinnerte sich Smyslow später. »Darin stieß ich auf die romantischen Partien der alten Meister und auf das Gambitspiel.« Bald darauf wurden Bücher wie »Meine besten Partien« (→ *A. Aljechin*), »Die Grundlagen des Schachspiels« (→ *J. R. Capablanca*), »Die moderne Schachpartie« (→ *S. Tarrasch*) und »Mein System« (→ *A. Nimzowitsch*) seine Lieblingslektüre. In seinen ersten Turnieren merkten seine Altersgenossen bereits, daß unter ihnen ein Schachspieler mit einer außergewöhnlichen Begabung heranreifte. Mit 17 Jahren wurde Smyslow Champion von Moskau. Bei seinem Debüt bei der Sowjetischen Meisterschaft kam er auf dem 3. Platz ein und ließ u. a. → *P. Keres* und → *M. Botwinnik* hinter sich.

Im Radiomatch UdSSR-USA (1945) schlug Smyslow zweimal → *S. Reshevsky*. Ein Jahr später belegte er beim Turnier in → *Groningen* den 3. Platz, womit er zum WM-Kandidaten avancierte. Der älteste Turnierteilnehmer, der französische Großmeister Ossip Bernstein, äußerte damals: »Die Schachwelt besitzt in Smyslow ein großes Talent, das große schöpferische und sportliche Erfolge erwarten.«

Das unterstrich schon das Matchturnier um die Weltmeisterschaft des Jahres 1948. Smyslow hatte einen erfolgreichen Auftritt und belegte am Ende den zweiten Rang. Dem frischgekürten Weltmeister Botwinnik sowie Keres unterlag er jeweils 2:3, doch die Minimatches gegen Reshevsky und → *M. Euwe* entschied er zu seinen Gunsten. »Ich werde ihm zeigen, daß eine direkte Begegnung am Brett etwas anderes als eine Radiopartie ist«, hatte der auf Revanche sinnende Reshevsky vor dem Turnier noch »gedroht«. Aber Smyslow gewann gegen ihn eine Partie – die restlichen vier endeten unentschieden. Auch Euwe mußte bei seinem 1:4 einsehen, daß mit dem immer zuvorkommenden und liebenswürdigen Smyslow am Schachbrett nicht gut Kirschenessen war.

Nummer Zwei der Welt – mit diesem Etikett wurde Smyslow nach diesem Turnier oft versehen. Doch er wollte mit aller Kraft ganz an die Spitze. 1953 tat er einen großen Schritt in diese Richtung. Er gewann das Kandidatenturnier von Zürich und erwarb das Recht, Weltmeister Botwinnik zum Titelkampf herauszufordern. Von Botwinnik unterschied ihn mehr als die Altersdifferenz von zehn Jahren. Beide hatten ein ganz verschiedenes Eröffnungsrepertoire und eine andere Einstellung zur Vorbereitung auf die Wettkämpfe bzw. zu den Wettkämpfen selbst. Ihr WM-Match verlief spannend und interessant. In der 9. Matchpartie, die die kürzeste und effektvollste war, opferte Smyslow bereits im 19. Zug die Dame:

□ W. Smyslow
■ M. Botwinnik

Moskau, 1954 (9. Matchpartie)

1. e4 e6 **2.** d4 d5 **3.** ♘c3 ♗b4 **4.** e5 c5 **5.** a3 ♗a5 **6.** b4 c:d4 **7.** ♕g4 ♘e7 **8.** b:a5 d:c3 **9.** ♕:g7 ♖g8 **10.** ♕:h7 ♘d7 **11.** ♘f3 ♘f8 **12.** ♕d3 ♕:a5 **13.** h4 ♗d7 **14.** ♗g5 ♖c8 **15.** ♘d4! ♘f5 **16.** ♖b1! ♖c4 **17.** ♘:f5 e:f5 **18.** ♖:b7 ♖e4+

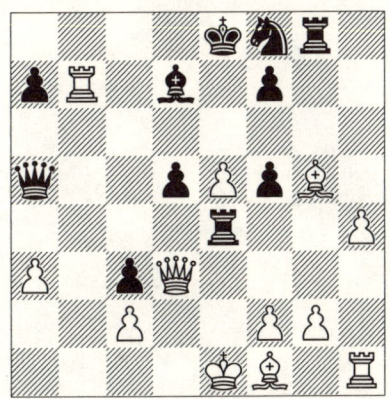

19. ♕:e4! d:e4 20. ♖b8+ ♗c8 21. ♗b5+ ♕:b5 22. ♖:b5 ♘e6 23. ♗f6 ♖:g2 24. h5 ♗a6 25. h6   1-0

Das Match endete 12:12 (+7, -7, =10). Botwinnik behielt den Titel. In der Geschichte der Schachweltmeisterschaften war dies nach Lasker-Schlechter (1910) und Botwinnik-Bronstein (1951) das dritte Unentschieden.
Nach diesem Wettkampf reifte in Smyslows Leben der Moment heran, eine Wahl zwischen → *Caissa* und Melpomene zu treffen. Vom Vater hatte er einen Bariton mit einem schönen Timbre geerbt. Viele Stunden seiner Freizeit widmete er der → *Musik*. Bei einem Ausscheid des Moskauer Bolschoi-Theaters im Vokalgesang befand sich Wassili unter den 50 Reifeprüflingen, die in allen Teilen des Landes ermittelt wurden. Er kam erfolgreich durch die erste Runde und... eilte zum nächsten Schachturnier, um auch dort die erste Runde zu bestreiten. »Ich habe das Schach gewählt und diese Entscheidung nicht bereut«, sagt er selbst. Daß Wassili Smyslow zwei Talente hat, weiß man nicht nur in Moskau. Während eines Turnieres in den USA gab er ein Solokonzert – die New Yorker Musikfreunde waren begeistert. Nach seinem Sieg im Kandidatenturnier von Amsterdam eroberte er die Herzen der holländischen Opernfans auf die gleiche Weise.

Smyslows zweiter Anlauf auf den Schachthron war von Erfolg gekrönt. 1957 in Moskau besiegte er Michail Botwinnik mit 12,5:9,5 (+6, -3, =13) und wurde der siebente Weltmeister in der Geschichte des Schachs. »Smyslows Hauptstärke im Schach«, schrieb der unterlegene Botwinnik, »bestand darin, daß er scharfsinnig war. Sein Talent ist universell. Er konnte die Eröffnung fein behandeln, heftig angreifen bzw. auf eine harte Verteidigung umschalten und kaltblütig manövrieren. Über das Endspiel muß man nichts mehr sagen – das war sein Element.«
Der WM-Modus sah vor, daß Smyslow Botwinnik nach nur zehn Monaten (!) die Möglichkeit der Revanche geben mußte. Diesmal gelang es ihm, wie er selbst zugab, nicht, »den ganzen Willen für den Kampf mit diesem außerordentlich starken Kontrahenten zu mobilisieren. In diesem kurzen Zeitraum eine Höchstleistung zu wiederholen war in psychologischer Hinsicht äußerst schwer.« Smyslow unterlag mit 10,5:12,5 (+5, -7, =11). Der Verlust der Schachkrone ließ Smyslow nicht verzagen. In diesen schwierigen Stunden half ihm die Musik. »Ich finde in ihr Ablenkung von den Mißerfolgen, die im Leben des Schachspielers unausweichlich sind. Sie beruhigt mein Nervensystem und hilft mir, meine schachlichen Betätigungen ruhiger und philosophisch zu sehen.« Sein schöpferisches Credo im Schach beschrieb Wassili Smyslow in einem Gespräch mit einem der Autoren des vorliegenden Werkes wie folgt:
»Wenn man versucht, es mit einem Wort zu sagen, dann ist es die Suche nach Harmonie. Alles in der Natur ist einem höchsten Harmonieprinzip unterworfen. Das findet auch auf vielen Gebieten der Kreativität deutliche Widerspiegelung: in der Mathematik, in der Musik, im Schach... Die wunderbare Welt der schachlichen Ideen und der Schönheit öffnet sich in der Logik des Gedankens, in der Dialektik der sich ständig verändernden Wechselbeziehungen, in dem Reichtum des Inhalts. Letzteres wiederum findet sowohl im Kombinationsspiel mit seinen effektvollen Opfern als auch in auf den ersten Blick einfachen Positionen seinen Ausdruck. Das wahre Talent des Schachkünstlers liegt in der ständigen Suche nach Harmonie, in der Fähigkeit, intui-

tiv die Koordination der Figuren zu fühlen. Einen besonderen ästhetischen Genuß bereitet es mir, eine Idee markant und schnörkellos umzusetzen.«

Und das gelingt Smyslow nicht nur in praktischen Partien, sondern auch bei der Komposition von Studien. Auch eine ganze Reihe von Eröffnungen hat er mit seinen neuen Ideen bereichert. In der → *Spanischen Partie*, der → *Französischen*, → *Sizilianischen* und → *Königsindischen Verteidigung*, der → *Englischen* und → *Katalanischen Eröffnung* gibt es Varianten bzw. ganze Systeme, die seinen Namen tragen.

Nicht ein Jahr ohne Turnier – das blieb Smyslows Devise bis ins hohe Alter. Nach seinem dritten Match gegen Botwinnik hat er über die Jahrzehnte hinweg viele Turniersiege bzw. geteilte erste Preise errungen, zum Beispiel in Moskau, Leningrad, Hastings, Havanna, Amsterdam, Monte Carlo, Skopje, Zagreb, Polanica Zdroj, Reykjavik, Palma de Mallorca, Mar del Plata, Las Palmas, Buenos Aires, São Paulo.

Unter vielen herrlichen Partien Smyslows befindet sich auch das folgende selten schöne Schlußspiel von der 55. UdSSR-Meisterschaft. In der Endstellung befindet sich Schwarz trotz Mehrturmes in einem äußerst ungewöhnlichen Zugzwang!

□ W. Smyslow
■ W. Eingorn
Moskau, 1988

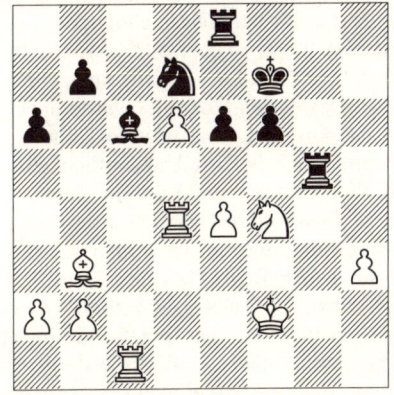

41. ♖dc4 a5 42. ♖:c6 b:c6 43. ♖:c6 ♖e5 44. ♖c7 ♖d8 45. ♘:e6! ♖:e6 46. h4!   1-0

1984 stand Wassili Smyslow nach Matchsiegen über → *R. Hübner* (7:7, weiter nach Losentscheid) und → *Z. Ribli* (6,5:4,5) im Finale des Kandidatenturniers zur Weltmeisterschaft – mit 63 Jahren! Dort unterlag er dem späteren Weltmeister → *G. Kasparow* mit 4,5:8,5. 1991 sicherte sich Smyslow vor → *J. Geller* den erstmals vergebenen Titel eines Seniorenweltmeisters.

Snow und Schach. »Ich fürchte, daß meine Beziehung zum Schach in vielem der Vergangenheit angehört. Ich habe Schach gespielt, als ich ein Junge war. Danach habe ich lediglich meinem Sohn dieses Spiel beigebracht und im Laufe der letzten 40 Jahre nur gelegentlich einen Blick aufs Schachbrett geworfen«, schrieb der Schriftsteller Charles Percy Snow (1905–80) einem der Autoren des vorliegenden Buches in einem Brief vom 4. August 1970.

Das hinderte Snow allerdings nicht daran, in einigen seiner Werke eine Anleihe beim Schach zu nehmen. Im Roman »Homecomings« (1956) aus dem Epos »Strangers and Brothers« erfindet der Hauptprotagonist Davidson auf der Grundlage des Schachs ein neuartiges Spiel für ein Brett mit mehr Feldern, in dem die Schachfiguren bestimmte Personen zweier Lager darstellen. Eine Gruppe bestand aus progressiven Leuten, die gegen den Ersten Weltkrieg waren, die andere aus »Betrügern«, die seinen Widerwillen hervorriefen. Im Roman »The Affair« (1960) arbeitet der Erzieher Martini jegliche Kombinationen zu den bevorstehenden Wahlen am College aus und ist nicht davon abzuhalten, »zwei Züge weit die Stellung auf dem Schachbrett zu berechnen, auf dem die Schlacht um die Macht geschlagen wird«.

Sokolow Andrej, * 20. März 1963 in Workuta, russischer Großmeister, WM-Kandidat.

»Wer stoppt den Russen?« fragten die dänischen Zeitungen, als Sokolow bei der Juniorenweltmeisterschaft 1982 in Kopenhagen vom Start weg mit drei Siegen in Front gezogen war. Die Antwort lautete: Keiner! Zwei Jahre später gewann Sokolow in atemberaubendem Tempo die UdSSR-Landesmeisterschaft und wurde postwendend in die sowjetische Nationalmannschaft berufen, die im Juni 1984 in London bei der zweiten Auflage des → *Matches des Jahrhunderts* mit dem Rest der Welt ihre Kräfte maß. Ein neuer sowjetischer Schachstern war geboren!

Andrej Sokolow kam mit sechs Jahren zum Schach. Seine Familie lebte damals am nördlichen Polarkreis in der Stadt Workuta. An den langen Polarabenden schlugen Vater Sokolow, der Meisterkandidat war, und Sohn Andrej die Zeit mit Schachspielen tot. Als die Familie nach Moskau übersiedelte, begab sich Andrej, der inzwischen die erste Leistungs-

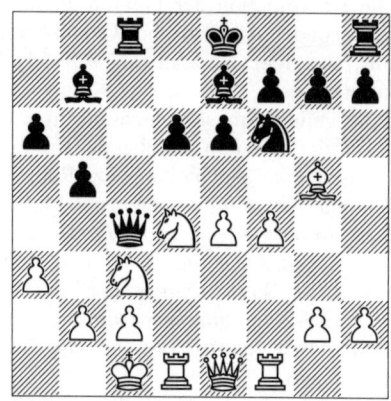

17. e5! d:e5 18. f:e5 ♘e4 19. ♗:e7 ♘:c3 20. ♕f2! f5 21. e:f6 ♘:d1 22. ♖:d1 g6 23. ♗b4! ♔f7 24. b3 ♕c7 25. ♘:e6! 1-0

Die erfolgreichsten Jahre in Sokolows Karriere waren 1985 und 1986. Über das Interzonenturnier von Biel (1985, 3. Platz) und das Kandidatenturnier von Montpellier (1986, 2.-3. Platz) gelangte er in die Kandidatenkämpfe zur Weltmeisterschaft. Dort schaltete er nacheinander → *R. Waganjan* (6:2) und → *A. Jussupow* (7,5:6,5) aus, scheiterte aber im Finale mit 3,5:7,5 an einer zu hohen Hürde – → *A. Karpow*!

klasse besaß, unter die Fittiche des erfahrenen Trainers Wladimir Jurkow und erhielt auch Konsultationen bei Exweltmeister → *M. Botwinnik*.

Für den Stil des taktisch glänzend veranlagten Andrej Sokolow ist die folgende Partie von der Sowjetischen Meisterschaft 1984 charakteristisch:

□ A. Sokolow
■ W. Tukmakow
Lwow, 1984

1. e4 c5 2. ♘f3 d6 3. d4 c:d4 4. ♘:d4 ♘f6 5. ♘c3 ♘c6 6. ♗c4 e6 7. ♗e3 a6 8. ♕e2 ♕c7 9. 0-0-0 ♘a5 10. ♗d3 b5 11. ♗g5! ♗e7 12. a3 ♖b8 13. ♕e1! ♘c4 14. f4 ♗b7 15. ♖f1 ♖c8 16. ♗:c4! ♕:c4

Spanien. Bereits im 8.–9. Jahrhundert brachten die arabischen Eroberer das Schach nach Spanien. Aus dem Osten kamen nicht nur das Spiel selbst mit seinen Figuren und Regeln, sondern auch Traktate, Legenden und Parabeln. Nur drei Figurenbezeichnungen wurden aus dem Arabischen übersetzt: → *König* (rey), → *Springer* (caballo – Pferd) und → *Bauer* (peón). Der → *Läufer* (alfil) wurde unverändert übernommen. Zwei weitere Termini verwandelten sich bis zur Unkenntlichkeit: aus dem Wesir wurde die Königin (reina), aus dem → *Turm* (arabisch »ruch«) resultierte in Übereinstimmung mit der militärischen Terminologie der Begriff »torre« (Turm). Das Spiel selbst, im Osten → *schatrandsch«* oder »asch-schatrandsch« genannt, wurde im Spanischen zum »ajedrez«. Was die Formen der Figuren und die Spielregeln anbetrifft, so vollzog sich der Wandlungsprozeß zum modernen Schach nicht so schnell. Die ersten in

Spanien erschienenen Traktate verraten noch den starken Einfluß des Schatrandsch. Ein markantes Beispiel ist das »Buch über Schach« des Königs Alfons des Weisen (1221–84), dessen Wirken eine außerordentliche Bedeutung für die Entwicklung der arabisch-spanischen und europäischen Kultur im allgemeinen und für das Schach im besonderen hatte. Sein im Jahre 1283 erschienenes Traktat spiegelt die Sitten und Gebräuche der Schachspieler des Mittelalters wider und zeugt von einer relativ großen Verbreitung des Schachs.

Drei Jahrhunderte später schrieb der Priester aus der Estremadura → *R. López* das Werk »Libro de la invención liberal y arte del juego del Axedrez« (Buch über die Erfindung und die Kunst des Schachspiels, 1561). Darin analysierte er u. a. die Eröffnung 1. e4 e5 2. ♘f3 ♘c6 3.♗b5, die später »Ruy López« bzw. → *Spanische Partie* genannt wurde. Diese Arbeit förderte, ebenso wie das erste Schachbuch überhaupt (→ *L. Lucena* 1497), die Entwicklung und den Ruhm des spanischen Schachs. 1575 nahmen López und sein Landsmann Alfonso Cerone gemeinsam mit den italienischen Meistern Giovanni Leonardo und → *P. Boi* am Hof des spanischen Königs Philipp II. am ersten Schachturnier der Geschichte teil. Daß das Schach damals nicht nur bei Hofe und bei den Rittern, sondern auch im Volk populär war, beschreibt → *Cervantes* (1547–1616) in seinem Roman »Don Quijote«.

Ein neuerlicher Aufschwung der Schachkultur in Spanien geht auf den Beginn des 20. Jahrhunderts zurück. 1907 fand die erste nationale Meisterschaft statt, 1911 und 1912 sah San Sebastian zwei große internationale Turniere. Das erste davon gewann der Kubaner → *J. R. Capablanca*, der damit sein Debüt in Europa gab. 1927 wurde der Spanische Schachverband geschaffen, und es erschien die erste spanische Schachzeitschrift. Die besten Resultate spanischer Nationalmannschaften bei Schacholympiaden sind neunte Ränge bei den Männern (1976 und 1978) sowie ein dritter Platz bei den Frauen (1976). Die meisten Landesmeistertitel sammelten mit sieben Erfolgen Antonio Medina sowie der erste Großmeister Spaniens, Arturo Pomar, der fünfmal vorn war.

Spanien, neben Italien die Wiege des europäischen Schachs, erlebt heute eine Renaissance als Schachnation. Davon zeugen die bekannten Superturniere von Madrid, León, → *Las Palmas* über Dos Hermanas bis hin zu → *Linares*, aber auch zahlreiche Open. 1987 fand die Schachweltmeisterschaft zwischen → *G. Kasparow* und → *A. Karpow* in Sevilla statt.

Spanische Partie. 1. e4 e5 2. ♘f3 ♘c6 3.♗b5

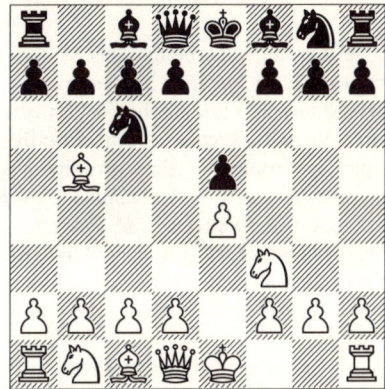

Die ersten Analysen dieser Eröffnung stammen aus dem Buch des spanischen Geistlichen → *R. López* »Libro de la invención liberal y arte del juego del Axedrez« (Buch über die Erfindung und die Kunst des Schachspiels) aus dem Jahre 1561. Das ist auch der Grund, warum die Spanische Partie auch oft »Ruy López« genannt wird.

Man sagt, um jemandem das Schwimmen beizubringen, müsse man ihn ins Wasser werfen. Analog verhält es sich beim Schach: nur darf man bei den e4-Eröffnungen nicht im Variantenmeer der Spanischen Partie ertrinken, wenn man ein starker Spieler werden will. Sich in dieser Eröffnung ein geeignetes System zu wählen und sich darin ausgezeichnet zurechtzufinden ist kein leichtes Unterfangen, denn der Zentrumskampf ist hier besonders kompliziert. Es folgt eine kleine Übersicht über die grundlegenden Systeme:

Das Steinitz-System ist durch den Zug 3... d6 gekennzeichnet und wurde gern von Lasker und Capablanca angewandt. Schwarz erhält eine etwas beengte, aber stabile Stellung, zum Beispiel: 4. d4 ♗d7 5. ♘c3 ♘f6 6.♗:c6 ♗:c6

7. ♕d3 e:d4 8. ♘:d4 ♗d7 9. ♗g5 ♗e7 10. 0-0-0.
Bekannt ist auch das sogenannte verbesserte Steinitz-System — 3... a6 4. ♗a4 d6, das zum Repertoire von → *A. Rubinstein,* → *A. Aljechin* und → *P. Keres* gehörte.
Die Berliner Verteidigung 3... ♘f6 zeichnet sich durch Flexibilität aus. Sie erlaubt den Übergang in das Steinitz-System bzw. das Klassische System, das mit 3... ♗c5 eingeleitet wird.
→ *C. F. von Jänisch* arbeitete das System mit 3... f5 aus, das auch seinen Namen trägt.
In der Abtausch-Variante hofft Weiß, nach 3... a6 mittels 4. ♗:c6 d:c6 ein vorteilhaftes Endspiel zu erreichen. Ihre prominentesten Protagonisten waren → *A. Anderssen,* → *Em. Lasker* und in der Neuzeit → *R. Fischer.*
Als besonders scharf gilt der Marshall-Angriff, der sich nach der Folge 3... a6 4. ♗a4 ♘f6 5. 0-0 ♗e7 6. ♖e1 b5 7. ♗b3 0-0 8. c3 d5!? ergibt.
Am populärsten ist das geschlossene System: 3... a6 4. ♗a4 ♘f6 5. 0-0 ♗e7 6. ♖e1 b5 7. ♗b3 d6 usw.
Der Offene Spanier, der nach 3... a6 4. ♗a4 ♘f6 5. 0-0 ♘:e4 aufs Brett kommt, stand u. a. 1995 im WM-Kampf zwischen → *G. Kasparow* und → *V. Anand* einige Male zur Debatte.
Wenngleich die Spanische Partie zu den offenen Spielen zählt, nimmt der Kampf hier doch oft einen komplizierten positionellen Charakter an.

Spasski Boris, * 30. Januar 1937 in Leningrad, russisch-französischer Großmeister, zehnter Schachweltmeister.
»Spasski« ist ein Familienname aus Kreisen der russisch-orthodoxen Kirche. Boris' Großvater väterlicherseits war Priester im Kursker Gebiet, sein Vater hatte mit kirchlichen Dingen aber bereits nichts mehr zu tun. Die schweren Lebensumstände der Spasskis nach dem Krieg förderten Boris' Hinwendung zum Schach, denn hier eröffnete sich ihm eine ganz andere, fröhliche und interessante Welt.
Der erste Trainer des neunjährigen Boris war Wladimir Sak, unter dessen Anleitung er es binnen dreier Jahre zum Meisteranwärter brachte. Boris Spasskis trockenes Schach wandelte sich in einen riskanten, kombinatorischen, kurzum vielseitigen Stil, als er mit dem Schachromantiker Alexander Tolusch zusammenarbeitete. Bei der Juniorenweltmeisterschaft in Antwerpen (1955) erringt Spasski mit acht Punkten aus neun Partien den Sieg. Nur einen Monat später qualifiziert er sich beim Interzonenturnier von Göteborg für das Kandidatenturnier zur Weltmeisterschaft. Auf der feierlichen Abschlußveranstaltung sagte der Fide-Präsident Folke Rogard zu Spasski: »Im August wurden Sie Juniorenweltmeister, im September Internationaler Großmeister. Wenn Sie in diesem Tempo weitermachen, wird es bald unmöglich sein, mit Ihnen Schach zu spielen!«
Aber Spasski hatte noch andere Interessen. Er studierte an der Leningrader Universität Journalistik und befaßte sich mit einer Reihe anderer Sportarten, besonders mit der Leichtathletik. 1,80 Meter im Hochsprung stellten für ihn keine Hürde dar. Die schachlichen Höhen zu erklimmen war da schon schwieriger.
Ein willensstarker, zielstrebiger Kämpfer zu werden, half ihm der erfahrene Trainer Igor Bondarewski, der nicht nur die starken Seiten des jungen Spasski sah, sondern auch seine Mängel bemerkte, zu denen die Inkonsequenz bei der Verwirklichung des gefaßten Planes, die fehlende Endspieltechnik bzw. Stabilität nach Niederlagen gehörte, die für einen Spieler der Extraklasse so wichtig ist.
Hartnäckig feilte Spasski an seinem Schach. Jahr für Jahr nahmen seine Turniererfolge zu. Er spielte locker auf und zeigte sich sowohl in scharfen als auch in klassischen Positionen bewandert. Im folgenden typischen Beispiel wählte er als Anziehender gegen einen Vertreter des kombinatorischen Stils das altehrwürdige → *Königsgambit*:

☐ B. Spasski
■ D. Bronstein
Leningrad, 1960

1. e4 e5 **2.** f4 e:f4 **3.** ♘f3 d5 **4.** e:d5 ♗d6 **5.** ♘c3 ♘e7 **6.** d4 0-0 **7.** ♗d3 ♘d7 **8.** 0-0 h6 **9.** ♘e4 ♘:d5 **10.** c4 ♘e3 **11.** ♗:e3 f:e3 **12.** c5 ♗e7 **13.** ♗c2! ♖e8 **14.** ♕d3 e2

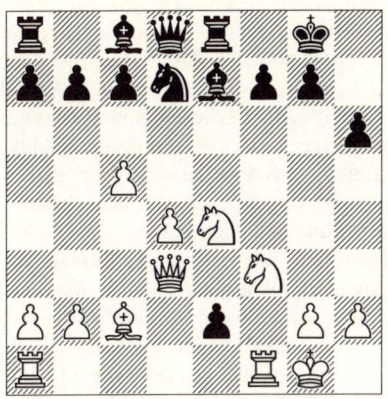

15. ♘d6!! ♘f8 16. ♘:f7! e:f1♕+ 17. ♖:f1 ♗f5 18. ♕:f5 ♕d7 19. ♕f4 ♗f6 20. ♘3e5 ♕e7 21. ♗b3 ♗:e5 22. ♘:e5+ ♔h7 23. ♕e4+
1-0

Beim Interzonenturnier 1964 unterstreicht Boris Spasski seine ernsthaften Ambitionen im Kampf um den Weltmeistertitel. Er kommt auf dem 1.-4. Platz ein und schaltet in den Kandidatenduellen nacheinander → *P. Keres*, → *J. Geller* und → *M. Tal* aus. Dabei erweist er sich als gleichermaßen glänzender Stratege, Taktiker und Techniker.

Sein erstes Match gegen Weltmeister → *T. Petrosjan* verlor Spasski 1966 nach äußerst interessantem Verlauf mit 11,5:12,5 (+3, -4, =17). Zu seiner Überraschung hatte sich der große Stratege Petrosjan diesmal auch als starker Taktiker gezeigt, der ihm im scharfen kombinatorischen Kampf nicht nachstand.

Spasskis erstes großes internationales Turnier, der Pjatigorsky-Cup, fand noch im selben Jahr im amerikanischen Santa Monica statt. Spasski bewies, daß er nach wie vor zu den heißesten Anwärtern auf den Schachthron gehörte. Er gewann mit einem halben Punkt Vorsprung vor → *R. Fischer*. Es folgten u. a. T. Petrosjan, → *B. Larsen*, → *M. Najdorf* und → *L. Portisch*.

... Schnell vergeht die Zeit. 1968 startete Boris Spasski einen erneuten Anlauf auf den Schacholymp. Seine Matchsiege gegen J. Geller, B. Larsen und → *W. Kortschnoj*, die alle einen ganz unterschiedlichen Stil verkörpern, zeigten die Haupteigenschaft von Spasskis Spielweise, die man mit einem Wort charakterisieren kann – Universalität. Er besitzt die Fähigkeit, eine Partie sowohl in feiner positioneller als auch in scharfer kombinatorischer Manier zu führen.

Der neuerliche Titelkampf gegen Tigran Petrosjan brachte Spasski im Frühjahr 1969 endlich den ganz großen Erfolg. Mit einem 12,5:10,5 (+6, -4, =14) wurde er der zehnte Weltmeister der Schachgeschichte.

1972 hatte Boris Spasski die WM-Krone gegen den amerikanischen Herausforderer Robert Fischer zu verteidigen. Das Duell kam erst nach langen, scharfen Auseinandersetzungen und harten Verhandlungen zustande. Es fand in der isländischen Hauptstadt Reykjavik statt. Trotz der widrigen Begleitumstände wurde es ein in schöpferischer Hinsicht interessantes Match. Viele Partien sind heute noch Gegenstand der Analyse bzw. von Diskussionen. Einige, darunter die 6., 10., 11. und die 13. Begegnung, gelten nach wie vor als Musterbeispiele hochklassiger Spielführung.

□ B. Spasski
■ R. Fischer

Reykjavik, 1972 (11. Matchpartie)

1. e4 c5 2. ♘f3 d6 3. d4 c:d4 4. ♘:d4 ♘f6 5. ♘c3 a6 6. ♗g5 e6 7. f4 ♕b6 8. ♕d2 ♕:b2 9.

♘b3 ♕a3 10. ♗:f6 g:f6 11. ♗e2 h5 12. 0-0 ♘c6 13. ♔h1 ♗d7

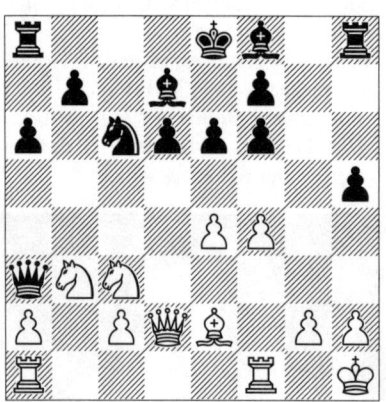

14. ♘b1!
Eine damals neue Idee. Bekannt war 14. ♖f3 0-0-0.
14... ♕b4!? 15. ♕e3 d5 16. e:d5 ♘e7 17. c4! ♘f5 18. ♕d3 h4 19. ♗g4 ♘d6 20. ♘1d2 f5 21. a3! ♕b6 22. c5! ♕b5 23. ♕c3! f:g4 24. a4 h3 25. a:b5 h:g2+ 26. ♔:g2 ♖h3 27. ♕f6 ♘f5 28. c6 ♗c8 29. d:e6 f:e6 30. ♖fe1 ♗e7 31. ♖:e6 1-0

Das Spiel Fischers war wie auch schon in seinen drei vorangegangenen Kandidatenduellen über jedes Lob erhaben. Der Amerikaner verfügte über ein breitgefächertes Eröffnungsrepertoire und demonstrierte interessante strategische Ideen, taktische Übersicht und eine filigrane Endspielbehandlung. Er gewann mit 12,5:8,5 (+7, -3, =11) und wurde der elfte Schachweltmeister.

Warum hat Boris Spasski diesen Zweikampf verloren? Der Umstand, daß er von 1960 bis 1970 von fünf Partien gegen Fischer drei gewonnen und zwei remisiert hatte, erwies sich als psychologischer Bumerang. Er war sich zu sicher, daß er den Amerikaner, den er gut zu kennen glaubte, auch diesmal bezwingen würde. Nach dem Wettkampf äußerte Spasski: »Ich denke, daß es ein Fehler war, etwa anderthalb Monate vor dem Match kein starkes Turnier mehr zu bestreiten. Ich habe in den letzten Jahren überhaupt wenig gespielt.« Die Worte → *A. Anderssens* nach seinem verlorenen Match gegen → *P. Morphy*, daß man seine Kunst nicht wie einen Edelstein unter Glas legen, sondern durch ständige Anwendung bewahren solle, hatten ihre Aktualität ein weiteres Mal bewiesen. Spasski begrub als nunmehriger »Ex«-Weltmeister nicht die Hoffnung, auf den Schacholymp zurückzukehren. Im folgenden WM-Zyklus besiegte er zum Auftakt den Amerikaner → *R. Byrne* klar und deutlich, scheiterte im Halbfinale jedoch am späteren Weltmeister → *A. Karpow* mit 1:4. Von da an wurden seine Turnierergebnisse schwankend – Erfolge und Mißerfolge wechselten einander ab. 1976 siedelte Spasski nach Frankreich über. 1978 drang er durch Siege gegen → *V. Hort* und → *L Portisch* noch einmal ins Kandidatenfinale vor, wo er aber Kortschnoj mit 7,5:10,5 unterlag. In Bugojno und Montilla (beide 1978), München (1979), Baden-Baden (1980), Linares (1983) und London (1984) holt Spasski jeweils den 1. Preis. Sensationell war Spasskis »Revanchematch« 1992 in Jugoslawien gegen Robert Fischer vor allem deshalb, weil der Amerikaner seit ihrem 72er Wettkampf (!) von der Bildfläche des internationalen Schachs verschwunden war. Das Duell wurde bis zum zehnten Sieg einer der beiden Seiten gespielt und endete nach 30 Partien mit einem 10:5 für Bobby Fischer. Obwohl Spasski seinem Kontrahenten unterlegen war, zeigte er auch eine Reihe von ausgezeichneten Partien. Wenig später (1993) trug er in Budapest einen Trainingswettkampf gegen die 16jährige Ungarin → *J. Polgar* aus, der ihm indes wenig Ruhm einbrachte. Spasski unterlag mit 4,5:5,5.
Als Boris Spasski einmal gefragt wurde, was für ihn das Schach sei, sagte er, daß ihm die Antwort darauf schwerfalle. Denn das Schach bedeute für ihn zuviel... Mit Bestimmtheit könne er aber sagen, »was mir am Schach gefällt: das Unerforschliche, der unversiegbare Reichtum an Möglichkeiten, der Schaffensprozeß, der die schachliche Kreativität begleitet.« Diese Einstellung zum Schach ist der Grund für die schöpferische Langlebigkeit des zehnten Schachweltmeisters Boris Spasski.

Speelman Jonathan, * 2. Oktober 1956 in London, englischer Großmeister, WM-Kandidat.

□ N. Short
■ J. Speelman
London, 1988 (4. Matchpartie)

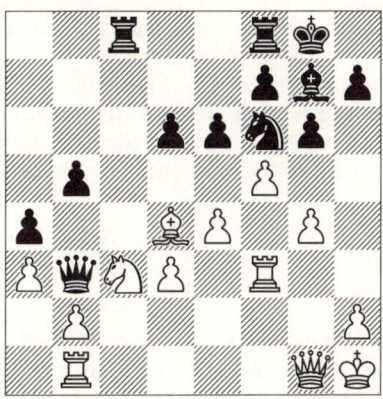

21... ♘:g4 22. f6 ♘:f6 23. ♗:f6 ♗:f6 24. ♖:f6 b4! 25. a:b4 a3 26. ♕d1 ♕:b4 27. ♖f2 a:b2 28. ♘a2 ♕d4 29. ♖f:b2 d5 30. ♖b4 ♕a7 31. ♘c1 d:e4 32. d:e4 ♕e3! 33. ♕g1 ♕f3+ 34. ♕g2 ♕d1+ 35. ♕g1 ♖fd8 36. ♘b3 ♕f3+ 37. ♕g2 ♖d1+ 38. ♖:d1 ♕:d1+ 39. ♕g1 ♕e2! 40. h3 ♖c2   0-1

Wenn er den Turniersaal betritt, ein hochgewachsener Mann in Jeans und T-Shirt, mit wirrem Haarschopf und einem sympathisch irritiert wirkenden Lächeln, zieht er sofort die Aufmerksamkeit seiner zahlreichen Fans auf sich. Mit schnellen Schritten geht er ans Brett, legt seine Brille daneben und stimmt sich langsam auf den Kampf ein. Er spielt immer auf Sieg! Von der Ausbildung her Mathematiker und in der Seele Künstler, hat Jonathan Speelman gerade im Schach das ideale Mittel des Selbstausdrucks gefunden. Mit 21 Jahren hatte er sein Studium in Oxford mit dem Titel eines Bakkalaureus der mathematischen Wissenschaften abgeschlossen und sich mit der Erreichung des Titels Internationaler Meister im Schach ein neues Ziel gesetzt. Doch binnen dreier Jahre hatte er bereits die nächstfolgende Hürde übersprungen und wurde der fünfte und damals jüngste Großmeister Englands.
Ende der 80er Jahre zählte Speelman zu den stärksten Schachspielern der Welt. Zweimal führte ihn das Schicksal in den Kandidatenkämpfen zur Weltmeisterschaft mit seinem Landsmann und Freund → *N. Short* zusammen. 1988 konnte er sich im Viertelfinale mit 3,5:1,5 durchsetzen; drei Jahre später gelang Short mit 5,5:4,5 die Revanche.

Von den weiteren Erfolgen Speelmans, des begabten Kombinationsspielers und guten Technikers in einfachen Positionen, sind diese hervorzuheben: drei Siege bei der Englischen Meisterschaft (1978, 1985, 1986) und erste Preise in Dortmund 1981, London 1985 und Beer-Shewa 1987.

Spielmann Rudolf, * 5. Mai 1883 in Wien, † 20. August 1942 in Stockholm, österreichischer Schachspieler, gehörte in der ersten Hälfte des 20. Jahrhunderts zur Weltklasse.
Rudolf Spielmann kam früh mit dem Schach in Berührung und setzte später schnell auf die Profilaufbahn. Mit 17 spielte er seine erste Partie gegen einen Meister – gegen → *D. Janowski*, allerdings in einer Simultanvorstellung. Sechs Jahre später (1906) nahm er am Münchener Meisterturnier teil und belegte dort den 2. Platz. Von da an bestritt er jedes Jahr drei bis vier große Turniere. Besonders erfolgreich war er in Gambitturnieren. Er gewann in Abbazia 1912, wo alle Partien mit

dem angenommenen → *Königsgambit* eröffnet wurden, und in Baden-Baden 1914, wo die Teilnehmer die Auswahl zwischem dem Nordischen, dem Schottischen, dem Königs- und dem → *Evansgambit* hatten. Nicht zufällig nannte → *R. Reti* Spielmann den letzten Schachromantiker. Für Spielmann war die Schachpartie nach eigenem Bekunden keine mathematische Aufgabe, sondern ein Kampf, in dem der Vorteil immer beim Angreifer liegt!

□ R. Spielmann
■ R. Reti
Abbazia, 1912

1. e4 e5 2. f4 e:f4 3. ♘f3 ♘f6 4. ♘c3 d5 5. e5 ♘e4 6. ♗e2 ♘c6 7. d3 ♘:c3 8. b:c3 g5 9. 0-0 ♖g8 10. d4 g4 11. ♘e1 f3 12. ♗d3 ♕h4 13. ♗f4 f:g2 14. ♘:g2 ♕h5 15. ♖b1 ♘d8 16. c4 ♗e6 17. ♘e3 d:c4 18. ♗e4 c6 19. d5 ♗c5 20. ♔h1 ♗:e3 21. d:e6 ♘:e6 22. ♗:e3 ♕:e5 23. ♗:h7 ♖h8 24. ♖:f7 ♖d8 25. ♕:g4 ♕:e3 26. ♗g6   1-0

Aber Spielmann konnte nicht nur glänzend attackieren, nein, ihm war auch ein feines positionelles Gespür eigen, das er einmal selbst als »Talisman des Schachspielers« bezeichnete. In seiner Schachkarriere brachte er es in 120 Turnieren und 50 Zweikämpfen auf 1800 Partien. Zu seinen besten Plazierungen gehören die Siege in Wien (1913, 1926), Budapest (1913), Berlin (1914), Stockholm (1919), Teplitz und Scheveningen (1923), Semmering (1926), Magdeburg (1927), Göteborg (1940) sowie die geteilten 2. Plätze in Pistany (1922) und Karlsbad (1929). Er konnte eine Reihe von starken Großmeistern im Zweikampf bezwingen: → *A. Nimzowitsch* (1908), → *S. Tartakower* (1910 und 1921), → *J. Mieses* (1910), R. Reti (1910 und 1921), → *G. Stahlberg* (1930), → *J. Bogoljubow* (1932).
Spielmann machte sich auch auf literarischem Gebiet einen Namen. 1929 erschien sein bekanntes Buch »Ein Rundflug durch die Schachwelt«. Darin lieferte er prägnante Charakteristiken der zeitgenössischen Schachkoryphäen. Aus dem Jahre 1935 stammt sein Werk »Richtig opfern!«. Wie sich sein Freund,

der deutsche Schachmeister Hans Kmoch, erinnerte, gab es in Spielmanns Leben einige Zerstreuungen, die ihn jedoch nicht daran hinderten, glänzend Schach zu spielen. In der Freizeit konnte man ihn auch am Kartentisch finden. Schach spielte er nicht leichtfertig um Geld, sondern bevorzugte da die ernsten Turnierpartien.

□ R. Spielmann
■ A. Nimzowitsch
Semmering, 1926

1. e4 e5 2. ♘f3 f5 3. ♘:e5 ♕f6 4. d4 d6 5. ♘c4 f:e4 6. ♘c3 ♕g6 7. d5 ♘f6 8. ♗e3 ♗e7 9. ♕d4 0-0 10. ♘d2 c5 11. d:c6 ♘:c6 12. ♕c4+ ♔h8 13. 0-0-0 ♗g4 14. f3 d5 15. ♘:d5 ♘:d5 16. ♕:d5 e:f3 17. g:f3 ♖ac8 18. ♗d3 ♗f5 19. ♗:f5 ♖:f5 20. ♕c4 b5 21. ♕g4 ♕f7 22. ♖hg1 ♘b4 23. c3 ♘:a2+ 24. ♔b1 b4 25. ♗d4 ♗g5 26. c4 b3 27. ♘e4 ♕g6

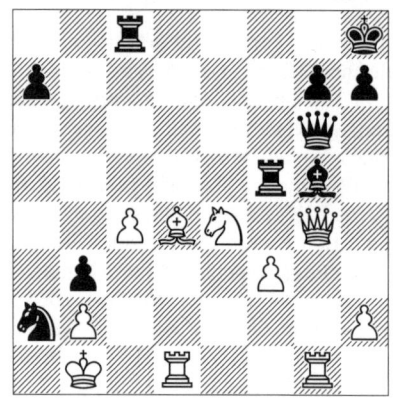

28. ♕:g5 ♖:g5 29. ♖:g5 ♕f7 30. ♘d6 ♕:f3 31. ♗:g7+ ♔g8 32. ♗e5+ ♔f8 33. ♖f5+ ♕:f5+ 34. ♘:f5 ♖:c4 35. ♖d8+   1-0

Sponsoren von Schachveranstaltungen. Wie auf einer Reihe von Gebieten der Kunst und des Sportes bedarf auch das Schach der Unterstützung von Firmen bzw. vermögender Leute. Besonders trifft das auf die Durchführung von Turnieren und Wettkämpfen auf höchstem Niveau zu. Die Mäzene sind in der Regel leidenschaftliche Schachliebhaber oder gar selbst starke Schachspieler. So zahlte der New Yorker Professor Isaak Rice → *Em. Las-*

ker und → *M. Tschigorin* in ihrem Match (1903) dafür ein höheres Honorar, daß sie in allen Partien ein von ihm erfundenes Gambit anwandten. Einige Jahre später opferte der holländische Künstler und glühende Verehrer des Spiels von Großmeister → *D. Janowski*, L. Nardus, einige tausend Francs für eine Serie von Zweikämpfen seines Schützlings gegen Emanuel Lasker, darunter sogar zwei WM-Kämpfe (1910).

Ein anderes Beispiel: Mitte der 60er Jahre finanzierte der amerikanische Cellist Georgi Pjatigorsky zwei Superturniere, bei denen 1963 in Los Angeles → *P. Keres,* → *T. Petrosjan* und → *M. Najdorf* und 1966 in Santa Monica → *B. Spasski,* → *R. Fischer* und → *B. Larsen* auf den ersten drei Plätzen einkamen.

Der Mäzen Joop van Oosterom, ein holländischer Millionär, ist ein Schachspieler mit Meisterstärke, der seinerzeit gar an einer Junioren-WM teilgenommen hat. Er tat sich in den 90er Jahren als Geldgeber für die Vergleichskämpfe der besten Frauen gegen die besten Senioren der Welt sowie für die kombinierten Turniere im Schnell- und Blindschach in Monaco hervor und sponsert u. a. auch den holländischen Großmeister Jeroen Piket.

Ein weiterer bekannter Mäzen unserer Tage ist der Spanier Luis Rentero, der sich durch die Organisation der Superturniere von → *Linares* einen Namen gemacht hat. Um das Ansehen und das Niveau seiner Turniere zu heben, schließt er mit den Großmeistern Verträge ab, in denen eine bestimmte Anzugsordnung (Anzug+Krawatte) und das Verbot festgeschrieben ist, die Partien vor dem 40. Zug remis zu geben. Bei Verletzungen dieser Regeln werden Geldstrafen verhängt. Frei nach dem Motto »Wer zahlt, bestimmt auch die Musik«. Und diese Musik dient auf jeden Fall dem Schach!

Einen wahren Schachboom löste seinerzeit in → *England* die Mitteilung aus, daß der Millionär und Schachmäzen James Derrick Slater für den ersten englischen Großmeister eine Prämie von 5000 Pfund Sterling ausgesetzt habe. Wie der Schachkolumnist des Londoner »Guardian«, Leonard Barden, 1975 schrieb, fühlten sich die führenden englischen Meister wie Alpinisten, die sich auf den Weg gemacht haben, den Mount Everest zu erklimmen... Es gäbe eine Hoffnung, daß es, wenn diese Barriere erst einmal genommen sei, im Lande nicht nur einen, sondern bald viele Großmeister geben würde. Tatsächlich, nachdem → *A. Miles* den Bann schon binnen eines Jahres gebrochen hatte, errangen in kurzer Folge Raymond Keene, Michael Stean, → *J. Nunn,* → *J. Speelman*, Jonathan Mestel und → *N. Short* diesen Titel. Gegen Ende der 80er Jahre war England bereits eine der führenden Schachnationen der Welt!

In letzter Zeit tauchen auch in Asien die ersten Schachmäzene auf. So war der indische Geschäftsmann Sanghi der Hauptsponsor des WM-Zyklus der → *Fide* 1994/95, auch in der Hoffnung, daß sein Landsmann → *V. Anand* erfolgreich nach dem Weltmeistertitel greifen würde.

Ein großer Förderer der Schachkunst ist der Präsident der Republik Kalmykien Kirsan Iljumschinow. In vielerlei Hinsicht hängt das damit zusammen, daß er selbst als Meisterkandidat ein starker Schachspieler war und daß es in seiner Republik langjährige Schachtraditionen gibt. Dank seiner Unterstützung fanden im kalmykischen Elista 1994 und 1995 hochdotierte Russische Meisterschaften statt. 1998 soll die Schacholympiade in dem Steppenstaat ausgetragen werden. Dazu plant man die Errichtung eines olympischen Dorfes, ganz so, wie man es von den Olympischen Spielen her kennt. Ende 1995 wurde Iljumschinow sogar Fide-Präsident!

Das beste Beispiel des Schachsponsorings durch Firmen bildet der größte amerikanische Hersteller von Mikroprozessoren – Intel. 1994 und 1995 finanzierte Intel den sogenannten Intel World Chess Grand Prix, eine internationale Turnierserie im → *Schnellschach*, die in den Weltstädten Moskau, New York, London und Paris über die Bühne ging. Dazu kommt der WM-Zyklus der Profischachorganisation → *PCA*. Es sei ebenfalls auf eine neue Richtung des Sponsorings, »Schach in der Schule«, verwiesen, die 1994 in sechs Großstädten der USA angelaufen ist.

Die Reihe des Schachsponsorings ließe sich noch lange fortsetzen. Erwähnt sei noch der Hauptsponsor des Deutschen Schachbundes, die Schweizerische Kreditanstalt (SKA), die

u. a. die Turniere von München und eine Reihe anderer Veranstaltungen mitfinanziert hat.

Springer. Im Laufe von Jahrhunderten war der Krieger zu Pferde in den Armeen Asiens und Europa eine der wichtigsten Kampfeinheiten. Das Symbol des Reiters ist im Schachspiel der Springer. Mit seiner Gangart unterscheidet er sich stark von den anderen Figuren. Nur er hat das Recht, über andere Steine hinwegzuspringen.

Die Springer werden in der Regel früh ins Spiel gebracht. Im → *Reti-System* oder der → *Aljechin-Verteidigung* werden sie sogar vor den Bauern plaziert. In einer Reihe von Spielanfängen sind die Springer so aktiv, daß sie zur Namensgebung beigetragen haben: → *Vierspringerspiel*, Dreispringerspiel, → *Zweispringerspiel im Nachzug* usw.

Aber das eigentliche Element dieser Figur ist das → *Mittelspiel*. Besonders stark ist der Springer naturgemäß in geschlossenen Stellungen, denn er kann sich über Barrieren hinwegsetzen. Aber auch in offenen Positionen, die voller Dynamik sind, erweisen sich Springer mitunter als unersetzlich. Das beste Beispiel sind → *Doppelangriffe*, die sogenannten → *Gabeln*. Im folgenden Beispiel sind zwei Springer auch in einer offenen Stellung den beiden Läufern überlegen.

□ L. Schmid
■ K. Darga
Bamberg, 1966

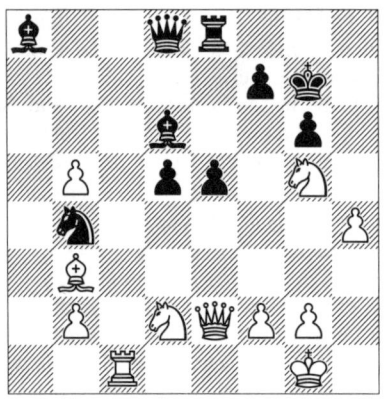

26. ♘de4! ♗e7
Auf 26... d:e4 hatte Weiß 27. ♘:f7! beabsichtigt, was zu haarsträubenden Verwicklungen führt.
27. ♕e3! ♖h8 28. ♘c5 ♕d6 29. f4! ♗f6 30. ♘ce6+! f:e6 31. ♖c7+! ♕:c7
Gut für Weiß ist auch 31... ♔g8 32. ♖c8+ ♔g7 33. ♕a7+ ♗e7 34. ♖:h8 bzw. 33... ♕e7 34. ♘:e6+ usw.
32. ♘:e6+ ♔h7 33. ♘:c7 d4 34. ♕d2 ♗e7 35. f:e5 d3 36. ♘e6 ♗e4 37. ♘g5+ 1-0

Auch im folgenden Beispiel sind die Läufer der Kavallerie nicht gewachsen:

□ J. Timman
■ M. Adams
Belgrad, 1995

1. e4 e5 2. ♘f3 ♘c6 3. ♗b5 a6 4. ♗:c6 d:c6 5. 0-0 f6 6. d4 e:d4 7. ♘:d4 c5 8. ♘b3 ♕:d1 9. ♖:d1 ♗g4 10. f3 ♗d7 11. ♗f4 0-0-0 12. ♘c3 c4 13. ♘a5 ♗c5+ 14. ♔f1 b5 15. ♘d5 c6 16. b4 ♗a7 17. ♘c7
Der Tanz beginnt!
17... ♖b8 18. ♘e6 ♗:f4 19. ♘:c6!

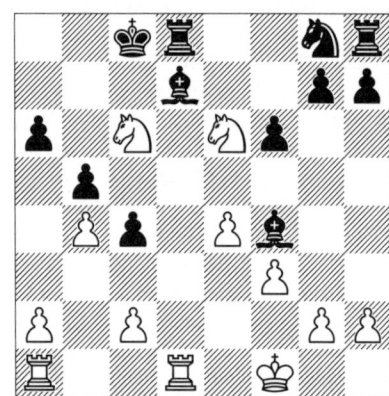

19... ♖e8 20. ♘a7+ ♔b8 21. ♘:f4 ♖e7 22. ♘d5 ♖e8 23. ♘f4 ♖e7 24. ♘d5 ♖e8 25. ♘b6 ♗e6 26. ♘c6+ ♔c7 27. ♘d4 ♔:b6 28. ♘:e6 ♖:e6 29. ♖d8 h5 30. ♖ad1 f5 31. e:f5 ♖eh6 32. ♖b8+ ♔c7 33. ♖dd8 ♖d6 34. ♖bc8+ ♔b7 35. ♖:g8 ♖:g8 36. ♖:g8 1-0

Von den 36 Zügen in dieser Partie hat Weiß genau 18 mit den Springern ausgeführt!

In Endspielpositionen verändert sich die Rolle des Springers. Oftmals erweist er sich den langschrittigen Läufern als unterlegen. Aber im Zusammenspiel mit anderen Figuren kann er oft wahre Wunder bewirken. In der folgenden Studie von Nikolai Grigorjew (1895 bis 1938) sind es gerade die Manöver des fast das ganze Brett umkreisenden Springers, die den Bauern stoppen und die Partie zu einem friedlichen Ende führen.

N. Grigorjew, 1934

Remis
1. ♔d3 ♚f7 2. ♔c4 ♚g6! 3. ♘f8+ (Auf 3. ♔:b4? folgt 3... h5! 4. ♘f8+ ♚f5!, und der Freibauer läuft durch.) 3... ♚f5 4. ♘d7 h5 5. ♘c5! h4 6. ♘b3! h3 7. ♘d2 h2 8. ♘f1! h1♕ 9. ♘g3+   1/2-1/2

Stahlberg Gideon, * 26. Januar 1908 in Angered bei Göteborg, † 26. Mai 1967 in Leningrad, schwedischer Großmeister, WM-Kandidat. Gideon Stahlberg war noch keine 20 Jahre alt, als er gemeinsam mit Gösta Stoltz (1908 bis 1963), der später ebenfalls Großmeister wurde, die Schwedische Meisterschaft gewann. 1929 folgte der Sieg beim Championat Skandinaviens. → *Em. Lasker* bezeichnete Stahlberg in einem seiner Artikel als einen der besten Vertreter der jungen Generation, die in einer harten Zeit aufgewachsen sei, weder wie → *W. Steinitz* oder → *A. Rubinstein* an Gesetze, wie → *M. Tschigorin* oder → *A. Aljechin* an die Romantik noch wie → *J. R. Capablanca* an die Logik glaube, sondern munter und furchtlos drauflos kämpfe.

Von 1928 bis 1964 nahm Stahlberg an 12 Schacholympiaden teil. Anfang der 30er Jahre gewann er Zweikämpfe gegen → *R. Spielmann* 5:3 (1933) und → *A. Nimzowitsch* 5:3 (1934). Nach dem Match schrieb Nimzowitsch: »Am Stil Stahlbergs gefiel mir die für mich neue Synthese von positionellem Manövrieren und lebhaftem Kombinationsspiel. Ebenfalls imponierte mir sehr seine Art, Verwicklungen heraufzubeschwören: selten entging seiner Aufmerksamkeit der stärkste Zug; seine Attacken zeichneten sich immer durch effektvolle Pointen aus. All das zusammengenommen zwingt mich, ihn als neuen Großmeister anzuerkennen.«
Die folgende schöne Partie dieses Duells ging um die Schachwelt:

☐ G. Stahlberg
■ A. Nimzowitsch
Göteborg, 1934

1. d4 ♘f6 2. c4 e6 3. ♘c3 ♗b4 4. ♕b3 c5 5. d:c5 ♘c6 6. ♘f3 ♘e4 7. ♗d2 ♘:c5 8. ♕c2 0-0 9. a3! ♗:c3 10. ♗:c3 a5 11. g3 a4 12. ♗g2 b6 13. 0-0 ♗b7 14. ♖ad1 ♘a5 15. ♗b4 ♗e4 16. ♕c3 ♘ab3 17. ♘d4 ♗:g2 18. ♔:g2 ♖e8 19. ♘:b3 ♘:b3 20. ♖d6 ♕c7 21. ♖fd1 ♖ed8

22. ♕f3! ♖ab8 23. ♕g4 f6 24. ♗c3 ♔h8 25. ♕h4 e5

26. ♖:f6!! g:f6 27. ♕:f6+ ♔g8 28. ♖d6! ♖f8
29. ♕:e5 ♖:f2+ 30. ♔g1! ♔f7 31. ♖f6+   1-0

Nach der Schacholympiade von 1939 blieb Stahlberg aufgrund des Ausbruchs des Zweiten Weltkrieges in Argentinien. Nach zehn Jahren in Buenos Aires kehrte er in die Heimat zurück. Er nahm an zwei Kandidatenturnieren zur Weltmeisterschaft (1948 und 1953) sowie an drei Interzonenturnieren teil. Besonders stark spielte er im 48er Interzonenturnier, wo er rundenlang in Führung lag und am Ende den 6.-9. Rang teilte. Zu seinen besten Ergebnissen gehören ferner: Kemeri 1939 (2.-3. Platz); Buenos Aires 1941 (1.-2.); Mar del Plata 1941 (1.), 1943 und 1947 (2.); Amsterdam 1950 (3.); Göteborg 1957–59 und Beverwijk 1958 (jeweils 1.).
Von 1957–63 war Stahlberg Hauptschiedsrichter bei einigen WM-Kämpfen.

Stamma Philipp, ungefähr 1715–1770, stammt aus Aleppo, syrischer Schachspieler und Problemkomponist des 18. Jahrhunderts.
1737 erschien in Paris eine Sammlung von 100 effektvollen Endspielen und Aufgaben Stammas, die eindeutig den Stempel des → *Schatrandsch* trugen. Dem König der mattsetzenden Seite drohte in einer Reihe von Beispielen selbst ein Matt, wie das so oft in den Mansuben der Fall war. Mit der Anordnung der Figuren wollte Stamma unterstreichen, daß er die Endspiele dem praktischen Spiel entlehnt hatte. Das Buch ist auch deshalb bemerkenswert, weil der Autor erstmals seine algebraische → *Notation* verwandte, die später von Moses Hirschel vervollkommnet wurde (1784) und auch heute gebräuchlich ist.

Ph. Stamma 1737

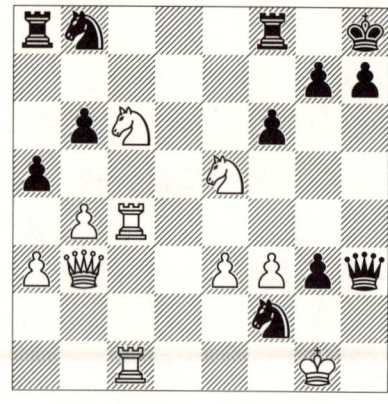

Matt in sechs Zügen
1. ♖h4! ♕:h4 2. ♕g8+! ♔:g8 (2... ♖:g8 3. ♘f7+ matt) 3. ♘e7+ ♔h8 4. ♘f7+! ♖:f7 5. ♖c8+ ♖f8 6. ♖:f8+ matt!

Auf Stammas Zeitgenossen machte dieses Feuerwerk verschiedener kombinatorischer Motive natürlich großen Eindruck – die → *Ablenkung* (1. ♖h4!), die → *Hinlenkung* (2.♕g8+), die Linienräumung (3. ♘e7+), die Überlastung (4. ♘f7+, im Ergebnis kann der Turm nicht zwei Drohungen zugleich abwehren – die des Springers e5 und des Turmes c1), die Ausnutzung der Schwäche der Grundreihe (5. ♖c8+). Dieser Opferstil herrschte zur damaligen Zeit auch im Spiel selbst vor, begünstigt dadurch, daß die Schachtheorie noch in den Kinderschuhen steckte.
Nach seiner Übersiedelung nach London arbeitete Stamma als Übersetzer für östliche Sprachen und gab 1745 eine überarbeitete Ausgabe seines Werkes auf englisch heraus. Er analysierte darin auch eine Reihe von Eröffnungen, darunter das → *Königs-* bzw. → *Damengambit*. Das Buch wurde populär und in die deutsche, italienische und niederländische Sprache übersetzt. Zwei Jahre später trug Stamma in London gegen den jungen → *Phili-*

dor ein Match über zehn Partien aus. Der letztere spielte alle Partien mit den schwarzen Steinen; Unentschieden wurden ihm als Verlust angerechnet. Trotzdem nahm dieses Duell mit 2:8 (+1, -8, =1) einen für Stamma traurigen Ausgang.

Stangl Markus, * 29. 4. 1969 in Fürstenfeldbruck, deutscher Großmeister.
Markus Stangl zog es als Kind zum Fußball. Logisch für einen, der in München aufgewachsen ist. Nach einem Jahr in der D-Jugend bei Bayern München traf er in der Freiluftschachanlage im Stadtbezirk Münchener Freiheit auf Schachspieler wie → *G. Hertneck*, K. Klundt, Th. Reich, J. Lenz u. a. und begeisterte sich für das Schachspiel. Der Wechsel des Metiers fiel nicht schwer, denn sein Verein Bayern München hatte auch eine starke Schachabteilung. Auf Anhieb gewann er die C-Jugend-Stadtmeisterschaft. 1986/87 holte ihn sein großer Förderer, Heinrich Jellissen, in die erste Mannschaft der Bayern, für die er eine Reihe von Deutschen Meistertiteln mitkämpfte.
Seine erste GM-Norm holte Markus Stangl 1992 beim bekannten Open »Berliner Sommer«. Der geteilte Sieg in Brünn 1993 und eine vordere Plazierung in Münster 1993 waren mit ausschlaggebend dafür, daß ihm im Oktober 1993 der Großmeistertitel verliehen wurde.

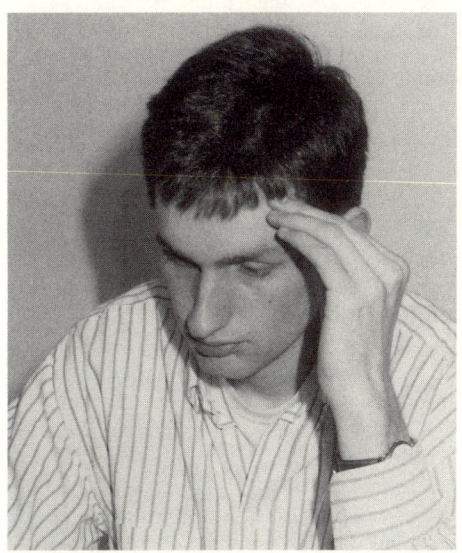

Zur Saison 1995/96 wechselte Markus Stangl, der von Beruf Jurist ist, zur SG Köln-Porz.
Stangls Stil läßt sich nicht so leicht in eine Schublade pressen. Er versteht es, komplizierte Endspiele zu behandeln, aber auch Husarenattacken zu reiten – wie in der folgenden Partie, die er im K.-o.-Turnier von → *Tilburg* im Tiebreak mit verkürzter Bedenkzeit spielte.

□ M. Stangl
■ L. Oll
Tilburg, 1994

1. d4 d5 2. c4 c6 3. e3 ♘f6 4. ♘c3 e6 5. ♘f3 ♘bd7 6. ♕c2 ♗d6 7. ♗d2 0-0 8. h3 a6 9. g4 d:c4 10. g5 ♘d5 11. ♗:c4 ♘b4 12. ♕e4 b5 13. ♗b3 ♗b7 14. a3 ♘d5 15. ♗c2 g6 16. h4 c5 17. h5 ♘b4 18. a:b4 ♗:e4 19. ♘:e4 c:d4 20. e:d4 ♕e7 21. ♔e2 ♗:b4 22. ♗f4 f5 23. g:f6 ♘:f6 24. h:g6! ♖ac8 25. g:h7+ ♔h8 26. ♗d3 ♘:e4 27. ♗e5+ ♗f6 28. ♗:e4 ♗d6 29. ♗:f6+ ♕:f6 30. ♖ag1 ♖f8 31. ♖g4   1-0

Staunton Howard, * 1810 in Westmorland, † 22. Juni 1874 in London, englischer Maestro, Mitte des 19. Jahrhunderts einer der stärksten Schachspieler der Welt.
Howard Staunton, ein unehelicher Sohn des Earl of Carlisle, begeisterte sich in seiner Jugend für die Literatur und das Theater. Da er jedoch nicht erbberechtigt war, geriet er früh in materielle Not. Der berühmte Tragödiendarsteller Edmund Kean wollte aus Staunton einen Schauspieler machen und holte ihn ans Theater. Sie spielten auch zusammen in einem Stück – damit hatte sich Stauntons Schauspielkarriere allerdings auch schon erledigt. Erfolgreicher war er als Shakespeare-Forscher, aber Weltruhm erlangte er nur durch das Schach, das er erst mit 19 Jahren erlernte. Sein erster Lehrmeister bzw. Kontrahent war der deutsche Schachspieler U. Popert. 1840 konnte Staunton ihn in einem Match mit 13:8 bezwingen. Danach erwies er sich in einem Dauerzweikampf (1841–1842) gegen einen der stärksten englischen Meister, John Cochrane (1798–1878), als der Bessere. Von knapp 600 Partien gewann Staunton etwa 400.

1843 schlug Howard Staunton den französischen Champion → *P. de Saint-Amant* mit 13:8 (+11, -6, =4) und galt fortan als stärkster Schachspieler Europas. 1841 gründete er mit dem »Chess Player's Chronicle« eine der besten europäischen → *Schachzeitschriften*. Staunton, der in den »Illustrated London News« von 1845 bis zu seinem Tod eine Schachspalte führte und 1847 das »Chess Player's Handbook« herausgab, war ein leidenschaftlicher Propagandist des Schachs. Er schrieb, daß es kein Spiel der Welt, das der Forschergeist des Menschen je erdacht hat, es von der Anziehungskraft, vom Inhalt, vom moralischen Wert und der sozialen Bedeutung her mit dem Schach – dieser Wissenschaft im Spiel – aufnehmen könne.

Für immer wird Howard Staunton der Schachwelt auch als Initiator und Organisator des ersten internationalen Schachturniers von → *London* 1851 in Erinnerung bleiben. An diesem Punkt begann die Zeitrechnung des modernen Turnierschachs.

Staunton war ein Anhänger der positionellen Prinzipien im Schach und darf in diesem Sinne als einer der Vorläufer von → *W. Steinitz* betrachtet werden. Daß der Maestro aber auch eine scharfe kombinatorische Klinge schlagen konnte, davon zeugen u. a. einige Partien seines Matches gegen Saint-Amant sowie das von ihm erfundene Staunton-Gambit der → *Holländischen Verteidigung* (1. d4 f5 2. e4).

□ P. Saint-Amant
■ H. Staunton

Paris, 1843 (5. Matchpartie)

1. e4 c5 2. f4 e6 3. ♘f3 ♘c6 4. c3 d5 5. e5 ♛b6 6. ♗d3 ♗d7 7. ♗c2 ♖c8 8. 0-0 ♘h6 9. h3 ♗e7 10. ♔h2 f5 11. a3 a5 12. a4 ♘f7 13. d4 h6 14. ♖e1 g6 15. ♘a3 c:d4 16. ♘:d4 ♘:d4 17. c:d4 g5 18. ♘b5 ♗:b5 19. a:b5 ♖c4 20. ♗d3 ♖c8 21. ♗e2 g:f4 22. ♖f1

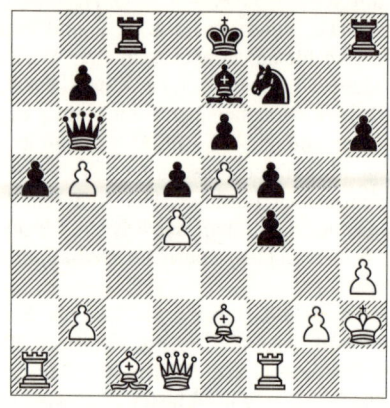

22... ♘g5 23. ♗:f4 ♘e4 24. ♖c1 ♖:c1 25. ♛:c1 ♔d7 26. ♛e3 ♗g5 27. ♗d3 ♖g8 28. ♗:e4 d:e4 29. ♗:g5 h:g5 30. ♛b3! g4 31. ♖d1 g:h3 32. ♛:h3 ♛d8! 33. d5 ♔c8 34. ♛c3+ ♔b8 35. d6 f4 36. ♛c5 e3 37. ♛c2 ♛h4+ 38. ♔g1 ♖c8 39. ♛e2 ♖h8   0-1

Stein Leonid, * 12. November 1934 in Kamenez-Podolskij, † 4. Juli 1973 in Moskau, ukrainischer Großmeister, Weltklassespieler der 60er und zu Beginn der 70er Jahre.

»Stein hat uns schon als Kind mit seinem Talent und der Leichtigkeit seines Spiels verblüfft. Er orientierte sich auf dem Schachbrett wie ein Hellseher. Überblickt ein erfahrener Spieler in einem Moment lediglich einen bestimmten Brettabschnitt, so erfaßte Stein das Schachbrett im ganzen und sah irgendwie die Position plastisch vor sich, die nach dem zu erwartenden Antwortzug entstehen würde. Wenn er die Varianten demonstrierte, die er während der Partie gesehen hatte, schien es,

als ob das Brett sich bewegte... Bei dieser für alle offensichtlichen kostbaren Begabung war Stein unsagbar ungeduldig, er konnte sich absolut nicht zum Nachdenken zwingen und traf auf Schritt und Tritt übereilte Entscheidungen«, erinnerte sich der renommierte ukrainische Trainer Wiktor Kart an den jungen Leonid Stein.

All das legte sich mit der Zeit. Der Armeedienst und das Studium in Lwow verhalfen ihm zu einer fundierteren Herangehensweise an die schöpferischen Probleme des Schachs. Bald stellten sich größere Erfolge ein: 1961 und 1962 wird er ukrainischer Champion, 1961 gewinnt er das Turnier von Bukarest und erhält das Recht, am Interzonenturnier von Stockholm teilzunehmen (1962).

Dort lernte er → R. Fischer kennen, der ihn zu einem Blitzwettkampf herausforderte: »Spielen wir um einen kleinen Einsatz – sagen wir zehn Kronen. Wenn Sie aus fünf Partien zwei Punkte holen, Mister Stein, haben Sie gewonnen«, so Bobby selbstbewußt. Nach 20 Minuten war das Match bereits beendet, denn Stein hatte die ersten beiden Partien gewonnen...

Das Turnier selbst ließ sich für Stein jedoch nicht so gut an. Nach sieben Runden hatte er erst zwei Punkte auf seinem Konto. Doch zum allgemeinen Erstaunen gewann Stein von den folgenden vierzehn Partien neun, bei fünf Unentschieden, und erfüllte die Großmeisternorm! Vor der letzten Runde lag er hinter R. Fischer und seinen Landsleuten → J. Geller und → T. Petrosjan auf dem 4. Platz. Dann verlor er jedoch gegen → F. Olafsson und qualifizierte sich wegen einer unsinnigen und unsportlichen Fide-Regel, die die Zahl der sowjetischen Spieler, die weiterkommen konnten, beschränkte, nicht für das Kandidatenturnier zur Weltmeisterschaft...

Dasselbe passiert ihm zwei Jahre später im Interzonenturnier von Amsterdam. Er wird Fünfter, was normalerweise die Qualifikation für das Kandidatenturnier bedeutet hätte. Doch wieder bleibt er draußen, weil nur drei Sowjets zugelassen waren und er nach → B. Spasski, → M. Tal und → W. Smyslow nur die Nummer vier ist...

Nach dieser Enttäuschung verlor Stein scheinbar das Interesse am Kampf um die Weltmeisterschaft und spielte nur noch »zu seinem Vergnügen«. Seine Erfolge waren dennoch traumhaft. Dreimal wurde er Landesmeister der Sowjetunion (1963, 1965, 1966). In so starken Turnieren wie Sarajevo und Moskau (1967), Hastings (1967/68), Kecskemet (1968), Tallinn (1969), Pjarnu (1971), Moskau (1971), Zagreb (1972) und Las Palmas (1973) trug er den Sieg davon.

Steins Zeitgenossen, die am Schachbrett auf ihn getroffen sind, haben eine außerordentlich hohe Meinung von seinem Spiel. »Stein hatte ein phantastisches Talent. Er verfügte über ein feines Gespür in Stellungen mit verteilten Chancen und großen taktischen Scharfblick. Sein Beitrag für das Schach ist ziemlich bedeutend und in seiner Art einzigartig«, sagte → A. Karpow.

Für eine seiner besten Leistungen hielt Leonid Stein die folgende Partie von der 34. UdSSR-Meisterschaft:

□ W. Kortschnoj
■ L. Stein

Tallinn, 1966

1. d4 ♘f6 2. c4 g6 3. ♘c3 ♗g7 4. e4 d6 5. f3 0-0 6. ♗e3 e5 7. d5 ♘h5 8. ♕d2 f5 9. 0-0-0 ♘d7 10. ♗d3 f:e4 11. ♘:e4 ♘f4 12. ♗c2 ♘f6 13. ♘c3

(siehe Diagramm Seite 310)

1. e4 d5 2. e:d5 ♕:d5 3. ♘c3 ♕d8 4. d4 e6 5. ♘f3 ♘f6 6. ♗d3 ♗e7 7. 0-0 0-0 8. ♗e3 b6 9. ♘e5 ♗b7 10. f4 ♘bd7 11. ♕e2 ♘d5 12. ♘:d5 e:d5 13. ♖f3 f5 14. ♖h3 g6

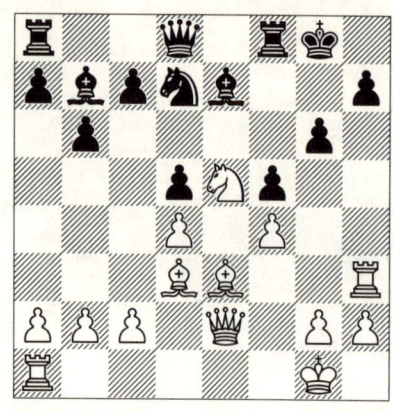

15. g4! f:g4 16. ♖:h7!! ♘:e5 17. f:e5 ♔:h7 18. ♕:g4 ♖g8 19. ♕h5+ ♔g7 20. ♕h6+ ♔f7 21. ♕h7+ ♔e6 22. ♕h3+ ♔f7 23. ♖f1+ ♔e8 24. ♕e6 ♖g7 25. ♗g5 ♕d7 26. ♗:g6+ ♖:g6 27. ♕:g6+ ♔d8 28. ♖f8+ ♕e8 29. ♕:e8+   1-0

Gleich nach diesem Turnier besiegte Steinitz den stärksten italienischen Meister → *S. Dubois* mit 5,5:3,5 (+5, -3, =1). Seine ersten Erfolge veranlaßten ihn, in London zu bleiben und sich fortan ganz dem Schach zu verschreiben. In den folgenden Jahren gewann er eine Reihe von Zweikämpfen gegen führende englische Meister, darunter → *J. Blackburne* (1863, 8:3), sowie erste Preise in Dublin und London (1866). Das war den Engländern Grund genug, einen Wettkampf zwischen Steinitz und Anderssen auf die Beine zu stellen, dem zu jener Zeit stärksten Spieler der Welt. Das Match fand 1866 in London statt und endete mit einem 8:6 für Steinitz (+8, -6, =0). Nach diesem Erfolg gegen den Sieger der beiden großen Londoner Turniere wurde Steinitz von der Presse als Weltmeister angesehen.

Doch Steinitz selbst war der Ansicht, daß es dazu noch keine ausreichende Veranlassung gab und daß er noch stark an der Vervollkommnung seines Stils feilen müsse. Er kam zu der Überzeugung, daß das Kombinationsspiel manchmal schöne Resultate zeitigt, daß es aber allein nicht reicht, um auf Dauer den Erfolg zu garantieren. Steinitz wollte tiefer in

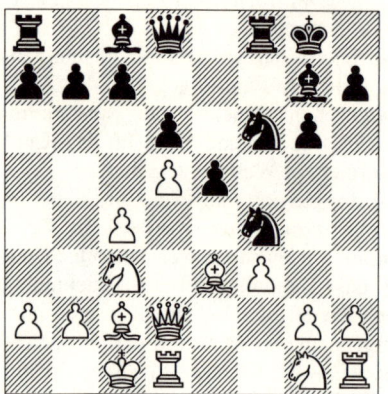

13... b5 14. ♘:b5 ♗a6 15. ♘a3 ♖b8 16. g3 ♘h5 17. b3 ♗b7 18. ♕b1 c6 19. d:c6 ♗:c6 20. ♕:d6 ♕e8 21. ♖e1 ♖f7 22. ♗d2 ♗f8 23. ♕d3 e4 24. ♕c3 ♗g7 25. ♘h3 ♘g4 26. f:g4 ♗:c3 27. ♘:c3 ♘f6 28. g5 ♘d7 29. ♘:e4 ♕f8 30. ♗c3 ♖f3 31. ♗b2 ♖e8 32. ♔b1 ♗:e4 33. ♗:e4 ♖:e4 34. ♖:e4 ♖f1+ 35. ♖e1 ♕f5+ 36. ♔a1 ♖:h1 37. ♖:h1 ♕:h3 38. ♗d4 ♕g2 39. ♖g1 ♕d2 40. ♗:a7 ♘e5 41. ♗c5 ♘d3 42. ♗a3 ♘b4 43. ♗:b4 ♕d4+ 44. ♔b1 ♕:g1+   0-1

Steinitz Wilhelm, * 17., nach anderen Angaben 14. Mai 1836 in Prag, † 12. August 1900 in New York, erster Weltmeister der Schachgeschichte.

Steinitz lernte bereits in der Kindheit das Schachspielen, doch ernsthaft befaßte er sich damit erst in seiner Wiener Studentenzeit ab 1858. Bald stieg er zu einem der stärksten Clubspieler der Stadt auf. Daher delegierten ihn die Wiener Schachspieler 1862 zum zweiten internationalen Turnier von London, wo er den 6. Preis holte. Sein Spiel war in jener Zeit vom Geiste der Romantik erfüllt. Seine Partien waren reich an schönen Kombinationen und zielstrebigen Attacken. Die folgende Partie wurde von → *A. Anderssen* als die schönste in London bezeichnet:

□ W. Steinitz
■ A. Mongredien

London, 1862

die Geheimnisse des Positionsspiels eindringen und forschte ebenso nach neuen Verteidigungsmethoden.
Die Wende in seinen kreativen Bestrebungen wurde schon Mitte der 70er Jahre spürbar, als er in Wien 1873 gewann und Blackburne 1876 vernichtend mit 7:0 (!) schlug. Noch deutlicher trat sie indessen in seinen Partiekommentaren in der Schachspalte der Zeitschrift »The Field« zutage, die er von 1873 bis 1883 führte. Um das Schaffen der zeitgenössischen Meister noch eingehender und von einer objektiven Warte aus studieren zu können, sagte Steinitz seine Teilnahme an den großen Turnieren von Paris 1878 und Berlin 1881 ab und reiste nur als Beobachter an! Als er 1883 in London mit drei Punkten Rückstand auf den Sieger → *J. Zukertort* nur auf dem 2. Platz einkam, war ihm klar, daß er nur dann das moralische Recht besäße, sich stärkster Schachspieler der Welt zu nennen, wenn er Zukertort in einem Zweikampf bezwänge. Steinitz warf Zukertort den Fehdehandschuh hin. Ihr historisches Duell fand 1886 in den Vereinigten Staaten statt und endete mit einem 12,5:7,5-Sieg für Steinitz, der damit zum ersten offiziellen Schachweltmeister der Geschichte ausgerufen wurde. In jenen Jahren nahm Steinitz seinen ständigen Wohnsitz in den USA. Nach seinem Triumph entfaltete er eine noch energischere literarische Tätigkeit und propagierte seine neuen Ansichten über das Schach auf den Seiten der von ihm ins Leben gerufenen Zeitschrift »The International Chess Magazine« (1885–91) sowie in den Schachspalten einer Reihe amerikanischer Zeitungen. In Anknüpfung an die Ideen seiner Vorgänger → *Philidor*, → *L. La Bourdonnais*, → *A. Petrow*, → *H. Staunton* und → *P. Morphy* bereicherte Steinitz das Schach mit neuen Entdeckungen und arbeitete eine Positionslehre aus, die eine riesige Rolle in der Entwicklung der Schachkunst spielte.
Viele der Steinitzschen Leitsätze haben bis auf den heutigen Tag nichts von ihrer Gültigkeit verloren. Das betrifft vor allem die Kriterien der Stellungseinschätzung und beim Aufstellen eines Planes. Als grundlegende Positionsmerkmale gelten danach der Entwicklungsvorsprung, die Beherrschung des Zentrums und der offenen Linien, das Vorhandensein

von schwachen Punkten im gegnerischen Lager, die Bauernmajorität auf einem Flügel, der Besitz des Läuferpaares gegenüber zwei Springern bzw. einem Springer und einem Läufer des Kontrahenten usw. Sehr wichtig war auch das Postulat über das Gleichgewicht einer Stellung, das besagt, daß die Seite, die über einen positionellen Vorteil verfügt, diesen ständig ausbauen muß, um dann im richtigen Moment die entscheidende Fortsetzung zu finden, die zum Sieg führt. Andererseits wird die Initiative versiegen und in ihr Gegenteil umschlagen. Ein Leitspruch von Steinitz lautet: Wer sich im Vorteil befindet, ist verpflichtet anzugreifen! Darin verbirgt sich ein tiefer Gedanke, der die Dialektik des Schachkampfes enthüllt. Die progressive Steinitzsche Lehre hatte jedoch auch ihre »Achillesferse«. Die konkrete Analyse hatte nicht selten allgemeinen Erwägungen der Stellungsbewertung zu weichen. Das führte mitunter zu dogmatischen Einschätzungen und zur Unterdrückung von kreativen Ansätzen.
Steinitz stellte seinen Weltmeistertitel viermal in Wettkämpfen zur Disposition – darunter zweimal gegen → *M. Tschigorin* (1889 und 1892). Die Notwendigkeit ihres ersten Matches (10,5:6,5; +10, -6, =1) erklärte er damit, daß er in London 1883 zwei Partien gegen diesen Gegner verloren hatte. Dem zwei-

ten Duell (12,5:10,5; +10, -8, =5) gingen zwei Niederlagen Steinitz' im berühmten telegrafischen Match von 1891 voraus. Außerdem verteidigte Steinitz die WM-Krone noch gegen → *I. Gunsberg* in New York 1890 mit 10,5:8,5 (+6, -4, =9).

1894 mußte Steinitz den Schachthron für seinen jungen Kontrahenten und Gleichgesinnten → *Em. Lasker* räumen. Er verlor den Titelkampf, der in New York, Philadelphia und Montreal stattfand, mit 7:12 (+5, -10, =4). Im Moment der Niederlage erwies sich Wilhelm Steinitz als ein wahrer Ritter des Schachs und brachte ein dreifaches Hurra auf den neuen Weltmeister aus.

Die WM-Revanche 1896/97 in Moskau verlor Steinitz mit 4,5:12,5 (+2, -10, =5) noch klarer.

1896 gewann er in Rostow am Don ein Match gegen E. Schiffers mit 6,5:4,5 (+6, -4, =1).

Nach dem Verlust der Schachkrone beteiligte sich Steinitz nach elfjähriger Unterbrechung wieder an Turnieren – mit folgenden Ergebnissen: → *New York* 1894 (1. Platz) und 1897 (1.-2.); → *Hastings* 1895 (5.); → *St. Petersburg* 1895/96 (2.); Nürnberg 1896 (6.), 1898 (4.); Köln 1898 (5.).

Für Steinitz war das Schach eine Kunst. Davon zeugen viele Partien voller origineller Ideen und schöner Kombinationen. Ein Beispiel:

□ W. Steinitz
■ Em. Lasker

St. Petersburg, 1895

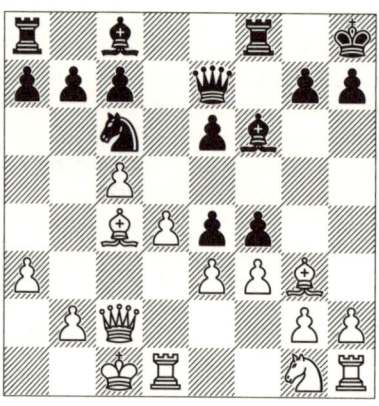

14. ♕:e4! f:g3 15. h:g3 g6 16. ♕:g6 ♗d7 17. f4 ♖f7 18. g4 ♖g7 19. ♕h6! ♖:g4 20. ♗d3 ♖g7 21. ♘f3 ♕f7 22. g4! ♖ag8 23. g5 ♗d8 24. ♖h2 ♖g6 25. ♕h5 ♖6g7 26. ♖dh1 ♕:h5 27. ♖:h5 ♖f8 28. ♖:h7+ ♖:h7 29. ♖:h7+ ♔g8 30. ♖:d7 ♖f7 31. ♗c4!
Schwarz gab auf, denn nach 31... ♖:d7 32. ♗:e6+ ♖f7 33. g6 hat er vier Bauern weniger.

Die letzten Jahre seines Lebens verbrachte Steinitz in hoffnungsloser Armut. Sein schachliches Erbe beschränkt sich nicht auf die Entwicklung seiner allgemeinen Positionslehre. Auch auf dem Gebiet der Eröffnungstheorie lieferte er zahlreiche konkrete Beiträge. Man denke nur an das Steinitz-System der → *Spanischen Partie* (1. e4 e5 2. ♘f3 ♘c6 3. ♗b5 d6), die Steinitz-Variante der → *Französischen Verteidigung* (1. e4 e6 2. d4 d5 3. ♘c3 ♘f6 4. e5), das Steinitz-Gambit der → *Wiener Partie* (1. e4 e5 2. ♘c3 ♘c6 3. f4 e:f4 4. d4 ♕h4+ 5. ♔e2) sowie an zahlreiche seiner Fortsetzungen in anderen Eröffnungen. Steinitz schaffte es nicht, seinen systematischen Eröffnungsleitfaden zu beenden. 1889 erschien in New York lediglich der erste Band seines »Modern Chess Instructor«.

St. Petersburg – Turniere. Ende des 19. und zu Beginn des 20. Jahrhunderts fanden in Sankt Petersburg drei bedeutende internationale Turniere statt: 1895/96, 1909 und 1914. Unmittelbarer Anlaß der ersten Austragung war der Ausgang des Jahrhundertturniers zu → *Hastings* 1895, wo unter 22 Teilnehmern die ersten fünf Plätze in der Reihenfolge → *H. N. Pillsbury*, → *M. Tschigorin*, → *Em. Lasker*, → *S. Tarrasch* und → *W. Steinitz* vergeben wurden. Um den Herausforderer des jungen Weltmeisters Emanuel Lasker zu ermitteln, wurde beschlossen, die genannten fünf Koryphäen in einem Matchturnier aufeinanderprallen zu lassen. Auf dem Abschlußbankett von Hastings lud Michail Tschigorin diese Spieler zum Jahresende nach St. Petersburg ein. Alle, außer Siegbert Tarrasch, gaben ihre Einwilligung. Das Matchturnier à sechs Partien war reich an Überraschungen. Eine davon war das sehr ungleichmäßige Spiel der beiden Erstplazierten von Hastings. Pillsbury kam in der ersten Hälfte

Matchturnier. St. Petersburg, 1895. Sitzend (von links nach rechts): Lasker, Tschigorin, Steinitz, Pillsbury

auf 6,5 aus 9, in der zweiten dagegen nur noch auf 1,5 Punkte. Bei Tschigorin war das Verhältnis mit 1,5 bzw. 5,5 Zählern praktisch genau umgekehrt. Der 27jährige Weltmeister Lasker gewann das Turnier mit 11,5/ 18 vor dem bereits 60jährigen Exweltmeister Wilhelm Steinitz, der auf 9,5 Punkte kam.

Der nächste bedeutende Anlaß an der Newa ging 13 Jahre später über die Bühne (1909), war dem Andenken an Michail Tschigorin gewidmet und dauerte fast einen Monat. Neben den bekannten ausländischen Maestros Em. Lasker, → *R. Spielmann*, → *R. Teichmann*, → *M. Vidmar*, → *K. Schlechter*, → *O. Duras*, → *G. Forgács* und anderen nahmen auch die sieben stärksten Schachspieler Rußlands daran teil: J. Bernstein, W. Nenarokow, F. Dus-Chotimirski, → *A. Rubinstein*, G. Salwe, Snosko-Borowski, von Freymann. Einen überragenden Sieg erzielten Emanuel Lasker und der russische Landesmeister Akiba Rubinstein, die beide auf 14,5 Punkte aus 19 Partien kamen und die nächsten Verfolger, Oldrich Duras und Rudolf Spielmann, um 3,5 Zähler distanzierten! Rubinstein hatte sich damit als WM-Anwärter Nummer eins empfohlen. Einen Spezialpreis bekam Fjodor Dus-Chotimirski, der beide Turniersieger bezwang!

Weltweite Resonanz erhielt das folgende St. Petersburger Turnier, das im April/Mai 1914 anläßlich des zehnten Jahrestages der St. Petersburger Schachgesellschaft durchgeführt

St. Petersburg, 1909, Tschigorin-Memorial. Teilnehmer und Organisatoren. Sitzend (von links nach rechts): Vidmar, Bernstein, Lasker, Burn, Schlechter, Rubinstein, Mieses, Salwe und Speyer. Stehend in der ersten Reihe: von Freyman, Duras, Lewin, S. Snosko-Borowski, Sosnizki, Fürst Demidow San Donato, Saburow, Shudowski, Perlis, Tartakower und Teichmann; stehend in der zweiten Reihe Cohn, Forgács, E. A. Snosko-Borowski und Spielmann.

wurde. Neben Weltmeister Em. Lasker nahmen die Thronanwärter A. Rubinstein und → *J. R. Capablanca,* die renommierten Meister S. Tarrasch, → *F. Marshall,* J. Bernstein, → *J. Blackburne,* → *D. Janowski,* → *I. Gunsberg* sowie die Sieger des Allrussischen Turniers → *A. Aljechin* und → *A. Nimzowitsch* teil.
Am Vorabend dieses Kräftemessens schrieb Emanuel Lasker in der St. Petersburger Zeitung »Retsch«:
»In der kommenden Woche geht in St. Petersburg ein Schauspiel über die Bühne, das man in allen Ländern der Welt mit gespannter Aufmerksamkeit verfolgen wird. Im Club auf dem Litejner Prospekt versammeln sich elf Menschen unterschiedlichen Alters und unterschiedlicher Nationalität, um Schach zu spielen. Sofort wird eine Vielzahl von Leuten in Bewegung geraten: in alle Ecken der Welt werden die Telegramme fliegen, zwischen vielen großen Städten die Telefondrähte glühen; die Zeitungen werden ausführliche Berichte über das Turnier bringen; das Publikum wird sich begierig darauf stürzen, darüber diskutieren und Wetten abschließen... Andere mögen meinen: ›Viel Lärm um nichts.‹ Aber sie werden nicht recht haben. Letztlich sind die hölzernen Schachfiguren nur ein Symbol. Was tatsächlich zählt, ist die intensive Gedankenarbeit, eine Arbeit, die neue Werte von Weltrang schafft...«
Wie auch zwei Jahrzehnte zuvor ging es in St. Petersburg 1914 darum, den WM-Herausforderer zu ermitteln – diesmal in Abstimmung mit dem Deutschen Schachbund und der Britischen Schachföderation. Um Zufälligkeiten auszuschließen, wurde die Veranstaltung in zwei Etappen durchgeführt. Erst spielten die elf Teilnehmer ein normales Turnier, dann trugen die ersten fünf ein doppelrundiges Matchturnier gegeneinander aus. Im ersten Abschnitt gab es zwei Überraschungen: Rubinstein qualifizierte sich nicht für das Finale, aber Aljechin schaffte es.
Das Finale gestaltete sich zu einem Zweikampf zwischen Lasker und Capablanca, die bereits im Vorturnier geglänzt hatten. Durch eine Niederlage in der 2. Runde gegen Lasker und einen weiteren Verlust gegen Tarrasch mußte Capablanca seine Führung abgeben. Emanuel Lasker zeigte ein weiteres Mal, welch ein hervorragender Turnierkämpfer er war, und gewann das Turnier. Das St. Petersburger Spitzentrio Lasker-Capablanca-Aljechin sollte über viele Jahre hinweg tonangebend bleiben.

Ströbeck – eine Siedlung in der Nähe von Halberstadt, wird auch als »Schachdorf« bezeichnet. Das Schach ist hier nach der Überlieferung seit 1068 bekannt, als der von König Heinrich II. im Turm festgesetzte Graf Gunzelin seine Wärter in diesem Spiel unterwies. Ströbeck findet im Buch von Gustav Selenus »Das Schach oder Königinnenspiel« (Leipzig 1616) Erwähnung. Kurfürst Friedrich Wilhelm von Brandenburg schenkte der Gemeinde 1657 ein kunstvoll geschnitztes Schachbrett mit silbernen Figuren.
Viele Ströbecker Traditionen und Bräuche sind mit dem Schachspiel verbunden. Beispielsweise mußte der Bräutigam die Braut bei ihren Eltern oder dem Dorfältesten »gewinnen«. Auf offizielle Dokumente wurde ein Schachbrettstempel gesetzt, der die Form der Wetterfahne auf dem hohen Steinturm des Ortes hatte.
Auf dem Marktplatz werden seit dem 20. Mai 1689 regelmäßig Partien im → *Lebendschach* dargeboten. Weitere Besonderheiten sind die Herausgabe von Papiergeld mit Schachmotiven, das an Ehrengäste ausgezahlt wird, und die Führung einer Schachchronik, in die seit 1886 alle bemerkenswerten Ereignisse des

Eine Vorstellung im Lebendschach in Ströbeck, Sommer 1988.

Ströbecker Schachlebens eingetragen werden. Dazu zählen der Schachkongreß von 1885 und die Besuche von Schachgrößen wie → *S. Tarrasch*, → *R. Spielmann*, → *A. Karpow*, → *A. Kotow*, → *M. Tal* und anderen namhaften Spielern.

Schon seit mehr als 170 Jahren steht an der Ströbecker Dorfschule, die den Namen des zweiten Schachweltmeisters → *Emanuel Lasker* trägt, Schachunterricht auf dem Programm. Alle Schüler legen in Theorie und Praxis des Schachspiels Prüfungen ab.

Studienkomposition. Die Studie im Schach – das ist eine Position, in der die Forderung besteht, daß Weiß gewinnt oder remis spielt. Dabei wird keine Zügezahl vorgegeben.
Wie auch bei den Schachproblemen sind die wichtigsten künstlerischen Prinzipien bei der Studienkomposition die Ausdruckskraft des Gedankens, die Ökonomie der Form und die Schönheit der Lösung. Ideen und Themen von Studien sind gewöhnlich näher an der Schachpraxis angesiedelt, als das bei Schachproblemen der Fall ist.
Davon zeugt auch eine kleine Aufzählung typischer Studienmotive:
Bauernumwandlung, → *Dauerschach*, Figurengewinn durch Einschließen bzw. Fesselungen, → *Gabeln*, Abzugsschach, → *Zugzwang*, das Spielen auf → *Patt* und viele andere. Nichtsdestoweniger taucht in der Studienkomposition, die sich (wie auch die Problemkomposition) nach ihren eigenen Gesetzen entwickelt, eine Vielzahl von Themen und Ideen auf, die nur für diesen Zweig des Schachs typisch sind, darunter das »Einmauern« von Figuren, mehrfache Bauernumwandlungen, positionelle Remisstellungen, gegenseitige frontale und parallele Verfolgungen usw.
Nachfolgend führen wir zwei klassische Werke der Studienkomposition an, die ihrem Inhalt und den Ideen nach dem praktischen Spiel nahe sind.
In der Studie der Brüder Wassili und Michail Platow, die 1909 im Rigaer Tageblatt veröffentlicht wurde, hinterläßt die Verbindung von feinem Manövrieren mit erstaunlichen kombinatorischen Ideen einen starken Eindruck.

STUDIENKOMPOSITION

W. und M. Platow, 1909

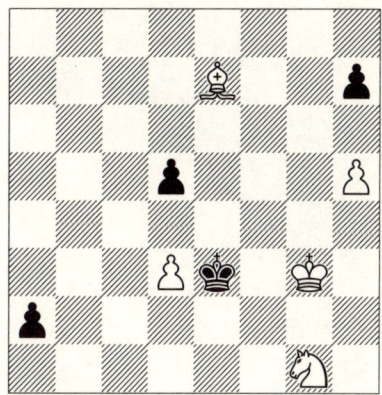

Weiß gewinnt
1. ♗f6 d4 2. ♘e2! (Der Beginn einer schönen Kombination. Andere Züge führen nur zum Remis, zum Beispiel: 2. ♘f3 a1♕ 3. ♗:d4+ ♕:d4 4. ♘:d4 ♔:d4 5. ♔g4 ♔d3 6. ♔g5 ♔e4 7. ♔h6 ♔f5 8. ♔:h7 ♔f6, und Weiß kann nicht gewinnen.) 2... a1♕ 3. ♘c1!! ♕a5! (Das einzige! Wenn 3... ♔d2, so 4. ♘b3+, und auf 3... h6 droht 4. ♗e5 undeckbar matt.) 4. ♗:d4+ ♔:d4 5. ♘b3+ und gewinnt.

→ *Em. Lasker* zeigte sich begeistert von dieser Studie, weil der Gewinn mit minimalen Mitteln erzielt wurde und die beweglichen und starken schwarzen Figuren gleichwohl das Opfer der scheinbar schwachen weißen Figuren geworden sind.
Die Studienkomposition hat die Endspieltheorie des praktischen Spiels befruchtet. Die Kenntnis von Studien hat schon so manchen Schachspieler vor Endspielfehlern bewahrt. Bekannt sind auch Beispiele dafür, wie die Endspielpraxis im Gegenzug die Studienkomponisten angeregt hat. Eine klassische Studie von Fernando Saavedra beruht auf dem Endspiel aus der Partie Fenton-Potter, das 20 Jahre früher in England gespielt wurde, sowie einer danach komponierten Studie von George Barbier. In der Partie entstand damals die folgende Stellung:
Weiß – ♔c6, ♙b6; Schwarz – ♔h3, ♖a5. Die Begegnung endete remis. Saavedra zeigte, wie der Gewinn erreicht wird.

F. Saavedra, 1895

Weiß gewinnt
1. c7 ♜d6+ 2. ♔b5 ♜d5+ 3. ♔b4 ♜d4+ 4. ♔b3 (c3) ♜d3+ 5. ♔c2 ♜d4 (!) 6. c8♜! (6. c8♕? ♜c4+ 7. ♕:c4 patt!) 6... ♜a4 7. ♔b3! und gewinnt.

Als Stammväter der modernen Studie gelten die Deutschen Bernhard Horwitz (1807–85) und Josef Kling (1811–76). Nach ihrer Übersiedelung nach England, Mitte des Jahrhunderts, gaben sie 1851 eine Sammlung ihrer gemeinsamen Werke heraus.

Für die Entwicklung der Studienkomposition leisteten viele Komponisten verschiedener Länder einen wertvollen Beitrag, zum Beispiel: Frankreich – → *H. Rinck* (1870–1952); Tschechei – Jindrich Fritsch (1912–84); Rußland – → *A. Troizki* (1866–1942), Wladimir Korolkow (1907–87), Mark Liburkin (1910 bis 1953); Georgien – Gia Nadareischwili (1921–92); sowie folgende bekannte Schachspieler: die Großmeister → *O. Duras*, → *R. Reti*, → *K. Schlechter*, → *R. Teichmann*, → *P. Keres*, → *J. Timman*, → *J. Nunn*; die Meister David Przepiorka (1880–1940, Polen), Herman Matison (1894–1930, Lettland), Henrich Kasparjan (Armenien).

Von den Weltmeistern im Normalschach haben Em. Lasker, → *M. Botwinnik* und → *W. Smyslow* eine Reihe von hervorragenden Studien geschaffen.

Sultan Khan Mir Malik, * 1905 in Sargodha, † 25. April 1966 in Sargodha, herausragender indischer Maestro.

Das Schachspielen erlernte er von seinem Vater. Mit 21 Jahren war er bereits der beste Spieler in Punjab. Der Oberst und Mäzen Sir Umar Hayat Khan wurde auf ihn aufmerksam und nahm ihn in seine Dienste. Innerhalb von zwei Jahren wurde Sultan Khan Indischer Meister. Sein Herr beschloß daraufhin, ihn mit nach London zu nehmen. Dort wurde Sultan Khan bald in den British Chess Club aufgenommen. Seine Turnierauftritte verliefen triumphal. Er erschien zur Partie im Smoking und mit Turban, saß stundenlang mit stoischer Ruhe am Schachbrett und nahm ungerührt die Kapitulation so bekannter Größen wie F. Yates, W. Winter, G. Thomas, → *S. Tartakower*, J. Bernstein, → *A. Rubinstein*, → *S. Flohr* und selbst → *J. R. Capablanca* entgegen!

Sultan Khan wurde dreimal Champion von England (1929, 1932, 1933) und hatte eine Reihe weiterer ausgezeichneter Turnierresultate aufzuweisen: Liège 1930 (2.), Hastings 1930/31 (3.), London 1932 (3.-4.), Cambridge 1932 (1.). 1931 gewann er ein Match gegen Savielly Tartakower mit 6,5:5,5 (+4, -3, =5):

□ S. Tartakower
■ M. Sultan Khan
Semmering, 1931

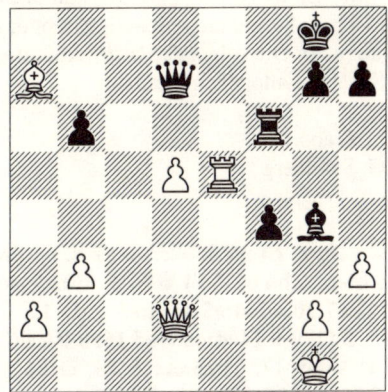

27... ♗:h3! 28. g:h3 ♕:h3 29. ♕g2 ♖g6 30. ♕:g6 h:g6 31. ♗:b6 ♕g3+ 32. ♔f1 ♕c3 33. ♖e2 ♕d3 34. ♔f2 ♕:d5 35. b4 g5 36. a4 g4 37. a5 g3+ 38. ♔e1 f3 39. ♖d2 ♕e4+ 40. ♔f1 ♕b1+ 0-1

Nach der Rückkehr in die Heimat 1933 trug er nur noch einen Zweikampf mit dem amtierenden indischen Landesmeister W. Khadilkar aus, den er locker 9,5:0,5 gewann. Danach zog sich Sultan Khan vom Schach zurück.

Swidler Peter, * 17. Juni 1976 in Leningrad, russischer Großmeister.
1994 war das Jahr, in dem der junge Mann aus St. Petersburg sich international einen Namen machte. In kurzer Folge wurde er Jugendweltmeister U18, gewann das starke Open von St. Petersburg und wurde Landesmeister Rußlands!

□ P. Swidler
■ W. Shelnin
St. Petersburg, 1994

1. e4 c5 2. ♘f3 a6 3. ♘c3 b5 4. d4 c:d4 5. ♘:d4 ♗b7 6. ♗d3 e6 7. ♕e2 ♘e7 8. e5 ♗:g2 9. ♖g1 ♗b7 10. ♗g5 ♕b6 11. ♗e3 ♘d5 12. ♘:d5 ♗:d5 13. ♘f5 ♕c7 14. ♘d6+ ♗:d6 15. e:d6 ♕:d6 16. 0-0-0 ♘c6 17. ♖:g7 ♕h2 18. ♖g5 ♘b4 19. ♕g4 ♘:d3+ 20. ♖:d3 ♕h1+ 21. ♔d2 ♕e4 22. ♕g3 f5 23. ♕d6 ♖c8 24. ♖g7 ♕h4 25. ♕:d7+ 1-0

Die logische Folge war, daß er in die russische Nationalmannschaft berufen wurde, mit der er im Dezember 1994 in Moskau bei der Schacholympiade Gold holte. Seine schachlichen Aussichten bewertete er anschließend ziemlich nüchtern. »Um ein WM-Anwärter zu werden, fehlt es mir bislang an der wichtigsten Eigenschaft – Charakterstärke. Von meinem schachlichen Potential her könnte ich vielleicht ganz nach oben kommen – nur mein Charakter ist zu weich!« Das hinderte ihn jedoch nicht daran, Ende 1995 erneut die sehr stark besetzte Russische Landesmeisterschaft zu gewinnen! Nach dem Schach gibt Peter Swidler die Musik, die Literatur und den »Zustand leichter Verliebtheit« als wichtigste Dinge in seinem Leben an...

Szabó László, * 19. März 1917 in Budapest, ungarischer Großmeister, mehrfacher WM-Kandidat.
Mit knapp 18 Jahren wurde László Szabó ungarischer Champion. In den 30er Jahren gewann er in Hastings (1938/39) und spielte zweimal auf der Schacholympiade. In der Periode von 1946 bis 1979 nahm er an 88 internationalen Turnieren teil, von denen er 21 gewann und 30mal auf dem 2.-3. Platz einkam.

Drei Siege kamen in Hastings hinzu (1947/48, 1949/50, 1973/74), zweimal war er in Budapest (1948, 1965) und Paris (1964, 1966) erfolgreich. Dazu gesellten sich u. a. erste Preise bei den großen Turnieren von Venedig (1949), Zagreb (1964), Sarajevo (1972), Hilversum (1973), Kapfenberg (1976) und Helsinki (1979).

Auf dem Turnier zu Venedig 1949 war ein Großteil der damaligen europäischen Elite (u. a. N. Rossolimo, L. Prins, → S. Gligorić, G. Barcza) vertreten. Szabo setzte sich in der 5. Runde in einer spannenden Partie gegen Gligorić durch und tat damit einen großen Schritt in Richtung Turniersieg:

□ S. Gligoric
■ L. Szabó

Venedig, 1949

1. d4 ♘f6 2. c4 g6 3. ♘c3 d5 4. c:d5 ♘:d5 5. e4 ♘:c3 6. b:c3 c5 7. ♗c4 ♗g7 8. ♘e2 0-0 9. 0-0 c:d4 10. c:d4 ♘c6 11. ♗e3 ♗g4 12. f3 ♘a5 13. ♖c1 ♘:c4 14. ♖:c4 ♗d7 15. ♕b3 ♕a5 16. ♘c3 b5 17. ♖c5 ♖fc8 18. ♘d5 ♖:c5 19. d:c5 e6 20. c6!? ♗e8 21. ♘e7+ ♔h8 22. ♕c2 ♕c7 23. ♕c5 h6! 24. f4 ♔h7 25. f5 ♗e5 26. f6?!

Interessant ist 26. f:g6+ f:g6 27. ♘g8!! (Sämisch), und die Chancen sollten sich bei beiderseitig korrektem Spiel die Waage halten, z. B.: 27... ♗:c6 28. ♘:h6 ♗:h2+ 29. ♔h1 ♗d6.

26... ♗:h2+ 27. ♔h1 ♗d6 28. ♕:b5 ♖b8 29. ♕c4?! ♕a5! 30. ♕e2 ♕c3 31. ♕e1 ♕e5! 32. ♕h4 g5 33. ♕h3 ♖b4 34. ♗g1? ♕:e4 35. c7 ♗:c7 36. ♖c1 ♗e5 37. ♖c8 ♖b1! 0-1

Ende der 40er bzw. in der ersten Hälfte der 50er Jahre zählte Szabó zu den stärksten Schachspielern der Welt. Von 1947 bis 1964 war er zehnmal in den Zonenturnieren vertreten. Er nahm an drei Kandidatenturnieren teil: Budapest 1950, Zürich 1953 und Amsterdam 1956. In Amsterdam kam er dem Gipfel des Schacholymps so nahe wie nie zuvor in seiner Karriere: mit → *D. Bronstein*, → *J. Geller*, → *T. Petrosjan* und → *B. Spasski* teilte er den 3.-7. Platz und ließ nur → *W. Smyslow* und → *P. Keres* den Vortritt. Ausgehend von 1952, spielte Szabó bei neun Schacholympiaden und sieben Mannschaftseuropameisterschaften.

Der Stil Szabós ist als aggressiv und kombinatorisch zu bezeichnen. Ständig strebt er die Initiative an. Die folgende Partie stammt von der Schacholympiade in Leipzig:

□ L. Szabó
■ G. Stahlberg

Leipzig, 1960

1. d4 ♘f6 2. c4 g6 3. ♘c3 ♗g7 4. e4 d6 5. ♗g5 h6 6. ♗h4 c6 7. f4 ♕b6 8. ♕d2 ♘a6 9. ♗e2 ♘c7 10. e5 d:e5 11. f:e5 ♘d7 12. ♘f3 c5 13. ♗f2! 0-0 14. d:c5 ♕a5 15. 0-0 ♘e6 16. ♖ab1! ♘:e5 17. ♘:e5 ♗:e5 18. ♕h6 ♘f4 19. ♗f3 ♕c7 20. ♖be1 ♗g7 21. ♕h4 ♗f6 22. ♕g3 ♗:c3 23. b:c3 e5 24. ♗d5! ♖d8

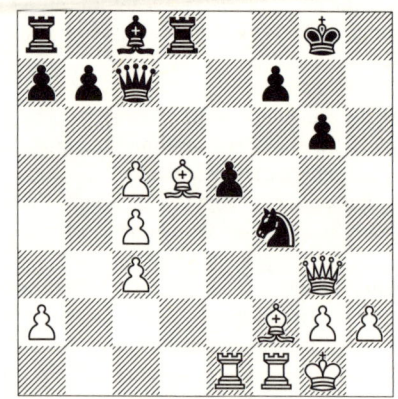

25. ♗d4! ♘:d5 26. ♖:e5! ♘:c3 27. ♗:c3

Schwarz gab auf, denn gegen die Doppeldrohung 28. ♖h5 und 28. ♖e8+ gibt es keine Verteidigung.

Sein bedeutendstes Buch kam 1981 unter dem Titel »50 Jahre – 100 000 Züge« in Budapest heraus. Es endet mit den Worten: »Zwei Wesen von mir ringen miteinander. Das eine sagt, es ist genug! Das andere wird von der Liebe zum Schachspiel und zum Reisen angestachelt.« In der deutschen Ausgabe von 1990 (»Meine besten Partien«) ergänzte der Autor: »Dieses ›Ringen‹ dauert gegen Ende des siebenten Jahrzehntes immer noch an...«

Taimanow Mark, * 7. Februar 1926 in Charkow, russischer Großmeister, WM-Kandidat. Als Mark elf war, hatte er gleich doppeltes Glück: er wurde in den Leningrader Schachzirkel aufgenommen und durfte in dem Kinofilm »Das Beethovenkonzert« mitwirken. Seit dieser Zeit gehen in seinem Leben die Musik und das Schach Hand in Hand. »Ich blieb das ganze Leben ein dankbarer Diener zweier Herren«, sagt der anerkannte Pianist und Schachgroßmeister. Besonderen Eindruck hinterläßt seine Interpretation der Mozart-Sonate und der »Phantasien« Rachmaninows. Ebenso lebhaft und schön sind viele seiner Schachpartien, in denen er sich als ein wahrer Künstler erwies.

□ M. Taimanow
■ V. Hort

Tallinn, 1975

1. c4 e5 2. ♘c3 ♘c6 3. g3 ♘f6 4. ♗g2 ♗c5 5. e3 d6 6. a3 ♗e6 7. b4 ♗b6 8. d3 ♕d7 9. h3 0-0 10. ♘ge2 ♖d8 11. ♘a4! c6 12. ♘:b6 a:b6 13. ♗b2 ♖e8 14. f4 f6 15. g4! ♔h8 16. 0-0 ♕e7 17. ♕e1 ♗f7 18. ♘g3 ♗g6 19. ♖d1 ♘c7 20. ♕f2 b5 21. c5! e:f4 22. e:f4 h6 23. ♗e4! ♗:e4 24. c:d6 ♕:d6 25. d:e4 ♕e6

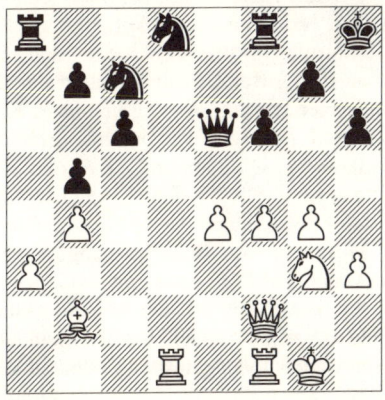

26. e5! f:e5 27. ♗:e5 ♘d5 28. ♕b2 ♕f7 29. ♘h5 ♖g8 30. f5 b6 31. ♖fe1 ♘b7 32. ♕c1 ♔h7 33. ♕:c6   1-0

Taimanow nahm an 23 UdSSR-Meisterschaften teil, wobei er siebenmal in die Preisränge kam und einmal ganz oben auf dem Treppchen stand (1956). 20 Jahre lang beteiligte er sich an den Ausscheidungskämpfen zur Weltmeisterschaft. Bei den Interzonenturnieren von Stockholm (1952) und Palma de Mallorca (1970) qualifizierte er sich für das Kandidatenturnier bzw. die Kandidatenwettkämpfe. Doch die Rosen hatten Dornen... 1953 reichte es in Zürich nur zum 8.-9. Rang, und im WM-Viertelfinale gegen → *R. Fischer* (1971) setzte es gar ein glattes 0:6!

Es liegt nicht in der Natur Taimanows, nach Niederlagen zu verzweifeln. Die Zeit und die Musik heilten die Wunden. Mark Taimanow gelangte in über 40 internationalen Turnieren unter die Preisträger. Zu seinen bedeutendsten Erfolgen gehören die 1. Plätze in Leningrad (1960), Dortmund und Rostow am Don (beide 1961), Helsinki (1966), Mar del Plata (1967), Wijk aan Zee (1970), Lissabon (1985). Taimanow nimmt bis heute an Turnieren teil. Zu Beginn der 90er Jahre wurde er zweimal Seniorenweltmeister.Taimanow machte sich auch als Theoretiker und Buchautor verdient. In vielen Eröffnungen gibt es Varianten, die seinen Namen tragen. Seiner Feder entsprangen u. a. eine Monographie über die → *Nimzo-*

witsch-Indische Verteidigung* und, gemeinsam mit → *J. Awerbach*, eine Arbeit über das zweite Match zwischen → *G. Kasparow* und → *A. Karpow*. 1993 erschien sein Buch »Ich war ein Opfer Fischers«, in dem er seine Erinnerungen an die Begegnungen mit diesem großen amerikanischen Schachspieler schildert.

Tal Michail, * 9. November 1936 in Riga, † 28. Juni 1992 in Moskau, achter Schachweltmeister.

Wie der junge Prinz aus Charles Perraults Märchen »Dornröschen« ein Königreich aus dem Schlaf erlöste, so rüttelte der junge Rigaer Michail Tal Ende der 50er Jahre die Schachwelt auf. Er stellte die herkömmlichen Ansichten über das Schach in Frage, schlug alle anerkannten Autoritäten und stürmte gleich im ersten Anlauf auf den Schacholymp. So etwas hatte die Schachgeschichte noch nicht erlebt!

Die Phantasie des Talschen Spiels, seine Attacken und effektvollen Kombinationen imponierten Millionen von Schachfans. Die Meinungsverschiedenheiten rund um das »Phänomen Tal« wollten nicht verstummen. Selbst »Hypothesen« über angebliche übernatürliche Kräfte wurden als Erklärung ins Feld geführt. Das Geheimnis seiner Siege lag natürlich ganz woanders, nämlich in der Kreativität seines Stils begründet. Interessant ist Tals Antwort auf eine Anfrage eines der Autoren des vorliegenden Buches, worin denn für ihn die Schönheit des Schachs bestünde. »Der Effekt des Paradoxen hat für mich den Vorrang gegenüber der Schönheit der Logik«, lautete Tals Credo.

Michail Tal, Sohn eines bekannten Rigaer Arztes, kam mit zehn Jahren zum Schach, das fortan seinen Lebensweg bestimmte. Mit 17 Jahren wurde er lettischer Landesmeister; mit 20 wurde ihm der Großmeistertitel verliehen. In jenem Jahr offenbarte sich bei der 24. UdSSR-Meisterschaft, an der fast alle der stärksten Spieler des Landes teilnahmen, sein ganzes Talent. Viele Zuschauer kamen nur, um Tal zu sehen, der über die außergewöhnliche Fähigkeit verfügte, selbst in scheinbar einfachen Stellungen kombinatorische Verwicklungen vom Zaun zu brechen, die in wahren Opferkaskaden mündeten.

... Der Saal war überfüllt. Tal macht einen Zug und durchbohrt den Gegner mit einem Blick, als ob er dessen Absichten ergründen wolle; danach erhebt er sich rasch und umkreist die anderen Spieltische auf der Bühne; jede Position scheint ihn zu interessieren... Dann sieht er, wie sein Kontrahent die Schachuhr betätigt. Schon schwebt er, die Arme auf die Tischkante gestützt, gleichsam über dem Schachbrett. Er hat etwas Dämonisches an sich. Das Verhängnis kommt über seine Gegner → *D. Bronstein*, → *P. Keres*, → *T. Petrosjan*, → *M. Taimanow* – einer nach dem anderen muß die Waffen strecken. Nach der Partie ist Tal im Pressezentrum wieder das »gute Genie«, aus dem die Varianten nur so heraussprudeln. Seine unterlegenen Kontrahenten zeigen ihm mitunter, daß sie an dieser oder jener Stelle stärker spielen bzw. gar gewinnen konnten, aber Tal lächelt nur und gibt ihnen recht.

Viele meinten damals, daß Tal die Mehrzahl seiner Siege dank grober Fehler seiner Gegner erzielt hat. Tatsächlich erwies sich das eine oder andere Opfer in der nachträglichen Analyse als nicht korrekt. Am Brett, unter Zeitdruck, war die Talsche Spielweise jedoch meist nicht zu widerlegen.

Ein Jahr später (1958) wurde Tal erneut UdSSR-Meister. Danach gewann er das Interzonenturnier, u. a. vor T. Petrosjan, → *S. Gligoric*, → *R. Fischer*, → *F. Olafsson*. Genauso glänzend verlief auch sein Auftritt beim Kandidatenturnier im jugoslawischen Bled (September 1959). Bei diesem Matchturnier über jeweils vier Partien unterlag er nur P. Keres und trennte sich von Petrosjan unentschieden. S. Gligoric, F. Olafsson und → *P. Benkö* bezwang er mit 3,5:0,5. Bobby Fischer schlug er gar mit 4:0. So wurde Tal WM-Herausforderer. Millionen von Schachanhängern sahen dem Match Tal-Botwinnik mit großem Interesse entgegen. Der Stil der beiden Akteure, die nie zuvor am Schachbrett aufeinandergetroffen waren, konnte unterschiedlicher kaum sein.

Der Herausforderer gewann am 15. März 1960 gleich die erste Partie des Matches und gab im weiteren Verlauf nie die Initiative aus

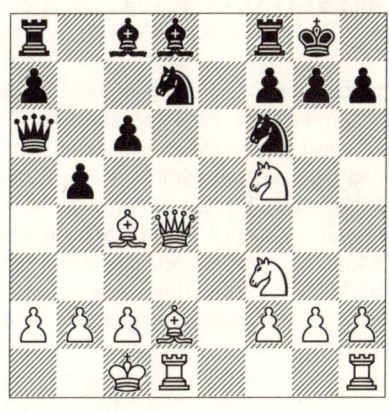

der Hand. Michail Tal gewann den Zweikampf mit 12,5:8,5 und wurde der achte Weltmeister der Schachgeschichte.

In der WM-Revanche von 1961 konnte sich der große Stratege und Psychologe → *M. Botwinnik* besser auf Tals Spielweise einstellen. Er strebte mit Erfolg Stellungen an, in denen sich die Kombinationskraft Tals nicht voll entfalten konnte, und holte sich mit einem 13:8 die WM-Krone zurück.

Tal, dessen Stil mit den Jahren etwas ruhiger wurde, unternahm noch eine Reihe von Anläufen auf den Schachthron, ohne jedoch wieder ganz nach oben zu gelangen – mit einer Ausnahme: 1988 wurde der 51jährige Weltmeister im → *Blitzschach*!

Ein schweres Nierenleiden setzte dem Leben des Schachzauberers aus Riga, der bis zuletzt auf Turnieren und in der → *Bundesliga* bei Köln-Porz aktiv war, ein frühes Ende. Tals Partien versetzten Amateure und Großmeister gleichermaßen in Verzückung. Exweltmeister → *M. Euwe* schrieb einem der Autoren des vorliegenden Buches folgendes: »Partien von Michail Tal gefallen mir ganz besonders. Dank seiner unvergleichlichen Intuition und Phantasie findet er solche Kombinationen, die schwer zu berechnen sind.« Analog äußerte sich → *W. Smyslow* über Tal: »Es schien, als ob die Figuren in seiner Hand erwachten. Ihm gelang einfach alles. Nur er konnte sich in ›seinen‹, scheinbar irrationalen Stellungen zurechtfinden.«

□ M. Tal
■ W. Smyslow
Bled, 1959

14. ♕h4!
Eines der überraschendsten Opfer, das ich je gesehen habe. Es ist typisch für den Wagemut dieses Spielers (Fischer).
14... b:c4 15. ♕g5 ♘h5 16. ♘h6+ ♔h8 17. ♕:h5 ♕:a2 18. ♗c3 ♘f6 19. ♕:f7! ♕a1+ 20. ♔d2 ♖:f7 21. ♘:f7+ ♔g8 22. ♖:a1 ♔:f7 23. ♘e5+ ♔e6 24. ♘:c6 ♘e4+ 25. ♔e3 ♗b6+ 26. ♗d4 1-0

□ M. Tal
■ B. Larsen
Kandidatenmatch (10. Partie), 1965

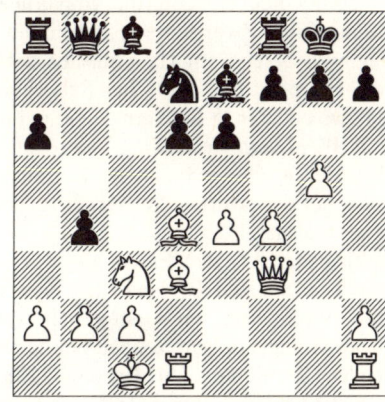

16. ♘d5! e:d5 17. e:d5 f5 18. ♖de1 ♖f7 19. h4 ♗b7 20. ♗:f5 ♖:f5 21. ♖:e7 ♘e5! 22. ♕e4 ♕f8 23. f:e5 ♖f4 24. ♕e3 ♖f3 25. ♕e2 ♕:e7 26. ♕:f3 d:e5 27. ♖e1 ♖d8 28. ♖:e5 ♕d6 29. ♕f4 ♖f8 30. ♕e4 b3 31. a:b3 ♖f1+

32. ♔d2 ♕b4+ 33. c3 ♕d6 34. ♗c5 ♕:c5 35. ♖e8+ ♖f8 36. ♕e6+ ♔h8 37. ♕f7!   1-0

Tarrasch Siegbert, * 5. März 1862 in Breslau, † 17. Februar 1934 in München, deutscher Schachmeister, WM-Herausforderer.
Breslau hatte schachlich einiges zu bieten – ein Schachcafé, die Anderssen-Schachgesellschaft und – natürlich – starke Schachspieler. Einer von ihnen gab dem 15jährigen Siegbert Tarrasch ein Schachlehrbuch von Alfons von Breda zum Studium. Der erwachte dadurch förmlich zu neuem Leben, wie er später bekannte, und ließ sich von der geheimnisvollen Schönheit dieses göttlichen Spiels gefangennehmen. Nach der Schule eilte er zum Königsplatz und kreuzte mit jedem am Schachbrett die Klingen, der es wünschte. Abends studierte er die Schachtheorie.
Nach dem Abschluß der Schule begibt sich Tarrasch nach Berlin und beschließt, sich dem Studium der Medizin zu widmen. Er wird auch Mitglied des Berliner Schachclubs. Unter seinen Schachpartnern und Freunden befinden sich die zukünftigen Meisterspieler von Scheve, Harmonist, der »kleiner Morphy« gerufen wurde, und Berthold Lasker – der ältere Bruder des späteren Weltmeisters → *Em. Lasker*. 1883 erhält Tarrasch nach seinem Sieg in einem Nebenturnier in Nürnberg den Meistertitel. Zwei Jahre später nimmt er in Hamburg bereits am Hauptturnier des 4. Schachkongresses des Deutschen Schachbundes teil, wo er unter 18 Spielern den 2.-6. Platz teilt. → *W. Steinitz* bescheinigt dem »aufgehenden Stern« eine erstaunliche Kombinationsgabe; nur das positionelle Gespür sei noch nicht ganz ausgereift.
Tarrasch beherzigte den Fingerzeig des von ihm hochgeschätzten Granden des Schachs, der 1886 Weltmeister wurde. Innerhalb weniger Jahre erlangte er durch Siege bei den bedeutenden Turnieren von Breslau (1889), Manchester (1890), Leipzig (1892) und Dresden (1894) nicht nur den Ruhm als bester Spieler Deutschlands und Europas, sondern verdiente sich auch die Anerkennung als »Praeceptor Germaniae« (Lehrmeister Deutschlands) und bald darüber hinaus. In seinen Ar-

tikeln, Partiekommentaren bzw. den Büchern »300 Schachpartien« und »Die moderne Schachpartie« erwies er sich als Vertreter der strengen positionellen Schule.
Tarrasch ist offensichtlich der einzige Schachspieler überhaupt, der im Zenit seines Schaffens ein Angebot ausschlug, um die Schachkrone zu kämpfen. Weltmeister Wilhelm Steinitz selbst hatte ihm diese Offerte 1890 unterbreitet und sich sogar bereit erklärt, das WM-Match zu organisieren. Als Austragungsort hatte er an Havanna gedacht. Doch Dr. Tarrasch lehnte mit einem Verweis auf berufliche Verpflichtungen ab und verpaßte somit die Chance, Weltmeister zu werden. Und obwohl er die Schachwelt noch ein ums andere Mal mit glänzenden Resultaten verblüffte, darunter die Siege in Wien 1898 beim Kaiser-Jubiläums-Turnier, in Monte Carlo (1903), Ostende (1907) sowie die Matcherfolge gegen C. Walbrodt (1894; 7,5:0,5), → *F. Marshall* (1905; 12:5) und das 11:11 gegen → *M. Tschigorin* (1893), konnte er den Schacholymp nie erklimmen. Nur einmal, im Alter von 46 Jahren, spielte Tarrasch einen Wettkampf um die Weltmeisterschaft. Er unterlag Emanuel Lasker 5,5:10,5. Im Kommentar zu diesem Match schrieb Meister Jewgeni Snosko-Borowski:

»Verstand, Bildung, Technik, Talent – all das, womit ihn das Schicksal reichlich gesegnet hatte, war im Vergleich mit der inneren Kraft, der seherischen Intuition und der Originalität eines Genies nicht ausreichend.«

»Das Schach hat wie die Liebe, wie die Musik die Fähigkeit, den Menschen glücklich zu machen...«, schrieb Siegbert Tarrasch in seinem Buch »Das Schachspiel«. Mit seinem gesamten Auftreten – elegant gekleidet, häufig mit einer frischen Blume im Knopfloch, mit feinen Manieren und geschliffener Rede – wirkte er wie ein glücklicher Anhänger des Schachs, der bei seinen Zeitgenossen die Liebe zu diesem Spiel entfachen wollte.

Dazu dienten seine Bücher, Artikel und natürlich seine Partien. Zwei davon seien hier vorgestellt. Erst eine des »frühen Tarrasch«, die nach den Worten → R. Fischers »scharf wie eine Rasierklinge« ist, und dann ein »später Tarrasch« – voller Konsequenz und Logik.

□ S. Tarrasch
■ G. Marco

Nürnberg, 1888

1. e4 c5 **2.** ♘f3 ♘c6 **3.** ♘c3 ♘f6 **4.** d4 c:d4 **5.** ♘:d4 e5 **6.** ♘db5 a6 **7.** ♘d6+ ♗:d6 **8.** ♕:d6 ♕a5 **9.** ♗d2 ♕b4 **10.** ♕:b4 ♘:b4 **11.** 0-0-0 b5 **12.** ♗g5 ♘g4 **13.** ♗h4 f6 **14.** ♗e2 ♘h6 **15.** a4 b:a4 **16.** ♘:a4 ♗b7 **17.** ♘c5 ♖c8 **18.** ♗h5+ g6 **19.** ♘:b7 ♖:c2+ **20.** ♔b1 g:h5 **21.** ♗:f6 0-0 **22.** ♗:e5 ♖f:f2 **23.** ♖:d7 ♘f7 **24.** ♗c3 ♘c6 **25.** ♖hd1 ♘ce5 **26.** ♖e7 ♔f8 **27.** ♖c7 ♖:c3 **28.** b:c3 ♖:g2 **29.** ♘d8 ♘g5 **30.** h4 ♘ef3 **31.** h:g5 ♘d2+ **32.** ♔c2 ♘:e4+ **33.** ♔b3 1-0

□ S. Tarrasch
■ R. Reti

Wien, 1922

1. e4 c6 **2.** ♘c3 d5 **3.** ♘f3 ♘f6 **4.** e:d5 c:d5 **5.** d4 ♗g4 **6.** h3 ♗:f3 **7.** ♕:f3 e6 **8.** ♗d3 ♘c6 **9.** ♗e3 ♗e7 **10.** 0-0 0-0 **11.** a3 a6 **12.** ♘e2 b5 **13.** ♗f4 ♕b6 **14.** c3 ♘a5 **15.** ♖ad1 ♘c4 **16.** ♗c1 ♕c6 **17.** ♘g3 a5 **18.** ♖fe1 b4 **19.** a:b4 a:b4 **20.** ♘f5 e:f5 **21.** ♖:e7 b:c3 **22.** b:c3 g6 **23.** ♗h6 ♘b2 **24.** ♖b1 ♘:d3 **25.** ♕:d3 ♖fb8 **26.** ♖:b8+ ♖:b8 **27.** ♕g3 ♖d8 **28.** ♕e5 ♖a8 **29.** ♖c7 ♕e6 **30.** ♕:e6 f:e6

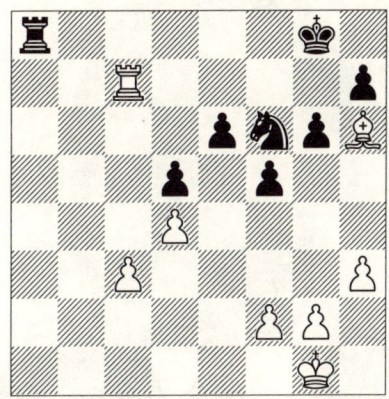

31. ♖g7+ ♔h8 **32.** ♖e7 ♔g8 **33.** f3 ♘e8 **34.** ♔h2 ♘d6 **35.** ♖g7+ ♔h8 **36.** ♖d7 ♘b5 **37.** ♔g3 ♘:c3 **38.** ♔f4 ♘b5 **39.** ♔e5 ♖e8 **40.** ♔f6 ♔g8 **41.** ♖g7+ ♔h8 **42.** ♖b7 ♘d6 **43.** ♖d7 ♘b5 **44.** ♔f7 ♔g8 **45.** ♖d8 ♘d6+ **46.** ♖:d6 g5 **47.** ♖d8 ♖:d8 **48.** ♗g7+ 1-0

Tarrasch leistete auch auf dem Gebiet der Eröffnungstheorie Bedeutendes. Seine Beiträge zur → *Französischen Verteidigung* (Variante 3. ♘d2), → *Spanischen Partie* und zum → *Damengambit* (Tarrasch-Verteidigung: 1. d4 d5 2. c4 e6 3. ♘c3 c5 – das ist sein Zug! – 4. c:d5 e:d5 5. ♘f3 ♘c6 6. g3 ♘f6 7. ♗g2 ♗e7 8. 0-0 0-0) sind auch heute noch aktuell.

Tartakower Savielly, * 19. Februar 1887 in Rostow am Don, † 5. Februar 1956 in Paris, polnischer Großmeister und Schachschriftsteller.

Saviellys Vater war Österreicher, die Mutter Polin. Er kam in Rußland zur Welt, ging in der Schweiz aufs Gymnasium, besuchte in Österreich die Universität, verbrachte den größten Teil seines Lebens in Paris und vertrat auf Schacholympiaden die Farben Polens! Verschiedene Seelen hausten in seiner Brust. Er war sowohl ein ausgeglichener Doktor der Rechte als auch ein Hasardeur am Roulettetisch, ein »harmloser« Schachmeister und ein furchtloser Kämpfer der französischen Résistance, ein geistreicher Schachschriftsteller und ein talentierter Übersetzer, der 1922 die »Anthologie der modernen deutschen Poesie«

und die »Chrestomatie des deutschen Expressionismus« ins Russische übertrug. Savielly Tartakower schrieb für 30 (!) Schachzeitschriften und nahm an 180 Schachwettbewerben teil. → *Em. Lasker* nannte ihn den »Homer des Schachs« und sein Werk »Die hypermoderne Schachpartie« (1925) eine »schachliche Ilias«. Viele seiner geflügelten Worte, die sog. »Tartakowerismen«, sind bis heute aktuell (vgl. → *Aphorismen*).

1905 debütierte Tartakower in einem Nebenturnier in Barmen mit einem 2. Platz. Ein Jahr später gewann der 19jährige bereits in Nürnberg und erhielt den Meistertitel. In den folgenden 20 Jahren nahm er an einer Reihe der bedeutendsten Turniere teil: Karlsbad (1907 u. 1923), St. Petersburg (1909), Mannheim (1914), Göteborg (1920), New York (1924), Baden-Baden und Moskau (1925).

Seine größten Erfolge erzielte Savielly Tartakower Ende der 20er Jahre, als er in Bardejov und Gent (1926), Hastings (1926/1927), Liège (1930) den alleinigen Sieg davontrug und 1927 in London und Niendorf den 1.-2. Platz belegte. Er bestritt 15 Zweikämpfe, von denen er 8 gewann, u. a. gegen → *R. Spielmann* (1913; 7,5: 4,5) und → *R. Reti* (1919; 5,5:4,5). In jenen Jahren galt er als einer der ideenreichsten Vertreter der → *Neoromantik*, damals auch als Hypermodernismus bezeichnet, die gegen den überkommenen Regelkanon des Schachs und gegen Denkscha-

blonen auftrat. Laut dem englischen Meister Harry Golombek liebte Tartakower das Schachspiel zu sehr, um Weltmeister werden zu können. Zu sehr ließ er sich vom schachlichen Kampf hinreißen, zu wenig Augenmerk legte er auf das rein sportliche Resultat in der Turniertabelle.

Auch nach dem Zweiten Weltkrieg begab sich Tartakower in das Schachgetümmel. Bei der Olympiade von 1950 vertrat er erstmals die Ehre Frankreichs; 1955 gewann er ein Turnier in Paris. Dieser Erfolg war der letzte schachliche Auftritt Tartakowers. Die folgende Partie zählt zu Tartakowers besten Leistungen.

□ G. Maróczy
■ S. Tartakower
Teplitz-Schönau, 1922

1. d4 e6 2. c4 f5 3. ♘c3 ♘f6 4. a3 ♗e7 5. e3 0-0 6. ♗d3 d5 7. ♘f3 c6 8. 0-0 ♘e4 9. ♕c2 ♗d6 10. b3 ♘d7 11. ♗b2 ♖f6 12. ♖fe1 ♖h6 13. g3 ♕f6 14. ♗f1 g5 15. ♖ad1 g4 16. ♘:e4 f:e4 17. ♘d2

17... ♖:h2 18. ♔:h2 ♕:f2+ 19. ♔h1 ♘f6 20. ♖e2 ♕:g3 21. ♘b1 ♘h5 22. ♕d2 ♗d7 23. ♖f2 ♕h4+ 24. ♔g1 ♗g3 25. ♗c3 ♖:f2+ 26. ♕:f2 g3 27. ♕g2 ♖f8 28. ♗e1 ♖:f1+ 29. ♔:f1 e5 30. ♔g1 ♗g4 31. ♗:g3 ♘:g3 32. ♖e1 ♘f5 33. ♕f2 ♕g5 34. d:e5 ♗f3+ 35. ♔f1 ♘g3+ 0-1

Teichmann Richard, * 24. Dezember 1868 in Lehnitzsch, Sachsen, † 12. Juni 1925 in Berlin, deutscher Maestro, zu Beginn des 20. Jahrhunderts einer der stärksten Schachspieler der Welt.

Richard Teichmann begeisterte sich in seiner Berliner Studentenzeit für das Schach. 1890 ging er nach London, wo er unter der Anleitung der glänzenden englischen Schachmeister → *J. Blackburne* und H. Bird seinen »zweiten höheren Bildungsabschluß« bekam... Bereits 1894 hatte Teichmann mit dem 3. Platz beim Turnier von Leipzig einen großartigen Auftritt.

In jungen Jahren verletzte sich Richard das rechte Auge und mußte fortan eine Augenklappe tragen, die ihm ein »piratenähnliches« Aussehen verlieh. Doch dieser »bedrohliche Anblick« wollte so gar nicht zu seinem aufrichtigen, gutmütigen, eher phlegmatischen Wesen passen. Viele Schachspieler hatten es seiner Friedfertigkeit zu verdanken, daß sie mit einem bloßen Remisangebot aus heiklen Lagen entwischten... Man nannte ihn »den träumenden Löwen« oder mitunter »Richard V.«, weil er bei großen Turnieren oft auf dem 5. Platz einkam. Teichmann, der von großer athletischer Statur war, ging gern zu Ringkämpfen und liebte dicke Virginia-Zigarren...
Aber einmal erwachte der Löwe und zeigte seine wahre Stärke. Das geschah beim großen Karlsbader Turnier von 1911. In 25 Partien errang Teichmann 13 Siege und verlor nur zweimal. Er ließ damit Koryphäen wie → *A.*

Rubinstein, → *K. Schlechter*, → *F. Marshall*, → *A. Nimzowitsch*, → *M. Vidmar* und → *O. Duras* hinter sich. In den Kommentaren zu Teichmanns Sieg über Schlechter sprach der Meister Eduard Lasker von einer wunderbaren Partie, die zeige, daß Richard Teichmann, der als feiner Positionsspieler bekannt sei, auch eine Attacke mit haarsträubenden Verwicklungen zu führen wisse.

□ R. Teichmann
■ K. Schlechter
Karlsbad, 1911

1. e4 e5 2. ♘f3 ♘c6 3. ♗b5 a6 4. ♗a4 ♘f6 5. 0-0 ♗e7 6. ♖e1 b5 7. ♗b3 d6 8. c3 0-0 9. d3 ♘a5 10. ♗c2 c5 11. ♘bd2 ♕c7 12. ♘f1 ♘c6 13. ♘e3 ♗b7?! 14. ♘f5 ♖fe8 15. ♗g5 ♘d7 16. ♗b3 ♘f8 17. ♗d5! ♘g6 18. ♗:e7 ♘g:e7

19. ♗:f7+!! ♔:f7 20. ♘g5+ ♔g8 21. ♕h5 ♘:f5 22. ♕:h7+ ♔f8 23. ♕:f5+ ♔g8 24. ♕g6!! ♕d7 25. ♖e3   1-0

Richard Teichmann war auch ein großartiger Zweikämpfer, wie seine Matchsiege über C. von Bardeleben (1909 – 4:2; 1910 – 7:3), → *R. Spielmann* (1914 – 5:1); F. Marshall (1914 – 1,5:0,5), → *J. Mieses* (1920 – 6:1) und sein 3:3 gegen → *A. Aljechin* gegen Ende seiner Karriere (1921) zeigen.
Zum Frühstück löste Richard Teichmann gern ein paar Schachaufgaben. Er tat das ungewöhnlich schnell. Darüber hinaus war er auch

selbst ein glänzender Problemkomponist, dessen Aufgaben bei Wettbewerben so manchen 1. Preis verliehen bekamen.

R. Teichmann

Matt in drei Zügen
1. ♕f5 ♕g6 2. ♘c4; 1... a5 2. ♕d3!; 1... ♕b8 2. ♖c4+; 1... f:e5 2. ♕c2+!

Teschner Rudolf, * 16. Februar 1922 in Potsdam, deutscher Großmeister und Schachliterat.
Vom Schachtisch zum Schreibtisch, von der Theorie zur Praxis, von Turnieren zur Redaktion der »Deutschen Schachzeitung« (seit 1950) – so sah der Alltag Rudolf Teschners lange Zeit aus. Zu seinen schachlichen Erfolgen zählen der 1. Platz bei der Gesamtdeutschen Meisterschaft (1951), die internationalen Turniersiege von Reggio Emilia (1963/64 und 1964/65) und Monte Carlo (1967, B-Turnier) sowie die Teilnahme an zwei Zonen- und einem Interzonenturnier (1962, Stockholm). Teschner ist Autor einer Reihe von Schachbüchern, darunter Lehr- und Turnierbücher.

Tilburg – Turniere, traditionsreiche internationale Veranstaltungen, an denen die stärksten Schachspieler der Welt teilnehmen. Sie wurden seit 1977 unter dem Patronat der niederländischen Versicherungsgesellschaft Interpolis durchgeführt. Der Modus dieser Superturniere wurde zweimal geändert. Von 1977 bis 1984 trugen zwölf Spieler einen einrundigen Wettbewerb aus. Von 1985 bis 1991 trafen acht Spieler in zwei Durchgängen aufeinander. 1992 wurde das Turnier erstmals im k.-o.-System durchgeführt. Sechsmal trug sich → *A. Karpow* in die Siegerliste ein, je zwei erste Preise holten sich → *A. Beljawski*, → *A. Miles* und → *G. Kasparow*. Bemerkenswert war vor allem Kasparows Sieg von 1989. Mit seinen 12/14 (!) überbot er die von → *R. Fischer* gehaltene → *Elo*-Rekordmarke von 2780 um 15 Punkte. Die jüngsten Tilburg-Sieger hießen *G. Kamsky* (16), → *W. Iwantschuk* (21, beide 1990) und → *M. Adams* (21, 1992). Das Turnier von 1991 erreichte die Kategorie 17 der Fide. Der Endstand: 1. G. Kasparow – 10 aus 14; 2. N. Short – 8,5; 3. V. Anand – 8; 4. A. Karpow – 7,5; 5. G. Kamsky – 7; 6. J. Timman – 6,5; 7. W. Kortschnoj – 5,5; 8. J. Barejew – 3.

Timman Jan, * 14. Dezember 1951 in Amsterdam, niederländischer Großmeister, mehrfacher WM-Kandidat.
Mit zwölf Jahren wurde Jan, der das Schachspielen vier Jahre zuvor von seinem älteren Bruder gelernt hatte, holländischer Jugendmeister. Sein Vater, ein Mathematikprofessor der Universität von Delft und aktiver Schachspieler, unterstützte die Schachleidenschaft des Jungen. Drei Jahre später kam Jan Timman bei der Jugendweltmeisterschaft auf dem dritten Rang ein. Danach beschloß er, Schachprofi zu werden. Die folgenden Jahre schachlichen Trainings befähigten ihn zur harten intellektuellen Arbeit. Mit 18 spielte er erstmals in → *Hastings* und belegte gleich einen hervorragenden zweiten Platz. Schon damals fiel sein origineller und kompromißloser Stil auf. Er wurde mehrfach niederländischer Champion. Den internationalen Durchbruch aber schaffte er erst Ende der 70er Jahre. Timman selbst erklärt diese Tatsache mit der Veränderung seines Lebensstatus: er heiratete und wurde bald darauf Vater. »Wenn man sich in der Schachelite befindet«, schrieb er, »fürchtet man, das Interesse an allem zu verlieren, was nichts mit Schach zu tun hat. Wenn man eine Familie bzw. ein ernsthaftes Hobby, sei es Musik oder Literatur, hat, fällt es leichter, dieser Einseitigkeit zu entgehen.«

Ende der 80er Jahre galt Timman als der stärkste Großmeister des »Westens«. Er hatte eine Reihe von glänzenden Turniersiegen erzielt: Amsterdam (1978, 1981, 1984), London (1973), Wijk aan Zee (1985), Reykjavik (1976), Las Palmas (1981), Jakarta (1983), Bugojno (1984), Tilburg (1987), Linares (1988), Rotterdam (1989) usw. Bei seinen mehrfachen Teilnahmen an den Kandidatenzweikämpfen zur Weltmeisterschaft gelangte er zweimal in das Finale. Doch 1990 unterlag er → A. Karpow 2,5:6,5 und 1993 → N. Short 5,5:7,5. 1993 trug er aufgrund des Rückzuges von → G. Kasparow und N. Short, die die → PCA gegründet hatten, gegen Anatoli Karpow einen offiziellen Wettkampf um die Fide-WM aus. Timman verlor mit 8,5:12,5.

Timman wird oft als Schachromantiker bezeichnet. Exweltmeister → M. Tal hob besonders die Kunst Timmans hervor, »sich in den kompliziertesten und verwirrendsten Situationen hervorragend zurechtzufinden«.

□ W. Kortschnoj
■ J. Timman
Brüssel, 1991

1. c4 ♘f6 2. ♘c3 e6 3. e4 d5 4. e5 ♘e4 5. ♘f3 ♗e7 6. ♕c2 ♘g5 7. ♘:g5 ♗:g5 8. c:d5 e:d5 9. d4 ♗e7 10. ♗e3 0-0 11. 0-0-0 ♘c6 12. a3 ♘a5 13. ♗d3 h6 14. ♕e2 b5 15. ♗c2 ♖b8 16. ♕d3 g6 17. ♗:h6 b4 18. a:b4 ♖:b4 19. ♕g3 ♗h4 20. ♕f4 c6 21. ♖de1 ♗e6 22. ♖e3 c5 23. ♗:f8 ♗g5 24. ♕g3 ♔:f8 25. h4 ♗h6 26. h5 g5 27. ♘a2 ♖b8 28. d:c5 g4 29. ♗b1 ♘c4 30. ♖b3 ♕d2+ 31. ♔a1 ♘:b3+ 32. ♗:b3 ♕a5 33. ♖d1 ♕b5 34. ♖d3 ♗f5 35. ♖:d5 ♕:b3 36. ♕:b3 ♖:b3 37. c6

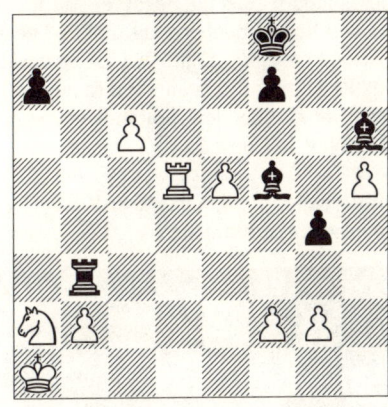

37. ... ♖d3 38. ♘b4 ♖:d5 39. ♘:d5 ♔e8 40. ♘f6+ ♔d8 41. f3 g:f3 42. g:f3 ♗e6 43. ♘g8 ♗f4 44. h6 ♗e5 45. h7 ♔c7 46. f4 ♗g7 47. ♘h6 ♔:c6 48. f5 ♗b3 49. ♔b1 ♔d6 50. ♘g4 ♗d5 51. ♘h6 ♔e5 52. ♔c2 ♔f4   0-1

Timman ist ein vorzüglicher Endspielkenner. Hier wirkt sich seine Liebe zur → Studienkomposition aus, wo sich seiner Meinung nach die reine Schönheit des Schachs entfaltet. Er hat mehr als 40 Studien komponiert.

J. Timman, 1976

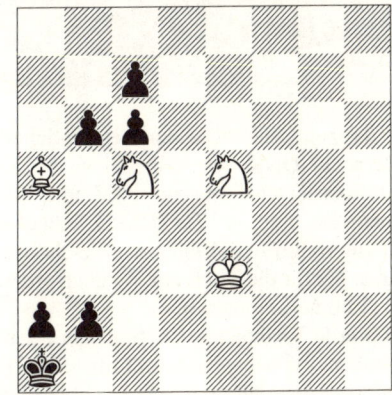

Weiß gewinnt

1. ♘c4 b:c5 2. ♘d2! b1♕ 3. ♗c3+ ♕b2 4. ♔d3 c4+ 5. ♔d4! c5+ 6. ♔:c4 c6 7. ♔d3 c4+ 8. ♔d4 c5+ 9. ♔:c4 ♕:c3+ 10. ♔:c3 c4 11. ♔c2 c3 12. ♘b3 matt.

Timman ist nicht nur ein glänzender Schachspieler, sondern auch ein begabter Autor einer Reihe von Schachbüchern, darunter »The Art of Chess Analysis«. Seit 1984 ist er darüber hinaus Redakteur der bekannten in englischer Sprache erscheinenden holländischen Zeitschrift »New in Chess«.

Tischbierek Raj, * 24. September 1962 in Leipzig, deutscher Großmeister.

Der Leipziger zählte zu den besten Schachspielern der DDR, wie seine Siege bei den Landesmeisterschaften von 1987 und 1990 (gemeinsam mit → *Th. Pähtz*) bewiesen. 1987 (in Halle) und 1990 (in Warschau) erzielte er die für die Titelverleihung erforderlichen Großmeisternormen.
1991 wurde Tischbierek Chefredakteur der in Berlin herausgegebenen Zeitschrift »Schach«. Seit der Saison 1995/96 spielt Tischbierek für den Bundesligisten SV Empor Berlin.

Tiwjakow Sergej, * 14. Dezember 1973 in Krasnodar, russischer Großmeister, WM-Kandidat.
1990 machte Sergej Tiwjakow in Singapur mit dem Gewinn der U18-Weltmeisterschaft – 1,5 Punkte vor → *W. Kramnik* – international erstmals auf sich aufmerksam. In den folgenden Jahren gewann er eine Reihe von Turnieren in Italien, wo er nicht nur mit seinem starken Spiel, sondern auch mit seinen hervorragenden Kenntnissen der italienischen Sprache überraschte. 1991 in → *Tilburg* glänzte er mit einem sensationellen Sieg über → *V. Anand*. Überzeugend fielen seine Siege beim Moskauer Aljechin-Memorial (1992), an dem u. a. 48 Großmeister teilnahmen, sowie beim Bondarewski-Memorial in Rostow am Don (1993) aus.
Daß er zu den besten Schachspielern der Welt gehört, unterstrich der 20jährige Großmeister mit seinem 5. Platz bei → *PCA*-Qualifier im Dezember 1993 in Groningen. Damit war er einer der WM-Kandidaten der Profischachvereinigung. Den Sieger → *M. Adams* bezwang er in einer sehenswerten Partie:

□ S. Tiwjakow
■ M. Adams

Groningen, 1993

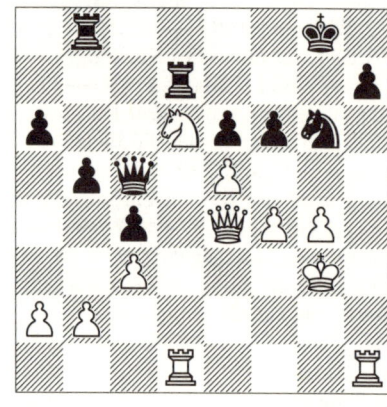

29. ♘e8! ♖:e8 30. ♖:d7 f:e5 31. f5 ♖f8 32. ♖d:h7 e:f5 33. g:f5 ♘f4 34. ♖h8+ ♔f7 35. ♕b7+ ♔f6 36. ♖1h6+ ♔:f5 37. ♕h7+ 1-0

Die Auslosung der Kandidatenwettkämpfe führte die beiden bereits im Viertelfinale zusammen. Obwohl er mit einer Bilanz von 3:0 (!)

gegen Adams in das Match ging, konnte Tiwjakow den psychologischen Vorteil nicht nutzen. Nach den acht regulären Partien stand es unentschieden, und auch die vier zusätzlich anberaumten Schnellpartien brachten keine Entscheidung. Die fiel erst in der 2. Blitzpartie – zugunsten von Adams...
Seine Klasse demonstrierte Tiwjakow dann 1994 in Wijk aan Zee, wo er mit 9,5 aus 12 den Zweitplazierten, I. Sokolov, um 1,5 und Spieler wie M. Adams, → *Z. Almasi,* → *Ch. Lutz,* → *Y. Seirawan,* → *N. Short* u. a. um zwei Zähler distanzierte. Bei der Schacholympiade im Dezember 1994 in Moskau gab Sergej Tiwjakow sein erfolgreiches Debüt in der Nationalmannschaft. Mit einem Endspurt von 4/4 hatte er großen Anteil an der Goldmedaille für Rußland.

»**Tolle Figur**« – Bezeichnung für eine Figur, die den gegnerischen König unter Schachgebot ständig verfolgt, selbst nicht geschützt ist, aber wegen eines drohenden → *Patts* auch nicht gut geschlagen werden kann. Meist übernehmen Türme die Rolle der »tollen« Figur, vor der es kein Entrinnen gibt. In der folgenden Studie von Wladimir Korolkow (1907–1987), die 1947 bei einem Wettbewerb des Jerewaner Schachclubs den 1. Preis erhielt, spielt ein »toller Turm« die Hauptrolle.

W. Korolkow, 1947

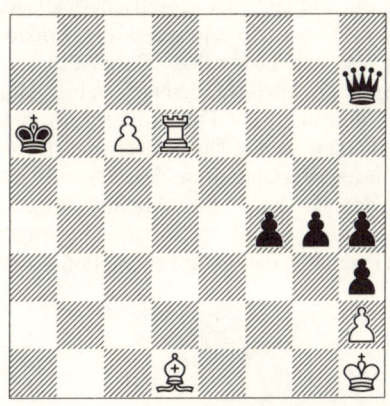

Remis
1. c7+ ♚a7 (Auf 1. . . ♚b5 folgt 2. ♗e2+ ♚b4! 3. ♖d4+ ♚b3 4. ♖d3+ usw. Wenn 1. . . ♚b7, so 2. c8♕+ ♚:c8 3. ♗:g4+ ♚b8 4. ♖d8+ ♚c7 5. ♖d7+. Falls 1. . . ♚a5, so 2. ♖a6+! ♚b5 3. ♗e2+ ♚b4 4. ♖b6+ ♚a3 5. ♖a6+ ♚b2 6. ♖b6+ ♚a1 7. ♖a6+, und der weiße Turm verfolgt dauerhaft den schwarzen König.) 2. ♖a6+! ♚b7 3. ♗f3+ g:f3 4. c8♕+ ♚:c8 5. ♖g6! ♕h5 6. ♖g5! ♕h6 (6. . . f2 7. ♖g8+ ♚d7 8. ♖g7+ ♚e6 9. ♖g6+ ♚f5 10. ♖f6+! ♚e4 11. ♖:f4+ ♚e3 12. ♖e4+ ♚d2 13. ♖e2+ ♚d1 14. ♖d2+ ♚e1 15. ♖e2+ ♚f1 16. ♖e1+ und Patt) 7. ♖g6! ♕h5 8. ♖g5! 1/2-1/2

Tolstoi und Schach. »Ich kann mir das Leben nicht ohne Schach, Bücher und die Jagd vorstellen«, schrieb einer der bedeutendsten Literaten Rußlands, Lew Tolstoi (1828–1910), im Jahre 1864, als er gerade an seinem Werk »Krieg und Frieden« arbeitete. Der Schriftsteller schloß im 18. Lebensjahr mit dem Schach Bekanntschaft. »Zwinge deinen Verstand, mit der größtmöglichen Kraft zu handeln«, notierte er im Frühjahr 1847 in sein Tagebuch. Zu jener Zeit beschloß Tolstoi, sich 3–4 Stunden pro Tag mit dem Schach zu befassen. Selbst während seines Militärdienstes im Kaukasus und auf der Krim fand er Zeit für das Schach. Während der berühmten Verteidigung von Sewastopol freundete er sich mit dem Moskauer Schachmaestro Sergej Urussow an. Vielleicht hat der Einfluß Urussows dazu beigetragen, daß der Schriftsteller in St. Petersburg die dortige Schachgesellschaft aufsuchte und auf einer Auslandsreise die Londoner Ausgabe von Löwenthals Buch über → *P. Morphy* erwarb (1860). Nach seiner Heirat 1862 ließ sich Lew Tolstoi dauerhaft in Jasnaja Poljana nieder. Das Schachspielen wurde ein fester Bestandteil seines Tagesablaufes. Er widmete dem Schach in der Regel die Abendstunden und spielte mit Verwandten und Freunden, die ihn in Jasnaja Poljana bzw.

»Lew Tolstoi beim Schachspiel«. Zeichnung von Ilja Repin, 1891. Tretjakowgalerie, Moskau.

in den Wintermonaten in Moskau besuchten. Zu seinen häufigsten Gegnern zählten u. a. sein ältester Sohn Sergej, die Musiker S. Tanejew und A. Goldenweiser (mit dem er etwa 600 Partien austrug!), der Künstler N. Ge und der Übersetzer seiner Werke ins Englische, A. Mood. In Moods in London erschienenen Buch »Das Leben Tolstois« finden wir auch zwei Schachpartien des Schriftstellers.

Das Schach fand ebenfalls im schriftstellerischen Schaffen Tolstois seinen Niederschlag. In dem bedeutenden Roman »Krieg und Frieden« geht der Autor in alltäglichen, psychologischen bzw. militärgeschichtlichen Zusammenhängen auf das Schach ein.
In Band III, Teil 2, Kap. VII von »Krieg und Frieden« heißt es: »Ein guter Schachspieler, der eine Partie verloren hat, ist aufrichtig davon überzeugt, daß sein Verlust die Folge eines begangenen Fehlers sei, und er sucht diesen Fehler in der Eröffnung seiner Partie, vergißt aber, daß bei jedem Schritt im Verlauf des Spieles ebensolche Fehler vorgekommen sind, daß kein einziger seine Züge völlig einwandfrei war. Der Fehler, dem er Beachtung schenkt, fällt ihm nur auf, weil der Gegner ihn ausgenutzt hat.«

☐ L. Tolstoi
■ A. Mood

Jasnaja Poljana, 1906

1. e4 e5 2. f4 e:f4 3. ♘f3 g5 4. ♗c4 g4 5. ♘e5 ♕h4+ 6. ♔f1 d5 7. ♗:d5 f3 8. g:f3 ♕h3+ 9. ♔e1 g3 10. d4 g2 11. ♖g1 ♕h4+ 12. ♔e2 ♘h6 13. ♖:g2 c6 14. ♗:h6! c:d5 15. ♗:f8 ♔:f8 16. ♕e1! ♕e7 17. ♘c3 f6 18. ♘:d5 ♕d6 19. ♕g3! f:e5 20. ♕g7+ ♔e8 21. ♕:h8+ 1-0

Topalow Wesselin, * 15. März 1975 in Russe, bulgarischer Großmeister.
Das Jahr 1992 wurde der Wendepunkt im Leben des jungen Schachprofis. Er gewann zehn (!) offene Turniere in Spanien! Die Siege in Las Palmas 1992 (mit M. Ulybin) und Madrid 1993 (mit → *W. Kramnik* und → *V. Anand*) sowie der Erfolg bei der Junioren-WM 1993 bestätigten seine Klasse. 1994 erhielt Topalow eine Einladung zum Superturnier von Linares, wo er fünf glänzende Siege erzielte – gegen W. Kramnik, V. Anand, → *W. Iwantschuk*, → *B. Gelfand* und → *A. Beljawski*. 1995 kam er in Linares hinter W. Iwantschuk und → *A. Karpow* auf dem 3. Platz ein (mit → *A. Schirow*). Siege bei den starken Turnieren in Polanica Zdroj und Elenite rundeten ein weiteres erfolgreiches Jahr ab.
Im Dezember 1994 erzielte Wesselin Topalow bei der Moskauer Schacholympiade am Spitzenbrett Bulgariens ein Riesenergebnis.

Unter seinen sechs Siegen (bei fünf Unentschieden und einer Niederlage) fand der gegen → *G. Kasparow* die größte Beachtung:

□ W. Topalow
■ G. Kasparow
Moskau, 1994

1. e4 c5 2. ♘f3 d6 3. d4 c:d4 4. ♘:d4 ♘f6 5. ♘c3 a6 6. ♗e3 e6 7. g4 h6 8. f4 ♘c6 9. ♗e2 e5 10. ♘f5 g6 11. ♘g3 e:f4 12. ♗:f4 ♗e6 13. ♖f1 ♖c8 14. h3 ♕b6 15. ♕d2 ♗g7 16. ♗:d6 ♘:g4 17. ♗:g4 ♕:b2

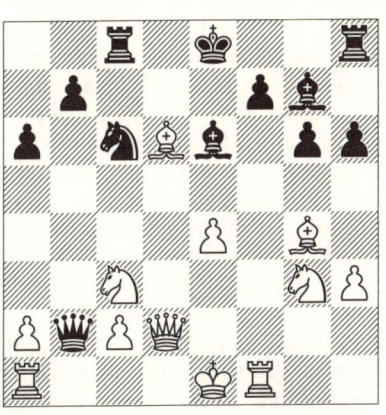

18. e5 ♘:e5 19. ♖b1 ♕:c3 20. ♕:c3 ♖:c3 21. ♗:e6 f:e6 22. ♖:b7 ♘c4 23. ♗b4 ♖e3+ 24. ♘e2 ♗e5 25. ♖ff7 ♖:h3 26. ♘d4 ♖e3+ 27. ♔f1 ♖e4 28. ♖fe7+ 1-0

Torre Carlos, * 23. November 1905 in Mérida, † 19. März 1978 in Mérida, mexikanischer Großmeister.

Die ersten Schritte Torres verliefen ähnlich wie bei zukünftigen Weltmeistern – das stellte → *Em. Lasker* 1924 fest. Der 19jährige Mexikaner errang 1923 und 1924 in Amerika zwei überzeugende Turniersiege. Von insgesamt 30 Partien gewann er 24 und verlor keine einzige! Davon nahm man natürlich auch in Europa Notiz, und Carlos Torre erhielt 1925 Turniereinladungen nach → *Baden-Baden* (10. Platz, aber noch vor → *R. Reti,* → *R. Spielmann,* → *S. Tarrasch* u. a.), Marienbad (2.-3. mit → *F. Marshall*), → *Moskau* (5.-6. mit → *S. Tartakower*). Beim Moskauer Turnier erregte sein Sieg über Em. Lasker, den er mit der → *Mühle*, einem schönen Kombinationsmotiv, überraschte, das größte Aufsehen. Aber auch seine inhalts- und lehrreiche Remispartie mit → *J. R. Capablanca* sowie die Siege über F. Marshall, G. Löwenfisch, → *F. Sämisch*, F. Dus-Chotimirski und B. Werlinski waren eindrucksvoll.

□ C. Torre
■ B. Werlinski
Moskau, 1925

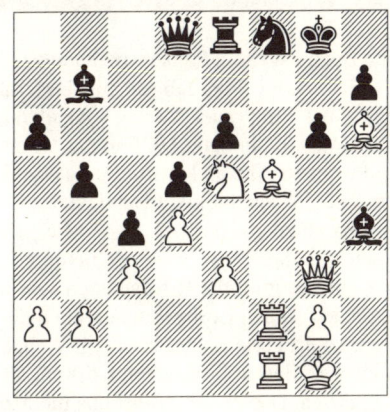

24. ♗:g6! ♗:g3

Auf 24... ♘:g6 folgt 25. ♖f7!
25. ♗f7+!
Nun wäre auf 25. ♖f7? einfach 25... ♗:e5 möglich.
25... ♔h8 26. ♗:e8 ♗:f2+ 27. ♖:f2   1-0

Doch leider war seine erste europäische Schachtournee auch gleichzeitig die letzte. Ein Jahr später erkrankte Torre und zog sich vom Schach zurück. Er hinterließ der Schachtheorie den sogenannten Torre-Angriff: 1. d4 ♘f6 2. ♘f3 e6 3. ♗g5. Torre schrieb ebenfalls das

kleine Buch »Wie ein Schachspieler entsteht«. Das Manuskript übergab er im Dezember 1925 dem Leningrader Verlag »Akademia«, wo das Werk dann auch 1926 in der Übersetzung Professor Alexander Smirnows erschien. Darin äußerte der mexikanische Maestro interessante Gedanken über die Entwicklung der schachlichen Begabung. Er betonte, daß man sich, wie groß die Erfolge auch sein mögen, nie auf seinen Lorbeeren ausruhen dürfe. »In letzterem Falle riskieren wir, in Schablonen zu verfallen und in unserer Entwicklung zu verharren. Dieser Weg führt uns nicht zum Schönen im Schach, das sich in der Tiefe der Konzeption und ihrer harmonischen, ökonomischen und zweckmäßigen Umsetzung verbirgt.«

1977 verlieh die → *Fide* Carlos Torre aufgrund seiner zurückliegenden Verdienste um die Schachkunst den Titel eines Internationalen Großmeisters.

Torre Eugenio, * 4. November 1951 in Illcilo City, philippinischer Großmeister, WM-Kandidat.

Mit 18 Jahren nahm Eugenio Torre an der Juniorenweltmeisterschaft teil (1969). Damals traf er das erste Mal auf → *A. Karpow*, den späteren Sieger. Torre wählte in ihrer Partie ein für ihn typisches seltenes Gambit der Spanischen Partie (1. e4 e5 2.♘f3 ♘c6 3. ♗b5 a6 4. ♗a4 ♘f6 5. 0-0 ♗e7 6. d4 e:d4 7. e5 ♘e4 8. b4!?) und erreichte bald eine klar überlegene Stellung, die er jedoch ob des zähen Widerstandes von Karpow nicht zum Sieg führen konnte. Sieben Jahre später nahm Torre »Revanche« für dieses Remis. In Manila fand ein doppelrundiges Viererturnier statt, an dem neben ihm noch Weltmeister Anatoli Karpow sowie → *L. Ljubojević* und → *W. Browne* teilnahmen. Die Ausländer waren überrascht, wie populär das Schach auf den Philippinen war. »In Manila«, erinnerte sich Karpow, »beobachtete ich einen Eisverkäufer, der die Analyse einer Schachpartie nur kurz unterbrach, um den nächsten wartenden Kunden zu fragen, ob dieser Schach spielen könne. Schachspieler begrüßte er mit offenen Armen und bot ihnen prompt an, um ein Eis zu spielen.« Das ganze Land, das kann man wohl sagen, drückte seinem Schachidol Eugenio Torre die Daumen. Und der erfüllte die kühnsten Hoffnungen. Bereits in der ersten Runde schlug er Karpow und gab die Führung bis zum Schluß nicht mehr ab. Mit 4,5/6 ließ er Karpow auf Rang zwei um 1,5 (!) Zähler hinter sich!

Vier Anläufe brauchte der hartnäckige Filipino, um WM-Kandidat zu werden. 1973, beim Leningrader Interzonenturnier, eroberte er die Zuschauer durch sein kompromißloses Schach, die nichtstandardgemäße Eröffnungsbehandlung und... sein exotisches Aussehen. »Dieser große schlanke junge Mann mit dem gebräunten Gesicht, den langen, rabenschwarzen Lokken (kein Tribut an die Mode, sondern lange

Tradition der Filipinos) und den mädchenhaft geröteten Wangen sitzt fast die gesamte Zeit über am Schachbrett und wandelt nur selten auf der Bühne auf und ab. Seine Zurückhaltung und Ruhe verläßt ihn selbst in Zeitnot nicht«, schrieb Meister Pawel Kondratjew, der Trainer → *I. Lewitinas*. Bei den folgenden Interzonenturnieren in Manila 1976 und Rio de Janeiro 1979 zeigte sich, daß es dem jungen Großmeister noch an Erfahrung mangelte. Einzelne ausgezeichnet geführte Partien wechselten sich mit schwächeren Leistungen ab. Ein positives Beispiel:

□ L. Portisch
■ E. Torre
Rio de Janeiro, 1979

1. d4 ♘f6 2. c4 g6 3. ♘c3 ♗g7 4. e4 d6 5. f3 c5 6. d:c5 d:c5 7. ♕:d8+ ♔:d8 8. ♗e3 ♘fd7 9. ♘ge2 ♘c6 10. 0-0-0 b6 11. f4 ♗b7 12. g3 ♘a5 13. b3 e6 14. ♗h3 ♔e7 15. f5?! ♗e5! 16. f:e6 f:e6 17. ♗f4 ♘c6 18. ♘b5 ♘f6 19. ♖d6 ♗:d6 20. ♗:d6+ ♔f7 21. ♖f1 e5 22. ♗d7 ♘b4 23. ♘c7 ♖ad8 24. ♗e6+ ♔g7 25. ♗e7 ♘:e4 26. ♗d5 ♗:d5 27. c:d5 ♖:d5! 28. g4 ♖c8 29. ♘:d5 ♘:d5 30. ♗h4 c4 31. ♔b2 c3+ 32. ♔a3 ♘e3 33. ♖g1 ♘c2+ 34. ♔a4 ♘d4   0-1

Im mexikanischen Toluca erreicht Torre 1982 endlich das große Ziel. Er teilt mit L. Portisch den 1.-2. Platz und ist erster asiatischer WM-Kandidat! Doch im Viertelfinale des Kandidatenturniers scheidet er gegen den Ungarn → *Z. Ribli* aus (4:6).
1993 sah die Schachwelt das sensationelle Comeback des legendären → *R. Fischer*. Sein Trainer und Sekundant im Match gegen → *B. Spasski* hieß – Eugenio Torre.

Troizki Alexej, * 14. März 1866 in St. Petersburg, † 8. August 1942 in Leningrad, russischer Schachkomponist, einer der Begründer der modernen künstlerischen Schachstudie.
Da der Förster Alexej Troizki eine äußerst beschränkte Schachbibliothek besaß, die nach seinen Worten nur aus dem Lehrbuch Dufresnes und Bergers Werk »Theorie und Praxis des Endspiels« bestand, mußte er sich bei der Komposition von Studien ganz auf seine Phantasie verlassen. Diesem »Arsenal an Ideen« entsprangen tiefgründige und originelle Stücke zu den Themen Dauerangriff, Einmauerung von Figuren und positionelles Remis. Für Troizki war es besonders wichtig, daß sich die Studie soweit wie möglich der praktischen Partie annäherte und bereits in ihrer Ausgangssituation Einfachheit und Natürlichkeit ausstrahlte. Zum Thema »Verfolgung« ist beispielsweise die Methode eines Damenfanges interessant, die aus einer Studie stammt, die von der Deutschen Schachzeitung publiziert wurde.

A. Troizki , 1910

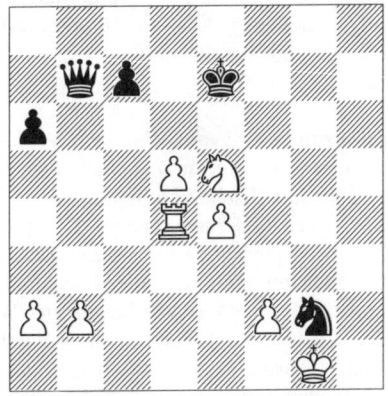

Weiß gewinnt

1. ♖b4! ♕c8 2. ♖b8! ♕h3 3. ♖h8! ♘h4 4. ♖:h4 ♕c8 5. ♖h8 ♕b7 6. ♖b8 1-0

1910 veröffentlichte Troizki die Arbeit »Grundsätze der Kunst der Studienkomposition«. Großes Interesse der Schachkomponisten rief auch sein früherer Artikel »Zwei Springer gegen Bauern« hervor (»Deutsche Schachzeitung«, 1906).

In fast einem halben Jahrhundert schöpferischer Tätigkeit – die erste Studie stammt aus dem Jahr 1895, die letzte von 1941 – ersann Troizki mehr als 1000 Studien, von denen etwa 750 publiziert wurden.

Tschatrang-Namak, »Das Buch vom Schach«, erste historische mittelpersische Literaturquelle, in der das Schach behandelt wird (etwa 600 u. Z.). Das Tschatrang-Namak ist auch unter der Bezeichnung »Madayan-y-Tschatrang« bekannt. Laut der Legende soll das komplizierte → Schatrang (Schach) von einem indischen Radscha dem mächtigen iranischen Schah Chosrau I. Anuschirwan (509 bis 579) zur Enträtselung gesandt worden sein. Unter dessen Hofleuten fand sich nur ein Weiser, Busurgmichr, dem es gelang, die Spielregeln zu entziffern. Der Schah schickte seinerseits dem indischen König ein anderes Spiel mit dem gleichen Ziel. Doch niemand konnte es entschlüsseln. Diese Legende erlaubt nach H. Murray (1936) die Bestimmung des ungefähren Datums der Erfindung des Schachspiels – etwa 570. Modernere Forschungen stellten jedoch die Hypothese auf, daß die Legende bereits aus dem 5. bzw. sogar 4. Jahrhundert datiert.

Tschaturanga – vom Sanskrit-Wort caturanga, »catur« (vier) und »anga« (Teil, Körper). Das altindische Tschaturanga ist ein Vorläufer des modernen Schachs. Es entstand in den ersten Jahrhunderten unserer Zeitrechnung. Tschaturanga hieß die Kampfanordnung des indischen Heeres, die aus vier Waffengattungen bestand: Kampfwagen (ratcha), Elefanten (hasti), Reiterei (aschwa), Fußsoldaten (padati) sowie ihrem Anführer, dem König (raja). Am Spiel waren vier Personen beteiligt. Ihre Züge wurden durch Würfeln bestimmt, d. h. das Tschaturanga war ein durch Zufall bedingtes Glücksspiel. Der Gewinn wurde durch die Vernichtung der gegnerischen Kräfte, einschließlich des Königs, erreicht.

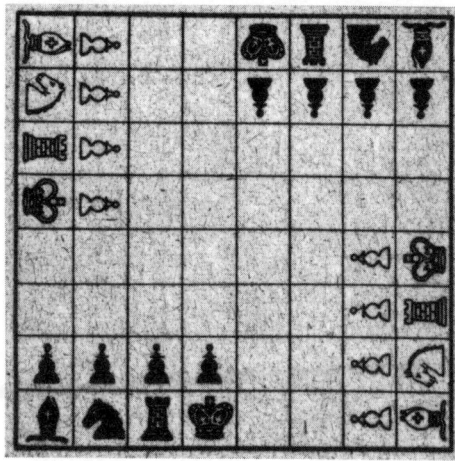

Anordnung der Figuren im altindischen Tschaturanga (nach Biruni)

König, Bauern und Türme (Kampfwagen) zogen im Tschaturanga genauso wie im modernen Schach. Der Elefant (Läufer) zog zwei Felder auf der Diagonalen, wobei er, wie auch der Springer, über Figuren hinwegspringen konnte. Nach Zeugnissen von al-Adli und dem choresmischen Gelehrten al-Biruni, der Anfang des 11. Jahrhunderts die erste ethnographische Beschreibung des Tschaturanga gab, existierte in Indien noch eine andere Spielart des Tschaturanga, bei der sich die Elefanten auf den Flanken und die Kampfwagen neben dem König befanden.

Die erste Erwähnung des Tschaturanga geht auf Banas Roman »Harschatscharita« (7. Jahrhundert) zurück, in dem der Schriftsteller die Lebensweise zur Zeit des Königs Sriharsch beschreibt: »Zur Zeit dieses Königs stritten sich nur die Bienen beim Sammeln des Nektars... und nur die Aschtapada lehrte die Stellungen des Tschaturangas.«

Später gingen Ratnakar und Rudrat, zwei Poeten aus Kaschmir, auf das Tschaturanga ein (9. Jahrhundert). Dieses Spiel existierte in Indien bis zum Beginn des 20. Jahrhunderts.

Zeitweilig wurde es als »Tschaturradischi« bezeichnet, was soviel bedeutet wie »Spiel der vier Könige«. Hier wurden die Figuren in vier Farben dargestellt – schwarz, rot, gelb und grün. Der historische Nachfolger des Tschaturanga wurde im 5.–6. Jahrhundert das → *Schatrang*.

Tschiburdanidse Maja, * 17. Januar 1961 in Kutaissi, sechste Schachweltmeisterin.
Im Hause Tschiburdanidse spielten alle Kinder Schach. Die älteren unterrichteten die jüngeren, die sich bald darauf als undankbar erwiesen und die älteren besiegten. So auch die achtjährige Maja, die von ihrem großen Bruder Rewas in das Schach eingeführt wurde und bald besser als ihre Schwester Lamara war, damals am Polytechnischen Institut Studentin im zweiten Semester.
Majas Schacherfolge überraschten zu Hause niemanden. Im Alter von drei Jahren hatte sie bereits lesen gelernt, mit fünf löste sie mit Leichtigkeit Mathematikaufgaben mit dreistelligen Ziffern. In der Schule war sie eine der besten Schülerinnen, aber vom Schach war sie besonders angetan. Jede freie Stunde verbrachte sie im Pionierpalast von Kutaissi. Einer ihrer ersten Trainer, Michail Schischow, charakterisierte sie so: »Sie verfügt über ein ›absolutes schachliches Gehör‹, einen scharfen kombinatorischen Blick und die Fähigkeit, sich während der Partie maximal zu konzentrieren. Das erlaubt ihr eine schnelle und genaue Variantenberechnung.«
Bereits mit zwölf Jahren wurde Maja für den Ländervergleich gegen Jugoslawien für die sowjetische Nationalmannschaft nominiert. Sie schlug die Internationale Meisterin Wlasta Kalchbrenner glatt mit 4:0! Jede Partie führte sie in einem anderen Stil – die erste ruhig manövrierend, die zweite effektvoll angreifend, in der dritten demonstrierte sie eine feine Endspielbehandlung, in der vierten kombinierte sie glänzend. Nach dieser Leistung nannte sie Großmeister → *B. Ivkov* den »weiblichen Bobby Fischer«.

☐ M. Tschiburdanidse
■ W. Kalchbrenner
Tblissi, 1973

1. e4 e6 2. d4 d5 3. ♘d2 d:e4 4. ♘:e4 ♘d7 5. ♘f3 ♘gf6 6. ♘:f6+ ♘:f6 7. ♗d3 c5 8. d:c5 ♗:c5 9. 0-0 0-0 10. ♗g5 ♗e7 11. ♕e2 ♕c7 12. ♖ad1 ♖d8 13. ♘e5 ♗d7 14. ♗:h7+! ♔f8 15. ♗d3 ♗e8 16. ♖fe1 ♖ac8 17. ♕f3! ♖d5 18. ♕h3! ♖:e5 19. ♕h8+ ♘g8 20. ♗:e7+ ♔:e7 21. ♕:g8 ♖g5 22. ♕h7 ♗c6 23. ♕h4 f6 24. ♗e4 ♕a5 25. f4 ♕c5+ 26. ♔h1 ♖h5 27. ♕g4 ♔f8 28. ♗:c6 ♖:c6 29. ♖d8+ ♔e7 30. ♖ed1 ♖d5 31. ♖1:d5 e:d5 32. ♕d7+ matt!

Bereits mit 17 Jahren hatte Maja Tschiburdanidse etwa 500 ernste Turnierpartien absolviert. Sie war Sowjetische Meisterin, Siegerin der Kandidatinnenwettkämpfe und forderte Weltmeisterin → *N. Gaprindaschwili* zum Titelkampf heraus. So etwas hatte es in der Geschichte des Schachs bislang noch nicht gegeben!

Das WM-Match Gaprindaschwili-Tschiburdanidse fand 1978 im georgischen Kurort Pizunda am Schwarzen Meer statt. Maja Tschiburdanidse ging gleich vom Start weg in Führung und sicherte sich mit einem 8,5:6,5 die WM-Krone.
Wie Nona Gaprindaschwili nahm nun auch Maja Tschiburdanidse häufig an Männerturnieren teil. Beim Turnier »Costa Catalana« in Barcelona im Herbst 1979 teilte sie mit ihrem Landsmann und Trainer Eduard Gufeld und

dem Italiener Stefano Tatai den 1.-3. Platz. Ihre Partie gegen den kubanischen Großmeister Amador Rodriguez trat die Reise durch die Schachpresse in aller Welt an.

□ M. Tschiburdanidse
■ A. Rodríguez
Barcelona, 1979

1. e4 c5 2. ♘f3 d6 3. d4 c:d4 4. ♘:d4 ♘f6 5. ♘c3 a6 6. a4 ♘c6 7. ♗e2 e6 8. 0-0 ♗e7 9. ♗e3 ♕c7 10. f4 0-0 11. ♔h1 ♗d7 12. ♘b3 b6 13. ♗f3 ♖fd8 14. ♕e2 ♗e8 15. g4 ♘d7 16. g5 ♗f8 17. ♗g2 ♘b4 18. f5 ♘c5 19. f:e6 f:e6 20. ♗h3 ♗d7 21. g6 h:g6 22. ♕c4! ♘:c2 23. ♗:c5 d5 24. e:d5 ♘:a1 25. ♕e4 e5

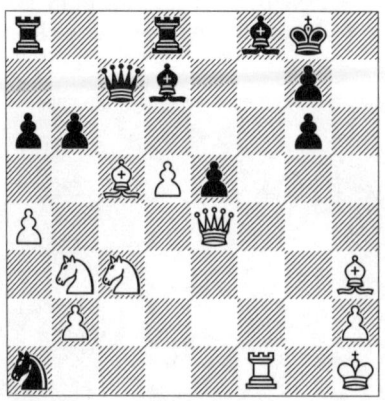

26. d6! ♗:d6 27. ♕c4+ ♔h7 28. ♕h4+ ♔g8 29. ♗g2! ♗c6 30. ♘d5 ♕b7 31. ♕c4 ♔h8 32. ♖f3 ♗:c5 33. ♖h3+ ♔g8 34. ♘e7+ ♔f8 35. ♘:g6+ ♔e8 36. ♕e6+ 1-0

Viermal verteidigte Maja Tschiburdanidse ihren Weltmeistertitel: gegen → *N. Alexandria* (1981), → *I. Lewitina* (1984), J. Achmylowskaja (1986) und → *N. Ioseliani* (1989). In jenen Jahren erzielte sie auch bei Männerturnieren eine Reihe von hervorragenden Ergebnissen: Neu Delhi 1984 – 1. Platz, Banja Luka 1985 – 1., Bilbao 1987 – 3.-4., Brüssel 1987 – 2. Bereits 1984 wurde ihr, als zweiter Frau überhaupt, der Großmeistertitel der Männer verliehen. 1986 trennte sie sich in einem Match vom jugoslawischen Großmeister Petar Popovic 4:4 unentschieden.

1991 erwuchs Tschiburdanidse in der jungen Chinesin → *Xie Jun* eine unerwartet starke Herausforderin. Maja fand nicht zu ihrer Bestform und mußte ihr die WM-Krone überlassen.

Das Leben von Maja Tschiburdanidse besteht nicht nur aus Schach. Sie schloß in Tblissi ein Medizinstudium ab. Ihrer Meinung nach haben Arzt und Schachspieler vor allem eines gemein – »sie müssen in der Lage sein, eine schnelle und genaue Diagnose zu stellen«.

Tschigorin Michail, * 12. November 1850 in Gatschina, † 25. Januar 1908 in Lublin, russischer Schachmeister und Schachtheoretiker, WM-Herausforderer.

Michails Eltern starben, als er neun Jahre alt war. Seine Zeit an der Lehranstalt für Waisenkinder war freudlos; die Schüler wurden geschlagen, in den Karzer gesperrt und schlecht ernährt. Aus dieser Phase seines Lebens blieb ihm nur eine angenehme Erinnerung. Er schloß an besagter Lehreinrichtung als 16jähriger Bekanntschaft mit dem Schachspiel.

Aber erst mit 24 Jahren befaßte er sich ernsthaft mit dem Schach, als er in St. Petersburg regelmäßig das Café »Dominik« aufsuchte und mit den stärksten hauptstädtischen Meistern seine Kräfte maß. Seine ersten Erfolge bestärkten Tschigorin in dem Gedanken, sich vollständig der Schachkunst zu verschreiben. 1876 gründete er die Zeitschrift »Schachmatnij Listok« und stellte sich die Aufgabe, »bei unseren Lesern die Liebe zum Schachspiel zu wecken«.

Neben den Vorzügen des Schachs wie der Entwicklung der geistigen Fähigkeiten, des Gedächtnisses und der Phantasie hob Tschigorin immer hervor, daß es nicht ausreiche, einfach nur die Regeln zu beherrschen – das brächte nur wenig Nutzen –, sondern das man danach streben solle, möglichst gut zu spielen. »Je stärker der Spieler, desto sorgfältiger wird er die Züge planen, je komplizierter die Kombination, desto unterhaltsamer und angenehmer wird das Spiel.« Aber um gut zu spielen, müsse man die Theorie kennen und die Partien starker Schachspieler studieren. Dabei half Tschigorins Zeitschrift, die sowohl theoretische Artikel als auch Partien brachte.

Tschigorin verband seine aktive literarische Tä-

□ M. Tschigorin
■ W. Steinitz
Havanna, 1892

1. e4 e5 2. ♘f3 ♘c6 3. ♗c4 ♗c5 4. b4 ♗:b4 5. c3 ♗a5 6. 0-0 d6 7. d4 ♗g4 8. ♗b5 e:d4 9. c:d4 ♗d7 10. ♗b2 ♘ce7 11. ♗:d7+ ♕:d7 12. ♘a3! ♘h6 13. ♘c4 ♗b6 14. a4! c6 15. e5! d5 16. ♘d6+ ♔f8 17. ♗a3 ♔g8 18. ♖b1! ♘hf5

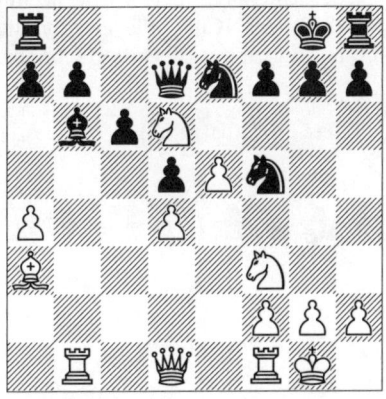

19. ♘:f7! ♔:f7 20. e6+ ♔:e6 21. ♘e5! ♕c8 22. ♖e1 ♔f6 23. ♕h5 g6 24. ♗:e7+ ♔:e7 25. ♘:g6+ ♔f6 26. ♘:h8 ♗:d4 27. ♖b3! ♕d7 28. ♖f3 ♖:h8 29. g4 ♖g8 30. ♕h6+ ♖g6 31. ♖:f5+ 1-0

tigkeit mit erfolgreichem Turnierspiel. Von 1878 bis 1880 gewann er Zweikämpfe gegen E. Schiffers, E. Schmidt und S. Alapin. Fortan galt er als stärkster Schachspieler Rußlands. Seine Reputation festigte er durch Siege in drei Allrussischen Turnieren (1899, 1901, 1903). Glanzvoll waren auch seine ersten internationalen Auftritte. 1881 teilte er in Berlin gemeinsam mit → *S. Winawer* den 3.-4. Platz. → *J. Zukertort* stellte ihm in der Zeitschrift »Chess Monthly« folgendes Zeugnis aus: »Tschigorins Stil ist unternehmungslustig und energisch, seine Kombinationen sind sehr scharfsinnig. Auf Anhieb hat er sich in die Gilde der internationalen Meisterspieler eingereiht.«
Schon im nächstfolgenden internationalen Turnier, → *London* 1883, ließ Tschigorin viele Koryphäen hinter sich und gewann beide Partien gegen → *W. Steinitz*.
1889 und 1892 kämpfte er in der kubanischen Hauptstadt Havanna gegen diesen Gegner um die Weltmeisterschaft. Im zweiten Match brachte er Steinitz an den Rand einer Niederlage. Die Partien dieser Wettkämpfe zeigten, wie übrigens auch das kleine, siegreiche telegraphische Duell gegen Steinitz (1891), daß Tschigorin vom schöpferischen Gehalt seines Spiels her zu den größten Schachspielern der Welt gehörte.

Unter den internationalen Turniererfolgen ragen folgende noch heraus: → *New York* 1889 – 1.-2. Platz, → *Hastings* 1895 – 2., → *Budapest* 1896 – 1., → *Wien* 1903 – 1.
Michail Tschigorin leistete für die Entwicklung der Eröffnungstheorie einen wertvollen Beitrag. Die Verteidigung 1. d4 d5 2. c4 ♘c6 trägt seinen Namen, ebenso wie verschiedene Varianten in der → *Spanischen Partie*, im → *Evansgambit*, im → *Königsgambit*, im → *Damengambit* und in der → *Französischen Verteidigung*. Der Tätigkeit Tschigorins um die Jahrhundertwende ist es mit zu verdanken, daß sich → *Rußland* zu einem der führenden Länder der Schachkunst entwickelte.

Turgenjew und Schach. Von den berühmten russischen Schriftstellern war besonders Iwan

Turgenjew (1818–1883) für seine Schachleidenschaft bekannt. Er begeisterte sich schon in der Kindheit für dieses Spiel und befaßte sich in seiner Moskauer Studentenzeit mit der Schachtheorie. In seiner Bibliothek, die im Turgenjew-Museum in Orjol zu besichtigen ist, befinden sich viele Schachbücher und Schachzeitschriften u. a. von → *J. Allgaier*, → *C. F. von Jänisch*, Bilguers → *Handbuch des Schachspiels«* (die Ausgabe von 1852), komplette Jahrgänge der »Schachzeitung« (1850–1853), des »Chess Players Chronicle« (1853) mit seinen mit Bleistift geschriebenen

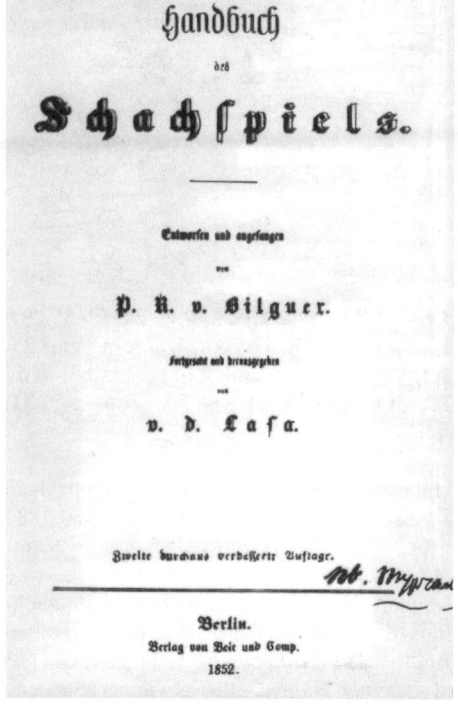

Von Iwan Turgenjew durchgearbeitetes Exemplar des »Handbuchs« mit eigenhändiger Unterschrift.

Randbemerkungen, Zügen und Varianten. Diese Analysen waren nicht vergebens; in einem Brief aus Spasski (1853) teilte er einem seiner Freunde mit: »... schaue mir Schachpartien aus Büchern an. Von der Übung habe ich etwas an Spielstärke gewonnen.«

Turgenjew traf am Schachbrett nicht nur mit Freunden und Bekannten zusammen, sondern auch mit namhaften Meistern; in St. Petersburg mit Dimitri Urussow und Ilja Schumow, in Rom mit → *S. Dubois*, in Paris mit dem französischen Champion Arnoud de Riviera, dem Deutschen Gustav Neumann, dem Polen W. Matschusski. Er war mit Schachgrößen wie → *P. Morphy*, → *A. Anderssen*, J. Löwenthal, dem späteren Weltmeister → *W. Steinitz*, → *D. Harrwitz*, I. Kolisch, → *J. Blackburne* u. a. persönlich bekannt. Es gibt eine Gravur F. Müllers (nach einer Zeichnung von A. Miran), die das Café Régence Ende der 50er Jahre des 19. Jahrhunderts zeigt und auf der acht Personen beim Schachspiel zu sehen sind, darunter Löwenthal, Morphy, Turgenjew, Prety. Von dem hohen Ansehen, das Turgenjew in der Schachwelt genoß, zeugt seine Wahl zum Vizepräsidenten des ersten auf deutschem Boden durchgeführten internationalen Schachturniers in → *Baden-Baden* 1870. Die folgende Partie charakterisiert wunderbar die schachliche Stärke Turgenjews:

□ W. Matschusski
■ I. Turgenjew
Paris, 1861

1. d4 d5 2. c4 e6 3. ♘c3 ♗b4 4. f3 c5 5. a3 ♗:c3+ 6. b:c3 ♕a5 7. ♗d2 ♘f6 8. ♕c2 ♗d7 9. e4 d:e4 10. f:e4 c:d4 11. c:d4 ♕h5 12. ♘f3 ♕g6! 13. ♗d3! ♕:g2 14. ♖f1 ♘c6 15. 0-0-0 ♘g4 16. ♖de1 h6 17. d5 ♘ce5 18. ♘:e5 ♘:e5 19. ♖g1 ♕f3 20. ♖e3 ♕f6 21. ♗c3 ♘:d3+ 22. ♕:d3 ♕e7 23. ♗:g7 ♖g8 24. ♖eg3 0-0-0 25. ♕e3 b6 26. ♕:h6 ♕c5 27. ♗d4

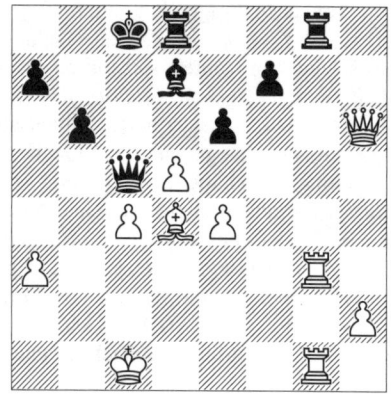

27... ♕:c4+ 28. ♖c3 ♖:g1+ 29. ♔d2 ♕:c3+ 30. ♔:c3 ♖g4 31. ♕h5 ♖f4 32. ♕e5 ♖f3+ 33. ♔b2 ♖g8 34. ♗c3 ♗a4! 35. ♕d4 ♖g2+ 36. ♗d2 ♗d7 37. h4 ♖ff2 38. ♔c3 ♖:d2 39. ♕h8+ ♔b7 40. h5 e:d5 41. e:d5 ♗f5! 42. h6 ♖:d5 43. ♕f6 ♖c2+ 44. ♔b4 a5+ 45. ♔a4 ♖c7 46. ♔b3 ♖b5+ 47. ♔a4 ♗d7! 0-1

Bekannt sind viele Briefe und eine Reihe von Werken Turgenjews, in denen er in dem einen oder anderen Zusammenhang das Schach erwähnt. Die umfangreichsten Schachepisoden sind in zweien seiner Spätwerke anzutreffen – in der Novelle »Die Unglückliche« und in der Erzählung »Der Brand auf dem Meer«. In ersterer kommt es während einer Schachpartie zwischen den Hauptprotagonisten Susanna und Michel zu einer flammenden Liebeserklärung. In »Brand auf dem Meer« erwähnt Turgenjew seine Partien mit einem gewissen reichen Herren während einer Schiffsreise. Sein Schachpartner kam um, als er bei einem Schiffsbrand seine Reichtümer retten wollte.

Turm. Der Turm ist die zweitstärkste Schachfigur. Von der Enstehung des Schachs an war er über ein ganzes Jahrtausend hinweg die einzige weitreichende Figur. In Indien wurde er als Kampfwagen (ratcha) dargestellt. In Zentralasien erhielt er die neue Bezeichnung »ruch«. Dabei handelte es sich um einen gigantischen Vogel der östlichen Folklore, der über ungewöhnliche Kraft verfügte und den Märchenhelden im Kampf gegen ihre Feinde zur Seite stand.
Mit dem Auftauchen des Schachs in Europa erfuhr dieser Begriff neuerliche Veränderungen. Die Spanier wandelten ihn in das ähnlich klingende »roque« um, die Italiener in »rocco«, die Franzosen in »roc«, was soviel wie »Fels« bedeutet. Von da an war es nicht mehr weit bis zur Darstellung dieser Schachfigur als mittelalterlicher Festungsturm, was sich auch in der Terminologie niederschlug: in Spanien und Italien hieß sie alsbald »torre«, in Frankreich »tour«, in Deutschland »Turm«. Nur in England hieß der Turm, trotz seiner Darstellung als Festungsturm, weiterhin »roc« (heute – rook). In der Alten Rus wurde diese Schachfigur »ladja« genannt, was soviel wie Boot bzw. Kahn bedeutet. Vom Äußeren her erinnerte der »ladja« an den asiatischen »ruch«.

Der Turm wird in der Schachpartie in der Regel später als die anderen Figuren in die Schlacht geworfen. Oft schlägt im Endspiel, wenn das Schachbrett nur noch von wenigen Figuren bevölkert ist, seine große Stunde. In der Eröffnung ist der Turm an einer so wichtigen Operation wie der Rochade beteiligt, mittels der der König an ein sichereres Plätzchen am Brettrand gebracht wird, was dem Turm den Weg auf eine der zentralen Linien ebnet. Viel Erfahrung erfordert die Beantwortung der »Hamlet-Frage«, ob der Königs- bzw. Damenturm nun nach e1(e8) bzw. d1(d8) gehört! Mit Sicherheit gehören Türme auf offene Linien! Das wird auch im folgenden klassischen Beispiel deutlich:

□ A. Nimzowitsch
■ J. R. Capablanca
New York, 1927

16... ♖fd8 17. a3 ♘d3 18. ♘e1 ♘:e1 19. ♖:e1 ♖ac8 20. ♖b1 ♕e5 21. g3 ♕d5 22. b4 ♗f8 23. ♗b2 ♕a2! 24. ♖a1 ♕b3 25. ♗d4 ♖c2 26. ♕a6 e5 27. ♗:e5 ♖dd2 28. ♕b7 ♖:f2 29. g4 ♕e6 30. ♗g3 ♖:h2 31. ♕f3 ♖hg2+ 32. ♕:g2 ♖:g2+ 33. ♔:g2 ♕:g4 34. ♖ad1 h5 35. ♖d4 ♕g5 36. ♔h2 a5 37. ♖e2 a:b4 38. a:b4 ♗e7 39. ♖e4 ♗f6 40. ♖f2 ♕d5 41. ♖e8+ ♔h7 0-1

U

Uhlmann Wolfgang, * 29. März 1935 in Dresden, deutscher Großmeister, WM-Kandidat. „Wolfgang Uhlmann liegt vorn!«, »Der deutsche Großmeister greift an!«, »Sensationeller Start in Stockholm!« – so sahen die Überschriften der internationalen Presse während des Interzonenturniers 1962 in Stockholm aus. Es waren schon acht Runden gespielt, und der Debütant in höheren Schachkreisen, der 26jährige Wolfgang Uhlmann, lag mit 6,5 Punkten vor seinen 22 Konkurrenten, darunter → *R. Fischer*, → *T. Petrosjan*, → *J. Geller*, → *S. Gligorić*, → *W. Kortschnoj*, → *P. Benkö* und anderen bekannten Großmeistern. Aus den verbliebenen 14 Partien gelangen ihm dann aber nur noch 6 Punkte. Das Vordringen in die Kandidatenkämpfe zur Weltmeisterschaft gelang Uhlmann erst im zweiten Anlauf. 1970 teilte er beim Interzonenturnier von Palma de Mallorca mit → *M. Taimanow* den 5.-6. Platz. Im Viertelfinale des Kandidatenturniers traf er dann auf → *B. Larsen*, dem er 3,5:5,5 (+2, -4, =3) unterlag. 1970 wurde Uhlmann in die Weltauswahl berufen (→ *Match des Jahrhunderts*).
Der elffache DDR-Meister Wolfgang Uhlmann gewann eine Reihe bedeutender internationaler Turniere, unter denen die von Havanna und Sarajevo (1964), Zagreb (1965), Hastings (1965/66), Berlin (1968), Halle (1981) und Potsdam (1985) noch herausragen. Uhlmann gilt als einer der größten Kenner der → *Französischen Verteidigung*, die er über Jahrzehnte hinweg gegen 1. e4 ausschließlich anwandte. Anläßlich seines 60. Geburtstages fand in seiner Heimatstadt Dresden ein Thematurnier statt (mit W. Uhlmann, → *L. Portisch*, → *V. Hort* und → *R. Knaak*), in dem alle Partien Französisch eröffnet wurden. Natürlich gewann Uhlmann!
Seine Lieblingseröffnung brachte Uhlmann so manchen wichtigen Sieg ein, darunter auch den folgenden gegen Bobby Fischer:

☐ R. Fischer
■ W. Uhlmann
Buenos Aires, 1960

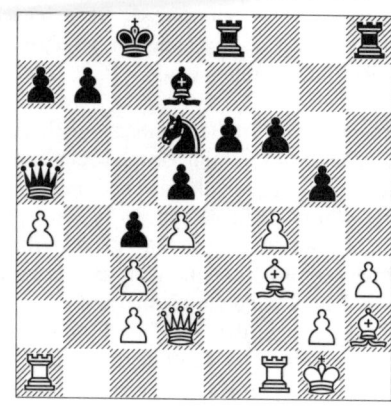

21... g4!!
»Auf diesen Zug und die mit ihm verbundene Idee könnte jeder Schachspieler stolz sein! Schwarz opfert einen Bauern und gestattet dem Gegner obendrein einen gedeckten Freibauern – alles um des strategischen Zieles willen, den schwarzfeldrigen weißen Läufer kaltzustellen«, schrieb Edmar Mednis in seinem berühmten Buch »How to Beat Bobby Fischer«.
22. h:g4 f5 23. g5 ♖e7 24. ♗g3 ♗e8 25. ♕e3 ♘e4 26. ♗:e4 d:e4 27. ♔f2 ♖eh7 28. ♖fb1 ♕d5 29. ♕c1? ♖h1! 30. ♕:h1?
Übersieht den folgenden Zwischenzug. Nach 30. ♕e3 ♖:b1 31. ♖:b1 ♗:a4 32. ♖a1 ♗:c2 33. ♖:a7 ♔b8! 34. ♖a1 ♗d3 hat Schwarz nur einen geringen Vorteil.

30... e3+! 31. ♔g1 ♖:h1+ 32. ♔:h1 e2 33. ♖b5 ♗:b5 34. a:b5 ♕:b5 35. ♖e1 a5 36. ♖:e2 a4 37. ♖:e6 a3 38. g6 ♕d7 39. ♖e5 b6 40. ♗h4 a2 41. ♖e1 ♕g7 42. ♖a1 ♕:g6 0-1

Aber auch in der → *Königsindischen Verteidigung* fühlt Uhlmann sich zu Hause.
Für den folgenden schwungvoll vorgetragenen Angriff erhielt der Dresdner einen Schönheitspreis zugesprochen:

☐ J. Speelman
■ W. Uhlmann

Leningrad, 1984

19... ♘f4!! 20. g:f4 g:f4 21. ♗h4 ♗f6! 22. ♗:f6 ♘:f6 23. ♔f2 ♖h2 24. ♔g1 ♖h3 25. ♔f2 ♖g3! 26. ♘:f4!? e:f4 27. ♕d4 ♘g4+! 28. ♔e1 ♘e5 29. ♔d2 ♗h3 30. ♖g1 ♗g2 31. ♘a4 ♗:f3 32. ♘b6 ♗:e2 33. ♔:e2 ♕g5! 34. ♘:a8 f3+ 35. ♔f2 ♖g2+ 36. ♖:g2 ♕:g2+ 37. ♔e3 ♕g5+ 0-1

Ungarn. Dieses Land kann auf eine lange Schachtradition zurückblicken. Die erste Berührung mit dem Schachspiel datiert, wie archäologische Funde belegen, aus der Mitte des 9. Jahrhunderts, als die Ungarn zwischen Don und unterer Donau siedelten.
Das Schach spielte in den Werken des Dichters und Feldherrn Miklós Zrínyi (1651) eine Rolle. Auf den Anfang des 13. Jahrhunderts geht die Erwähnung der Schachbegeisterung der Jolanta zurück, der Tochter des ungarischen Königs Andreas II. (1205–1235). 1758 wurde in Buda das erste Schachlehrbuch in ungarischer Sprache herausgegeben. Autor war Leopold Ferencz.
Zu Beginn des 19. Jahrhunderts betraten einige talentierte Meister die Szenerie, mit deren Namen die Geburt der ungarischen Schachschule verknüpft ist: József Szén (1806–57), Vince Grimm (1800–72), Jakob Löwenthal (1810–76) u. a. Mit ihren Untersuchungen der Eröffnung und des Endspiels leisteten sie einen wertvollen Beitrag zur Entwicklung der Schachtheorie. 1843–1845 gewannen sie einen Fernschachvergleich gegen das Pariser »Café de la Régence« mit 2:0. In der folgenden Partie stand eine Eröffnung zur Debatte, die die Bezeichnung → *Ungarische Partie* erhalten sollte:

☐ Paris
■ Pest

Fernpartie (1843–45)

1. e4 e5 2. ♘f3 ♘c6 3. ♗c4 ♗e7 4. 0-0 ♘f6 5. d4 d6 6. d5! ♘b8 7. ♗d3 0-0 8. h3 c6 9. c4 c:d5 10. c:d5 ♘e8 11. ♕c2 g6 12. ♘h2 ♘g7 13. f4 f5 14. f:e5 ♕b6+! 15. ♔h1 ♘h5! 16. ♖f3 f:e4 17. ♗:e4 ♖:f3 18. g:f3? ♗:h3 19. ♘g4 ♘g3+! 20. ♔h2 ♗:g4 21. f:g4 ♘:e4 22. ♕:e4 ♘d7 23. b3 ♕f2+ 24. ♔g2 ♕e1 25. ♗b2 ♗g5 26. ♘d2 ♗f4+ 27. ♔h3 ♘e3+ 28. ♘f3 ♗:e5 29. ♗:e5 ♘:e5 30. ♖e1 ♕:f3+ 31. ♕:f3 ♘:f3 32. ♖e7 ♖f8 33. ♖:b7 ♖f7 34. ♖b8+ ♔g7 35. a4 ♔f6 36. a5 ♔e5 37. a6 ♔:d5 38. b4 ♘e5 39. b5 ♘c6 0-1

1836 und 1858 bildeten sich in Buda die ersten Schachclubs. Der erfolgreiche Auftritt J. Széns im → *Londoner Turnier* 1851, das ehrenvolle Abschneiden J. Löwenthals gegen → *P. Morphy* (kein Europäer holte gegen den übermächtigen Amerikaner mehr Punkte), der Sieg des jungen Ignatz Kolisch (1837–89) beim internationalen Turnier von → *Paris* 1867 – all das waren große Erfolge, die das internationale Ansehen des ungarischen Schachs hoben.
Ende des 19. Jahrhunderts machten sich → *R. Charousek,* → *G. Maróczy*, Gyula Makovetz (1860–1903) und der Schachkomponist Ottó Bláthy (1860–1939) einen Namen. 1896 teilte

Charousek beim ersten internationalen Turnier von Budapest mit → *M. Tschigorin* den Sieg. Bald darauf brach die Zeit von → *G. Breyer* an, einem führenden Vertreter der → *Neoromantik*.

In der Periode zwischen den beiden Weltkriegen brachten Arpád Vajda, Lajos Asztalos, die Brüder Endre und Lajos Steiner, Kornél Havasi, László Tóth und andere die Entwicklung des Schachs voran. In den 30er Jahren gesellten sich Gedeon Barcza, Andor Lilienthal und → *L. Szabó* hinzu, die später WM-Kandidaten wurden. In dieser Zeit wurde der Ungarische Schachverband gegründet, und es wurden Landesmeisterschaften bzw. bedeutende Turniere u. a. unter Teilnahme von → *J. R. Capablanca* und → *A. Aljechin* durchgeführt.

Das ungarische Nationalteam holte bei Schacholympiaden 1927 in London und 1928 in Den Haag die Goldmedaille bzw. 1930 in Hamburg und 1937 in Stockholm Silber.

Auch nach dem Zweiten Weltkrieg gehörte Ungarn zu den stärksten Schachnationen der Welt. Neben zweimal Bronze (Moskau 1956 und Havanna 1966), dreimal Silber (Siegen 1970, Skopje 1972, Malta 1980) gelang Ungarn 1978 bei der Schacholympiade in Buenos Aires der Sieg!

Spieler wie → *L. Portisch*, → *Z. Ribli*, → *A. Adorján* und G. Sax stiegen zu WM-Kandidaten auf. Mitte der 90er Jahre bekam Ungarn mit → *P. Lékó* und → *Z. Almasi* zwei weitere Spitzengroßmeister.

Auch im Frauenschach verkörpert Ungarn traditionell Weltklasse. Józsa Langos, Mária Ivánka, Zsuzsa Veröci-Petronic waren WM-Kandidatinnen. Seit Ende der 80er Jahre genießen die drei → *Polgár-Schwestern* Zsuzsa, Zsofia und Judit Weltruhm. Zweimal gewannen die drei, gemeinsam mit Ildikó Mádl, für Ungarn die Schacholympiade (1988, 1990).

Judit Polgár stieß Ende 1995 in der Weltrangliste der Männer unter die Top Ten vor (→ *Elozahlen*).

Ungarische Partie. 1. e4 e5 2. ♘f3 ♘c6 3. ♗c4 ♗e7

Ihren Namen erhielt diese Eröffnung nach der Fernpartie Paris-Budapest (1842–45), die von den Ungarn gewonnen wurde. Im Unterschied zu den Zügen 3... ♗c5 (→ *Italienische Partie*) und 3... ♘f6 (→ *Zweispringerspiel*) führt 3... ♗e7 meistens zu einem ruhigen Manövrierkampf, in dem Schwarz eine etwas beengte, aber stabile Position erhält. Ein gebräuchliches Abspiel ist 4. d4 d6 5. d5 ♘b8 6. ♗d3 ♘f6 7. c4 0-0 8. h3 ♘bd7 9. ♘c3 ♘e8 10. 0-0 g6 11. ♗h6 ♘g7 12. ♕d2 usw.

»Unsterbliche Partie«. Am Rande des ersten internationalen Schachturniers der Geschichte, am 21. Juni 1851 in London, trugen zwei Teilnehmer, der Deutsche → *A. Anderssen* und der Franzose → *L. Kieseritzky,* eine freie Partie aus, die bald »die Unsterbliche« genannt wurde. Anderssen opferte als Anziehender im Angriff auf den feindlichen König eine Rekordzahl von Figuren – einen Läufer, zwei Türme und die Dame – und setzte seinen Gegner matt. »Diese Partie braucht keine lobenden Kommentare«, schrieb → *M. Tschigorin*. »Jeder, der sie aufmerksam studiert, wird bemerken, mit welcher Folgerichtigkeit, Harmonie und Gründlichkeit Anderssen den Angriff von Anfang bis Ende durchgeführt hat.«

□ A. Anderssen
■ L. Kieseritzky

London, 1851

1. e4 e5 **2.** f4 e:f4 **3.** ♗c4 ♕h4+ **4.** ♔f1 b5 **5.** ♗:b5 ♘f6 **6.** ♘f3 ♕h6 **7.** d3 ♘h5 **8.** ♘h4

♕g5 9. ♘f5 c6 10. g4 ♘f6 11. ♖g1 c:b5 12. h4 ♕g6 13. h5 ♕g5 14. ♕f3 ♘g8 15. ♗f4 ♕f6 16. ♘c3 ♗c5 17. ♘d5! ♕:b2 18. ♗d6!

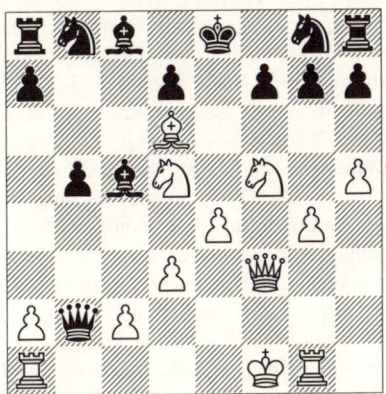

18... ♗:g1
→ *W. Steinitz* zeigte, daß sich Schwarz mit 18... ♕:a1+ 19. ♔e2 ♕b2 verteidigen konnte.
19. e5!!
Droht ein Matt in zwei Zügen.
19... ♕:a1+ 20. ♔e2 ♘a6
Beugt 21. ♘:g7+ ♔d8 22. ♗c7 matt vor. Auf 20... ♗a6 gewinnt Weiß mit 21. ♘c7+ ♔d8 22. ♘:a6.
21. ♘:g7+ ♔d8 22. ♕f6+! ♘:f6 23. ♗e7+ matt!

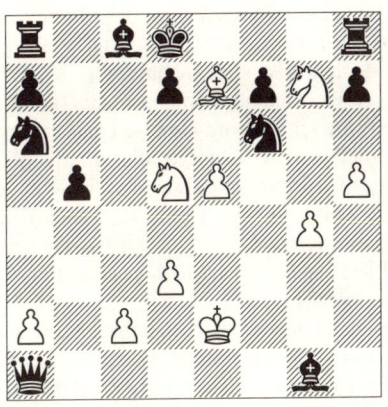

Unzicker Wolfgang, * 26. Juni 1925 in Pirmasens, deutscher Großmeister.
Seinen ersten internationalen Erfolg errang Wolfgang Unzicker als 21jähriger 1946 in Augsburg. Zwei Jahre später wurde er erstmals Deutscher Meister. Von 1950 an spielte er für die Bundesrepublik Deutschland bei Schacholympiaden und anderen Ländervergleichen am Spitzenbrett. Zweimal, 1952 und 1955, nahm Unzicker an Interzonenturnieren teil. Zu seinen größten sportlichen Erfolgen zählen die Turniersiege in Hastings (1950/1951), Luzern (1951/52), Sotschi (1965) und Maribor (1967).
Unzicker ist auch heute noch in der Bundesliga aktiv.

Wolfgang Unzicker vermag sowohl einfache als auch komplizierte Positionen meisterhaft zu behandeln, da er über ein feines Positionsgefühl und kombinatorisches Talent verfügt. Wie die »Baseler Nachrichten« nach dem Mailänder »Turnier der Sterne« 1975 schrieben, spielte der damals 50jährige Wolfgang Unzicker dort gegen → *M. Tal* »die beste Partie seiner Karriere«:

☐ W. Unzicker
■ M. Tal

Mailand, 1975

1. e4 c5 2. ♘f3 e6 3. d4 c:d4 4. ♘:d4 a6 5. ♘c3 ♕c7 6. g3 ♗b4 7. ♘de2 ♘c6 8. ♗g2 ♘f6 9. 0-0 ♗e7 10. ♗e3 ♘g4 11. ♗f4 d6 12. ♘d4 ♘ce5 13. ♗c1 ♘f6 14. f4 ♘c6 15. ♘:c6 b:c6 16. e5 d:e5 17. f:e5 ♘d7 18. ♗f4 g5 19. ♗e3 ♘:e5 20. ♘e4 h6 21. ♕h5 ♘g6 22. ♗f2 ♕e5 23. ♖af1 ♖h7

24. ♖:f7! ♖:f7 25. ♕:g6 ♕g7 26. ♘d6+ ♗:d6
27. ♗:c6+ ♔e7 28. ♖:f7+ ♕:f7 29. ♕:h6!
♗e5 30. ♕:g5+ ♔d6 31. ♗:a8 ♕c7 32.
♕:e5+! 1-0

#

Vereinigte Staaten von Amerika (USA).
Gemeinsam mit den ersten Europäern kam
auch das Schach nach Amerika. Welchen
Stellenwert es in der »Neuen Welt« bekam,
davon zeugt → *B. Franklins* Abhandlung
»The Morals of Chess« (1779). Aber um das
Schach unter den Amerikanern populär zu
machen, bedurfte es neben der Aufklärung
über Wert und Regeln des Spiels noch einiger
»handfester« Ereignisse. 1826 applaudierte
man in New York, Boston und New Orleans
dem schachspielenden → *Automaten* des Barons von Kempelen. Das »Wunderwerk der
Mechanik« besiegte jeden, der es mit ihm aufnahm. Gerade in den genannten Städten nahm
das Schachleben bald einen deutlichen Aufschwung. Vielleicht ist es kein Zufall, daß der
geniale → *P. Morphy,* der 1857 als 20jähriger
beim Amerikanischen Schachkongreß in New
York den Sieg errang, aus New Orleans kam.
Der legendäre Paul Morphy sollte der erste in
der Galerie der amerikanischen Schachsterne
sein, die die Welt durch ihre überwältigenden
Siege in Erstaunen versetzten und dann urplötzlich vom Horizont verschwanden. Der
zweite in dieser Reihe war dann vierzig Jahre
später → *H. N. Pillsbury,* der Sieger von →
Hastings 1895. Nach nochmaligem Ablauf
etwa derselben Zeitspanne war es → *R. Fine*
aus New York, der sich durch den Sieg beim
berühmten → *AVRO-Turnier* 1938 (gemeinsam mit → *P. Keres*) in die absolute Weltspitze katapultierte und wenig später das
Schachspiel an den Nagel hängte. Einige Jahrzehnte vergingen, bis die Vereinigten Staaten
erneut ein Schachgenie herausbrachten. → *R.
Fischer* wurde 1972 Weltmeister und zog sich
dann vom Schach zurück. Auch → *F. Marshall* und → *S. Reshevsky,* beide mehrfache
USA-Champions und WM-Anwärter, zählten
zu den Ausnahmeerscheinungen des amerikanischen Schachs. Die Weltmeister → *W. Steinitz,* → *Em. Lasker,* → *J. R. Capablanca* und
→ *A. Aljechin* taten durch ihre Gastspiele mit
→ *Simultanvorstellungen* und Vorlesungen,
aber auch durch zahlreiche Turnierauftritte
viel für die Entwicklung des Schachs in den
Staaten.
»Sichern Sie sich Ihre Tickets für die großartige Schachvorstellung! Sie sehen das dramatischste Spektakel aller Zeiten! Entspannen Sie
im Luxus und in der Pracht des Großen Ballsaales des ›Roosevelt-Hotels‹ und erleben Sie
die bedeutendsten Schachmeister in Aktion!
Dieser vierrundige Kampf um die Weltherrschaft im Schach wird klassisch und unvergessen bleiben«, so kündigte die amerikanische
Zeitschrift »Chess Review« das 1954 in New
York stattfindende Duell des mehrfachen
Olympiasiegers USA (viermal zwischen 1931
und 1937) gegen die neue Schachnation Nummer eins, die UdSSR, an.
Von einem amerikanischen Schachboom konnte man indessen erst in der Epoche von Robert
Fischer sprechen. Sein Aufstieg auf den Schacholymp, die beiden 6:0-Kantersiege gegen
→ *M. Taimanow* und → *B. Larsen* in den
Kandidatenkämpfen, sein mitunter extravagantes Verhalten – all das faszinierte Amerika. Während seines WM-Matches gegen →
B. Spasski 1972 in Reykjavik gingen amerikanischen Fachgeschäften sehr bald die Schach-

bretter aus! Neue Schachclubs öffneten ihre Pforten, und die Zahl der aktiven Schachspieler in den USA wuchs auf 60 000 an.
Nachdem der Boom abebbte, brachte die »Emigrantenwelle« etwas Belebung. Der Tscheche Lubomir Kavalek, der Australier → *W. Browne* sowie die »Sowjets« Lew Alburt, Roman Dzindzichashvili, Dmitri Gurewitsch, → *B. Gulko* und später → *G. Kamsky* ließen sich in den USA nieder und machten den einheimischen Großmeistern wie → *Y. Seirawan*, Larry Christiansen, Nick de Firmian, Joel Benjamin oder John Fedorowicz Konkurrenz. Zu der älteren verdienstvollen Garde der amerikanischen Großmeister gehören Isaac Kashdan, Arnold Denker, Larry Evans, William Lombardy, Arthur Bisguier und → *R. Byrne*. Die Großmeister Edmar Mednis und Andrew Soltis machten sich vor allem als Autoren von Schachbüchern einen Namen. Weiterhin stellen die USA mit Hans Berliner und Viktor Palciauskas zwei Fernschachweltmeister, die ihren Titel von 1965 bis 1968 (Berliner) bzw. 1978 bis 1984 (Palciauskas) erkämpften. Zu den Problemkomponisten von Weltrang gehören → *S. Loyd*, Otto Würzburg, → *W. Shinkman* und Alain White.

Verteidigung. Sie ist ein fester Bestandteil des Schachkampfes und das Gegengewicht zum → *Angriff*.
Ihre Beherrschung ist ein wichtiges Merkmal für die Klasse des Schachspielers. → *W. Kortschnoj* schrieb 1960 in dem Artikel »Aber mögen Sie es, sich zu verteidigen?« die folgenden Worte: »Die Verteidigung hat ihre Romantik. Die Meister der Verteidigung leisten nicht weniger als die Meister des Angriffs... Wenn ein richtiger Kampf tobt, wenn eine gefährliche, scharfsinnige Attacke auf eine grimmige, erfinderische Verteidigung trifft, dann entstehen die wahren schachlichen Kunstwerke!«
... Moskau. Ende November 1992. Aljechin-Memorial. Die Zuschauer im überfüllten Saal des Hauses der Gewerkschaften verfolgen gebannt das packende Duell zwischen → *A. Schirow* und → *G. Kamsky*, den beiden jüngsten Teilnehmern des Turniers. Schirow führt einen Zug aus und strebt schnurstracks in den Saal, um seine eigene Stellung von weitem am Demonstrationsbrett zu begutachten. Er kann sein Lächeln nicht verbergen, als er die Zuschauer begeistert tuscheln hört, welch tolle Idee er da ausgeheckt habe. Kamsky hat unterdessen sein Jackett abgelegt. Wie er so unbeweglich dasitzt, die Arme auf den Tisch gestützt, erinnert er an einen Musterschüler. Schirow greift an, Kamsky verteidigt. Schirow wirft immer neue Figuren in das Feuer der Schlacht. Er scheint nicht nur auf den Sieg, sondern auch auf den mit 1000 Dollar dotierten Schönheitspreis aus zu sein. Sein Gegner gilt jedoch nicht umsonst als schwer zu besiegen. Kamsky beherrscht alle Spielarten der Verteidigung, die 1927 vom österreichischen Meister Hans Kmoch (1894–1973) klassifiziert wurden:
1. die passive Verteidigung – die gegnerischen Drohungen werden abgewehrt; 2. die aktive Verteidigung – der Gegenangriff wird bereits vorbereitet; 3. die aggressive Verteidigung – entschlossener Übergang zum Gegenangriff; 4. die automatische Verteidigung – die Attacke wird im Keime erstickt; 5. die philosophische Verteidigung – man zwingt dem Gegner seinen Willen auf.
Als Weiß nach vier Stunden spannenden Kampfes die Uhr abstellte, brach im Saal ein Beifallsorkan los. Er galt einer hartnäckigen Verteidigung!

□ A. Schirow
■ G. Kamsky
Moskau, 1992

1. d4 ♘f6 **2.** c4 g6 **3.** ♘c3 d5 **4.** c:d5 ♘:d5 **5.** e4 ♘:c3 **6.** b:c3 ♗g7 **7.** ♗c4 c5 **8.** ♘e2 ♘c6 **9.** ♗e3 0-0 **10.** ♖c1 c:d4 **11.** c:d4 ♕a5+ **12.** ♔f1
Bisher läuft alles in bekannten Bahnen...
12... ♗d7 **13.** h4 ♖fc8 **14.** h5 ♘d8 **15.** f3 ♗a4!
... aber das ist eine starke Neuerung!
16. ♕d3 b5 **17.** ♗d5! ♖:c1+
Der Abtausch ist ein wichtiges Verteidigungsprinzip – je weniger Figuren auf dem Brett sind, desto schwerer ist es anzugreifen.
18. ♗:c1 ♖c8 **19.** h:g6 h:g6 **20.** ♗h6 ♗:h6 **21.** ♖:h6 e6 **22.** f4!

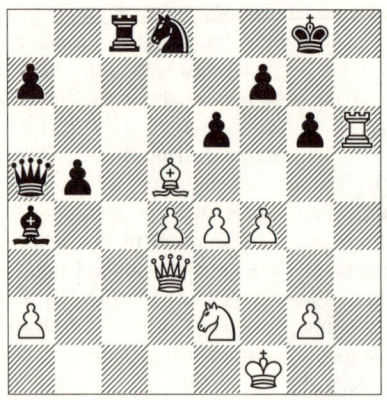

22... ♖c2!
Nummer drei der Verteidigungsarten nach H. Kmoch!
23. ♕h3 ♔f8! 24. e5 ♔e7 25. ♖:g6!? ♕d2! 26. ♔g1!
Der weiße König möchte sich auf h2 verstecken.
26... f:g6 27. ♕h7+ ♔e8!
Nach 27... ♘f7? hätte Weiß mit 28. ♗:e6 ♔:e6 29. ♕:g6+ ♔d5 30. ♕:f7+ ♔e4 31. ♕g6+ ♔e3 usw. mindestens ein Remis erreicht.
28. f5 e:d5 29. f6 ♕b4!
Das nimmt Weiß die letzten Illusionen.
30. ♕:g6+ ♔d7 31. e6+ ♘:e6 32. ♕f7+ ♔d8 33. ♕:e6 ♕e1+ 34. ♔h2 ♕e2 35. ♕:d5+ ♔c7 36. f7 ♕e7   0-1

Welche Schlußfolgerung läßt sich aus diesem Beispiel ziehen? Wie schwierig die Lage auf dem Schachbrett auch erscheinen mag, man darf nie verzweifeln und muß bis zum Ende kämpfen, darauf vertrauend, daß die Ressourcen der Verteidigung sehr groß und vielgestaltig sind. Absolut fehlerlose Partien gibt es nicht, und mitunter greift der Gegner genau in dem Moment fehl, wenn er seines baldigen Sieges gewiß ist!
Mögen dem Schachspieler die folgenden Worte → *G. Kasparows* als Devise dienen, die dieser in seinen Kommentaren zu der Verteidigung → *Em. Laskers* in der Partie gegen → *A. Nimzowitsch* (→ *St. Petersburg* 1914) schrieb: »Ein guter Schild fürchtet das Schwert nicht!«

Vida Marcus Hieronymus, * vor 1490 in Cremona, † 27. September 1566 in Alba, italienischer Dichter, Autor des berühmten Gedichtes »Scacchia Ludus« (1513).
Dieses Gedicht schrieb Vida in lateinischer Sprache (dt.: »Lehrgedicht über das Schachspiel«). Es wurde 1525 erst anonym herausgegeben, zwei Jahre später dann unter Vidas Namen. Vida sandte sein Werk an Papst Leo X., der dem Schachspiel zugetan war und Vida mit Ehren überhäufte. Die späteren Päpste schätzten ebenfalls des Dichters Talent, Klemens VII. machte Vida 1532 zum Bischof von Alba. Das besagte Poem ist eine Lobrede auf das Schach. Mit feiner Kenntnis der Psychologie der Akteure selbst bzw. der die Partie beobachtenden Zuschauer zeichnet Vida das Bild einer Schlacht auf dem Schachbrett zwischen Apollon und Merkur, der die anderen Götter des Olymps beiwohnen. Dabei werden die neuen Schachregeln beschrieben, die in der Renaissance eingeführt wurden. Das Gedicht, das in Europa weite Verbreitung fand, war auf seine Weise ein poetisches Schachlehrbuch. Es inspirierte den polnischen Poeten → *J. Kochanowski* zu seinem Gedicht »Szachy« (1563) und später den Engländer W. Jones zu »→ *Caissa*« (1762).

Vidmar Milan, * 22. Juni 1885 in Ljubljana, † 9. Oktober 1962 in Ljubljana, slowenischer Großmeister, Weltklassespieler in den 20er-30er Jahren.
Schon früh zeigte sich Milan Vidmars Begabung in den exakten Wissenschaften und im Schach. In Wien, wohin er zur Erlangung einer Ausbildung gereist war, mußte er in Cafés durch Schachpartien sein bescheidenes Abendessen verdienen. Vidmar machte bald auf sich aufmerksam und wurde 1902 zur Teilnahme an der Meisterschaft des Wiener Schachclubs eingeladen.
Zwei Jahre später war er beim internationalen Turnier von Coburg dabei. Um bei diesen Turnieren mitwirken zu können, mußte er Schulden machen – er brachte die goldene Uhr eines Bekannten ins Pfandhaus. Die ersten Auftritte Vidmars zeigten, daß er ein starker Schachspieler war, der ein gutes Positionsverständnis hatte und auch taktisch gut beschlagen war.

VIERSPRINGERSPIEL

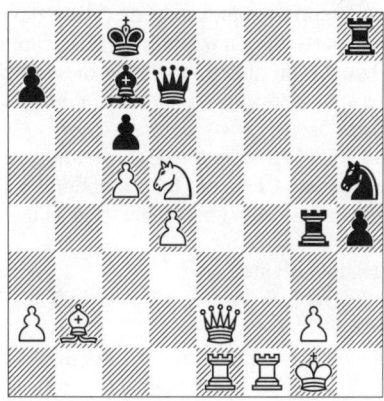

24... h3! 25. ♘e7+ ♔b7 26. ♖f3 ♖:g2+ 27. ♕:g2 h:g2 28. d5 ♕g4! 29. ♖b3+ ♔a8 30. ♗:h8 ♕h4 31. d6 ♕:e1+ 32. ♔:g2 ♗d8 33. ♗d4 ♗:e7! 34. d:e7 ♕:e7 35. ♗f2 ♕e4+ 0-1

1911 teilte Vidmar mit → *A. Rubinstein* beim großen Turnier von San Sebastian den 2.-3. Platz. Erwähnenswert sind auch seine Plazierungen in London 1922, auf dem Semmering 1926 (3. Platz) sowie sein mit → *A. Aljechin* geteilter Sieg in Hastings 1925/26. Vidmar wurde daraufhin als ein Kandidat auf die Weltmeisterschaft angesehen und 1927 zum Matchturnier nach → *New York* eingeladen. Dort gewann er das Minimatch à vier Partien gegen → *A. Nimzowitsch*, remisierte gegen A. Aljechin, → *R. Spielmann*, → *F. Marshall*, unterlag nur Weltmeister → *J. R. Capablanca* und belegte in der Endabrechnung den 4. Platz.

Für die folgende Partie in diesem Turnier erhielt Milan Vidmar einen Schönheitspreis zugesprochen.

□ A. Nimzowitsch
■ M. Vidmar
New York, 1927

1. e3 d5 2. ♘f3 ♘f6 3. b3 ♗g4 4. ♗b2 ♘bd7 5. h3 ♗h5 6. ♗e2 e6 7. ♘e5 ♗:e2 8. ♕:e2 ♗d6 9. ♘:d7 ♕:d7 10. c4 c6 11. 0-0 0-0-0! 12. ♘c3 ♗c7 13. d4 h5! 14. c5 g5 15. b4 h4 16. b5 ♖dg8! 17. b:c6 b:c6 18. f3 ♘h5 19. e4 f5! 20. e:d5 e:d5 21. ♖ae1 g4! 22. h:g4 f:g4 23. f:g4 ♖:g4 24. ♘:d5

Vidmar nahm an historisch so bedeutsamen Turnieren wie → *Bled* 1931, → *Nottingham* 1936 und → *Groningen* 1946 teil. 1936 schlug er → *S. Reshevsky* in einem Match mit 3,5:2,5. Vidmar war über das Schach hinaus Professor für Elektrotechnik und Rektor der Universität von Ljubljana. Er stand dem jugoslawischen Schachverband vor, war 1948 Hauptschiedsrichter beim Matchturnier um die Weltmeisterschaft, hielt Vorlesungen über Schach und veröffentlichte zahlreiche Artikel.

Vierspringerspiel. 1. e4 e5 2. ♘f3 ♘c6 3. ♘c3 ♘f6

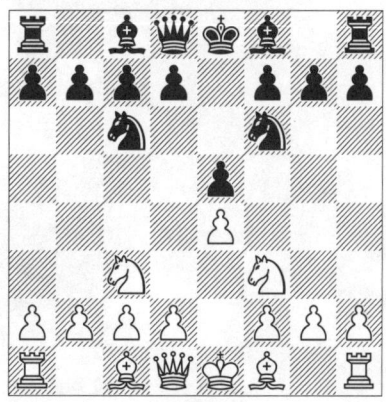

Das Vierspringerspiel gehörte Mitte des 19. Jahrhunderts zu den populärsten Eröffnungen überhaupt. Die ersten Analysen dieser Spielweise stammen von → *A. Petrow* und → *L. Paulsen*.
In der Regel entstehen ruhige Stellungen mit etwa gleichen Chancen. In der modernen Turnierpraxis ist das Vierspringerspiel selten anzutreffen.
Die Hauptvarianten sind:
4.♗b5 ♗b4 5. 0-0 0-0 6. d3 d6 7.♗g5 ♗:c3 8. b:c3 ♕e7;
4. d4 e:d4 5. ♘d5 (Belgrader Variante)
a) 5... ♘:e4 6. ♕e2 f5 7. ♘g5 d3! 8. c:d3 ♘d4,
b) 5... ♗e7 6. ♗c4 0-0 7. 0-0 d6 8.♘:d4 ♘:d4 9. ♕:d4 ♘:d5 10. ♗:d5 ♗f6.

Vogt Lothar, * 17. Januar 1952 in Görlitz, deutscher Großmeister.
Mit 16 gewann Lothar Vogt die Jugendmeisterschaft der DDR, mit 20 feierte er mit dem Sieg in Stary Smokovec seinen ersten internationalen Erfolg. 1976 erzielte Vogt, der von der Ausbildung her Lehrer für Deutsch und Geschichte ist, bei den starken Turnieren von Leipzig, Cienfuegos und Budapest vordere Plazierungen. Die folgende Partie wird ihm immer in Erinnerung bleiben, denn durch den Sieg gegen → *A. Beljawski* erfüllte er die letzte noch nötige Norm für die Verleihung des → *Großmeistertitels*:

☐ A. Beljawski
■ L. Vogt

Cienfuegos, 1976

1. d4 ♘f6 2. c4 g6 3. ♘c3 ♗g7 4. e4 d6 5. ♘f3 0-0 6. ♗e2 e5 7. 0-0 ♘c6 8. d5 ♘e7 9. ♘e1 ♘d7 10. ♘d3 f5 11. ♗d2 c5 12. f4 a6 13. a4 e:f4 14. ♗:f4 ♗:c3 15. b:c3 f:e4 16. ♘e1 ♘f6 17. g4 ♔g7 18. ♘g2 b6 19. ♖b1 ♖a7 20. ♖b2 ♖b7 21. ♘e3 h6 22. h4 ♘eg8 23. ♕b1 ♖ff7 24. ♗d1 ♕e7 25. ♖:b6 ♖:b6 26. ♕:b6 ♘e8 27. ♕b1 ♕:h4 28. ♕:e4 ♕e7 29. ♕d3 ♕f8 30. ♗g3 ♖:f1+ 31. ♘:f1 a5! 32. ♘e3 ♘d7 33. ♗c2 ♕f7 34. ♗h4 ♘gf6 35. g5 h:g5 36. ♗:g5 ♘h5 37. ♕e4 ♘ef6 38. ♕g2 ♘h7 39. ♗d8 ♘f4 40. ♕f3 ♕f8! 41. ♗h4
Der Abgabezug. Viel Zeit für eine genaue Analyse blieb nicht, da die Partie noch am Abend weitergespielt wurde. Nun begannen langsam die Nerven zu arbeiten, da ich fühlte, daß ich mit dieser Partie Großmeister werden kann (Vogt).
41... ♘g5! 42. ♕f1 ♗h3 43. ♕f2 ♗g2! 44. ♔h2 ♘f3+ 45. ♔g3 ♘h3!

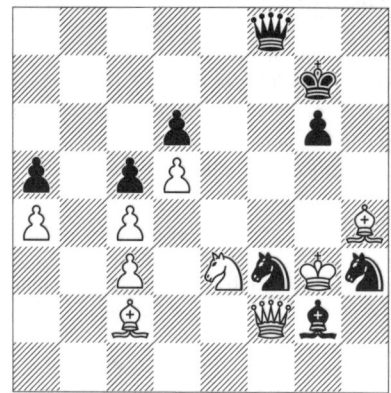

46. ♘f5+
Es gibt bereits keine Rettung mehr, zum Beispiel: 46. ♕:g2 ♕f4+ 47. ♔:h3 ♕:h4+ matt bzw. 46. ♕e2 ♕f4+ 47. ♔:g2 ♕h2+ 48. ♔:f3 ♘g1+, und Schwarz gewinnt.
46... ♕:f5 47. ♗:f5 ♘:f2 48. ♗d8 ♗h1 49. ♗c2 ♘e1 50. ♗b3 ♘e4+ 51. ♔f4 ♘d2 52.

♗a2 ♘g2+ 53. ♔g3 ♘e3 54. ♗:a5 ♘e:c4
55. ♗c7 ♗:d5 56. ♔f4 ♔f6   0-1

Von Vogts Turniererfolgen verdienen die DDR-Meister-Titel von 1977 und 1979 sowie die Siege in Kecskémet (1977 und 1984), Polanica Zdroj (1982), Eger (1985) und Kopenhagen (1990) besondere Erwähnung. Vogt vertritt in der → *Bundesliga* die Farben der SG Köln-Porz. In der Saison 1993/94 wurde er mit seinem Team Deutscher Meister.

Voltaire und Schach. Der bedeutende französische Schriftsteller, Philosoph und Historiker Voltaire (1694–1778) war von jungen Jahren an ein leidenschaftlicher Schachspieler. Wenn er in Paris weilte, besuchte er das »Café de la Régence«, wo er manchmal gegen → *Philidor* spielte. In seinen letzten Lebensjahren wechselte er auf seinem Schloß Ferney so manche Partie mit einem Geistlichen namens Adam, dem er an schachlicher Stärke indes nachstand, was Voltaire zu einigen Wutausbrüchen veranlaßt haben soll...

In Voltaires literarischem Schaffen kommen auch Schachmotive vor. In »Die Geschichte Karls XII.« ist die Rede davon, daß das Schachspiel die einzige Ablenkung des in türkischer Gefangenschaft befindlichen schwedischen Königs war. »Als einziges Vergnügen spielte er gelegentlich Schach. Wenn Kleinigkeiten von einem Menschen ein Bild geben, so darf erwähnt werden, daß er dabei stets den König vorschob; er benutzte ihn mehr als die anderen Figuren und verlor daher alle Partien.«

Voltaire interessierte sich auch für den Ursprung des Schachspiels. Er war fest davon überzeugt, daß das Schach aus Indien kommt. Das wurde in seiner Abhandlung »Über die Rechte und den Geist der Völker« (1753–55) deutlich, wo er das Schachspiel als Abbild der indischen Kriege bezeichnet, sowie in der philosophischen Betrachtung »Zadig, oder Das Schicksal« (1748). Dort heißt es im 12. Kapitel: »Ein komisches Tier ist Euer Brahma im Vergleich zu unserem Apis«, sagte der Ägypter, »was hat denn Euer Brahma Großes geleistet?« – »Er hat die Menschen lesen und schreiben gelehrt«, antwortete der Brahmane, »und ihm verdankt die Welt das Schachspiel.«

W

Waganjan Rafael, * 15. Oktober 1951 in Jerewan, armenischer Großmeister, WM-Kandidat.

1971 errang Rafael Waganjan beim starkbesetzten Turnier im jugoslawischen Vrnjacka Banja einen glänzenden 1. Platz. Mit 11/15 ließ er u. a. so bekannte Großmeister wie → *L. Ljubojević,* → *L. Stein* und → *B. Ivkov* hinter sich. Auf dem Fide-Kongreß wurde ihm daraufhin der Großmeistertitel verliehen, mit einer Ausnahmegenehmigung, denn Waganjan war bis dahin nicht einmal Internationaler Meister!

Waganjan gilt als feiner Positionsspieler, der aber auch schon so manchen Sieg im scharfen taktischen Handgemenge erfochten hat. Für das folgende Schlußspiel erhielt er einen Schönheitspreis:

□ R. Waganjan
■ G. Forintos
Moskau, 1975

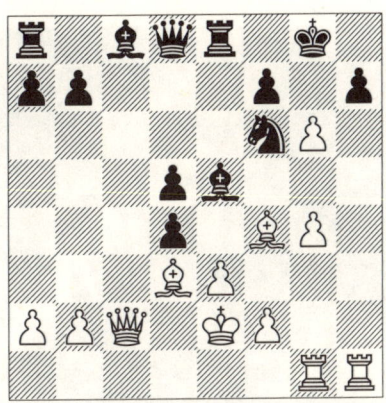

18. g5! ♗g4+ 19. ♖:g4! ♖c8 20. g:h7+ ♔h8
21. ♗:e5 ♖:e5 22. g:f6 ♖:c2+ 23. ♗:c2 d3+
24. ♗:d3 ♖e8 25. ♖hg1

Schwarz gab auf, denn gegen die Drohung 26. ♖g8+ ist kein Kraut gewachsen.

Aufgrund einiger kleinerer Schwächen seines Charakters konnte das Riesentalent auf dem Wege zur Weltmeisterschaft nie ganz nach oben gelangen. Seine sportlichen Resultate waren mitunter zu instabil.

»Manchmal erlaube ich mir in der Turniervorbereitung kleine ›Schwächephasen‹, ein anderes Mal mache ich einen unbedachten Zug, weil ich mich zu sehr auf meine Intuition verlasse. Das Schach ist sehr nachtragend. Es duldet keinerlei Anflug von Leichtsinn und bestraft grausam jede Unachtsamkeit«, so Waganjan.

Trotzdem erzielte Waganjan eine Reihe bedeutender Erfolge. So gewann er 1985 das Interzonenturnier von Biel und teilte danach im Kandidatenturnier von Montpellier den 1.-3. Platz (mit → *A. Jussupow* und → *A. Sokolow*). Letzterem unterlag er dann im Kandidatenmatch. Zu seinen Turniersiegen zählen Rom und São Paulo (1977), Hastings (1982/83), Moskau (1982), Sotschi (1986), Marseille und Leningrad (1987).

Rafael Waganjan nahm vor einigen Jahren seinen Wohnsitz in Köln-Porz. Mehrfach avancierte er in den Reihen des Kölner Bundesligisten zum Topscorer der Liga. In der Saison 1993/94 wurde er mit seinem Team Deutscher Meister.

Wahls Matthias, * 26. Januar 1968 in Hamburg, deutscher Großmeister.

Schon mit 18 Jahren gehörte Matthias Wahls zu den zehn besten Spielern der Bundesrepublik Deutschland. Wie er »bescheiden« be-

merkte, stehe er an Talent »wohl nur Dr. Hübner nach«. Mit 22 Jahren wurde Matthias einer der jüngsten → *Großmeister* in der Geschichte Deutschlands. Er ähnelte in jener Zeit in vielem dem jungen → *B. Larsen* – vom Äußeren, vom Schachstil und von seinem großen Optimismus her, der mitunter an Eigenreklame grenzt.

Über die nachfolgende effektvolle Partie gegen einen isländischen Spieler sagte er, daß er hier mehr Material geopfert habe als so mancher Großmeister in seiner ganzen Karriere zusammengenommen...

□ M. Wahls
■ T. Bjarnason
Malmö, 1986

1. e4 e5 2. ♘f3 ♘c6 3. ♗b5 a6 4. ♗:c6 d:c6 5. 0-0 ♕d6 6. d3 ♗g4 7. ♗e3 0-0-0 8. ♘bd2 f6 9. ♖b1 ♘e7 10. b4 ♘g6 11. h3 ♘e6 12. a4 ♕d7 13. d4 ♗d6 14. b5 a:b5 15. a:b5 e:d4 16. ♖a1 ♔b8 17. ♘:d4 c:b5

18. ♖a8+! ♔:a8 19. ♕a1+ ♔b8 20. ♕a7+!!
1-0

Krass wechselnde Erfolge und Mißerfolge sind typisch für Schachromantiker, wie es Matthias Wahls einer ist. So belegte er 1991 in München den letzten Platz, kam aber nur ein halbes Jahr später bei einem Turnier in seiner Heimatstadt Hamburg hinter → *A. Jussupow* auf einem ausgezeichneten 2. Platz ein und blieb zudem ohne Niederlage! In der → *Bundesliga* vertritt Matthias Wahls seit Jahr und Tag die Farben des Hamburger SK.

Weber und Schach. »Schachspieler sind doch bessere Menschen. Das ist für mich ein unerschöpfliches Thema«, schrieb der bekannte deutsche Graphiker Andreas Paul Weber (1893 bis 1980), in dessen Schaffen das Schach eine originelle Widerspiegelung fand. Zu den Themen, die Weber darstellte und die Eingang in die Serie »Komm – wir spielen ein Partiechen« fanden, gehören leidenschaftliche Schachliebhaber (bis hin zum »Selbstporträt«!), Allegorien (»Der König und sein Narr«, »Arzt und Patient«, »Tod und Teufel«), historisch-politische Karikaturen (»Dschingis Khan«, »Luther und Karl V.«, »Napoleon und der russische Winter«, »Bismarck und Napoleon III.«, »Kaiser und Papst«, »Lenin und der Zar« usw.) Helden der Literatur und Mythologie (»Robinson Crusoe und Freitag«, »Don Quijote und Sancho Panza«, »Till Eulenspiegel und Reineke Fuchs«, »Mars und Venus« u. a.) sowie Gestalten aus dem Tierreich – von Affen, Füchsen und Hasen bis zum Marabu!

Mit graphischen Mitteln teilte der geniale Satiriker nicht nur seine Begeisterung für das Schachspiel mit, sondern auch seinen Standpunkt in Bezug auf Ereignisse in Geschichte und Gegenwart. 150 seiner Werke fanden Eingang in Günther Nicolins Buch »A. Paul Weber. Schachspieler« (Christians Verlag. Hamburg 1988).

Weltcup. »Wenn die Sonne erstrahlt, verschwinden die Sterne«, besagt ein indisches Sprichwort. Als 1988/89 der Weltcup im internationalen Turnierkalender erschien, gab es

Don Quijote und Sancho Panza. 1976.

einen ähnlichen Effekt – die übrigen Turniere standen etwas in seinem Schatten. Der neue Wettbewerb wurde von der Grandmaster Association (GMA) ins Leben gerufen, die im Februar 1987 auf Initiative von → *G. Kasparow,* → *A. Karpow,* → *J. Timman* und dem belgischen Sponsorenvermittler Bessel Kok gegründet wurde.
Am Weltcup nahmen die 25 stärksten Großmeister der Welt teil. Er umfaßte sechs Turniere, die sich auf zwei Jahre verteilten: Brüssel (Belgien), Belfort (Frankreich), Reykjavik (Island), Barcelona (Spanien), Rotterdam (Niederlande), Skelleftea (Schweden). Jeder Spieler bestritt vier Turniere, wovon die drei besten Ergebnisse für die Gesamtwertung berücksichtigt wurden. Der Gesamtpreisfonds belief sich auf über eine halbe Million Dollar.
Bereits die erste Veranstaltung in Brüssel zeigte, daß sich der Weltcup von den herkömmlichen Superturnieren unterschied. »Der Grand-Prix-Modus führt dazu, daß sich alle Teilnehmer von der ersten bis zur letzten Runde voll in das Turnier hineinknien«, sagte der Sieger der ersten Etappe – Anatoli Karpow. Für den 1. Platz gab es pro Turnier 17 Punkte, für den 2. Rang 16, für den 3. 15 usw. Die von den einzelnen Teilnehmern erspielten Punkte wurden jeweils dazuaddiert.
Die meisten Punkte in einem einzelnen Turnier sammelte Kasparow, der in Belfort mit 11,5/15 auf dem 1. Platz einkam. Nach Belfort gewann er in Reykjavik. In Barcelona mußte er den Sieg mit → *L. Ljubojević* teilen, in Skelleftea mit Karpow. Karpow verspielte seine Chancen auf den Gesamtsieg auf der vorletzten Etappe – in Rotterdam. Drei Runden vor Schluß allein in Führung liegend, riskierte Karpow im Hinblick auf die Gesamtwertung zuviel und verlor die letzten drei Partien gegen → *W. Salow,* L. Ljubojević und → *J. Nunn*! Somit konnte Timman dieses Turnier gewinnen.
Die Gesamtwertung des Weltcups 1988/89 lautet wie folgt: G. Kasparow – 83 Punkte, A. Karpow – 81, W. Salow – 68,5, J. Ehlvest – 68, L. Ljubojević – 66,5, J. Nunn – 65,5, A. Beljawski und N. Short – 63,5, J. Timman und R. Hübner – 57,5, A. Sokolow – 57, L. Portisch – 56, M. Tal – 55,5, G. Sax – 54, U. Andersson und Y. Seirawan – 53,5, Z. Ribli – 52, J. Speelman – 51, R. Waganjan – 49,5, A. Jussupow – 47,5, B. Spasski – 45,5, P. Nikolić – 43,5, W. Kortschnoj – 43, J. Hjartarson – 40, J. Nougeiras – 37.
Im zweiten Weltcup wurde nur ein Turnier ausgetragen (Reykjavik 1991), das → *W. Iwantschuk* gewann. Danach wurde der Wettbewerb wegen fehlender Sponsorengelder eingestellt.

Weltmeisterschaften. Am 29. März 1886 wurde → *W. Steinitz* nach seinem Matchsieg gegen → *J. Zukertort* zum ersten Weltmeister der Schachgeschichte gekürt. Er hat bis heute zwölf Nachfolger auf dem Schachthron gefunden. Alle Weltmeister auf einen Blick:

Wilhelm Steinitz (1886–94)
Emanuel Lasker (1894–1921)
José Raoul Capablanca (1921–27)
Alexander Aljechin (1927–35, 1937–46)
Max Euwe (1935–37)
Michail Botwinnik (1948–57, 1958–60, 1961–63)
Wassili Smyslow (1957–58)
Michail Tal (1960–61)
Tigran Petrosjan (1963–69)
Boris Spasski (1969–72)
Robert James Fischer (1972–1975)
Anatoli Karpow (1975–85)
Garri Kasparow (seit 1985)

Bei den Frauen verzeichnen wir bisher sieben Weltmeisterinnen:

Vera Menchik (1927–44)
Ludmilla Rudenko (1950–53)
Jelisaweta Bykowa (1953–56, 1958–62)
Olga Rubzowa (1956–58)
Nona Gaprindaschwili (1962–78)
Maja Tschiburdanidse (1978–91)
Xie Jun (seit 1991)

Hinter dieser Statistik verbergen sich noch andere interessante Fakten.
Steinitz war bereits 50 Jahre alt, als er den Schachthron erklomm. Folgende Akteure waren über 30, als sie den WM-Titel gewannen: Capablanca (32), Aljechin (35), Euwe (34),

Botwinnik (36), Smyslow (36), Petrosjan (33), Spasski (32); fünf Spieler waren jünger als 30: Lasker (25), Tal (23), Fischer (29), Karpow (24), Kasparow (22). Am längsten hatte Lasker die Schachkrone inne - fast 27 Jahre! Smyslow und Tal brachten es nur auf ein Jahr, denn Ex-Weltmeister Botwinnik konnte sie jeweils im Revanchematch bezwingen. Ein solches Kunststück gelang ansonsten nur Aljechin, der sich den Titel von Euwe zurückholte. Steinitz und Karpow gelang dies gegen Lasker bzw. Kasparow nicht.

Bis 1990 zählte man neun WM-Herausforderer, die nie auf den Schacholymp gelangten: → M. Tschigorin (1889, 1892), → I. Gunsberg (1890/91), → F. Marshall (1907), → S. Tarrasch (1908), → K. Schlechter (1910), → D. Janowski (1910), → J. Bogoljubow (1929, 1934), → D. Bronstein (1951), → W. Kortschnoj (1978, 1981).

Der kompromißloseste Kämpfer in der Geschichte der WM-Duelle war Steinitz, dessen Remisquote in sechs Zweikämpfen bei 115 Partien nur 25,2% betrug. In seinem Wettkampf gegen Tschigorin endete nur die letzte, die 17. Partie (!) remis. Im Vergleich dazu betrug die Remisquote des gewiß nicht friedfertigen Aljechin immerhin 47,9% (fünf Zweikämpfe, 140 Partien).

Das kürzeste Match war das zwischen Lasker und Schlechter (1910), in dem dem Deutschen ein 5:5 zur Titelverteidigung reichte. Das längste Duell war das zwischen Karpow und Kasparow (1984/85), das nach fünf Monaten und 48 Partien beim Stande von 5:3 für Karpow abgebrochen wurde. Insgesamt vier WM-Kämpfe endeten unentschieden. Neben dem erwähnten 5:5 zwischen Lasker und Schlechter waren das die Duelle Botwinnik-Bronstein (1951), Botwinnik-Smyslow (1954) und Kasparow-Karpow (1987), die alle 12:12 ausgingen.

Die WM-Kämpfe gingen auf dem Territorium von insgesamt 14 Staaten über die Bühne. Sechs Weltmeisterschaften waren auf jeweils zwei Länder aufgeteilt: Lasker-Steinitz (1894) - USA und Kanada; Lasker-Schlechter (1910) - Österreich und Deutschland; Aljechin-Bogoljubow (1929) - Deutschland und Niederlande; das Matchturnier 1948 mit Botwinnik, Smyslow, Keres, Reshevsky und Euwe (1948) - Niederlande und Sowjetunion; Kasparow-Karpow (1986) - England und Sowjetunion bzw. 1990 in den USA und Frankreich. Die bisher nicht genannten Nationen, die WM-Kämpfe ausrichteten, sind Kuba, Argentinien, Island, die Philippinen, Italien und Spanien.

1992/93 kam es zu dem Kuriosum, daß es gleich drei Weltmeisterschaften gab. Fischer und Spasski richteten ihr privates Revanchematch aus, Kasparow und Short traten in London unter der Ägide der neugeschaffenen Profiorganisation → PCA an, während in den Niederlanden die → Fide-WM zwischen Karpow und Timman stattfand.

Wettkampfsysteme. Es gibt unterschiedliche Varianten, ein Schachturnier auszurichten. Berücksichtigung finden dabei die Zahl der Teilnehmer, der zur Verfügung stehende Zeitraum und die Ziele des Turniers.

Das Rundensystem gilt als der sportlich gerechteste Weg, den stärksten Spieler zu ermitteln. Hier spielt jeder gegen jeden. Nach diesem Prinzip wurden früher beispielsweise die → Kandidatenturniere ausgetragen. Heute ist es vor allem in den sogenannten Großmeisterturnieren bzw. Superturnieren anzutreffen, die sich in der Regel aus 10–14 Teilnehmern zusammensetzen.

Das Schweizer System wurde in den letzten Jahren immer populärer. Sein Vorteil besteht darin, daß man mit seiner Hilfe in einem relativ kurzen Zeitraum ein Turnier mit einer großen Teilnehmerzahl über die Bühne bringen kann. Der Regelfall sind 100 bis 200 Akteure, die in 7, 9 oder 11 Runden den Sieger ermitteln. Beim größten in einer Gruppe ausgetragenen Turnier der Welt, dem »Berliner Sommer«, sind um die 500 Spieler am Start. Die Spieler mit der gleichen Punktzahl werden gegeneinander gelost. Die Auslosung erfolgt per Hand oder mit Computer. Das Schweizer System findet verstärkt bei Mannschaftskämpfen Anwendung, so bei Schacholympiaden.

Beim Knockout-System scheidet der Verlierer aus. Dieses Verfahren eignet sich besonders für WM-Kandidatenmatches und hochkarätige → Schnellschachturniere, wurde aber vereinzelt auch bei Großmeisterturnieren erprobt (z. B. Tilburg).

Beim Scheveninger-System tritt jeder Teilnehmer der einen Mannschaft gegen jeden anderen des gegnerischen Teams an. Dieser Modus wurde erstmalig 1923 im holländischen Scheveningen praktiziert. Dieses System eignet sich besonders für traditionelle Mannschaftsvergleiche oder Teamwettbewerbe mit Showcharakter (z. B. Ladies-Senioren).

Wien - Turniere. In den 60er-70er Jahren des 19. Jahrhunderts wurde es in den europäischen Hauptstädten zu einer Tradition, am Rande der Internationalen Weltausstellungen ein großes Schachturnier zu organisieren. So war es in London 1862, Paris 1867 und auch in Wien 1873.

Turnier hatte er nur ein Match verloren – gegen Blackburne (0,5:2,5)!
Bis Ende des 19. Jahrhunderts fanden in Wien noch sieben internationale Turniere statt, darunter zwei äußerst bedeutende, die beide doppelrundig ausgetragen wurden. An dem von 1882 nahmen 18 Spieler teil.
Der Spitzenstand: 1.-2. S. Winawer und W. Steinitz – 24 Punkte (der Stichkampf endete 1:1); 3. J. Mason – 23; 4.-5. G. Mackenzie und J. Zukertort – 22,5; 6. J. Blackburne – 21,5.

1898 (Kaiser-Jubiläum-Turnier) lagen → *S. Tarrasch* und → *H. N. Pillsbury* mit 27,5 Punkten in Front. Den Stichkampf entschied Tarrasch mit 2,5:1,5 für sich. Dritter wurde → *D. Janowski* (25,5) bei insgesamt 19 Teilnehmern.
In den anderen Wiener Turnieren trugen sich

Wien, 1898. Sitzend (von links nach rechts): Tarrasch, Blackburne, Pillsbury, Steinitz, Tschigorin, Janowski, Schiffers und Lipke; stehend: Schwarz, Schlechter, Fandrich (Organisator), Caro, Maróczy, Showalter, Marco, Alapin, Halprin, Baird und Burn.

In die österreichische Metropole reisten zwölf Schachspieler aus verschiedener Herren Länder. Um den Besten zu ermitteln, wurden Minimatches à drei Partien gespielt. Der Sieger bekam einen Punkt, bei unentschiedenem Ausgang gab es einen halben Zähler. Am Ende lagen → *W. Steinitz* und → *J. Blackburne* mit jeweils 10 Punkten vorn. Den Stichkampf um den 1. Platz entschied Steinitz mit 2:0 zu seinen Gunsten. Im eigentlichen

die jungen österreich-ungarischen Meister M. Weiss (1890), G. Marco (1895), → *K. Schlechter* (1897) und → *G. Maróczy* (1899/1900) in die Siegerliste ein.
Später verdienen insbesondere die Turniere von 1908 (1.-3. → *O. Duras*, G. Maróczy, K. Schlechter), 1922 (1. → *A. Rubinstein* vor → *S. Tartakower*) und 1928 (1. → *R. Reti*) Erwähnung.

Wiener Partie. 1. e4 e5 2. ♘c3

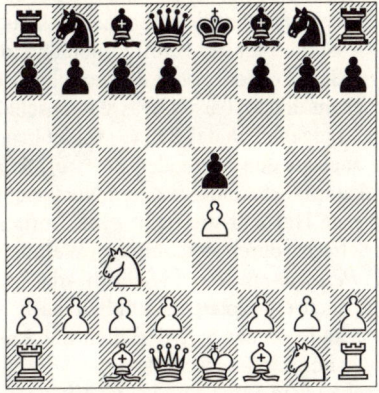

Um die Untersuchung dieser Eröffnung machten sich in der Mitte des 19. Jahrhunderts insbesondere Wiener Schachspieler verdient, allen voran Carl Hampe (1815–76). Zu Beginn des 20. Jahrhunderts leistete → R. Spielmann einen großen Beitrag zur Entwicklung der Wiener Partie. Mit dem Zug ♘b1-c3 festigt Weiß den Schlüsselpunkt e4, um gegebenenfalls mittels f2-f4 einen Flankenangriff vorzubereiten. Meistens antwortet Schwarz mit 2... ♘f6, um den Kampf um die Punkte e4 und d5 aufzunehmen. Weiß verfügt dann über drei Hauptfortsetzungen, nach denen sich das Spiel wie folgt entwickeln kann:
a) 3. f4 d5 4. f:e5 ♘:e4 5. ♘f3 ♗e7 6. d4 0-0 7. ♗d3 f5 8. e:f6 ♗:f6 9. 0-0 ♘c6 10. ♘:e4 d:e4 11. ♗:e4 ♘:d4 12.♘g5 ♗f5;
b) 3. ♗c4 ♘:e4 4. ♕h5 ♘d6 5.♗b3 ♘c6! 6. ♘b5 g6 7. ♕f3 f5 8. ♕d5 ♕e7 9. ♘:c7+ ♔d8 10. ♘:a8 b6;
c) 3. g3 d5 4. e:d5 ♘:d5 5.♗g2 ♘:c3 6. b:c3. In allen drei Varianten verfügt Schwarz über genügend Gegenchancen.
Auf 2... ♘c6 kann der Kampf in die ruhigen Gefilde der symmetrischen Entwicklung übergehen oder nach 3. f4 e:f4 einen scharfen Charakter annehmen. Weiß könnte hier mit 4. d4!? das Steinitz-Gambit spielen, auf die Rochade verzichten und kombinatorische Verwicklungen herbeiführen.

Winawer Simon, * 5. März 1838 in Warschau, † 12. Januar 1920 in Warschau, polnischer Maestro, in den 60er bis 80er Jahren einer der stärksten Schachspieler Europas.

1867 reiste Winawer aus geschäftlichen Gründen nach Paris. Seine Liebe zum Schach und seine beachtliche Spielstärke, die er in Warschau durch Partien gegen → *A. Petrow* und eine Reihe einheimischer Spieler erreicht hatte, ließen ihn dem berühmten »Café de la Régence« einen Besuch abstatten. Dort wurde man auf ihn aufmerksam und lud ihn zur Teilnahme an einem internationalen Turnier ein. Sein Auftritt wurde eine Sensation. Der völlig unbekannte Winawer ließ → *W. Steinitz*, G. Neumann, J. A. de Rivière und andere Meister hinter sich und belegte einen sicheren 2. Rang!
Nach diesem Überraschungserfolg nahm Winawer nicht häufig an Turnieren teil, aber wenn, dann immer mit vorderen Plazierungen. 1878 teilte er in → *Paris* mit → *J. Zukertort* den Sieg, 1881 wurde er in Berlin 3.-4. mit → *M. Tschigorin*. Die bedeutendsten Erfolge in seiner Schachkarriere waren der Sieg in → *Wien* 1882, den er in einem doppelrundigen Turnier mit Steinitz teilte (ihr Stichkampf endete 1:1), sowie der 1. Preis in Nürnberg 1883, wo er → *J. Blackburne*, J. Mason, C. von Bardeleben, H. Bird und andere be-

kannte Namen überflügelte. 1875 begab sich Winawer nach St. Petersburg, wo er Ilja Schumow mit 5:2 schlug und einen Wettbewerb gewann, an dem die stärksten Meister Rußlands teilnahmen. Winawer schätzte das Spiel Tschigorins hoch ein und empfahl seine Teilnahme am Berliner Turnier 1881.

Winawer leistete einen wertvollen Beitrag zur Entwicklung der Eröffnungstheorie. Bekannt sind seine Ausarbeitungen in der → *Slawischen Verteidigung* (Winawers Gegengambit — 1. d4 d5 2. c4 c6 3. ♘c3 e5 4. d:e5 d4 5. ♘e4 ♕a5 nebst 6... ♕:e5) und im → *Königsgambit* (1. e4 e5 2. f4 e:f4 3. ♗c4 ♘e7). Ihm blieb es vorbehalten, diverse Systeme in die Turnierpraxis einzuführen, die im 20. Jahrhundert Popularität erlangten, zum Beispiel die Abtauschvariante der → *Spanischen Partie*.

□ S. Winawer
■ M. Bier
Nürnberg, 1983

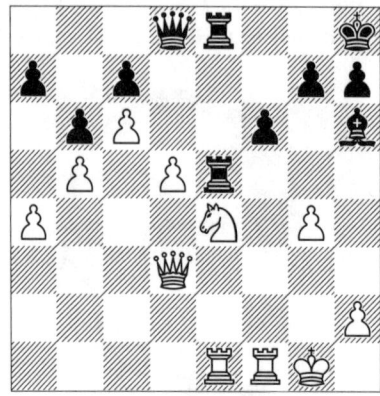

30... ♖:d5
Auch andere Fortsetzungen führen zu weißem Vorteil, zum Beispiel: 30... ♕:d5 31. ♕:d5 ♖:d5 32. ♘:f6! ♖:e1 33. ♘:d5 bzw. 30... ♕e7 31. d6 c:d6 32. ♕:d6! ♖e4 33. ♕:e7 ♖4:e7 34. ♖:e7 ♖:e7 35. ♖d1 ♔g8 36. ♖d7 ♔f7 37. c7 ♖:d7 38. c8♕.
31. ♘:f6! ♖:d3 32. ♖:e8+ ♕:e8 33. ♘:e8 ♔g8 34. ♘:c7 ♖d4 35. ♘e6 ♖:g4+ 36. ♔h1 g6 37. c7 ♖c4 38. ♖d1 ♔f7 39. ♘d8+ 1-0

Wissenschaft und Schach. Das Schach steht der Wissenschaft in vielem nahe, denn es beinhaltet wissenschaftliche Elemente. Unübersehbar ist die Flut der veröffentlichten Arbeiten zur Schachtheorie, ohne die der schachliche Fortschritt undenkbar ist. Das wissenschaftliche Herangehen an das Schach findet heutzutage auch in den Methoden einer effektiven Wettkampfvorbereitung seinen Niederschlag. In dieser Hinsicht erscheint eine Definition des Schachs durch den zehnten Weltmeister → *T. Petrosjan* treffend: »Schach – das ist der Form nach ein Spiel, dem Inhalt nach eine Kunst und von der Schwierigkeit der Aneignung her eine Wissenschaft.«

Zwischen dem Schach und einer Vielzahl von Wissenschaften besteht eine enge Wechselwirkung. Beispielsweise fand die Psychologie, die in die Geheimnisse des Gehirns, d. h. des menschlichen Denkens einzudringen sucht, gerade im Schachspiel eine ausgezeichnete Basis für ihre wissenschaftlichen Experimente. Ganz besonders trifft das auf die Fähigkeit des Menschen zu, ohne Ansicht des Brettes eine Reihe von Schachpartien gleichzeitig zu spielen, in Zeitnot verblüffend schnell zu reagieren oder vielzügige forcierte Kombinationen zu berechnen.

Die Besonderheiten des Schachs gegenüber anderen Spielen, die komplizierte Strategie und die Dialektik des kombinatorischen Kampfes sind ein Grund dafür, daß gerade das Schach zu Forschungen auf dem Gebiet der Computertechnik herangezogen wird. Die Schachspieler können stolz darauf sein, daß ihr Spiel eine wichtige Rolle bei Geburt und Entwicklung eines so bedeutenden Wissenschaftszweiges wie der Kybernetik gespielt hat und noch spielt. Der Charakter der Denkvorgänge im Schach war einer der Gründe dafür, daß sich auch die pädagogische Wissenschaft diesem Spiel zugewandt hat.

Das Schach ist seit mehr als tausend Jahren ein Bestandteil der menschlichen Zivilisation. Das Studium der Geschichte dieses Spiels bringt neue Erkenntnisse über die Lebensweise der Menschen in verschiedenen historischen Epochen, womit das Interesse der Ethnographie, der → *Archäologie* und anderer historischen Wissenschaften am Schachspiel zu erklären ist. So gelang es einem der Autoren des vorliegenden Buches auf der Grundlage von archäologischen Funden, die Etappen der Evolution der Schachfiguren von ihrer mittelalterlichen arabischen Form bis zur Gegenwart nachzuzeichnen, was der Geschichtsforschung weiteres Material in die Hand gab, die Abfolge kultureller Entwicklungsabschnitte genauer zu datieren (vgl. Linder »Schachmaty na Rusi«, 2. Aufl., Nauka, Moskau 1975 bzw. »Chess in Old Russia«, Zürich, 1979).

Wolga-Gambit. 1. d4 ♘f6 2. c4 c5 3. d5 b5

In den 40er Jahren befaßten sich Spieler aus der Stadt Samara mit der Untersuchung dieser Eröffnung. Samara liegt an der Wolga – daher die Bezeichnung Wolga-Gambit. Die erste Publikation der Analysen erfolgte 1946 in der Zeitschrift »Schachmaty w SSSR« (Nr. 2) durch B. Argunow. In der Literatur taucht diese Eröffnung mitunter auch unter der Bezeichnung »Benkö-Gambit« auf. Das Wolga-Gambit ist von seinen strategischen Ideen her mit dem → *Blumenfeld-Gambit* verwandt. Schwarz opfert einen Bauern, um dafür auf den halboffenen Linien des Damenflügels (nach 4. c:b5 a6 5. b:a6) in Verbindung mit einem fianchettierten Läufer auf g7 und dem typischen Hebel e7-e6 ein Druckspiel aufzuziehen.

Wunderkinder im Schach. So wie für die Musik oder die Mathematik, entdeckt man bei Kindern mitunter eine ungewöhnliche Begabung für das Schach. Von → *J. R. Capablanca* ist bekannt, daß er sich im Alter von vier Jahren allein durch das Zuschauen bei den Partien seines Vaters die Spielregeln aneignete. Mit elf war er dann bereits Champion von

Der fünfjährige J. R. Capablanca beim Schachspiel mit seinem Vater

WUNDERKINDER

Bereits mit 10 Jahren nahm es Sammy Reshevsky mit den Meistern des New Yorker Manhattan Chess Club auf (1922).

Kuba! Zu den bekannten Großmeistern, die schon sehr früh durch ihre Begabung Aufsehen erregten, gehörte → *S. Reshevsky*, der bereits im Alter von sieben Jahren → *Simultanvorstellungen* gab! Ein Beispiel jüngeren Datums sind die → *Polgár-Schwestern*, die mit 4–5 Jahren das Schachspielen erlernten und bald mit phänomenalen Resultaten auf sich aufmerksam machten.

Doch nicht alle »Wunderkinder« werden Meister oder Großmeister. 1877 wurde in der mexikanischen Schachzeitschrift »La Estrategia« von dem genialen achtjährigen Knaben André Ludowik Viesca berichtet. Er war mit vielen Begabungen gesegnet, u. a. spielte er auch großartig Schach. Anhand einer Gewinnpartie gegen einen starken Schachspieler wagte das Blatt die Prognose, daß der Junge ein würdiger Nachfolger des legendären → *P. Morphy* werden würde...

Ein anderes Beispiel. Ende der 50er Jahre war in der sowjetischen und ausländischen Presse von dem außerordentlich talentierten fünfjährigen Schachspieler Ernest Kim aus Taschkent zu lesen, der bereits Spieler der 2. Leistungsklasse besiegte. Der Redakteur der amerikanischen Zeitung »Michigan Telegraph«, Ted Alexander, weilte in der usbekischen Metropole, verlor eine Partie gegen den Kleinen und schrieb dann euphorische Artikel über ihn. Viele Jahre gingen ins Land, aber Ernest wurde nie Meister, geschweige denn Großmeister, obwohl er nach wie vor ein guter Schachspieler ist.

Die Gründe für das Scheitern der Wunderkinder sind vielgestaltig. Neue Anforderungen auf anderen Gebieten stürmen auf sie ein, oft fehlt ein erfahrener Trainer, der ihre schachlichen Mängel beseitigt oder ihr überschüssiges Selbstbewußtsein in die richtigen Bahnen lenkt. Oft erweist sich zuviel Training als schädlich für die Entwicklung der jungen Talente.

X

Xie Jun, * 30. Oktober 1970 in Peking, chinesische Großmeisterin, siebente Weltmeisterin der Schachgeschichte.

Xie Jun offenbarte in sehr jungen Jahren ihr Talent im chinesischen Schach. Dem Nationaltrainer Chinas fiel es anfangs nicht leicht, das Mädchen zu einer Abkehr vom chinesischen hin zum »normalen Schach« zu überreden. Doch bald schon entdeckte Xie Jun den Reiz des neuen Spiels. Mit dreizehn wurde sie in die Nationalmannschaft aufgenommen, ein Jahr später, 1984, stand sie auf Platz sechs der chinesischen Damenrangliste, 1985 stieß sie auf Rang drei vor. Bereits ihr erster internationaler Auftritt war ein Erfolg. Bei der Schacholympiade in Saloniki 1988 holte sie 10 Punkte aus 13 Partien. Ein Jahr danach wurde sie Chinesische Meisterin.

1990 begann der unaufhaltsame Marsch Xie Juns an die Weltspitze. Erst bezwang sie am Spitzenbrett Chinas bei der Schacholympiade von Novi Sad Exweltmeisterin → *N. Gaprindaschwili* in ausgezeichnetem Stil, dann hatte sie beim Interzonenturnier in Kuala Lumpur ein blendendes Resultat, womit sie sich für das Kandidatinnenturnier in Borshomi qualifizierte. Dort teilte sie mit der Jugoslawin → *A. Maric* den Sieg, die sie im Entscheidungsmatch mit 4,5:2,5 schlug.

Die Sensation war perfekt. Erstmals griff eine nichtsowjetische Schachspielerin nach der Schachkrone – dazu noch eine Vertreterin des asiatischen Kontinents! Die 20jährige Xie Jun verfügte lange nicht über die große Wettkampferfahrung ihrer Kontrahentin → *M. Tschiburdanidse*, weshalb die meisten Beobachter der georgischen Weltmeisterin, die ihren Titel schon viermal verteidigt hatte, die besseren Chancen einräumten. Doch dabei hatten sie offenbar das schachliche Talent, die Willens- und Charakterstärke sowie die Kaltblütigkeit der jungen Chinesin nicht gebührend gewürdigt, empfindliche Niederlagen rasch wegzustecken. Gerade diese kämpferischen Eigenschaften waren es, die es Xie Jun im Herbst 1991 in der philippinischen Hauptstadt Manila erlaubten, nicht nur den kritischen Moment des Matches zu überstehen, sondern sogar den Verlauf des Duells zu ihren Gunsten zu verändern, nachdem sie in der 4. und 5. Partie eine Doppelnull hinnehmen mußte, die sie in Rückstand brachte. Nach zwei Kurzremisen glich sie in der 8. Begegnung den Stand aus und ging nach einem weiteren Gewinn in der 11. Partie in Führung.

Der Endstand lautete 8,5:6,5. Xie Jun war damit die siebente Weltmeisterin der Schachgeschichte!

□ Xie Jun
■ M. Tschiburdanidse
Manila, 1991 (3. Matchpartie)

1. e4 e5 2. ♘f3 ♘c6 3. ♗b5 a6 4. ♗a4 ♘f6 5. 0-0 ♗e7 6. ♖e1 b5 7. ♗b3 d6 8. c3 0-0 9. h3 ♘a5 10. ♗c2 c5 11. d4 ♗b7 12. ♘bd2 c:d4 13. c:d4 e:d4 14. ♘:d4 ♖e8 15. b4 ♘c6 16. ♘:c6 ♗:c6 17. ♗b2 ♗f8 18. ♕f3 ♖c8 19. ♗b3 ♕e7 20. ♖ad1 ♗b7 21. ♕f5 d5 22. e5 ♘d7 23. ♘e4

(siehe Diagramm Seite 360)

ZEITKONTROLLEN

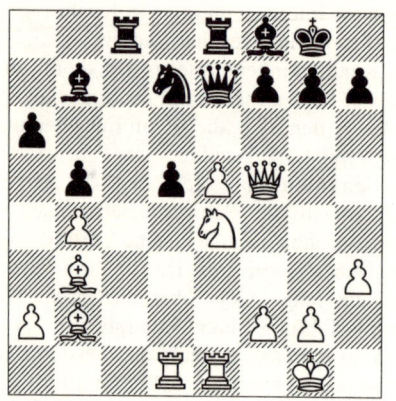

23... g6 24. ♕:d7 d:e4 25. e6 f:e6 26. ♕d4 ♔f7 27. ♕h8 ♕h4 28. g3   1-0

Im Herbst 1993 verteidigte sie ihren Weltmeistertitel gegen die Georgierin N. Ioseliani mit dem glänzenden Resultat 8,5:2,5 (+7, -1, =3).

□ N. Ioseliani
■ Xie Jun

Monte Carlo 1993 (7. Matchpartie)

1. d4 ♘f6 2. ♘f3 g6 3. c4 ♗g7 4. ♘c3 0-0 5. e4 d6 6. ♗e2 e5 7. 0-0 ♘c6 8. d5 ♘e7 9. ♘d2 a5 10. a3 ♘d7 11. ♖b1 f5 12. b4 ♔h8 13. f3 a:b4 14. a:b4 c6 15. ♔h1 ♘f6 16. ♘b3 c:d5 17. c:d5 f4 18. ♘a5 g5 19. ♘c4 ♘g6 20. b5 ♖g8 21. ♗d2 ♗f8 22. ♗e1 h5 23. ♖a1 ♖b8 24. ♘a4 g4 25. ♘ab6 g3 26. ♘:c8 ♖:c8 27. ♗a5 ♕e7 28. h3 ♘h7 29. ♕d3 ♘g5 30. ♖g1 ♘h4 31. ♘b6

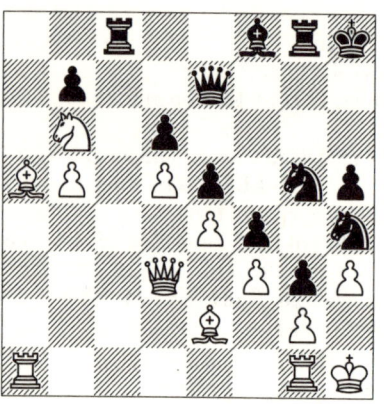

31... ♘:h3! 32. g:h3 g2+ 33. ♖:g2 ♘:g2 34. ♖g1 ♖c1 35. ♖:c1 ♕h4 36. ♗f1 ♕:h3+ 37. ♔g1 ♘e1+ 38. ♔f2 ♕g3+ 39. ♔e2 ♘:d3 40. ♔:d3 ♕:f3+ 41. ♔c2   0-1

Xie Jun ist nach Nona Gaprindaschwili, Maja Tschiburdanidse, → *Zsu.* und → *J. Polgar,* und → *P. Cramling* die sechste Frau überhaupt, die den → *Großmeistertitel* der Männer erkämpfte.

»Ich verstehe die Leute nicht, die davon sprechen, daß Schach ihr Leben sei. Man lebt nur einmal. Die Liebe zum Schach kann nicht das ganze Leben erfüllen … Ich verbringe nicht meine gesamte Freizeit am Schachbrett, sondern habe eine Reihe anderer Hobbys, darunter Reisen, Tanzen, Musik hören«, sagte Xie Jun in einem Interview.

Z

Zeitkontrollen wurden im Schach Mitte des 19. Jahrhunderts eingeführt. Diese Notwendigkeit war schon seit längerer Zeit offensichtlich gewesen. Bereits in den Duellen zwischen → *L. La Bourdonnais* und → *A. McDonnell* (1834–35) fiel der kraß unterschiedliche Zeitverbrauch der beiden Kontrahenten ins Auge. Der englische Schachspieler und Schriftsteller George Walker erinnerte sich: »Manchmal wurde täglich gespielt, außer sonntags. Einige Partien währten mehrere Stunden, die Spieldauer war nicht festgeschrieben. Mitunter dachte McDonnell anderthalb Stunden oder mehr über einen Zug nach; bei La Bourdonnais habe ich nur einmal beobachtet, wie er 55 Minuten überlegte. McDonnell spielte deutlich langsamer. Meiner Meinung nach gingen etwa drei Viertel der Spielzeit auf seine Kappe. Er war immer ruhig und schweigsam, egal ob er am Zug war oder der Gegner. Im Gegensatz dazu war sein Kontrahent von lebhaftem Charakter, wie es seinen Landsleuten so eigen ist... Manchmal, wenn sein Kontrahent zu viel Zeit für die Berechnung seiner Kombinationen aufwandte, verlor La Bourdonnais die Geduld und gab dies auch ausdrücklich zu verstehen. La Bourdonnais sprach überhaupt kein Englisch, McDonnell kein Französisch. Unmittelbare Verhandlungen fanden zwischen den beiden deshalb nicht statt. Das Wort ›Schach‹ war das einzige, was sie miteinander austauschten. ›Matt‹ kam selten vor, und wenn, dann immer mit dem liebenswürdigsten Lächeln.«

Erst zwei Jahrzehnte später, beim Match Harrwitz-Löwenthal in London 1853, wurde die Bedenkzeit festgelegt, die man pro Zug aufwenden konnte – 10 Minuten. Bei Zeitüberschreitung setzte es eine Geldstrafe. Zur Zeitmessung dienten vorzugsweise Sanduhren. Weitere 30 Jahre danach – beim Londoner Turnier von 1883 – wurden endlich Schachuhren mit einem doppelten Zifferblatt eingeführt, die man nach einem ausgeführten Zug mechanisch in Gang setzen konnte. Es handelte sich dabei um eine Erfindung des englischen Ingenieurs Thomas Wilson (1843 bis 1915) aus Manchester. Jedem Spieler stand damit eine bestimmte Bedenkzeit für die gesamte Partie zur Verfügung. Anfangs belief sich diese auf zwei Stunden für 30 Züge plus eine weitere Stunde für 15 Züge. Mitte des 20. Jahrhunderts hatte man in der Regel 2,5 Stunden für 40 Züge und eine weitere Stunde für die jeweils 16 nächsten Züge. Heute ist im internationalen Turnierschach ein Modus von 2/40 plus 1/20 üblich. Die Einführung von Schachuhren erlaubte auch die Austragung von Partien im → *Blitz*- und → *Schnellschach*.

Zeitnot. Bezeichnung für die Phase in der Schachpartie, in der einem Spieler (oder beiden) sehr wenig Bedenkzeit verbleibt, um die festgesetzte Zügezahl bis zur → *Zeitkontrolle* zu absolvieren. In der internationalen Turnierpraxis hat sich in den letzten Jahren eine Bedenkzeitregelung von zwei Stunden für 40 Züge plus eine Stunde für weitere 20 Züge usw. durchgesetzt. Dieses Limit scheint für Schachspieler höherer Qualifikation angemessen, um eine Partie auf gutem Niveau austragen zu können. In der Regel sollte ein Großmeister in der Lage sein, sich seine Bedenkzeit sinnvoll einzuteilen. Aber selbst Schnelldenker wie → *J. R. Capablanca* oder → *V. Anand* waren bzw. sind nicht davor gefeit, in Zeitnot zu geraten. Für andere Spieler wie die Deutschen Paul Leonhardt (1877 bis 1934) und → *F. Sämisch* oder den Russen Wladimir Alatorzew (1909–87), der ein tiefgründiger Stratege und Theoretiker war, war die ewige Zeitnot die Achillesferse. Als Zeitnotspieler gelten bzw. galten auch führende Großmeister wie → *J. Geller,* → *W. Kortschnoj,* → *D. Bronstein,* → *W. Browne* und → *S. Reshevsky.*

→ *A. Aljechin* unterstrich in seinen Kommentaren zu einer der Partien des → *Nottinghamer Turniers* von 1936, daß grobe Fehler, die in Zeitnot begangen werden, nicht als Entschuldigung für die Niederlage herangezogen werden können, »da die Unfähigkeit eines erfahrenen Meisters, mit der Schachuhr fertig zu werden, ebenso hoch wie ein taktisches Übersehen zu veranschlagen sei«.

Gefährlich ist es, auf die Zeitnot des Gegners zu spielen, d. h. blitzartig auf seine Züge zu antworten, in der Hoffnung, daß er nicht die richtige Entgegnung findet.

Interessant sind die Bekenntnisse von Großmeister → *A. Kotow* zu seiner Partie gegen S. Reshevsky:

□ S. Reshevsky
■ A. Kotow
Zürich, 1953

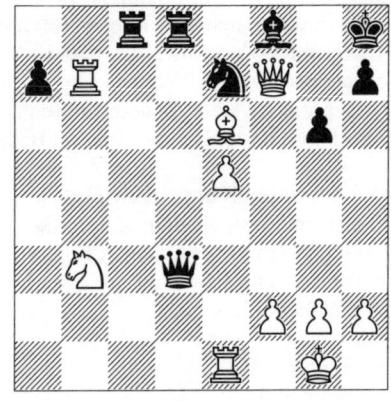

»Da mir klar war, daß ich für eine verlorene Sache kämpfe«, schrieb Kotow, »beschloß ich, auf die horrende Zeitnot des Gegners zu spekulieren. Reshevsky blitzte schon seit einigen Zügen, wobei er nervös auf seinem Stuhl wippte. Das brachte mich aus der Fassung. Mein nächster Zug erklärt sich aus dem oben genannten Motiv gepaart mit meinem nervlichen Zustand. Unerwartet ergriff ich meine Dame und stellte sie nach e2. Damit hatte Reshevsky nicht gerechnet. Wenn der Turm nach f1 zieht, folgt 35... ♖d1. Reshevsky begriff das sofort und war verwirrt. Das Blättchen auf seiner Uhr hob sich bedrohlich. Doch dann nahm er alle seine Kraft zusammen und fand den richtigen Zug. Nach 35. ♕:f8+! mußte ich aufgeben. Es hatte also nicht geklappt! Aber die Idee war ausgezeichnet. Ich bin fest davon überzeugt, daß dies meine einzige Chance war.«

Zentrum – Brettabschnitt, der durch die Felder d4, e4, d5, e5 beschrieben wird. Eine Faustregel des Schachs besagt, daß man keine Flankenangriffe unternehmen soll, wenn die Lage im Zentrum nicht geklärt ist. Die Zentrumsformationen sind durch die Aufstellung der Bauern charakterisiert.
Man unterscheidet das geschlossene Zentrum (ineinander verschachtelte Bauernketten), das bewegliche Zentrum, das festgelegte Zentrum usw.
Hinter einem Bauernzentrum kann man seine Figuren aufmarschieren lassen und einen → Angriff bzw. die → Verteidigung vorbereiten. Die Bauern nehmen ihrerseits zentrale Felder unter Kontrolle, die den Figuren als Stützpunkte dienen können. In offenen Stellungen gibt es keine Bauern im Zentrum, d. h. das Figurenspiel gewinnt hier an Bedeutung.
Ein komplizierter Kampf entwickelt sich in Positionen mit festgelegtem Zentrum, wenn es vorrangig darum geht, seinen Figuren die günstigsten Zentralfelder zu sichern. Dafür ein anschauliches Beispiel:

□ M. Stolberg
■ M. Botwinnik
Moskau, 1940

Die Pläne liegen auf der Hand: die weißen Figuren streben auf die Zentralfelder e5 und c5, die schwarzen analog nach e4 und c4. Dem Nachziehenden gelingt es mit feinen Manövern, den Gegner in der Ausführung des Planes zu überflügeln:
15... ♗f5! 16. ♕c2 ♗e4 17. b5 ♗:d3 18. ♕:d3 ♘a5 19. ♘g3 ♘c4 20. ♗c1 ♖ac8 21. ♖a2 ♗f8 22. a4 ♗b4 23. ♘d1 ♘e4 24. f5 ♘:g3 25. ♕:g3 ♗d6 26. ♕f3 ♗e7 27. ♕g3 ♗f6 28. ♗:h6 ♗:d4+ 29. ♔h1 f6 30. ♗c1 ♖e4 31. ♕d3 ♘e5 32. ♕b1 ♖c4!

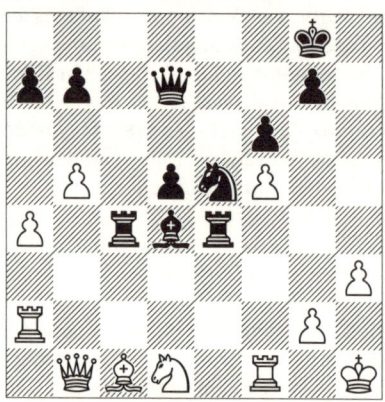

Schwarz hat das Zentrum vollständig in Besitz genommen. Das Ende läßt nicht lange auf sich warten.
33. a5 ♗c5 34. b6 a6 35. ♘b2 ♖c3 36. ♗d2 ♖b3 37. ♕c2 ♕b5 38. ♗c1 ♗f8 39. ♖d1 ♖e2 40. ♕c1 ♖:h3+ 41. g:h3 d4   0-1

In der modernen Theorie und Praxis des Schachkampfes wuchs die Bedeutung des sogenannten »erweiterten Zentrums«, das nach

→ *A. Nimzowitsch* durch das Quadrat c3-c6-f6-f3 umrissen wird. Anstatt das Zentrum mit Bauern zu besetzen, kann man es auch mit Figuren unter Beschuß nehmen. Dieser kombinierte Druck von Figuren und Bauern auf das gegnerische Bauernzentrum ist der Grundgedanke einer Reihe von Eröffnungen, darunter die → *Nimzowitsch-Indische-Verteidigung*, die → *Grünfeld-Indische-Verteidigung*, die → *Aljechin-Verteidigung* und das → *Reti-System*.

Zugzwang – eine Position, in der die am Zug befindliche Seite einen ungünstigen Zug machen muß. Manchmal entsteht ein gegenseitiger Zugzwang, d. h. beide Parteien haben keine nützlichen Züge, und jeder Zug führt zu einer Verschlechterung der Stellung.

Zugzwangpositionen herbeizuführen ist eine große Kunst. Besonders effektvoll ist es, wenn diese Situationen schon im Mittelteil der Partie auftreten, d. h. wenn eine Seite die Waffen strecken muß, obwohl noch viele Figuren auf dem Brett sind und eigentlich nichts Konkretes droht. Der polnische Meister Bogdan Sliwa glaubte im folgenden Beispiel, mit 39. ♘e2-g3 alle Drohungen abgewehrt zu haben, doch → *P. Keres* brachte ihn in einen Zugzwang, aus dem es ohne materielle Verluste kein Entrinnen gibt:

□ B. Sliwa
■ P. Keres

Moskau, 1956

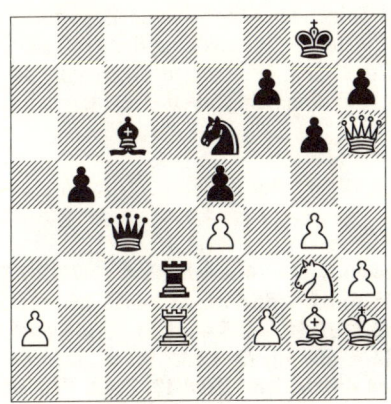

39... ♛c1! 40. ♘f1 b4 41. h4 ♝b5   0-1

Häufiger treten Zugzwangsituationen naturgemäß im → *Endspiel* auf, wenn nur noch wenige Figuren auf dem Brett verblieben sind. In → *Studien* ist das Zugzwang-Thema sehr beliebt. In der nachfolgenden Studie Erich Zeplers (1898–1980), die einen Preis der »Schweizerischen Schachzeitung« erhielt, entsteht nach dem 3. Zug eine Art gegenseitiger Zugzwang. Beide Seiten sind bestrebt, die Zugpflicht auf den Gegner abzuwälzen. Letztlich gelingt dies Weiß dank einiger feiner Königszüge:

E. Zepler, 1923

Weiß gewinnt
1. d7 ♚e7 2. ♖d6 ♚d8 3. a6 ♖a3 4. ♔f2! (4. ♔f1? ♖a2 5. ♔g1 g3 6. ♔f1 ♖f2+ 7. ♔g1 ♖a2 ist remis genau wie 4. ♔g1 ♖g3+! 5. ♔f2 ♖f3+ 6. ♔g2 ♖a3 usw.) 4... ♖f3+ 5. ♔e2 ♖a3 6. ♔e1! ♖e3+ (Nach 6... g3 7. ♔f1 ♖a2 8. ♔g1 gerät Schwarz in Zugzwang und verliert. 6... ♖a2 7. ♔f1 g3 8. ♔g1 zeitigt dasselbe Resultat.) 7. ♔d2 ♖a3 8. ♔e2! ♖a2+ 9. ♔f1! ♖a1+ 10. ♔f2 ♖a3 11. ♔g2! (So gelingt es Weiß, Schwarz die Zugpflicht zu übergeben.) 11... ♖a2+ 12. ♔g3 ♖a4 13. ♔h4 ♖b4 14. a7 ♖a4 15. ♖h6 ♔:d7 16. ♖h8 ♖:a7 17. ♖h7+ und gewinnt.

Zukertort Johannes Hermann, * 7. September 1842 in Lublin, † 20. Juni 1888 in London, in der zweiten Hälfte des 19. Jahrhunderts einer der stärksten Schachspieler der Welt, WM-Finalist.

Die Mutter von Johannes Zukertort war die Tochter eines polnischen Grafen; sein Vater war ein deutscher Pastor, der in seiner Jugend davon geträumt hatte, Arzt zu werden. Doch dieses Vorhaben scheiterte aus Geldgründen. So sollte wenigstens Sohn Johannes den Eid des Hippokrates ablegen. Um dem Sohn eine gebührende Ausbildung zu ermöglichen, wechselten die Zukertorts oft ihren Wohnort: Lublin – Warschau – Petrikow – Breslau...
In Breslau lernte Zukertort genau an dem Gymnasium, an dem der berühmte → *A. Anderssen* unterrichtete, der auch sein Schachlehrer wurde. Hier in Breslau studierte Zukertort Medizin. Während des österreichisch-preußischen Krieges 1866 wurde er zur preußischen Armee einberufen, wo er aufgrund seiner Tapferkeit und Selbstaufopferung mit neun Orden und Medaillen ausgezeichnet wurde. Nach dem Krieg wollten ihm die Alpträume von blutigen Schlachten keine Ruhe lassen. Er tat einen entschlossenen Schnitt und entschied sich für die Schachlaufbahn.
Vier Jahre lang ist er Redakteur der »Neuen Berliner Schachzeitung« (1867–71), nimmt an einigen Turnieren und Zweikämpfen teil und gibt → *Simultanvorstellungen*. 1871 schlägt er seinen Lehrmeister Adolf Anderssen in einem Match mit 5:2; ein Jahr später wird er beim Londoner Turnier Dritter. Danach beschließt er, in England zu bleiben, dem damals führenden Schachland. Tadellos gekleidet, geistreich, charmant, vielseitig interessiert, sprachbegabt – der Gentleman Zukertort genoß in englischen Schachkreisen ein hohes Ansehen. Nach seinen großartigen Siegen bei den Turnieren von → *Paris* (1878) und → *London* (1883) sowie den Matcherfolgen gegen S. Rosenthal (1871; 12,5:6,5) und → *J. Blackburne* (1881; 9,5:4,5) galt er als einer der stärksten Schachspieler der Welt.
1886 kämpfte Johannes Zukertort gegen → *W. Steinitz* um die Schachkrone. Dies war der erste offizielle Weltmeisterschaftskampf der Schachgeschichte! Zum Sieger sollte erklärt werden, wer zuerst zehn Siege erreichte. Nach fünf Partien lag Zukertort mit 4:1 in Führung, doch der seit seiner Kindheit an einem Herzfehler Leidende konnte die hohe psychische

und physische Anspannung nicht wegstecken. Nach der 5:10-Niederlage lebte Zukertort noch zwei Jahre und verstarb dann im Alter von 46 Jahren an einem Herzinfarkt.
→ *J. Mieses* bezeichnete Johannes Zukertort als einen der glänzendsten Kombinationsspieler aller Zeiten, der einen erstaunlich harmonischen Stil gepflegt habe, d. h. auch strategisch stark gewesen sei. Als Künstler habe er Steinitz, der ihn vor allem durch eine kolossale Willenskraft und eine kräftige Gesundheit überragte, in nichts nachgestanden.
Die folgende Kombination Zukertorts bezeichnete Steinitz als eine der größten, vielleicht sogar die schönste überhaupt, die jemals auf dem Schachbrett erschaffen wurde.

□ J. Zukertort
■ J. Blackburne
London, 1883

1. c4 e6 2. e3 ♘f6 3. ♘f3 b6 4. ♗e2 ♗b7 5. 0-0 d5 6. d4 ♗d6 7. ♘c3 0-0 8. b3 ♘bd7 9. ♗b2 ♕e7 10. ♘b5 ♘e4 11. ♘:d6 c:d6 12. ♘d2 ♘df6 13. f3 ♘:d2 14. ♕:d2 d:c4 15. ♗:c4 d5 16. ♗d3 ♖fc8 17. ♖ae1 ♖c7 18. e4 ♖ac8 19. e5 ♘e8 20. f4 g6 21. ♖e3 f5 22. e:f6 ♘:f6

23. f5! ♘e4 24. ♗:e4 d:e4 25. f:g6 ♖c2 26. g:h7+ ♔h8 27. d5+ e5 28. ♕b4! ♖8c5 29. ♖f8+! ♔:h7 30. ♕:e4+ ♔g7 31. ♗:e5+ ♔:f8 32. ♗g7+! ♔g8 33. ♕:e7   1-0

Zweig und Schach. Unter den literarischen Werken, die ganz dem Schach gewidmet sind, ragt die »Schachnovelle« des österreichischen Schriftstellers Stefan Zweig (1881–1942) heraus. Sie wurde unmittelbar nach dem tragischen Selbstmord des Schriftstellers auf seinem Schreibtisch gefunden, bald veröffentlicht und weltbekannt. Sie wurde in viele Sprachen übersetzt und mehrfach verfilmt.

Die Haupthelden der »Schachnovelle« sind auf der einen Seite der Schachweltmeister Mirco Czentovic und der Doktor B., die auf einem Ozeandampfer auf der Überfahrt von den Vereinigten Staaten nach Lateinamerika eine Beratungspartie gegeneinander austragen. Die Sympathien des Autors liegen bei Doktor B., einem Juristen, der durch die Okkupation Österreichs durch die Nazis in deutsche Gefangenschaft geraten war. Um an wichtige Informationen zu gelangen, wollten die Deutschen ihn zermürben und isolierten ihn in einem Raum völlig von der Außenwelt. Dieser Tortur nicht gewachsen, will Dr. B. schon aufgeben. In diesem Moment totaler Verzweiflung gerät ihm beim Gang zu einem Verhör zufällig ein Schachbuch in die Hände. Wille und Intellekt helfen ihm, sich die Regeln dieses bis dahin für ihn unbekannten Spieles selbst anzueignen.

Aus den Fetzen seines karierten Bettlakens bastelt er ein »Schachbrett«, die Figuren formt er aus Brot. Schließlich gelingt es ihm, alle 150 Partien des Buches nachzuspielen, sie auswendig zu lernen und bald Blindpartien mit sich selbst zu spielen. Er verfügt nun über »eine wunderbare Waffe gegen die erdrückende Monotonie des Raumes und der Zeit«. Diese geistige Betätigung hilft ihm, Mut zu fassen und in den Verhören bis zuletzt Widerstand zu leisten. »Ich empfand mein Gehirn aufgefrischt und durch die ständige Denkdisziplin sogar noch gleichsam neu geschliffen.« Seine Partie gegen Czentovic auf dem Ozeandampfer verlief analog zu der Begegnung Aljechin-Bogoljubow (Pistyan 1922), die sich in dem besagten Schachbuch fand...

Im Gegensatz zu Doktor B. charakterisiert der Autor den M. Czentovic wenig schmeichelhaft. Die Biographie des Weltmeisters klingt sehr ungewöhnlich. Bereits in der Kindheit »fehlte seinem schwerfällig arbeitenden Gehirn jede festhaltende Kraft«. Er kommt zufällig mit dem Schach in Berührung und entwickelt in diesem Spiel so große Fähigkeiten, daß er bereits mit 17 Jahren eine Reihe von Preisen bei internationalen Turnieren gewinnt und drei Jahre später Weltmeister wird. Das wichtigste ist für ihn Geld. Alles andere interessiert ihn nicht. »Seine Unbildung war auf allen Gebieten gleich universell.« Doch so ein ungehobelter, finsterer Schachweltmeister ist eine Frucht der Phantasie des Schrifstellers und sehr weit von der Realität entfernt. An der Schachnovelle sind auch andere Aspekte aufschlußreich. In seinen lyrischen Abschweifungen erweist sich Stefan Zweig als Anhänger und feiner Kenner der Schachkunst:

»Ich wußte wohl aus eigener Erfahrung um die geheimnisvolle Attraktion des ›königlichen Spiels‹, dieses einzigen unter allen Spielen, die der Mensch ersonnen, das sich souverän jeder Tyrannis des Zufalls entzieht und seine Siegespalmen einzig dem Geist oder vielmehr einer bestimmten Form geistiger Begabung zuteilt. Aber macht man sich nicht bereits einer beleidigenden Einschränkung schuldig, indem man Schach ein Spiel nennt? Ist es nicht auch eine Wissenschaft, eine Kunst, schwebend zwischen diesen Kategorien wie der Sarg Mohammeds zwischen

Himmel und Erde, eine einmalige Bindung aller Gegensatzpaare; uralt und doch ewig neu, mechanisch in der Anlage und doch nur wirksam durch Phantasie, begrenzt in geometrisch starrem Raum und dabei unbegrenzt in seinen Kombinationen, ständig sich entwickelnd und doch steril, ein Denken, das zu nichts führt, eine Mathematik, die nichts errechnet, eine Kunst ohne Werke, eine Architektur ohne Substanz und nichtsdestominder erwiesenermaßen dauerhafter in seinem Sein und Dasein als alle Bücher und Werke, das einzige Spiel, das allen Völkern und allen Zeiten zugehört und von dem niemand weiß, welcher Gott es auf die Erde gebracht, um die Langeweile zu töten, die Sinne zu schärfen, die Seele zu spannen. Wo ist bei ihm Anfang und wo das Ende? Jedes Kind kann seine ersten Regeln erlernen, jeder Stümper sich in ihm versuchen, und doch vermag es innerhalb dieses unveränderbar engen Quadrats eine besondere Spezies von Meistern zu erzeugen, unvergleichbar allen anderen, Menschen mit einer einzig dem Schach zubestimmten Begabung, spezifische Genies, in denen Vision, Geduld und Technik in einer ebenso genau bestimmten Verteilung wirksam sind wie im Mathematiker, im Musiker, und nur in anderer Schichtung und Bindung.«

Zweispringerspiel im Nachzuge. 1. e4 e5 2. ♘f3 ♘c6 3. ♗c4 ♘f6

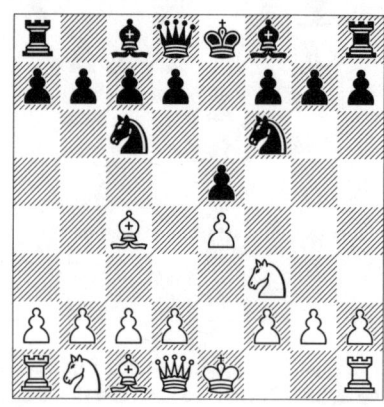

Das Zweispringerspiel im Nachzuge ist eine alte Eröffnung, die bereits im 16. Jahrhundert in die Turnierpraxis eingeführt wurde. Die ersten Analysen dazu stammen von dem italienischen Maestro und Schachtheoretiker → *G. C. Polerio*. Diese Eröffnung führt zu einem scharfen Spiel. Schwarz attackiert frühzeitig den Bauern e4 und schreckt dabei auch nicht vor einem Bauernopfer zurück, zum Beispiel: 4. ♘g5 d5 5. e:d5 ♘a5 6. ♗b5+ c6 7. d:c6 b:c6 8. ♗e2 h6 9. ♘f3 e4 10. ♘e5 ♕c7 usw. Unter den Anhängern dieser Eröffnung finden wir u. a. → *P. Morphy*, → *W. Steinitz*, → *M. Tschigorin*, → *P. Keres* und → *R. Fischer*.

Bildnachweis

Archiv Linder (145); Zusatzfotos: Archiv-»Schach« (15),
Archiv-Sportverlag (6), Bas Beekhuizen (1), Berkes (1),
Dolmatowski (1), Hoyos-Millan (1), Klundt (2), Kohlmeyer (8),
Kupferschmidt (2), Löffler (1), Metz (2), Post (1),
Schneider (2), Szobries (1), Vollrath (1), Weber (9)
Cartoons: José Diaz (10)